CW01034430

SCRIPTORVM CLASSICORVM

BIBLIOTHECA OXONIENSIS

OXONII

E TYPOGRAPHEO CLARENDONIANO

PLATONIS
REMPVBLICAM

RECOGNOVIT
BREVIQVE ADNOTATIONE CRITICA INSTRVXIT

S. R. SLINGS

IN VNIVERSITATE LIBERA QVAE AMSTELODAMI EST
PROFESSOR ORDINARIVS LINGVAE ET LITTERARVM
GRAECARVM

OXONII
E TYPOGRAPHEO CLARENDONIANO
MMIII

OXFORD
UNIVERSITY PRESS

Great Clarendon Street, Oxford OX2 6DP

Oxford University Press is a department of the University of Oxford.
It furthers the University's objective of excellence in research, scholarship,
and education by publishing worldwide in

Oxford New York

Auckland Bangkok Buenos Aires Cape Town Chennai
Dar es Salaam Delhi Hong Kong Istanbul Karachi Kolkata
Kuala Lumpur Madrid Melbourne Mexico City Mumbai Nairobi
São Paulo Shanghai Taipei Tokyo Toronto

Oxford is a registered trade mark of Oxford University Press
in the UK and in certain other countries

Published in the United States
by Oxford University Press Inc., New York

© Oxford University Press 2003

The moral rights of the author have been asserted
Database right Oxford University Press (maker)

First published 2003

British Library Cataloguing in Publication Data

Data available

Library of Congress Cataloging in Publication Data

Data applied for

ISBN 978-0-19-924849-0

Typeset by Joshua Associates Ltd., Oxford
Printed in Great Britain
on acid-free paper by
CPI Group (UK) Ltd, Croydon, CR0 4YY

ἢ οὐ γελοῖον ἐπὶ μὲν ἄλλοις
σμικροῦ ἀξίοις πᾶν ποιεῖν
συντεινομένους ὅπως ὅτι
ἀκριβέστατα καὶ καθαρώτατα
ἕξει, τῶν δὲ μεγίστων μὴ
μεγίστας ἀξιοῦν εἶναι καὶ τὰς
ἀκριβείας;—καὶ μάλα, ἔφη
[ἄξιον τὸ διανόημα]
(504d8–e3)

KRIJN SLINGS
MCMXIII–MCMLXXXVIII
viro probo humano libertati dedito

PRAEFATIO

In textu *Reipublicae* constituendo praesto nobis sunt hi
testes: (1) undecim librorum antiquorum reliquiae, (2)
tres codices medio aevo scripti, ADF, e quibus omnes
alios libros descriptos esse G. J. Boter, olim discipulus,
nunc collega, semper amicus meus, luculenter demon-
stravit,[1] (3) versio Coptica partis minimae libri noni,[2]
(4) versionis Arabicae ab Hunain b. Ishaq factae, quoad
ea Averroes in commentario conscribendo usus est,
versio Hebraica (fere constat Hunain non Platonis
textum sed Galeni compendium vertisse),[3] (5) loci
quos auctores antiqui attulerunt vel allusionis gratia
mutuati sunt.

De papyris et versionibus Coptica et Hebraica libro
quem Boter scripsit nihil habeo quod addam, nisi quod
in libro tertio fragmentum versionis Arabicae extat;[4] de
codicibus ADF necnon de locis laudatis allusionibus-
que liceat mihi pauca textui praefari.

A (Parisinus graecus 1807), saeculi noni parte poste-
riore exaratus, tempore Photii et Arethae vel paullo

[1] *The Textual Tradition of Plato's Republic* (Lugduni Batavorum
1989).

[2] Edidit J. Brashler (Nag Hammadi Codex VI 5) in D. Parrott (ed.),
*Nag Hammadi Codices V 2–5 and VI with Papyrus Berolinensis 8502, 1
and 4* (Lugduni Batavorum 1979), 325–39.

[3] Et fragmentum Arabice traditum (de quo vide infra) et lemma
Averrois eodem loco media sententia (post 403b6 χάριν) desinit, id
quod epitomantem tradit. Amica mea T. A. M. Smidt van Gelder-
Fontaine benigne quaecumque ex Averrois commentariis rettuli cum
textu Hebraico contulit. versio Arabica, quod sciam, non iam exstat,
fragmento illo 402e2–403b6 excepto.

[4] 402e2–403b6 apud Ibn Buhtišu, *Über die Heilung der Krankheiten
der Seele und des Körpers*, ed. F. Klein-Franke (Beryti 1977), fol. 86ᵛ–
87ʳ. Cf. F. Klein-Franke, *Israel Oriental Studies*, 3 (1973), 128–30.

prius, est codex curatissime scriptus et correctus. errant tamen editores qui de vetere quem dicunt diorthota (A^2) verba fecerunt. nam omnes correctiones et variae lectiones vere antiquae ipsi scribae debitae, qui et inter scribendum et in accentibus spiritibus ceteris signis diacriticis ponendis atque etiam postea se ipse correxit aut ex aliis exemplaribus lectiones varias hausit. semper hoc egit ut certum esset utrum de correctionibus an de variis lectionibus ageretur. igitur in apparatu A^2 non scripsi, distinxi autem inter Apc (correctiones in regula scriptas, aut in rasura, aut litteris primitus scriptis mutatis) et Apc[sl] (correctiones supra regulam additas, signis ita additis, ut indubitanter additio pro correctione haberetur); itidem inter Apc[mg] (correctiones in margine positas, quae signis additis omissionem indicent) et Amg (correctiones in margine scriptas, sine signis omissionis). denique siglum Aγρ semper indicat variam lectionem in margine scriptam, litteris γρ praecedentibus.

Monendum est editores saepe correctiones leviusculas manui A^2 adscripsisse, quae re vera posterae manui debentur, cui Boter A^4 siglum dedit.[5] lectiones manus A^4 sunt nullius auctoritatis, quippe quae scribae debeantur qui in tota *Republica* suo Marte formas secundae personae indicativi medii in -ει exeuntes in -ηι, formas vocis ὠφελία in formas vocis ὠφέλεια mutavit, aliasque nugas introduxit.[6] in primo libro uno altero loco A^3, quae manus in *Legibus* multas correctiones variasque lectiones addidit, invenitur. quam manum quippe scribae contemporaneam rettuli—sunt qui Arethae putent. denique manus Constantini metro-

---

[5] Op. cit. 85.
[6] Me iudice A^4 eadem manus esse potest atque A^5, hoc est Constantini (vide infra). certe ηι diphthongum accentus cetera eodem modo scribunt.

politani Hierapolis (A⁵ secundum Boter) hic nomi-
nanda tantum est. ubi lectiones A⁴ et A⁵ dignae sunt
quae in apparatu referantur, id quod perraro evenit,
siglo a usus sum.[7]

Editores undevicesimi saeculi recte libro A magnam
auctoritatem ascripserunt; erraverunt autem qui hunc
librum ut codicem optimum ubique sequendum arbi-
trati, lectiones eius quoad fieri poterat in textum
receperunt, e quibus imprimis Jowett–Campbell et
Adam in commentariis nominandi sunt. sane A non
tantopere erroribus scatet quam DF, at non raro ex DF
vel ex auctoribus antiquis corrigi potest. in qua re ut in
aliis melius egit Burnet, inter Platonis editores facile
princeps. qui tamen lectionibus codicis F, cuius auc-
toritatem primus demonstravit, valde gavisus, in-
terdum auctoritati libri A nimis detraxit. etiam
Wilamowitz in parte altera libri quem de Platone
scripsit[8] cursum medium inter A et F teneri iubet.
ego libro A plus auctoritatis tribui quam Burnet; ubi
inter lectiones libri A et aliorum nihil intererat, hunc
antiquissimum testem totius textus secutus sum. inter-
dum fieri potuit ut A auctoritate quoque sua me
persuaserit ut textum suum sequerer, etiam ubi aliae
lectiones praeferri potuissent. sed omnino quoad
potuerim usum Platonicum invenire et sequi mihi
propositum fuit.

D (Marcianus graecus 185, coll. 576) non ante
saeculum duodecimum scriptum esse puto.[9] hic codex

---

[7] Inde fit ut saepius in apparatu nihil notaverim ubi Burnet de A²
rettulisset. exemplum dabo: 615a7 Burnet scripsit ʿὅσους F D Stobaeus:
✳✳✳ους A: οὖς A² M'. at M nihil auctoritatis habet, in A rasuram A⁵ fecit,
et certum est A antea ὅσους legisse. itaque nihil rettuli, quia omnes testes
ὅσους praebent.

[8] *Platon*, II (Berolini 1919).

[9] Non mihi persuasit J. Irigoin, *Tradition et critique des textes grecs*
(Lutetiae 1997), 155: 'Généralement daté du xiie siècle, mais en réalité
plus ancien d'une centaine d'années'.

medium fere locum tenet inter A et F, quamquam plures errores communes cum F habet. ad textum constituendum parum refert an DF e fonte communi fluxerint necne, nam in *Republica* methodo stemmatica uti nemo est qui velit, propterea quod certum est permultas lectiones codicis D e contaminatione ortas esse. lectionem unice veram nonnisi raro praebet. sed erravit Chambry, qui hunc librum quasi ex A et F contaminatum neglexit, oblitus explicare quomodo liber saeculi xii e libro uno vel duobus saeculis post scripto contaminatus esse possit.

De manibus posteris quae in hoc libro lectiones varias vel correctiones introduxerunt pauca habeo quae addam dissertationi a v°d° Boter scriptae.[10] nam cui ille siglum D^2 tribuit manus auctoritas (manibus D^3 et D^4 prioris) vel inde reicienda esse clare colligitur quod ex apographo codicis nostri, Vindobonensi suppl. gr. 7, correctiones plerasque hauserit. est quidem in libris quinto sexto ceteris manus quam Boter non dispexerat (D^x), manibus prima recentior sed D^2 prior, cuius auctoritatem, quoniam nihil nisi nugas introduxit, nullius aestimo; lectiones eius non rettuli. postremo I. Bekker, dum codicem conferebat, interdum varias lectiones in margine addidit, ut Boter demonstravit.

Post *Rempublicam* totam perscriptam et bis dumtaxat descriptam liber D aliquot foliis abscissis mutilatus est. ita duo extiterunt lacunae, altera in fine libri sexti, initio septimi (507e3–515d7), altera in fine libri decimi (inde a 612e7). in quibus ad textum codicis D restituendum nobis tria apographa praesto sunt. sunt libri hi: Scorialensis y.1.13, s. xiii–xiv; Parisinus gr. 1810, s. xiv; Scorialensis Ψ.1.1, anno 1462 exaratus. quorum

---

[10] Op. cit. 92–4.

Scor.y.1.13 derivatus est ab apographo quodam quod antequam posterae manus librum D correxerunt exaratum est, Par.1810 Scor.Ψ.1.1 ab alio apographo post librum D correctum facto. in altera autem lacuna Scor.y.1.13 ipse deficit (nam post 607d7 mutilatus est); cuius lectiones haurire possumus ex his apographis: Vaticano gr. 226, s. xiii–xiv; Vindobonensi suppl. gr. 7, s. xiv (in hac dumtaxat parte); Marciano app. cl. IV.1, s. xv (in hac parte). etiam Scorialensis Ψ.1.1 post 599c6 deficit. lectiones restitutas libri D siglo *D* indicavi.

F (Vindobonensis suppl. gr. 39, non ut saepius scribitur 'suppl. philos. gr.'), inter annos 1250 et 1325 meo quidem iudicio exaratus, multas lectiones unice veras, permulto plures errores praebet. saepe ordinem vocum mutavit, saepius formas modorum verbi, saepissime particulas vel mutavit vel addidit. cum auctoribus saeculorum quarti quinti sexti, praesertim Eusebio et Stobaeo, continuo conspirat. non repraesentat veterem vulgatam Platonis, ut Burnet credebat, sed sane textuum in postrema antiquitate circumlatorum lectiones multo saepius in hoc libro reperiri possunt quam in libris AD. est igitur testis difficilis usu, qui plurimas praebeat lectiones nec plane veras nec manifesto falsas. itaque id egi ut varias lectiones quae ad ordinem vocum, formas modorum verbi, particulas spectarent, plerumque nihili fecissem. nec tamen poterat esse regula fixa quam consuetudinem adoptavi. nemo infitias ibit etiam particulas ab F solo traditas veras esse posse, v.g. 526d6 (καὶ F: om. AD); 556a4 (καὶ οὔτε F: οὔτε γ' A: καὶ οὔτε γε D); 568e8 (πῶς F: πῶς δὲ AD; ἐὰν δὲ F: ἐάν τε AD). sane Burnet, ut supra dixi, plus ponderis huic libro attribuit quam defendi possit, praesertim quod ad particulas in F solo traditas attinet. at haud raro accidit ut idem Burnet, qua erat familiaritate usus Platonici ex hoc libro rectam lectionem delegerit.

De manibus posteris quae in hoc libro inveniuntur vide sis quae Boter scripsit.[11] nullius sunt auctoritatis; non rettuli, nisi ubi coniecturam alicuius ponderis vel etiam veram praeberent; in quo casu siglo f usus sum.

Libros ADF et Boter et ego primum imaginibus lucis ope expressis usi contulimus. deinde et Boter et ego codices ipsos in situ examinavimus pulvisculo. certe humanum est errare, at nullus dubito quin lectionibus librorum ADF in hac editione relatis multo magis fidendum sit quam iis quas editiones anteriores rettulerint.

Auctores antiqui qui vel uno loco *Reipublicae* usi sunt, varie sunt aestimandi. sunt qui conentur locos verbatim afferre, sunt etiam qui locos tantum imitentur. inter priores multum refert utrum memoria an libris freti locos afferant. quorum Pseudo-Demetrius Περὶ ἑρμηνείας v.g. memoria omnes locos exposuit, ita tamen ut eum textum Platonis memoria tenuisse multo meliorem quam quo nos uti cogamur praeclarum sit. loco 411b1 καταχέων Pseudo-Demetrius scribit, ἐπέχων ADF; me quidem iudice Plato ἐπιχέων scripsit, id quod in libris medio aevo scriptis corruptum est, Pseudo-Demetrius memoria tenuit, nisi quod falso καταχέων pro ἐπιχέων in memoria habebat.

Sunt etiam auctores qui locos Platonicos mutuati semper id egerunt ut aliquid mutarent, e quibus imprimis Themistius dignus est qui hic memoretur. at meum non erat in apparatu distinguere inter eas lectiones quae genuinum antiquum Platonis textum redderent et eas quae ab auctore quocumque loco

---

[11] Op. cit. 101–4.

utente consulto mutatae essent. ubicumque autem auctor verba Platonica manifeste textui suo accommodavit, nihil rettuli.

Varietatem lectionum ab auctoribus antiquis praebitarum certe nulla prior editio ita luculenter dedit. in tanta mole congerenda mihi opem tulerunt J. Raap, B. A. Blokhuis, G. J. Boter, G. Jonkers. siquid omisi, mihi soli debetur. hoc solum doleo, textu Luciani, Platonis idiomatibus abundanter usi, me non tantopere uti potuisse ut meritus erat. nam constat Luciani editorem MacLeod olim indicem locorum Platonicorum a Luciano imitatorum confecisse, sed haec materies ut videtur periit. quem locum futuris editoribus *Reipublicae*, necnon aliorum operum Platonicorum, invitus relinquere cogor.

In lectionibus variis referendis haec mihi regula semper fuit: ubi unus tantum testis lectionem manifesto falsam praebet, non rettuli; ubi duo vel plures, rettuli. ubi autem nihil interest variam lectionem manifesto falsam cognoscere, etiam si a pluribus testibus praebetur, non rettuli si accentu spiritu ceteris diacriticis signis tantum a manifesto vera differt. dabo exemplum: 370c5 nihil refert scire lectionem unice veram εἷς ab Apc solo praeberi, ceteros testes (prA DF Stob.) εἰς legere.

Itaque hoc egi: (1) ubicumque testes inter pronominum formas αὐτόν αὑτόν ἑαυτόν differunt rationem grammatices graecae secutus sum (etiam ubi omnes testes in iis formis falsam lectionem praebent, sicut 346d1, ubi ADF αὐτοῦ praebent, H. Stephanus αὑτοῦ recte scripsit; sed nihil notavi). ubi nulla sensus differentia exstat, codicem A secutus sum. (2) formas pronominum αὐτός et οὗτος, de quibus testes dubitant, plerumque dedi, nisi quod differentiam formarum αὐτή αὑτή αὕτη et ταὐτά (ubi codices saepissime ταυτά scribunt) ταῦτα plerumque neglexi, etiam ubi omnes testes errant. (3) nonnisi rarissime rettuli lectiones varias formarum ἤ ἥ ἦ ἧ ἡ. (4) ubi sub aliis condicionibus meo iudicio nihil intererat varietatem testium cognosci, etiam duos vel plures testes lectionem certe falsam praebentes neglexi, sicut 369d8, ubi A solus αὐτόσε, DF autem falso αὐτός σε scribunt; sed hac ratione perraro usus sum.

Vbicumque in apparatu necesse erat lectionem referre quae errori typothetarum vel meo poterat ascribi, '[sic]' addidi. at nolui hoc facere ubi accentus encliticos qui dicuntur scribae aut ponunt aut omittunt. exemplum dabo. loco 487c5 dedi 'τις A: τι DF', quia nullus ex his tribus libris aut τίς aut τί praebet, id quod regulae nostrae aetatis praescribunt (sequitur enim forma enclitica quae est σοι, quae et ipsa in ADF accentu caret). nam luce clarius est scriptores medii aevi in hac re nullam regulam certam esse secutos.

In *Republica* edenda haec principia semper observavi, quae non inutile duxi in hac praefatione exponere, quippe quae etiam aliis textus Graecos vel Latinos edituris poterint utilia esse.

(1) *nihil antiquius habendum editori quam ut lectoribus editio facilis sit usu.* quamobrem in accentibus signisque interpunctionis scribendis ea quae et ratio et traditio postulabat saepius neglexi; id quod infra amplius exponam.

(2) *editori non licet ignavo esse.* itaque loco 511d2 nullus dubito quin verba καίτοι νοητῶν ὄντων μετὰ ἀρχῆς interpolata sint. hoc uno loco quid Plato senserit de ratione inter formas et mathematicas notiones intercedente determinari potest. at haec verba me quidem iudice interpolationem prae se ferunt, ita ut nemo nisi

usus Platonici negligens ea verba pro Platonicis accipere possit.

(3) *editori non est deligendum sed iudicandum.* loco 540c6–7 lectio ἢ περὶ γυναικῶν AD praebent, F autem ἢ περὶ καὶ γυναικῶν, quod ferri non potest. at non nostrum est deligere inter has duas lectiones. lectionem libri F equidem puto usum Platonicum melius servasse quam lectio codicum AD, modo scribatur ἢ καὶ περὶ γυναικῶν, id quod non paucis aliis locis defendi potest.

(4) *editori usus auctoris potius quam grammatica Graeca sequenda est.* 514b1 libri praebent ὥστε μένειν τε αὑτούς, quod Graece quidem, nec tamen Platonice dici potest. nam Plato et post ὥστε nonnisi necessitate coactus subiectum casu accusativo exprimit (quo hic non opus est), et verbo μένω utens plerumque adverbium αὑτοῦ addit. itaque potius v^{um}d^{um} R. B. Hirschig sequor αὑτοῦ scribentem contra libros ADF et Iamblichum.

(5) *ante omnia editori est usus constituendus.* exempli gratia consultes locum 528a6, ubi et in libris et in editionibus nova sententia incipit ab adverbio νυνδή. at hoc adverbium alibi in Platone semper postponitur primae voci sententiae (uno loco *Sph.* 263c4 excepto). propterea malui hic δή secludere, id quod et in loco *Sph.* fecerim, quam lectionem librorum unanimam accipere.

(6) *editori correctio in libro manu scripto ne plus valeat quam usus aut sensus bonus.* loco 436a1–3 et libri et Stobaeus praebent ἢ τὸ φιλοχρήματον τὸ περὶ τούς τε Φοίνικας εἶναι καὶ τοὺς κατὰ Αἴγυπτον φαίη τις ἂν οὐχ ἥκιστα. alterum τὸ tolerari non posse iam Bessarion vidit, qui ὃ scripsit; id quod omnes editores ante me adoptarunt. at ego potius usum Platonis secutus persaepe in fine sententiae structura aliquanto liberiore usi, alterum τὸ delevi, non mutavi.

PRAEFATIO

(7) *editori non est fatiscendum.* in illa sententia prae-
grandi (621b8sqq.) quae *Reipublicae* finem facit, καὶ
οὕτως, ὦ Γλαύκων, μῦθος ἐσώθη ἀλλ' οὐκ ἀπώλετο κτλ,
omnes editores ante me, ut tandem (opinor) finem
faciant operis molestissimi, cum vulgata pro ἀλλ'
dederunt καὶ, id quod in nullo libro legitur, Aldina
interpolavit. certe editores in fine uniuscuiusque libri
Reipublicae saepius quam alibi lectiones traditas negle-
xerunt aut perscrutari omiserunt.

Quid de singulis locis sentiam, in libro exposui qui
Lugduni Batavorum prodibit.[12] hoc tantum in hac
praefatione mihi monendum credebam: studio linguae
graecae postremis decenniis additus est locus qui
'pragmaticus' vocatur, qui praeter syntaxin et studium
significatus verborum, linguae praesertim consuetudini
animum advertit, qua sermocinantes utuntur. cuius
loci multi sunt in natione mea qui scientiam auxerint.
fieri non poterat ut hanc methodum neglegerem, et
usus sum ea, mea quidem sententia, ita ut locos
Platonicos difficiliores melius intellegerem.

In re orthographica volumen novae editionis Platonicae
primum sequi coactus, iota post vocales ᾱ η ω subscripsi in
textu, in apparatu autem notavi iota vel adscriptum vel
omissum prout aut unus e tribus libris ADF adscripsit aut
omnes omiserunt. eandem rationem secutus semper formas
secundae personae singularis indicativi medii thematicorum,
ut dicunt, temporum -ῃ non -ει praebui (paucis formis sicut
βούλει ὄψει exceptis), quamquam consensus librorum ADF
nos certos facit Platonem in *Republica* -ει scripsisse. hoc
quidem non possum non monere, quicumque Platoni formas
quales sunt λύῃ pro λύει adscribat, ei et πόλῃ βασιλῇ non πόλει
βασιλεῖ scribendum esse, id quod nemo scribere ausus sit. in
formis quoque praepositionis et praeverbii συν/ξυν scribendis

---

[12] *Critical Notes on Plato's* Politeia (Lugduni Batavorum 2003).

PRAEFATIO

v^{um}d^{um} Burnet[13] et editores voluminis primi novae editionis
secutus, semper συν scripsi, etiamsi luculenter demonstrari
potest Platonem modo una modo altera forma usum esse
propter εὐφωνίαν.

Vbi inter ει et η deligendum erat has rationes secutus sum.
libros plerumque secutus (nam lapides hic auxilium non
ferunt) τίθης ἐτίθης ἵης (indicativum praesentis) dedi, non
τιθεῖς ἐτίθεις ἱεῖς; contra libros etiam 347b1 συνίης (puto
praesentis, non imperfecti indicativum esse), 497d2 ἐτίθης,
606c7 ἀνίης (iterum, opinor, praesentis forma) scripsi.[14]

Varietatem lectionum ubi Plato aut παιδεία aut παιδιά
scripserat semper rettuli; in triginta fere locis ubi contextus
παιδεία flagitat duobus tantum locis, 383c2 et 537c1, varietas
exstat, ubi autem παιδιά (octo sunt loci) semper. idem feci
ubicumque in vocibus στρατεία στρατιά libri inter se
differunt; semel (468b4) etiam contra libros στρατιά dedi,
usum Aristophaneum, semel (498c1) στρατεία, sensum
bonum secutus.

Nominativum pluralem nominum in -εύς exeuntium
contra libros plerumque at cum lapidum consensu semper
in -ῆς numquam -εῖς me quidem iudice cadere debent. in
accusativi formis et libri semper -έας non -εῖς praebent.[15]

Vbi aut ει aut ι scribendum erat plerumque lapidibus
potius quam libris obtemperavi. itaque, sicut Burnet
scripserat, semper μείγνυμι ἔμειξα et ἔτεισα dedi. ubicumque
lapides praesto non erant, quoad potui libros secutus sum;
v.g. ὠφελία scripsi cum librorum ADF consensu, non
ὠφέλεια; in loco 590a10 cum ADF, contra A^5, αὐθαδία.
unum tantum hic mihi monendum, libros semper φιλόνεικος

---

[13] 619b3 Burnet ξὺν νῷ reliquerat, fortasse loci illius Heracliti (fr.
114 D.-K.) memor. ego σὺν νῷ dedi.

[14] Quo loco D ανείης [sic] praebet, AF autem ἂν εἴης.

[15] Vno tantum loco 461a7 καὶ ἱέρειαι καὶ ἱερεῖς Burnet libros secutus
-εῖς retinuerat, similitudine puto sonorum adductus. at mihi quidem non
constat Platoni veram quam dicunt dipthongum ει, quae in voce ἱέρειαι
reperitur, et quam dicunt falsam, qualem forma ἱερεῖς praebuerit, idem
sonum esse. genitivum et accusativum numeri singularis nominum in
-ιεύς exeuntium semper -ιῶς -ιᾶ scripsi, quamquam et libri et lapides
haud raro -ιέως -ιέα praebent.

PRAEFATIO

φιλονεικία cett. scribere (uno loco 582e5 excepto, ubi F φιλονϊκος [sic] habet), contra bonum sensum. nam Plato φιλονικίαν saepius ei parti animi quae τὸ θυμοειδές vocatur adscribit.[16]

620e6 AF secutus (nam D deficit) ἀμεταστρεπτεὶ dedi, quia ἀμεταστρεπτὶ soli A[5] debetur.

Et libros et unum lapidem Atticum Platonis aetate exsculptum secutus nomina πρᾶος πραότης sine iota scripsi; nam praeter hunc lapidem nullus est testis qui huius vocis formam praebeat.

564d8 cum AD prF (de correctionibus primarum manuum loquor) participium neutrum προεστὸς dedi, non, ut A[4] Fpc praebent, προεστὼς; alibi in Platonis operibus -εστός optimi libri legunt; lapides quidem in hoc loco non nobis praesto sunt.

Librum A secutus contra DF semper ἄσμενος non ἅσμενος scripsi.

Accentus semper ita posui ut lectoribus prodessem. itaque primo rationem hodiernam, deinde praecepta grammaticorum antiquorum secutus sum. et antiqui enim et hodierni grammatici in accentibus ponendis semper id egerunt ut lectoribus opem ferrent, non ut pronuntiationem linguae Graecae redderent. testimonio librorum nonnisi raro nisus sum. hic illic consilium mihi praebuit amicus et collega meus rude donatus C. J. Ruijgh, cui semper oboedivi.[17]

Vbi ἐστι(ν) verbum est substantivum quod dicunt, Burnet semper ἔστι(ν) scripserat, ego obtemperavi; nam et scribae libri A haec forma haud raro sub illa condicione paroxytona est. ubi copula est, praecepta grammaticorum secutus sum; post particulas γ' τ' ποτ' elisas cum libris ἐστί(ν) scripsi, id quod post δ' οὐδ' praescribitur.

Inter particulas οὐκοῦν οὔκουν deligenti dux mihi ante omnes fuit amicus et collega praematura morte abreptus C. M. J. Sicking, qui omnino de studio particularum

---

[16] Adiectivum si re vera a νεῖκος derivatum esset, φιλονεικής potius expectasses quam φιλόν(ε)ικος.

[17] Idem mecum coniecturas sagacissimas communicavit, quas plerumque in apparatu rettuli, semel (606c2) etiam in textu posui.

PRAEFATIO

Graecarum bene meritus, de Platonicis commentationem praeclaram scripsit.[18] hic illic contra v^um d^um Burnet οὔκουν scripsi; saepius autem cum eodem οὐκοῦν retinui, signo tamen quaestionis addito. in qua re inutile duxi accentibus aliisve signis in libris positis animum advertere.

Formas pronominum ἡμῶν ὑμῶν, ubi secundum legem quam Wackernagel primus invenit secundo loco sententiae positae sunt, encliticas dare fortasse debui, at nolui. sunt quidem editores haud spernendi aetatis nostrae qui hoc praescribant, et sane ratio hoc postulat. sed et plerique editores semper ἡμῶν ὑμῶν dant nec *Reipublicae* libri ullum vestigium accentus enclitici praebent.

In formis coniunctivi aoristi ἔφυν potius v°d° Cobet obtemperavi, φύῃ φύωσι praescribenti[19] quam libris, qui has formas περισπωμένας dederunt (nisi quod liber A 597c5 solus φύωσιν scripsit).

616c3 cum A τριηρῶν scripsi, ubi A⁴ F τριήρων praebent et D deficit.

V°d° M. L. West ἀκία non αἰκία flagitanti[20] non oboedivi; nam et libri refragantur (id quod minimi est), et mea sententia certe fieri potest ut haec vox a themate ἀ(F)ικ- potius quam ex ἀ(F)εικ- derivata sit.[21]

Voces vel vocum collocationes οὔποτε μήποτε οὐπώποτε cett. divisimne scribendae essent necne, non curavi. nam Burnet certam quandam rationem adoptaverat, quam omnino secutus sum.

In signis interpunctionis sicut in accentibus ponendis nihil antiquius habui quam ut lectori hodierno prodessem. ideo, ut vel unum exemplum addam, contra Graecae linguae rationem 487b7–c1 ὥσπερ ὑπὸ τῶν πεττεύειν δεινοί, οἱ μή, τελευτῶντες ἀποκλείονται dedi, ne quem οἱ μὴ τελευτῶντες legentem sententiae structura falleret. vocativi formas et

---

[18] 'Particles in Questions in Plato', A. Rijksbaron (ed.), *New Approaches to Greek Particles* (Amstelodami 1997), 157–74.

[19] C. G. Cobet, *Novae Lectiones* (Lugduni Batavorum 1858), 560.

[20] *Aeschylus, Tragoediae* (Stuttgardiae 1990), p. xlv.

[21] Apud Homerum tragicosque ἀϊκής invenitur.

parentheses semper commatibus positis a reliquo textu distinxi, id quod a ratione linguae Graecae alienum esse constat. at praetuli hac quidem re lectori favere quam rationi. sane absurdum est 337e4 Πῶς γὰρ ἄν, ἔφην ἐγώ, ὦ βέλτιστε, τις (non τὶς ut Burnet[22]) ἀποκρίναιτο scribere pro eo quod solum recte scribi potest Πῶς γὰρ ἄν ἔφην ἐγὼ ὦ βέλτιστέ τις ἀποκρίναιτο. Sed quis est inter eos qui nostro tempore *Rempublicam* legunt, qui non illam interpunctionem huic praeferat? vocem quoque οἶμαι, ubicumque ea in parenthesi Plato usus erat, semper commatibus circumdedi, id quod Burnet hic illic fecerat, saepissime autem omiserat.

Lineolas (—) tamen, quibus Burnet persaepe usus erat, ut parenthesin vel anacoluthon indicaret, paene omnino e textu removi. lectori ad sententiae structuram intellegendam nonnisi raro opem ferunt: commata vel semicola aeque vel melius structuram illustrant. duobus tantum locis (522b4, 549c5) hoc signo usus indicavi sententiam nondum finitam ab alio interlocutori interruptam.

Locos in quibus libri alium interlocutorem verba prioris excipientem indicant plerumque indicavi, exceptis iis in quibus vel unus vel omnes manifesto errant.

Gratiae agendae ante omnes mihi sunt collegio quod Nederlandica lingua 'Amsterdamse Hellenistenclub' vocatur. quorum socii sociaeque me semper coegerunt id quod mihi persuasum haberem Platonem scripsisse strenue defendere, haud raro id quod pro certo haberem omnino relinquere. vivat crescat floreat haec societas, quae studiis litterarum Graecarum in natione mea semper praesto fuit est erit.

Deinde gratiae mihi maximae agendae fundationi quae Nederlandica lingua 'Nederlands Wetenschappelijk Onderzoek' (NWO) vocatur, quippe quae me plus semel largitionibus datis facultatem huius editionis praeparandae dederit. socii seniores collegii quod

---

[22] 468a1 et Burnet scripserat Ὀρθῶς, ἔφη, μοι (non μοὶ) δοκεῖς λέγειν.

Anglice vocatur 'Center for Hellenic Studies', in urbe cui nomen Washington, D. C. siti, mihi facultatem dederunt ut anno 1984–1985 huius editionis instaurandae omnia praeparare potuerim. praesides fundationis quae nomine Francogallico 'Fondation Hardt' vel omnibus studiosis litterarum Graecarum et Latinarum nota et gratiosa est, mihi saepissime occasionem dederunt ut in hoc opere tanto perficiendo quietem invenire potuerim ut aliquod progrederer. praesidi et scholaribus collegii Corporis Christi Oxoniensis gratias ago pro facultate mihi data huius operis complendi. praesides bibliothecarum Parisinae Marcianae Vindobonensis et v°d° Boter et mihi semper benigne facultatem dederunt librorum ADF inspiciendorum. facultas denique Litterarum Vniversitatis Liberae quae Amstelodami est semper meo rogatu auxilium tulit.

Nulla editio vel minimi operis Graeci exstitit quae erroribus careat. in plagulis corrigendis, id quod semper molestissimum opus est in editione perficienda, G. J. Boter me qua est humanitate adiuvavit. manebunt certe errores, qui mihi soli debentur. at spero saltem fore ut haec editio operis haud spernendi multis qui millennio tertio, saeculo xxi nostrae aetatis, *Rempublicam* legant, utilior sit usu et perscrutatu quam priores.[23]

S. R. SLINGS

Scribebam Amstelodami, mense Martio anni 2002

---

[23] Collegis et amicis meis H. J. van Dam A. J. Kleywegt C. H. M. Kroon gratias ago, qui Latinitatem huius praefationis corrigere benigne voluerint. etiam me L. A. Holford-Strevens hic illic ab errore servavit. si quid erravi, mihi soli debetur.

SIGLA

SIGLA

Xsl   lectio supra versum addita
Xmg   lectio in margine scripta
X$\gamma\rho$ lectio in margine scripta, litteris $\gamma\rho$ praecedentibus

VERSIONES

Copt   versio Coptica libri noni partis (588b1–589b3; *Cod. Nag Hammadi* VI 5), de qua vide quae in praefatione dixi

De versione Arabica a Hunain b. Ishaq facta, qua usus est Averroes, confer praefationem

ΠΟΛΙΤΕΙΑ

Α

I.

ΣΩΚΡΑΤΗΣ

Κατέβην χθὲς εἰς Πειραιᾶ μετὰ Γλαύκωνος τοῦ Ἀρί- a
στωνος προσευξόμενός τε τῇ θεῷ καὶ ἅμα τὴν ἑορτὴν
βουλόμενος θεάσασθαι τίνα τρόπον ποιήσουσιν ἅτε νῦν
πρῶτον ἄγοντες. καλὴ μὲν οὖν μοι καὶ ἡ τῶν ἐπιχωρίων
πομπὴ ἔδοξεν εἶναι, οὐ μέντοι ἧττον ἐφαίνετο πρέπειν ἣν οἱ 5
Θρᾷκες ἔπεμπον. προσευξάμενοι δὲ καὶ θεωρήσαντες ἀπῇμεν b
πρὸς τὸ ἄστυ. κατιδὼν οὖν πόρρωθεν ἡμᾶς οἴκαδε ὡρμημέ-
νους Πολέμαρχος ὁ Κεφάλου ἐκέλευσε δραμόντα τὸν παῖδα
περιμεῖναί ἑ κελεῦσαι. καί μου ὄπισθεν ὁ παῖς λαβόμενος τοῦ
ἱματίου, Κελεύει ὑμᾶς, ἔφη, Πολέμαρχος περιμεῖναι. καὶ ἐγὼ 5
μετεστράφην τε καὶ ἠρόμην ὅπου αὐτὸς εἴη. Οὗτος, ἔφη,
ὄπισθεν προσέρχεται· ἀλλὰ περιμένετε. Ἀλλὰ περιμενοῦμεν,
ἦ δ᾽ ὃς ὁ Γλαύκων.

Καὶ ὀλίγῳ ὕστερον ὅ τε Πολέμαρχος ἧκε καὶ Ἀδείμαντος ὁ c
τοῦ Γλαύκωνος ἀδελφὸς καὶ Νικήρατος ὁ Νικίου καὶ ἄλλοι
τινὲς ὡς ἀπὸ τῆς πομπῆς.

Ὁ οὖν Πολέμαρχος ἔφη· Ὦ Σώκρατες, δοκεῖτέ μοι πρὸς
ἄστυ ὡρμῆσθαι ὡς ἀπιόντες. 5

Οὐ γὰρ κακῶς δοξάζεις, ἦν δ᾽ ἐγώ.

Ὁρᾷς οὖν ἡμᾶς, ἔφη, ὅσοι ἐσμέν;

Titulus πολιτείας πρῶτον FD: πολιτεῖαι ἢ περὶ δικαίου A, sed πολιτείας ἢ
περὶ δικαίου a A in subscr. (et ita similiter in omnium librorum
praescriptionibus et subscriptionibus): πολιτεία Aristot. alii: πολιτεία ἢ
περὶ δικαίου, πολιτικός Thrasyllus: πολιτεῖαι Antiatt. alii   327b3 τὸν
παῖδα δραμόντα F   b4 ἑ A³DF: om. A   c2 ἄλλοι πολλοὶ F
c3 ὡς om. D   c5 τὸ ἄστυ F

Πῶς γὰρ οὔ;

Ἤ τοίνυν τούτων, ἔφη, κρείττους γένεσθε ἢ μένετ᾽ αὐτοῦ.

10 Οὐκοῦν, ἦν δ᾽ ἐγώ, ἔτι ἐλλείπεται τὸ ἢν πείσωμεν ὑμᾶς ὡς
χρὴ ἡμᾶς ἀφεῖναι;

Ἤ καὶ δύναισθ᾽ ἄν, ἦ δ᾽ ὅς, πεῖσαι μὴ ἀκούοντας;

Οὐδαμῶς, ἔφη ὁ Γλαύκων.

Ὡς τοίνυν μὴ ἀκουσομένων, οὕτω διανοεῖσθε.

328 Καὶ ὁ Ἀδείμαντος, Ἆρά γε, ἦ δ᾽ ὅς, οὐδ᾽ ἴστε ὅτι λαμπὰς
ἔσται πρὸς ἑσπέραν ἀφ᾽ ἵππων τῇ θεῷ;

Ἀφ᾽ ἵππων; ἦν δ᾽ ἐγώ· καινόν γε τοῦτο. λαμπάδια ἔχοντες
διαδώσουσιν ἀλλήλοις ἁμιλλώμενοι τοῖς ἵπποις; ἢ πῶς
5 λέγεις;

Οὕτως, ἔφη ὁ Πολέμαρχος. καὶ πρός γε παννυχίδα
ποιήσουσιν, ἢν ἄξιον θεάσασθαι· ἐξαναστησόμεθα γὰρ μετὰ
τὸ δεῖπνον καὶ τὴν παννυχίδα θεασόμεθα. καὶ συνεσόμεθά τε
πολλοῖς τῶν νέων αὐτόθι καὶ διαλεξόμεθα. ἀλλὰ μένετε καὶ
b μὴ ἄλλως ποιεῖτε.

Καὶ ὁ Γλαύκων, Ἔοικεν, ἔφη, μενετέον εἶναι.

Ἀλλ᾽ εἰ δοκεῖ, ἦν δ᾽ ἐγώ, οὕτω χρὴ ποιεῖν.

Ἦιμεν οὖν οἴκαδε εἰς τοῦ Πολεμάρχου, καὶ Λυσίαν τε
5 αὐτόθι κατελάβομεν καὶ Εὐθύδημον, τοὺς τοῦ Πολεμάρχου
ἀδελφούς, καὶ δὴ καὶ Θρασύμαχον τὸν Καλχηδόνιον καὶ
Χαρμαντίδην τὸν Παιανιᾶ καὶ Κλειτοφῶντα τὸν Ἀριστωνύ-
μου. ἦν δ᾽ ἔνδον καὶ ὁ πατὴρ ὁ τοῦ Πολεμάρχου Κέφαλος· καὶ
c μάλα πρεσβύτης μοι ἔδοξεν εἶναι· διὰ χρόνου γὰρ καὶ ἑωράκη
αὐτόν. καθῆστο δὲ ἐστεφανωμένος ἐπί τινος προσκεφαλαίου
τε καὶ δίφρου· τεθυκὼς γὰρ ἐτύγχανεν ἐν τῇ αὐλῇ. ἐκαθεζό-
μεθα οὖν παρ᾽ αὐτόν· ἔκειντο γὰρ δίφροι τινὲς αὐτόθι κύκλῳ.

5 Εὐθὺς οὖν με ἰδὼν ὁ Κέφαλος ἠσπάζετό τε καὶ εἶπεν· Ὦ
Σώκρατες, οὐδὲ θαμίζεις ἡμῖν καταβαίνων εἰς τὸν Πειραιᾶ.
χρῆν μέντοι. εἰ μὲν γὰρ ἐγὼ ἔτι ἐν δυνάμει ἦ τοῦ ῥᾳδίως

---

c9 ἔφη τούτων F   γενέσθαι D   c10 ἐλλείπεται ADF: γρ ἐν λείπεται
A³   328a3 γε AD: δὲ F   b6 καλχηδόνιον A: χαλκηδόνιον D:
καρχηδόνιον F   c6 οὐδὲ ADF: οὔτι Astius, alii alia   c7 ἐγὼ AD
Schol.Hom.: om. F   ἦ D Schol.Hom.: ἦν AF

πορεύεσθαι πρὸς τὸ ἄστυ, οὐδὲν ἂν σὲ ἔδει δεῦρο ἰέναι, ἀλλ' **d**
ἡμεῖς ἂν παρὰ σὲ ἦμεν· νῦν δέ σε χρὴ πυκνότερον δεῦρο ἰέναι.
ὡς εὖ ἴσθι ὅτι ἔμοιγε ὅσον αἱ ἄλλαι αἱ κατὰ τὸ σῶμα ἡδοναὶ
ἀπομαραίνονται, τοσοῦτον αὔξονται αἱ περὶ τοὺς λόγους
ἐπιθυμίαι τε καὶ ἡδοναί. μὴ οὖν ἄλλως ποίει, ἀλλὰ τοῖσδέ 5
τε τοῖς νεανίσκοις σύνισθι καὶ δεῦρο παρ' ἡμᾶς φοίτα ὡς παρὰ
φίλους τε καὶ πάνυ οἰκείους.

Καὶ μήν, ἦν δ' ἐγώ, ὦ Κέφαλε, χαίρω γε διαλεγόμενος τοῖς
σφόδρα πρεσβύταις· δοκεῖ γάρ μοι χρῆναι παρ' αὐτῶν **e**
πυνθάνεσθαι, ὥσπερ τινὰ ὁδὸν προεληλυθότων ἣν καὶ ἡμᾶς
ἴσως δεήσει πορεύεσθαι, ποία τίς ἐστιν, τραχεῖα καὶ χαλεπή,
ἢ ῥᾳδία καὶ εὔπορος. καὶ δὴ καὶ σοῦ ἡδέως ἂν πυθοίμην ὅτι
σοι φαίνεται τοῦτο, ἐπειδὴ ἐνταῦθα ἤδη εἶ τῆς ἡλικίας ὃ δὴ 5
ἐπὶ γήραος οὐδῷ φασιν εἶναι οἱ ποιηταί, πότερον
χαλεπὸν τοῦ βίου, ἢ πῶς σὺ αὐτὸ ἐξαγγέλλεις.

Ἐγώ σοι, ἔφη, νὴ τὸν Δία ἐρῶ, ὦ Σώκρατες, οἷόν γέ μοι **329**
φαίνεται. πολλάκις γὰρ συνερχόμεθά τινες εἰς ταὐτὸν παρα-
πλησίαν ἡλικίαν ἔχοντες, διασῴζοντες τὴν παλαιὰν παροι-
μίαν. οἱ οὖν πλεῖστοι ἡμῶν ὀλοφύρονται συνιόντες, τὰς ἐν τῇ
νεότητι ἡδονὰς ποθοῦντες καὶ ἀναμιμνησκόμενοι περί τε 5
τἀφροδίσια καὶ περὶ πότους τε καὶ εὐωχίας καὶ ἄλλ' ἄττα ἃ
τῶν τοιούτων ἔχεται, καὶ ἀγανακτοῦσιν ὡς μεγάλων τινῶν
ἀπεστερημένοι καὶ τότε μὲν εὖ ζῶντες, νῦν δὲ οὐδὲ ζῶντες.
ἔνιοι δὲ καὶ τὰς τῶν οἰκείων προπηλακίσεις τοῦ γήρως **b**
ὀδύρονται, καὶ ἐπὶ τούτῳ δὴ τὸ γῆρας ὑμνοῦσιν ὅσων
κακῶν σφίσιν αἴτιον. ἐμοὶ δὲ δοκοῦσιν, ὦ Σώκρατες, οὗτοι
οὐ τὸ αἴτιον αἰτιᾶσθαι. εἰ γὰρ ἦν τοῦτο αἴτιον, κἂν ἐγὼ τὰ
αὐτὰ ταῦτα ἐπεπόνθη, ἕνεκά γε γήρως, καὶ οἱ ἄλλοι πάντες 5
ὅσοι ἐνταῦθα ἦλθον ἡλικίας. νῦν δ' ἔγωγε ἤδη ἐντετύχηκα οὐχ

d3 ὅτι ἔμοιγε ὅσον AD Clem. Stob.: ὅσον ἔμοιγε F αἱ ἄλλαι ADF
Clem. Stob.: om. Anaximen.Lamps. d6 τε AD Stob. Thom.Mag.:
τι F νεανίσκοις DF Stob.: νεανίαις A Thom.Mag. ξύνισθι ADF Stob.:
ξύνιθι Thom.Mag. d8 γε D Stob.: τε F: om. A e3 ὁποία Stob.
e7 αὐτὸ ADF Stob.: αὐτὸς Asl 329a3 διασώιζοντες ADF Stob.
Choric.: σωζοντες [sic] A³ a6 τε καὶ DF Stob.: καὶ A b2 τοῦτο
Stob.

οὕτως ἔχουσιν καὶ ἄλλοις, καὶ δὴ καὶ Σοφοκλεῖ ποτε τῷ
ποιητῇ παρεγενόμην ἐρωτωμένῳ ὑπό τινος· "Πῶς," ἔφη, "ὦ
c Σοφόκλεις, ἔχεις πρὸς τἀφροδίσια; ἔτι οἷός τε εἶ γυναικὶ
συγγίγνεσθαι"; καὶ ὅς, "Εὐφήμει," ἔφη, "ὦ ἄνθρωπε· ἀσμε-
νέστατα μέντοι αὐτὸ ἀπέφυγον, ὥσπερ λυττῶντά τινα καὶ
ἄγριον δεσπότην ἀποφυγών." εὖ οὖν μοι καὶ τότε ἔδοξεν
5 ἐκεῖνος εἰπεῖν, καὶ νῦν οὐχ ἧττον. παντάπασι γὰρ τῶν γε
τοιούτων ἐν τῷ γήρᾳ πολλὴ εἰρήνη γίγνεται καὶ ἐλευθερία·
ἐπειδὰν αἱ ἐπιθυμίαι παύσωνται κατατείνουσαι καὶ χαλάσω-
d σιν, παντάπασιν τὸ τοῦ Σοφοκλέους γίγνεται, δεσποτῶν πάνυ
πολλῶν ἐστι καὶ μαινομένων ἀπηλλάχθαι. ἀλλὰ καὶ τούτων
πέρι καὶ τῶν γε πρὸς τοὺς οἰκείους μία τις αἰτία ἐστίν, οὐ τὸ
γῆρας, ὦ Σώκρατες, ἀλλ' ὁ τρόπος τῶν ἀνθρώπων. ἂν μὲν
5 γὰρ κόσμιοι καὶ εὔκολοι ὦσιν, καὶ τὸ γῆρας μετρίως ἐστὶν
ἐπίπονον· εἰ δὲ μή, καὶ γῆρας, ὦ Σώκρατες, καὶ νεότης
χαλεπὴ τῷ τοιούτῳ συμβαίνει.

Καὶ ἐγὼ ἀγασθεὶς αὐτοῦ εἰπόντος ταῦτα, βουλόμενος ἔτι
e λέγειν αὐτὸν ἐκίνουν καὶ εἶπον· Ὦ Κέφαλε, οἶμαί σου τοὺς
πολλούς, ὅταν ταῦτα λέγῃς, οὐκ ἀποδέχεσθαι ἀλλ' ἡγεῖσθαί
σε ῥᾳδίως τὸ γῆρας φέρειν οὐ διὰ τὸν τρόπον ἀλλὰ διὰ τὸ
πολλὴν οὐσίαν κεκτῆσθαι· τοῖς γὰρ πλουσίοις πολλά φασι
5 παραμύθια εἶναι.

Ἀληθῆ, ἔφη, λέγεις· οὐ γὰρ ἀποδέχονται. καὶ λέγουσι μέν
τι, οὐ μέντοι γε ὅσον οἴονται. ἀλλὰ τὸ τοῦ Θεμιστοκλέους εὖ

b8 ὦ ADF Stob. IV 50: om. Theo   c1 γυναικί ADF, Plut. 525a,
Stob. III 6: γυναιξὶ Theo, Stob. IV 50, Ammian.Marc. (feminis)
c2 ὦ ADF, Theo, Stob. IV 50: om. Plut. 525a, Clem. bis
ἀσμενέστατα AF, Theo, Clem. bis, Stob. bis, Olympiod.: ἀσμεναίτατα
D Philoxenus   c3 αὐτὸ ADF, Clem. III 18, Stob. IV 50: αὐτὰ Theo,
Clem. Paed. II 95, Olympiod.   τινα ADF, Theo, Clem. III 18, Stob.
IV 50, et fortasse Athen.: om. Plut. ter, Philostr., Clem. Paed. II 95,
Stob. III 6   c4 ἀποφυγών ADF, Plut. 525a, Clem. III 18, Stob. IV
50: ἀποδράς Theo: om. Clem. Paed. II 95, Stob. III 6   c4–5 ἐκεῖνος
ἔδοξεν Stob. IV 50   d2 ἐστι ADF Stob.: secl. Stallbaum, fortasse
recte   d5 ἐστὶν AD Fpc Stob.: τι prF   d8–e1 αὐτὸν ἔτι λέγειν
Stob.   e1 σου ADF Stob.: σε A³   e3 ῥᾳδίως σε F Stob.
e4–5 φασὶ παραμυθία [sic] F Stob.: φασι τὰ παραμύθια Procl.: παραμύθια
φασὶν AD   e7 γε ὅσον ADF Arethas: ὅσον γε Procl.: ὅσον Stob.

ἔχει, ὃς τῷ Σεριφίῳ λοιδορουμένῳ καὶ λέγοντι ὅτι οὐ δι᾽
αὑτὸν ἀλλὰ διὰ τὴν πόλιν εὐδοκιμοῖ, ἀπεκρίνατο ὅτι οὔτ᾽ ἂν 330
αὐτὸς Σερίφιος ὢν ὀνομαστὸς ἐγένετο οὔτ᾽ ἐκεῖνος Ἀθηναῖος.
καὶ τοῖς δὴ μὴ πλουσίοις, χαλεπῶς δὲ τὸ γῆρας φέρουσιν, εὖ
ἔχει ὁ αὐτὸς λόγος, ὅτι οὔτ᾽ ἂν ὁ ἐπιεικὴς πάνυ τι ῥᾳδίως
γῆρας μετὰ πενίας ἐνέγκοι οὔθ᾽ ὁ μὴ ἐπιεικὴς πλουτήσας 5
εὔκολός ποτ᾽ ἂν ἑαυτῷ γένοιτο.
Πότερον δέ, ἦν δ᾽ ἐγώ, ὦ Κέφαλε, ὧν κέκτησαι τὰ πλείω
παρέλαβες ἢ ἐπεκτήσω;
Ποῖ᾽ ἐπεκτησάμην, ἔφη, ὦ Σώκρατες; μέσος τις γέγονα b
χρηματιστὴς τοῦ τε πάππου καὶ τοῦ πατρός. ὁ μὲν γὰρ
πάππος τε καὶ ὁμώνυμος ἐμοὶ σχεδόν τι ὅσην ἐγὼ νῦν οὐσίαν
κέκτημαι παραλαβὼν πολλάκις τοσαύτην ἐποίησεν, Λυσανίας
δὲ ὁ πατὴρ ἔτι ἐλάττω αὐτὴν ἐποίησε τῆς νῦν οὔσης. ἐγὼ δὲ 5
ἀγαπῶ ἐὰν μὴ ἐλάττω καταλίπω τούτοισιν, ἀλλὰ βραχεῖ γέ
τινι πλείω ἢ παρέλαβον.
Οὗ τοι ἕνεκα ἠρόμην, ἦν δ᾽ ἐγώ, ὅτι μοι ἔδοξας οὐ σφόδρα
ἀγαπᾶν τὰ χρήματα, τοῦτο δὲ ποιοῦσιν ὡς τὸ πολὺ οἳ ἂν μὴ c
αὐτοὶ κτήσωνται· οἱ δὲ κτησάμενοι διπλῇ ἢ οἱ ἄλλοι
ἀσπάζονται αὐτά. ὥσπερ γὰρ οἱ ποιηταὶ τὰ αὑτῶν ποιήματα
καὶ οἱ πατέρες τοὺς παῖδας ἀγαπῶσιν, ταύτῃ τε δὴ καὶ οἱ
χρηματισάμενοι τὰ χρήματα σπουδάζουσιν ὡς ἔργον ἑαυτῶν, 5
καὶ κατὰ τὴν χρείαν ᾗπερ οἱ ἄλλοι. χαλεποὶ οὖν καὶ
συγγενέσθαι εἰσίν, οὐδὲν ἐθέλοντες ἐπαινεῖν ἀλλ᾽ ἢ τὸν
πλοῦτον.
Ἀληθῆ, ἔφη, λέγεις.
Πάνυ μὲν οὖν, ἦν δ᾽ ἐγώ. ἀλλά μοι ἔτι τοσόνδε εἰπέ· τί d
μέγιστον οἴει ἀγαθὸν ἀπολελαυκέναι τοῦ πολλὴν οὐσίαν
κεκτῆσθαι;

e8 ὃς ADF: ὡς Stob.   330a1 εὐδοκιμοῖ AD: εὐδοκιμοίη Stob.:
εὐδοκιμεῖ F   a2 ὢν AD Plut. bis Orig. Stob.: om. F   a4 ἂν ὁ
ADF Stob.: αν Πι   πάνυ τι A: οὐ πάνυ τι F: πάνυ Πι Stob. (D deficit)
a6 ἑαυτῶι prΠι ADF: ἐναυτω Πιpc Stob.: ἐν αὐτῶι H. Richards
b1 ποῖ᾽ F: ποι Πι D: ποῖ A: ὁποῖ᾽ Tucker   b8 οὗ τοι [sic] D: οὔ
τοι A Stob.: τούτου F   c2 ἢ οἱ AF Stob.: ἢ D   c4 τε ADF: δὲ
Stob.   c5 τὰ F Stob.: περὶ τὰ AD   c6 κατὰ AD Stob.: οὐ κατὰ F

"Ο, ἦ δ' ὅς, ἴσως οὐκ ἂν πολλοὺς πείσαιμι λέγων. εὖ γὰρ
5 ἴσθι, ἔφη, ὦ Σώκρατες, ὅτι, ἐπειδάν τις ἐγγὺς ᾖ τοῦ οἴεσθαι
τελευτήσειν, εἰσέρχεται αὐτῷ δέος καὶ φροντὶς περὶ ὧν
ἔμπροσθεν οὐκ εἰσῄει. οἵ τε γὰρ λεγόμενοι μῦθοι περὶ τῶν
ἐν Ἅιδου, ὡς τὸν ἐνθάδε ἀδικήσαντα δεῖ ἐκεῖ διδόναι δίκην,
e καταγελώμενοι τέως, τότε δὴ στρέφουσιν αὐτοῦ τὴν ψυχὴν
μὴ ἀληθεῖς ὦσιν· καὶ αὐτός, ἤτοι ὑπὸ τῆς τοῦ γήρως
ἀσθενείας ἢ καὶ ὥσπερ ἤδη ἐγγυτέρω ὢν τῶν ἐκεῖ μᾶλλόν
τι καθορᾷ αὐτά, ὑποψίας δ' οὖν καὶ δείματος μεστὸς γίγνεται
5 καὶ ἀναλογίζεται ἤδη καὶ σκοπεῖ εἴ τινά τι ἠδίκηκεν. ὁ μὲν
οὖν εὑρίσκων ἑαυτοῦ ἐν τῷ βίῳ πολλὰ ἀδικήματα καὶ ἐκ τῶν
ὕπνων, ὥσπερ οἱ παῖδες, θαμὰ ἐγειρόμενος δειμαίνει καὶ ζῇ
331 μετὰ κακῆς ἐλπίδος· τῷ δὲ μηδὲν ἑαυτῷ ἄδικον συνειδότι
ἡδεῖα ἐλπὶς ἀεὶ πάρεστι καὶ ἀγαθὴ γηροτρόφος, ὡς καὶ
Πίνδαρος λέγει. χαριέντως γάρ τοι, ὦ Σώκρατες, τοῦτ'
ἐκεῖνος εἶπεν, ὅτι ὃς ἂν δικαίως καὶ ὁσίως τὸν βίον διαγάγῃ,

5   γλυκεῖά οἱ καρδίαν
ἀτάλλοισα γηροτρόφος συναορεῖ
ἐλπίς, ἃ μάλιστα θνατῶν
πολύστροφον γνώμαν κυβερνᾷ.

εὖ οὖν λέγει θαυμαστῶς ὡς σφόδρα. πρὸς δὴ τοῦτ' ἔγωγε
10 τίθημι τὴν τῶν χρημάτων κτῆσιν πλείστου ἀξίαν εἶναι, οὔ τι
b παντὶ ἀνδρὶ ἀλλὰ τῷ ἐπιεικεῖ. τὸ γὰρ μηδὲ ἄκοντά τινα

d4 ἄλλους καὶ πολλοὺς fere Stob.   d7 ἔμπροσθεν AD: ἐν τῷ
πρόσθεν F Iustin. Stob.   d8 δεῖ ADF Stob.: δέοι Iustin.   e3 ἤδη
ADF Stob.: om. Iustin.   e4 τι ADF Stob.: om. Iustin.   καθορᾶι
ADF Iustin. Stob.: καθορῶν H. Richards   δ' οὖν A Dsl Stob.(AM): γοῦν
Iustin.: οὖν DF Stob.(S)   e5 ἠδίκηκεν AF Stob.: ἠδίκησεν Asl
D Iustin.   331a1 κακῆς ADF Clem. Stob. Choric. Niceph.: κακῆς
τῆς Iustin.   a2 ἡδεῖα ADF Stob. Niceph.: γλυκεῖα Iustin. Themist.
Chor.   prius καὶ ADF Iustin. Themist. cett.: secl. Hettinger   ὡς AD
Niceph.: ὥσπερ F Iustin. Stob.   a3 τοι ADF Iustin.: om. Stob.
a4 δικαίως καὶ ὁσίως ADF Stob. Niceph.: ὁσίως καὶ δικαίως Iustin.
a5–8 Pind. fr. 214   a6 ἀτάλλοισα AD Synes. Stob. cett.:
ἀτάλλουσα F: ἀτιτάλλοισα Iustin.   a10 τι που Stob.
b1 ἐπιεικεῖ ADF Stob.(SM): ἐπιεικεῖ καὶ κοσμίῳ Stob.(A)

ἐξαπατῆσαι ἢ ψεύσασθαι, μηδ' αὖ ὀφείλοντα ἢ θεῷ θυσίας
τινὰς ἢ ἀνθρώπῳ χρήματα ἔπειτα ἐκεῖσε ἀπιέναι δεδιότα,
μέγα μέρος εἰς τοῦτο ἡ τῶν χρημάτων κτῆσις συμβάλλεται.
ἔχει δὲ καὶ ἄλλας χρείας πολλάς, ἀλλά γε ἓν ἀνθ' ἑνὸς οὐκ 5
ἐλάχιστον ἔγωγε θείην ἂν εἰς τοῦτο ἀνδρὶ νοῦν ἔχοντι, ὦ
Σώκρατες, πλοῦτον χρησιμώτατον εἶναι.
Παγκάλως, ἦν δ' ἐγώ, λέγεις, ὦ Κέφαλε. τοῦτο δ' αὐτό, c
τὴν δικαιοσύνην, πότερα τὴν ἀλήθειαν αὐτὸ φήσομεν εἶναι
ἁπλῶς οὕτως καὶ τὸ ἀποδιδόναι ἄν τίς τι παρά του λάβῃ, ἢ
καὶ αὐτὰ ταῦτα ἔστιν ἐνίοτε μὲν δικαίως, ἐνίοτε δὲ ἀδίκως
ποιεῖν; οἷον τοιόνδε λέγω· πᾶς ἄν που εἴποι, εἴ τις λάβοι παρὰ 5
φίλου ἀνδρὸς σωφρονοῦντος ὅπλα, εἰ μανεὶς ἀπαιτοῖ, ὅτι οὔτε
χρὴ τὰ τοιαῦτα ἀποδιδόναι, οὔτε δίκαιος ἂν εἴη ὁ ἀποδιδούς,
οὐδ' αὖ πρὸς τὸν οὕτως ἔχοντα πάντα ἐθέλων τἀληθῆ λέγειν.
Ὀρθῶς, ἔφη, λέγεις.   d
Οὐκ ἄρα οὗτος ὅρος ἐστὶν δικαιοσύνης, ἀληθῆ τε λέγειν καὶ
ἃ ἂν λάβῃ τις ἀποδιδόναι.
Πάνυ μὲν οὖν, ἔφη, ὦ Σώκρατες, ὑπολαβὼν ὁ Πολέ-
μαρχος, εἴπερ γέ τι χρὴ Σιμωνίδῃ πείθεσθαι.   5
Καὶ μέντοι, ἔφη ὁ Κέφαλος, καὶ παραδίδωμι ὑμῖν τὸν
λόγον· δεῖ γάρ με ἤδη τῶν ἱερῶν ἐπιμεληθῆναι.
Οὐκοῦν, ἔφη, ἐγώ, ὁ Πολέμαρχος, τῶν γε σῶν κληρονό-
μος;
Πάνυ γε, ἦ δ' ὃς γελάσας, καὶ ἅμα ᾔει πρὸς τὰ ἱερά.   10
Λέγε δή, εἶπον ἐγώ, σὺ ὁ τοῦ λόγου κληρονόμος, τί φὴς τὸν e
Σιμωνίδην λέγοντα ὀρθῶς λέγειν περὶ δικαιοσύνης;
Ὅτι, ἦ δ' ὅς, τὸ τὰ ὀφειλόμενα ἑκάστῳ ἀποδιδόναι δίκαιόν
ἐστι· τοῦτο λέγων δοκεῖ ἔμοιγε καλῶς λέγειν.
Ἀλλὰ μέντοι, ἦν δ' ἐγώ, Σιμωνίδῃ γε οὐ ῥᾴδιον ἀπιστεῖν, 5
σοφὸς γὰρ καὶ θεῖος ἀνήρ· τοῦτο μέντοι ὅτι ποτὲ λέγει, σὺ
μέν, ὦ Πολέμαρχε, ἴσως γιγνώσκεις, ἐγὼ δὲ ἀγνοῶ. δῆλον

b5 γε ἓν ADF: ἔν γε Stob.   c4 ταῦτα post c3 του praeb. F
c6 καὶ σωφρονοῦντος F   c8 πάντα om. F   d8 ἐγὼ ἔφη F
e1 δή μοι F   e3 τὸ AD Choric.: om. F   e4 ἔμοιγε A: ἐμοὶ D: μοι
γε [sic] F   e6 γὰρ om. D   ἀνήρ A prF: ὁ ἀνήρ D Fpc

γὰρ ὅτι οὐ τοῦτο λέγει, ὅπερ ἄρτι ἐλέγομεν, τό τινος
παρακαταθεμένου τι ὁτωοῦν μὴ σωφρόνως ἀπαιτοῦντι ἀπο-
332 διδόναι. καίτοι γε ὀφειλόμενόν πού ἐστιν τοῦτο ὃ παρακα-
τέθετο. ἦ γάρ;

Ναί.

Ἀποδοτέον δέ γε οὐδ᾽ ὁπωστιοῦν τότε ὁπότε τις μὴ
5 σωφρόνως ἀπαιτοῖ;

Ἀληθῆ, ἦ δ᾽ ὅς.

Ἄλλο δή τι ἢ τὸ τοιοῦτον, ὡς ἔοικεν, λέγει Σιμωνίδης τὸ
τὰ ὀφειλόμενα δίκαιον εἶναι ἀποδιδόναι.

Ἄλλο μέντοι νὴ Δί᾽, ἔφη· τοῖς γὰρ φίλοις οἴεται ὀφείλειν
10 τοὺς φίλους ἀγαθὸν μέν τι δρᾶν, κακὸν δὲ μηδέν.

Μανθάνω, ἦν δ᾽ ἐγώ, ὅτι οὐ τὰ ὀφειλόμενα ἀποδίδωσιν ὃς
b ἄν τῳ χρυσίον ἀποδῷ παρακαταθεμένῳ, ἐάνπερ ἡ ἀπόδοσις
καὶ ἡ λῆψις βλαβερὰ γίγνηται, φίλοι δὲ ὦσιν ὅ τε ἀπολαμ-
βάνων καὶ ὁ ἀποδιδούς· οὐχ οὕτω λέγειν φῂς τὸν Σιμωνίδην;
Πάνυ μὲν οὖν.

5 Τί δέ; τοῖς ἐχθροῖς ἀποδοτέον ὅτι ἂν τύχῃ ὀφειλόμενον;

Παντάπασι μὲν οὖν, ἔφη, ὅ γε ὀφείλεται αὐτοῖς· ὀφείλεται
δέ γε, οἶμαι, παρά γε τοῦ ἐχθροῦ τῷ ἐχθρῷ ὅπερ καὶ
προσήκει, κακόν τι.

Ἠινίξατο ἄρα, ἦν δ᾽ ἐγώ, ὡς ἔοικεν, ὁ Σιμωνίδης
c ποιητικῶς τὸ δίκαιον ὃ εἴη. διενοεῖτο μὲν γάρ, ὡς φαίνεται,
ὅτι τοῦτ᾽ εἴη δίκαιον, τὸ προσῆκον ἑκάστῳ ἀποδιδόναι, τοῦτο
δὲ ὠνόμασεν ὀφειλόμενον.

Ἀλλὰ τί οἴει; ἔφη.

5 Πρὸς Διός, ἦν δ᾽ ἐγώ, εἰ οὖν τις αὐτὸν ἤρετο· "Ὦ
Σιμωνίδη, ἡ τίσιν οὖν τί ἀποδιδοῦσα ὀφειλόμενον καὶ
προσῆκον τέχνη ἰατρικὴ καλεῖται;" τί ἂν οἴει ἡμῖν αὐτὸν
ἀποκρίνασθαι;

332a1 γε post ὀφειλόμενόν transp. Hoefer   a5 ἀπαιτεῖ Madvig
b1 τωι χρυσίον Apc: τωι χρυσίωι prA D: τὸ χρυσίον F   b7 δέ γε ADF:
δὲ Bessarion   c3 ὀφειλόμενον: prA, alt. interloc. indicans: ὀφειλόμενον·
Apc: ὀφειλόμενον. DF   c4 ἔφη: prA, alt. interloc. indicans: ἔφη Apc
DF: interrogationem Socrati continuat, ἔφη pro assensit accepit Madvig
c5 πρὸς διός D: ὦ πρὸς διὸς AF

Δῆλον ὅτι, ἔφη, ἡ σώμασιν φάρμακά τε καὶ σιτία καὶ ποτά.
Ἡ δὲ τίσιν τί ἀποδιδοῦσα ὀφειλόμενον καὶ προσῆκον τέχνη 10
μαγειρικὴ καλεῖται;
Ἡ τοῖς ὄψοις τὰ ἡδύσματα.   d
Εἶεν· ἡ οὖν δὴ τίσιν τί ἀποδιδοῦσα τέχνη δικαιοσύνη ἂν
καλοῖτο;
Εἰ μέν τι, ἔφη, δεῖ ἀκολουθεῖν, ὦ Σώκρατες, τοῖς
ἔμπροσθεν εἰρημένοις, ἡ τοῖς φίλοις τε καὶ ἐχθροῖς ὠφελίας 5
τε καὶ βλάβας ἀποδιδοῦσα.
Τὸ τοὺς φίλους ἄρα εὖ ποιεῖν καὶ τοὺς ἐχθροὺς κακῶς
δικαιοσύνην λέγει;
Δοκεῖ μοι.
Τίς οὖν δυνατώτατος κάμνοντας φίλους εὖ ποιεῖν καὶ 10
ἐχθροὺς κακῶς πρὸς νόσον καὶ ὑγίειαν;
Ἰατρός.
Τίς δὲ πλέοντας πρὸς τὸν τῆς θαλάττης κίνδυνον;   e
Κυβερνήτης.
Τί δὲ ὁ δίκαιος; ἐν τίνι πράξει καὶ πρὸς τί ἔργον
δυνατώτατος φίλους ὠφελεῖν καὶ ἐχθροὺς βλάπτειν;
Ἐν τῷ προσπολεμεῖν καὶ ἐν τῷ συμμαχεῖν, ἔμοιγε δοκεῖ. 5
Εἶεν· μὴ κάμνουσί γε μήν, ὦ φίλε Πολέμαρχε, ἰατρὸς
ἄχρηστος.
Ἀληθῆ.
Καὶ μὴ πλέουσι δὴ κυβερνήτης.
Ναί.   10
Ἄρα καὶ τοῖς μὴ πολεμοῦσιν ὁ δίκαιος ἄχρηστος;
Οὐ πάνυ μοι δοκεῖ τοῦτο.
Χρήσιμον ἄρα καὶ ἐν εἰρήνῃ δικαιοσύνη;   333
Χρήσιμον.
Καὶ γὰρ γεωργία· ἢ οὔ;
Ναί.
Πρός γε καρποῦ κτῆσιν;   5
Ναί.

Καὶ μὴν καὶ σκυτοτομική;

Ναί.

Πρός γε ὑποδημάτων ἄν, οἶμαι, φαίης κτῆσιν;

10 Πάνυ γε.

Τί δὲ δή; τὴν δικαιοσύνην πρὸς τίνος χρείαν ἢ κτῆσιν ἐν
εἰρήνῃ φαίης ἂν χρήσιμον εἶναι;

Πρὸς τὰ συμβόλαια, ὦ Σώκρατες.

Συμβόλαια δὲ λέγεις κοινωνήματα ἤ τι ἄλλο;

15 Κοινωνήματα δῆτα.

b Ἆρ᾽ οὖν ὁ δίκαιος ἀγαθὸς καὶ χρήσιμος κοινωνὸς εἰς
πεττῶν θέσιν, ἢ ὁ πεττευτικός;

Ὁ πεττευτικός.

Ἀλλ᾽ εἰς πλίνθων καὶ λίθων θέσιν ὁ δίκαιος χρησιμώτερός
5 τε καὶ ἀμείνων κοινωνὸς τοῦ οἰκοδομικοῦ;

Οὐδαμῶς.

Ἀλλ᾽ εἰς τίνα δὴ κοινωνίαν ὁ δίκαιος ἀμείνων κοινωνὸς τοῦ
κιθαριστικοῦ, ὥσπερ ὁ κιθαριστικὸς τοῦ δικαίου εἰς κρου-
μάτων;

10 Εἰς ἀργυρίου, ἔμοιγε δοκεῖ.

Πλήν γ᾽ ἴσως, ὦ Πολέμαρχε, πρὸς τὸ χρῆσθαι ἀργυρίῳ,
c ὅταν δέῃ ἀργυρίου κοινῇ πρίασθαι ἢ ἀποδόσθαι ἵππον· τότε
δέ, ὡς ἐγὼ οἶμαι, ὁ ἱππικός. ἦ γάρ;

Φαίνεται.

Καὶ μὴν ὅταν γε πλοῖον, ὁ ναυπηγὸς ἢ ὁ κυβερνήτης;

5 Ἔοικεν.

Ὅταν οὖν τί δέῃ ἀργυρίῳ ἢ χρυσίῳ κοινῇ χρῆσθαι, ὁ
δίκαιος χρησιμώτερος τῶν ἄλλων;

Ὅταν παρακαταθέσθαι καὶ σῶν εἶναι, ὦ Σώκρατες.

Οὐκοῦν λέγεις ὅταν μηδὲν δέῃ αὐτῷ χρῆσθαι ἀλλὰ κεῖσθαι;

10 Πάνυ γε.

Ὅταν ἄρα ἄχρηστον ᾖ ἀργύριον, τότε χρήσιμος ἐπ᾽ αὐτῷ ἡ
d δικαιοσύνη;

Κινδυνεύει.

333b7 τίνος H. Richards   b8 κιθαριστικοῦ AF: οἰκοδομικοῦ τε καὶ
κιθαριστικοῦ D   c2 ὁ om. F

Καὶ ὅταν δὴ δρέπανον δέῃ φυλάττειν, ἡ δικαιοσύνη
χρήσιμος καὶ κοινῇ καὶ ἰδίᾳ· ὅταν δὲ χρῆσθαι, ἡ ἀμπελουρ-
γική;   5
Φαίνεται.

Φήσεις δὲ καὶ ἀσπίδα καὶ λύραν ὅταν δέῃ φυλάττειν καὶ
μηδὲν χρῆσθαι, χρήσιμον εἶναι τὴν δικαιοσύνην, ὅταν δὲ
χρῆσθαι, τὴν ὁπλιτικὴν καὶ τὴν μουσικήν;
Ἀνάγκη.   10
Καὶ περὶ τἆλλα δὴ πάντα ἡ δικαιοσύνη ἑκάστου ἐν μὲν
χρήσει ἄχρηστος, ἐν δὲ ἀχρηστίᾳ χρήσιμος;
Κινδυνεύει.

Οὐκ ἂν οὖν, ὦ φίλε, πάνυ γέ τι σπουδαῖον εἴη ἡ δικαιοσύνη,   e
εἰ πρὸς τὰ ἄχρηστα χρήσιμον ὂν τυγχάνει. τόδε δὲ σκεψώ-
μεθα. ἆρ᾽ οὐχ ὁ πατάξαι δεινότατος ἐν μάχῃ εἴτε πυκτικῇ εἴτε
τινὶ καὶ ἄλλῃ, οὗτος καὶ φυλάξασθαι;
Πάνυ γε.   5
Ἆρ᾽ οὖν καὶ νόσον ὅστις δεινὸς φυλάξασθαι, καὶ λαθεῖν
οὗτος δεινότατος ἐμποιήσας;
Ἔμοιγε δοκεῖ.
Ἀλλὰ μὴν στρατοπέδου γε ὁ αὐτὸς φύλαξ ἀγαθὸς ὅσπερ   334
καὶ τὰ τῶν πολεμίων κλέψαι καὶ βουλεύματα καὶ τὰς ἄλλας
πράξεις;
Πάνυ γε.
Ὅτου τις ἄρα δεινὸς φύλαξ, τούτου καὶ φὼρ δεινός.   5
Ἔοικεν.
Εἰ ἄρα ὁ δίκαιος ἀργύριον δεινὸς φυλάττειν, καὶ κλέπτειν
δεινός.
Ὡς γοῦν ὁ λόγος, ἔφη, σημαίνει.
Κλέπτης ἄρα τις ὁ δίκαιος, ὡς ἔοικεν, ἀναπέφανται, καὶ   10
κινδυνεύεις παρ᾽ Ὁμήρου μεμαθηκέναι αὐτό· καὶ γὰρ ἐκεῖνος

d3 δὴ AD Fsl: om. F   δέῃ F: δέοι AD   d7–8 καὶ μηδὲν A: καὶ μὴ
D: μὴ F   d11 ἑκάστου AD: ἡ ἑκάστου F   e1 οὐκ ἂν οὖν Amg (sed
potest scholium in οὔκουν esse): οὔκουν ADF   e3 δεινότατος AD:
δυνατώτατος F   e6 λαθεῖν et e7 ἐμποιήσας Schneider: λαθεῖν,—
ἐμποιῆσαι ADF: λαθὼν—ἐμποιῆσαι Tucker, alii alia   334a4 πάνυ γε
om. F

b τὸν τοῦ Ὀδυσσέως πρὸς μητρὸς πάππον Αὐτόλυκον ἀγαπᾷ τε
καί φησιν αὐτὸν πάντας ἀ ν θ ρ ώ π ο υ ς κ ε κ ά σ θ α ι κ λ ε -
π τ ο σ ύ ν ῃ θ ' ὅ ρ κ ῳ τ ε. ἔοικεν οὖν ἡ δικαιοσύνη καὶ κατὰ
σὲ καὶ καθ᾽ Ὅμηρον καὶ κατὰ Σιμωνίδην κλεπτική τις εἶναι,
5 ἐπ᾽ ὠφελίᾳ μέντοι τῶν φίλων καὶ ἐπὶ βλάβῃ τῶν ἐχθρῶν. οὐχ
οὕτως ἔλεγες;
  Οὐ μὰ τὸν Δί᾽, ἔφη, ἀλλ᾽ οὐκέτι οἶδα ἔγωγε ὅτι ἔλεγον.
τοῦτο μέντοι ἔμοιγε δοκεῖ ἔτι, ὠφελεῖν μὲν τοὺς φίλους ἡ
δικαιοσύνη, βλάπτειν δὲ τοὺς ἐχθρούς.

c Φίλους δὲ λέγεις εἶναι πότερον τοὺς δοκοῦντας ἑκάστῳ
χρηστοὺς εἶναι, ἢ τοὺς ὄντας, κἂν μὴ δοκῶσι, καὶ ἐχθροὺς
ὡσαύτως;
  Εἰκὸς μέν, ἔφη, οὓς ἄν τις ἡγῆται χρηστοὺς φιλεῖν, οὓς δ᾽
5 ἂν πονηροὺς μισεῖν.
  Ἆρ᾽ οὖν οὐχ ἁμαρτάνουσιν οἱ ἄνθρωποι περὶ τοῦτο, ὥστε
δοκεῖν αὐτοῖς πολλοὺς μὲν χρηστοὺς εἶναι μὴ ὄντας, πολλοὺς
δὲ τοὐναντίον;
  Ἁμαρτάνουσιν.
10 Τούτοις ἄρα οἱ μὲν ἀγαθοὶ ἐχθροί, οἱ δὲ κακοὶ φίλοι;
  Πάνυ γε.
  Ἀλλ᾽ ὅμως δίκαιον τότε τούτοις τοὺς μὲν πονηροὺς
ὠφελεῖν, τοὺς δὲ ἀγαθοὺς βλάπτειν;
  Φαίνεται.

d Ἀλλὰ μὴν οἵ γε ἀγαθοὶ δίκαιοί τε καὶ οἷοι μὴ ἀδικεῖν;
  Ἀληθῆ.
  Κατὰ δὴ τὸν σὸν λόγον τοὺς μηδὲν ἀδικοῦντας δίκαιον
κακῶς ποιεῖν.
5 Μηδαμῶς, ἔφη, ὦ Σώκρατες· πονηρὸς γὰρ ἔοικεν εἶναι ὁ
λόγος.
  Τοὺς ἀδίκους ἄρα, ἦν δ᾽ ἐγώ, δίκαιον βλάπτειν, τοὺς δὲ
δικαίους ὠφελεῖν;
  Οὗτος ἐκείνου καλλίων φαίνεται.

b2 ὑπὲρ πάντας F   Od. τ 395 sq.   b8 ὠφελεῖν A: ὠφελεῖ DF
b9 βλάπτειν AF: βλάπτει D   d1 γε Apc DF: τε prA   d7 ἀδίκους
A: ἀδικοῦντας DF

Πολλοῖς ἄρα, ὦ Πολέμαρχε, συμβήσεται, ὅσοι διημαρτή- 10
κασιν τῶν ἀνθρώπων, δίκαιον εἶναι τοὺς μὲν φίλους βλάπτειν, e
πονηροὶ γὰρ αὐτοῖς εἰσιν, τοὺς δ' ἐχθροὺς ὠφελεῖν, ἀγαθοὶ
γάρ· καὶ οὕτως ἐροῦμεν αὐτὸ τοὐναντίον ἢ τὸν Σιμωνίδην
ἔφαμεν λέγειν.

Καὶ μάλα, ἔφη, οὕτω συμβαίνει. ἀλλὰ μεταθώμεθα· 5
κινδυνεύομεν γὰρ οὐκ ὀρθῶς τὸν φίλον καὶ ἐχθρὸν θέσθαι.

Πῶς θέμενοι, ὦ Πολέμαρχε;

Τὸν δοκοῦντα χρηστόν, τοῦτον φίλον εἶναι.

Νῦν δὲ πῶς, ἦν δ' ἐγώ, μεταθώμεθα;

Τὸν δοκοῦντά τε, ἦ δ' ὅς, καὶ τὸν ὄντα χρηστὸν φίλον· τὸν 10
δὲ δοκοῦντα μέν, ὄντα δὲ μή, δοκεῖν ἀλλὰ μὴ εἶναι φίλον. καὶ 335
περὶ τοῦ ἐχθροῦ δὲ ἡ αὐτὴ θέσις.

Φίλος μὲν δή, ὡς ἔοικε, τούτῳ τῷ λόγῳ ὁ ἀγαθὸς ἔσται,
ἐχθρὸς δὲ ὁ πονηρός.

Ναί. 5

Κελεύεις δὴ ἡμᾶς προσθεῖναι τῷ δικαίῳ ἢ ὡς τὸ πρῶτον
ἐλέγομεν, λέγοντες δίκαιον εἶναι τὸν μὲν φίλον εὖ ποιεῖν, τὸν
δ' ἐχθρὸν κακῶς, νῦν πρὸς τούτῳ ὧδε λέγειν, τὸν μὲν φίλον
ἀγαθὸν ὄντα εὖ ποιεῖν, τὸν δ' ἐχθρὸν κακὸν ὄντα βλάπτειν;

Πάνυ μὲν οὖν, ἔφη, οὕτως ἄν μοι δοκεῖ καλῶς λέγεσθαι. b

Ἔστιν ἄρα, ἦν δ' ἐγώ, δικαίου ἀνδρὸς βλάπτειν καὶ
ὁντινοῦν ἀνθρώπων;

Καὶ πάνυ γε, ἔφη· τούς γε πονηρούς τε καὶ ἐχθροὺς δεῖ
βλάπτειν. 5

Βλαπτόμενοι δ' ἵπποι βελτίους ἢ χείρους γίγνονται;

Χείρους.

Ἆρα εἰς τὴν τῶν κυνῶν ἀρετήν, ἢ εἰς τὴν τῶν ἵππων;

Εἰς τὴν τῶν ἵππων.

Ἆρ' οὖν καὶ κύνες βλαπτόμενοι χείρους γίγνονται εἰς τὴν 10
τῶν κυνῶν ἀλλ' οὐκ εἰς τὴν τῶν ἵππων ἀρετήν;

d10 πολλοὺς F   e2 αὐτοῖς Apr F: αὐτοί D Fpc   e6 τὸν ἐχθρὸν F
e10 τὸν ὄντα ADF: ὄντα Bremi   335a6 ἄλλο προσθεῖναι Laur.85.7pc
ἢ ὡς ADF: ὡς Faesi: ὦι Wilamowitz, alii alia   a8 τούτωι AD: τοῦτο F
λέγειν F: λέγειν ὅτι ἔστιν δίκαιον AD   b3 ἀνθρώπων om. F, add. Fpc
aut f   b4 τούς τε πονηροὺς καὶ F

Ἀνάγκη.

c Ἀνθρώπους δέ, ὦ ἑταῖρε, μὴ οὕτω φῶμεν, βλαπτομένους
εἰς τὴν ἀνθρωπείαν ἀρετὴν χείρους γίγνεσθαι;
Πάνυ μὲν οὖν.
Ἀλλ' ἡ δικαιοσύνη οὐκ ἀνθρωπεία ἀρετή;
5 Καὶ τοῦτ' ἀνάγκη.
Καὶ τοὺς βλαπτομένους ἄρα, ὦ φίλε, τῶν ἀνθρώπων
ἀνάγκη ἀδικωτέρους γίγνεσθαι.
Ἔοικεν.
Ἆρ' οὖν τῇ μουσικῇ οἱ μουσικοὶ ἀμούσους δύνανται ποιεῖν;
10 Ἀδύνατον.
Ἀλλὰ τῇ ἱππικῇ οἱ ἱππικοὶ ἀφίππους;
Οὐκ ἔστιν.
Ἀλλὰ τῇ δικαιοσύνῃ δὴ οἱ δίκαιοι ἀδίκους; ἢ καὶ
d συλλήβδην ἀρετῇ οἱ ἀγαθοὶ κακούς;
Ἀλλὰ ἀδύνατον.
Οὐ γὰρ θερμότητος, οἶμαι, ἔργον ψύχειν ἀλλὰ τοῦ ἐναν-
τίου.
5 Ναί.
Οὐδὲ ξηρότητος ὑγραίνειν ἀλλὰ τοῦ ἐναντίου.
Πάνυ γε.
Οὐδὲ δὴ τοῦ ἀγαθοῦ βλάπτειν ἀλλὰ τοῦ ἐναντίου.
Φαίνεται.
10 Ὁ δέ γε δίκαιος ἀγαθός;
Πάνυ γε.
Οὐκ ἄρα τοῦ δικαίου βλάπτειν ἔργον, ὦ Πολέμαρχε, οὔτε
φίλον οὔτ' ἄλλον οὐδένα, ἀλλὰ τοῦ ἐναντίου, τοῦ ἀδίκου.
e Παντάπασί μοι δοκεῖς ἀληθῆ λέγειν, ἔφη, ὦ Σώκρατες.
Εἰ ἄρα τὰ ὀφειλόμενα ἑκάστῳ ἀποδιδόναι φησίν τις
δίκαιον εἶναι, τοῦτο δὲ δὴ νοεῖ αὐτῷ τοῖς μὲν ἐχθροῖς βλάβην
ὀφείλεσθαι παρὰ τοῦ δικαίου ἀνδρός, τοῖς δὲ φίλοις ὠφελίαν,
5 οὐκ ἦν σοφὸς ὁ ταῦτα εἰπών. οὐ γὰρ ἀληθῆ ἔλεγεν· οὐδαμοῦ
γὰρ δίκαιον οὐδένα ἡμῖν ἐφάνη ὂν βλάπτειν.

d5 ναί om. F   d6 post τοῦ ἐναντίου add. τοῦ ἀδίκου D,
d7–8 omissis

Συγχωρῶ, ἦ δ' ὅς.

Μαχούμεθα ἄρα, ἦν δ' ἐγώ, κοινῇ ἐγώ τε καὶ σύ, ἐάν τις
αὐτὸ φῇ ἢ Σιμωνίδην ἢ Βίαντα ἢ Πιττακὸν εἰρηκέναι ἤ τιν'
ἄλλον τῶν σοφῶν τε καὶ μακαρίων ἀνδρῶν.   10
Ἐγὼ γοῦν, ἔφη, ἕτοιμός εἰμι κοινωνεῖν τῆς μάχης.

Ἀλλ' οἶσθα, ἦν δ' ἐγώ, οὗ μοι δοκεῖ εἶναι τὸ ῥῆμα, τὸ φάναι   336
δίκαιον εἶναι τοὺς μὲν φίλους ὠφελεῖν, τοὺς δ' ἐχθροὺς
βλάπτειν;

Τίνος; ἔφη.

Οἶμαι αὐτὸ Περιάνδρου εἶναι ἢ Περδίκκου ἢ Ξέρξου ἢ   5
Ἰσμηνίου τοῦ Θηβαίου ἤ τινος ἄλλου μέγα οἰομένου δύνασθαι
πλουσίου ἀνδρός.

Ἀληθέστατα, ἔφη, λέγεις.

Εἶεν, ἦν δ' ἐγώ· ἐπειδὴ δὲ οὐδὲ τοῦτο ἐφάνη ἡ δικαιοσύνη
ὂν οὐδὲ τὸ δίκαιον, τί ἂν ἄλλο τις αὐτὸ φαίη εἶναι;   10

Καὶ ὁ Θρασύμαχος πολλάκις μὲν καὶ διαλεγομένων ἡμῶν   b
μεταξὺ ὥρμα ἀντιλαμβάνεσθαι τοῦ λόγου, ἔπειτα ὑπὸ τῶν
παρακαθημένων διεκωλύετο βουλομένων διακοῦσαι τὸν
λόγον· ὡς δὲ διεπαυσάμεθα καὶ ἐγὼ ταῦτ' εἶπον, οὐκέτι
ἡσυχίαν ἦγεν, ἀλλὰ συστρέψας ἑαυτὸν ὥσπερ θηρίον ἧκεν   5
ἐφ' ἡμᾶς ὡς διαρπασόμενος. καὶ ἐγώ τε καὶ ὁ Πολέμαρχος
δείσαντες διεπτοήθημεν· ὁ δ' εἰς τὸ μέσον φθεγξάμενος, Τίς,
ἔφη, ὑμᾶς πάλαι φλυαρία ἔχει, ὦ Σώκρατες; καὶ τί εὐηθίζε-   c
σθε πρὸς ἀλλήλους ὑποκατακλινόμενοι ὑμῖν αὐτοῖς; ἀλλ' εἴπερ
ὡς ἀληθῶς βούλει εἰδέναι τὸ δίκαιον ὅτι ἐστί, μὴ μόνον ἐρώτα
μηδὲ φιλοτιμοῦ ἐλέγχων ἐπειδάν τίς τι ἀποκρίνηται,
ἐγνωκὼς τοῦτο, ὅτι ῥᾷον ἐρωτᾶν ἢ ἀποκρίνεσθαι, ἀλλὰ καὶ   5
αὐτὸς ἀπόκριναι καὶ εἰπὲ τί φῂς εἶναι τὸ δίκαιον. καὶ ὅπως
μοι μὴ ἐρεῖς ὅτι τὸ δέον ἐστὶν μηδ' ὅτι τὸ ὠφέλιμον μηδ' ὅτι   d
τὸ λυσιτελοῦν μηδ' ὅτι τὸ κερδαλέον μηδ' ὅτι τὸ συμφέρον,

---

e8 ἄρα om. F   336a1 οὗτινός F   a9 οὐδὲ A: οὐ F: om. D
a10 ἂν om. D   b4 διεπαυσάμεθα ADF: δὴ ἐπαυσάμεθα Cobet cf.
Choric.   b5 ἧκεν ADF: ᾗττεν J. L. V. Hartman   b7 τὸ om.
Choric.   d1 δέον AF, Clit.409c2, Orig.: δίκαιον D

ἀλλὰ σαφῶς μοι καὶ ἀκριβῶς λέγε ὅτι ἂν λέγῃς· ὡς ἐγὼ οὐκ
ἀποδέξομαι ἐὰν ὕθλους τοιούτους λέγῃς.

5 Καὶ ἐγὼ ἀκούσας ἐξεπλάγην καὶ προσβλέπων αὐτὸν
ἐφοβούμην, καί μοι δοκῶ, εἰ μὴ πρότερος ἑωράκη αὐτὸν ἢ
'κεῖνος ἐμέ, ἄφωνος ἂν γενέσθαι. νῦν δὲ ἡνίκα ὑπὸ τοῦ λόγου
ἤρχετο ἐξαγριαίνεσθαι, προσέβλεψα αὐτὸν πρότερος, ὥστε
e αὐτῷ οἷός τ' ἐγενόμην ἀποκρίνασθαι, καὶ εἶπον ὑποτρέμων·
Ὦ Θρασύμαχε, μὴ χαλεπὸς ἡμῖν ἴσθι· εἰ γὰρ ἐξαμαρτάνομεν
ἐν τῇ τῶν λόγων σκέψει ἐγώ τε καὶ ὅδε, εὖ ἴσθι ὅτι ἄκοντες
ἁμαρτάνομεν. μὴ γὰρ δὴ οἴου, εἰ μὲν χρυσίον ἐζητοῦμεν, οὐκ
5 ἄν ποτε ἡμᾶς ἑκόντας εἶναι ὑποκατακλίνεσθαι ἀλλήλοις ἐν τῇ
ζητήσει καὶ διαφθείρειν τὴν εὕρεσιν αὐτοῦ, δικαιοσύνην δὲ
ζητοῦντας, πρᾶγμα πολλῶν χρυσίων τιμιώτερον, ἔπειθ'
οὕτως ἀνοήτως ὑπείκειν ἀλλήλοις καὶ οὐ σπουδάζειν ὅτι
μάλιστα φανῆναι αὐτό· οἴου γε σύ, ὦ φίλε. ἀλλ', οἶμαι, οὐ
337 δυνάμεθα. ἐλεεῖσθαι οὖν ἡμᾶς πολὺ μᾶλλον εἰκός ἐστίν που
ὑπὸ ὑμῶν τῶν δεινῶν ἢ χαλεπαίνεσθαι.

Καὶ ὃς ἀκούσας ἀνεκάκχασέ τε μάλα σαρδάνιον καὶ εἶπεν·
Ὦ Ἡράκλεις, ἔφη, αὕτη 'κείνη ἡ εἰωθυῖα εἰρωνεία Σωκρά-
5 τους, καὶ ταῦτ' ἐγὼ ᾔδη τε καὶ τούτοις προύλεγον, ὅτι σὺ
ἀποκρίνασθαι μὲν οὐκ ἐθελήσοις, εἰρωνεύσοιο δὲ καὶ πάντα
μᾶλλον ποιήσοις ἢ ἀποκρινοῖο, εἴ τίς τί σ' ἐρωτᾷ.

Σοφὸς γὰρ εἶ, ἦν δ' ἐγώ, ὦ Θρασύμαχε· εὖ οὖν ᾔδησθα ὅτι
b εἴ τινα ἔροιο ὁπόσα ἐστὶν τὰ δώδεκα, καὶ ἐρόμενος προείποις
αὐτῷ· "Ὅπως μοι, ὦ ἄνθρωπε, μὴ ἐρεῖς ὅτι ἐστὶν τὰ δώδεκα
δὶς ἓξ μηδ' ὅτι τρὶς τέτταρα μηδ' ὅτι ἑξάκις δύο μηδ' ὅτι
τετράκις τρία· ὡς οὐκ ἀποδέξομαί σου ἐὰν τοιαῦτα φλυαρῇς",

---

d7 κεῖνος F: ἐκεῖνος AD   ὑπὸ τοῦ λόγου om. Priscian.   d8 ἤρξατο
Priscian.(u.v.)   e2 γὰρ A: γάρ τι DF   e4 χρυσὸν Stob.
e7 πολλῷ χρυσίου Stob.   e9 οἴου γε Bekker: οἴου τε ADF: οἴου τε—
φίλε post 337a1 δυνάμεθα transp. Wilamowitz   337a3 ἀνεκάκχασε A:
ἀνεκάγχασε DF: ἀνεκάχασε Phot.   μάλα ADF: μέγα Phot.   σαρδάνιον AD:
σαρδόνιον F Poll. Phot.: σαρδώνιον Tim. Zach.Mit.   a6 ἐθελήσεις F
a7 ποιήσοις secl. Cobet   ἀποκρινοῖο Laur.80.19pc: ἀποκρίνοιο AF:
ἀποκρίναιο D   τί om. F   ἐρωτᾶι AD: ἐροῖτο [sic] F

δῆλον, οἶμαι, σοι ἦν ὅτι οὐδεὶς ἀποκρινοῖτο οὕτως πυνθανο- 5
μένῳ. ἀλλ᾽ εἴ σοι εἶπεν· "Ὦ Θρασύμαχε, πῶς λέγεις; μὴ
ἀποκρίνωμαι ὧν προεῖπες μηδέν; πότερον, ὦ θαυμάσιε, μηδ᾽
εἰ τούτων τι τυγχάνει ὄν, ἀλλ᾽ ἕτερον εἴπω τι τοῦ ἀληθοῦς; ἢ
πῶς λέγεις;" τί ἂν αὐτῷ εἶπες πρὸς ταῦτα;			c
Εἶεν, ἔφη· ὡς δὴ ὅμοιον τοῦτο ἐκείνῳ.
Οὐδέν γε κωλύει, ἦν δ᾽ ἐγώ· εἰ δ᾽ οὖν καὶ μὴ ἔστιν ὅμοιον,
φαίνεται δὲ τῷ ἐρωτηθέντι τοιοῦτον, ἧττόν τι αὐτὸν οἴει
ἀποκρινεῖσθαι τὸ φαινόμενον ἑαυτῷ, ἐάντε ἡμεῖς ἀπαγορεύω- 5
μεν ἐάντε μή;
Ἄλλο τι οὖν, ἔφη, καὶ σὺ οὕτω ποιήσεις; ὧν ἐγὼ ἀπεῖπον,
τούτων τι ἀποκρινῇ;
Οὐκ ἂν θαυμάσαιμι, ἦν δ᾽ ἐγώ, εἴ μοι σκεψαμένῳ οὕτω
δόξειεν.			10
Τί οὖν, ἔφη, ἂν ἐγὼ δείξω ἑτέραν ἀπόκρισιν παρὰ πάσας	d
ταύτας περὶ δικαιοσύνης, βελτίω τούτων; τί ἀξιοῖς παθεῖν;
Τί ἄλλο, ἦν δ᾽ ἐγώ, ἢ ὅπερ προσήκει πάσχειν τῷ μὴ εἰδότι;
προσήκει δέ που μαθεῖν παρὰ τοῦ εἰδότος. καὶ ἐγὼ οὖν τοῦτο
ἀξιῶ παθεῖν.			5
Ἡδὺς γὰρ εἶ, ἔφη· ἀλλὰ πρὸς τῷ μαθεῖν καὶ ἀπότεισον
ἀργύριον.
Οὐκοῦν ἐπειδάν μοι γένηται, εἶπον.
Ἀλλ᾽ ἔστιν, ἔφη ὁ Γλαύκων. ἀλλ᾽ ἕνεκα ἀργυρίου, ὦ
Θρασύμαχε, λέγε· πάντες γὰρ ἡμεῖς Σωκράτει εἰσοίσομεν.	10
Πάνυ γε οἶμαι, ἦ δ᾽ ὅς, ἵνα Σωκράτης τὸ εἰωθὸς δια-	e
πράξηται· αὐτὸς μὲν μὴ ἀποκρίνηται, ἄλλου δ᾽ ἀποκρινομένου
λαμβάνῃ λόγον καὶ ἐλέγχῃ.
Πῶς γὰρ ἄν, ἔφην ἐγώ, ὦ βέλτιστε, τις ἀποκρίναιτο
πρῶτον μὲν μὴ εἰδὼς μηδὲ φάσκων εἰδέναι, ἔπειτα, εἴ τι	5
καὶ οἴεται, περὶ τούτων ἀπειρημένον αὐτῷ εἴη ὅπως μηδὲν

b5 ἀποκρινοῖτο Laur.80.19pc: ἀποκρίνοιτο ADF   οὕτως F: τῶι οὕτως AD
b7 ἀποκρίνωμαι prA D: ἀποκρίνομαι Apc F   c4 τι AF: ὅτι D
c5 ἀποκρινεῖσθαι D: ἀποκρίνεσθαι AF   d3 τί δ᾽ ἄλλο F   d6 τῶι AD:
τὸ F   e5–6 εἴ τι καὶ AD Thom.Mag.: καὶ εἴ τι F   e6 ἀπειρημένον
αὐτῶι εἴη ADF Thom.Mag.: εἰ ἀπειρημένον αὐτῶι εἴη H. Stephanus:
ἀπειρημένον αὐτῶι Bremi, alii alia   μηδὲν τούτων Thom.Mag.

ἐρεῖ ὧν ἡγεῖται ὑπ' ἀνδρὸς οὐ φαύλου; ἀλλὰ σὲ δὴ μᾶλλον
338 εἰκὸς λέγειν· σὺ γὰρ δὴ φῂς εἰδέναι καὶ ἔχειν εἰπεῖν. μὴ οὖν
ἄλλως ποίει, ἀλλὰ ἐμοί τε χαρίζου ἀποκρινόμενος καὶ μὴ
φθονήσῃς καὶ Γλαύκωνα τόνδε διδάξαι καὶ τοὺς ἄλλους.
Εἰπόντος δέ μου ταῦτα ὅ τε Γλαύκων καὶ οἱ ἄλλοι ἐδέοντο
5 αὐτοῦ μὴ ἄλλως ποιεῖν. καὶ ὁ Θρασύμαχος φανερὸς μὲν ἦν
ἐπιθυμῶν εἰπεῖν ἵν' εὐδοκιμήσειεν, ἡγούμενος ἔχειν ἀπόκρισιν
παγκάλην· προσεποιεῖτο δὲ φιλονικεῖν πρὸς τὸ ἐμὲ εἶναι τὸν
b ἀποκρινόμενον. τελευτῶν δὲ συνεχώρησεν, κἄπειτα, Αὕτη δή,
ἔφη, ἡ Σωκράτους σοφία· αὐτὸν μὲν μὴ ἐθέλειν διδάσκειν,
παρὰ δὲ τῶν ἄλλων περιιόντα μανθάνειν καὶ τούτων μηδὲ
χάριν ἀποδιδόναι.
5 Ὅτι μέν, ἦν δ' ἐγώ, μανθάνω παρὰ τῶν ἄλλων, ἀληθῆ
εἶπες, ὦ Θρασύμαχε, ὅτι δὲ οὔ με φῂς χάριν ἐκτίνειν, ψεύδῃ·
ἐκτίνω γὰρ ὅσην δύναμαι. δύναμαι δὲ ἐπαινεῖν μόνον·
χρήματα γὰρ οὐκ ἔχω. ὡς δὲ προθύμως τοῦτο δρῶ, ἐάν τίς
μοι δοκῇ εὖ λέγειν, εὖ εἴσῃ αὐτίκα δὴ μάλα, ἐπειδὰν
c ἀποκρίνῃ· οἶμαι γάρ σε εὖ ἐρεῖν.
Ἄκουε δή, ἦ δ' ὅς. φημὶ γὰρ ἐγὼ εἶναι τὸ δίκαιον οὐκ ἄλλο
τι ἢ τὸ τοῦ κρείττονος συμφέρον. ἀλλὰ τί οὐκ ἐπαινεῖς; ἀλλ'
οὐκ ἐθελήσεις.
5 Ἐὰν μάθω γε πρῶτον, ἔφην, τί λέγεις· νῦν γὰρ οὔπω οἶδα.
τὸ τοῦ κρείττονος φῂς συμφέρον δίκαιον εἶναι. καὶ τοῦτο, ὦ
Θρασύμαχε, τί ποτε λέγεις; οὐ γάρ που τό γε τοιόνδε φῄς· εἰ
Πουλυδάμας ἡμῶν κρείττων ὁ παγκρατιαστὴς καὶ αὐτῷ
συμφέρει τὰ βόεια κρέα πρὸς τὸ σῶμα, τοῦτο τὸ σιτίον
d εἶναι καὶ ἡμῖν τοῖς ἥττοσιν ἐκείνου συμφέρον ἅμα καὶ δίκαιον.
Βδελυρὸς γὰρ εἶ, ἔφη, ὦ Σώκρατες, καὶ ταύτῃ ὑπολαμβά-
νεις ᾗ ἂν κακουργήσαις μάλιστα τὸν λόγον.
Οὐδαμῶς, ὦ ἄριστε, ἦν δ' ἐγώ· ἀλλὰ σαφέστερον εἰπὲ τί
5 λέγεις.

e7 ἡγεῖται AD: αἱρεῖται F   338a1 δὴ om. F   ἔχεις F   a3 καὶ
γλαύκωνα A: γλαύκωνα DF   a4 δ' ἐμοῦ D   a5 ὁ om. F
b1 ἀποκρινούμενον Scor.y.1.13   δὴ A Dpc F: δὲ prD   b5 παρὰ τῶν
ἄλλων om. F   c8 πουλυδάμας AF Schol.: πολυδάμας D

Εἶτ' οὐκ οἶσθ', ἔφη, ὅτι τῶν πόλεων αἱ μὲν τυραννοῦνται, αἱ
δὲ δημοκρατοῦνται, αἱ δὲ ἀριστοκρατοῦνται;
Πῶς γὰρ οὔ;
Οὐκοῦν τοῦτο κρατεῖ ἐν ἑκάστῃ πόλει, τὸ ἄρχον;
Πάνυ γε.   10

Τίθεται δέ γε τοὺς νόμους ἑκάστη ἡ ἀρχὴ πρὸς τὸ αὑτῇ   e
συμφέρον, δημοκρατία μὲν δημοκρατικούς, τυραννὶς δὲ τυ-
ραννικούς, καὶ αἱ ἄλλαι οὕτως· θέμεναι δὲ ἀπέφηναν τοῦτο
δίκαιον τοῖς ἀρχομένοις εἶναι, τὸ σφίσι συμφέρον, καὶ τὸν
τούτου ἐκβαίνοντα κολάζουσιν ὡς παρανομοῦντά τε καὶ   5
ἀδικοῦντα. τοῦτ' οὖν ἐστιν, ὦ βέλτιστε, ὃ λέγω ἐν ἁπάσαις
ταῖς πόλεσιν ταὐτὸν εἶναι δίκαιον, τὸ τῆς καθεστηκυίας   339
ἀρχῆς συμφέρον· αὕτη δέ που κρατεῖ, ὥστε συμβαίνει τῷ
ὀρθῶς λογιζομένῳ πανταχοῦ εἶναι τὸ αὐτὸ δίκαιον, τὸ τοῦ
κρείττονος συμφέρον.

Νῦν, ἦν δ' ἐγώ, ἔμαθον ὃ λέγεις· εἰ δὲ ἀληθὲς ἢ μή,   5
πειράσομαι μαθεῖν. τὸ συμφέρον μὲν οὖν, ὦ Θρασύμαχε,
καὶ σὺ ἀπεκρίνω δίκαιον εἶναι, καίτοι ἔμοιγε ἀπηγόρευες
ὅπως μὴ τοῦτο ἀποκρινοίμην· πρόσεστιν δὲ δὴ αὐτόθι τὸ "τοῦ   b
κρείττονος."
Σμικρά γε ἴσως, ἔφη, προσθήκη.
Οὔπω δῆλον οὐδ' εἰ μεγάλη· ἀλλ' ὅτι μὲν τοῦτο σκεπτέον εἰ
ἀληθῆ λέγεις, δῆλον. ἐπειδὴ γὰρ συμφέρον γέ τι εἶναι καὶ ἐγὼ   5
ὁμολογῶ τὸ δίκαιον, σὺ δὲ προστίθης καὶ αὐτὸ φῂς εἶναι τὸ
τοῦ κρείττονος, ἐγὼ δὲ ἀγνοῶ, σκεπτέον δή.
Σκόπει, ἔφη.
Ταῦτ' ἔσται, ἦν δ' ἐγώ. καί μοι εἰπέ· οὐ καὶ πείθεσθαι
μέντοι τοῖς ἄρχουσιν δίκαιον φῂς εἶναι;   10
Ἔγωγε.
Πότερον δὲ ἀναμάρτητοί εἰσιν οἱ ἄρχοντες ἐν ταῖς πόλεσιν   c
ἑκάσταις ἢ οἷοί τι καὶ ἁμαρτεῖν;
Πάντως που, ἔφη, οἷοί τι καὶ ἁμαρτεῖν.

e3 αἱ om. D   339a1 καθεστηκυίας AF: οἰκείας D   b1 δὴ om. D
b10 καὶ δίκαιον A   c2 ἑκάσταις om. F

19

Οὐκοῦν ἐπιχειροῦντες νόμους τιθέναι τοὺς μὲν ὀρθῶς
5 τιθέασιν, τοὺς δέ τινας οὐκ ὀρθῶς;
Οἶμαι ἔγωγε.
Τὸ δὲ ὀρθῶς ἄρα τὸ τὰ συμφέροντά ἐστι τίθεσθαι ἑαυτοῖς,
τὸ δὲ μὴ ὀρθῶς ἀσύμφορα; ἢ πῶς λέγεις;
Οὕτως.
10 Ἃ δ' ἂν θῶνται ποιητέον τοῖς ἀρχομένοις, καὶ τοῦτό ἐστι
τὸ δίκαιον;
Πῶς γὰρ οὔ;
d Οὐ μόνον ἄρα δίκαιόν ἐστιν κατὰ τὸν σὸν λόγον τὸ τοῦ
κρείττονος συμφέρον ποιεῖν ἀλλὰ καὶ τοὐναντίον, τὸ μὴ
συμφέρον.
Τί λέγεις σύ; ἔφη.
5 Ἃ σὺ λέγεις, ἔμοιγε δοκῶ· σκοπῶμεν δὲ βέλτιον. οὐχ
ὡμολόγηται τοὺς ἄρχοντας τοῖς ἀρχομένοις προστάττοντας
ποιεῖν ἄττα ἐνίοτε διαμαρτάνειν τοῦ ἑαυτοῖς βελτίστου, ἃ δ'
ἂν προστάττωσιν οἱ ἄρχοντες δίκαιον εἶναι τοῖς ἀρχομένοις
ποιεῖν; ταῦτ' οὐχ ὡμολόγηται;
10 Οἶμαι ἔγωγε, ἔφη.
e Οἴου τοίνυν, ἦν δ' ἐγώ, καὶ τὸ ἀσύμφορα ποιεῖν τοῖς
ἄρχουσί τε καὶ κρείττοσι δίκαιον εἶναι ὡμολογῆσθαί σοι·
ὅταν οἱ μὲν ἄρχοντες ἄκοντες κακὰ αὑτοῖς προστάττωσιν,
τοῖς δὲ δίκαιον εἶναι φῇς ταῦτα ποιεῖν ἃ ἐκεῖνοι προσέταξαν,
5 ἆρα τότε, ὦ σοφώτατε Θρασύμαχε, οὐκ ἀναγκαῖον συμβαί-
νειν αὐτὸ οὑτωσί, δίκαιον εἶναι ποιεῖν τοὐναντίον ἢ ὃ σὺ
λέγεις; τὸ γὰρ τοῦ κρείττονος ἀσύμφορον δήπου προστάττε-
ται τοῖς ἥττοσιν ποιεῖν.
340 Ναὶ μὰ Δί', ἔφη, ὦ Σώκρατες, ὁ Πολέμαρχος, σαφέστατά
γε.
Ἐὰν σύ γ', ἔφη, αὐτῷ μαρτυρήσῃς, ὁ Κλειτοφῶν ὑπο-
λαβών.
5 Καὶ τί, ἔφη, δεῖται μάρτυρος; αὐτὸς γὰρ Θρασύμαχος

c7 τίθεσθαι ἔστιν F   d5 δὲ F: δὴ AD   e2 ὡμολογῆσθαι AD:
ὁμολογεῖσθαι F et fortasse prA

ὁμολογεῖ τοὺς μὲν ἄρχοντας ἐνίοτε ἑαυτοῖς κακὰ προστάτ-
τειν, τοῖς δὲ δίκαιον εἶναι ταῦτα ποιεῖν.

Τὸ γὰρ τὰ κελευόμενα ποιεῖν, ὦ Πολέμαρχε, ὑπὸ τῶν
ἀρχόντων δίκαιον εἶναι ἔθετο Θρασύμαχος.

Καὶ γὰρ τὸ τοῦ κρείττονος, ὦ Κλειτοφῶν, συμφέρον 10
δίκαιον εἶναι ἔθετο. ταῦτα δὲ ἀμφότερα θέμενος ὡμολόγησεν b
αὖ ἐνίοτε τοὺς κρείττους τὰ αὑτοῖς ἀσύμφορα κελεύειν τοὺς
ἥττους τε καὶ ἀρχομένους ποιεῖν. ἐκ δὲ τούτων τῶν ὁμολο-
γιῶν οὐδὲν μᾶλλον τὸ τοῦ κρείττονος συμφέρον δίκαιον ἂν εἴη
ἢ τὸ μὴ συμφέρον. 5

Ἀλλ', ἔφη ὁ Κλειτοφῶν, τὸ τοῦ κρείττονος συμφέρον
ἔλεγεν ὃ ἡγοῖτο ὁ κρείττων αὑτῷ συμφέρειν· τοῦτο ποιητέον
εἶναι τῷ ἥττονι, καὶ τὸ δίκαιον τοῦτο ἐτίθετο.

Ἀλλ' οὐχ οὕτως, ἦ δ' ὃς ὁ Πολέμαρχος, ἐλέγετο.

Οὐδέν, ἦν δ' ἐγώ, ὦ Πολέμαρχε, διαφέρει, ἀλλ' εἰ νῦν οὕτω c
λέγει Θρασύμαχος, οὕτως αὐτοῦ ἀποδεχώμεθα. Καί μοι εἰπέ,
ὦ Θρασύμαχε· τοῦτο ἦν ὃ ἐβούλου λέγειν τὸ δίκαιον, τὸ τοῦ
κρείττονος συμφέρον δοκοῦν εἶναι τῷ κρείττονι, ἐάντε συμ-
φέρῃ ἐάντε μή; οὕτω σε φῶμεν λέγειν; 5

Ἥκιστά γε, ἔφη· ἀλλὰ κρείττω με οἴει καλεῖν τὸν
ἐξαμαρτάνοντα ὅταν ἐξαμαρτάνῃ;

Ἔγωγε, εἶπον, ᾤμην σε τοῦτο λέγειν ὅτε τοὺς ἄρχοντας
ὡμολόγεις οὐκ ἀναμαρτήτους εἶναι ἀλλά τι καὶ ἐξαμαρτάνειν. d

Συκοφάντης γὰρ εἶ, ἔφη, ὦ Σώκρατες, ἐν τοῖς λόγοις· ἐπεὶ
αὐτίκα ἰατρὸν καλεῖς σὺ τὸν ἐξαμαρτάνοντα περὶ τοὺς
κάμνοντας κατ' αὐτὸ τοῦτο ὃ ἐξαμαρτάνει; ἢ λογιστικόν, ὃς
ἂν ἐν λογισμῷ ἁμαρτάνῃ, τότε ὅταν ἁμαρτάνῃ, κατὰ ταύτην 5
τὴν ἁμαρτίαν; ἀλλ', οἶμαι, λέγομεν τῷ ῥήματι οὕτως, ὅτι ὁ
ἰατρὸς ἐξήμαρτεν καὶ ὁ λογιστὴς ἐξήμαρτεν καὶ ὁ γραμμα-
τιστής· τὸ δ' οἶμαι ἕκαστος τούτων, καθ' ὅσον τοῦτ' ἔστιν ὃ
προσαγορεύομεν αὐτόν, οὐδέποτε ἁμαρτάνει. ὥστε κατὰ τὸν e

340a6 ἑαυτοῖς ἐνίοτε F   a7 τοῖς δὲ ἀρχομένοις A   b7 ἡγοῖτο A
Fpc(u.v.): ἡττοῖτο D: ἡγεῖτο prF   αὑτῶι A: αὐτὸ DF   τοῦτο AD: τοῦ F
c2 ἀποδεχόμεθα F   c3 ἐβούλετο F   c3-4 τοῦ κρείττονος secl.
J. L. V. Hartman   d5 τότε δ' F   d6 ὁ AF Aristid.: om. D

ἀκριβῆ λόγον, ἐπειδὴ καὶ σὺ ἀκριβολογῇ, οὐδεὶς τῶν
δημιουργῶν ἁμαρτάνει. ἐπιλιπούσης γὰρ ἐπιστήμης ὁ ἁμαρ-
τάνων ἁμαρτάνει, ἐν ᾧ οὐκ ἔστι δημιουργός· ὥστε δημιουρ-
5 γὸς ἢ σοφὸς ἢ ἄρχων οὐδεὶς ἁμαρτάνει τότε ὅταν ἄρχων ᾖ,
ἀλλὰ πᾶς γ᾽ ἂν εἴποι ὅτι ὁ ἰατρὸς ἥμαρτεν καὶ ὁ ἄρχων
ἥμαρτεν. τοιοῦτον οὖν δή σοι καὶ ἐμὲ ὑπόλαβε νυνδὴ
ἀποκρίνεσθαι· τὸ δὲ ἀκριβέστατον ἐκεῖνο τυγχάνει ὄν, τὸν
341 ἄρχοντα, καθ᾽ ὅσον ἄρχων ἐστίν, μὴ ἁμαρτάνειν, μὴ ἁμαρτά-
νοντα δὲ τὸ αὑτῷ βέλτιστον τίθεσθαι, τοῦτο δὲ τῷ ἀρχομένῳ
ποιητέον. ὥστε, ὅπερ ἐξ ἀρχῆς ἔλεγον, δίκαιον λέγω τὸ τοῦ
κρείττονος ποιεῖν συμφέρον.

5 Εἶεν, ἦν δ᾽ ἐγώ, ὦ Θρασύμαχε· δοκῶ σοι συκοφαντεῖν;
Πάνυ μὲν οὖν, ἔφη.

Οἴει γάρ με ἐξ ἐπιβουλῆς ἐν τοῖς λόγοις κακουργοῦντά σε
ἐρέσθαι ὡς ἠρόμην;

Εὖ μὲν οὖν οἶδα, ἔφη. καὶ οὐδέν γέ σοι πλέον ἔσται· οὔτε
b γὰρ ἄν με λάθοις κακουργῶν, οὔτε μὴ λαθὼν βιάσασθαι τῷ
λόγῳ δύναιο.

Οὐδέ γ᾽ ἂν ἐπιχειρήσαιμι, ἦν δ᾽ ἐγώ, ὦ μακάριε. ἀλλ᾽, ἵνα
μὴ αὖθις ἡμῖν τοιοῦτον ἐγγένηται, διόρισαι ποτέρως λέγεις
5 τὸν ἄρχοντά τε καὶ τὸν κρείττονα, τὸν ὡς ἔπος εἰπεῖν ἢ τὸν
ἀκριβεῖ λόγῳ, ὃ νυνδὴ ἔλεγες, οὗ τὸ συμφέρον κρείττονος
ὄντος δίκαιον ἔσται τῷ ἥττονι ποιεῖν.

Τὸν τῷ ἀκριβεστάτῳ, ἔφη, λόγῳ ἄρχοντα ὄντα. πρὸς
ταῦτα κακούργει καὶ συκοφάντει, εἴ τι δύνασαι· οὐδέν σου
c παρίεμαι. ἀλλ᾽ οὐ μὴ οἷός τ᾽ ᾖς.

Οἴει γὰρ ἄν με, εἶπον, οὕτω μανῆναι ὥστε ξυρεῖν ἐπιχειρεῖν
λέοντα καὶ συκοφαντεῖν Θρασύμαχον;

Νῦν γοῦν, ἔφη, ἐπεχείρησας, οὐδὲν ὢν καὶ ταῦτα.

5 Ἅδην, ἦν δ᾽ ἐγώ, τῶν τοιούτων. ἀλλ᾽ εἰπέ μοι· ὁ τῷ ἀκριβεῖ

e3 ἐπιλιπούσης AD Stob.: ἐπιλειπούσης F   e6–7 καὶ ὁ ἄρχων
ἥμαρτεν om. D   e7 οὖν om. F   νῦν δὴ AD: νῦν F   341b1 μὴ secl.
anon. apud Stallbaum, alii alia   b3 οὐδέ γ᾽ AD: οὐδ᾽ ἔτ᾽ F
b4 γένηται F   b6 ὅ Apc DF: om. prA: ὄν Benedictus
b7 ὄντως F   ἔσται A Dpc F: ἐστι prD   c4 γοῦν AD: οὖν F
ἔφη om. D

λόγῳ ἰατρός, ὃν ἄρτι ἔλεγες, πότερον χρηματιστής ἐστιν ἢ
τῶν καμνόντων θεραπευτής; καὶ λέγε τὸν τῷ ὄντι ἰατρὸν
ὄντα.

Τῶν καμνόντων, ἔφη, θεραπευτής.

Τί δὲ κυβερνήτης; ὁ ὀρθῶς κυβερνήτης ναυτῶν ἄρχων   10
ἐστὶν ἢ ναύτης;

Ναυτῶν ἄρχων.   d

Οὐδὲν οἶμαι τοῦτο ὑπολογιστέον, ὅτι πλεῖ ἐν τῇ νηΐ, οὐδ᾽
ἐστὶν κλητέος ναύτης· οὐ γὰρ κατὰ τὸ πλεῖν κυβερνήτης
καλεῖται, ἀλλὰ κατὰ τὴν τέχνην καὶ τὴν τῶν ναυτῶν ἀρχήν.

Ἀληθῆ, ἔφη.   5

Οὐκοῦν ἑκάστῳ τούτων ἔστιν τι συμφέρον;

Πάνυ γε.

Οὐ καὶ ἡ τέχνη, ἦν δ᾽ ἐγώ, ἐπὶ τούτῳ πέφυκεν, ἐπὶ τῷ τὸ
συμφέρον ἑκάστῳ ζητεῖν τε καὶ ἐκπορίζειν;

Ἐπὶ τούτῳ, ἔφη.   10

Ἆρ᾽ οὖν καὶ ἑκάστῃ τῶν τεχνῶν ἔστιν τι συμφέρον ἄλλο ἢ
ὅτι μάλιστα τελέαν εἶναι;

Πῶς τοῦτο ἐρωτᾷς;   e

Ὥσπερ, ἔφην ἐγώ, εἴ με ἔροιο εἰ ἐξαρκεῖ σώματι εἶναι
σώματι ἢ προσδεῖταί τινος, εἴποιμ᾽ ἂν ὅτι "Παντάπασι μὲν
οὖν προσδεῖται. διὰ ταῦτα καὶ ἡ τέχνη ἐστὶν ἡ ἰατρικὴ νῦν
ηὑρημένη, ὅτι σῶμά ἐστιν πονηρὸν καὶ οὐκ ἐξαρκεῖ αὐτῷ   5
τοιούτῳ εἶναι. τούτῳ οὖν ὅπως ἐκπορίζῃ τὰ συμφέροντα, ἐπὶ
τοῦτο παρεσκευάσθη ἡ τέχνη." ἢ ὀρθῶς σοι δοκῶ, ἔφην, ἂν
εἰπεῖν οὕτω λέγων, ἢ οὔ;

Ὀρθῶς, ἔφη.   342

Τί δὲ δή; αὐτὴ ἡ ἰατρική ἐστιν πονηρά, ἢ ἄλλη τις τέχνη
ἔσθ᾽ ὅτι προσδεῖταί τινος ἀρετῆς, ὥσπερ ὀφθαλμοὶ ὄψεως καὶ
ὦτα ἀκοῆς, καὶ διὰ ταῦτα ἐπ᾽ αὐτοῖς δεῖ τινος τέχνης τῆς τὸ

d11 ἆρ᾽ καὶ [sic] D   ἢ ADF: οὗ προσδεῖται, ἢ ἐξαρκεῖ ἑκάστη αὐτὴ αὑτῇ
ὥστε Laur.80.19pc, locus admodum dubius   e4 ἡ ἰατρικὴ AD:
ἰατρικὴ F   e7 τοῦτο F: τούτῳ AD   σοι AF: σῶ D   e8 λέγων A
Dpc F: λόγωι prD   342a2 ἡ om. D   a4 ἐπ᾽ ADF: ἔτ᾽ J. L. V.
Hartman

23

5 συμφέρον εἰς ταῦτα σκεψομένης τε καὶ ἐκποριούσης, ἆρα καὶ
ἐν αὐτῇ τῇ τέχνῃ ἔνι τις πονηρία, καὶ δεῖ ἑκάστῃ τέχνῃ ἄλλης
τέχνης ἥτις αὐτῇ τὸ συμφέρον σκέψεται, καὶ τῇ σκοπουμένῃ
ἑτέρας αὖ τοιαύτης, καὶ τοῦτ' ἔστιν ἀπέραντον; ἢ αὐτὴ αὑτῇ
b τὸ συμφέρον σκέψεται; ἢ οὔτε αὑτῆς οὔτε ἄλλης προσδεῖται
ἐπὶ τὴν αὑτῆς πονηρίαν τὸ συμφέρον σκοπεῖν· οὔτε γὰρ
πονηρία οὔτε ἁμαρτία οὐδεμία οὐδεμιᾷ τέχνῃ πάρεστιν,
οὐδὲ προσήκει τέχνῃ ἄλλῳ τὸ συμφέρον ζητεῖν ἢ 'κείνῳ οὗ
5 τέχνη ἐστίν, αὐτὴ δὲ ἀβλαβὴς καὶ ἀκέραιός ἐστιν ὀρθὴ οὖσα,
ἔωσπερ ἂν ᾖ ἑκάστη ἀκριβὴς ὅλη ἥπερ ἐστίν; καὶ σκόπει
ἐκείνῳ τῷ ἀκριβεῖ λόγῳ· οὕτως ἢ ἄλλως ἔχει;
    Οὕτως, ἔφη, φαίνεται.
c   Οὐκ ἄρα, ἦν δ' ἐγώ, ἰατρικὴ ἰατρικῇ τὸ συμφέρον σκοπεῖ
ἀλλὰ σώματι.
    Ναί, ἔφη.
    Οὐδὲ ἱππικὴ ἱππικῇ ἀλλ' ἵπποις· οὐδὲ ἄλλη τέχνη οὐδεμία
5 ἑαυτῇ, οὐδὲ γὰρ προσδεῖται, ἀλλ' ἐκείνῳ οὗ τέχνη ἐστίν.
    Φαίνεται, ἔφη, οὕτως.
    Ἀλλὰ μὴν, ὦ Θρασύμαχε, ἄρχουσί γε αἱ τέχναι καὶ
κρατοῦσιν ἐκείνου οὗπέρ εἰσιν τέχναι.
    Συνεχώρησεν ἐνταῦθα καὶ μάλα μόγις.
10 Οὐκ ἄρα ἐπιστήμη γε οὐδεμία τὸ τοῦ κρείττονος συμφέρον
d σκοπεῖ οὐδ' ἐπιτάττει, ἀλλὰ τὸ τοῦ ἥττονός τε καὶ ἀρχομένου
ὑπὸ ἑαυτῆς.
    Συνωμολόγησε μὲν καὶ ταῦτα τελευτῶν, ἐπεχείρει δὲ περὶ
αὐτὰ μάχεσθαι· ἐπειδὴ δὲ ὡμολόγησεν, Ἄλλο τι οὖν, ἦν δ'
5 ἐγώ, οὐδὲ ἰατρὸς οὐδείς, καθ' ὅσον ἰατρός, τὸ τῷ ἰατρῷ
συμφέρον σκοπεῖ οὐδ' ἐπιτάττει, ἀλλὰ τὸ τῷ κάμνοντι;
ὡμολόγηται γὰρ ὁ ἀκριβὴς ἰατρὸς σωμάτων εἶναι ἄρχων
ἀλλ' οὐ χρηματιστής. ἢ οὐχ ὡμολόγηται;
    Συνέφη.

a5 ταῦτα A: αὐτὰ ταῦτα DF   ἐκποριούσης Laur.80.19pc: ἐκποριζούσης
ADF   a6 δεῖ DF: δεῖ ἀεὶ A   b1 ἢ οὔτε αὑτῆς AF: καὶ τῇ
σκοπουμένῃ D   b4 κείνῳ F: ἐκείνωι AD   d4 οὖν AD: οὖν δὴ F

Οὐκοῦν καὶ ὁ κυβερνήτης ὁ ἀκριβὴς ναυτῶν εἶναι ἄρχων 10
ἀλλ' οὐ ναύτης;   e
Ὡμολόγηται.

Οὐκ ἄρα ὅ γε τοιοῦτος κυβερνήτης τε καὶ ἄρχων τὸ τῷ
κυβερνήτῃ συμφέρον σκέψεταί τε καὶ προστάξει, ἀλλὰ τὸ τῷ
ναύτῃ τε καὶ ἀρχομένῳ.   5
Συνέφησε μόγις.

Οὐκοῦν, ἦν δ' ἐγώ, ὦ Θρασύμαχε, οὐδὲ ἄλλος οὐδεὶς ἐν
οὐδεμιᾷ ἀρχῇ, καθ' ὅσον ἄρχων ἐστίν, τὸ αὑτῷ συμφέρον
σκοπεῖ οὐδ' ἐπιτάττει, ἀλλὰ τὸ τῷ ἀρχομένῳ καὶ ᾧ ἂν αὐτὸς
δημιουργῇ, καὶ πρὸς ἐκεῖνο βλέπων καὶ τὸ ἐκείνῳ συμφέρον 10
καὶ πρέπον, καὶ λέγει ἃ λέγει καὶ ποιεῖ ἃ ποιεῖ ἅπαντα.

Ἐπειδὴ οὖν ἐνταῦθα ἦμεν τοῦ λόγου καὶ πᾶσι καταφανὲς 343
ἦν ὅτι ὁ τοῦ δικαίου λόγος εἰς τοὐναντίον περιειστήκει, ὁ
Θρασύμαχος ἀντὶ τοῦ ἀποκρίνεσθαι, Εἰπέ μοι, ἔφη, ὦ
Σώκρατες, τίτθη σοι ἔστιν;

Τί δέ; ἦν δ' ἐγώ· οὐκ ἀποκρίνεσθαι χρῆν μᾶλλον ἢ τοιαῦτα 5
ἐρωτᾶν;

Ὅτι τοί σε, ἔφη, κορυζῶντα περιορᾷ καὶ οὐκ ἀπομύττει
δεόμενον, ὅς γε αὐτῇ οὐδὲ πρόβατα οὐδὲ ποιμένα γιγνώσκεις.

Ὅτι δὴ τί μάλιστα; ἦν δ' ἐγώ.

Ὅτι οἴει τοὺς ποιμένας ἢ τοὺς βουκόλους τὸ τῶν προ- b
βάτων ἢ τὸ τῶν βοῶν ἀγαθὸν σκοπεῖν καὶ παχύνειν αὐτοὺς
καὶ θεραπεύειν πρὸς ἄλλο τι βλέποντας ἢ τὸ τῶν δεσποτῶν
ἀγαθὸν καὶ τὸ αὑτῶν, καὶ δὴ καὶ τοὺς ἐν ταῖς πόλεσιν
ἄρχοντας, οἳ ὡς ἀληθῶς ἄρχουσιν, ἄλλως πως ἡγῇ διανοεῖ- 5
σθαι πρὸς τοὺς ἀρχομένους ἢ ὥσπερ ἄν τις πρὸς πρόβατα
διατεθείη, καὶ ἄλλο τι σκοπεῖν αὐτοὺς διὰ νυκτὸς καὶ ἡμέρας
ἢ τοῦτο, ὅθεν αὐτοὶ ὠφελήσονται. καὶ οὕτω πόρρω εἶ περί τε c
τοῦ δικαίου καὶ δικαιοσύνης καὶ ἀδίκου τε καὶ ἀδικίας, ὥστε
ἀγνοεῖς ὅτι ἡ μὲν δικαιοσύνη καὶ τὸ δίκαιον ἀλλότριον ἀγαθὸν
τῷ ὄντι, τοῦ κρείττονός τε καὶ ἄρχοντος συμφέρον, οἰκεία δὲ

e3 τε om. D   e10 ἐκεῖνο AF: ἐκείνῳ D: ἐκεῖνον Scor.y.1.13
343a5 χρὴ D   τὰ τοιαῦτα F   b5 διακεῖσθαι Faesi   b7 δι' ἡμέρας F
c3 καὶ AD Fpc: τεαὶ prF, nimirum ex v.l. τε καὶ ortum

25

5 τοῦ πειθομένου τε καὶ ὑπηρετοῦντος βλάβη, ἡ δὲ ἀδικία
τοὐναντίον, καὶ ἄρχει τῶν ὡς ἀληθῶς εὐηθικῶν τε καὶ
δικαίων, οἱ δ' ἀρχόμενοι ποιοῦσιν τὸ ἐκείνου συμφέρον
κρείττονος ὄντος, καὶ εὐδαίμονα ἐκεῖνον ποιοῦσιν ὑπηρετοῦν-
d τες αὐτῷ, ἑαυτοὺς δὲ οὐδ' ὁπωστιοῦν.

Σκοπεῖσθαι δέ, ὦ εὐηθέστατε Σώκρατες, οὑτωσὶ χρή, ὅτι
δίκαιος ἀνὴρ ἀδίκου πανταχοῦ ἔλαττον ἔχει· πρῶτον μὲν ἐν
τοῖς πρὸς ἀλλήλους συμβολαίοις, ὅπου ἂν ὁ τοιοῦτος τῷ
5 τοιούτῳ κοινωνήσῃ, οὐδαμοῦ ἂν εὕροις ἐν τῇ διαλύσει τῆς
κοινωνίας πλέον ἔχοντα τὸν δίκαιον τοῦ ἀδίκου ἀλλ' ἔλαττον·
ἔπειτα ἐν τοῖς πρὸς τὴν πόλιν, ὅταν τέ τινες εἰσφοραὶ ὦσιν, ὁ
μὲν δίκαιος ἀπὸ τῶν ἴσων πλέον εἰσφέρει, ὁ δ' ἔλαττον, ὅταν
e τε λήψεις, ὁ μὲν οὐδέν, ὁ δὲ πολλὰ κερδαίνει. καὶ γὰρ ὅταν
ἀρχήν τινα ἄρχῃ ἑκάτερος, τῷ μὲν δικαίῳ ὑπάρχει, καὶ εἰ
μηδεμία ἄλλη ζημία, τά γε οἰκεῖα δι' ἀμέλειαν μοχθηροτέρως
ἔχειν, ἐκ δὲ τοῦ δημοσίου μηδὲν ὠφελεῖσθαι διὰ τὸ δίκαιον
5 εἶναι, πρὸς δὲ τούτοις ἀπεχθέσθαι τοῖς τε οἰκείοις καὶ τοῖς
γνωρίμοις, ὅταν μηδὲν ἐθέλῃ αὐτοῖς ὑπηρετεῖν παρὰ τὸ
δίκαιον· τῷ δὲ ἀδίκῳ πάντα τούτων τἀναντία ὑπάρχει.
344 λέγω γὰρ ὅνπερ νυνδὴ ἔλεγον, τὸν μεγάλα δυνάμενον πλεο-
νεκτεῖν· τοῦτον οὖν σκόπει, εἴπερ βούλει κρίνειν πόσῳ μᾶλλον
συμφέρει ἰδίᾳ αὐτῷ ἄδικον εἶναι ἢ τὸ δίκαιον.

Πάντων δὲ ῥᾷστα μαθήσῃ, ἐὰν ἐπὶ τὴν τελεωτάτην ἀδικίαν
5 ἔλθῃς, ἣ τὸν μὲν ἀδικήσαντα εὐδαιμονέστατον ποιεῖ, τοὺς δὲ
ἀδικηθέντας καὶ ἀδικῆσαι οὐκ ἂν ἐθέλοντας ἀθλιωτάτους.
ἔστιν δὲ τοῦτο τυραννίς, ἣ οὐ κατὰ σμικρὸν τἀλλότρια καὶ
λάθρᾳ καὶ βίᾳ ἀφαιρεῖται, καὶ ἱερὰ καὶ ὅσια καὶ ἴδια καὶ
b δημόσια, ἀλλὰ συλλήβδην· ὧν ἐφ' ἑκάστῳ μέρει ὅταν τις
ἀδικήσας μὴ λάθῃ, ζημιοῦταί τε καὶ ὀνείδη ἔχει τὰ μέγιστα·
καὶ γὰρ ἱερόσυλοι καὶ ἀνδραποδισταὶ καὶ τοιχωρύχοι καὶ
ἀποστερηταὶ καὶ κλέπται οἱ κατὰ μέρη ἀδικοῦντες τῶν

d2 σώκρατες AF cf. Method.: om. D   e5 ἀπεχθέσθαι A: ἀπέχεσθαι
DF   344a2 πόσωι Asl D: ὅσωι A: ὅσον F   a3 ἄδικον AD: τῶν
ἀδίκων F: τὸ ἄδικον Bremi, fortasse recte   τὸ δίκαιον AD: τῶν δικαίων F:
δίκαιον Par.1810   a4 μαθήσηι τοῦτο Method.   b4 ἀδικοῦντες post
b5 κακουργημάτων transp. Schol.

26

τοιούτων κακουργημάτων καλοῦνται. ἐπειδὰν δέ τις πρὸς 5
τοῖς τῶν πολιτῶν χρήμασιν καὶ αὐτοὺς ἀνδραποδισάμενος
δουλώσηται, ἀντὶ τούτων τῶν αἰσχρῶν ὀνομάτων εὐδαίμονες
καὶ μακάριοι κέκληνται, οὐ μόνον ὑπὸ τῶν πολιτῶν ἀλλὰ καὶ c
ὑπὸ τῶν ἄλλων ὅσοι ἂν πύθωνται αὐτὸν τὴν ὅλην ἀδικίαν
ἠδικηκότα· οὐ γὰρ τὸ ποιεῖν τὰ ἄδικα ἀλλὰ τὸ πάσχειν
φοβούμενοι ὀνειδίζουσιν οἱ ὀνειδίζοντες τὴν ἀδικίαν.

Οὕτως, ὦ Σώκρατες, καὶ ἰσχυρότερον καὶ ἐλευθεριώτερον 5
καὶ δεσποτικώτερον ἀδικία δικαιοσύνης ἐστὶν ἱκανῶς γιγνο-
μένη, καὶ ὅπερ ἐξ ἀρχῆς ἔλεγον, τὸ μὲν τοῦ κρείττονος
συμφέρον τὸ δίκαιον τυγχάνει ὄν, τὸ δ' ἄδικον ἑαυτῷ
λυσιτελοῦν τε καὶ συμφέρον.

Ταῦτα εἰπὼν ὁ Θρασύμαχος ἐν νῷ εἶχεν ἀπιέναι, ὥσπερ d
βαλανεὺς ἡμῶν καταντλήσας κατὰ τῶν ὤτων ἀθρόον καὶ
πολὺν τὸν λόγον· οὐ μὴν εἴασάν γε αὐτὸν οἱ παρόντες, ἀλλ'
ἠνάγκασαν ὑπομεῖναί τε καὶ παρασχεῖν τῶν εἰρημένων λόγον.
καὶ δὴ ἔγωγε καὶ αὐτὸς πάνυ ἐδεόμην τε καὶ εἶπον· Ὦ 5
δαιμόνιε Θρασύμαχε, οἷον ἐμβαλὼν λόγον ἐν νῷ ἔχεις ἀπιέναι
πρὶν διδάξαι ἱκανῶς ἢ μαθεῖν εἴτε οὕτως εἴτε ἄλλως ἔχει. ἢ
σμικρὸν οἴει ἐπιχειρεῖν πρᾶγμα διορίζεσθαι, ἀλλ' οὐ βίου
διαγωγήν, ᾗ ἂν διαγόμενος ἕκαστος ἡμῶν λυσιτελεστάτην e
ζωὴν ζώῃ;

Ἐγὼ γὰρ οἶμαι, ἔφη ὁ Θρασύμαχος, τουτὶ ἄλλως ἔχειν;

Ἔοικας, ἦν δ' ἐγώ, ἤτοι ἡμῶν γε οὐδὲν κήδεσθαι, οὐδέ τι 5
φροντίζειν εἴτε χεῖρον εἴτε βέλτιον βιωσόμεθα ἀγνοοῦντες ὃ
σὺ φῂς εἰδέναι. ἀλλ', ὠγαθέ, προθυμοῦ καὶ ἡμῖν ἐνδείξασθαι·
οὔ τοι κακῶς σοι κείσεται ὅτι ἂν ἡμᾶς τοσούσδε ὄντας 345
εὐεργετήσῃς. ἐγὼ γὰρ δή σοι λέγω τό γ' ἐμόν, ὅτι οὐ πείθομαι
οὐδ' οἶμαι ἀδικίαν δικαιοσύνης κερδαλεώτερον εἶναι, οὐδ' ἐὰν
ἐᾷ τις αὐτὴν καὶ μὴ διακωλύῃ πράττειν ἃ βούλεται. ἀλλ',
ὠγαθέ, ἔστω μὲν ἄδικος, δυνάσθω δὲ ἀδικεῖν ἢ τῷ λανθάνειν 5
ἢ τῷ διαμάχεσθαι, ὅμως ἐμέγε οὐ πείθει ὡς ἔστι τῆς

c2 ὑπὸ om. F   c3 ἠδικηκότα AD: πεποιηκότα F   c8 ⟨τὸ⟩ ἑαυτῶι
van Herwerden   d4 τὸν εἰρημένον F   e1 ἀλλ' οὐ AD: ὅλου F
e3 ζώῃ Apc: ζῶν prA: ζώηι D: ζώη F   e5 τι om. prD

b δικαιοσύνης κερδαλεώτερον. ταῦτ᾽ οὖν καὶ ἕτερος ἴσως τις
ἡμῶν πέπονθεν, οὐ μόνος ἐγώ· πεῖσον οὖν, ὦ μακάριε, ἱκανῶς
ἡμᾶς ὅτι οὐκ ὀρθῶς βουλευόμεθα δικαιοσύνην ἀδικίας περὶ
πλείονος ποιούμενοι.

5   Καὶ πῶς, ἔφη, σὲ πείσω; εἰ γὰρ οἷς νυνδὴ ἔλεγον μὴ
πέπεισαι, τί σοι ἔτι ποιήσω; ἢ εἰς τὴν ψυχὴν φέρων ἐνθῶ
τὸν λόγον;

    Μὰ Δί᾽, ἦν δ᾽ ἐγώ, μὴ σύ γε· ἀλλὰ πρῶτον μέν, ἃ ἂν εἴπῃς,
ἔμμενε τούτοις, ἢ ἐὰν μετατιθῇ, φανερῶς μετατίθεσο καὶ
c ἡμᾶς μὴ ἐξαπάτα. νῦν δὲ ὁρᾷς, ὦ Θρασύμαχε, ἔτι γὰρ τὰ
ἔμπροσθεν ἐπισκεψώμεθα, ὅτι τὸν ὡς ἀληθῶς ἰατρὸν τὸ
πρῶτον ὁριζόμενος τὸν ὡς ἀληθῶς ποιμένα οὐκέτι ᾤου δεῖν
ὕστερον ἀκριβῶς φυλάξαι, ἀλλὰ πιαίνειν οἴει αὐτὸν τὰ
5 πρόβατα, καθ᾽ ὅσον ποιμήν ἐστιν, οὐ πρὸς τὸ τῶν προβάτων
βέλτιστον βλέποντα ἀλλ᾽, ὥσπερ δαιτυμόνα τινὰ καὶ μέλ-
λοντα ἑστιάσεσθαι, πρὸς τὴν εὐωχίαν, ἢ αὖ πρὸς τὸ ἀποδό-
d σθαι, ὥσπερ χρηματιστὴν ἀλλ᾽ οὐ ποιμένα. τῇ δὲ ποιμενικῇ
οὐ δήπου ἄλλου του μέλει ἢ ἐφ᾽ ᾧ τέτακται, ὅπως τούτῳ τὸ
βέλτιστον ἐκποριεῖ· ἐπεὶ τά γε αὐτῆς ὥστ᾽ εἶναι βελτίστη
ἱκανῶς δήπου ἐκπεπόρισται, ἕως γ᾽ ἂν μηδὲν ἐνδέῃ τοῦ
5 ποιμενικὴ εἶναι. οὕτω δὴ ᾤμην ἔγωγε νυνδὴ ἀναγκαῖον
εἶναι ἡμῖν ὁμολογεῖν πᾶσαν ἀρχήν, καθ᾽ ὅσον ἀρχή, μηδενὶ
ἄλλῳ τὸ βέλτιστον σκοπεῖσθαι ἢ ἐκείνῳ, τῷ ἀρχομένῳ τε καὶ
e θεραπευομένῳ, ἔν τε πολιτικῇ καὶ ἰδιωτικῇ ἀρχῇ. σὺ δὲ τοὺς
ἄρχοντας ἐν ταῖς πόλεσιν, τοὺς ὡς ἀληθῶς ἄρχοντας, ἑκόντας
οἴει ἄρχειν;

    Μὰ Δί᾽ οὔκ, ἔφη, ἀλλ᾽ εὖ οἶδα.

5   Τί δέ, ἦν δ᾽ ἐγώ, ὦ Θρασύμαχε; τὰς ἄλλας ἀρχὰς οὐκ

345b5 νῦν δὴ ADF: δὴ νῦν Alex.Aphrod.   b6 σοι ἔτι ADF
Anecd.Oxon.: ἔτι σοι Alex.Aphrod.   b8 post μὴ add. ου [sic] Dsl
c4 πιαίνειν A Euseb. et legit Galen.: ποιμαίνειν Amg D: παχύνει F
c7 ἑστιᾶσαι Euseb.   d1 τῇ ποιμενικῇ δ᾽ Euseb.   d2 μέλει F
Euseb.: μέλλει AD   d3 βελτίστη AD: βελτίστην F Euseb.   d4 γ᾽
ἂν om. Euseb.   d5 δὴ F Euseb.: δὲ AD   ἔγωγε AD Euseb.: ἐγὼ F
e1 ἐν πολιτικῇι Euseb.   e2 ὡς F Euseb.: om. AD   e4 οὐκ ἔγωγ᾽
ἔφη F

ἐννοεῖς ὅτι οὐδεὶς ἐθέλει ἄρχειν ἑκών, ἀλλὰ μισθὸν αἰτοῦσιν,
ὡς οὐχὶ αὐτοῖσιν ὠφελίαν ἐσομένην ἐκ τοῦ ἄρχειν ἀλλὰ τοῖς
ἀρχομένοις; ἐπεὶ τοσόνδε εἰπέ· οὐχὶ ἑκάστην μέντοι φαμὲν 346
ἑκάστοτε τῶν τεχνῶν τούτῳ ἑτέραν εἶναι, τῷ ἑτέραν τὴν
δύναμιν ἔχειν; καί, ὦ μακάριε, μὴ παρὰ δόξαν ἀποκρίνου, ἵνα
τι καὶ περαίνωμεν.
Ἀλλὰ τούτῳ, ἔφη, ἑτέρα.   5
Οὐκοῦν καὶ ὠφελίαν ἑκάστη ἰδίαν τινὰ ἡμῖν παρέχεται ἀλλ'
οὐ κοινήν, οἷον ἰατρικὴ μὲν ὑγίειαν, κυβερνητικὴ δὲ σωτηρίαν
ἐν τῷ πλεῖν, καὶ αἱ ἄλλαι οὕτω;
Πάνυ γε.
Οὐκοῦν καὶ μισθωτικὴ μισθόν; αὕτη γὰρ αὐτῆς ἡ δύναμις· b
ἢ τὴν ἰατρικὴν σὺ καὶ τὴν κυβερνητικὴν τὴν αὐτὴν καλεῖς; ἢ
ἐάνπερ βούλῃ ἀκριβῶς διορίζειν, ὥσπερ ὑπέθου, οὐδέν τι
μᾶλλον, ἐάν τις κυβερνῶν ὑγιὴς γίγνηται διὰ τὸ συμφέρειν
αὐτῷ πλεῖν ἐν τῇ θαλάττῃ, ἕνεκα τούτου καλεῖς μᾶλλον αὐτὴν 5
ἰατρικήν;
Οὐ δῆτα, ἔφη.
Οὐδέ γ', οἶμαι, τὴν μισθωτικήν, ἐὰν ὑγιαίνῃ τις μισθαρ-
νῶν.
Οὐ δῆτα.   10
Τί δέ; τὴν ἰατρικὴν μισθαρνητικήν, ἐὰν ἰώμενός τις μι-
σθαρνῇ;
Οὐκ ἔφη.   c
Οὐκοῦν τήν γε ὠφελίαν ἑκάστης τῆς τέχνης ἰδίαν ὡμο-
λογήσαμεν εἶναι;
Ἔστω, ἔφη.
Ἥντινα ἄρα ὠφελίαν κοινῇ ὠφελοῦνται πάντες οἱ δημιουρ- 5
γοί, δῆλον ὅτι κοινῇ τινι τῷ αὐτῷ προσχρώμενοι ἀπ' ἐκείνου
ὠφελοῦνται.
Ἔοικεν, ἔφη.

346a5 ἑτέρα   ADF: ἑτέραν   Par.1810:   secl.   van   Herwerden
a6 ἑκάστη AF: ἑκάστην τούτων D   a6–7 ἀλλ' οὐ κοινήν om. F
b4 ξυμφέρειν F: ξυμφέρον AD   b8 οὐδέ γ' AD: οὐ δὴ F

Φαμὲν δέ γε τὸ μισθὸν ἀρνυμένους ὠφελεῖσθαι τοὺς
10 δημιουργοὺς ἀπὸ τοῦ προσχρῆσθαι τῇ μισθωτικῇ τέχνῃ
γίγνεσθαι αὐτοῖς.
Συνέφη μόγις.

d   Οὐκ ἄρα ἀπὸ τῆς αὐτοῦ τέχνης ἑκάστῳ αὕτη ἡ ὠφελία
ἐστίν, ἡ τοῦ μισθοῦ λῆψις, ἀλλ', εἰ δεῖ ἀκριβῶς σκοπεῖσθαι, ἡ
μὲν ἰατρικὴ ὑγίειαν ποιεῖ, ἡ δὲ μισθαρνητικὴ μισθόν, καὶ ἡ
μὲν οἰκοδομικὴ οἰκίαν, ἡ δὲ μισθαρνητικὴ αὐτῇ ἑπομένη
5 μισθόν, καὶ αἱ ἄλλαι πᾶσαι οὕτως τὸ αὑτῆς ἑκάστη ἔργον
ἐργάζεται καὶ ὠφελεῖ ἐκεῖνο ἐφ' ᾧ τέτακται. ἐὰν δὲ μὴ μισθὸς
αὐτῇ προσγίγνηται, ἔσθ' ὅτι ὠφελεῖται ὁ δημιουργὸς ἀπὸ τῆς
τέχνης;
Οὐ φαίνεται, ἔφη.

e   Ἆρ' οὖν οὐδ' ὠφελεῖ τότε, ὅταν προῖκα ἐργάζηται;
Οἶμαι ἔγωγε.

Οὐκοῦν, ὦ Θρασύμαχε, τοῦτο ἤδη δῆλον, ὅτι οὐδεμία
τέχνη οὐδὲ ἀρχὴ τὸ αὑτῇ ὠφέλιμον παρασκευάζει, ἀλλ',
5 ὅπερ πάλαι ἐλέγομεν, τὸ τῷ ἀρχομένῳ καὶ παρασκευάζει
καὶ ἐπιτάττει, τὸ ἐκείνου συμφέρον ἥττονος ὄντος σκοποῦσα,
ἀλλ' οὐ τὸ τοῦ κρείττονος. διὰ δὴ ταῦτα ἔγωγε, ὦ φίλε
Θρασύμαχε, καὶ ἄρτι ἔλεγον μηδένα ἐθέλειν ἑκόντα ἄρχειν
καὶ τὰ ἀλλότρια κακὰ μεταχειρίζεσθαι ἀνορθοῦντα, ἀλλὰ
347 μισθὸν αἰτεῖν, ὅτι ὁ μέλλων καλῶς τῇ τέχνῃ πράξειν οὐδέποτε
αὑτῷ τὸ βέλτιστον πράττει οὐδ' ἐπιτάττει κατὰ τὴν τέχνην
ἐπιτάττων, ἀλλὰ τῷ ἀρχομένῳ· ὧν δὴ ἕνεκα, ὡς ἔοικε,
μισθὸν δεῖν ὑπάρχειν τοῖς μέλλουσιν ἐθελήσειν ἄρχειν, ἢ
5 ἀργύριον ἢ τιμήν, ἢ ζημίαν ἐὰν μὴ ἄρχῃ.

Πῶς τοῦτο λέγεις, ὦ Σώκρατες; ἔφη ὁ Γλαύκων· τοὺς μὲν
γὰρ δύο μισθοὺς γιγνώσκω, τὴν δὲ ζημίαν ἥντινα λέγεις καὶ
ὡς ἐν μισθοῦ μέρει εἴρηκας, οὐ συνῆκα.

b   Τὸν τῶν βελτίστων ἄρα μισθόν, ἔφην, οὐ συνίης, δι' ὃν

---

c9 γε om. D   τὸ A: τὸν DF   e5 ἐλέγομεν AF (D deficit): ἐλέγετο
Euseb.   e6 ἥττονος ADF: ἐλάττονος Euseb.   e9 ἐπανορθοῦντα
Euseb.   347a1 ὁ om. Euseb.   a2 αὑτῶι AD Euseb.: αὐτὸ F
a3 ὧν F Euseb.: ὧι A: οὗ D   a4 δεῖν AD: δεῖ F Euseb.   b1 ἄρα om. F

30

ἄρχουσιν οἱ ἐπιεικέστατοι, ὅταν ἐθέλωσιν ἄρχειν. ἢ οὐκ οἶσθα
ὅτι τὸ φιλότιμόν τε καὶ φιλάργυρον εἶναι ὄνειδος λέγεταί τε
καὶ ἔστιν;

Ἔγωγε, ἔφη. 5

Διὰ ταῦτα τοίνυν, ἦν δ᾽ ἐγώ, οὔτε χρημάτων ἕνεκα
ἐθέλουσιν ἄρχειν οἱ ἀγαθοὶ οὔτε τιμῆς· οὔτε γὰρ φανερῶς
πραττόμενοι τῆς ἀρχῆς ἕνεκα μισθὸν μισθωτοὶ βούλονται
κεκλῆσθαι, οὔτε λάθρᾳ αὐτοὶ ἐκ τῆς ἀρχῆς λαμβάνοντες
κλέπται. οὐδ᾽ αὖ τιμῆς ἕνεκα· οὐ γάρ εἰσι φιλότιμοι. δεῖ δὴ 10
αὐτοῖς ἀνάγκην προσεῖναι καὶ ζημίαν, εἰ μέλλουσιν ἐθέλειν c
ἄρχειν· ὅθεν κινδυνεύει τὸ ἑκόντα ἐπὶ τὸ ἄρχειν ἰέναι ἀλλὰ μὴ
ἀνάγκην περιμένειν αἰσχρὸν νενομίσθαι. τῆς δὲ ζημίας
μεγίστη τὸ ὑπὸ πονηροτέρου ἄρχεσθαι, ἐὰν μὴ αὐτὸς ἐθέλῃ
ἄρχειν· ἣν δείσαντές μοι φαίνονται ἄρχειν, ὅταν ἄρχωσιν, οἱ 5
ἐπιεικεῖς. καὶ τότε ἔρχονται ἐπὶ τὸ ἄρχειν, οὐχ ὡς ἐπ᾽ ἀγαθόν
τι ἰόντες οὐδ᾽ ὡς εὐπαθήσοντες ἐν αὐτῷ, ἀλλ᾽ ὡς ἐπ᾽
ἀναγκαῖον, καὶ οὐκ ἔχοντες ἑαυτῶν βελτίοσιν ἐπιτρέψαι d
οὐδὲ ὁμοίοις. ἐπεὶ κινδυνεύει πόλις ἀνδρῶν ἀγαθῶν εἰ
γένοιτο, περιμάχητον ἂν εἶναι τὸ μὴ ἄρχειν ὥσπερ νυνὶ τὸ
ἄρχειν, καὶ ἐνταῦθ᾽ ἂν καταφανὲς γενέσθαι ὅτι τῷ ὄντι
ἀληθινὸς ἄρχων οὐ πέφυκε τὸ αὑτῷ συμφέρον σκοπεῖσθαι 5
ἀλλὰ τὸ τῷ ἀρχομένῳ· ὥστε πᾶς ἂν ὁ γιγνώσκων τὸ
ὠφελεῖσθαι μᾶλλον ἕλοιτο ὑπ᾽ ἄλλου ἢ ἄλλον ὠφελῶν
πράγματα ἔχειν. τοῦτο μὲν οὖν ἔγωγε οὐδαμῇ συγχωρῶ
Θρασυμάχῳ, ὡς τὸ δίκαιόν ἐστιν τὸ τοῦ κρείττονος συμ- e
φέρον. ἀλλὰ τοῦτο μὲν δὴ καὶ εἰς αὖθις σκεψόμεθα· πολὺ δέ
μοι δοκεῖ μεῖζον εἶναι ὃ νῦν λέγει Θρασύμαχος, τὸν τοῦ
ἀδίκου βίον φάσκων εἶναι κρείττω ἢ τὸν τοῦ δικαίου. σὺ
οὖν ποτέρως, ἦν δ᾽ ἐγώ, ὦ Γλαύκων, αἱρῇ; καὶ πότερον 5
ἀληθεστέρως δοκεῖ σοι λέγεσθαι;

b3 ὅτι φιλάργυρόν τε καὶ φιλότιμον Stob.   λέγεταί τε AD Stob.: λέγεταί
τι F   b10 δὴ DF: δὲ A   c3 νενόμισται F   d3 νυνὶ A: νῦν DF
d4 ὅτι ὁ τῶι H. Stephanus   d6–7 γιγνώσκων ὠφελεῖσθαι H. Richards
d7 ἄλλον AF: ἄλλων D, ex v.l. ὑπ᾽ ἄλλων fortasse ortum
e2 σκεψώμεθα F   e5 ποτέρως ADF: πότερον Astius   πότερον F:
πότερον ὡς AD: ποτέρως Astius

Τὸν τοῦ δικαίου ἔγωγε λυσιτελέστερον βίον εἶναι.

348 Ἤκουσας οὖν, ἦν δ' ἐγώ, ὅσα ἄρτι Θρασύμαχος ἀγαθὰ διῆλθεν τῷ τοῦ ἀδίκου;

Ἤκουσα, ἔφη, ἀλλ' οὐ πείθομαι.

Βούλει οὖν αὐτὸν πείθωμεν, ἂν δυνώμεθά πῃ ἐξευρεῖν, ὡς
5 οὐκ ἀληθῆ λέγει;

Πῶς γὰρ οὐ βούλομαι; ἦ δ' ὅς.

Ἂν μὲν τοίνυν, ἦν δ' ἐγώ, ἀντικατατείναντες λέγωμεν αὐτῷ λόγον παρὰ λόγον, ὅσα αὖ ἀγαθὰ ἔχει τὸ δίκαιον εἶναι, καὶ αὖθις οὗτος, καὶ ἄλλον ἡμεῖς, ἀριθμεῖν δεήσει
b τἀγαθὰ καὶ μετρεῖν ὅσα ἑκάτεροι ἐν ἑκατέρῳ λέγομεν, καὶ ἤδη δικαστῶν τινων τῶν διακρινούντων δεησόμεθα· ἂν δὲ ὥσπερ ἄρτι ἀνομολογούμενοι πρὸς ἀλλήλους σκοπῶμεν, ἅμα αὐτοί τε δικασταὶ καὶ ῥήτορες ἐσόμεθα.
5 Πάνυ μὲν οὖν, ἔφη.

Ποτέρως οὖν σοι, ἦν δ' ἐγώ, ἀρέσκει;

Οὕτως, ἔφη.

Ἴθι δή, ἦν δ' ἐγώ, ὦ Θρασύμαχε, ἀπόκριναι ἡμῖν ἐξ ἀρχῆς. τὴν τελέαν ἀδικίαν τελέας οὔσης δικαιοσύνης λυσιτελεστέραν
10 φῂς εἶναι;
c Πάνυ μὲν οὖν καὶ φημί, ἔφη, καὶ δι' ἅ, εἴρηκα.

Φέρε δή, τὸ τοιόνδε περὶ αὐτῶν πῶς λέγεις; τὸ μέν που ἀρετὴν αὐτοῖν καλεῖς, τὸ δὲ κακίαν;

Πῶς γὰρ οὔ;
5 Οὐκοῦν τὴν μὲν δικαιοσύνην ἀρετήν, τὴν δὲ ἀδικίαν κακίαν;

Εἰκός γ', ἔφη, ὦ ἥδιστε, ἐπειδή γε καὶ λέγω ἀδικίαν μὲν λυσιτελεῖν, δικαιοσύνην δ' οὔ.

Ἀλλὰ τί μήν;
10 Τοὐναντίον, ἦ δ' ὅς.

Ἦ τὴν δικαιοσύνην κακίαν;

e7 ἔγωγε prA F: ἔγωγ' ἔφη Apc D   348a1 οὖν F: οὖς D: om. A
b2 διακρινόντων F   b4 τε δικασταὶ AD: δικασταί τε F
b6 ποτέρως F: ὁποτέρως AD   b9 τὴν om. D   c7 ἐπειδή γε
F: ἐπειδὴ AD

Οὔκ, ἀλλὰ πάνυ γενναίαν εὐήθειαν.

Τὴν ἀδικίαν ἄρα κακοήθειαν καλεῖς; d

Οὔκ, ἀλλ᾽ εὐβουλίαν, ἔφη.

Ἦ καὶ φρόνιμοί σοι, ὦ Θρασύμαχε, δοκοῦσιν εἶναι καὶ ἀγαθοὶ οἱ ἄδικοι;

Οἵ γε τελέως, ἔφη, οἷοί τε ἀδικεῖν, πόλεις τε καὶ ἔθνη 5 δυνάμενοι ἀνθρώπων ὑφ᾽ ἑαυτοὺς ποιεῖσθαι· σὺ δὲ οἴει με ἴσως τοὺς τὰ βαλλάντια ἀποτέμνοντας λέγειν. λυσιτελεῖ μὲν οὖν, ἦ δ᾽ ὅς, καὶ τὰ τοιαῦτα, ἐάνπερ λανθάνῃ· ἔστι δὲ οὐκ ἄξια λόγου, ἀλλ᾽ ἃ νυνδὴ ἔλεγον.

Τοῦτο μέν, ἔφην, οὐκ ἀγνοῶ ὃ βούλει λέγειν, ἀλλὰ τόδε e ἐθαύμασα, εἰ ἐν ἀρετῆς καὶ σοφίας τίθης μέρει τὴν ἀδικίαν, τὴν δὲ δικαιοσύνην ἐν τοῖς ἐναντίοις.

Ἀλλὰ πάνυ οὕτω τίθημι.

Τοῦτο, ἦν δ᾽ ἐγώ, ἤδη στερεώτερον, ὦ ἑταῖρε, καὶ οὐκέτι 5 ῥᾴδιον ἔχειν ὅτι τις εἴπῃ. εἰ γὰρ λυσιτελεῖν μὲν τὴν ἀδικίαν ἐτίθεσο, κακίαν μέντοι ἢ αἰσχρὸν αὐτὸ ὡμολόγεις εἶναι ὥσπερ ἄλλοι τινές, εἴχομεν ἄν τι λέγειν κατὰ τὰ νομιζόμενα λέγοντες. νῦν δὲ δῆλος εἶ ὅτι φήσεις αὐτὸ καὶ καλὸν καὶ ἰσχυρὸν εἶναι καὶ τἆλλα αὐτῷ πάντα προσθήσεις ἃ ἡμεῖς τῷ 349 δικαίῳ προσετίθεμεν, ἐπειδή γε καὶ ἐν ἀρετῇ αὐτὸ καὶ σοφίᾳ ἐτόλμησας θεῖναι.

Ἀληθέστατα, ἔφη, μαντεύῃ.

Ἀλλ᾽ οὐ μέντοι, ἦν δ᾽ ἐγώ, ἀποκνητέον γε τῷ λόγῳ 5 ἐπεξελθεῖν σκοπούμενον, ἕως ἄν σε ὑπολαμβάνω λέγειν ἅπερ διανοῇ. ἐμοὶ γὰρ δοκεῖς σύ, ὦ Θρασύμαχε, ἀτεχνῶς νῦν οὐ σκώπτειν, ἀλλὰ τὰ δοκοῦντα περὶ τῆς ἀληθείας λέγειν.

Τί δέ σοι, ἔφη, τοῦτο διαφέρει, εἴτε μοι δοκεῖ εἴτε μή, ἀλλ᾽ οὐ τὸν λόγον ἐλέγχεις; 10

Οὐδέν, ἦν δ᾽ ἐγώ. ἀλλὰ τόδε μοι πειρῶ ἔτι πρὸς τούτοις b

d6 ἑαυτοῖς Par.1810   ε1 μὲν DF: μέντοι A   ὃ DF: ὅτι A
e4 πάνυ ἔφη F   e6 ῥᾴδιον F Stob.: ῥᾶιον AD   e8 ἄν τι λέγειν AF:
ἀντιλέγειν D Stob.   349a8 περὶ τῆς ἀληθείας ADF: περὶ τῆς ἀδικίας
H. Wolf: secl. J. L. V. Hartman   a10 ἐλέγχεις ADF Method.:
ἐλέγξεις J. L. V. Hartman

ἀποκρίνασθαι· ὁ δίκαιος τοῦ δικαίου δοκεῖ τί σοι ἂν ἐθέλειν
πλέον ἔχειν;

Οὐδαμῶς, ἔφη· οὐ γὰρ ἂν ἦν ἀστεῖος, ὥσπερ νῦν, καὶ
5 εὐήθης.

Τί δέ; τῆς δικαίας πράξεως;

Οὐδὲ ⟨ταύ⟩της [δικαίας], ἔφη.

Τοῦ δὲ ἀδίκου πότερον ἀξιοῖ ἂν πλεονεκτεῖν καὶ ἡγοῖτο
δίκαιον εἶναι, ἢ οὐκ ἂν ἡγοῖτο;

10   Ἡγοῖτ' ἄν, ἦ δ' ὅς, καὶ ἀξιοῖ, ἀλλ' οὐκ ἂν δύναιτο.

c   Ἀλλ' οὐ τοῦτο, ἦν δ' ἐγώ, ἐρωτῶ, ἀλλ' εἰ τοῦ μὲν δικαίου
μὴ ἀξιοῖ πλέον ἔχειν μηδὲ βούλεται ὁ δίκαιος, τοῦ δὲ ἀδίκου;
Ἀλλ' οὕτως, ἔφη, ἔχει.

Τί δὲ δὴ ὁ ἄδικος; ἆρα ἀξιοῖ τοῦ δικαίου πλεονεκτεῖν καὶ
5 τῆς δικαίας πράξεως;

Πῶς γὰρ οὔκ; ἔφη, ὅς γε πάντων πλέον ἔχειν ἀξιοῖ;

Οὐκοῦν καὶ ἀδίκου ἀνθρώπου τε καὶ πράξεως ὁ ἄδικος
πλεονεκτήσει, καὶ ἁμιλλήσεται ὡς ἁπάντων πλεῖστον αὐτὸς
λάβῃ;

10   Ἔστι ταῦτα.

Ὧδε δὴ λέγωμεν, ἔφην· ὁ δίκαιος τοῦ μὲν ὁμοίου οὐ
d πλεονεκτεῖ, τοῦ δὲ ἀνομοίου, ὁ δὲ ἄδικος τοῦ τε ὁμοίου καὶ
τοῦ ἀνομοίου;

Ἄριστα, ἔφη, εἴρηκας.

Ἔστιν δέ γε, ἔφην, φρόνιμός τε καὶ ἀγαθὸς ὁ ἄδικος, ὁ δὲ
5 δίκαιος οὐδέτερα;

Καὶ τοῦτ', ἔφη, εὖ.

Οὐκοῦν, ἦν δ' ἐγώ, καὶ ἔοικε τῷ φρονίμῳ καὶ τῷ ἀγαθῷ ὁ
ἄδικος, ὁ δὲ δίκαιος οὐκ ἔοικεν;

b2 τί A Dpc F Stob.: om. prD   b7 ταύτης scripsi: τῆς ADF Stob.
δικαίας ADF Stob.: secl. Wilamowitz: δικαίας πράξεως Stallbaum
b8 πλέον ἔχειν Stob.   b9 ἡγοῖτο F Stob.: ἡγοῖτο δίκαιον AD
c4 ὁ AF Stob.: om. D   c6 πλέον ἔχειν AF Stob.: ἔχειν πλέον D
c7 ἀδίκου γε Stob.   c8 καὶ–c9 λάβηι om. Stob., et ὡς quidem
suspectum   c11 λέγωμεν AD Stob.: λέγομεν F   d4 ἔφην om.
Stob.   d6 εὖ AD Stob.: om. F   d7 καὶ ἀγαθῶι Stob.

Πῶς γὰρ οὐ μέλλει, ἔφη, ὁ τοιοῦτος ὢν καὶ ἐοικέναι τοῖς
τοιούτοις, ὁ δὲ μὴ ἐοικέναι;   10

Καλῶς. τοιοῦτος ἄρα ἐστὶν ἑκάτερος αὐτῶν οἷσπερ ἔοικεν·
Ἀλλὰ τί μέλλει; ἔφη.

Εἶεν, ὦ Θρασύμαχε· μουσικὸν δέ τινα λέγεις, ἕτερον δὲ e
ἄμουσον;

Ἔγωγε.

Πότερον φρόνιμον καὶ πότερον ἄφρονα;

Τὸν μὲν μουσικὸν δήπου φρόνιμον, τὸν δὲ ἄμουσον ἄφρονα. 5

Οὐκοῦν ἅπερ φρόνιμον, ἀγαθόν, ἃ δὲ ἄφρονα, κακόν;

Ναί.

Τί δὲ ἰατρικόν; οὐχ οὕτως;

Οὕτως.

Δοκεῖ ἂν οὖν τίς σοι, ὦ ἄριστε, μουσικὸς ἀνὴρ ἁρμοττό- 10
μενος λύραν ἐθέλειν μουσικοῦ ἀνδρὸς ἐν τῇ ἐπιτάσει καὶ
ἀνέσει τῶν χορδῶν πλεονεκτεῖν ἢ ἀξιοῦν πλέον ἔχειν;

Οὐκ ἔμοιγε.

Τί δέ; ἀμούσου;

Ἀνάγκη, ἔφη.   15

Τί δὲ ἰατρικός; ἐν τῇ ἐδωδῇ ἢ πόσει ἐθέλειν ἄν τι ἰατρικοῦ 350
πλεονεκτεῖν ἢ ἀνδρὸς ἢ πράγματος;

Οὐ δῆτα.

Μὴ ἰατρικοῦ δέ;

Ναί.   5

Περὶ πάσης δὴ ὅρα ἐπιστήμης τε καὶ ἀνεπιστημοσύνης εἴ
τίς σοι δοκεῖ ἐπιστήμων ὁστισοῦν πλείω ἂν ἐθέλειν αἱρεῖσθαι
ἢ ὅσα ἄλλος ἐπιστήμων ἢ πράττειν ἢ λέγειν, καὶ οὐ ταὐτὰ τῷ
ὁμοίῳ ἑαυτῷ εἰς τὴν αὐτὴν πρᾶξιν.

Ἀλλ' ἴσως, ἔφη, ἀνάγκη τοῦτό γε οὕτως ἔχειν.   10

d9 οὐ AD: οὔ. F Stob.   ὁ om. Stob.   d11 post καλῶς alterum
interloc. ind. ADF   e6 ἅπερ DF Stob.: καὶ ἅπερ A   e10 ἆρ' οὖν
τίς σε ὦ ἄριστε δοκεῖ Stob.   e12 ἢ ἀξιοῦν πλέον ἔχειν ADF Stob.: secl.
Mon.237pc   350a1 ἰατρὸς F   a6 δὴ F Stob.: δὲ AD   a9 τὴν
αὐτὴν ὁμοίαν πρᾶξιν Stob., e contaminatione duarum vv.ll. nimirum
ortum   a10 γε AD Stob.: om. F

Τί δὲ ὁ ἀνεπιστήμων; οὐχὶ ὁμοίως μὲν ἐπιστήμονος

b πλεονεκτήσειεν ἄν, ὁμοίως δὲ ἀνεπιστήμονος;

Ἴσως.

Ὁ δὲ ἐπιστήμων σοφός;

Φημί.

5 Ὁ δὲ σοφὸς ἀγαθός;

Φημί.

Ὁ ἄρα ἀγαθός τε καὶ σοφὸς τοῦ μὲν ὁμοίου οὐκ ἐθελήσει
πλεονεκτεῖν, τοῦ δὲ ἀνομοίου τε καὶ ἐναντίου.

Ἔοικεν, ἔφη.

10 Ὁ δὲ κακός τε καὶ ἀμαθὴς τοῦ τε ὁμοίου καὶ τοῦ ἐναντίου.

Φαίνεται.

Οὐκοῦν, ὦ Θρασύμαχε, ἦν δ᾽ ἐγώ, ὁ ἄδικος ἡμῖν τοῦ
ἀνομοίου τε καὶ ὁμοίου πλεονεκτεῖ; ἢ οὐχ οὕτως ἔλεγες;

Ἔγωγε, ἔφη.

c Ὁ δέ γε δίκαιος τοῦ μὲν ὁμοίου οὐ πλεονεκτήσει, τοῦ δὲ
ἀνομοίου;

Ναί.

Ἔοικεν ἄρα, ἦν δ᾽ ἐγώ, ὁ μὲν δίκαιος τῷ σοφῷ καὶ ἀγαθῷ,

5 ὁ δὲ ἄδικος τῷ κακῷ καὶ ἀμαθεῖ.

Κινδυνεύει.

Ἀλλὰ μὴν ὡμολογοῦμεν, ᾧ γε ὅμοιος ἑκάτερος εἴη,
τοιοῦτον καὶ ἑκάτερον εἶναι.

Ὡμολογοῦμεν γάρ.

10 Ὁ μὲν ἄρα δίκαιος ἡμῖν ἀναπέφανται ὢν ἀγαθός τε καὶ
σοφός, ὁ δὲ ἄδικος ἀμαθής τε καὶ κακός.

Ὁ δὲ Θρασύμαχος ὡμολόγησε μὲν πάντα ταῦτα, οὐχ ὡς

d ἐγὼ νῦν ῥᾳδίως λέγω, ἀλλ᾽ ἑλκόμενος καὶ μόγις, μετὰ
ἱδρῶτος θαυμαστοῦ ὅσου, ἅτε καὶ θέρους ὄντος· τότε καὶ
εἶδον ἐγώ, πρότερον δὲ οὔπω, Θρασύμαχον ἐρυθριῶντα.
ἐπειδὴ δὲ οὖν διωμολογησάμεθα τὴν δικαιοσύνην ἀρετὴν

b4 φημί ADF: ναί Stob.   b10 κακός AD Stob.: ἄκακος D   τοῦ τε
ὁμοίου A Stob.: τοῦ γε ὁμοίου F: τοῦ ἀνομοίου D   c1 γε om. Stob.
c4 τε καὶ Stob.   c5 τε καὶ Stob.   c7 ὡμολογοῦμεν AD:
ὁμολογοῦμεν F Stob.   c12 δὲ A: δὴ DF   ταῦτα πάντα F

εἶναι καὶ σοφίαν, τὴν δὲ ἀδικίαν κακίαν τε καὶ ἀμαθίαν, Εἶεν, 5
ἦν δ' ἐγώ, τοῦτο μὲν ἡμῖν οὕτω κείσθω, ἔφαμεν δὲ δὴ καὶ
ἰσχυρὸν εἶναι τὴν ἀδικίαν. ἢ οὐ μέμνησαι, ὦ Θρασύμαχε;
Μέμνημαι, ἔφη, ἀλλ' ἔμοιγε οὐδὲ ἃ νῦν λέγεις ἀρέσκει, καὶ
ἔχω περὶ αὐτῶν λέγειν. εἰ οὖν λέγοιμι, εὖ οἶδ' ὅτι δημηγορεῖν
ἄν με φαίης. ἢ οὖν ἔα με εἰπεῖν ὅσα βούλομαι, ἤ, εἰ βούλει e
ἐρωτᾶν, ἐρώτα· ἐγὼ δέ σοι, ὥσπερ ταῖς γραυσὶν ταῖς τοὺς
μύθους λεγούσαις, "εἶεν" ἐρῶ καὶ κατανεύσομαι καὶ ἀνανεύ-
σομαι.
Μηδαμῶς, ἦν δ' ἐγώ, παρά γε τὴν σαυτοῦ δόξαν.   5
Ὥστε σοί, ἔφη, ἀρέσκειν, ἐπειδήπερ οὐκ ἐᾷς λέγειν. καίτοι
τί ἄλλο βούλει;
Οὐδὲν μὰ Δία, ἦν δ' ἐγώ, ἀλλ' εἴπερ τοῦτο ποιήσεις, ποίει·
ἐγὼ δὲ ἐρωτήσω.
Ἐρώτα δή.   10
Τοῦτο τοίνυν ἐρωτῶ, ὅπερ ἄρτι, ἵνα καὶ ἐξῆς διασκεψώ-
μεθα τὸν λόγον, ὁποῖόν τι τυγχάνει ὂν δικαιοσύνη πρὸς 351
ἀδικίαν. ἐλέχθη γάρ που ὅτι καὶ δυνατώτερον καὶ ἰσχυρό-
τερον εἴη ἀδικία δικαιοσύνης· νῦν δέ γ', ἔφην, εἴπερ σοφία τε
καὶ ἀρετή ἐστιν δικαιοσύνη, ῥᾳδίως, οἶμαι, φανήσεται καὶ
ἰσχυρότερον ἀδικίας, ἐπειδήπερ ἐστὶν ἀμαθία ἡ ἀδικία· οὐδεὶς 5
ἂν ἔτι τοῦτο ἀγνοήσειεν. ἀλλ' οὔ τι οὕτως ἁπλῶς, ὦ
Θρασύμαχε, ἔγωγε ἐπιθυμῶ, ἀλλὰ τῇδέ πη σκέψασθαι·
πόλιν φαίης ἂν ἄδικον εἶναι καὶ ἄλλας πόλεις ἐπιχειρεῖν b
δουλοῦσθαι ἀδίκως καὶ καταδεδουλῶσθαι, πολλὰς δὲ καὶ
ὑφ' ἑαυτῇ ἔχειν δουλωσαμένην;
Πῶς γὰρ οὔκ; ἔφη. καὶ τοῦτό γε ἡ ἀρίστη μάλιστα ποιήσει
καὶ τελεώτατα οὖσα ἄδικος.   5

d7 ἰσχυρὸν ADF Schol.D: ἰσχυρότερον Stob.   d9 δ' οὖν
Steinbrückel   e5 γε om. F   351a2 ἐλέχθη AD: ἐδείχθη F
καὶ ὅτι δυνατώτερον F   a3 ante νῦν et post a5 ἀδικία alterum interloc.
ind. AD: ante νῦν inserit ναί J. L. V. Hartman   ἔφην F: ἔφη AD   τε
om. D   a5 ἡ AD: καὶ ἡ F   a5–6 οὐδεὶς γὰρ ἂν Laur.80.19pc
a7 τῇδέ πῃ σκέψασθαι A Stob.(SM): τῇδε ἐπισκέψασθαι D Stob.(A): τί δ'
ἐπισκέψασθαι F   b2 καὶ καταδεδουλῶσθαι ADF: secl. Cobet, fortasse
recte: καὶ καταδουλώσασθαι Ruijgh et Rijksbaron   b3 ἑαυτὴν F

37

Μανθάνω, ἔφην, ὅτι σὸς οὗτος ἦν ὁ λόγος. ἀλλὰ τόδε περὶ
αὐτοῦ σκοπῶ· πότερον ἡ κρείττων γιγνομένη πόλις πόλεως
ἄνευ δικαιοσύνης τὴν δύναμιν ταύτην ἕξει, ἢ ἀνάγκη αὐτῇ
μετὰ δικαιοσύνης;

c Εἰ μέν, ἔφη, ὡς σὺ ἄρτι ἔλεγες [ἔχει], ἡ δικαιοσύνη σοφία,
μετὰ δικαιοσύνης· εἰ δ᾽ ὡς ἐγὼ ἔλεγον, μετ᾽ ἀδικίας.

Πάνυ ἄγαμαι, ἦν δ᾽ ἐγώ, ὦ Θρασύμαχε, ὅτι οὐκ ἐπινεύεις
μόνον καὶ ἀνανεύεις, ἀλλὰ καὶ ἀποκρίνῃ πάνυ καλῶς.

5 Σοὶ γάρ, ἔφη, χαρίζομαι.

Εὖ γε σὺ ποιῶν· ἀλλὰ δὴ καὶ τόδε μοι χάρισαι καὶ λέγε·
δοκεῖς ἂν ἢ πόλιν ἢ στρατόπεδον ἢ λῃστὰς ἢ κλέπτας ἢ ἄλλο
τι ἔθνος, ὅσα κοινῇ ἐπί τι ἔρχεται ἀδίκως, πρᾶξαι ἄν τι
δύνασθαι, εἰ ἀδικοῖεν ἀλλήλους;

10 Οὐ δῆτα, ἦ δ᾽ ὅς.

d Τί δ᾽ εἰ μὴ ἀδικοῖεν; οὐ μᾶλλον;

Πάνυ γε.

Στάσεις γάρ που, ὦ Θρασύμαχε, ἥ γε ἀδικία καὶ μίση καὶ
μάχας ἐν ἀλλήλοις παρέχει, ἡ δὲ δικαιοσύνη ὁμόνοιαν καὶ

5 φιλίαν. ἦ γάρ;

Ἔστω, ἦ δ᾽ ὅς, ἵνα σοι μὴ διαφέρωμαι.

Ἀλλ᾽ εὖ γε σὺ ποιῶν, ὦ ἄριστε. τόδε δέ μοι λέγε· ἆρα εἰ
τοῦτο ἔργον ἀδικίας, μῖσος ἐμποιεῖν ὅπου ἂν ἐνῇ, οὐ καὶ ἐν
ἐλευθέροις τε καὶ δούλοις ἐγγιγνομένη μισεῖν ποιήσει ἀλλή-

e λους καὶ στασιάζειν καὶ ἀδυνάτους εἶναι κοινῇ μετ᾽ ἀλλήλων
πράττειν;

Πάνυ γε.

Τί δὲ ἂν ἐν δυοῖν ἐγγένηται; οὐ διοίσονται καὶ μισήσουσιν

5 καὶ ἐχθροὶ ἔσονται ἀλλήλοις τε καὶ τοῖς δικαίοις;

Ἔσονται, ἔφη.

Ἐὰν δὲ δή, ὦ θαυμάσιε, ἐν ἑνὶ ἐγγένηται ἀδικία, μῶν μὴ
ἀπολεῖ τὴν αὑτῆς δύναμιν, ἢ οὐδὲν ἧττον ἕξει;

b7 πότερον οὖν Stob.   b8 αὐτῆι A Dpc F: αὐτὴν prD Stob.
c1 ἔχει ADF Stob.: secl. Tucker: ἔστιν Bessarion, alii alia   σοφίαν Stob.
c2 ἔλεγον om. Stob.   c3 πάνυ γε Stob.   c4 ἀλλὰ καὶ AD: ἀλλ᾽ F
c8 ὅσα AD Stob.: om. F   ἐπί AD Stob.: ἐν ἐπί F, fortasse ex εἰ ἐπί
corruptum   d6 διαφέρωμεν A   d8 ἐν om. D   e7 δὲ om. D

Μηδὲν ἧττον ἐχέτω, ἔφη.

Οὐκοῦν τοιάνδε τινὰ φαίνεται ἔχουσα τὴν δύναμιν, οἵαν, ᾧ 10
ἂν ἐγγένηται, εἴτε πόλει τινὶ εἴτε γένει εἴτε στρατοπέδῳ εἴτε
ἄλλῳ ὁτῳοῦν, πρῶτον μὲν ἀδύνατον αὐτὸ ποιεῖν πράττειν 352
μεθ' αὑτοῦ διὰ τὸ στασιάζειν καὶ διαφέρεσθαι, ἔτι δ' ἐχθρὸν
εἶναι ἑαυτῷ τε καὶ τῷ ἐναντίῳ παντὶ καὶ τῷ δικαίῳ; οὐχ
οὕτως;

Πάνυ γε. 5

Καὶ ἐν ἑνὶ δή, οἶμαι, ἐνοῦσα ταὐτὰ ταῦτα ποιήσει ἅπερ
πέφυκεν ἐργάζεσθαι· πρῶτον μὲν ἀδύνατον αὐτὸν πράττειν
ποιήσει στασιάζοντα καὶ οὐχ ὁμονοοῦντα αὐτὸν ἑαυτῷ,
ἔπειτα ἐχθρὸν καὶ ἑαυτῷ καὶ τοῖς δικαίοις. ἦ γάρ;

Ναί. 10

Δίκαιοι δέ γ' εἰσίν, ὦ φίλε, καὶ οἱ θεοί;

Ἔστω, ἔφη. b

Καὶ θεοῖς ἄρα ἐχθρὸς ἔσται ὁ ἄδικος, ὦ Θρασύμαχε, ὁ δὲ
δίκαιος φίλος.

Εὐωχοῦ τοῦ λόγου, ἔφη, θαρρῶν· οὐ γὰρ ἔγωγέ σοι
ἐναντιώσομαι, ἵνα μὴ τοῖσδε ἀπέχθωμαι. 5

Ἴθι δή, ἦν δ' ἐγώ, καὶ τὰ λοιπά μοι τῆς ἑστιάσεως
ἀποπλήρωσον, ἀποκρινόμενος ὥσπερ καὶ νῦν. ὅτι μὲν γὰρ
καὶ σοφώτεροι καὶ ἀμείνους καὶ δυνατώτεροι πράττειν οἱ
δίκαιοι φαίνονται, οἱ δὲ ἄδικοι οὐδὲν πράττειν μετ' ἀλλήλων
οἷοί τε, ἀλλὰ δὴ καὶ οὓς φαμεν ἐρρωμένως πώποτέ τι μετ' c
ἀλλήλων κοινῇ πρᾶξαι ἀδίκους ὄντας, τοῦτο οὐ παντάπασιν
ἀληθὲς λέγομεν· οὐ γὰρ ἂν ἀπείχοντο ἀλλήλων κομιδῇ ὄντες
ἄδικοι, ἀλλὰ δῆλον ὅτι ἐνῆν τις αὐτοῖς δικαιοσύνη, ἣ αὐτοὺς
ἐποίει μή τοι καὶ ἀλλήλους γε καὶ ἐφ' οὓς ᾖσαν ἅμα ἀδικεῖν, 5

e10 οἵαν secl. Tucker   e11 ἐγγίγνηται F   352a1 ἄλλῳ τινὶ
ὁτῳοῦν F   ποιεῖν D: ποιεῖ AF, fortasse recte   a6 ταὐτὰ ταῦτα F: ταῦτα
πάντα AD: ταῦτα Stob.   a7–8 ποιήσει πράττειν Stob.   a11 δὲ A
Stob.: om. DF   b1 ἔστω Burnet: ἔστωσαν ADF Stob.   b2 ᾧ
θρασύμαχε ὁ ἄδικος Stob.   b4 ἔγωγέ AF Stob.: ἐγώ D   b6 μοι
AD: με F Stob.   b9 φαίνονται ADF Stob.: φαίνεται Cornarius   οὐδὲν
ADF Stob.: οὐδὲ Laur.CS42 Caesen.D28.4   c1 δὴ A: om. DF Stob.
c3 λέγομεν AF Stob.: ἐλέγομεν D   ἂν AF Stob.: om. D   c5 ἀδικεῖν
ἅμα Stob.

δι' ἣν ἔπραξαν ἃ ἔπραξαν, ὥρμησαν δὲ ἐπὶ τὰ ἄδικα ἀδικίᾳ
ἡμιμόχθηροι ὄντες, ἐπεὶ οἵ γε παμπόνηροι καὶ τελέως ἄδικοι
d τελέως εἰσὶ καὶ πράττειν ἀδύνατοι. ταῦτα μὲν οὖν ὅτι οὕτως
ἔχει μανθάνω, ἀλλ' οὐχ ὡς σὺ τὸ πρῶτον ἐτίθεσο· εἰ δὲ καὶ
ἄμεινον ζῶσιν οἱ δίκαιοι τῶν ἀδίκων καὶ εὐδαιμονέστεροί
εἰσιν, ὅπερ τὸ ὕστερον προυθέμεθα σκέψασθαι, σκεπτέον.
5 φαίνονται μὲν οὖν καὶ νῦν, ὥς γέ μοι δοκεῖ, ἐξ ὧν εἰρήκαμεν·
ὅμως δ' ἔτι βέλτιον σκεπτέον. οὐ γὰρ περὶ τοῦ ἐπιτυχόντος ὁ
λόγος, ἀλλὰ περὶ τοῦ ὄντινα τρόπον χρὴ ζῆν.

Σκόπει δή, ἔφη.

Σκοπῶ, ἦν δ' ἐγώ. καί μοι λέγε· δοκεῖ τί σοι εἶναι ἵππου
e ἔργον;

Ἔμοιγε.

Ἆρ' οὖν τοῦτο ἂν θείης καὶ ἵππου καὶ ἄλλου ὁτουοῦν ἔργον,
ὃ ἂν ἢ μόνῳ ἐκείνῳ ποιῇ τις ἢ ἄριστα;

5 Οὐ μανθάνω, ἔφη.

Ἀλλ' ὧδε· ἔσθ' ὅτῳ ἂν ἄλλῳ ἴδοις ἢ ὀφθαλμοῖς;

Οὐ δῆτα.

Τί δέ; ἀκούσαις ἄλλῳ ἢ ὠσίν;

Οὐδαμῶς.

10 Οὐκοῦν δικαίως [ἂν] ταῦτα τούτων φαμὲν ἔργα εἶναι;

Πάνυ γε.

353 Τί δέ; μαχαίρᾳ ἀμπέλου κλῆμα ἀποτέμοις καὶ σμίλῃ καὶ
ἄλλοις πολλοῖς;

Πῶς γὰρ οὔ;

Ἀλλ' οὐδενί γ' ἄν, οἶμαι, οὕτω καλῶς ὡς δρεπάνῳ τῷ ἐπὶ
5 τοῦτο ἐργασθέντι.

Ἀληθῆ.

Ἆρ' οὖν οὐ τοῦτο τούτου ἔργον θήσομεν;

d5 ὥς γέ μοι Apc D: ὥστε μοι prA F   d6 δὲ ἔτι F: δέ τι AD
e3 καὶ ἵππου AD Stob.: ἵππου F   e4 ὃ AD Stob.: ὧ F   e5 ἔφη
om. Stob.   e6 ἀλλ' ὧδε AD Stob.: ἄλλο δὲ F   ὀφθαλμοῖς AD Stob.:
ὀφθαλμῶ F et legere videtur Procl.   e8 ἄλλοις Stob.   e10 ἂν
ADF Stob.: secl. Adam   φαμὲν ADF Stob.: φαῖμεν Laur.80.19pc
353a1 μαχαίραι AD: μαχαίρα ἂν F Stob.   a5 τοῦτο AD: τούτῳ F
Stob.   a7 τοῦτο τούτου AD Stob.: τούτου τοῦτο F

Θήσομεν μὲν οὖν.

Νῦν δή, οἶμαι, ἄμεινον ἂν μάθοις ὃ ἄρτι ἠρώτων, πυνθα-
νόμενος εἰ οὐ τοῦτο ἑκάστου εἴη ἔργον ὃ ἂν ἢ μόνον τι ἢ 10
κάλλιστα τῶν ἄλλων ἀπεργάζηται.

Ἀλλά, ἔφη, μανθάνω τε καί μοι δοκεῖ τοῦτο ἑκάστου
πράγματος ἔργον εἶναι.   b

Εἶεν, ἦν δ' ἐγώ· οὐκοῦν καὶ ἀρετὴ δοκεῖ σοι εἶναι ἑκάστῳ
ᾧπερ καὶ ἔργον τι προστέτακται; ἴωμεν δὲ ἐπὶ τὰ αὐτὰ πάλιν·
ὀφθαλμῶν, φαμέν, ἔστι τι ἔργον;

Ἔστιν.   5

Ἆρ' οὖν καὶ ἀρετὴ ὀφθαλμῶν ἔστιν;

Καὶ ἀρετή.

Τί δέ; ὤτων ἦν τι ἔργον;

Ναί.

Οὐκοῦν καὶ ἀρετή;   10

Καὶ ἀρετή.

Τί δὲ πάντων πέρι τῶν ἄλλων; οὐχ οὕτω;

Οὕτω.

Ἔχε δή· ἆρ' ἄν ποτε ὄμματα τὸ αὑτῶν ἔργον καλῶς
ἀπεργάσαιντο μὴ ἔχοντα τὴν αὑτῶν οἰκείαν ἀρετήν, ἀλλ'   c
ἀντὶ τῆς ἀρετῆς κακίαν;

Καὶ πῶς ἄν; ἔφη· τυφλότητα γὰρ ἴσως λέγεις ἀντὶ τῆς
ὄψεως.

Ἥτις, ἦν δ' ἐγώ, αὑτῶν ἡ ἀρετή· οὐ γάρ πω τοῦτο ἐρωτῶ,   5
ἀλλ' εἰ τῇ οἰκείᾳ μὲν ἀρετῇ τὸ αὑτῶν ἔργον εὖ ἐργάσεται τὰ
ἐργαζόμενα, κακίᾳ δὲ κακῶς.

Ἀληθές, ἔφη, τοῦτό γε λέγεις.

Οὐκοῦν καὶ ὦτα στερόμενα τῆς αὑτῶν ἀρετῆς κακῶς τὸ
αὑτῶν ἔργον ἀπεργάσεται;   10

Πάνυ γε.

a9 δὴ AD et fortasse Fpc: δὲ prF   ὃ AF: ὅτι D   a10 οὐ τοῦτο AD:
τούτου F   a12 τούτου D   b3 συντέτακται Fsl   b4 φαμεν
ADF: μὲν Stob.   ἐστί τι F Stob.: ἐστιν AD   b12 δὲ πάντων ADF: δὴ
γὰρ (vel δὴ γ' ἂν) Stob.   c1 ἀπεργάσαιντο ADF Stob.: ἀπεργάσαιτο
Heindorf   c6 μὲν om. Stob.   c8 γε om. F Stob.   c10 αὑτῶν
om. Stob.

d   Τίθεμεν οὖν καὶ τἆλλα πάντα εἰς τὸν αὐτὸν λόγον;
   Ἔμοιγε δοκεῖ.
   Ἴθι δή, μετὰ ταῦτα τόδε σκέψαι. ψυχῆς ἔστιν τι ἔργον ὃ
ἄλλῳ τῶν ὄντων οὐδ' ἂν ἑνὶ πράξαις; οἷον τὸ τοιόνδε· τὸ
5   ἐπιμελεῖσθαι καὶ ἄρχειν καὶ βουλεύεσθαι καὶ τὰ τοιαῦτα
πάντα, ἔσθ' ὅτῳ ἄλλῳ ἢ ψυχῇ δικαίως ἂν αὐτὰ ἀποδοῖμεν
καὶ φαῖμεν ἴδια ἐκείνης εἶναι;
   Οὐδενὶ ἄλλῳ.
   Τί δ' αὖ τὸ ζῆν; οὐ ψυχῆς φήσομεν ἔργον εἶναι;
10   Μάλιστά γ', ἔφη.
   Οὐκοῦν καὶ ἀρετήν φαμέν τινα ψυχῆς εἶναι;
   Φαμέν.
e   Ἆρ' οὖν ποτε, ὦ Θρασύμαχε, ψυχὴ τὰ αὑτῆς ἔργα εὖ
ἀπεργάσεται στερομένη τῆς οἰκείας ἀρετῆς, ἢ ἀδύνατον;
   Ἀδύνατον.
   Ἀνάγκη ἄρα κακῇ ψυχῇ κακῶς ἄρχειν καὶ ἐπιμελεῖσθαι,
5   τῇ δὲ ἀγαθῇ πάντα ταῦτα εὖ πράττειν.
   Ἀνάγκη.
   Οὐκοῦν ἀρετήν γε συνεχωρήσαμεν ψυχῆς εἶναι δικαιο-
σύνην, κακίαν δὲ ἀδικίαν;
   Συνεχωρήσαμεν γάρ.
10   Ἡ μὲν ἄρα δικαία ψυχὴ καὶ ὁ δίκαιος ἀνὴρ εὖ βιώσεται,
κακῶς δὲ ὁ ἄδικος.
   Φαίνεται, ἔφη, κατὰ τὸν σὸν λόγον.
354   Ἀλλὰ μὴν ὅ γε εὖ ζῶν μακάριός τε καὶ εὐδαίμων, ὁ δὲ μὴ
τἀναντία.
   Πῶς γὰρ οὔ;
   Ὁ μὲν δίκαιος ἄρα εὐδαίμων, ὁ δ' ἄδικος ἄθλιος.

d1 αὐτὸν AD: αὐτὸν τοῦτον F Stob.   d4 πράξαις Apc DF Stob.:
πράξαιο prA et Asl   d4–5 τὸ ἐπιμελεῖσθαι AD Procl. ter· ἐπιμελεῖσθαι
F: τὸ ἐμμελεῖσθαι Stob.   d5 βουλεύεσθαι ADF et fere Procl.: τὸ
βουλεύεσθαι Stob.   d7 φαῖμεν Apc D Stob.(A): φαμεν prA F
Stob.(SM): οὐ φαῖμεν Vasmanolis   d9 οὐ F Stob.: om. AD   φήσομεν
ἔργον AD: ἔργον φήσομεν F Stob.   d10 μάλιστά γ' ADF: μάλιστ' ἂν
Stob.   e5 δὲ AD Stob.: om. F   e7 γε AD: τε F: μὲν Stob.
354a4 ἄδικος om. Stob.

Ἔστω, ἔφη.	5

Ἀλλὰ μὴν ἄθλιόν γε εἶναι οὐ λυσιτελεῖ, εὐδαίμονα δέ.

Πῶς γὰρ οὔ;

Οὐδέποτ᾽ ἄρα, ὦ μακάριε Θρασύμαχε, λυσιτελέστερον ἀδικία δικαιοσύνης.

Ταῦτα δή σοι, ἔφη, ὦ Σώκρατες, εἰστιάσθω ἐν τοῖς 10 Βενδιδίοις.

Ὑπὸ σοῦ γε, ἦν δ᾽ ἐγώ, ὦ Θρασύμαχε, ἐπειδή μοι πρᾶος ἐγένου καὶ χαλεπαίνων ἐπαύσω. οὐ μέντοι καλῶς γε εἰστία- μαι, δι᾽ ἐμαυτὸν ἀλλ᾽ οὐ διὰ σέ· ἀλλ᾽ ὥσπερ οἱ λίχνοι τοῦ ἀεὶ b παραφερομένου ἀπογεύονται ἁρπάζοντες, πρὶν τοῦ προτέρου μετρίως ἀπολαῦσαι, καὶ ἐγώ μοι δοκῶ οὕτω, πρὶν ὃ τὸ πρῶτον ἐσκοποῦμεν εὑρεῖν, τὸ δίκαιον ὅτι ποτ᾽ ἐστίν, ἀφέμενος ἐκείνου ὁρμῆσαι ἐπὶ τὸ σκέψασθαι περὶ αὐτοῦ 5 εἴτε κακία ἐστὶν καὶ ἀμαθία, εἴτε σοφία καὶ ἀρετή. καὶ ἐμπεσόντος αὖ ὕστερον λόγου, ὅτι λυσιτελέστερον ἡ ἀδικία τῆς δικαιοσύνης, οὐκ ἀπεσχόμην τὸ μὴ οὐκ ἐπὶ τοῦτο ἐλθεῖν ἀπ᾽ ἐκείνου· ὥστε μοι νυνὶ γέγονεν ἐκ τοῦ διαλόγου μηδὲν εἰδέναι· ὁπότε γὰρ τὸ δίκαιον μὴ οἶδα ὅ ἐστιν, σχολῇ εἴσομαι c εἴτε ἀρετή τις οὖσα τυγχάνει εἴτε καὶ οὔ, καὶ πότερον ὁ ἔχων αὐτὸ οὐκ εὐδαίμων ἐστὶν ἢ εὐδαίμων.

a5 ἔστω Stob.: ἔστωσαν AD (F deficit)   a6 οὐ λυσιτελεῖ εἶναι Stob. a8 ἄρα AF Stob.: om. D   b3 ἐγώ μοι Scor.γ.1.13 Laur.CS42pc; ἐγῶιμαι AF: ἐγὼ οἶμαι D   b8 ἀπεσχόμην ADF Priscian.: ἀπειχόμην Lex.Vindob.   μὴ οὐκ ADF Priscian.: μὴ Lex.Vindob.   ἐπὶ τοῦτο ADF: διὰ τούτων Priscian.: διὰ τοῦτον Lex.Vindob.

a   Ἐγὼ μὲν οὖν ταῦτα εἰπὼν ᾤμην λόγου ἀπηλλάχθαι· τὸ δ᾽
ἦν ἄρα, ὡς ἔοικε, προοίμιον. ὁ γὰρ Γλαύκων ἀεί τε
ἀνδρειότατος ὢν τυγχάνει πρὸς ἅπαντα, καὶ δὴ καὶ τότε
τοῦ Θρασυμάχου τὴν ἀπόρρησιν οὐκ ἀπεδέξατο, ἀλλ᾽ ἔφη· Ὦ
5   Σώκρατες, πότερον ἡμᾶς βούλει δοκεῖν πεπεικέναι ἢ ὡς
b   ἀληθῶς πεῖσαι ὅτι παντὶ τρόπῳ ἄμεινόν ἐστιν δίκαιον εἶναι
ἢ ἄδικον;
Ὡς ἀληθῶς, εἶπον, ἔγωγ᾽ ἂν ἑλοίμην, εἰ ἐπ᾽ ἐμοὶ εἴη.
Οὐ τοίνυν, ἔφη, ποιεῖς ὃ βούλει. λέγε γάρ μοι· ἆρά σοι
5   δοκεῖ τοιόνδε τι εἶναι ἀγαθόν, ὃ δεξαίμεθ᾽ ἂν ἔχειν οὐ τῶν
ἀποβαινόντων ἐφιέμενοι, ἀλλ᾽ αὐτὸ αὑτοῦ ἕνεκα ἀσπαζόμενοι,
οἷον τὸ χαίρειν καὶ αἱ ἡδοναὶ ὅσαι ἀβλαβεῖς καὶ μηδὲν εἰς τὸν
ἔπειτα χρόνον διὰ ταύτας γίγνεται ἄλλο ἢ χαίρειν ἔχοντα;
c   Ἔμοιγε, ἦν δ᾽ ἐγώ, δοκεῖ τι εἶναι τοιοῦτον.
Τί δέ, ὃ αὐτό τε αὑτοῦ χάριν ἀγαπῶμεν καὶ τῶν ἀπ᾽ αὐτοῦ
γιγνομένων, οἷον αὖ τὸ φρονεῖν καὶ τὸ ὁρᾶν καὶ τὸ ὑγιαίνειν;
τὰ γὰρ τοιαῦτά που δι᾽ ἀμφότερα ἀσπαζόμεθα.
5   Ναί, εἶπον.
Τρίτον δὲ ὁρᾷς τι, ἔφη, εἶδος ἀγαθοῦ, ἐν ᾧ τὸ γυμνάζεσθαι
καὶ τὸ κάμνοντα ἰατρεύεσθαι καὶ ἰάτρευσίς τε καὶ ὁ ἄλλος
χρηματισμός; ταῦτα γὰρ ἐπίπονα φαῖμεν ἄν, ὠφελεῖν δὲ
ἡμᾶς, καὶ αὐτὰ μὲν ἑαυτῶν ἕνεκα οὐκ ἂν δεξαίμεθα ἔχειν,
d   τῶν δὲ μισθῶν τε χάριν καὶ τῶν ἄλλων ὅσα γίγνεται ἀπ᾽
αὐτῶν.
Ἔστιν γὰρ οὖν, ἔφην, καὶ τοῦτο τρίτον. ἀλλὰ τί δή;
Ἐν ποίῳ, ἔφη, τούτων τὴν δικαιοσύνην τίθης;

357a2 ἀεί τε δὴ F   a3 καὶ δὴ καὶ ADF: καὶ Phrynich.   a4 τὴν
ἀπόρρησιν τοῦ Θρασυμάχου Phrynich.   b3 ἔγωγ᾽ AD: ἐγὼ F
b7 αἱ om. F   εἰ καὶ μηδὲν F   b8 δι᾽ αὐτὰς F   ἄλλο γίγνεται F
c1 τι om. F   c3 καὶ ὁρᾶν F   c7 τὸν F   ἰατρεύειν Antiatt.
c8 ἐπίπονα φαῖμεν ἄν AD: φαμὲν ἐπίπονα εἶναι F (φαμ- et prA, sed statim
correctum)   d1 τε om. F

Ἐγὼ μὲν οἶμαι, ἦν δ' ἐγώ, ἐν τῷ καλλίστῳ, ὃ καὶ δι' αὑτὸ 358
καὶ διὰ τὰ γιγνόμενα ἀπ' αὐτοῦ ἀγαπητέον τῷ μέλλοντι
μακαρίῳ ἔσεσθαι.

Οὐ τοίνυν δοκεῖ, ἔφη, τοῖς πολλοῖς, ἀλλὰ τοῦ ἐπιπόνου
εἴδους, ὃ μισθῶν θ' ἕνεκα καὶ εὐδοκιμήσεων διὰ δόξαν 5
ἐπιτηδευτέον, αὐτὸ δὲ δι' αὑτὸ φευκτέον ὡς ὂν χαλεπόν.

Οἶδα, ἦν δ' ἐγώ, ὅτι δοκεῖ οὕτω καὶ πάλαι ὑπὸ Θρασυ-
μάχου ὡς τοιοῦτον ὂν ψέγεται, ἀδικία δ' ἐπαινεῖται· ἀλλ' ἐγώ
τις, ὡς ἔοικε, δυσμαθής.

Ἴθι δή, ἔφη, ἄκουσον καὶ ἐμοῦ, ἐάν σοι ἔτι δοκῇ ταὐτά. b
Θρασύμαχος γάρ μοι φαίνεται πρῳαίτερον τοῦ δέοντος ὑπὸ
σοῦ ὥσπερ ὄφις κηληθῆναι, ἐμοὶ δὲ οὔπω κατὰ νοῦν ἡ
ἀπόδειξις γέγονεν περὶ ἑκατέρου· ἐπιθυμῶ γὰρ ἀκοῦσαι τί
τ' ἐστὶν ἑκάτερον καὶ τίνα ἔχει δύναμιν αὐτὸ καθ' αὑτὸ ἐνὸν ἐν 5
τῇ ψυχῇ, τοὺς δὲ μισθοὺς καὶ τὰ γιγνόμενα ἀπ' αὐτῶν ἐᾶσαι
χαίρειν.

Οὑτωσὶ οὖν ποιήσω, ἐὰν καὶ σοὶ δοκῇ· ἐπανανεώσομαι τὸν
Θρασυμάχου λόγον, καὶ πρῶτον μὲν ἐρῶ δικαιοσύνην οἷον c
εἶναί φασιν καὶ ὅθεν γεγονέναι, δεύτερον δὲ ὅτι πάντες αὐτὸ οἱ
ἐπιτηδεύοντες ἄκοντες ἐπιτηδεύουσιν ὡς ἀναγκαῖον ἀλλ' οὐχ
ὡς ἀγαθόν, τρίτον δὲ ὅτι εἰκότως αὐτὸ δρῶσι· πολὺ γὰρ
ἀμείνων ἄρα ὁ τοῦ ἀδίκου ἢ ὁ τοῦ δικαίου βίος, ὡς λέγουσιν. 5
ἐπεὶ ἔμοιγε, ὦ Σώκρατες, οὔ τι δοκεῖ οὕτως· ἀπορῶ μέντοι
διατεθρυλημένος τὰ ὦτα ἀκούων Θρασυμάχου καὶ μυρίων
ἄλλων, τὸν δὲ ὑπὲρ τῆς δικαιοσύνης λόγον, ὡς ἄμεινον d
ἀδικίας, οὐδενός πω ἀκήκοα ὡς βούλομαι· βούλομαι δὲ
αὐτὸ καθ' αὑτὸ ἐγκωμιαζόμενον ἀκοῦσαι, μάλιστα δ' οἶμαι
ἂν σοῦ πυθέσθαι.

Διὸ κατατείνας ἐρῶ τὸν ἄδικον βίον ἐπαινῶν, εἰπὼν δὲ 5
ἐνδείξομαί σοι ὃν τρόπον αὖ βούλομαι καὶ σοῦ ἀκούειν

358a4 ἔφη δοκεῖ F   a8 ἀδικία δ' ἐπαινεῖται om. A   a9 ὡς ἔοικε
δυσμαθής AD: ἔοικε δυσμαθὴς εἶναι F: ἔοικα δυσμαθὴς εἶναι Laur.85.7sl
b1 ἔτι F: om. AD   δοκῇ ταῦτα F: ταῦτα δοκῇ AD   b2–3 ὑπὸ σοῦ
om. F   b4 ἑκατέρου F   b6 num ἀπ' αὐτοῦ?   c1 ἐρῶ πρῶτον
μὲν F   d6 ἀκοῦσαι F

ἀδικίαν μὲν ψέγοντος, δικαιοσύνην δὲ ἐπαινοῦντος. ἀλλ' ὅρα εἴ
σοι βουλομένῳ ἃ λέγω.

Πάντων μάλιστα, ἦν δ' ἐγώ· περὶ γὰρ τίνος ἂν μᾶλλον
e πολλάκις τις νοῦν ἔχων χαίροι λέγων καὶ ἀκούων;

Κάλλιστα, ἔφη, λέγεις· καὶ ὃ πρῶτον ἔφην ἐρεῖν, περὶ
τούτου ἄκουε, οἷόν τ' ἐ⟨στὶ⟩ καὶ ὅθεν γέγονε δικαιοσύνη.
πεφυκέναι γὰρ δή φασιν τὸ μὲν ἀδικεῖν ἀγαθόν, τὸ δὲ
5 ἀδικεῖσθαι κακόν, πλέονι δὲ κακῷ ὑπερβάλλειν τὸ ἀδικεῖσθαι
ἢ ἀγαθῷ τὸ ἀδικεῖν· ὥστ' ἐπειδὰν ἀλλήλους ἀδικῶσί τε καὶ
ἀδικῶνται καὶ ἀμφοτέρων γεύωνται, τοῖς μὴ δυναμένοις τὸ
359 μὲν ἐκφεύγειν τὸ δὲ αἱρεῖν δοκεῖ λυσιτελεῖν συνθέσθαι
ἀλλήλοις μήτ' ἀδικεῖν μήτ' ἀδικεῖσθαι. καὶ ἐντεῦθεν δὴ
ἄρξασθαι νόμους τίθεσθαι καὶ συνθήκας αὑτῶν, καὶ ὀνομάσαι
τὸ ὑπὸ τοῦ νόμου ἐπίταγμα νόμιμόν τε καὶ δίκαιον, καὶ εἶναι
5 δὴ ταύτην γένεσίν τε καὶ οὐσίαν δικαιοσύνης, μεταξὺ οὖσαν
τοῦ μὲν ἀρίστου ὄντος, ἐὰν ἀδικῶν μὴ διδῷ δίκην, τοῦ δὲ
κακίστου, ἐὰν ἀδικούμενος τιμωρεῖσθαι ἀδύνατος ᾖ. τὸ δὲ
b δίκαιον ἐν μέσῳ ὂν τούτων ἀμφοτέρων ἀγαπᾶσθαι οὐχ ὡς
ἀγαθόν, ἀλλ' ὡς ἀρρωστίᾳ τοῦ ἀδικεῖν τιμώμενον· ἐπεὶ τὸν
δυνάμενον αὐτὸ ποιεῖν καὶ ὡς ἀληθῶς ἄνδρα οὐδ' ἂν ἑνί ποτε
συνθέσθαι τὸ μήτε ἀδικεῖν μήτε ἀδικεῖσθαι· μαίνεσθαι γὰρ
5 ἄν.

Ἡ μὲν οὖν δὴ φύσις δικαιοσύνης, ὦ Σώκρατες, αὕτη τε καὶ
τοιαύτη, καὶ ἐξ ὧν πέφυκε τοιαῦτα, ὡς ὁ λόγος. ὡς δὲ καὶ οἱ
ἐπιτηδεύοντες ἀδυναμίᾳ τοῦ ἀδικεῖν ἄκοντες αὐτὸ ἐπιτη-
δεύουσι, μάλιστ' ἂν αἰσθοίμεθα εἰ τοιόνδε ποιήσαιμεν τῇ
c διανοίᾳ· δόντες ἐξουσίαν ἑκατέρῳ ποιεῖν ὅτι ἂν βούληται,
τῷ τε δικαίῳ καὶ τῷ ἀδίκῳ, εἶτ' ἐπακολουθήσαιμεν θεώμενοι
ποῖ ἡ ἐπιθυμία ἑκάτερον ἄξει. ἐπ' αὐτοφώρῳ οὖν λάβοιμεν ἂν
τὸν δίκαιον τῷ ἀδίκῳ εἰς ταὐτὸν ἰόντα διὰ τὴν πλεονεξίαν, ὃ

eι καὶ AD: ἢ F   e3 οἷόν τ' ἐ⟨στὶ⟩ Blass: οἷόν τε F: τί ὄν τε A: τί οἷόν
τε D Schol.   e5 πλέον D   359a1 ξυνθέσθαι A: ξυντίθεσθαι D: τὸ
συντίθεσθαι F   a2 ἀλλήλους D   a2–3 δὴ ἄρξασθαι AD: ἀπάρξασθαι
F (απ- e δη ortum?)   a3 νόμους τε F   a7 τιμωρεῖν Schol.
b2 ἀρρωστία Apc (nomin. voluit)   b3 ἄνδρα om. F   c3 ποῖ AD:
ὅποι F   c4 διὰ AD: ἐπὶ F

πᾶσα φύσις διώκειν πέφυκεν ὡς ἀγαθόν, νόμῳ δὲ βίᾳ 5
παράγεται ἐπὶ τὴν τοῦ ἴσου τιμήν.

Εἴη δ' ἂν ἡ ἐξουσία ἣν λέγω τοιάδε μάλιστα, εἰ αὐτοῖς
γένοιτο οἵαν ποτέ φασιν δύναμιν †τῷ Γύγου τοῦ Λυδοῦ d
προγόνῳ† γενέσθαι. εἶναι μὲν γὰρ αὐτὸν ποιμένα θητεύοντα
παρὰ τῷ τότε Λυδίας ἄρχοντι· ὄμβρου δὲ πολλοῦ γενομένου
καὶ σεισμοῦ ῥαγῆναί τι τῆς γῆς καὶ γενέσθαι χάσμα κατὰ τὸν
τόπον ᾗ ἔνεμεν. ἰδόντα δὲ καὶ θαυμάσαντα καταβῆναι καὶ 5
ἰδεῖν ἄλλα τε δὴ μυθολογοῦσιν θαυμαστὰ καὶ ἵππον χαλκοῦν,
κοῖλον, θυρίδας ἔχοντα, καθ' ἃς ἐγκύψαντα ἰδεῖν ἐνόντα
νεκρόν, ὡς φαίνεσθαι μείζω ἢ κατ' ἄνθρωπον· τοῦτον δὲ
ἄλλο μὲν ἔχειν οὐδέν, περὶ δὲ τῇ χειρὶ χρυσοῦν δακτύλιον, e
ὃν περιελόμενον ἐκβῆναι.

Συλλόγου δὲ γενομένου τοῖς ποιμέσιν εἰωθότος, ἵν' ἐξαγ-
γέλλοιεν κατὰ μῆνα τῷ βασιλεῖ τὰ περὶ τὰ ποίμνια, ἀφικέ-
σθαι καὶ ἐκεῖνον ἔχοντα τὸν δακτύλιον. καθήμενον οὖν μετὰ 5
τῶν ἄλλων τυχεῖν τὴν σφενδόνην τοῦ δακτυλίου περιαγα-
γόντα πρὸς ἑαυτὸν εἰς τὸ εἴσω τῆς χειρός, τούτου δὲ
γενομένου ἀφανῆ αὐτὸν γενέσθαι τοῖς παρακαθημένοις, καὶ 360
διαλέγεσθαι ὡς περὶ οἰχομένου. καὶ τὸν θαυμάζειν τε καὶ
πάλιν ἐπιψηλαφῶντα τὸν δακτύλιον στρέψαι ἔξω τὴν σφεν-
δόνην, καὶ στρέψαντα φανερὸν γενέσθαι, καὶ τοῦτο ἐννοή-
σαντα ἀποπειρᾶσθαι τοῦ δακτυλίου εἰ ταύτην ἔχοι τὴν 5
δύναμιν, καὶ αὐτῷ οὕτω συμβαίνειν, στρέφοντι μὲν εἴσω
τὴν σφενδόνην ἀδήλῳ γίγνεσθαι, ἔξω δὲ δήλῳ. αἰσθόμενον
δὲ εὐθὺς διαπράξασθαι τῶν ἀγγέλων γενέσθαι τῶν παρὰ τὸν
βασιλέα, ἐλθόντα δὲ καὶ τὴν γυναῖκα αὐτοῦ μοιχεύσαντα, μετ' b

c5 πέφυκε διώκειν F   ἀγαθὸν ὄν F   νόμωι δὲ βίαι A: νόμωι δὲ καὶ βίαι D:
νόμου δὲ βία F (nimirum dativum voluit)   d1 τῶι γύγου ADF Procl.:
τῶι γύγηι Schol., cf. 612b4: τῶι Wiegand: Γύγηι τοῦ Κροίσου
Jowett–Campbell, alii alia: fortasse προγόνωι glossema est   d4 τι
om. prA   d5 ἧι AD: ἢ ἐκεῖνος F   d6 δὴ A: δὴ ἃ D: ἃ F
e1 ἔχειν om. A, locus admodum suspectus   e2 ὃν ADF (cf. Cic.
quem): secl. Winckelmann, alii alia   e3 γιγνομένου F   εἰωθότος A:
εἰωθότως F: εἰωθό [sic] D: τοῦ εἰωθότος J. L. V. Hartman   360a1 καὶ
om. D   a3 πάλιν AD: πως πάλιν F   a5 ἔχει F   a6 οὕτω AF:
οὕτω καὶ οὕτω D   a8–b1 τῶν παρὰ τὸν βασιλέα om. prA (add. Apc^{mg})

ἐκείνης ἐπιθέμενον τῷ βασιλεῖ ἀποκτεῖναι καὶ τὴν ἀρχὴν
κατασχεῖν.

Εἰ οὖν δύο τοιούτω δακτυλίω γενοίσθην, καὶ τὸν μὲν ὁ
5 δίκαιος περιθεῖτο, τὸν δὲ ὁ ἄδικος, οὐδεὶς ἂν γένοιτο, ὡς
δόξειεν, οὕτως ἀδαμάντινος, ὃς ἂν μείνειεν ἐν τῇ δικαιοσύνῃ
καὶ τολμήσειεν ἀπέχεσθαι τῶν ἀλλοτρίων καὶ μὴ ἅπτεσθαι,
ἐξὸν αὐτῷ καὶ ἐκ τῆς ἀγορᾶς ἀδεῶς ὅτι βούλοιτο λαμβάνειν,
c καὶ εἰσιόντι εἰς τὰς οἰκίας συγγίγνεσθαι ὅτῳ βούλοιτο, καὶ
ἀποκτεινύναι καὶ ἐκ δεσμῶν λύειν οὕστινας βούλοιτο, καὶ
τἆλλα πράττειν ἐν τοῖς ἀνθρώποις ἰσόθεον ὄντα. οὕτω δὲ
δρῶν οὐδὲν ἂν διάφορον τοῦ ἑτέρου ποιοῖ, ἀλλ' ἐπὶ ταὐτὸν
5 ἴοιεν ἀμφότεροι.

Καίτοι μέγα τοῦτο τεκμήριον ἂν φαίη τις ὅτι οὐδεὶς ἑκὼν
δίκαιος ἀλλ' ἀναγκαζόμενος, ὡς οὐκ ἀγαθοῦ ἰδίᾳ ὄντος, ἐπεὶ
ὅπου γ' ἂν οἴηται ἕκαστος οἷός τε ἔσεσθαι ἀδικεῖν, ἀδικεῖν.
d λυσιτελεῖν γὰρ δὴ οἴεται πᾶς ἀνὴρ πολὺ μᾶλλον ἰδίᾳ τὴν
ἀδικίαν τῆς δικαιοσύνης, ἀληθῆ οἰόμενος, ὡς φήσει ὁ περὶ τοῦ
τοιούτου λόγου λέγων· ἐπεὶ εἴ τις τοιαύτης ἐξουσίας ἐπιλα-
βόμενος μηδέν ποτε ἐθέλοι ἀδικῆσαι μηδὲ ἅψαιτο τῶν
5 ἀλλοτρίων, ἀθλιώτατος μὲν ἂν δόξειεν εἶναι τοῖς αἰσθανομέ-
νοις καὶ ἀνοητότατος, ἐπαινοῖεν δ' ἂν αὐτὸν ἀλλήλων ἐναντίον
ἐξαπατῶντες ἀλλήλους διὰ τὸν τοῦ ἀδικεῖσθαι φόβον.

Ταῦτα μὲν οὖν δὴ οὕτω. τὴν δὲ κρίσιν αὐτὴν τοῦ βίου πέρι
e ὧν λέγομεν, ἐὰν διαστησώμεθα τόν τε δικαιότατον καὶ τὸν
ἀδικώτατον, οἷοί τ' ἐσόμεθα κρῖναι ὀρθῶς· εἰ δὲ μή, οὔ. τίς
οὖν δὴ ἡ διάστασις; ἥδε. μηδὲν ἀφαιρῶμεν μήτε τοῦ ἀδίκου
ἀπὸ τῆς ἀδικίας, μήτε τοῦ δικαίου ἀπὸ τῆς δικαιοσύνης, ἀλλὰ
5 τέλεον ἑκάτερον εἰς τὸ ἑαυτοῦ ἐπιτήδευμα τιθῶμεν. πρῶτον
μὲν οὖν ὁ ἄδικος ὥσπερ οἱ δεινοὶ δημιουργοὶ ποιείτω, οἷον

b3 οὕτω κατασχεῖν F   b7 τολμήσειεν AD: θέλοι F Priscian.
c4 διάφορον A: διαφέρον DF   ταυτὸν [sic] A: ταῦτ' ἂν D: ταῦτ' ἂν [sic] F
c8 ἀδικεῖν ἀδικεῖ F   d2 περὶ ADF: ὑπὲρ Badham   τοῦ om. F
d4 μηδέποτε F   d7 ἀδικεῖσθαι AD Anonym. in Eth.Nicom.:
ἐξαπατᾶσθαι F   d8 δὴ om. F   αὐτὴν ADF: αὐτοῖν Laur.80.19pc: αὖ
τὴν Adam   πέρι Bekker: περὶ ADF   e1 ἐὰν AD: ἂν μὲν F   e2 τίς
DF: τί A   e3 δὴ om. F   e5 ἑαυτῶι A

κυβερνήτης ἄκρος ἢ ἰατρὸς τά τε ἀδύνατα ἐν τῇ τέχνῃ καὶ τὰ
δυνατὰ διαισθάνεται, καὶ τοῖς μὲν ἐπιχειρεῖ, τὰ δὲ ἐᾷ· ἔτι δὲ 361
ἐὰν ἄρα πῃ σφαλῇ, ἱκανὸς ἐπανορθοῦσθαι. οὕτω καὶ ὁ ἄδικος
ἐπιχειρῶν ὀρθῶς τοῖς ἀδικήμασιν λανθανέτω, εἰ μέλλει
σφόδρα ἄδικος εἶναι. τὸν ἁλισκόμενον δὲ φαῦλον ἡγητέον·
ἐσχάτη γὰρ ἀδικία δοκεῖν δίκαιον εἶναι μὴ ὄντα.   5
Δοτέον οὖν τῷ τελέως ἀδίκῳ τὴν τελεωτάτην ἀδικίαν, καὶ
οὐκ ἀφαιρετέον ἀλλ᾽ ἐατέον τὰ μέγιστα ἀδικοῦντα τὴν
μεγίστην δόξαν αὑτῷ παρεσκευακέναι εἰς δικαιοσύνην, καὶ   b
ἐὰν ἄρα σφάλληταί τι, ἐπανορθοῦσθαι δυνατῷ εἶναι, λέγειν τε
ἱκανῷ ὄντι πρὸς τὸ πείθειν, ἐάν τι μηνύηται τῶν ἀδικημάτων,
καὶ βιάσασθαι ὅσα ἂν βίας δέηται, διά τε ἀνδρείαν καὶ ῥώμην
καὶ διὰ παρασκευὴν φίλων καὶ οὐσίας. τοῦτον δὲ τοιοῦτον 5
θέντες τὸν δίκαιον παρ᾽ αὐτὸν ἱστῶμεν τῷ λόγῳ, ἄνδρα
ἁπλοῦν καὶ γενναῖον, κατ᾽ Αἰσχύλον ο ὐ δ ο κ ε ῖ ν ἀ λ λ ᾽
ε ἶ ν α ι ἀγαθὸν ἐ θ έ λ ο ν τ α.
Ἀφαιρετέον δὴ τὸ δοκεῖν· εἰ γὰρ δόξει δίκαιος εἶναι,   c
ἔσονται αὐτῷ τιμαὶ καὶ δωρεαὶ δοκοῦντι τοιούτῳ εἶναι.
ἄδηλον οὖν εἴτε τοῦ δικαίου εἴτε τῶν δωρεῶν τε καὶ τιμῶν
ἕνεκα τοιοῦτος εἴη. γυμνωτέος δὴ πάντων πλὴν δικαιοσύνης
καὶ ποιητέος ἐναντίως διακείμενος τῷ προτέρῳ· μηδὲν γὰρ   5
ἀδικῶν δόξαν ἐχέτω τὴν μεγίστην ἀδικίας, ἵνα ᾖ βεβασανι-
σμένος εἰς δικαιοσύνην τῷ μὴ τέγγεσθαι ὑπὸ κακοδοξίας καὶ
τῶν ἀπ᾽ αὐτῆς γιγνομένων. ἀλλὰ ἴτω ἀμετάστατος μέχρι
θανάτου, δοκῶν μὲν εἶναι ἄδικος διὰ βίου, ὢν δὲ δίκαιος, ἵνα d

e7 ἀδύνατα AD: δυνατὰ F   361a1 δυνατὰ AD: ἀδύνατα F
a2 ἱκανῶς D   a5 ἐσχάτη γὰρ ἀδικία ADF Stob.: ἐσχάτης γὰρ
ἀδικίας Plut. (ter)   b2 ἄρα AD: αὖ F   b5 διὰ om. F   τοῦτον δὲ
ADF: τὸν δ᾽ οὖν Euseb.: τὸν γὰρ Theodoret.   b6 δίκαιον αὖ Euseb.
b7–8 Aesch. Sept. 592   b8 ἀγαθὸν ADF Euseb. Basil.: δίκαιον
Schol. Clem. Damasc.   c1 δὴ ADF: δὲ Euseb.   c2 ἔσονται AD
Euseb.: καὶ ἔσονται F   c3 οὖν AD Euseb.: om. F   c4 εἴη AD
Euseb.: ἂν εἴη F: secl. Madvig   c5 ἐναντίως AD Euseb.: ἐναντιος
[sic] F   c6 τῆς μεγίστης Euseb.   βεβασανισμένος ἦι Euseb.
c7 τῶι ADF Euseb.: τὸ Phot.   c8 ἀπ᾽ Euseb.: ὑπ᾽ ADF   ἴτω prA:
ἴτωι [sic] D: ἤτω Apc: ἔσται F: ἔστω Euseb.   d1 ἄδικος διὰ βίου AD
Euseb.: διὰ βίου ἄδικος F

ἀμφότεροι εἰς τὸ ἔσχατον ἐληλυθότες, ὁ μὲν δικαιοσύνης, ὁ δὲ ἀδικίας, κρίνωνται ὁπότερος αὐτοῖν εὐδαιμονέστερος.

Βαβαῖ, ἦν δ᾽ ἐγώ, ὦ φίλε Γλαύκων, ὡς ἐρρωμένως
5 ἑκάτερον ὥσπερ ἀνδριάντα εἰς τὴν κρίσιν ἐκκαθαίρεις τοῖν ἀνδροῖν.

Ὡς μάλιστ᾽, ἔφη, δύναμαι. ὄντοιν δὲ τοιούτοιν, οὐδὲν ἔτι, ὡς ἐγᾦμαι, χαλεπὸν ἐπεξελθεῖν τῷ λόγῳ οἷος ἑκάτερον βίος
e ἐπιμένει. λεκτέον οὖν· καὶ δὴ κἂν ἀγροικοτέρως λέγηται, μὴ ἐμὲ οἴου λέγειν, ὦ Σώκρατες, ἀλλὰ τοὺς ἐπαινοῦντας πρὸ δικαιοσύνης ἀδικίαν.

Ἐροῦσι δὲ τάδε, ὅτι οὕτω διακείμενος ὁ δίκαιος μαστιγώ-
5 σεται, στρεβλώσεται, δεδήσεται, ἐκκαυθήσεται τὠφθαλμώ,
362 τελευτῶν πάντα κακὰ παθὼν ἀνασχινδυλευθήσεται, καὶ γνώσεται ὅτι οὐκ εἶναι δίκαιον ἀλλὰ δοκεῖν δεῖ ἐθέλειν. τὸ δὲ τοῦ Αἰσχύλου πολὺ ἦν ἄρα ὀρθότερον λέγειν κατὰ τοῦ ἀδίκου. τῷ ὄντι γὰρ φήσουσι τὸν ἄδικον, ἅτε ἐπιτηδεύοντα
5 πρᾶγμα ἀληθείας ἐχόμενον καὶ οὐ πρὸς δόξαν ζῶντα, οὐ δοκεῖν ἄδικον ἀλλ᾽ εἶναι ἐθέλειν,

βαθεῖαν ἄλοκα διὰ φρενὸς καρπούμενον,
b ἐξ ἧς τὰ κεδνὰ βλαστάνει βουλεύματα,

πρῶτον μὲν ἄρχειν ἐν τῇ πόλει δοκοῦντι δικαίῳ εἶναι, ἔπειτα γαμεῖν ὁπόθεν ἂν βούληται, ἐκδιδόναι εἰς οὓς ἂν βούληται, συμβάλλειν [κοινωνεῖν] οἷς ἂν ἐθέλῃ, καὶ παρὰ ταῦτα πάντα
5 ὠφελεῖσθαι κερδαίνοντα τῷ μὴ δυσχεραίνειν τὸ ἀδικεῖν· εἰς

d3 αὐτῶν D   d8 ἑκατέρω F   e5 δεδήσεται AD, Epict. bis,
Euseb. bis: δεθήσεται F, Clem.V, Martyr.Apollon.   ἐκκαυθήσεται ADF
Martyr.Apollon., cf. 613e2: ἐκκοπήσεται Clem.V, Euseb. (bis):
ἐκκοφθήσεται Laur.CS42 Caesen.D28.4: ἐξορυχθήσεται Clem.IV (u.v.),
cf. Cic. effodiantur oculi: καυθήσεται ἐκκοπήσεται van Herwerden, cf. Cic.
Liban.   362a1 κακὰ παθὼν A, Clem.V, Euseb. bis: τὰ κακὰ παθὼν F
Martyr.Apollon.: κακοπαθὼν D   ἀνασχινδ- ADF Phrynich.: ἀνασκινδ-
ceteri auctores: ἀνασκολοπισθήσεται Martyr.Apollon., e vetere scholio,
quod et AD praebent, fortasse ortum   a2 δεῖ A Euseb.: δεῖν F: om. D
a7–b1 Aesch. Sept. 593sq.   a7 ἄλοκα AD Schol.: αὔλακα F Tim.
cett.   b3 ἐκδιδόναι AD: καὶ ἐκδιδόναι F   b4 ξυμβάλλει D
κοινωνεῖν secl. Cobet   πάντα ταῦτα F   b5 τῶι AD: τὸ F

ἀγῶνας τοίνυν ἰόντα καὶ ἰδίᾳ καὶ δημοσίᾳ περιγίγνεσθαι καὶ
πλεονεκτεῖν τῶν ἐχθρῶν, πλεονεκτοῦντα δὲ πλουτεῖν καὶ τούς
τε φίλους εὖ ποιεῖν καὶ τοὺς ἐχθροὺς βλάπτειν, καὶ θεοῖς c
θυσίας καὶ ἀναθήματα ἱκανῶς καὶ μεγαλοπρεπῶς θύειν τε καὶ
ἀνατιθέναι, καὶ θεραπεύειν τοῦ δικαίου πολὺ ἄμεινον τοὺς
θεοὺς καὶ τῶν ἀνθρώπων οὓς ἂν βούληται, ὥστε καὶ
θεοφιλέστερον αὐτὸν εἶναι μᾶλλον προσήκειν ἐκ τῶν εἰκότων 5
ἢ τὸν δίκαιον.
    Οὕτω φασίν, ὦ Σώκρατες, παρὰ θεῶν καὶ παρ' ἀνθρώπων
τῷ ἀδίκῳ παρεσκευάσθαι τὸν βίον ἄμεινον ἢ τῷ δικαίῳ.
    Ταῦτ' εἰπόντος τοῦ Γλαύκωνος ἐγὼ μὲν ἐν νῷ εἶχόν τι d
λέγειν πρὸς ταῦτα, ὁ δὲ ἀδελφὸς αὐτοῦ Ἀδείμαντος, Οὔ τί
που οἴει, ἔφη, ὦ Σώκρατες, ἱκανῶς εἰρῆσθαι περὶ τοῦ λόγου;
    Ἀλλὰ τί μήν; εἶπον.
    Αὐτό, ἦ δ' ὅς, οὐκ εἴρηται ὃ μάλιστα ἔδει ῥηθῆναι. 5
    Οὐκοῦν, ἦν δ' ἐγώ, τὸ λεγόμενον, ἀδελφὸς ἀνδρὶ παρείη·
ὥστε καὶ σύ, εἴ τι ὅδε ἐλλείπει, ἐπάμυνε. καίτοι ἐμέγε ἱκανὰ
καὶ τὰ ὑπὸ τούτου ῥηθέντα καταπαλαῖσαι καὶ ἀδύνατον
ποιῆσαι βοηθεῖν δικαιοσύνῃ.
    Καὶ ὅς, Οὐδέν, ἔφη, λέγεις· ἀλλ' ἔτι καὶ τάδε ἄκουε. δεῖ e
γὰρ διελθεῖν ἡμᾶς καὶ τοὺς ἐναντίους λόγους ὧν ὅδε εἶπεν, οἳ
δικαιοσύνην μὲν ἐπαινοῦσιν, ἀδικίαν δὲ ψέγουσιν, ἵν' ᾖ σαφέ-
στερον ὅ μοι δοκεῖ βούλεσθαι Γλαύκων. 5
    Λέγουσι δέ που καὶ παρακελεύονται πατέρες τε ὑέσιν, καὶ
πάντες οἱ τινῶν κηδόμενοι, ὡς χρὴ δίκαιον εἶναι, οὐκ αὐτὸ 363
δικαιοσύνην ἐπαινοῦντες ἀλλὰ τὰς ἀπ' αὐτῆς εὐδοκιμήσεις,
ἵνα δοκοῦντι δικαίῳ εἶναι γίγνηται ἀπὸ τῆς δόξης ἀρχαί τε
καὶ γάμοι καὶ ὅσαπερ Γλαύκων διῆλθεν ἄρτι, ἀπὸ τοῦ
εὐδοκιμεῖν ὄντα τῷ δικαίῳ. 5
    Ἐπὶ πλέον δὲ οὗτοι τὰ τῶν δοξῶν λέγουσιν. τὰς γὰρ παρὰ

c1 εὖ ποιεῖν AD: εὐεργετεῖν F   c5 μᾶλλον προσήκειν εἶναι F
c7 παρά τε θεῶν F   d1 μὲν AD: μὲν αὖ F   d3 ἔφη om. A   ἱκανῶς
AD: ἤδη ἱκανῶς F   d6 ἀδελφός ADF Schol. Diogenian.: ἀδελφεὸς
Shilleto   ἀνδρὶ ADF Diogenian.: ἀεὶ Schol.   e1 βοηθῆσαι F
363a1 αὐτὴν F   a2 ἀπ' Apc DF: ὑπ' prA   a5 τῶι δικαίωι ADF:
τῷ ἀδίκῳ Laur.80.19pc Laur.85.7pc: om. Par.1642

θεῶν εὐδοκιμήσεις ἐμβάλλοντες ἄφθονα ἔχουσι λέγειν ἀγαθὰ
τοῖς ὁσίοις, ἅ φασι θεοὺς διδόναι· ὥσπερ ὁ γενναῖος Ἡσίοδός
b τε καὶ Ὅμηρός φασιν, ὁ μὲν τὰς δρῦς τοῖς δικαίοις τοὺς θεοὺς
ποιεῖν ἄκρας μέν τε φέρειν βαλάνους, μέσσας δὲ
μελίσσας· εἰροπόκοι δ' ὄιες, φησίν, μαλλοῖς
καταβεβρίθασι, καὶ ἄλλα δὴ πολλὰ ἀγαθὰ τούτων
5 ἐχόμενα. παραπλήσια δὲ καὶ ὁ ἕτερος· ὥς τέ τευ γάρ φησιν

ἢ βασιλῆος ἀμύμονος ὅς τε θεουδής
c εὐδικίας ἀνέχῃσι, φέρῃσι δὲ γαῖα μέλαινα
πυροὺς καὶ κριθάς, βρίθῃσι δὲ δένδρεα καρπῷ,
τίκτῃ δ' ἔμπεδα μῆλα, θάλασσα δὲ παρέχῃ ἰχθῦς.

Μουσαῖος δὲ τούτων νεανικώτερα τἀγαθὰ καὶ ὁ ὑὸς αὐτοῦ
5 παρὰ θεῶν διδόασιν τοῖς δικαίοις· εἰς Ἅιδου γὰρ ἀγαγόντες
τῷ λόγῳ καὶ κατακλίναντες καὶ συμπόσιον τῶν ὁσίων
d κατασκευάσαντες ἐστεφανωμένους ποιοῦσιν τὸν ἅπαντα χρό-
νον ἤδη διάγειν μεθύοντας, ἡγησάμενοι κάλλιστον ἀρετῆς
μισθὸν μέθην αἰώνιον. οἱ δ' ἔτι τούτων μακροτέρους ἀποτεί-
νουσιν μισθοὺς παρὰ θεῶν· παῖδας γὰρ παίδων φασὶ καὶ γένος
5 κατόπισθεν λείπεσθαι τοῦ ὁσίου καὶ εὐόρκου.

Ταῦτα δὴ καὶ ἄλλα τοιαῦτα ἐγκωμιάζουσιν δικαιοσύνην·
τοὺς δὲ ἀνοσίους αὖ καὶ ἀδίκους εἰς πηλόν τινα κατορύττουσιν
ἐν Ἅιδου καὶ κοσκίνῳ ὕδωρ ἀναγκάζουσι φέρειν, ἔτι τε
e ζῶντας εἰς κακὰς δόξας ἄγοντες, ἅπερ Γλαύκων περὶ τῶν
δικαίων δοξαζομένων δὲ ἀδίκων διῆλθε τιμωρήματα, ταῦτα
περὶ τῶν ἀδίκων λέγουσιν, ἄλλα δὲ οὐκ ἔχουσιν.

Ὁ μὲν οὖν ἔπαινος καὶ ὁ ψόγος οὗτος ἑκατέρων. πρὸς δὲ
5 τούτοις σκέψαι, ὦ Σώκρατες, ἄλλο αὖ εἶδος λόγων περὶ
δικαιοσύνης τε καὶ ἀδικίας ἰδίᾳ τε λεγόμενον καὶ ὑπὸ
364 ποιητῶν. πάντες γὰρ ἐξ ἑνὸς στόματος ὑμνοῦσιν ὡς καλὸν
μὲν ἡ σωφροσύνη τε καὶ δικαιοσύνη, χαλεπὸν μέντοι καὶ

b1–4 Hes. Op. 232–4   b5–c3 Od. τ 109, 111–13   b6 ἦ om. F
c1 εὐδοκίας D   c4 τἀγαθὰ ADF: ἔτ' ἀγαθὰ Vollgraff
d2 μεθύοντας secl. Cobet   d3 ἀποτείνουσιν AD: ἀποτίνουσι F:
προτείνουσιν Vollgraff   d5 καὶ AD: τε καὶ F   e2 ἀδίκων εἶναι F
364a2 τε καὶ δικαιοσύνη DF, legebat Choric.: om. A

ἐπίπονον, ἀκολασία δὲ καὶ ἀδικία ἡδὺ μὲν καὶ εὐπετὲς
κτήσασθαι, δόξῃ δὲ μόνον καὶ νόμῳ αἰσχρόν. λυσιτελέστερα
δὲ τῶν δικαίων τὰ ἄδικα ὡς ἐπὶ τὸ πλῆθος λέγουσι, καὶ 5
πονηροὺς πλουσίους καὶ ἄλλας δυνάμεις ἔχοντας εὐδαιμονί-
ζειν καὶ τιμᾶν εὐχερῶς ἐθέλουσιν δημοσίᾳ τε καὶ ἰδίᾳ· τοὺς δὲ
ἀτιμάζειν καὶ ὑπερορᾶν, οἳ ἄν πῃ ἀσθενεῖς τε καὶ πένητες b
ὦσιν, ὁμολογοῦντες αὐτοὺς ἀμείνους εἶναι τῶν ἑτέρων.

Τούτων δὲ πάντων οἱ περὶ θεῶν τε λόγοι καὶ ἀρετῆς
θαυμασιώτατοι λέγονται, ὡς ἄρα καὶ θεοὶ πολλοῖς μὲν
ἀγαθοῖς δυστυχίας τε καὶ βίον κακὸν ἔνειμαν, τοῖς δ᾽ ἐναντίοις 5
ἐναντίαν μοῖραν. ἀγύρται δὲ καὶ μάντεις ἐπὶ πλουσίων θύρας
ἰόντες πείθουσιν ὡς ἔστι παρὰ σφίσι δύναμις ἐκ θεῶν
ποριζομένη θυσίαις τε καὶ ἐπῳδαῖς, εἴτε τι ἀδίκημά του
γέγονεν αὐτοῦ ἢ προγόνων, ἀκεῖσθαι μεθ᾽ ἡδονῶν τε καὶ c
ἑορτῶν, ἐάντε τινὰ ἐχθρὸν πημῆναι ἐθέλῃ, μετὰ σμικρῶν
δαπανῶν ὁμοίως δίκαιον ἀδίκῳ βλάψει ἐπαγωγαῖς τισιν καὶ
καταδέσμοις, τοὺς θεούς, ὥς φασιν, πείθοντες σφίσιν ὑπηρε-
τεῖν.   5
Τούτοις δὲ πᾶσιν τοῖς λόγοις μάρτυρας ποιητὰς ἐπάγονται
οἱ μὲν κακίας πέρι, εὐπετείας διδόντες, ὡς

> τὴν μὲν κακότητα καὶ ἰλαδὸν ἔστιν ἑλέσθαι
> ῥηϊδίως· λείη μὲν ὁδός, μάλα δ᾽ ἐγγύθι ναίει·   d
> τῆς δ᾽ ἀρετῆς ἱδρῶτα θεοὶ προπάροιθεν ἔθηκαν,

καί τινα ὁδὸν μακράν τε καὶ τραχεῖαν καὶ ἀνάντη. οἱ δὲ τῆς
τῶν θεῶν ὑπ᾽ ἀνθρώπων παραγωγῆς τὸν Ὅμηρον μαρτύ-
ρονται, ὅτι καὶ ἐκεῖνος εἶπεν   5

---

a3 δὲ AD: τε F   b1 ἀτιμάζειν καὶ AD: ἀτιμάζειν τε καὶ F
c3 βλάψει AD: βλάψῃ F: βλάψαι Muretus: βλάψειν Mon.237pc
c7 διδόντες ADF: ᾄδοντες Muretus   c8–d3 Hes. Op. 287–90
d1 ῥηΐδιος F   λείη AD: om. F: ὀλίγη Hes. codd.   d3 καὶ τραχεῖαν
Amg F Themist. Method. Hes.: om. AD Galen.

λιστοὶ δέ τε καὶ θεοὶ αὐτοί,
καὶ τοὺς μὲν θυσίαισι καὶ εὐχωλαῖς ἀγαναῖσιν
e   λοιβῇ τε κνίσῃ τε παρατρωπῶσ' ἄνθρωποι
λισσόμενοι, ὅτε κέν τις ὑπερβήῃ καὶ ἁμάρτῃ.

βίβλων δὲ ὅμαδον παρέχονται Μουσαίου καὶ Ὀρφέως,
Σελήνης τε καὶ Μουσῶν ἐκγόνων ὥς φασι, καθ' ἃς θυηπο-
5 λοῦσιν, πείθοντες οὐ μόνον ἰδιώτας ἀλλὰ καὶ πόλεις, ὡς ἄρα
λύσεις τε καὶ καθαρμοὶ ἀδικημάτων διὰ θυσιῶν καὶ παιδιᾶς
365 ἡδονῶν εἰσι μὲν ἔτι ζῶσιν, εἰσὶ δὲ καὶ τελευτήσασιν, ἃς δὴ
τελετὰς καλοῦσιν, αἳ τῶν ἐκεῖ κακῶν ἀπολύουσιν ἡμᾶς, μὴ
θύσαντας δὲ δεινὰ περιμένει.

Ταῦτα πάντα, ἔφη, ὦ φίλε Σώκρατες, τοιαῦτα καὶ
5 τοσαῦτα λεγόμενα ἀρετῆς πέρι καὶ κακίας, ὡς ἄνθρωποι
καὶ θεοὶ περὶ αὐτὰ ἔχουσι τιμῆς, τί οἰόμεθα ἀκουούσας
νέων ψυχὰς ποιεῖν, ὅσοι εὐφυεῖς καὶ ἱκανοὶ ἐπὶ πάντα τὰ
λεγόμενα ὥσπερ ἐπιπτόμενοι συλλογίσασθαι ἐξ αὐτῶν ποῖός
b   τις ἂν ὢν καὶ πῇ πορευθεὶς τὸν βίον ὡς ἄριστα διέλθοι; λέγοι
γὰρ ἂν ἐκ τῶν εἰκότων πρὸς αὑτὸν κατὰ Πίνδαρον ἐκεῖνο τὸ
Πότερον δίκᾳ τεῖχος ὕψιον ἢ σκολιαῖς ἀπάταις
ἀναβὰς καὶ ἐμαυτὸν οὕτω περιφράξας διαβιῶ; τὰ μὲν
5 γὰρ λεγόμενα δικαίῳ μὲν ὄντι μοι, ἐὰν μὴ καὶ δοκῶ ὄφελος
οὐδέν φασιν εἶναι, πόνους δὲ καὶ ζημίας φανεράς· ἀδίκῳ δὲ
δόξαν δικαιοσύνης παρασκευασαμένῳ θεσπέσιος βίος λέγε-
c   ται. οὐκοῦν, ἐπειδὴ τὸ δοκεῖν, ὡς δηλοῦσί μοι οἱ σοφοί,

d6–e2 *Il.* I 497, 499–501   d6 λιστοὶ δέ Schneider: λιστοὶ δὲ
στρεπτοὶ prA: λιστοὶ στρεπτοὶ δέ Apc[sl]: στρεπτοὶ δὲ DF Hom.: λιστοὶ expl.
Schol.   αὐτοί AD: αὐτοί εἰσι F   d7 καὶ μὲν τοὺς Hom. codd. plerique
θυέεσσι Hom.   εὐχωλῆς ἀγανῆσι F   e3 βίβλων ADF: βιβλίων Themist.
Damasc.   δὲ AD: τε F   καὶ AD: τε καὶ F   e6 διὰ A: μετὰ F: καὶ D
θυσιῶν καὶ AD: θυσιῶν τε καὶ μετὰ F   παιδίας D   365a1 ἡδονῶν secl.
Madvig   a3 περιμένει A: περιμενεῖ D: περιμένεῖ [sic] F   a5 πέρι
καὶ AD: πέρι δὲ F   a7 νέων A prD F: υἱέων Dpc   εὐφυεῖς εἰσι F
a8 ἐξ αὐτῶν om. F   b2 κατὰ τὸν πίνδαρον F   b3–4 Pind. fr. 213
b3 δίκαι AD: δὴ καὶ F   ὕψιον AD: ὑψηλὸν F   σκολιαῖς ἀπάτας F
b4–5 μὲν γὰρ AD: γὰρ δὴ F   b5 μὲν om. D   μὴ καὶ F: καὶ μὴ AD
ὄφελος μὲν F   b7 παρεσκευασμένῳ Laur.CS42 Caesen.D28.4
Par.1810   c1–2 Simon. 598 *PMG*

καὶ τὰν ἀλαθείαν βιᾶται καὶ κύριον εὐδαιμονίας, ἐπὶ
τοῦτο δὴ τρεπτέον ὅλως· πρόθυρα μὲν καὶ σχῆμα κύκλῳ περὶ
ἐμαυτὸν σκιαγραφίαν ἀρετῆς περιγραπτέον, τὴν δὲ τοῦ
σοφωτάτου Ἀρχιλόχου ἀλώπεκα ἑλκτέον ἐξόπισθεν κ ε ρ δα - 5
λ έ α ν καὶ ποικίλην.

" Ἀλλὰ γάρ, φησί τις, οὐ ῥάδιον ἀεὶ λανθάνειν κακὸν ὄντα."
Οὐδὲ γὰρ ἄλλο οὐδὲν εὐπετές, φήσομεν, τῶν μεγάλων· ἀλλ'
ὅμως, εἰ μέλλομεν εὐδαιμονήσειν, ταύτῃ ἰτέον, ὡς τὰ ἴχνη   d
τῶν λόγων φέρει. ἐπὶ γὰρ τὸ λανθάνειν συνωμοσίας τε καὶ
ἑταιρίας συνάξομεν, εἰσίν τε πειθοῦς διδάσκαλοι χρημάτων
σοφίαν δημηγορικήν τε καὶ δικανικὴν διδόντες, ἐξ ὧν τὰ μὲν
πείσομεν, τὰ δὲ βιασόμεθα, ὡς πλεονεκτοῦντες δίκην μὴ 5
διδόναι.

" Ἀλλὰ δὴ θεοὺς οὔτε λανθάνειν οὔτε βιάσασθαι δυνατόν."
Οὐκοῦν, εἰ μὲν μή εἰσιν ἢ μηδὲν αὐτοῖς τῶν ἀνθρωπίνων
μέλει, τί καὶ ἡμῖν μελητέον τοῦ λανθάνειν; εἰ δὲ εἰσί τε καὶ
ἐπιμελοῦνται, οὐκ ἄλλοθέν τοι αὐτοὺς ἴσμεν ἢ ἀκηκόαμεν ἢ   e
ἔκ τε τῶν νόμων καὶ τῶν γενεαλογησάντων ποιητῶν; οἱ δὲ
αὐτοὶ οὗτοι λέγουσιν ὡς εἰσὶν οἷοι θυσίαις τε καὶ ε ὐ χ ω λ α ῖ ς
ἀ γ α ν ῇ σ ι ν καὶ ἀναθήμασιν παράγεσθαι ἀναπειθόμενοι, οἷς ἢ
ἀμφότερα ἢ οὐδέτερα πειστέον. εἰ δ' οὖν πειστέον, ἀδικητέον 5
καὶ θυτέον ἀπὸ τῶν ἀδικημάτων. δίκαιοι μὲν γὰρ ὄντες 366
ἀζήμιοι μόνον ὑπὸ θεῶν ἐσόμεθα, τὰ δ' ἐξ ἀδικίας κέρδη
ἀπωσόμεθα· ἄδικοι δὲ κερδανοῦμέν τε καὶ λισσόμενοι ὑπερ-
βαίνοντες καὶ ἁμαρτάνοντες, πείθοντες αὐτοὺς ἀζήμιοι ἀπαλ-
λάξομεν.   5

" Ἀλλὰ γὰρ ἐν Ἅιδου δίκην δώσομεν ὧν ἂν ἐνθάδε

---

c2 ταν ἀλήθειαν [sic] D   c3 σχῆμα AD: σχήματα F: προσχήματα
Method.   καὶ κύκλῳ F   c5 ἀλώπεκα ADF Themist. Basil.: ἀλωπεκῆν
Tim. Archil. fr. 185   c7 φησι A: φήσει DF   d2 τὸ ADF: τῷ
Scor.y.1.13pc   d3 χρημάτων F: om. AD   d5 ὡς AD: ὥστε F
d9 μέλει ADF: μέλεται Cyrill.   τί καὶ F: καὶ AD Cyrill.   μελετητέον
Cyrill.   λανθάνειν AD Cyrill.: λαθεῖν F   e1 ἀλλαχόθεν Cyrill.   ἴσμεν ἢ
AD: ἴσμεν καὶ F Cyrill.   e2 τε AD Cyrill.: om. F   νόμων F: λόγων
AD Cyrill.   e4 ἀγανῇσιν AD: ἀγαναῖσιν F: ἀγαναίνειν Cyrill.
366a2 μόνον DF: om. A: μὲν Muretus

ἀδικήσωμεν, ἢ αὐτοὶ ἢ παῖδες παίδων." Ἀλλ', ὦ φίλε, φήσει λογιζόμενος, αἱ τελεταὶ αὖ μέγα δύνανται καὶ οἱ λύσιοι θεοί,
b ὡς αἱ μέγισται πόλεις λέγουσι καὶ οἱ θεῶν παῖδες ποιηταὶ καὶ προφῆται τῶν θεῶν γενόμενοι, οἳ ταῦτα οὕτως ἔχειν μηνύουσι.

Κατὰ τίνα οὖν ἔτι λόγον δικαιοσύνην [ἂν] πρὸ μεγίστης
5 ἀδικίας αἱροίμεθ' ἄν, ἣν ἐὰν μετ' εὐσχημοσύνης κιβδήλου κτησώμεθα, καὶ παρὰ θεοῖς καὶ παρ' ἀνθρώποις πράξομεν κατὰ νοῦν ζῶντές τε καὶ τελευτήσαντες, ὡς ὁ τῶν πολλῶν τε καὶ ἄκρων λεγόμενος λόγος; ἐκ δὴ πάντων τῶν εἰρημένων τίς
c μηχανή, ὦ Σώκρατες, δικαιοσύνην τιμᾶν ἐθέλειν ᾧ τις δύναμις ὑπάρχει ψυχῆς ἢ σώματος ἢ χρημάτων ἢ γένους, ἀλλὰ μὴ γελᾶν ἐπαινουμένης ἀκούοντα; ὡς δή τοι εἴ τις ἔχει ψευδῆ μὲν ἀποφῆναι ἃ εἰρήκαμεν, ἱκανῶς δὲ ἔγνωκεν ὅτι
5 ἄριστον δικαιοσύνη, πολλήν που συγγνώμην ἔχει καὶ οὐκ ὀργίζεται τοῖς ἀδίκοις, ἀλλ' οἶδεν ὅτι πλὴν εἴ τις θείᾳ φύσει δυσχεραίνων τὸ ἀδικεῖν ἢ ἐπιστήμην λαβὼν ἀπέχεται αὐτοῦ,
d τῶν γε ἄλλων οὐδεὶς ἑκὼν δίκαιος, ἀλλ' ὑπὸ ἀνανδρίας ἢ γήρως ἤ τινος ἄλλης ἀσθενείας ψέγει τὸ ἀδικεῖν, ἀδυνατῶν αὐτὸ δρᾶν. ὡς δέ, δῆλον· ὁ γὰρ πρῶτος τῶν τοιούτων εἰς δύναμιν ἐλθὼν πρῶτος ἀδικεῖ, καθ' ὅσον ἂν οἷός τ' ᾖ.

5 Καὶ τούτων ἁπάντων οὐδὲν ἄλλο αἴτιον ἢ ἐκεῖνο, ὅθενπερ ἅπας ὁ λόγος οὗτος ὥρμησεν καὶ τῷδε καὶ ἐμοὶ πρὸς σέ, ὦ Σώκρατες, εἰπεῖν, ὅτι "Ὦ θαυμάσιε, πάντων ὑμῶν, ὅσοι
e ἐπαινέται φατὲ δικαιοσύνης εἶναι, ἀπὸ τῶν ἐξ ἀρχῆς ἡρώων ἀρξάμενοι, ὅσων λόγοι λελειμμένοι, μέχρι τῶν νῦν ἀνθρώπων οὐδεὶς πώποτε ἔψεξεν ἀδικίαν οὐδ' ἐπήνεσεν δικαιοσύνην ἄλλως ἢ δόξας τε καὶ τιμὰς καὶ δωρεὰς τὰς ἀπ' αὐτῶν
5 γιγνομένας· αὐτὸ δ' ἑκάτερον τῇ αὑτοῦ δυνάμει ἐν τῇ τοῦ ἔχοντος ψυχῇ ἐνόν, καὶ λανθάνον θεούς τε καὶ ἀνθρώπους,

b2 ἔχειν οὕτω F   b4 πρὸ scripsi: ἂν πρὸ AD: ἀντὶ τῆς F   b6 καὶ παρὰ θεοῖς AD: παρά τε θεοῖς F   c2 ψυχῆς ADF: τύχης Amg   ἢ σώματος ἢ χρημάτων F: ἢ χρημάτων ἢ σώματος AD   c4 ἔγνωκεν AD: γνῶναι F   c5 μὴ ἔχει D   d1 γε ADF, fortasse δὲ   d3 αὐτῷ D   ὡς δὲ Apc^sl D: ωδε prA: ὦδε [sic] F   e5 ἐν AD: τί δρᾷ F

οὐδεὶς πώποτε οὔτ᾽ ἐν ποιήσει οὔτ᾽ ἐν ἰδίοις λόγοις ἐπεξῆλθεν
ἱκανῶς τῷ λόγῳ, ὡς τὸ μὲν μέγιστον κακῶν ὅσα ἴσχει ψυχὴ
ἐν αὐτῇ, δικαιοσύνη δὲ μέγιστον ἀγαθόν. εἰ γὰρ οὕτως 367
ἐλέγετο ἐξ ἀρχῆς ὑπὸ πάντων ὑμῶν καὶ ἐκ νέων ἡμᾶς
ἐπείθετε, οὐκ ἂν ἀλλήλους ἐφυλάττομεν μὴ ἀδικεῖν, ἀλλ᾽
αὐτὸς αὑτοῦ ἦν ἕκαστος ἄριστος φύλαξ, δεδιὼς μὴ ἀδικῶν
τῷ μεγίστῳ κακῷ σύνοικος ᾖ." 5
Ταῦτα, ὦ Σώκρατες, ἴσως δὲ καὶ ἔτι τούτων πλείω
Θρασύμαχός τε καὶ ἄλλος πού τις ὑπὲρ δικαιοσύνης τε καὶ
ἀδικίας λέγοιεν ἄν, μεταστρέφοντες αὐτοῖν τὴν δύναμιν
φορτικῶς, ὥς γέ μοι δοκεῖ. ἀλλ᾽ ἐγώ, οὐδὲν γάρ σε δέομαι b
ἀποκρύπτεσθαι, σοῦ ἐπιθυμῶν ἀκοῦσαι τἀναντία, ὡς δύναμαι
μάλιστα κατατείνας λέγω. μὴ οὖν ἡμῖν μόνον ἐνδείξῃ τῷ
λόγῳ ὅτι δικαιοσύνη ἀδικίας κρεῖττον, ἀλλὰ τί ποιοῦσα
ἑκατέρα τὸν ἔχοντα αὐτὴ δι᾽ αὑτὴν ἡ μὲν κακόν, ἡ δὲ ἀγαθόν 5
ἐστιν· τὰς δὲ δόξας ἀφαίρει, ὥσπερ Γλαύκων διεκελεύσατο.
εἰ γὰρ μὴ ἀφαιρήσεις ἑκατέρωθεν τὰς ἀληθεῖς, τὰς δὲ ψευδεῖς
προσθήσεις, οὐ τὸ δίκαιον φήσομεν ἐπαινεῖν σε ἀλλὰ τὸ
δοκεῖν, οὐδὲ τὸ ἄδικον εἶναι ψέγειν ἀλλὰ τὸ δοκεῖν, καὶ c
παρακελεύεσθαι ἄδικον ὄντα λανθάνειν, καὶ ὁμολογεῖν Θρα-
συμάχῳ ὅτι τὸ μὲν δίκαιον ἀλλότριον ἀγαθόν, συμφέρον τοῦ
κρείττονος, τὸ δὲ ἄδικον αὑτῷ μὲν συμφέρον καὶ λυσιτελοῦν,
τῷ δὲ ἥττονι ἀσύμφορον. 5
Ἐπειδὴ οὖν ὡμολόγησας τῶν μεγίστων ἀγαθῶν εἶναι
δικαιοσύνην, ἃ τῶν τε ἀποβαινόντων ἀπ᾽ αὐτῶν ἕνεκα ἄξια
κεκτῆσθαι, πολὺ δὲ μᾶλλον αὐτὰ αὑτῶν, οἷον ὁρᾶν, ἀκούειν,
φρονεῖν, καὶ ὑγιαίνειν δή, καὶ ὅσ᾽ ἄλλα ἀγαθὰ γόνιμα τῇ

e8 κακόν F ἴσχει AD: ἔχει F 367a4 ἂν ἦν F ἕκαστος ἄριστος D:
ἄριστος ἕκαστος F: ἕκαστος A a5 ξύνοικος ἦι A: ξυνοικοίη D:
ξυνοικήσῃ F a6 πλείω τούτων F a7 δικαιοσύνης τε AD:
δικαιοσύνης F b1 ὥς om. F b2 ἐπιθυμῶν AD Fsl: ἐπιθυμῶ prF
b3 ἐνδείξῃ μόνον F b4 κρείττων F b5 κακόν AD: ἀγαθὸν F
ἀγαθόν AD: κακόν F b7 τὰς ἀληθεῖς AD: ἀλλὰ τὰς μὲν ἀληθεῖς F
b8 δίκαιον ⟨εἶναι⟩ Stallbaum c1 ψέγειν ἀλλὰ τὸ δοκεῖν Apc^mg DF:
ψέγειν prA c4 αὐτῶι AD: αὐτὸ F μὲν om. prA (add. Apc^sl)
c7 τε AF: τότε D c8 κεκτῆσθαι AD: κτᾶσθαι F c8–9 καὶ ἀκούειν
καὶ φρονεῖν F c9 γόνιμα ἀγαθὰ Phrynich.

d αὐτῶν φύσει ἀλλ᾽ οὐ δόξῃ ἐστίν, τοῦτ᾽ οὖν αὐτὸ ἐπαίνεσον
δικαιοσύνης, ὃ αὐτὴ δι᾽ αὑτὴν τὸν ἔχοντα ὀνίνησιν καὶ ἀδικία
βλάπτει, μισθοὺς δὲ καὶ δόξας πάρες ἄλλοις ἐπαινεῖν· ὡς ἐγὼ
τῶν μὲν ἄλλων ἀποδεχοίμην ἂν οὕτως ἐπαινούντων δικαιο-
5 σύνην καὶ ψεγόντων ἀδικίαν, δόξας τε περὶ αὐτῶν καὶ
μισθοὺς ἐγκωμιαζόντων καὶ λοιδορούντων, σοῦ δὲ οὐκ ἄν,
εἰ μὴ σὺ κελεύοις, διότι πάντα τὸν βίον οὐδὲν ἄλλο σκοπῶν
e διελήλυθας ἢ τοῦτο. μὴ οὖν ἡμῖν ἐνδείξῃ μόνον τῷ λόγῳ ὅτι
δικαιοσύνη ἀδικίας κρεῖττον, ἀλλὰ καὶ τί ποιοῦσα ἑκατέρα
τὸν ἔχοντα αὐτὴ δι᾽ αὑτήν, ἐάντε λανθάνῃ ἐάντε μὴ θεούς τε
καὶ ἀνθρώπους, ἡ μὲν ἀγαθόν, ἡ δὲ κακόν ἐστι.

5 Καὶ ἐγὼ ἀκούσας ἀεὶ μὲν δὴ τὴν φύσιν τοῦ τε Γλαύκωνος
καὶ τοῦ Ἀδειμάντου ἠγάμην, ἀτὰρ οὖν καὶ τότε πάνυ ἥσθην
368 καὶ εἶπον· Οὐ κακῶς εἰς ὑμᾶς, ὦ παῖδες ἐκείνου τοῦ ἀνδρός,
τὴν ἀρχὴν τῶν ἐλεγείων ἐποίησεν ὁ Γλαύκωνος ἐραστής,
εὐδοκιμήσαντας περὶ τὴν Μεγαροῖ μάχην, εἰπών

παῖδες Ἀρίστωνος, κλεινοῦ θεῖον γένος ἀνδρός.

5 τοῦτό μοι, ὦ φίλοι, εὖ δοκεῖ ἔχειν· πάνυ γὰρ θεῖον πεπόνθατε,
εἰ μὴ πέπεισθε ἀδικίαν δικαιοσύνης ἄμεινον εἶναι, οὕτω
δυνάμενοι εἰπεῖν ὑπὲρ αὐτοῦ. δοκεῖτε δή μοι ὡς ἀληθῶς οὐ
b πεπεῖσθαι· τεκμαίρομαι δὲ ἐκ τοῦ ἄλλου τοῦ ὑμετέρου
τρόπου, ἐπεὶ κατά γε αὐτοὺς τοὺς λόγους ἠπίστουν ἂν ὑμῖν·
ὅσῳ δὲ μᾶλλον πιστεύω, τοσούτῳ μᾶλλον ἀπορῶ ὅτι
χρήσωμαι. οὔτε γὰρ ὅπως βοηθῶ ἔχω· δοκῶ γάρ μοι
5 ἀδύνατος εἶναι· σημεῖον δέ μοι, ὅτι ἃ πρὸς Θρασύμαχον
λέγων ᾤμην ἀποφαίνειν ὡς ἄμεινον δικαιοσύνη ἀδικίας, οὐκ

d2 δικαιοσύνης om. F   αὐτὴ AF: αὐτὴν D   d4 ἀποδεχοίμην Αγρ
DF: ἀποσχοίμην A   e2 κρείττων F   καὶ om. A   e3 αὐτὴ F: αὐτὴν
AD   e6 πάνυ F: πάνυ γε AD   ἤσθην ADF: ἠγάσθην Ph. W. van
Heusde   368a1 ὑμᾶς ἔχει ὦ F   ἐκείνου AD: τἀκείνου F
a1–2 ἀνδρὸς ὃς τὴν F   a3 εὐδοκιμήσαντος F   a4 adesp.
eleg. 1   ὦ παῖδες Schol.Aristid.   a5 δοκεῖ εὖ ἔχειν ὦ φίλοι F   θεῖόν
⟨τι⟩ van Herwerden   a7 δή A Dpc F: δέ prD   b2 ἐπεί γε
κατά γε F, e contaminatione cum v.l. ἐπεί γε κατὰ fortasse ortum
b4 χρήσομαι Apc   βοηθήσω F

ἀπεδέξασθέ μου· οὔτ᾽ αὖ ὅπως μὴ βοηθήσω ἔχω· δέδοικα γὰρ
μὴ οὐδ᾽ ὅσιον ᾖ παραγενόμενον δικαιοσύνῃ κακηγορουμένῃ c
ἀπαγορεύειν, καὶ μὴ βοηθεῖν ἔτι ἐμπνέοντα καὶ δυνάμενον
φθέγγεσθαι. κράτιστον οὖν οὕτως ὅπως δύναμαι ἐπικουρεῖν
αὐτῇ.

Ὅ τε οὖν Γλαύκων καὶ οἱ ἄλλοι ἐδέοντο παντὶ τρόπῳ 5
βοηθῆσαι καὶ μὴ ἀνεῖναι τὸν λόγον, ἀλλὰ διερευνήσασθαι τί
τέ ἐστιν ἑκάτερον καὶ περὶ τῆς ὠφελίας αὐτοῖν τἀληθὲς
ποτέρως ἔχει. εἶπον οὖν ὅπερ ἐμοὶ ἔδοξεν, ὅτι Τὸ ζήτημα ᾧ
ἐπιχειροῦμεν οὐ φαῦλον ἀλλ᾽ ὀξὺ βλέποντος, ὡς ἐμοὶ φαίνε-
ται. ἐπειδὴ οὖν ἡμεῖς οὐ δεινοί, δοκεῖ μοι, ἦν δ᾽ ἐγώ, τοιαύτην d
ποιήσασθαι ζήτησιν αὐτοῦ, οἵανπερ ἂν εἰ προσέταξέ τις
γράμματα σμικρὰ πόρρωθεν ἀναγνῶναι μὴ πάνυ ὀξὺ βλέπου-
σιν, ἔπειτά τις ἐνενόησεν ὅτι τὰ αὐτὰ γράμματα ἔστι που καὶ
ἄλλοθι μείζω τε καὶ ἐν μείζονι, ἕρμαιον ἂν ἐφάνη, οἶμαι, 5
ἐκεῖνα πρῶτον ἀναγνόντας οὕτως ἐπισκοπεῖν τὰ ἐλάττω, εἰ
τὰ αὐτὰ ὄντα τυγχάνει.

Πάνυ μὲν οὖν, ἔφη ὁ Ἀδείμαντος· ἀλλὰ τί τοιοῦτον, ὦ
Σώκρατες, ἐν τῇ περὶ τὸ δίκαιον ζητήσει καθορᾷς; e

Ἐγώ σοι, ἔφην, ἐρῶ. δικαιοσύνη, φαμέν, ἔστι μὲν ἀνδρὸς
ἑνός, ἔστι δέ που καὶ ὅλης πόλεως;

Πάνυ γε, ἦ δ᾽ ὅς.

Οὐκοῦν μεῖζον πόλις ἑνὸς ἀνδρός; 5

Μεῖζον, ἔφη.

Ἴσως τοίνυν πλείων ἂν δικαιοσύνη ἐν τῷ μείζονι ἐνείη καὶ
ῥάων καταμαθεῖν. εἰ οὖν βούλεσθε, πρῶτον ἐν ταῖς πόλεσιν 369
ζητήσωμεν ποῖόν τί ἐστιν· ἔπειτα οὕτως ἐπισκεψώμεθα καὶ

c5 τὲ δὴ οὖν F   c7 καὶ om. F   αὐτοῖν AD: αὐτῶν F
c8 ὁποτέρως F   ἐμοὶ AD: μοι F Galen.   ὧι AD Galen.: ὃ F
d1 δοκῶ Galen.   d2 ποιήσασθαι ADF Galen.: ποιήσεσθαι J. L. V.
Hartman   e1 τὸ δίκαιον ADF: δικαίου Galen.   e2 μὲν om. Galen.
e2–3 ἑνὸς ἀνδρός Galen.   e3 καὶ ADF: πάλιν τῆς Galen.
e5 οὐκοῦν AD Galen.: οὐκοῦν δὴ F   μεῖζον πόλις ἑνὸς ἀνδρός AD: πόλις
μεῖζον ἀνδρὸς ἑνός F: μεῖζων πόλις ἑνὸς ἀνδρός Galen.   e6 μεῖζον Galen.
e7 ἐνείη ADF: ἂν εἴη Galen.   369a1 ῥάιων AD: ῥᾶον F: ῥά** Galeni
codd.   a1–2 πρῶτον ἐν ταῖς πόλεσιν ζητήσωμεν AD Galen.: πρῶτον ἐν
τῷ μείζονι ζητήσωμεν ἐν ταῖς πόλεσι F   a2 τί AD Galen.: ἄρα F

ἐν ἑνὶ ἑκάστῳ, τὴν τοῦ μείζονος ὁμοιότητα ἐν τῇ τοῦ
ἐλάττονος ἰδέᾳ ἐπισκοποῦντες.

5 Ἀλλά μοι δοκεῖς, ἔφη, καλῶς λέγειν.

Ἆρ' οὖν, ἦν δ' ἐγώ, εἰ γιγνομένην πόλιν θεασαίμεθα λόγῳ,
καὶ τὴν δικαιοσύνην αὐτῆς ἴδοιμεν ἂν γιγνομένην καὶ τὴν
ἀδικίαν;

Τάχ' ἄν, ἦ δ' ὅς.

b Οὐκοῦν γενομένου αὐτοῦ ἐλπὶς εὐπετέστερον ἰδεῖν ὃ ζητοῦ-
μεν;

Πολύ γε.

Δοκεῖ οὖν χρῆναι ἐπιχειρῆσαι περαίνειν; οἶμαι μὲν γὰρ οὐκ
5 ὀλίγον ἔργον αὐτὸ εἶναι· σκοπεῖτε οὖν.

Ἔσκεπται, ἔφη ὁ Ἀδείμαντος· ἀλλὰ μὴ ἄλλως ποίει.

Γίγνεται τοίνυν, ἦν δ' ἐγώ, πόλις, ὡς ἐγῷμαι, ἐπειδὴ
τυγχάνει ἡμῶν ἕκαστος οὐκ αὐτάρκης, ἀλλὰ πολλῶν ἐνδεής·
ἢ τίν' οἴει ἀρχὴν ἄλλην πόλιν οἰκίζειν;

10 Οὐδεμίαν, ἦ δ' ὅς.

c Οὕτω δὴ ἄρα παραλαμβάνων ἄλλος ἄλλον, ἐπ' ἄλλου, τὸν δ'
ἐπ' ἄλλου χρείᾳ, πολλῶν δεόμενοι, πολλοὺς εἰς μίαν οἴκησιν
ἀγείραντες κοινωνούς τε καὶ βοηθούς, ταύτῃ τῇ συνοικίᾳ
ἐθέμεθα πόλιν ὄνομα. ἦ γάρ;

5 Πάνυ μὲν οὖν.

Μεταδίδωσι δὴ ἄλλος ἄλλῳ, εἴ τι μεταδίδωσιν, ἢ μετα-
λαμβάνει, οἰόμενος αὑτῷ ἄμεινον εἶναι;

Πάνυ γε.

Ἴθι δή, ἦν δ' ἐγώ, τῷ λόγῳ ἐξ ἀρχῆς ποιῶμεν πόλιν.
10 ποιήσει δὲ αὐτήν, ὡς ἔοικεν, ἡ ἡμετέρα χρεία.

Πῶς δ' οὔ;

d Ἀλλὰ μὴν πρώτη γε καὶ μεγίστη τῶν χρειῶν ἡ τῆς τροφῆς
παρασκευὴ τοῦ εἶναί τε καὶ ζῆν ἕνεκα.

Παντάπασί γε.

a3 ἐν ἑνὶ AF Galen.: ἑνὶ D   b4–5 αὐτὸ οὐκ ὀλίγον ἔργον F
b8 ὧν supplendum coni. Porson, loco non indicato   c1 ἐπ' ἄλλου τὸν
δ' om. Vat.1029, fortasse secludendum putavit   d2 ζῆν γ' ἕνεκα F

Δευτέρα δὴ οἰκήσεως, τρίτη δὲ ἐσθῆτος καὶ τῶν τοιούτων.

Ἔστι ταῦτα.

Φέρε δή, ἦν δ' ἐγώ, πόση πόλις ἀρκέσει ἐπὶ τοσαύτην παρασκευήν; ἄλλο τι γεωργὸς μὲν εἷς, ὁ δὲ οἰκοδόμος, ἄλλος δέ τις ὑφάντης; ἢ καὶ σκυτοτόμον αὐτόσε προσθήσομεν ἤ τιν' ἄλλον τῶν περὶ τὸ σῶμα θεραπευτήν;

Πάνυ γε.

Εἴη δ' ἂν ἥ γε ἀναγκαιοτάτη πόλις ἐκ τεττάρων ἢ πέντε ἀνδρῶν.

Φαίνεται.

Τί δὴ οὖν; ἕνα ἕκαστον τούτων δεῖ τὸ αὑτοῦ ἔργον ἅπασι κοινὸν κατατιθέναι, οἷον τὸν γεωργὸν ἕνα ὄντα παρασκευά- ζειν σιτία τέτταρσιν καὶ τετραπλάσιον χρόνον τε καὶ πόνον ἀναλίσκειν ἐπὶ σίτου παρασκευῇ καὶ ἄλλοις κοινωνεῖν, ἢ ἀμελήσαντα ἑαυτῷ μόνον τέταρτον μέρος ποιεῖν τούτου τοῦ σίτου ἐν τετάρτῳ μέρει τοῦ χρόνου, τὰ δὲ τρία, τὸ μὲν ἐπὶ τῇ τῆς οἰκίας παρασκευῇ διατρίβειν, τὸ δὲ ἱματίου, τὸ δὲ ὑποδημάτων, καὶ μὴ ἄλλοις κοινωνοῦντα πράγματα ἔχειν, ἀλλ' αὐτὸν δι' αὑτὸν τὰ αὑτοῦ πράττειν;

Καὶ ὁ Ἀδείμαντος ἔφη· Ἀλλ' ἴσως, ὦ Σώκρατες, οὕτω ῥᾷον ἢ 'κείνως.

Οὐδέν, ἦν δ' ἐγώ, μὰ Δία ἄτοπον. ἐννοῶ γὰρ καὶ αὐτός, εἰπόντος σοῦ, ὅτι πρῶτον μὲν ἡμῶν φύεται ἕκαστος οὐ πάνυ ὅμοιος ἑκάστῳ, ἀλλὰ διαφέρων τὴν φύσιν, ἄλλος ἐπ' ἄλλου ἔργου πρᾶξιν. ἢ οὐ δοκεῖ σοι;

Ἔμοιγε.

Τί δέ; πότερον κάλλιον πράττοι ἄν τις εἷς ὢν πολλὰς τέχνας ἐργαζόμενος, ἢ ὅταν μίαν εἷς;

Ὅταν, ἦ δ' ὅς, εἷς μίαν.

d4 δὴ AD: δὲ F   καὶ AD: τε καὶ F   d6 πόση R. W. Chapman: πῶς ἡ ADF   ἀρκέσει A: ἀρέσκει D: ἀρκεῖ σοι F   d8 σκυτοτόμον AD: ἔτι σκυτοτόμον τινὰ F   e3 ἕνα AD: οὐχ ἕνα F   πᾶσι F   e7 μόνω Par.1810   370a1 σίτου prA F: σιτίου Apc D   τρία om. F   a4 δι' αὑτοῦ F   a6 ῥᾶον Laur.80.19pc: ῥάιδιον ADF   ἐκείνως F b1 ἡμῶν om. A   b3 πράξει Marc.AC IV.1 Laur.CS42 Caesen.D28.4 b5 τις Asl DF: τι A

Ἀλλὰ μήν, οἶμαι, καὶ τόδε δῆλον, ὡς ἐάν τίς τινος παρῇ
ἔργου καιρόν, διόλλυται.

10   Δῆλον γάρ.

Οὐ γάρ, οἶμαι, ἐθέλει τὸ πραττόμενον τὴν τοῦ πράττοντος
c σχολὴν περιμένειν, ἀλλ' ἀνάγκη τὸν πράττοντα τῷ πραττο-
μένῳ ἐπακολουθεῖν μὴ ἐν παρέργου μέρει.

Ἀνάγκη.

Ἐκ δὴ τούτων πλείω τε ἕκαστα γίγνεται καὶ κάλλιον καὶ
5 ῥᾷον, ὅταν εἷς ἓν κατὰ φύσιν καὶ ἐν καιρῷ, σχολὴν τῶν ἄλλων
ἄγων, πράττῃ.

Παντάπασι μὲν οὖν.

Πλειόνων δή, ὦ Ἀδείμαντε, δεῖ πολιτῶν ἢ τεττάρων ἐπὶ
τὰς παρασκευὰς ὧν ἐλέγομεν. ὁ γὰρ γεωργός, ὡς ἔοικεν, οὐκ
10 αὐτὸς ποιήσεται ἑαυτῷ τὸ ἄροτρον, εἰ μέλλει καλὸν εἶναι,
d οὐδὲ σμινύην, οὐδὲ τἆλλα ὄργανα ὅσα περὶ γεωργίαν. οὐδ' αὖ
ὁ οἰκοδόμος· πολλῶν δὲ καὶ τούτῳ δεῖ. ὡσαύτως δὲ ὁ ὑφάντης
τε καὶ ὁ σκυτοτόμος.

Ἀληθῆ.

5   Τέκτονες δὴ καὶ χαλκῆς καὶ τοιοῦτοί τινες πολλοὶ
δημιουργοί, κοινωνοὶ ἡμῖν τοῦ πολιχνίου γιγνόμενοι, συχνὸν
αὐτὸ ποιοῦσιν.

Πάνυ μὲν οὖν.

Ἀλλ' οὐκ ἄν πω πάνυ γε μέγα τι εἴη, εἰ αὐτοῖς βουκόλους
10 τε καὶ ποιμένας τούς τε ἄλλους νομέας προσθεῖμεν, ἵνα οἵ τε
e γεωργοὶ ἐπὶ τὸ ἀροῦν ἔχοιεν βοῦς, οἵ τε οἰκοδόμοι πρὸς τὰς
ἀγωγὰς μετὰ τῶν γεωργῶν χρῆσθαι ὑποζυγίοις, ὑφάνται δὲ
καὶ σκυτοτόμοι δέρμασίν τε καὶ ἐρίοις.

Οὐδέ γε, ἦ δ' ὅς, σμικρὰ πόλις ἂν εἴη ἔχουσα πάντα ταῦτα.

5   Ἀλλὰ μήν, ἦν δ' ἐγώ, κατοικίσαι γε αὐτὴν τὴν πόλιν εἰς

---

b8–9 ἔργου παρῇ F   c4 τε AD Stob.: om. F   c4–5 καὶ ῥᾷον καὶ
κάλλιον Stob.   c9 τὰς AD: τὰς τούτων F   d2 δὲ ὁ AD: δὴ ὁ F
d3 post σκυτοτόμος add. ἢ οὗ D   d5 δὴ Apc D: δὲ prA F   d9 πω
AD: που F   εἰ AD: εἰ μὴ F   e2 ὑποζυγίοις D, e v.l. ὑποζυγίωι fortasse
ortum   e4 σμικρὰ AD: ἔτι σμικρὰ F   σχοῦσα ἅπαντα F
e5 κατοικῆσαι F   αὐτὴν ADF: αὖ Stallbaum, alii alia

τοιοῦτον τόπον οὗ ἐπεισαγωγίμων μὴ δεήσεται, σχεδόν τι ἀδύνατον.

Ἀδύνατον γάρ.

Προσδεήσει ἄρα ἔτι καὶ ἄλλων, οἳ ἐξ ἄλλης πόλεως αὐτῇ κομιοῦσιν ὧν δεῖται. 10

Δεήσει.

Καὶ μὴν κενὸς ἂν ἴῃ ὁ διάκονος, μηδὲν ἄγων ὧν ἐκεῖνοι δέονται παρ' ὧν ἂν κομίζωνται ὧν ἂν αὐτοῖς χρεία, κενὸς 371 ἄπεισιν. ἦ γάρ;

Δοκεῖ μοι.

Δεῖ δὴ τὰ οἴκοι μὴ μόνον ἑαυτοῖς ποιεῖν ἱκανά, ἀλλὰ καὶ οἷα καὶ ὅσα ἐκείνοις ὧν ἂν δέωνται. 5

Δεῖ γάρ.

Πλειόνων δὴ γεωργῶν τε καὶ τῶν ἄλλων δημιουργῶν δεῖ ἡμῖν τῇ πόλει.

Πλειόνων γάρ.

Καὶ δὴ καὶ τῶν ἄλλων διακόνων που τῶν τε εἰσαξόντων 10 καὶ ἐξαξόντων ἕκαστα. οὗτοι δέ εἰσιν ἔμποροι. ἦ γάρ;

Ναί.

Καὶ ἐμπόρων δὴ δεησόμεθα.

Πάνυ γε.

Καὶ ἐὰν μέν γε κατὰ θάλατταν ἡ ἐμπορία γίγνηται, συχνῶν b καὶ ἄλλων προσδεήσεται τῶν ἐπιστημόνων τῆς περὶ τὴν θάλατταν ἐργασίας.

Συχνῶν μέντοι.

Τί δὲ δὴ ἐν αὐτῇ τῇ πόλει; πῶς ἀλλήλοις μεταδώσουσιν ὧν 5 ἂν ἕκαστοι ἐργάζωνται; ὧν δὴ ἕνεκα καὶ κοινωνίαν ποιησάμενοι πόλιν ᾠκίσαμεν.

Δῆλον δή, ἦ δ' ὅς, ὅτι πωλοῦντες καὶ ὠνούμενοι.

e6 μὴ AD: μὴ δὲ F, sed δὲ in fine lineae, ex dittographia fortasse ortum   e9 αὐτῆι AD: αὐτοὶ F   e12 ἴῃ Laur.80.19pc: εἴη ADF   371a7 δὴ AD: δὲ F   b2 τὴν om. F   b6 ἐργάζωνται A: ἐργάζονται D: ἐργάσωνται F   ἕνεκα καὶ AD: καὶ ἕνεκα F   b8 καὶ AD: τε καὶ F

Ἀγορὰ δὴ ἡμῖν καὶ νόμισμα σύμβολον τῆς ἀλλαγῆς ἕνεκα
10 γενήσεται ἐκ τούτου;

Πάνυ μὲν οὖν.

c   Ἂν οὖν κομίσας ὁ γεωργὸς εἰς τὴν ἀγοράν τι ὧν ποιεῖ, ἤ
τις ἄλλος τῶν δημιουργῶν, μὴ εἰς τὸν αὐτὸν χρόνον ἥκῃ τοῖς
δεομένοις τὰ παρ' αὐτοῦ ἀλλάξασθαι, ἀργήσει τῆς αὐτοῦ
δημιουργίας καθήμενος ἐν ἀγορᾷ;

5   Οὐδαμῶς, ἦ δ' ὅς, ἀλλά εἰσιν οἳ τοῦτο ὁρῶντες ἑαυτοὺς ἐπὶ
τὴν διακονίαν τάττουσιν ταύτην, ἐν μὲν ταῖς ὀρθῶς οἰκουμέ-
ναις πόλεσι σχεδόν τι οἱ ἀσθενέστατοι τὰ σώματα καὶ ἀχρεῖοί
τι ἄλλο ἔργον πράττειν. αὐτοῦ γὰρ δεῖ μένοντας αὐτοὺς περὶ
d   τὴν ἀγορὰν τὰ μὲν ἀντ' ἀργυρίου ἀλλάξασθαι τοῖς τι
δεομένοις ἀποδόσθαι, τοῖς δὲ ἀντὶ αὖ ἀργυρίου διαλλάττειν
ὅσοι τι δέονται πρίασθαι.

Αὕτη ἄρα, ἦν δ' ἐγώ, ἡ χρεία καπήλων ἡμῖν γένεσιν
5   ἐμποιεῖ τῇ πόλει. ἢ οὐ καπήλους καλοῦμεν τοὺς πρὸς ὠνήν
τε καὶ πρᾶσιν διακονοῦντας ἱδρυμένους ἐν ἀγορᾷ, τοὺς δὲ
πλάνητας ἐπὶ τὰς πόλεις ἐμπόρους;

Πάνυ μὲν οὖν.

Ἔτι δή τινες, ὡς ἐγῷμαι, εἰσὶ καὶ ἄλλοι διάκονοι, οἳ ἂν τὰ
e   μὲν τῆς διανοίας μὴ πάνυ ἀξιοκοινώνητοι ὦσιν, τὴν δὲ τοῦ
σώματος ἰσχὺν ἱκανὴν ἐπὶ τοὺς πόνους ἔχωσιν· οἳ δὴ
πωλοῦντες τὴν τῆς ἰσχύος χρείαν, τὴν τιμὴν ταύτην μισθὸν
καλοῦντες, κέκληνται, ὡς ἐγῷμαι, μισθωτοί. ἢ γάρ;

5   Ναί. [πάνυ μὲν οὖν]

Πλήρωμα δὴ πόλεώς εἰσιν, ὡς ἔοικε, καὶ μισθωτοί;

Δοκεῖ μοι.

Ἆρ' οὖν, ὦ Ἀδείμαντε, ἤδη ἡμῖν ηὔξηται ἡ πόλις, ὥστε
εἶναι τελέα;

10   Ἴσως.

---

b9 δὴ AD: δὲ F   νόμισμα secl. Naber, fortasse recte   ἕνεκα secl.
J. L. V. Hartman   c8 ἄλλο τι F   d2 αὖ A: om. DF   d4 ἡ
χρεία ἦν δ' ἐγώ F   ἡ om. prD (add. Dsl)   d6 διακονουμένους D
ἀγοραῖς F   e5 Ναί scripsi: ναί: πάνυ μὲν οὖν F: πάνυ μὲν οὖν AD
e6 μισθωτοί AD: οἱ μισθωτοί F   e8 ἡ om. prA (add. Apc^sl)

Ποῦ οὖν ἄν ποτε ἐν αὐτῇ εἴη ἥ τε δικαιοσύνη καὶ ἡ ἀδικία;
καὶ τίνι ἅμα ἐγγενομένη ὧν ἐσκέμμεθα;
Ἐγὼ μέν, ἔφη, οὐκ ἐννοῶ, ὦ Σώκρατες, εἰ μή που ἐν 372
αὐτῶν τούτων χρείᾳ τινὶ τῇ πρὸς ἀλλήλους.
Ἀλλ' ἴσως, ἦν δ' ἐγώ, καλῶς λέγεις· καὶ σκεπτέον γε καὶ
οὐκ ἀποκνητέον. πρῶτον οὖν σκεψώμεθα τίνα τρόπον διαιτή-
σονται οἱ οὕτω παρεσκευασμένοι. ἄλλο τι ἢ σῖτόν τε 5
ποιοῦντες καὶ οἶνον καὶ ἱμάτια καὶ ὑποδήματα; καὶ οἰκο-
δομησάμενοι οἰκίας, θέρους μὲν τὰ πολλὰ γυμνοί τε καὶ
ἀνυπόδητοι ἐργάσονται, τοῦ δὲ χειμῶνος ἠμφιεσμένοι τε
καὶ ὑποδεδεμένοι ἱκανῶς· θρέψονται δὲ ἐκ μὲν τῶν κριθῶν b
ἄλφιτα σκευαζόμενοι, ἐκ δὲ τῶν πυρῶν ἄλευρα, τὰ μὲν
πέψαντες, τὰ δὲ μάξαντες, μάζας γενναίας καὶ ἄρτους ἐπὶ
κάλαμόν τινα παραβαλλόμενοι ἢ φύλλα καθαρά, κατακλινέν-
τες ἐπὶ στιβάδων ἐστρωμένων μίλακί τε καὶ μυρρίναις, 5
εὐωχήσονται αὐτοί τε καὶ τὰ παιδία, ἐπιπίνοντες τοῦ οἴνου,
ἐστεφανωμένοι καὶ ὑμνοῦντες τοὺς θεούς, ἡδέως συνόντες
ἀλλήλοις, οὐχ ὑπὲρ τὴν οὐσίαν ποιούμενοι τοὺς παῖδας, c
εὐλαβούμενοι πενίαν ἢ πόλεμον.
Καὶ ὁ Γλαύκων ὑπολαβών, Ἄνευ ὄψου, ἔφη, ὡς ἔοικας,
ποιεῖς τοὺς ἄνδρας ἑστιωμένους.
Ἀληθῆ, ἦν δ' ἐγώ, λέγεις. ἐπελαθόμην ὅτι καὶ ὄψον 5
ἕξουσιν, ἅλας τε δῆλον ὅτι καὶ ἐλάας καὶ τυρόν, καὶ βολβοὺς
καὶ λάχανά γε, οἷα δὴ ἐν ἀγροῖς ἑψήματα, ἑψήσονται. καὶ
τραγήματά που παραθήσομεν αὐτοῖς τῶν τε σύκων καὶ
ἐρεβίνθων καὶ κυάμων, καὶ μύρτα καὶ φηγοὺς σποδιοῦσιν d
πρὸς τὸ πῦρ, μετρίως ὑποπίνοντες. καὶ οὕτω διάγοντες τὸν
βίον ἐν εἰρήνῃ μετὰ ὑγιείας, ὡς εἰκός, γηραιοὶ τελευτῶντες
ἄλλον τοιοῦτον βίον τοῖς ἐκγόνοις παραδώσουσιν.

e11 οὖν om. F   e12 ἅμα ADF: ἄρα Logothetis
372a4 διαιτήσονται Apc F: διαιτήσωνται prA D   a6–7 οἰκίας
οἰκοδομησάμενοι F   a8 ἀνυπόδετοι Laur.CS42 Caesen.D28.4
b3 ⟨καὶ⟩ μάζας H. Stephanus, alii alia   b4 κατακλίναντες F
c3 ἔοικας AD Athen.: ἔοικε F   c7 γε F Athen.: om. AD
ἐψήματα AD Clem.: ὀψήματα Plut.: ἐψήματά τε F Athen., sed τε om.
Athen.Epit. (an habuerint Clem. et Plut. incertum)   d3 ὡς εἰκός AD
Athen.: ὡς τὸ εἰκὸς F

5 Καὶ ὅς, Εἰ δὲ ὑῶν πόλιν, ὦ Σώκρατες, ἔφη, κατεσκεύαζες,
τί ἂν αὐτὰς ἄλλο ἢ ταῦτα ἐχόρταζες;

Ἀλλὰ πῶς χρή, ἦν δ' ἐγώ, ὦ Γλαύκων;

Ἅπερ νομίζεται, ἔφη· ἐπί τε κλινῶν κατακεῖσθαι οἶμαι
τοὺς μέλλοντας μὴ ταλαιπωρεῖσθαι, καὶ ἀπὸ τραπεζῶν
e δειπνεῖν, καὶ ὄψα ἅπερ καὶ οἱ νῦν ἔχουσι καὶ τραγήματα.

Εἶεν, ἦν δ' ἐγώ· μανθάνω. οὐ πόλιν, ὡς ἔοικε, σκοποῦμεν
μόνον ὅπως γίγνεται, ἀλλὰ καὶ τρυφῶσαν πόλιν. ἴσως οὖν
οὐδὲ κακῶς ἔχει· σκοποῦντες γὰρ καὶ τοιαύτην τάχ' ἂν
5 κατίδοιμεν τήν τε δικαιοσύνην καὶ ἀδικίαν ὅπῃ ποτὲ ταῖς
πόλεσιν ἐμφύονται. ἡ μὲν οὖν ἀληθινὴ πόλις δοκεῖ μοι εἶναι ἣν
διεληλύθαμεν, ὥσπερ ὑγιής τις· εἰ δ' αὖ βούλεσθε καὶ
φλεγμαίνουσαν πόλιν θεωρήσωμεν, οὐδὲν ἀποκωλύει. ταῦτα
373 γὰρ δή τισιν, ὡς δοκεῖ, οὐκ ἐξαρκέσει, οὐδὲ αὕτη ἡ δίαιτα,
ἀλλὰ κλῖναί τε προσέσονται καὶ τράπεζαι καὶ τἆλλα σκεύη,
καὶ ὄψα δὴ καὶ μύρα καὶ θυμιάματα καὶ ἑταῖραι καὶ πέμματα,
ἕκαστα τούτων παντοδαπά. καὶ δὴ καὶ ἃ τὸ πρῶτον ἐλέγομεν
5 οὐκέτι τἀναγκαῖα θετέον, οἰκίας τε καὶ ἱμάτια καὶ ὑποδή-
ματα, ἀλλὰ τήν τε ζωγραφίαν κινητέον καὶ τὴν ποικιλίαν, καὶ
χρυσὸν καὶ ἐλέφαντα καὶ πάντα τὰ τοιαῦτα κτητέον. ἦ γάρ;

Ναί, ἔφη.

b Οὐκοῦν μείζονά τε αὖ τὴν πόλιν δεῖ ποιεῖν; ἐκείνη γὰρ ἡ
ὑγιεινὴ οὐκέτι ἱκανή, ἀλλ' ἤδη ὄγκου ἐμπληστέα καὶ πλήθους,
ἃ οὐκέτι τοῦ ἀναγκαίου ἕνεκα ἔστιν ἐν ταῖς πόλεσιν, οἷον οἵ τε
θηρευταὶ πάντες οἵ τε μιμηταί, πολλοὶ μὲν οἱ περὶ τὰ
5 σχήματά τε καὶ χρώματα, πολλοὶ δὲ οἱ περὶ μουσικήν,
ποιηταί τε καὶ τούτων ὑπηρέται, ῥαψῳδοί, ὑποκριταί, χο-
ρευταί, ἐργολάβοι, σκευῶν τε παντοδαπῶν δημιουργοί, τῶν
c τε ἄλλων καὶ τῶν περὶ τὸν γυναικεῖον κόσμον. καὶ δὴ καὶ

d8 οἶμαι κατακεῖσθαι F   e3 γίγνηται F   e6 ἐμφύονται AD:
ἐμποιοῦνται F   e7 τις ὑγιής F   373a1 αὕτη Laur.80.19pc: αὐτὴ
ADF   a3 ἑταῖραι καὶ ADF: ἕτερα Stallbaum, alii alia   a4 ἕκαστα
A: καὶ ἕκαστα DF   a5 τε om. F   a6 καὶ τὴν ποικιλίαν om. A
b5 τε om. F   οἱ om. F   b6–7 χορευταί, ὑποκριταί Pollux   b7 τε
post σκευῶν in F fortasse a manu postera additum   c1 τῶν AD:
τὸν F

διακόνων πλειόνων δεησόμεθα· ἢ οὐ δοκεῖ δεήσειν παι-
δαγωγῶν, τιτθῶν, τροφῶν, κομμωτριῶν, κουρέων, καὶ αὖ
ὀψοποιῶν τε καὶ μαγείρων; ἔτι δὲ καὶ συβωτῶν προσδεη-
σόμεθα· τοῦτο γὰρ ἡμῖν ἐν τῇ προτέρᾳ πόλει οὐκ ἐνῆν, ἔδει 5
γὰρ οὐδέν, ἐν δὲ ταύτῃ καὶ τούτου προσδεήσει. δεήσει δὲ καὶ
τῶν ἄλλων βοσκημάτων παμπόλλων, εἴ τις αὐτὰ ἔδεται. ἢ
γάρ;
    Πῶς γὰρ οὔ;
    Οὐκοῦν καὶ ἰατρῶν ἐν χρείᾳ ἐσόμεθα πολὺ μᾶλλον οὕτω d
διαιτώμενοι ἢ ὡς τὸ πρότερον;
    Πολύ γε.
    Καὶ ἡ χώρα που, ἡ τότε ἱκανὴ τρέφειν τοὺς τότε, σμικρὰ
δὴ ἐξ ἱκανῆς ἔσται. ἢ πῶς λέγομεν;   5
    Οὕτως, ἔφη.
    Οὐκοῦν τῆς τῶν πλησίον χώρας ἡμῖν ἀποτμητέον, εἰ
μέλλομεν ἱκανὴν ἕξειν νέμειν τε καὶ ἀροῦν, καὶ ἐκείνοις αὖ
τῆς ἡμετέρας, ἐὰν καὶ ἐκεῖνοι ἀφῶσιν αὑτοὺς ἐπὶ χρημάτων
κτῆσιν ἄπειρον, ὑπερβάντες τὸν τῶν ἀναγκαίων ὅρον;   e
    Πολλὴ ἀνάγκη, ἔφη, ὦ Σώκρατες.
    Πολεμήσομεν δὴ τὸ μετὰ τοῦτο, ὦ Γλαύκων; ἢ πῶς ἔσται;
    Οὕτως, ἔφη.
    Καὶ μηδέν γέ πω λέγωμεν, ἦν δ' ἐγώ, μήτ' εἴ τι κακὸν μήτ' 5
εἰ ἀγαθὸν ὁ πόλεμος ἐργάζεται, ἀλλὰ τοσοῦτον μόνον, ὅτι
πολέμου αὖ γένεσιν ηὑρήκαμεν, ἐξ ὧν μάλιστα ταῖς πόλεσιν
καὶ ἰδίᾳ καὶ δημοσίᾳ κακὰ γίγνεται, ὅταν γίγνηται.
    Πάνυ μὲν οὖν.
    Ἔτι δή, ὦ φίλε, μείζονος τῆς πόλεως δεῖ, οὔ τι σμικρῷ 10
ἀλλ' ὅλῳ στρατοπέδῳ, ὃ ἐξελθὸν ὑπὲρ τῆς οὐσίας ἁπάσης καὶ 374
ὑπὲρ ὧν νυνδὴ ἐλέγομεν διαμαχεῖται τοῖς ἐπιοῦσιν.

c2 δεήσειν AD: δεήσει F   c6 τοῦτο D   c9 οὗ habet f in rasura,
incertum quid F habuerit   d1 χρείᾳ F: χρείαις AD   d3 πολύ AD
Fsl: πολλά F   d4 που AD: γέ που F   d5 λέγωμεν prA
d7 πλησίων F   d8 ἱκανὸν fortasse prA   ἐκείνοις Apc D: ἐκείνης prA F
e3 πολεμήσωμεν F   δὴ F: om. AD   τοῦτο AD: ταῦτα F   e5 κακὸν
AD: κακὸν ἀπεργάζεται ὁ πόλεμος F   e6 ἀγαθὸν ὁ πόλεμος ἐργάζεται
AD: τι ἀγαθὸν F   e8 καὶ ἰδίαι καὶ δημοσίαι om. prA (add. Apc^mg)
e10 δὴ AD: δὲ F   374a2 διαμάχεται F

Τί δέ; ἦ δ' ὅς· αὐτοὶ οὐχ ἱκανοί;

Οὔκ, εἰ σύ γε, ἦν δ' ἐγώ, καὶ ἡμεῖς ἅπαντες ὡμολογήσαμεν
5 καλῶς, ἡνίκα ἐπλάττομεν τὴν πόλιν· ὡμολογοῦμεν δέ που, εἰ
μέμνησαι, ἀδύνατον ἕνα πολλὰς καλῶς ἐργάζεσθαι τέχνας.

Ἀληθῆ λέγεις, ἔφη.

b   Τί οὖν; ἦν δ' ἐγώ· ἡ περὶ τὸν πόλεμον ἀγωνία οὐ τεχνικὴ
δοκεῖ εἶναι;

Καὶ μάλα, ἔφη.

Ἦ οὖν τι σκυτικῆς δεῖ μᾶλλον κήδεσθαι ἢ πολεμικῆς;
5   Οὐδαμῶς.

Ἀλλ' ἄρα τὸν μὲν σκυτοτόμον διεκωλύομεν μήτε γεωργὸν
ἐπιχειρεῖν εἶναι ἅμα μήτε ὑφάντην μήτε οἰκοδόμον ἀλλὰ
σκυτοτόμον, ἵνα δὴ ἡμῖν τὸ τῆς σκυτικῆς ἔργον καλῶς
γίγνοιτο, καὶ τῶν ἄλλων ἑνὶ ἑκάστῳ ὡσαύτως ἓν ἀπεδίδομεν,
c   πρὸς ὃ ἐπεφύκει ἕκαστος καὶ ἐφ' ᾧ ἔμελλε τῶν ἄλλων σχολὴν
ἄγων διὰ βίου αὐτὸ ἐργαζόμενος οὐ παριεὶς τοὺς καιροὺς
καλῶς ἀπεργάσεσθαι· τὰ δὲ δὴ περὶ τὸν πόλεμον πότερον οὐ
περὶ πλείστου ἐστὶν εὖ ἀπεργασθέντα; ἢ οὕτω ῥᾴδιον, ὥστε
5   καὶ γεωργῶν τις ἅμα πολεμικὸς ἔσται καὶ σκυτοτομῶν καὶ
ἄλλην τέχνην ἡντινοῦν ἐργαζόμενος, πεττευτικὸς δὲ ἢ κυβευ-
τικὸς ἱκανῶς οὐδ' ἂν εἷς γένοιτο μὴ αὐτὸ τοῦτο ἐκ παιδὸς
ἐπιτηδεύων, ἀλλὰ παρέργῳ χρώμενος; καὶ ἀσπίδα μὲν λαβὼν
d   ἤ τι ἄλλο τῶν πολεμικῶν ὅπλων τε καὶ ὀργάνων, αὐθημερὸν
ὁπλιτικῆς ἤ τινος ἄλλης μάχης τῶν κατὰ πόλεμον ἱκανὸς
ἔσται ἀγωνιστής, τῶν δὲ ἄλλων ὀργάνων οὐδὲν οὐδένα
δημιουργὸν οὐδὲ ἀθλητὴν ληφθὲν ποιήσει, οὐδ' ἔσται χρήσι-
5   μον τῷ μήτε τὴν ἐπιστήμην ἑκάστου λαβόντι μήτε τὴν
μελέτην ἱκανὴν παρασχομένῳ;

Πολλοῦ γὰρ ἄν, ἦ δ' ὅς, τὰ ὄργανα ἦν ἄξια.

a3 ἱκανοί AF: ἱκανοὶ διάμαχεσθαι [sic] D   a4 εἰ σύ AD: εἰσί F
ἡμεῖς om. F   πάντες F   a5 δέ AF: δή D   a6 ἕνα AD Themist.:
εἶναι ἕνα F   b4 μᾶλλον δεῖ F   b7 ἅμα εἶναι F   b7–8 ἀλλὰ
σκυτοτόμον D: om.   AF: post b9 γίγνοιτο praeb.   Laur.CS42mg
Caesen.D28.4   c1 ἐπεφύκει F: πεφύκει AD   ᾧι AD: ᾷ F
c3 ἀπεργάζεσθαι A   c4 ῥᾴδια F   c6 κυβευτικὸς AD Plot.:
κυβερνητικὸς F   d7 ἦν AD: εἴη F

Οὐκοῦν, ἦν δ᾽ ἐγώ, ὅσῳ μέγιστον τὸ τῶν φυλάκων ἔργον, e
τοσούτῳ σχολῆς τε τῶν ἄλλων πλείστης ἂν εἴη καὶ αὖ τέχνης
τε καὶ ἐπιμελείας μεγίστης δεόμενον;

Οἶμαι ἔγωγε, ἦ δ᾽ ὅς.

Ἆρ᾽ οὖν οὐ καὶ φύσεως ἐπιτηδείας εἰς αὐτὸ τὸ ἐπιτήδευμα; 5
Πῶς δ᾽ οὔ;

Ἡμέτερον δὴ ἔργον ἂν εἴη, ὡς ἔοικεν, εἴπερ οἷοί τ᾽ ἐσμέν,
ἐκλέξασθαι τίνες τε καὶ ποῖαι φύσεις ἐπιτήδειαι εἰς πόλεως
φυλακήν.

Ἡμέτερον μέντοι. 10

Μὰ Δία, ἦν δ᾽ ἐγώ, οὐκ ἄρα φαῦλον πρᾶγμα ἠράμεθα·
ὅμως δὲ οὐκ ἀποδειλιατέον, ὅσον γ᾽ ἂν δύναμις παρείκῃ.

Οὐ γὰρ οὖν, ἔφη. 375

Οἴει οὖν τι, ἦν δ᾽ ἐγώ, διαφέρειν φύσιν γενναίου σκύλακος
εἰς φυλακὴν νεανίσκου εὐγενοῦς;

Τὸ ποῖον λέγεις;

Οἷον ὀξύν τέ που δεῖ αὐτοῖν ἑκάτερον εἶναι πρὸς αἴσθησιν 5
καὶ ἐλαφρὸν πρὸς τὸ αἰσθανόμενον διωκάθειν, καὶ ἰσχυρὸν αὖ,
ἐὰν δέῃ ἑλόντα διαμάχεσθαι.

Δεῖ γὰρ οὖν, ἔφη, πάντων τούτων.

Καὶ μὴν ἀνδρεῖόν γε, εἴπερ εὖ μαχεῖται.

Πῶς δ᾽ οὔ; 10

Ἀνδρεῖος δὲ εἶναι ἆρα ἐθελήσει ὁ μὴ θυμοειδὴς εἴτε ἵππος
εἴτε κύων ἢ ἄλλο ὁτιοῦν ζῷον; ἢ οὐκ ἐννενόηκας ὡς ἄμαχόν τε b
καὶ ἀνίκητον θυμός, οὗ παρόντος ψυχὴ πᾶσα πρὸς πάντα
ἄφοβός τέ ἐστι καὶ ἀήττητος;

Ἐννενόηκα.

Τὰ μὲν τοίνυν τοῦ σώματος οἷον δεῖ τὸν φύλακα εἶναι, 5
δῆλα.

Ναί.

e7 δ᾽ ἂν εἴη ἔργον Stob.   e12 ὅσον AD: εἰς ὅσον F Stob.   γ᾽ ἂν AD:
δὴ F Stob.   παρείκηι AD: παρήκει F Stob.   375a2 τὴν φύσιν Stob.
a5 πρὸς αἴσθησιν om. Stob.   a10 δ᾽ οὔ AD Stob.: γοῦν F   a11 ἆρα
ἐθελήσει AD: ἆρ᾽ ἂν ἐθέλοι F Stob.   εἴτε om. Stob.   b1 ἢ ἄλλο AD: εἴτε
ἄλλο F Stob.   b3 ἐστι AF: om. D Stob.   b5 φύλακα ADF Stob.(S):
φύλακα τῆς πόλεως Stob.(MA)

Καὶ μὴν καὶ τὰ τῆς ψυχῆς, ὅτι γε θυμοειδῆ.

Καὶ τοῦτο.

10 Πῶς οὖν, ἦν δ' ἐγώ, ὦ Γλαύκων, οὐκ ἄγριοι ἀλλήλοις
ἔσονται καὶ τοῖς †ἀλλοτρίοις† πολίταις, ὄντες τοιοῦτοι τὰς
φύσεις;

Μὰ Δία, ἦ δ' ὅς, οὐ ῥᾳδίως.

c Ἀλλὰ μέντοι δεῖ γε πρὸς μὲν τοὺς οἰκείους πράους αὐτοὺς
εἶναι, πρὸς δὲ τοὺς πολεμίους χαλεπούς· εἰ δὲ μή, οὐ
περιμενοῦσιν ἄλλους σφᾶς διολέσαι, ἀλλ' αὐτοὶ φθήσονται
αὐτὸ δράσαντες.

5 Ἀληθῆ, ἔφη.

Τί οὖν, ἦν δ' ἐγώ, ποιήσομεν; πόθεν ἅμα πρᾶον καὶ
μεγαλόθυμον ἦθος εὑρήσομεν; ἐναντία γάρ που θυμοειδεῖ
πραεῖα φύσις.

Φαίνεται.

10 Ἀλλὰ μέντοι τούτων γε ὁποτέρου ἂν στέρηται, φύλαξ
ἀγαθὸς οὐ μὴ γένηται· ταῦτα δὲ ἀδυνάτοις ἔοικεν, καὶ οὕτω
d δὴ συμβαίνει ἀγαθὸν φύλακα ἀδύνατον γενέσθαι.

Κινδυνεύει, ἔφη.

Καὶ ἐγὼ ἀπορήσας τε καὶ ἐπισκεψάμενος τὰ ἔμπροσθεν,
Δικαίως γε, ἦν δ' ἐγώ, ὦ φίλε, ἀποροῦμεν· ἧς γὰρ προυθέ-
5 μεθα εἰκόνος ἀπελείφθημεν.

Πῶς λέγεις;

Οὐκ ἐνενοήσαμεν ὅτι εἰσὶν ἄρα φύσεις οἵας ἡμεῖς οὐκ
ᾠήθημεν, ἔχουσαι τἀναντία ταῦτα.

Ποῦ δή;

10 Ἴδοι μὲν ἄν τις καὶ ἐν ἄλλοις ζῴοις, οὐ μέντἂν ἥκιστα ἐν ᾧ

b10 ἀλλήλοις AD: ἀλλήλοις τε F Stob.   b11 ἀλλοτρίοις AD: ἄλλοις F
Stob.(MA): ἀλλήλοις Stob.(S), fortasse πολίταις secludendum aut ⟨τοῖς⟩
πολίταις legendum   c3 μενοῦσιν Stob.   c6 ἅμα πρᾶον A Choric.:
ἅρα πρᾶον D: ἅμα πρᾶον τε F: πρᾶόν τε ἅμα Stob.   c7 μεγαλόθυμον
ADF Stob. Aspas.: μεγαλόψυχον Choric.   c10 γε F Stob.: om. AD
d3 τὰ ἔμπροσθεν AF: ἔμπροσθεν D: τὰ ἔμπροσθεν εἶπον Stob., fortasse e v.l.
ἃ ἔμπροσθεν εἶπον ortum   d6 λέγεις AD: λέγεις ἔφη F Stob.
d7 ἐνενοήσαμεν Stob.: ἐνοήσαμεν AD: ἐννενοήκαμεν F   εἰσὶν ἄρα A: εἰσὶν
ἄρα τοιαῦται D: ἄρα τοιαῦται εἰσὶ F Stob.   d10 ἄλλοις πολλοῖς ζῴοις
Stob.

ἡμεῖς παρεβάλλομεν τῷ φύλακι. οἶσθα γάρ που τῶν γενναίων
κυνῶν, ὅτι τοῦτο φύσει αὐτῶν τὸ ἦθος, πρὸς μὲν τοὺς   e
συνήθεις τε καὶ γνωρίμους ὡς οἷόν τε πραοτάτους εἶναι,
πρὸς δὲ τοὺς ἀγνῶτας τοὐναντίον.

Οἶδα μέντοι.

Τοῦτο μὲν ἄρα, ἦν δ᾽ ἐγώ, δυνατόν, καὶ οὐ παρὰ φύσιν 5
ζητοῦμεν τοιοῦτον εἶναι τὸν φύλακα.

Οὐκ ἔοικεν.

Ἆρ᾽ οὖν σοι δοκεῖ ἔτι τοῦδε προσδεῖσθαι ὁ φυλακικὸς
ἐσόμενος, πρὸς τῷ θυμοειδεῖ ἔτι προσγενέσθαι φιλόσοφος
τὴν φύσιν;   10

Πῶς δή; ἔφη· οὐ γὰρ ἐννοῶ.   376

Καὶ τοῦτο, ἦν δ᾽ ἐγώ, ἐν τοῖς κυσὶν κατόψει, ὃ καὶ ἄξιον
θαυμάσαι τοῦ θηρίου.

Τὸ ποῖον;

Ὅτι ὃν μὲν ἂν ἴδῃ ἀγνῶτα, χαλεπαίνει, οὐδὲ κακὸν 5
προπεπονθώς· ὃν δ᾽ ἂν γνώριμον, ἀσπάζεται, κἂν μηδὲν
πώποτε ὑπ᾽ αὐτοῦ ἀγαθὸν πεπόνθῃ. ἢ οὔπω τοῦτο ἐθαύμα-
σας;

Οὐ πάνυ, ἔφη, μέχρι τούτου προσέσχον τὸν νοῦν· ὅτι δέ
που δρᾷ ταῦτα, δῆλον.   10

Ἀλλὰ μὴν κομψόν γε φαίνεται τὸ πάθος αὐτοῦ τῆς φύσεως b
καὶ ὡς ἀληθῶς φιλόσοφον.

Πῇ δή;

Ἧι, ἦν δ᾽ ἐγώ, ὄψιν οὐδενὶ ἄλλῳ φίλην καὶ ἐχθρὰν
διακρίνει ἢ τῷ τὴν μὲν καταμαθεῖν, τὴν δὲ ἀγνοῆσαι. καίτοι 5
πῶς οὐκ ἂν φιλομαθὲς εἴη συνέσει τε καὶ ἀγνοίᾳ ὁριζόμενον
τό τε οἰκεῖον καὶ τὸ ἀλλότριον;

Οὐδαμῶς, ἦ δ᾽ ὅς, ὅπως οὔ.

e1 φύσει αὐτῶν AD: αὐτῶν φύσει F et fere Stob.   e3 τοὐναντίον AD:
τἀναντία F Stob.   e4 μέντοι ἔφη Stob.   e8 φυλακικὸς AD:
φυλακτικὸς F Plut. Stob.   376a5 ὅτι DF Stob.: om. A   χαλεπαίνει
AD: μισεῖ καὶ χαλεπαίνει F Stob.   οὐδὲ F: οὐδὲν Stob.: οὐδὲν δὲ AD: οὐδὲ ἓν
Cobet   a6 προπεπονθώς Dpc F: προπεπονθός A prD: πεπονθώς
Stob.   μηδὲν Apc DF Stob.: μηδὲ prA: μηδὲ ἓν J. L. V. Hartman
a7 πεπόνθηι ἀγαθόν Stob.   b1 μήν που F

Ἀλλὰ μέντοι, εἶπον ἐγώ, τό γε φιλομαθὲς καὶ φιλόσοφον
10 ταὐτόν;

Ταὐτὸν γάρ, ἔφη.

Οὐκοῦν θαρροῦντες τιθῶμεν καὶ ἐν ἀνθρώπῳ, εἰ μέλλει
c πρὸς τοὺς οἰκείους καὶ γνωρίμους πρᾶός τις ἔσεσθαι, φύσει
φιλόσοφον καὶ φιλομαθῆ αὐτὸν δεῖν εἶναι;

Τιθῶμεν, ἔφη.

Φιλόσοφος δὴ καὶ θυμοειδὴς καὶ ταχὺς καὶ ἰσχυρὸς ἡμῖν
5 τὴν φύσιν ἔσται ὁ μέλλων καλὸς κἀγαθὸς ἔσεσθαι φύλαξ
πόλεως.

Παντάπασι μὲν οὖν, ἔφη.

Οὗτος μὲν δὴ ἂν οὕτως ὑπάρχοι. θρέψονται δὲ δὴ ἡμῖν
οὗτοι καὶ παιδεύσονται τίνα τρόπον; καὶ ἆρά τι προὔργου
10 ἡμῖν ἐστιν αὐτὸ σκοποῦσι πρὸς τὸ κατιδεῖν οὗπερ ἕνεκα
d πάντα σκοποῦμεν, δικαιοσύνην τε καὶ ἀδικίαν τίνα τρόπον
ἐν πόλει γίγνεται; ἵνα μὴ ἐῶμεν ἱκανὸν λόγον ἢ συχνὸν
διεξίωμεν.

Καὶ ὁ τοῦ Γλαύκωνος ἀδελφός, Πάνυ μὲν οὖν, ἔφη, ἔγωγε
5 προσδοκῶ προὔργου εἶναι εἰς τοῦτο ταύτην τὴν σκέψιν.

Μὰ Δία, ἦν δ' ἐγώ, ὦ φίλε Ἀδείμαντε, οὐκ ἄρα ἀφετέον,
οὐδ' εἰ μακροτέρα τυγχάνει οὖσα.

Οὐ γὰρ οὖν.

Ἴθι οὖν, ὥσπερ ἐν μύθῳ μυθολογοῦντές τε ἅμα καὶ σχολὴν
10 ἄγοντες λόγῳ παιδεύωμεν τοὺς ἄνδρας.

Ἀλλὰ χρή.

e Τίς οὖν ἡ παιδεία; ἢ χαλεπὸν εὑρεῖν βελτίω τῆς ὑπὸ τοῦ

b9 ἐγώ om. Stob.   γε AF Stob.: τε D   καὶ AD Stob.: καὶ τὸ F
b10 ταὐτόν ἐστι Stob.   b12 ἐν τῷ ἀνθρώπῳ Stob.   c1 οἰκείους γε
καὶ Stob.   c2 φιλόσοφον Apc^mg D: καὶ φιλόσοφον Stob.: om. prA F
δεῖν AD Stob.: δεῖ F   c4 καὶ ἰσχυρὸς καὶ ταχὺς Stob. bis
c5 φύλαξ ἔσεσθαι Stob. bis   c9 παιδεύσονται F: παιδευθήσονται A
(sed -θ- in ras.) D   καὶ ἆρά AD: ἐννοεῖν χρή· εἴ F   d2 ἵνα–d3 om.
prA, add. Apc^mg, locus valde suspectus   d2 μὴ ADF: ἢ
Laur.80.19pc: μὴ ⟨ἢ⟩ van Herwerden   ἱκανὸν AD: συχνὸν F: οὐχ ἱκανὸν
Bury   συχνὸν AD: ἱκανὸν F   d5 τοῦτο A: ταυτὸ [sic] D: om. F
d9 οὖν AD: δὴ F   ἅμα F: om. AD

πολλοῦ χρόνου ηὑρημένης; ἔστιν δέ που ἡ μὲν ἐπὶ σώμασι
γυμναστική, ἡ δ' ἐπὶ ψυχῇ μουσική.

Ἔστιν γάρ.

Ἆρ' οὖν οὐ μουσικῇ πρότερον ἀρξόμεθα παιδεύοντες ἢ 5
γυμναστικῇ;

Πῶς δ' οὔ;

Μουσικῆς δ', εἶπον, τίθης λόγους, ἢ οὔ;

Ἔγωγε.

Λόγων δὲ διττὸν εἶδος, τὸ μὲν ἀληθές, ψεῦδος δ' ἕτερον; 10
Ναί.

Παιδευτέον δ' ἐν ἀμφοτέροις, πρότερον δ' ἐν τοῖς ψευδέσιν; 377
Οὐ μανθάνω, ἔφη, πῶς λέγεις.

Οὐ μανθάνεις, ἦν δ' ἐγώ, ὅτι πρῶτον τοῖς παιδίοις μύθους
λέγομεν; τοῦτο δέ που ὡς τὸ ὅλον εἰπεῖν ψεῦδος, ἔνι δὲ καὶ
ἀληθῆ. πρότερον δὲ μύθοις πρὸς τὰ παιδία ἢ γυμνασίοις 5
χρώμεθα.

Ἔστι ταῦτα.

Τοῦτο δὴ ἔλεγον, ὅτι μουσικῆς πρότερον ἁπτέον ἢ γυ-
μναστικῆς.

Ὀρθῶς, ἔφη. 10

Οὐκοῦν οἶσθ' ὅτι ἀρχὴ παντὸς ἔργου μέγιστον, ἄλλως τε
καὶ νέῳ καὶ ἁπαλῷ ὁτῳοῦν; μάλιστα γὰρ δὴ τότε πλάττεται, b
καὶ ἐνδύεται τύπος ὃν ἄν τις βούληται ἐνσημήνασθαι ἑκάστῳ.

Κομιδῇ μὲν οὖν.

Ἆρ' οὖν ῥᾳδίως οὕτω παρήσομεν τοὺς ἐπιτυχόντας ὑπὸ
τῶν ἐπιτυχόντων μύθους πλασθέντας ἀκούειν τοὺς παῖδας, 5
καὶ λαμβάνειν ἐν ταῖς ψυχαῖς ὡς ἐπὶ τὸ πολὺ ἐναντίας δόξας

e2 τοῖς σώμασι Stob.   e3 τῇ ψυχῇ Stob.   e5 ἀρχόμεθα Stob.
e8 εἶπον F Stob.: εἰπὼν AD   e10 δ' ἕτερον AD Euseb.: θάτερον F:
δὲ θάτερον Stob.   377a3 μύθους ADF Stob.: μῦθον Euseb.
a5 ἀληθῆ ADF Euseb.: ἀληθές Stob.   a8 δὴ ADF: δὲ Stob.
a11 τε AD: τε δὴ F, Euseb., Stob. bis   b1 τότε AD, Euseb., Stob.
bis: om. F   b2 ἐνδύεται ADF, Euseb., Themist., Stob.110n:
ἀναδύεται Stob.110v   τύπος ADF, Euseb., Themist., Stob.110n: τύπον
Stob.110v   b4 ἐπιτυχόντας ADF Euseb. Stob.: τυχόντας Plut.
b4–5 ὑπὸ τῶν ἐπιτυχόντων ADF Stob.: om. Euseb.

ἐκείναις ἅς, ἐπειδὰν τελεωθῶσιν, ἔχειν οἰησόμεθα δεῖν
αὐτούς;

Οὐδ᾽ ὁπωστιοῦν παρήσομεν.

c   Πρῶτον δὴ ἡμῖν, ὡς ἔοικεν, ἐπιστατητέον τοῖς μυθοποιοῖς,
καὶ ὃν μὲν ἂν καλὸν ποιήσωσιν, ἐγκριτέον, ὃν δ᾽ ἂν μή,
ἀποκριτέον. τοὺς δ᾽ ἐγκριθέντας πείσομεν τὰς τροφούς τε καὶ
μητέρας λέγειν τοῖς παισίν, καὶ πλάττειν τὰς ψυχὰς αὐτῶν
5 τοῖς μύθοις πολὺ μᾶλλον ἢ τὰ σώματα ταῖς χερσίν. ὧν δὲ νῦν
λέγουσι τοὺς πολλοὺς ἐκβλητέον.

Ποίους δή; ἔφη.

Ἐν τοῖς μείζοσιν, ἦν δ᾽ ἐγώ, μύθοις ὀψόμεθα καὶ τοὺς
ἐλάττους. δεῖ γὰρ δὴ τὸν αὐτὸν τύπον εἶναι καὶ ταὐτὸν
10 δύνασθαι τούς τε μείζους καὶ τοὺς ἐλάττους. ἢ οὐκ οἴει;
d   Ἔγωγ᾽, ἔφη· ἀλλ᾽ οὐκ ἐννοῶ οὐδὲ τοὺς μείζους τίνας
λέγεις.

Οὓς Ἡσίοδός τε, εἶπον, καὶ Ὅμηρος ἡμῖν ἐλεγέτην καὶ οἱ
ἄλλοι ποιηταί. οὗτοι γάρ που μύθους τοῖς ἀνθρώποις ψευδεῖς
5 συντιθέντες ἔλεγόν τε καὶ λέγουσι.

Ποίους δή, ἦ δ᾽ ὅς, καὶ τί αὐτῶν μεμφόμενος λέγεις;

Ὅπερ, ἦν δ᾽ ἐγώ, χρὴ καὶ πρῶτον καὶ μάλιστα μέμφεσθαι,
ἄλλως τε καὶ ἐάν τις μὴ καλῶς ψεύδηται.

Τί τοῦτο;

e   Ὅταν εἰκάζῃ τις κακῶς τῷ λόγῳ, περὶ θεῶν τε καὶ ἡρώων
οἷοί εἰσιν, ὥσπερ γραφεὺς μηδὲν ἐοικότα γράφων οἷς ἂν ὅμοια
βουληθῇ γράψαι.

---

c1 δὴ AD Stob.: μὲν δὴ F Euseb. Philop.   c2 καλὸν A Euseb.:
καλὸν μῦθον DF Stob. Philop.   δ᾽ ἂν AD Euseb. Stob. Philop.: δὲ F
c5 πολὺ AF Euseb. Stob. Philop.: om. D   c8 μύθοις ADF,
Euseb.XIII 14, Philop.: om. Euseb.XIII 3   d3 τε εἶπον καὶ ὅμηρος
AD, Euseb.XIII 3: τέ που καὶ ὅμηρος F: τέ που εἶπον καὶ Ὅμηρος Philop.:
τε καὶ Ὅμηρος εἶπον Euseb.XIII 14   d4 τοῖς ἀνθρώποις ψευδεῖς ADF
Philop.: ψευδεῖς τοῖς ἀνθρώποις Euseb. bis   d6 δὴ ADF, Euseb. bis: δ᾽
Philop.   d7 καὶ πρῶτον AD Philop.: πρῶτόν τε F, Euseb.XIII 3:
πρῶτον Euseb.XIII 14   e1 κακῶς A, Euseb.XIII 14: κακῶς οὐσίαν
Euseb.XIII 3: κακῶ οὐσίαν D: οὐσίαν κακῶς F

74

Καὶ γάρ, ἔφη, ὀρθῶς ἔχει τά γε τοιαῦτα μέμφεσθαι. ἀλλὰ
πῶς δὴ λέγομεν καὶ ποῖα;   5
Πρῶτον μέν, ἦν δ' ἐγώ, τὸ μέγιστον καὶ περὶ τῶν
μεγίστων ψεῦδος ὁ εἰπὼν οὐ καλῶς ἐψεύσατο ὡς Οὐρανός
τε ἠργάσατο ἅ φησι δρᾶσαι αὐτὸν Ἡσίοδος, ὅ τε αὖ Κρόνος
ὡς ἐτιμωρήσατο αὐτόν. τὰ δὲ δὴ τοῦ Κρόνου ἔργα καὶ πάθη   378
ὑπὸ τοῦ ὑέος, οὐδ' ἂν εἰ ἦν ἀληθῆ ᾤμην δεῖν ῥᾳδίως οὕτω
λέγεσθαι πρὸς ἄφρονάς τε καὶ νέους, ἀλλὰ μάλιστα μὲν
σιγᾶσθαι, εἰ δὲ ἀνάγκη τις ἦν λέγειν, δι' ἀπορρήτων ἀκούειν
ὡς ὀλιγίστους, θυσαμένους οὐ χοῖρον ἀλλά τι μέγα καὶ   5
ἄπορον θῦμα, ὅπως ὅτι ἐλαχίστοις συνέβη ἀκοῦσαι.
Καὶ γάρ, ἦ δ' ὅς, οὗτοί γε οἱ λόγοι χαλεποί.
Καὶ οὐ λεκτέοι γ', ἔφην, ὦ Ἀδείμαντε, ἐν τῇ ἡμετέρᾳ   b
πόλει. οὐδὲ λεκτέον νέῳ ἀκούοντι ὡς ἀδικῶν τὰ ἔσχατα οὐδὲν
ἂν θαυμαστὸν ποιοῖ, οὐδ' αὖ ἀδικοῦντα πατέρα κολάζων
παντὶ τρόπῳ, ἀλλὰ δρῴη ἂν ὅπερ θεῶν οἱ πρῶτοί τε καὶ
μέγιστοι.   5
Οὐ μὰ τὸν Δία, ἦ δ' ὅς, οὐδὲ αὐτῷ μοι δοκεῖ ἐπιτήδεια εἶναι
λέγειν.
Οὐδέ γε, ἦν δ' ἐγώ, τὸ παράπαν ὡς θεοὶ θεοῖς πολεμοῦσί τε
καὶ ἐπιβουλεύουσι καὶ μάχονται, οὐδὲ γὰρ ἀληθῆ, εἴ γε δεῖ   c
ἡμῖν τοὺς μέλλοντας τὴν πόλιν φυλάξειν αἴσχιστον νομίζειν
τὸ ῥᾳδίως ἀλλήλοις ἀπεχθάνεσθαι, πολλοῦ δεῖ γιγαντομαχίας
τε μυθολογητέον αὐτοῖς καὶ ποικιλτέον, καὶ ἄλλας ἔχθρας

e4 γε om. Euseb.XIII 3   e6 μὲν ADF, Euseb.II et XIII 14: μὲν
δὴ Euseb.XIII 3   e7 ὁ AD, Euseb.II(BONV), XIII 3(I), XIII
14(I): om. F, Euseb.II(A), XIII 3(ON): ὃ Euseb.XIII 14(ON): fortasse
ὃ ὁ   378a1 τὰ δὲ δὴ τοῦ AD: τὰ δὲ δὴ F, Euseb.XIII: τί δὲ δὴ τὰ τοῦ
Euseb.II   a2 εἰ ἦν AD, Euseb.II: εἴη F, Euseb.XIII   a2–3 οὕτω
λέγεσθαι ADF, Euseb.XIII: λέγεσθαι οὕτω Euseb.II   a5 ἀλλά τι AD,
Clem., Euseb. bis, Procl.: ἀλλ' ἄλλο τι F   a6 ὅτι ADF: ὡς Euseb. bis
b1 λεκτέοι AF, Euseb.II: λεκτέον D: λεκτοί Euseb.XIII   γ' ἔφην ADF:
γε Euseb.II: om. Euseb.XIII   b5 μέγιστοι AD, Euseb. bis: οἱ
μέγιστοι F   b6 δοκεῖ F, Euseb. bis: δοκῶ AD   b8 τε ADF,
Euseb.XIII: om. Euseb.II   c1 οὐδὲ AD, Euseb.II(A): οὔτε F,
Euseb.II(BONV) et XIII   c2 φυλάξειν AD, Euseb.II: φυλάττειν F,
Euseb.XIII

5 πολλὰς καὶ παντοδαπὰς θεῶν τε καὶ ἡρώων πρὸς συγγενεῖς τε
καὶ οἰκείους αὐτῶν. ἀλλ᾽ εἴ πως μέλλομεν πείσειν ὡς οὐδεὶς
πώποτε πολίτης ἕτερος ἑτέρῳ ἀπήχθετο οὐδ᾽ ἐστὶν τοῦτο
ὅσιον, τοιαῦτα μᾶλλον λεκτέα πρὸς τὰ παιδία εὐθὺς καὶ
d γέρουσι καὶ γραυσί, καὶ πρεσβυτέροις γιγνομένοις καὶ τοὺς
ποιητὰς ἐγγὺς τούτων ἀναγκαστέον λογοποιεῖν. Ἥρας δὲ
δεσμοὺς ὑπὸ ὑέος καὶ Ἡφαίστου ῥίψεις ὑπὸ πατρός, μέλλον-
τος τῇ μητρὶ τυπτομένῃ ἀμυνεῖν, καὶ θεομαχίας ὅσας
5 Ὅμηρος πεποίηκεν οὐ παραδεκτέον εἰς τὴν πόλιν, οὔτ᾽ ἐν
ὑπονοίαις πεποιημένας οὔτε ἄνευ ὑπονοιῶν. ὁ γὰρ νέος οὐχ
οἷός τε κρίνειν ὅτι τε ὑπόνοια καὶ ὃ μή, ἀλλ᾽ ἃ ἂν τηλικοῦτος
e ὢν λάβῃ ἐν ταῖς δόξαις δυσέκνιπτά τε καὶ ἀμετάστατα φιλεῖ
γίγνεσθαι· ὧν δὴ ἴσως ἕνεκα περὶ παντὸς ποιητέον ἃ πρῶτα
ἀκούουσιν ὅτι κάλλιστα μεμυθολογημένα πρὸς ἀρετὴν
ἀκούειν.

5 Ἔχει γάρ, ἔφη, λόγον. ἀλλ᾽ εἴ τις αὖ καὶ ταῦτα ἐρωτῴη
ἡμᾶς, αὐτὰ ἅττα ἐστὶν καὶ τίνες οἱ μῦθοι, τίνας ἂν φαῖμεν;

Καὶ ἐγὼ εἶπον· Ὦ Ἀδείμαντε, οὐκ ἐσμὲν ποιηταὶ ἐγώ τε
379 καὶ σὺ ἐν τῷ παρόντι, ἀλλ᾽ οἰκισταὶ πόλεως· οἰκισταῖς δὲ τοὺς
μὲν τύπους προσήκει εἰδέναι ἐν οἷς δεῖ μυθολογεῖν τοὺς
ποιητάς, παρ᾽ οὓς ἐὰν ποιῶσιν οὐκ ἐπιτρεπτέον, οὐ μὴν
αὐτοῖς γε ποιητέον μύθους.

c6 μέλλομεν AD Stob.: μέλλοιμεν F, Euseb. bis   c7 τοῦτο ADF,
Euseb. bis: τὸ Stob.   c8 μᾶλλον λεκτέα F, Euseb. bis, Stob.: λεκτέα
μᾶλλον D: μᾶλλον A   d1 γιγνομένοις ADF Stob.: γινομένοις
Euseb.XIII: γενομένοις Euseb.II   καὶ τοὺς AD, Euseb.II(BONV) et
XIII, Stob.: τοὺς F, Euseb.II(A)   d2 ποιητὰς AD, Euseb. bis:
ποιητάς τε F Stob.: fortasse ποιητάς γε   ἐγγὺς ADF, Euseb. bis, Stob.:
ἐγγύς ⟨τι⟩ Stallbaum   d3 ὑέος ADF, Euseb.II(BONV) et XIII,
Stob., Phot., Suid.: Διὸς Euseb.II(A) et nonnulli testes sec. Phot. et
Suid.   d4 τυπτομένηι ἀμυνεῖν DF: τυπτομένηι ἀμύνειν A, Euseb.II,
Stob.: ἀμύνειν τυπτομένη Euseb.XIII   d7 οἷός τε AD, Euseb.XIII,
Procl.I 79: οἷος F Stob.   ὃ ADF, Procl. bis: ὅτι Euseb.: om. Stob.   ἀλλ᾽
ἃ ἂν AD: ἀλλὰ ἂν F Euseb.: ἀλλ᾽ ἂν Stob.: ἀλλ᾽ ὅσ᾽ ἂν Procl.: ἃ γὰρ ἂν Elias
e2 πρῶτα ADF Euseb. Procl.: πρῶτον Stob.   e3 κάλλιστα AD Euseb.
Procl.: μάλιστα F Stob.   e6 αὐτὰ D: ταῦτα A: om. F Euseb.   ἄττα
AD Euseb.: ἄττα τ᾽ F   379a2 ἐν οἷς AD Euseb.: ὡς F

Ὀρθῶς, ἔφη· ἀλλ' αὐτὸ δὴ τοῦτο, οἱ τύποι περὶ θεολογίας 5
τίνες ἂν εἶεν;

Τοιοίδε πού τινες, ἦν δ' ἐγώ· οἷος τυγχάνει ὁ θεὸς ὤν, ἀεὶ
δήπου ἀποδοτέον, ἐάντε τις αὐτὸν ἐν ἔπεσιν ποιῇ ἐάντε ἐν
μέλεσιν ἐάντε ἐν τραγῳδίᾳ.

Δεῖ γάρ.   10

Οὐκοῦν ἀγαθὸς ὅ γε θεὸς τῷ ὄντι τε καὶ λεκτέον οὕτω;   b

Τί μήν;

Ἀλλὰ μὴν οὐδέν γε τῶν ἀγαθῶν βλαβερόν. ἦ γάρ;

Οὔ μοι δοκεῖ.

Ἆρ' οὖν ὃ μὴ βλαβερὸν βλάπτει;   5

Οὐδαμῶς.

Ὃ δὲ μὴ βλάπτει κακόν τι ποιεῖ;

Οὐδὲ τοῦτο.

Ὃ δέ γε μηδὲν κακὸν ποιεῖ, οὐδ' ἄν τινος εἴη κακοῦ αἴτιον;

Πῶς γάρ;   10

Τί δέ; ὠφέλιμον τὸ ἀγαθόν;

Ναί.

Αἴτιον ἄρα εὐπραγίας;

Ναί.

Οὐκ ἄρα πάντων γε αἴτιον τὸ ἀγαθόν, ἀλλὰ τῶν μὲν εὖ 15
ἐχόντων αἴτιον, τῶν δὲ κακῶν ἀναίτιον.

Παντελῶς γ', ἔφη.   c

Οὐδ' ἄρα, ἦν δ' ἐγώ, ὁ θεός, ἐπειδὴ ἀγαθός, πάντων ἂν εἴη
αἴτιος, ὡς οἱ πολλοὶ λέγουσιν, ἀλλὰ ὀλίγων μὲν τοῖς
ἀνθρώποις αἴτιος, πολλῶν δὲ ἀναίτιος· πολὺ γὰρ ἐλάττω
τἀγαθὰ τῶν κακῶν ἡμῖν, καὶ τῶν μὲν ἀγαθῶν οὐδένα ἄλλον 5
αἰτιατέον, τῶν δὲ κακῶν ἄλλ' ἄττα δεῖ ζητεῖν τὰ αἴτια, ἀλλ'
οὐ τὸν θεόν.

a7 ὁ θεὸς ὤν AD: ὤν ὁ θεὸς F Euseb.   a8–9 ἐάντε ἐν μέλεσιν DF
Euseb.: om. A   b1 ἀγαθὸς ADF Euseb. Procl. Eustath.: ἀγαθὸν
Schol.Hom.   γε om. D Euseb.   b5 ὁ ADF Schol.Hom. Eustath.: τὸ
Euseb. Procl.   b9 κακὸν ποιεῖ AD Euseb.: κακοποιεῖ F   c2 ἐπεὶ
Euseb.   c5 οὐδένα ἄλλον ADF, Procl.de Prov., Philop.: οὐδὲν ἄλλο
Euseb., Procl.in Tim.   c6 αἰτιατέον ADF Euseb.: αἰτιατέον ἢ τὸν θεὸν
Procl. bis, Philop.   ἀλλ' ADF, Euseb., Procl. quinquies: ἕτερα Philop.
ἀλλ' ADF Euseb.: καὶ Procl. bis   c7 τὸν ADF Euseb.: om. Procl. bis

Ἀληθέστατα, ἔφη, δοκεῖς μοι λέγειν.

Οὐκ ἄρα, ἦν δ' ἐγώ, ἀποδεκτέον οὔτε Ὁμήρου οὔτ' ἄλλου
d ποιητοῦ ταύτην τὴν ἁμαρτίαν περὶ τοὺς θεοὺς ἀνοήτως
ἁμαρτάνοντος καὶ λέγοντος ὡς δ ο ι ο ὶ π ί θ ο ι

κατακείαται ἐν Διὸς οὔδει

κηρῶν ἔμπλειοι, ὁ μὲν ἐσθλῶν, αὐτὰρ ὃ δειλῶν·

5 καὶ ᾧ μὲν ἂν μείξας ὁ Ζεὺς δῷ ἀμφοτέρων,

ἄλλοτε μέν τε κακῷ ὅ γε κύρεται, ἄλλοτε δ' ἐσθλῷ·

ᾧ δ' ἂν μή, ἀλλ' ἄκρατα τὰ ἕτερα,

τὸν δὲ κακὴ βούβρωστις ἐπὶ χθόνα δῖαν ἐλαύνει·

e οὐδ' ὡς ταμίας ἡμῖν Ζεὺς

ἀγαθῶν τε κακῶν τε τέτυκται.

τὴν δὲ τῶν ὅρκων καὶ σπονδῶν σύγχυσιν, ἣν ὁ Πάνδαρος
συνέχεεν, ἐάν τις φῇ δι' Ἀθηνᾶς τε καὶ Διὸς γεγονέναι οὐκ
380 ἐπαινεσόμεθα, οὐδὲ θεῶν ἔριν τε καὶ κρίσιν διὰ Θέμιτός τε
καὶ Διός, οὐδ' αὖ, ὡς Αἰσχύλος λέγει, ἐατέον ἀκούειν τοὺς
νέους, ὅτι

θεὸς μὲν αἰτίαν φύει βροτοῖς,

5 ὅταν κακῶσαι δῶμα παμπήδην θέλῃ.

ἀλλ' ἐάν τις ποιῇ ἐν οἷς ταῦτα τὰ ἰαμβεῖα ἔνεστιν, τὰ τῆς
Νιόβης πάθη, ἢ τὰ Πελοπιδῶν ἢ τὰ Τρωικὰ ἤ τι ἄλλο τῶν
τοιούτων, ἢ οὐ θεοῦ ἔργα ἐατέον αὐτὰ λέγειν, ἢ εἰ θεοῦ,

d2–4 Il. Ω 527–8   d2 δοιοὶ AD Euseb.: δοιοί τε F: δοιοὶ γάρ τε Plut.
Procl. (ex Hom.)   d4 δώρων οἷα δίδωσι κακῶν, ἕτερος δὲ ἑάων Hom.
(versionem Platonis praebent et Plut., Euseb., Themist. ter, Procl.)
d5 δῶι ἀμφοτέρων AD: ἀμφοτέρων δῶ F Euseb.   d6 Il. Ω 530   τε
AD Hom.: γε Euseb.: om. F   ὅ γε AD Euseb.: ὅδε F   κύρεται AD
Euseb. Hom.: τείρεται F   d8 Il. Ω 532   τὸν δὲ ADF Euseb.: καί ἑ
Hom.   e1–2 cf. Il. Δ 84, Od. δ 237   e1 ἡμῖν AD: ὁ F Euseb.
e2 κακῶν τε AD Euseb.: καὶ κακῶν F   e3 δὲ AD Euseb.: τε F
380a1 ἔριν τε AD Euseb.: ἔριν F   θέμιδός F Euseb.   a4–5 Aesch. fr.
154a15–16   a4 φύει AF Euseb. cett.: φύσει D

ἐξευρετέον αὐτοῖς σχεδὸν ὃν νῦν ἡμεῖς λόγον ζητοῦμεν. καὶ
λεκτέον ὡς ὁ μὲν θεὸς δίκαιά τε καὶ ἀγαθὰ ἠργάζετο, οἱ δὲ b
ὠνίναντο κολαζόμενοι· ὡς δὲ ἄθλιοι μὲν οἱ δίκην διδόντες, ἦν
δὲ δὴ ὁ δρῶν ταῦτα θεός, οὐκ ἐατέον λέγειν τὸν ποιητήν. ἀλλ᾽
εἰ μὲν ὅτι ἐδεήθησαν κολάσεως λέγοιεν ὡς ἄθλιοι οἱ κακοί,
διδόντες δὲ δίκην ὠφελοῦντο ὑπὸ τοῦ θεοῦ, ἐατέον, κακῶν δὲ 5
αἴτιον φάναι θεόν τινι γίγνεσθαι ἀγαθὸν ὄντα, διαμαχετέον
παντὶ τρόπῳ μήτε τινὰ λέγειν ταῦτα ἐν τῇ αὑτοῦ πόλει, εἰ
μέλλει εὐνομήσεσθαι, μήτε τινὰ ἀκούειν, μήτε νεώτερον μήτε c
πρεσβύτερον, μήτ᾽ ἐν μέτρῳ μήτε ἄνευ μέτρου μυθολογοῦντα,
ὡς οὔτε ὅσια ἂν λεγόμενα εἰ λέγοιτο, οὔτε σύμφορα ἡμῖν οὔτε
σύμφωνα αὐτὰ αὑτοῖς.

Σύμψηφός σοί εἰμι, ἔφη, τούτου τοῦ νόμου, καί μοι 5
ἀρέσκει.

Οὗτος μὲν τοίνυν, ἦν δ᾽ ἐγώ, εἷς ἂν εἴη τῶν περὶ θεοὺς
νόμων τε καὶ τύπων, ἐν ᾧ δεήσει τοὺς λέγοντας λέγειν καὶ
τοὺς ποιοῦντας ποιεῖν, μὴ πάντων αἴτιον τὸν θεὸν ἀλλὰ τῶν
ἀγαθῶν. 10

Καὶ μάλ᾽, ἔφη, ἀπόχρη.

Τί δὲ δὴ ὁ δεύτερος ὅδε; ἆρα γόητα τὸν θεὸν οἴει εἶναι καὶ d
οἷον ἐξ ἐπιβουλῆς φαντάζεσθαι ἄλλοτε ἐν ἄλλαις ἰδέαις τοτὲ
μὲν αὐτὸν γιγνόμενον, [καὶ] ἀλλάττοντα τὸ αὑτοῦ εἶδος εἰς
πολλὰς μορφάς, τοτὲ δὲ ἡμᾶς ἀπατῶντα καὶ ποιοῦντα περὶ
αὑτοῦ τοιαῦτα δοκεῖν, ἢ ἁπλοῦν τε εἶναι καὶ πάντων ἥκιστα 5
τῆς ἑαυτοῦ ἰδέας ἐκβαίνειν;

Οὐκ ἔχω, ἔφη, νῦν γε οὕτως εἰπεῖν.

Τί δὲ τόδε; οὐκ ἀνάγκη, εἴπερ τι ἐξισταῖτο τῆς αὑτοῦ
ἰδέας, ἢ αὐτὸ ὑφ᾽ ἑαυτοῦ μεθίστασθαι ἢ ὑπ᾽ ἄλλου; e

b2 ὠνίναντο ADF: ὤναντο Euseb. bis   b3 δὴ om. Euseb. bis
b5 ὠφελοῦντο AD, Euseb. bis: ὠφελοῦνται F   b6 θεόν AD, Euseb.
bis: om. F   c1 εὐνομήσεσθαι AF Euseb.: εὐνομήσασθαι D   c2 μήτ᾽
ἐν DF Euseb.: μὴ ἐν A   c7 θεοῦ Euseb.   c8 ὧι ADF: οἷς Euseb.:
τοὺς AD: τούς τε F Euseb.   d2 φαντάζεσθαι AD Euseb.: om. F
d3 ⟨ἄλλον⟩ αὐτὸν H. Richards   καὶ AD Euseb.: secl. Burnet: τότε δὲ F
ἀλλάττοντα AD Euseb.: ἐναλλάττοντα F   d8 ἐξίσταιτο [sic] AD Euseb.
Simplic.: ἐξίστατο F

Ἀνάγκη.

Οὐκοῦν ὑπὸ μὲν ἄλλου τὰ ἄριστα ἔχοντα ἥκιστα ἀλλοιοῦ-
ταί τε καὶ κινεῖται; οἷον σῶμα ὑπὸ σιτίων τε καὶ ποτῶν καὶ
5 πόνων, καὶ πᾶν φυτὸν ὑπὸ εἰλήσεών τε καὶ ἀνέμων καὶ τῶν
τοιούτων παθημάτων, οὐ τὸ ὑγιέστατον καὶ ἰσχυρότατον
381 ἥκιστα ἀλλοιοῦται;

Πῶς δ᾽ οὔ;

Ψυχὴν δὲ οὐ τὴν ἀνδρειοτάτην καὶ φρονιμωτάτην ἥκιστ᾽ ἄν
τι ἔξωθεν πάθος ταράξειέν τε καὶ ἀλλοιώσειεν;

5 Ναί.

Καὶ μήν που καὶ τά γε σύνθετα πάντα σκεύη τε καὶ
οἰκοδομήματα καὶ ἀμφιέσματα, κατὰ τὸν αὐτὸν λόγον τὰ
εὖ εἰργασμένα καὶ εὖ ἔχοντα ὑπὸ χρόνου τε καὶ τῶν ἄλλων
παθημάτων ἥκιστα ἀλλοιοῦται.

10 Ἔστι δὴ ταῦτα.

b Πᾶν δὴ τὸ καλῶς ἔχον ἢ φύσει ἢ τέχνῃ ἢ ἀμφοτέροις
ἐλαχίστην μεταβολὴν ὑπ᾽ ἄλλου ἐνδέχεται.

Ἔοικεν.

Ἀλλὰ μὴν ὁ θεός γε καὶ τὰ τοῦ θεοῦ πάντῃ ἄριστα ἔχει.

5 Πῶς δ᾽ οὔ;

Ταύτῃ μὲν δὴ ἥκιστα ἂν πολλὰς μορφὰς ἴσχοι ὁ θεός.

Ἥκιστα δῆτα.

Ἀλλ᾽ ἆρα αὐτὸς αὑτὸν μεταβάλλοι ἂν καὶ ἀλλοιοῖ;

Δῆλον, ἔφη, ὅτι, εἴπερ ἀλλοιοῦται.

10 Πότερον οὖν ἐπὶ τὸ βέλτιόν τε καὶ κάλλιον μεταβάλλει
ἑαυτὸν ἢ ἐπὶ τὸ χεῖρον καὶ τὸ αἴσχιον ἑαυτοῦ;

Ἀνάγκη, ἔφη, ἐπὶ τὸ χεῖρον, εἴπερ ἀλλοιοῦται· οὐ γάρ που
c ἐνδεᾶ γε φήσομεν τὸν θεὸν κάλλους ἢ ἀρετῆς εἶναι.

e6 καὶ ἰσχυρότατον AD: τε καὶ χαριέστατον Euseb.: om. F 381a3 καὶ
AD Euseb.(BI): τε καὶ F Euseb.(ON) a4 πάθος ἔξωθεν Euseb.
a6 που καὶ AD Euseb.: καὶ F a7 καὶ ἀμφιέσματα DF Euseb.: om. A
a10 δὴ AD: om. F Euseb. b1 ἢ φύσει AD Euseb.: φύσει F
b4 γε D Euseb.: τε AF b7 ἥκιστα δή Euseb. b9 δῆλον ἔφη ὅτι
AD Simplic.: δῆλον ὅτι ἔφη F Euseb. b11 καὶ τὸ αἴσχιον ADF
Simplic.: καὶ αἴσχιον Euseb. b12 χεῖρον ADF Simplic.: αἴσχιον ἑαυτοῦ
Euseb.

Ὀρθότατα, ἦν δ' ἐγώ, λέγεις. καὶ οὕτως ἔχοντος δοκεῖ ἄν
τίς σοι, ὦ Ἀδείμαντε, ἑκὼν αὑτὸν χείρω ποιεῖν ὁπῃοῦν ἢ θεῶν
ἢ ἀνθρώπων;
Ἀδύνατον, ἔφη.   5
Ἀδύνατον ἄρα, ἔφην, καὶ θεῷ ἐθέλειν αὑτὸν ἀλλοιοῦν, ἀλλ'
ὡς ἔοικε, κάλλιστος καὶ ἄριστος ὢν εἰς τὸ δυνατὸν ἕκαστος
αὐτῶν μένει ἀεὶ ἁπλῶς ἐν τῇ αὑτοῦ μορφῇ.
Ἅπασα, ἔφη, ἀνάγκη ἔμοιγε δοκεῖ.
Μηδεὶς ἄρα, ἦν δ' ἐγώ, ὦ ἄριστε, λεγέτω ἡμῖν τῶν   10
ποιητῶν, ὡς   d

  θεοὶ ξείνοισιν ἐοικότες ἀλλοδαποῖσι,
  παντοῖοι τελέθοντες, ἐπιστρωφῶσι πόληας·

μηδὲ Πρωτέως καὶ Θέτιδος καταψευδέσθω μηδείς, μηδ' ἐν
τραγῳδίαις μηδ' ἐν τοῖς ἄλλοις ποιήμασιν εἰσαγέτω Ἥραν   5
ἠλλοιωμένην, ὡς ἱέρειαν ἀγείρουσαν

  Ἰνάχου Ἀργείου ποταμοῦ παισὶν βιοδώροις·

καὶ ἄλλα τοιαῦτα πολλὰ μὴ ἡμῖν ψευδέσθων. μηδ' αὖ ὑπὸ   e
τούτων ἀναπειθόμεναι αἱ μητέρες τὰ παιδία ἐκδειματούντων,
λέγουσαι τοὺς μύθους κακῶς, ὡς ἄρα θεοί τινες περιέρχονται
νύκτωρ πολλοῖς ξένοις καὶ παντοδαποῖς ἰνδαλλόμενοι, ἵνα μὴ
ἅμα μὲν εἰς θεοὺς βλασφημῶσιν, ἅμα δὲ τοὺς παῖδας   5
ἀπεργάζωνται δειλοτέρους.
Μὴ γάρ, ἔφη.
Ἀλλ' ἄρα, ἦν δ' ἐγώ, αὐτοὶ μὲν οἱ θεοί εἰσιν οἷοι μὴ
μεταβάλλειν, ἡμῖν δὲ ποιοῦσιν δοκεῖν σφᾶς παντοδαποὺς
φαίνεσθαι, ἐξαπατῶντες καὶ γοητεύοντες;   10
Ἴσως, ἔφη.

c6 ἔφην AD: om. F Euseb.   θεῶι AD: θεὸν F Euseb.   c9 πᾶσα F
Euseb.   d2–3 Od. ρ 485–6   d2 θεοὶ ADF Euseb.: καί τε θεοί
Procl. (ex Homero)   d4 καὶ AD: τε καὶ F Euseb.   d7 Aesch. fr.
168.17   e1 ψευδέσθων Cobet: ψευδέσθωσαν ADF Euseb.
e4 πολλοῖς AD, Euseb. bis: τοῖς πολλοῖς F   ξένοις ADF: ζώιοις Euseb.
bis   ἰνδαλλόμενοι Euseb. bis: εἰδαλλόμενοι ADF   e9 ἡμῖν AD: ἡμᾶς F
Euseb.

382   Τί δέ; ἦν δ' ἐγώ· ψεύδεσθαι θεὸς ἐθέλοι ἂν ἢ λόγῳ ἢ ἔργῳ
φάντασμα προτείνων;
Οὐκ οἶδα, ἦ δ' ὅς.

Οὐκ οἶσθα, ἦν δ' ἐγώ, ὅτι τό γε ὡς ἀληθῶς ψεῦδος, εἰ οἷόν
5 τε τοῦτο εἰπεῖν, πάντες θεοί τε καὶ ἄνθρωποι μισοῦσιν;
Πῶς, ἔφη, λέγεις;
Οὕτως, ἦν δ' ἐγώ, ὅτι τῷ κυριωτάτῳ που ἑαυτῶν
ψεύδεσθαι καὶ περὶ τὰ κυριώτατα οὐδεὶς ἑκὼν ἐθέλει, ἀλλὰ
πάντων μάλιστα φοβεῖται ἐκεῖ αὐτὸ κεκτῆσθαι.
10   Οὐδὲ νῦν πω, ἦ δ' ὅς, μανθάνω.
b   Οἴει γάρ τί με, ἔφην, σεμνὸν λέγειν. ἐγὼ δὲ λέγω ὅτι τῇ
ψυχῇ περὶ τὰ ὄντα ψεύδεσθαί τε καὶ ἐψεῦσθαι καὶ ἀμαθῆ εἶναι
καὶ ἐνταῦθα ἔχειν τε καὶ κεκτῆσθαι τὸ ψεῦδος πάντες ἥκιστ'
ἂν δέξαιντο, καὶ μισοῦσι μάλιστα αὐτὸ ἐν τῷ τοιούτῳ.
5   Πολύ γε, ἔφη.

Ἀλλὰ μὴν ὀρθότατά γ' ἄν, ὃ νυνδὴ ἔλεγον, τοῦτο ὡς
ἀληθῶς ψεῦδος καλοῖτο, ἡ ἐν τῇ ψυχῇ ἄγνοια ἡ τοῦ
ἐψευσμένου· ἐπεὶ τό γε ἐν τοῖς λόγοις μίμημά τι τοῦ ἐν τῇ
c ψυχῇ ἐστιν παθήματος καὶ ὕστερον γεγονὸς εἴδωλον, οὐ πάνυ
ἄκρατον ψεῦδος. ἢ οὐχ οὕτω;
Πάνυ μὲν οὖν.

Τὸ μὲν δὴ τῷ ὄντι ψεῦδος οὐ μόνον ὑπὸ θεῶν ἀλλὰ καὶ ὑπ'
5 ἀνθρώπων μισεῖται.
Δοκεῖ μοι.

Τί δὲ δὴ τὸ ἐν τοῖς λόγοις ψεῦδος; πότε καὶ τῷ χρήσιμον,
ὥστε μὴ ἄξιον εἶναι μίσους; ἆρ' οὐ πρός τε τοὺς πολεμίους καὶ
τῶν καλουμένων φίλων, ὅταν διὰ μανίαν ἤ τινα ἄνοιαν κακόν

382a1 ὁ θεὸς Euseb.   a2 φάντασμα AD: φαντάσματα F Euseb.
a4 ὡς ἀληθῶς ADF: ἀληθῶς Euseb.: ἀληθινῶς Plotin.: ἀληθινὸν Procl. bis
a7 οὕτως ADF: οἶσθά που Euseb.   που om. Euseb.   a8 ἑκὼν AD
Euseb.: αὐτῶν F   b2 τε καὶ ἐψεῦσθαι Apc DF Euseb.: om. prA
b6 γ' Apc DF Euseb.: om. prA   b7–8 ἄγνοια ἡ τοῦ ἐψευσμένου AD:
τοῦ ἐψευσμένου ἄγνοια F Euseb.   c1 ἐστιν AF Euseb.: om. D
c7 ψεῦδος AD Euseb.: om. F   τῶι A Dpc: τῷ τινὶ F: ἐν τῶι Euseb.: τὶ vel
τὸ prD   c8 τε AD Euseb.: γε F   c9 ὅταν ADF Euseb.: οἵ ἂν
Hermann

τι ἐπιχειρῶσιν πράττειν, τότε ἀποτροπῆς ἕνεκα ὡς φάρμακον 10
χρήσιμον γίγνεται; καὶ ἐν αἷς νυνδὴ ἐλέγομεν ταῖς μυθολο- d
γίαις, διὰ τὸ μὴ εἰδέναι ὅπῃ τἀληθὲς ἔχει περὶ τῶν παλαιῶν,
ἀφομοιοῦντες τῷ ἀληθεῖ τὸ ψεῦδος ὅτι μάλιστα, οὕτω
χρήσιμον ποιοῦμεν;
Καὶ μάλα, ἦ δ' ὅς, οὕτως ἔχει. 5
Κατὰ τί δὴ οὖν τούτων τῷ θεῷ τὸ ψεῦδος χρήσιμον;
πότερον διὰ τὸ μὴ εἰδέναι τὰ παλαιὰ ἀφομοιῶν ἂν ψεύδοιτο;
Γελοῖον μέντἂν εἴη, ἔφη.
Ποιητὴς μὲν ἄρα ψευδὴς ἐν θεῷ οὐκ ἔνι.
Οὔ μοι δοκεῖ. 10
Ἀλλὰ δεδιὼς τοὺς ἐχθροὺς ψεύδοιτο;
Πολλοῦ γε δεῖ. e
Ἀλλὰ δι' οἰκείων ἄνοιαν ἢ μανίαν;
Ἀλλ' οὐδείς, ἔφη, τῶν ἀνοήτων καὶ μαινομένων θεοφιλής.
Οὐκ ἄρα ἔστιν οὗ ἕνεκα ἂν θεὸς ψεύδοιτο.
Οὐκ ἔστιν. 5
Πάντῃ ἄρα ἀψευδὲς τὸ δαιμόνιόν τε καὶ τὸ θεῖον.
Παντάπασι μὲν οὖν, ἔφη.
Κομιδῇ ἄρα ὁ θεὸς ἁπλοῦν καὶ ἀληθὲς ἔν τε ἔργῳ καὶ λόγῳ,
καὶ οὔτε αὐτὸς μεθίσταται οὔτε ἄλλους ἐξαπατᾷ, οὔτε κατὰ
φαντασίας οὔτε κατὰ λόγους οὔτε κατὰ σημείων πομπάς, 10
ὕπαρ οὐδ' ὄναρ.
Οὕτως, ἔφη, ἔμοιγε καὶ αὐτῷ φαίνεται σοῦ λέγοντος. 383
Συγχωρεῖς ἄρα, ἔφην, τοῦτον δεύτερον τύπον εἶναι ἐν ᾧ δεῖ
περὶ θεῶν καὶ λέγειν καὶ ποιεῖν, ὡς μήτε αὐτοὺς γόητας ὄντας
τῷ μεταβάλλειν ἑαυτοὺς μήτε ἡμᾶς ψεύδεσι παράγειν ἐν
λόγῳ ἢ ἐν ἔργῳ; 5
Συγχωρῶ.

d1 νῦν δὴ AD Euseb.(I): δὴ F: νῦν (post ἐλέγομεν) Euseb.(BN): om.
Euseb.(O)   d9 ἐν θεῷ ψευδὴς F Euseb.   d11 ἂν ψεύδοιτο F
Euseb.   e6 τε om. Euseb.   e8 λόγωι DF, Euseb. bis: ἐν λόγωι A
e9–10 οὔτε κατὰ φαντασίας DF, Euseb. bis: om. A   e11 ὕπαρ
A, Euseb. bis: οὔθ' ὕπαρ Asl DF   383a3 ποιεῖν A Euseb.: ἀκούειν DF
a4 παράγειν ADF Euseb.: παράγοντας H. Richards

Πολλὰ ἄρα Ὁμήρου ἐπαινοῦντες ἄλλα, τοῦτο οὐκ ἐπαινε-
σόμεθα, τὴν τοῦ ἐνυπνίου πομπὴν ὑπὸ Διὸς τῷ Ἀγαμέμνονι·
οὐδὲ Αἰσχύλου, ὅταν φῇ ἡ Θέτις τὸν Ἀπόλλω ἐν τοῖς αὑτῆς
b γάμοις ᾄδοντα ἐ ν δ α τ ε ῖ σ θ α ι τ ὰ ς ἑ ὰ ς ε ὐ π α ι δ ί α ς

　　νόσων τ᾽ ἀπείρους καὶ μακραίωνας βίους,
　　ξύμπαντά τ᾽ εἰπὼν θεοφιλεῖς ἐμὰς τύχας
　　παιῶν᾽ ἐπηυφήμησεν, εὐθυμῶν ἐμέ.
5　　κἀγὼ τὸ Φοίβου θεῖον ἀψευδὲς στόμα
　　ἤλπιζον εἶναι, μαντικῇ βρύον τέχνῃ·
　　ὁ δ᾽, αὐτὸς ὑμνῶν, αὐτὸς ἐν θοίνῃ παρών,
　　αὐτὸς τάδ᾽ εἰπών, αὐτός ἐστιν ὁ κτανών
　　τὸν παῖδα τὸν ἐμόν.

c ὅταν τις τοιαῦτα λέγῃ περὶ θεῶν, χαλεπανοῦμέν τε καὶ χορὸν
οὐ δώσομεν, οὐδὲ τοὺς διδασκάλους ἐάσομεν ἐπὶ παιδείᾳ
χρῆσθαι τῶν νέων, εἰ μέλλουσιν ἡμῖν οἱ φύλακες θεοσεβεῖς
τε καὶ θεῖοι γίγνεσθαι, καθ᾽ ὅσον ἀνθρώπῳ ἐπὶ πλεῖστον
5 οἷόν τε.
　　Παντάπασιν, ἔφη, ἔγωγε τοὺς τύπους τούτους συγχωρῶ,
καὶ ὡς νόμοις ἂν χρῴμην.

a7 ἄλλα AD: ἀλλὰ F: om. Euseb.　　　　b1–9 Aesch. fr. 350
b2 μακραίωνας βίους ADF: μακραίωνος βίου Euseb.: μακραίωνας βίου H.
Stephanus　　　b3 εἰπὼν ADF: ἐπιὼν Euseb.　　　b4 παιῶν᾽ Apc:
παιῶνα Euseb.: παιῶν prA: παίων D: παιᾶνα F: Παιῶν J. J. Scaliger
c2 παιδείαι Apc F, Euseb. bis: παιδιᾶι D et prA (sed sine accentu)
c4 θεῖοι AD, Euseb.XIII 3.47: θεοὶ F, Euseb.XIII 3.36　　　c6 ἐγὼ
Euseb.　　　τύπους AD Euseb.: τύπους τε F　　　c7 χρῴμην AD: αὐτοῖς
χρῴμην F Euseb.

Τὰ μὲν δὴ περὶ θεούς, ἦν δ' ἐγώ, τοιαῦτ' ἄττα, ὡς ἔοικεν, a
ἀκουστέον τε καὶ οὐκ ἀκουστέον εὐθὺς ἐκ παίδων τοῖς θεούς
τε τιμήσουσιν καὶ γονέας τήν τε ἀλλήλων φιλίαν μὴ περὶ
σμικροῦ ποιησομένοις.
Καὶ οἶμαί γ', ἔφη, ὀρθῶς ἡμῖν φαίνεσθαι.   5
Τί δὲ δὴ εἰ μέλλουσιν εἶναι ἀνδρεῖοι; ἆρα οὐ ταῦτά τε
λεκτέον καὶ οἷα αὐτοὺς ποιῆσαι ἥκιστα τὸν θάνατον δεδιέναι;
ἢ ἡγῇ τινά ποτ' ἂν γενέσθαι ἀνδρεῖον ἔχοντα ἐν αὑτῷ τοῦτο τὸ b
δεῖμα;
Μὰ Δία, ἦ δ' ὅς, οὐκ ἔγωγε.
Τί δέ; τὰν Ἅιδου ἡγούμενον εἶναί τε καὶ δεινὰ εἶναι οἴει
τινὰ θανάτου ἀδεῆ ἔσεσθαι καὶ ἐν ταῖς μάχαις αἱρήσεσθαι πρὸ 5
ἥττης τε καὶ δουλείας θάνατον;
Οὐδαμῶς.
Δεῖ δή, ὡς ἔοικεν, ἡμᾶς ἐπιστατεῖν καὶ περὶ τούτων τῶν
μύθων τοῖς ἐπιχειροῦσιν λέγειν, καὶ δεῖσθαι μὴ λοιδορεῖν
ἁπλῶς οὕτως τὰ ἐν Ἅιδου ἀλλὰ μᾶλλον ἐπαινεῖν, ὡς οὔτε 10
ἀληθῆ ἂν λέγοντας οὔτε ὠφέλιμα τοῖς μέλλουσιν μαχίμοις c
ἔσεσθαι.
Δεῖ μέντοι, ἔφη.
Ἐξαλείψομεν ἄρα, ἦν δ' ἐγώ, ἀπὸ τοῦδε τοῦ ἔπους
ἀρξάμενοι πάντα τὰ τοιαῦτα·   5

     βουλοίμην κ' ἐπάρουρος ἐὼν θητευέμεν ἄλλῳ
     ἀνδρὶ παρ' ἀκλήρῳ, ᾧ μὴ βίοτος πολὺς εἴη,
     ἢ πᾶσιν νεκύεσσι καταφθιμένοισιν ἀνάσσειν,

καὶ τὸ

386a3 ἀλλήλων AF: ἄλλην D   a5 ὀρθῶς Apc D: γε ὀρθως prA F
a7 ποιήσει F   c1 ἂν F: om. AD   c2 ἔσεσθαι AD: γενέσθαι F
c4 ἐξαλείψομεν AD Euseb.: ἐξαλείψωμεν F   c6-8 Od. λ 489-91
c6 κ' AD Euseb.: om. F

d   οἰκία δὲ θνητοῖσι καὶ ἀθανάτοισι φανείη
    σμερδαλέ᾽, εὐρώεντα, τά τε στυγέουσι θεοί περ,

καὶ

   ὦ πόποι, ἦ ῥά τί ἐστι καὶ εἰν Ἀΐδαο δόμοισιν
5   ψυχὴ καὶ εἴδωλον, ἀτὰρ φρένες οὐκ ἔνι πάμπαν,

καὶ τὸ

    οἴῳ πεπνῦσθαι, ταὶ δὲ σκιαὶ ἀΐσσουσι,

καὶ

   ψυχὴ δ᾽ ἐκ ῥεθέων πταμένη Ἄϊδόσδε βεβήκει,
10   ὃν πότμον γοόωσα, λιποῦσ᾽ ἀνδροτῆτα καὶ ἥβην,

387 καὶ τὸ

    ψυχὴ δὲ κατὰ χθονός, ἠΰτε καπνός,
    ᾤχετο τετριγυῖα,

καὶ

5   ὡς δ᾽ ὅτε νυκτερίδες μυχῷ ἄντρου θεσπεσίοιο
   τρίζουσαι ποτέονται, ἐπεί κέ τις ἀποπέσῃσιν
   ὁρμαθοῦ ἐκ πέτρης, ἀνά τ᾽ ἀλλήλῃσιν ἔχονται,
   ὡς αἳ τετριγυῖαι ἅμ᾽ ᾖεσαν.

b ταῦτα καὶ τὰ τοιαῦτα πάντα παραιτησόμεθα Ὅμηρόν τε καὶ
τοὺς ἄλλους ποιητὰς μὴ χαλεπαίνειν ἂν διαγράφωμεν, οὐχ ὡς
οὐ ποιητικὰ καὶ ἡδέα τοῖς πολλοῖς ἀκούειν, ἀλλ᾽ ὅσῳ
ποιητικώτερα, τοσούτῳ ἧττον ἀκουστέον παισὶ καὶ ἀνδράσιν
5 οὓς δεῖ ἐλευθέρους εἶναι, δουλείαν θανάτου μᾶλλον πεφοβη-
μένους.

  Παντάπασι μὲν οὖν.

d1–2 *Il.* Υ 64–5   d1 θνητοῖς A   d4–5 *Il.* Ψ 103–4   d4 τις
Hom. codd. plerique   d5 οὐκ ἔνι AD: οὐκέτι F   d7 *Od.* κ 495
οἶος [sic] πέπνυται F   ταὶ δὲ AD: τὸ ἴδε F: τοὶ δὲ Hom. codd.   d9–10
Il. Π 856–7; Χ 362–3   387a2–3 *Il.* Ψ 100–1   a5–8 *Od.* ω 6–9
a6 ἐπεί κέ AD: ἐπὴν κε F   b2 ἄλλους om. F   b3 οὐ om. F

Οὐκοῦν ἔτι καὶ τὰ περὶ ταῦτα ὀνόματα πάντα τὰ δεινά τε
καὶ φοβερὰ ἀποβλητέα, Κωκυτούς τε καὶ Στύγας καὶ ἐνέρους c
καὶ ἀλίβαντας, καὶ ἄλλα ὅσα τούτου τοῦ τύπου ὀνομαζόμενα
φρίττειν δὴ ποιεῖ †ὡς οἴεται† πάντας τοὺς ἀκούοντας; καὶ
ἴσως εὖ ἔχει πρὸς ἄλλο τι· ἡμεῖς δὲ ὑπὲρ τῶν φυλάκων
φοβούμεθα, μὴ ἐκ τῆς τοιαύτης φρίκης θερμότεροι καὶ 5
μαλακώτεροι τοῦ δέοντος γένωνται ἡμῖν.

Καὶ ὀρθῶς γ᾽, ἔφη, φοβούμεθα.

Ἀφαιρετέα ἄρα;

Ναί.

Τὸν δὲ ἐναντίον τύπον τούτοις λεκτέον τε καὶ ποιητέον; 10
Δῆλα δή.

Καὶ τοὺς ὀδυρμοὺς ἄρα ἐξαιρήσομεν καὶ τοὺς οἴκτους τοὺς d
τῶν ἐλλογίμων ἀνδρῶν;

Ἀνάγκη, ἔφη, εἴπερ καὶ τὰ πρότερα.

Σκόπει δή, ἦν δ᾽ ἐγώ, εἰ ὀρθῶς ἐξαιρήσομεν ἢ οὔ. φαμὲν δὲ
δὴ ὅτι ὁ ἐπιεικὴς ἀνὴρ τῷ ἐπιεικεῖ, οὗπερ καὶ ἑταῖρός ἐστιν, 5
τὸ τεθνάναι οὐ δεινὸν ἡγήσεται.

Φαμὲν γάρ.

Οὐκ ἄρα ὑπέρ γ᾽ ἐκείνου ὡς δεινόν τι πεπονθότος ὀδύροιτ᾽
ἄν.

Οὐ δῆτα. 10

Ἀλλὰ μὴν καὶ τόδε λέγομεν, ὡς ὁ τοιοῦτος μάλιστα αὐτὸς
αὑτῷ αὐτάρκης πρὸς τὸ εὖ ζῆν καὶ διαφερόντως τῶν ἄλλων e
ἥκιστα ἑτέρου προσδεῖται.

Ἀληθῆ, ἔφη.

Ἥκιστα ἄρ᾽ αὐτῷ δεινὸν στερηθῆναι ὑέος ἢ ἀδελφοῦ ἢ
χρημάτων ἢ ἄλλου του τῶν τοιούτων. 5

Ἥκιστα μέντοι.

c2 ἀλίβαντας Apc F Schol.: ἀλείβαντας prA(u.v.) D   c3 ὡς οἴεται
ADF: ὡς οἵόν τε Laur.80.19pc: ὡς ὄντα Apelt: secl. Hertz, alii alia:
fortasse ὡς οἴονται   c5 φοβούμεθα ADF: δεόμεθα Procl.   θερμότεροι
ADF: ἡμερώτεροι Naber   c10 δεκτέον prA   d1 τοὺς om. Stob.
d4 δή om. Stob.   d6 τὸ AF Stob.: om. D   e4 αὐτῶι AF Stob.:
οὕτω D

῞Ηκιστ᾽ ἄρα καὶ ὀδύρεσθαι, φέρειν δὲ ὡς πραότατα, ὅταν
τις αὐτὸν τοιαύτη συμφορὰ καταλάβη.

Πολύ γε.

10   Ὀρθῶς ἄρ᾽ ἂν ἐξαιροῖμεν τοὺς θρήνους τῶν ὀνομαστῶν
ἀνδρῶν, γυναιξὶ δὲ ἀποδιδοῖμεν, καὶ οὐδὲ ταύταις σπου-
388 δαίαις, καὶ ὅσοι κακοὶ τῶν ἀνδρῶν, ἵνα ἡμῖν δυσχεραίνωσιν
ὅμοια τούτοις ποιεῖν οὓς δή φαμεν ἐπὶ φυλακῇ τῆς χώρας
τρέφειν.

Ὀρθῶς, ἔφη.

5   Πάλιν δὴ Ὁμήρου τε δεησόμεθα καὶ τῶν ἄλλων ποιητῶν
μὴ ποιεῖν Ἀχιλλέα θεᾶς παῖδα

ἄλλοτ᾽ ἐπὶ πλευρᾶς κατακείμενον, ἄλλοτε δ᾽ αὖτε
ὕπτιον, ἄλλοτε δὲ πρηνῆ,

τοτὲ δ᾽ ὀρθὸν ἀναστάντα

b   πλώζοντ᾽ ἀλύοντ᾽ ἐπὶ θῖν᾽ ἁλὸς ἀτρυγέτοιο,

μηδὲ ἀμφοτέραισιν χερσὶν ἑλόντα κόνιν αἰθα-
λόεσσαν χευάμενον κὰκ κεφαλῆς, μηδὲ ἄλλα
κλαίοντά τε καὶ ὀδυρόμενον ὅσα καὶ οἷα ἐκεῖνος ἐποίησεν,
5   μηδὲ Πρίαμον ἐγγὺς θεῶν γεγονότα λιτανεύοντά τε καὶ

κυλινδόμενον κατὰ κόπρον,
ἐξονομακλήδην ὀνομάζοντ᾽ ἄνδρα ἕκαστον.

πολὺ δ᾽ ἔτι τούτων μᾶλλον δεησόμεθα μή τοι θεούς γε ποιεῖν
ὀδυρομένους καὶ λέγοντας

c   ὤμοι ἐγὼ δειλή, ὤμοι δυσαριστοτόκεια·

e7 καὶ ADF Stob.: χρὴ Mon.237pc, alii alia   e10 ἄρ᾽ ἂν D Stob.:
ἄρα A: ἂν F   388a2 ἐπὶ τῇ φυλακῇ F   a5 τε om. Euseb.
a6 θεᾶς ADF Euseb.: τὸν θεᾶς Procl.   a7–b1 Il. Ω 10–12
a7 πλευρᾶς ADF Euseb.(ON) Procl.: πλευρὰς Hom. codd. Euseb.(I)
b1 πλώιζοντ᾽ A (duae syllabae): πλώζοντ᾽ D: πλάζοντ᾽ F: διωεύεσκ᾽ Hom.
ἐπὶ ADF: παρὰ Hom.   b2 μηδὲ AD: μὴ F   b2–3 Il. Σ 23–4
b2 ἀμφοτέραισιν AF: ἀμφοτέρηισιν Asl D Hom.   b5–7 Il. X 414–15
b6 κυλινδόμενον Apc D Procl.: κυλινδούμενον prA F   b8 μή τι F
c1 Il. Σ 54

εἰ δ᾽ οὖν θεούς, μή τοι τόν γε μέγιστον τῶν θεῶν τολμῆσαι
οὕτως ἀνομοίως μιμήσασθαι, ὥστε

> ὢ πόποι, φάναι, ἦ φίλον ἄνδρα διωκόμενον περὶ ἄστυ
> ὀφθαλμοῖσιν ὁρῶμαι, ἐμὸν δ᾽ ὀλοφύρεται ἦτορ·   5

καὶ

> αἲ αἲ ἐγών, ὅ τέ μοι Σαρπηδόνα φίλτατον ἀνδρῶν
> μοῖρ᾽ ὑπὸ Πατρόκλοιο Μενοιτιάδαο δαμῆναι.   **d**

εἰ γάρ, ὦ φίλε Ἀδείμαντε, τὰ τοιαῦτα ἡμῖν οἱ νέοι σπουδῇ
ἀκούοιεν, καὶ μὴ καταγελῷεν ὡς ἀναξίως λεγομένων, σχολῇ
ἂν ἑαυτόν γέ τις ἄνθρωπον ὄντα ἀνάξιον ἡγήσαιτο τούτων καὶ
ἐπιπλήξειεν, εἰ καὶ ἐπίοι αὐτῷ τι τοιοῦτον ἢ λέγειν ἢ ποιεῖν,   5
ἀλλ᾽ οὐδὲν αἰσχυνόμενος οὐδὲ καρτερῶν πολλοὺς ἐπὶ σμι-
κροῖσιν παθήμασιν θρήνους ἂν ᾄδοι καὶ ὀδυρμούς.

Ἀληθέστατα, ἔφη, λέγεις.

Δεῖ δέ γε οὔχ, ὡς ἄρτι ἡμῖν ὁ λόγος ἐσήμαινεν· ᾧ πειστέον, **e**
ἕως ἄν τις ἡμᾶς ἄλλῳ καλλίονι πείσῃ.

Οὐ γὰρ οὖν δεῖ.

Ἀλλὰ μὴν οὐδὲ φιλογέλωτάς γε δεῖ εἶναι. σχεδὸν γὰρ ὅταν
τις ἐφιῇ ἰσχυρῷ γέλωτι, ἰσχυρὰν καὶ μεταβολὴν ζητεῖ τὸ   5
τοιοῦτον.

Δοκεῖ μοι, ἔφη.

Οὔτε ἄρα ἀνθρώπους ἀξίους λόγου κρατουμένους ὑπὸ
γέλωτος ἄν τις ποιῇ, ἀποδεκτέον, πολὺ δὲ ἧττον, ἐὰν θεούς. **389**

Πολὺ μέντοι, ἦ δ᾽ ὅς.

Οὐκοῦν Ὁμήρου οὐδὲ τὰ τοιαῦτα ἀποδεξόμεθα περὶ θεῶν·

---

c3 ὥστε AD: ὅσοι F   c4–5 *Il.* X 168–9   c4 ἄστυ ADF: τεῖχος
Hom.   c7–d1 *Il.* Π 433–4   c7 αἲ αἲ ADF: ὤ μοι Hom. Max.Tyr.
Procl.   d5 αὐτῷ τι F: αὐτῶι A: τί D   d6 σμικροῖς F
d7 ἀῄδοι F, ex ἀείδοι corruptum   e1 ἐσήμηνεν F   e4 φιλογέλωτάς
ADF Procl. Averroes: φιλογέλωτα Stob. Apost.   γε om. Stob.   γὰρ
ADF Stob. Averroes: om. Apost.   e5 ἐφιῇ F Stob.: ἔφη D: ἔφην A:
ἐφῇ Vat.229   389a3 ἀποδεξόμεθα περὶ θεῶν secl. Hermann

ἄσβεστος δ' ἄρ' ἐνῶρτο γέλως μακάρεσσι θεοῖσιν,

5   ὡς ἴδον Ἥφαιστον διὰ δώματα ποιπνύοντα·

οὐκ ἀποδεκτέον κατὰ τὸν σὸν λόγον.

b   Εἰ σύ, ἔφη, βούλει ἐμὸν τιθέναι· οὐ γὰρ οὖν δὴ ἀποδεκτέον.
Ἀλλὰ μὴν καὶ ἀλήθειάν γε περὶ πολλοῦ ποιητέον. εἰ γὰρ
ὀρθῶς ἐλέγομεν ἄρτι, καὶ τῷ ὄντι θεοῖσι μὲν ἄχρηστον
ψεῦδος, ἀνθρώποις δὲ χρήσιμον ὡς ἐν φαρμάκου εἴδει,
5   δῆλον ὅτι τό γε τοιοῦτον ἰατροῖς δοτέον, ἰδιώταις δὲ οὐχ
ἁπτέον.

Δῆλον, ἔφη.

Τοῖς ἄρχουσιν δὴ τῆς πόλεως, εἴπερ τισὶν ἄλλοις, προσήκει
ψεύδεσθαι ἢ πολεμίων ἢ πολιτῶν ἕνεκα ἐπ' ὠφελίᾳ τῆς
10   πόλεως, τοῖς δὲ ἄλλοις πᾶσιν οὐχ ἁπτέον τοῦ τοιούτου.

c   ἀλλὰ πρός γε δὴ τοὺς ἄρχοντας ἰδιώτῃ ψεύσασθαι ταὐτὸν
καὶ μεῖζον ἁμάρτημα φήσομεν ἢ κάμνοντι πρὸς ἰατρὸν ἢ
ἀσκοῦντι πρὸς παιδοτρίβην περὶ τῶν τοῦ αὐτοῦ σώματος
παθημάτων μὴ τἀληθῆ λέγειν, ἢ πρὸς κυβερνήτην περὶ τῆς
5   νεώς τε καὶ τῶν ναυτῶν μὴ τὰ ὄντα λέγοντι ὅπως ἢ αὐτὸς ἢ
τις τῶν συνναυτῶν πράξεως ἔχει.

Ἀληθέστατα, ἔφη.

d   Ἂν ἄρ' ἄλλον τινὰ λαμβάνῃ ψευδόμενον ἐν τῇ πόλει τ ῶ ν
ο ἳ δ η μ ι ο υ ρ γ ο ὶ ἔ α σ ι,

μάντιν ἢ ἰητῆρα κακῶν ἢ τέκτονα δούρων,

κολάσει ὡς ἐπιτήδευμα εἰσάγοντα πόλεως ὥσπερ νεὼς
5   ἀνατρεπτικόν τε καὶ ὀλέθριον.

Ἐάνπερ, ἦ δ' ὅς, ἐπί γε λόγῳ ἔργα τελῆται.

Τί δέ; σωφροσύνης ἆρα οὐ δεήσει ἡμῖν τοῖς νεανίαις;

a4–5 Il. A 599–600   b3 θεοῖσι AD Stob.: θεοῖς F   b4 ὡς ADF
Plut. Stob. Anonym. in Eth.Nicom.: om. Anonym. in Theaet.   εἴδει
ADF Anonym. in Theaet. Stob. Anonym. in Eth.Nicom.: μοίραι Plut.
b8 προσήκει AD Stob. Hieron.: προσῆκε F   c1 τοὺς prA F Stob.
Averroes: τοὺς τοιούτους Apc^{mg} D   c5 τῶν om. Stob.   λέγοντι ADF
Stob.: secl. Madvig   d1–3 Od. ρ 383–4   d3 κακῶν om. Stob.
d6 ἐάνπερ Stob.: ἄνπερ F: ἐάν γε AD   γε om. Stob.

90

Πῶς δ' οὔ;

Σωφροσύνης δὲ ὡς πλήθει οὐ τὰ τοιαῦτα [δὲ] μέγιστα,
ἀρχόντων μὲν ὑπηκόους εἶναι, αὐτοὺς δὲ ἄρχοντας τῶν περὶ e
πότους καὶ ἀφροδίσια καὶ περὶ ἐδωδὰς ἡδονῶν;

Ἔμοιγε δοκεῖ.

Τὰ δὴ τοιάδε φήσομεν, οἶμαι, καλῶς λέγεσθαι, οἶα καὶ
Ὁμήρῳ Διομήδης λέγει   5

    τέττα, σιωπῇ ἧσο, ἐμῷ δ' ἐπιπείθεο μύθῳ,

καὶ τὰ τούτων ἐχόμενα, τὰ

        ἴσαν μένεα πνείοντες Ἀχαιοί,
        σιγῇ δειδιότες σημάντορας,

καὶ ὅσ' ἄλλα τοιαῦτα.   10

Καλῶς.

Τί δέ; τὰ τοιάδε

    οἰνοβαρές, κυνὸς ὄμματ' ἔχων, κραδίην δ' ἐλάφοιο,

καὶ τὰ τούτων ἑξῆς ἆρα καλῶς, καὶ ὅσα ἄλλα τις ἐν λόγῳ ἢ ἐν 390
ποιήσει εἴρηκε νεανιεύματα ἰδιωτῶν εἰς ἄρχοντας;

Οὐ καλῶς.

Οὐ γὰρ οἶμαι εἴς γε σωφροσύνην νέοις ἐπιτήδεια ἀκούειν·
εἰ δέ τινα ἄλλην ἡδονὴν παρέχεται, θαυμαστὸν οὐδέν. ἢ πῶς 5
σοι φαίνεται;

Οὕτως, ἔφη.

Τί δέ; ποιεῖν ἄνδρα τὸν σοφώτατον λέγοντα ὡς δοκεῖ αὐτῷ
κάλλιστον εἶναι πάντων, ὅταν

    παρὰ πλεῖαι ὦσι τράπεζαι   10
    σίτου καὶ κρειῶν, μέθυ δ' ἐκ κρητῆρος ἀφύσσων   b
    οἰνοχόος φορέῃσι καὶ ἐγχείῃ δεπάεσσι,

d9 τοιαῦτα scripsi: τοιάδε AF Stob.(LM): τοιαῦτα δὲ D Stob.(A)
e1 ἀρχόντων AD Stob.: ἀνθρώπων F   e5 παρ' ὁμήρῳ F
e6 Il. Δ 412   e8 Il. Γ 8   e9 Il. Δ 431   e13 Il. A
225   390a1 ἄρα ἑξῆς F   ἄλλα τοιαῦτα F   a2 νεανιεύματα Apc F
Phot. Suid. Anecd.Bachm.: νεανικεύματα prA D   a10–b2 Od. ι 8–10

δοκεῖ σοι ἐπιτήδειον εἶναι πρὸς ἐγκράτειαν ἑαυτοῦ ἀκούειν
νέῳ; ἢ τὸ

5   λιμῷ δ' οἴκτιστον θανέειν καὶ πότμον ἐπισπεῖν;

ἢ Δία, καθευδόντων τῶν ἄλλων θεῶν τε καὶ ἀνθρώπων [ὡς]
μόνος ἐγρηγορὼς ⟨ὅσ⟩α ἐβουλεύσατο, τούτων πάντων ῥᾳδίως
c ἐπιλαθόμενον διὰ τὴν τῶν ἀφροδισίων ἐπιθυμίαν, καὶ οὕτως
ἐκπλαγέντα ἰδόντα τὴν Ἥραν, ὥστε μηδ' εἰς τὸ δωμάτιον
ἐθέλειν ἐλθεῖν, ἀλλ' αὐτοῦ βουλόμενον χαμαὶ συγγίγνεσθαι,
καὶ λέγοντα ὡς οὕτως ὑπὸ ἐπιθυμίας ἔχεται, ὡς οὐδὲ ὅτ ε τὸ
5 π ρ ῶ τ ο ν   ἐ φ ο ί τ ω ν   π ρ ὸ ς   ἀ λ λ ή λ ο υ ς   φ ί λ ο υ ς   λ ή θ ο ν τ ε
τ ο κ ῆ α ς·   οὐδὲ Ἄρεώς τε καὶ Ἀφροδίτης ὑπὸ Ἡφαίστου
δεσμὸν δι' ἕτερα τοιαῦτα.
       Οὐ μὰ τὸν Δία, ἦ δ' ὅς, οὔ μοι φαίνεται ἐπιτήδειον.

d   Ἀλλ' εἴ πού τινες, ἦν δ' ἐγώ, καρτερίαι πρὸς ἅπαντα καὶ
λέγονται καὶ πράττονται ὑπὸ ἐλλογίμων ἀνδρῶν, θεατέον τε
καὶ ἀκουστέον, οἷον καὶ τὸ

       στῆθος δὲ πλήξας κραδίην ἠνίπαπε μύθῳ·
5   τέτλαθι δή, κραδίη· καὶ κύντερον ἄλλο ποτ' ἔτλης.

       Παντάπασι μὲν οὖν, ἔφη.
       Οὐ μὲν δὴ δωροδόκους γε ἑατέον εἶναι τοὺς ἄνδρας οὐδὲ
e φιλοχρημάτους.
       Οὐδαμῶς.
       Οὐδ' ᾀστέον αὐτοῖς ὅτι

       δῶρα θεοὺς πείθει, δῶρ' αἰδοίους βασιλῆας·

b5 *Od.* μ 342   b6 ὡς ADF Euseb.: secl. Wilamowitz   b7 ὅσα
van Herwerden (ante μόνος), hic legit Wilamowitz: ἅ ADF Euseb.
c1 ἐπιλαθόμενον Euseb. Procl. (u.v.): ἐπιλαθόμενος F: ἐπιλανθανόμενον
AD   c3 ξυγγίγνεσθαι ADF Euseb.: ξυγγενέσθαι Procl.
c4 καὶ λέγοντα AD Euseb.: λέγοντα F   c4–6 *Il.* Ξ 295–6
c4 τὸ om. Euseb. (ex Hom.)   c7 δι' AD Euseb.: ἢ F
d4–5 *Od.* υ 17–18   d7 δὴ AF Themist.: om. D   γε AD: τε F
Themist.   εἶναι om. Themist.   e4 Hes. fr. 361   δῶρ' ADF: καὶ
Suid.

οὐδὲ τὸν τοῦ Ἀχιλλέως παιδαγωγὸν Φοίνικα ἐπαινετέον ὡς 5
μετρίως ἔλεγε συμβουλεύων αὐτῷ δῶρα μὲν λαβόντι ἐπαμύ-
νειν τοῖς Ἀχαιοῖς, ἄνευ δὲ δώρων μὴ ἀπαλλάττεσθαι τῆς
μήνιος. οὐδ' αὐτὸν τὸν Ἀχιλλέα ἀξιώσομεν οὐδ' ὁμολογήσο-
μεν οὕτω φιλοχρήματον εἶναι ὥστε παρὰ τοῦ Ἀγαμέμνονος
δῶρα λαβεῖν, καὶ τιμὴν αὖ λαβόντα νεκροῦ ἀπολύειν, ἄλλως 391
δὲ μὴ θέλειν.

Οὔκουν δίκαιόν γε, ἔφη, ἐπαινεῖν τὰ τοιαῦτα.

Ὀκνῶ δέ γε, ἦν δ' ἐγώ, δι' Ὅμηρον λέγειν ὅτι οὐδ' ὅσιον
ταῦτά γε κατὰ Ἀχιλλέως φάναι καὶ ἄλλων λεγόντων πείθε- 5
σθαι, καὶ αὖ ὡς πρὸς τὸν Ἀπόλλω εἶπεν

ἔβλαψάς μ' ἑκάεργε, θεῶν ὀλοώτατε πάντων·
ἦ σ' ἂν τισαίμην, εἴ μοι δύναμίς γε παρείη·

καὶ ὡς πρὸς τὸν ποταμόν, θεὸν ὄντα, ἀπειθῶς εἶχεν καὶ b
μάχεσθαι ἕτοιμος ἦν, καὶ αὖ τὰς τοῦ ἑτέρου ποταμοῦ
Σπερχειοῦ ἱερὰς τρίχας

Πατρόκλῳ ἥρωϊ, ἔφη, κόμην ὀπάσαιμι φέρεσθαι,

νεκρῷ ὄντι, καὶ ὡς ἔδρασεν τοῦτο, οὐ πειστέον. τάς τε αὖ 5
Ἕκτορος ἕλξεις περὶ τὸ σῆμα τὸ Πατρόκλου καὶ τὰς τῶν
ζωγρηθέντων σφαγὰς εἰς τὴν πυράν, σύμπαντα ταῦτα οὐ
φήσομεν ἀληθῆ εἰρῆσθαι, οὐδ' ἐάσομεν πείθεσθαι τοὺς ἡμε-
τέρους ὡς Ἀχιλλεύς, θεᾶς ὢν παῖς καὶ Πηλέως, σωφρονε- c
στάτου τε καὶ τρίτου ἀπὸ Διός, καὶ ὑπὸ τῷ σοφωτάτῳ
Χείρωνι τεθραμμένος, τοσαύτης ἦν ταραχῆς πλέως ὥστ'
ἔχειν ἐν αὑτῷ νοσήματε δύο ἐναντίω ἀλλήλοιν, ἀνελευθερίαν
μετὰ φιλοχρηματίας καὶ αὖ ὑπερηφανίαν θεῶν τε καὶ 5
ἀνθρώπων.

Ὀρθῶς, ἔφη, λέγεις.

391a2 ἐθέλειν F   a3 γε AD: δ' F   a4 δέ γε om. F   a5 γε
ταῦτα F   a7–8 Il. X 15; 20   b4 Il. Ψ 151   b6 σῆμα τὸ AD:
σῆμα τοῦ F Procl.   c1 τοῦ σωφρονεστάτου Procl.   c3 ταραχῆς
πλέως AD: ἔμπλεως ἀρετῆς F   c4 νοσήματε AD: νοσήματά τε F,
fortasse νοσήματα legendum

Μὴ τοίνυν, ἦν δ' ἐγώ, μηδὲ τάδε πειθώμεθα μηδ' ἐῶμεν
d λέγειν, ὡς Θησεὺς Ποσειδῶνος ὑὸς Πειρίθους τε Διὸς
ὥρμησαν οὕτως ἐπὶ δεινὰς ἁρπαγάς, μηδέ τιν' ἄλλον θεοῦ
παῖδά τε καὶ ἥρω τολμῆσαι ἂν δεινὰ καὶ ἀσεβῆ ἐργάσασθαι
οἷα νῦν καταψεύδονται αὐτῶν, ἀλλὰ προσαναγκάζωμεν τοὺς
5 ποιητὰς ἢ μὴ τούτων αὐτὰ ἔργα φάναι ἢ τούτους μὴ εἶναι
θεῶν παῖδας, ἀμφότερα δὲ μὴ λέγειν, μηδὲ ἡμῖν ἐπιχειρεῖν
πείθειν τοὺς νέους ὡς οἱ θεοὶ κακὰ γεννῶσιν, καὶ ἥρωες
ἀνθρώπων οὐδὲν βελτίους· ὅπερ γὰρ ἐν τοῖς πρόσθεν ἐλέγο-
e μεν, οὔθ' ὅσια ταῦτα οὔτε ἀληθῆ· ἐπεδείξαμεν γάρ που ὅτι ἐκ
θεῶν κακὰ γίγνεσθαι ἀδύνατον.

Πῶς γὰρ οὔ;

Καὶ μὴν τοῖς γε ἀκούουσιν βλαβερά· πᾶς γὰρ ἑαυτῷ
5 συγγνώμην ἕξει κακῷ ὄντι, πεισθεὶς ὡς ἄρα τοιαῦτα πράτ-
τουσίν τε καὶ ἔπραττον καὶ οἱ θ ε ῶ ν ἀ γ χ ί σ π ο ρ ο ι,

⟨οἳ⟩ Ζηνὸς ἐγγύς, ὧν κατ' Ἰδαῖον πάγον
Διὸς πατρῴου βωμός ἐστ' ἐν αἰθέρι,
κοὔ πώ σφιν ἐξίτηλον αἷμα δαιμόνων.

10 ὧν ἕνεκα παυστέον τοὺς τοιούτους μύθους, μὴ ἡμῖν πολλὴν
392 εὐχέρειαν ἐντίκτωσι τοῖς νέοις πονηρίας.

Κομιδῇ μὲν οὖν, ἔφη.

Τί οὖν, ἦν δ' ἐγώ, ἡμῖν ἔτι λοιπὸν εἶδος λόγων πέρι
ὁριζομένοις οἵους τε λεκτέον καὶ μή; περὶ γὰρ θεῶν ὡς δεῖ
5 λέγεσθαι εἴρηται, καὶ περὶ δαιμόνων τε καὶ ἡρώων καὶ τῶν ἐν
Ἅιδου.

Πάνυ μὲν οὖν.

Οὐκοῦν καὶ περὶ ἀνθρώπων τὸ λοιπὸν εἴη ἄν;

Δῆλα δή.

d2 ὥρμησεν D   ἄλλου A   d4 προσαναγκάζομεν F   e1 ταῦτα om. F
ἀπεδείξαμεν F   που AD: τοῦθ' F   e6 τε om. F   e6–9 Aesch. fr. 162
e6 καὶ θεῶν F   e7 οἱ add. Bekker, καὶ Blaydes   e9 κοὔ Bekker: καὶ
οὔ ADF   392a3 ἡμῖν om. A   a3–4 πέρι ὁριζομένοις Laur.80.19
Par.1642: περιοριζομένοις ADF   a4 καὶ οὓς μή F   περὶ μὲν γὰρ F
a5 καὶ δὴ καὶ περὶ F

Ἀδύνατον δή, ὦ φίλε, ἡμῖν τοῦτό γε ἐν τῷ παρόντι τάξαι. 10
Πῶς;

Ὅτι οἶμαι ἡμᾶς ἐρεῖν ὡς ἄρα καὶ ποιηταὶ καὶ λογοποιοὶ
κακῶς λέγουσιν περὶ ἀνθρώπων τὰ μέγιστα, ὅτι εἰσὶν ἄδικοι b
μὲν εὐδαίμονες πολλοί, δίκαιοι δὲ ἄθλιοι, καὶ ὡς λυσιτελεῖ τὸ
ἀδικεῖν, ἐὰν λανθάνῃ, ἡ δὲ δικαιοσύνη ἀλλότριον μὲν ἀγαθόν,
οἰκεία δὲ ζημία· καὶ τὰ μὲν τοιαῦτα ἀπερεῖν λέγειν, τὰ δ᾽
ἐναντία τούτων προστάξειν ᾄδειν τε καὶ μυθολογεῖν. ἢ οὐκ 5
οἴει;

Εὖ μὲν οὖν, ἔφη, οἶδα.

Οὐκοῦν ἐὰν ὁμολογῇς ὀρθῶς με λέγειν, φήσω σε ὡμο-
λογηκέναι ἃ πάλαι ἐζητοῦμεν;

Ὀρθῶς, ἔφη, ὑπέλαβες. c

Οὐκοῦν περὶ ἀνθρώπων ὅτι τοιούτους δεῖ λόγους λέγεσθαι,
τότε διομολογησόμεθα, ὅταν εὕρωμεν οἷόν ἐστιν δικαιοσύνη
καὶ ὡς φύσει λυσιτελοῦν τῷ ἔχοντι, ἐάντε δοκῇ ἐάντε μὴ
τοιοῦτος εἶναι; 5

Ἀληθέστατα, ἔφη.

Τὰ μὲν δὴ λόγων πέρι ἐχέτω τέλος· τὸ δὲ λέξεως, ὡς ἐγὼ
οἶμαι, μετὰ τοῦτο σκεπτέον, καὶ ἡμῖν ἅ τε λεκτέον καὶ ὡς
λεκτέον παντελῶς ἐσκέψεται.

Καὶ ὁ Ἀδείμαντος, Τοῦτο, ἦ δ᾽ ὅς, οὐ μανθάνω ὅτι λέγεις. 10

Ἀλλὰ μέντοι, ἦν δ᾽ ἐγώ, δεῖ γε· ἴσως οὖν τῇδε μᾶλλον εἴσῃ. d
ἆρ᾽ οὐ πάντα ὅσα ὑπὸ μυθολόγων ἢ ποιητῶν λέγεται διήγησις
οὖσα τυγχάνει ἢ γεγονότων ἢ ὄντων ἢ μελλόντων;

Τί γάρ, ἔφη, ἄλλο;

Ἆρ᾽ οὖν οὐχὶ ἤτοι ἁπλῇ διηγήσει ἢ διὰ μιμήσεως γιγνο- 5
μένῃ ἢ δι᾽ ἀμφοτέρων περαίνουσιν;

Καὶ τοῦτο, ἦ δ᾽ ὅς, ἔτι δέομαι σαφέστερον μαθεῖν.

Γελοῖος, ἦν δ᾽ ἐγώ, ἔοικα διδάσκαλος εἶναι καὶ ἀσαφής·

a10 τέταξαι F, ex v.l. γε τάξαι ortum   b2 εὐδαίμονες AD: εὐδαίμονες
δὲ F   b3 λάθη F   b9 ζητοῦμεν K. F. Hermann   c2 περὶ AD:
περί γε F   ἐλέγεσθαι D, fortasse ex v.l. ἐκλέγεσθαι ortum   c7 τὰ ADF
Ammon.(FG): τὸ Ammon.(AM)   τὸ ADF Ammon.(AG): τὰ
Ammon.(FM)   c9 ἐσκεμμένον ἔσται Ammon.   d2 οὐ AD:
οὐχὶ F(u.v.)

e ὥσπερ οὖν οἱ ἀδύνατοι λέγειν, οὐ κατὰ ὅλον ἀλλ' ἀπολαβὼν
μέρος τι πειράσομαί σοι ἐν τούτῳ δηλῶσαι ὃ βούλομαι. καί
μοι εἰπέ· ἐπίστασαι τῆς Ἰλιάδος τὰ πρῶτα, ἐν οἷς ὁ ποιητὴς
φησι τὸν μὲν Χρύσην δεῖσθαι τοῦ Ἀγαμέμνονος ἀπολῦσαι τὴν
5 θυγατέρα, τὸν δὲ χαλεπαίνειν, τὸν δέ, ἐπειδὴ οὐκ ἐτύγχανεν,
393 κατεύχεσθαι τῶν Ἀχαιῶν πρὸς τὸν θεόν;
Ἔγωγε.
Οἶσθ' οὖν ὅτι μέχρι μὲν τούτων τῶν ἐπῶν

καὶ ἐλίσσετο πάντας Ἀχαιούς,
5 Ἀτρείδα δὲ μάλιστα δύω, κοσμήτορε λαῶν,

λέγει τε αὐτὸς ὁ ποιητὴς καὶ οὐδὲ ἐπιχειρεῖ ἡμῶν τὴν
διάνοιαν ἄλλοσε τρέπειν ὡς ἄλλος τις ὁ λέγων ἢ αὐτός· τὰ
δὲ μετὰ ταῦτα ὥσπερ αὐτὸς ὢν ὁ Χρύσης λέγει καὶ πειρᾶται
b ἡμᾶς ὅτι μάλιστα ποιῆσαι μὴ Ὅμηρον δοκεῖν εἶναι τὸν
λέγοντα ἀλλὰ τὸν ἱερέα, πρεσβύτην ὄντα. καὶ τὴν ἄλλην δὴ
πᾶσαν σχεδόν τι οὕτω πεποίηται διήγησιν περί τε τῶν ἐν
Ἰλίῳ καὶ περὶ τῶν ἐν Ἰθάκῃ καὶ ὅλῃ Ὀδυσσείᾳ παθημάτων.
5 Πάνυ μὲν οὖν, ἔφη.
Οὐκοῦν διήγησις μέν ἐστιν καὶ ὅταν τὰς ῥήσεις ἑκάστοτε
λέγῃ καὶ ὅταν τὰ μεταξὺ τῶν ῥήσεων;
Πῶς γὰρ οὔ;
Ἀλλ' ὅταν γέ τινα λέγῃ ῥῆσιν ὥς τις ἄλλος ὤν, ἆρ' οὐ τότε
c ὁμοιοῦν αὐτὸν φήσομεν ὅτι μάλιστα τὴν αὐτοῦ λέξιν ἑκάστῳ
ὃν ἂν προείπῃ ὡς ἐροῦντα;
Φήσομεν· τί γάρ;
Οὐκοῦν τό γε ὁμοιοῦν ἑαυτὸν ἄλλῳ ἢ κατὰ φωνὴν ἢ κατὰ
5 σχῆμα μιμεῖσθαί ἐστιν ἐκεῖνον ᾧ ἄν τις ὁμοιοῖ;
Τί μήν;
Ἐν δὴ τῷ τοιούτῳ, ὡς ἔοικεν, οὗτός τε καὶ οἱ ἄλλοι
ποιηταὶ διὰ μιμήσεως τὴν διήγησιν ποιοῦνται.
Πάνυ μὲν οὖν.
10 Εἰ δέ γε μηδαμοῦ ἑαυτὸν ἀποκρύπτοιτο ὁ ποιητής, πᾶσα

ἂν αὐτῷ ἄνευ μιμήσεως ἡ ποίησίς τε καὶ διήγησις γεγονυῖα
εἴη. ἵνα δὲ μὴ εἴπῃς ὅτι οὐκ αὖ μανθάνεις, ὅπως ἂν τοῦτο   d
γένοιτο ἐγὼ φράσω. εἰ γὰρ Ὅμηρος εἰπὼν ὅτι ἦλθεν ὁ
Χρύσης τῆς τε θυγατρὸς λύτρα φέρων καὶ ἱκέτης τῶν
Ἀχαιῶν, μάλιστα δὲ τῶν βασιλέων, μετὰ τοῦτο μὴ ὡς
Χρύσης γενόμενος ἔλεγεν ἀλλ' ἔτι ὡς Ὅμηρος, οἶσθ' ὅτι   5
οὐκ ἂν μίμησις ἦν ἀλλὰ ἁπλῆ διήγησις. εἶχε δ' ἂν ὡδέ πως·
φράσω δὲ ἄνευ μέτρου· οὐ γάρ εἰμι ποιητικός. Ἐλθὼν ὁ
ἱερεὺς ηὔχετο ἐκείνοις μὲν τοὺς θεοὺς δοῦναι ἑλόντας τὴν   e
Τροίαν αὐτοὺς σωθῆναι, τὴν δὲ θυγατέρα οἱ λῦσαι δεξαμένους
ἄποινα καὶ τὸν θεὸν αἰδεσθέντας. ταῦτα δὲ εἰπόντος αὐτοῦ οἱ
μὲν ἄλλοι ἐσέβοντο καὶ συνῄνουν, ὁ δὲ Ἀγαμέμνων ἠγρίαινεν
ἐντελλόμενος νῦν τε ἀπιέναι καὶ αὖθις μὴ ἐλθεῖν, μὴ αὐτῷ τό   5
τε σκῆπτρον καὶ τὰ τοῦ θεοῦ στέμματα οὐκ ἐπαρκέσαι· πρὶν
δὲ λυθῆναι αὐτοῦ τὴν θυγατέρα, ἐν Ἄργει ἔφη γηράσειν μετὰ
οὗ· ἀπιέναι δ' ἐκέλευεν καὶ μὴ ἐρεθίζειν, ἵνα σῶς οἴκαδε ἔλθοι.   394
ὁ δὲ πρεσβύτης ἀκούσας ἔδεισέν τε καὶ ἀπῄει σιγῇ, ἀποχωρή-
σας δὲ ἐκ τοῦ στρατοπέδου πολλὰ τῷ Ἀπόλλωνι ηὔχετο, τάς
τε ἐπωνυμίας τοῦ θεοῦ ἀνακαλῶν καὶ ὑπομιμνῄσκων καὶ
ἀπαιτῶν, εἴ τι πώποτε ἢ ἐν ναῶν οἰκοδομήσεσιν ἢ ἐν ἱερῶν   5
θυσίαις κεχαρισμένον δωρήσαιτο. ὧν δὴ χάριν κατηύχετο
τεῖσαι τοὺς Ἀχαιοὺς τὰ ἃ δάκρυα τοῖς ἐκείνου βέλεσιν.
οὕτως, ἦν δ' ἐγώ, ὦ ἑταῖρε, ἄνευ μιμήσεως ἁπλῆ διήγησις   b
γίγνεται.

Μανθάνω, ἔφη.

Μάνθανε τοίνυν, ἦν δ' ἐγώ, ὅτι ταύτης αὖ ἐναντία γίγνεται,
ὅταν τις τὰ τοῦ ποιητοῦ τὰ μεταξὺ τῶν ῥήσεων ἐξαιρῶν τὰ   5
ἀμοιβαῖα καταλείπῃ.

Καὶ τοῦτο, ἔφη, μανθάνω, ὅτι ἐστὶν τὸ περὶ τὰς τραγῳδίας
τοιοῦτον.

c11 ἂν om. F   e1 εὔχεται prD   e2 αὐτοὺς δὲ D   e5 αὐτῶι
A Dpc F: αὐτὸ prD   e6 ἐπαρκέσαι scripsi: ἐπαρκέσοι AD: ἐπαρέσκει
σοι F: ἐπαρκέσειεν Vat.226   394a1 ⟨ἐ⟩ ἐρεθίζειν Valckenaer, fortasse
recte   ἔλθῃ D   a4 τε AD: γε F   a5 εἴ τι AD: εἴτε F   a7 ἃ
om. F   b6 καταλίπῃ F   b7 τραγῳδίας ⟨τε καὶ κωμῳδίας⟩ van
Herwerden

Ὀρθότατα, ἔφην, ὑπέλαβες, καὶ οἶμαί σοι ἤδη δηλοῦν ὃ
10 ἔμπροσθεν οὐχ οἷός τ' ἦ, ὅτι τῆς ποιήσεώς τε καὶ μυθολογίας
c ἡ μὲν διὰ μιμήσεως ὅλη ἐστίν, ὥσπερ σὺ λέγεις, τραγῳδία τε
καὶ κωμῳδία, ἡ δὲ δι' ἀπαγγελίας αὐτοῦ τοῦ ποιητοῦ· εὕροις
δ' ἂν αὐτὴν μάλιστά που ἐν διθυράμβοις. ἡ δ' αὖ δι'
ἀμφοτέρων ἔν τε τῇ τῶν ἐπῶν ποιήσει, πολλαχοῦ δὲ καὶ
5 ἄλλοθι, εἴ μοι μανθάνεις.
Ἀλλὰ συνίημι, ἔφη, ὃ τότε ἐβούλου λέγειν.
Καὶ τὸ πρὸ τούτου δὴ ἀναμνήσθητι, ὅτι ἔφαμεν ἃ μὲν
λεκτέον ἤδη εἰρῆσθαι, ὡς δὲ λεκτέον ἔτι σκεπτέον εἶναι.
Ἀλλὰ μέμνημαι.

d Τοῦτο τοίνυν αὐτὸ ἦν ὃ ἔλεγον, ὅτι χρείη διομολογήσασθαι
πότερον ἐάσομεν τοὺς ποιητὰς μιμουμένους ἡμῖν τὰς διηγή-
σεις ποιεῖσθαι ἢ τὰ μὲν μιμουμένους, τὰ δὲ μή, καὶ ὁποῖα
ἑκάτερα, ἢ οὐδὲ μιμεῖσθαι.
5 Μαντεύομαι, ἔφη, σκοπεῖσθαί σε εἴτε παραδεξόμεθα
τραγῳδίαν τε καὶ κωμῳδίαν εἰς τὴν πόλιν, εἴτε καὶ οὔ.
Ἴσως, ἦν δ' ἐγώ, ἴσως δὲ καὶ πλείω ἔτι τούτων· οὐ γὰρ δὴ
ἔγωγέ πω οἶδα. ἀλλ' ὅπη ἂν ὁ λόγος ὥσπερ πνεῦμα φέρῃ,
ταύτῃ ἰτέον.
10 Καὶ καλῶς γ', ἔφη, λέγεις.

e Τόδε τοίνυν, ὦ Ἀδείμαντε, ἄθρει, πότερον μιμητικοὺς ἡμῖν
δεῖ εἶναι τοὺς φύλακας ἢ οὔ· ἢ καὶ τοῦτο τοῖς ἔμπροσθεν
ἕπεται, ὅτι εἷς ἕκαστος ἓν μὲν ἂν ἐπιτήδευμα καλῶς
ἐπιτηδεύοι, πολλὰ δ' οὔ, ἀλλ' εἰ τοῦτο ἐπιχειροῖ, πολλῶν
5 ἐφαπτόμενος πάντων ἀποτυγχάνοι ἄν, ὥστ' εἶναί που ἐλλό-
γιμος;
Τί δ' οὐ μέλλει;
Οὐκοῦν καὶ περὶ μιμήσεως ὁ αὐτὸς λόγος, ὅτι πολλὰ ὁ
αὐτὸς μιμεῖσθαι εὖ ὥσπερ ἓν οὐ δυνατός;
10 Οὐ γὰρ οὖν.

b10 ἦ AD: ἦν F   c5 μου Heindorf (μοι addub. H. Stephanus)
c8 ἔτι σκεπτέον ADF: ἐστὶν ἐπισκεπτέον Priscian.   d8 φέρῃι A: φέρει
DF   d10 γ' ἔφη AD: γε F   e3 ἂν ADF Stob.: om. Priscian.
e9 εὖ om. Stob.

Σχολῇ ἄρα ἐπιτηδεύσει γέ τι ἅμα τῶν ἀξίων λόγου 395
ἐπιτηδευμάτων καὶ πολλὰ μιμήσεται καὶ ἔσται μιμητικός,
ἐπεί που οὐδὲ [τὰ] δοκοῦντα ἐγγὺς ἀλλήλων εἶναι δύο
μιμήματα δύνανται οἱ αὐτοὶ ἅμα εὖ μιμεῖσθαι, οἷον κωμῳδίαν
καὶ τραγῳδίαν ποιοῦντες. ἢ οὐ μιμήματα ἄρτι τούτω ἐκάλεις; 5
Ἔγωγε· καὶ ἀληθῆ γε λέγεις, ὅτι οὐ δύνανται οἱ αὐτοί.
Οὐδὲ μὴν ῥαψῳδοί γε καὶ ὑποκριταὶ ἅμα.
Ἀληθῆ.
Ἀλλ' οὐδέ τοι ὑποκριταὶ κωμῳδοῖς τε καὶ τραγῳδοῖς οἱ b
αὐτοί· πάντα δὲ ταῦτα μιμήματα. ἢ οὔ;
Μιμήματα.
Καὶ ἔτι γε τούτων, ὦ Ἀδείμαντε, φαίνεταί μοι εἰς
σμικρότερα κατακεκερματίσθαι ἡ τοῦ ἀνθρώπου φύσις, 5
ὥστε ἀδύνατος εἶναι πολλὰ καλῶς μιμεῖσθαι, ἢ αὐτὰ ἐκεῖνα
πράττειν ὧν δὴ καὶ τὰ μιμήματά ἐστιν ἀφομοιώματα.
Ἀληθέστατα, ἦ δ' ὅς.
Εἰ ἄρα τὸν πρῶτον λόγον διασώσομεν, τοὺς φύλακας ἡμῖν
τῶν ἄλλων πασῶν δημιουργιῶν ἀφειμένους δεῖν εἶναι 10
δημιουργοὺς ἐλευθερίας τῆς πόλεως πάνυ ἀκριβεῖς, καὶ c
μηδὲν ἄλλο ἐπιτηδεύειν ὅτι μὴ εἰς τοῦτο φέρει, οὐδὲν δὴ
δέοι ἂν αὐτοὺς ἄλλο πράττειν οὐδὲ μιμεῖσθαι. ἐὰν δὲ
μιμῶνται, μιμεῖσθαι τὰ τούτοις προσήκοντα εὐθὺς ἐκ
παίδων, ἀνδρείους, σώφρονας, ὁσίους, ἐλευθέρους, καὶ τὰ 5
τοιαῦτα πάντα, τὰ δὲ ἀνελεύθερα μήτε ποιεῖν μήτε δεινοὺς
εἶναι μιμήσασθαι, μηδὲ ἄλλο μηδὲν τῶν αἰσχρῶν, ἵνα μὴ ἐκ
τῆς μιμήσεως τοῦ εἶναι ἀπολαύσωσιν. ἢ οὐκ ᾔσθησαι ὅτι αἱ
μιμήσεις, ἐὰν ἐκ νέων πόρρω διατελέσωσιν, εἰς ἔθη τε καὶ d
φύσιν καθίστανται καὶ κατὰ σῶμα καὶ φωνὰς καὶ κατὰ τὴν
διάνοιαν;

395a1 τέ τι Bekker   a3 τὰ delevi: δύο secl. J. L. V. Hartman
a5 μιμήματα Laur.59.1 Caesen.D28.4: μιμήματε F: μιμήματά τε A(-τά in
ras.) D   a6 γε A: om. DF   a7 μήν γε ῥαψῳιδοί τε καὶ F   b10 δεῖ F
Stob.) D   c1 ἀκριβῶς Stob.   c3–4 ἐὰν δὲ μιμῶνται μιμεῖσθαι ADF: ἢ
Stob.II: om. Stob.IV   c7 ἵνα μὴ F, Stob. bis: ἵνα AD   c8 τοῦ ADF,
Stob. bis: τὸ Astius   ἀπολαύσωσιν ADF, Stob.IV: ἀπολαύωσιν Stob.II
d1 ἤθη Stob. bis   d2 φωνὰς AD, Stob. bis: κατὰ φωνὰς F

Καὶ μάλα, ἦ δ' ὅς.

5   Οὐ δὴ ἐπιτρέψομεν, ἦν δ' ἐγώ, ὧν φαμεν κήδεσθαι καὶ δεῖν
αὐτοὺς ἄνδρας ἀγαθοὺς γενέσθαι, γυναῖκα μιμεῖσθαι ἄνδρας
ὄντας, ἢ νέαν ἢ πρεσβυτέραν, ἢ ἀνδρὶ λοιδορουμένην ἢ πρὸς
θεοὺς ἐρίζουσάν τε καὶ μεγαλαυχουμένην, οἰομένην εὐδαίμονα
e   εἶναι, ἢ ἐν συμφοραῖς τε καὶ πένθεσιν καὶ θρήνοις ἐχομένην·
κάμνουσαν δὲ ἢ ἐρῶσαν ἢ ὠδίνουσαν, πολλοῦ καὶ δεήσομεν.
Παντάπασι μὲν οὖν, ἦ δ' ὅς.
Οὐδέ γε δούλας τε καὶ δούλους πράττοντας ὅσα δούλων.
5   Οὐδὲ τοῦτο.

Οὐδέ γε ἄνδρας κακούς, ὡς ἔοικεν, δειλούς τε καὶ τὰ
ἐναντία πράττοντας ὧν νυνδὴ εἴπομεν, κακηγοροῦντάς τε
καὶ κωμῳδοῦντας ἀλλήλους καὶ αἰσχρολογοῦντας, μεθύοντας
396 ἢ καὶ νήφοντας, ἢ καὶ ἄλλα ὅσα οἱ τοιοῦτοι καὶ ἐν λόγοις καὶ
ἐν ἔργοις ἁμαρτάνουσιν εἰς αὑτούς τε καὶ εἰς ἄλλους, οἶμαι δὲ
οὐδὲ μαινομένοις ἐθιστέον ἀφομοιοῦν αὑτοὺς ἐν λόγοις οὐδὲ ἐν
ἔργοις· γνωστέον μὲν γὰρ καὶ μαινομένους καὶ πονηροὺς
5   ἄνδρας τε καὶ γυναῖκας, ποιητέον δὲ οὐδὲν τούτων οὐδὲ
μιμητέον.
Ἀληθέστατα, ἔφη.

Τί δέ; ἦν δ' ἐγώ· χαλκεύοντας ἤ τι ἄλλο δημιουργοῦντας, ἢ
ἐλαύνοντας τριήρεις ἢ κελεύοντας τούτοις, ἤ τι ἄλλο τῶν περὶ
b   ταῦτα μιμητέον;
*Καὶ πῶς; ἔφη, οἷς γε οὐδὲ προσέχειν τὸν νοῦν τούτων
οὐδενὶ ἐξέσται;*

Τί δέ; ἵππους χρεμετίζοντας καὶ ταύρους μυκωμένους καὶ
5   ποταμοὺς ψοφοῦντας καὶ θάλατταν κτυποῦσαν καὶ βροντὰς
καὶ πάντα αὖ τὰ τοιαῦτα ἢ μιμήσονται;
*Ἀλλ' ἀπείρηται αὐτοῖς, ἔφη, μήτε μαίνεσθαι μήτε μαινο-
μένοις ἀφομοιοῦσθαι.*

Εἰ ἄρα, ἦν δ' ἐγώ, μανθάνω ἃ σὺ λέγεις, ἔστιν τι εἶδος
c   λέξεώς τε καὶ διηγήσεως ἐν ᾧ ἂν διηγοῖτο ὁ τῷ ὄντι καλὸς

e2 καὶ ADF: γε καὶ Laur.CS42 Caesen.D28.4   e3 οὖν om. D
e7 νῦν δὴ AD: δὴ F   396a1 νήφοντας καὶ ἄλλα J. L. V. Hartman
a2 ἄλλους AD: ἀλλήλους F   a3 μαινομένους F

100

κἀγαθός, ὁπότε τι δέοι αὐτὸν λέγειν, καὶ ἕτερον αὖ ἀνόμοιον
τούτῳ εἶδος, οὗ ἂν ἔχοιτο ἀεὶ καὶ ἐν ᾧ διηγοῖτο ὁ ἐναντίως
ἐκείνῳ φύς τε καὶ τραφείς.

Ποῖα δή, ἔφη, ταῦτα;   5

Ὁ μέν μοι δοκεῖ, ἦν δ' ἐγώ, μέτριος ἀνήρ, ἐπειδὰν
ἀφίκηται ἐν τῇ διηγήσει ἐπὶ λέξιν τινὰ ἢ πρᾶξιν ἀνδρὸς
ἀγαθοῦ, ἐθελήσειν ὡς αὐτὸς ὢν ἐκεῖνος ἀπαγγέλλειν καὶ
οὐκ αἰσχυνεῖσθαι ἐπὶ τῇ τοιαύτῃ μιμήσει, μάλιστα μὲν
μιμούμενος τὸν ἀγαθὸν ἀσφαλῶς τε καὶ ἐμφρόνως πράτ- d
τοντα, ἐλάττω δὲ καὶ ἧττον ἢ ὑπὸ νόσων ἢ ὑπὸ ἐρώτων
ἐσφαλμένον ἢ καὶ ὑπὸ μέθης ἤ τινος ἄλλης συμφορᾶς· ὅταν δὲ
γίγνηται κατά τινα ἑαυτοῦ ἀνάξιον, οὐκ ἐθελήσειν σπουδῇ
ἀπεικάζειν ἑαυτὸν τῷ χείρονι, εἰ μὴ ἄρα κατὰ βραχύ, ὅταν τι 5
χρηστὸν ποιῇ, ἀλλ' αἰσχυνεῖσθαι, ἅμα μὲν ἀγύμναστος ὢν τοῦ
μιμεῖσθαι τοὺς τοιούτους, ἅμα δὲ καὶ δυσχεραίνων αὐτὸν
ἐκμάττειν τε καὶ ἐνιστάναι εἰς τοὺς τῶν κακιόνων τύπους,
ἀτιμάζων τῇ διανοίᾳ, ὅτι μὴ παιδιᾶς χάριν.   e

Εἰκός, ἔφη.

Οὐκοῦν διηγήσει χρήσεται οἵᾳ ἡμεῖς ὀλίγον πρότερον
διήλθομεν περὶ τὰ τοῦ Ὁμήρου ἔπη, καὶ ἔσται αὐτοῦ ἡ
λέξις μετέχουσα μὲν ἀμφοτέρων, μιμήσεώς τε καὶ τῆς 5
ἄλλης διηγήσεως, σμικρὸν δέ τι μέρος ἐν πολλῷ λόγῳ τῆς
μιμήσεως; ἢ οὐδὲν λέγω;

Καὶ μάλα, ἔφη, οἷόν γε ἀνάγκη τὸν τύπον εἶναι τοῦ
τοιούτου ῥήτορος.

Οὐκοῦν, ἦν δ' ἐγώ, ὁ μὴ τοιοῦτος αὖ, ὅσῳ ἂν φαυλότερος ᾖ, 397
πάντα τε μᾶλλον διηγήσεται καὶ οὐδὲν ἑαυτοῦ ἀνάξιον
οἰήσεται εἶναι, ὥστε πάντα ἐπιχειρήσει μιμεῖσθαι σπουδῇ
τε καὶ ἐναντίον πολλῶν, καὶ ἃ νυνδὴ ἐλέγομεν, βροντάς τε
καὶ ψόφους ἀνέμων τε καὶ χαλαζῶν καὶ ἀξόνων τε καὶ 5

c3 τούτῳ AF: τούτων D ὁ om. F   c8 ἐθελήσει F   d1 τε om. F
d2 ἧττον ⟨τὸν⟩ Naber   d4 ἐθελήσει F   e1 παιδιᾶς A: παιδίας D:
παιδείας F   e6 ἁπλῆς διηγήσεως Adam   e8 γε AD: δὲ F
397a1 αὖ AD: εὖ F   a2 διηγήσεται ADF: μιμήσεται Laur.80.19pc:
μιμήσεται ἢ διηγήσεται Madvig   a4 βροντάς τε DF: βροντάς γε A
a5 ἀξόνων τε F: ἀξόνων AD

τροχιλείων, καὶ σαλπίγγων καὶ αὐλῶν καὶ συρίγγων καὶ πάν-
των ὀργάνων φωνάς, καὶ ἔτι κυνῶν καὶ προβάτων καὶ ὀρνέων
b φθόγγους· καὶ ἔσται δὴ ἡ τούτου λέξις ἅπασα διὰ μιμήσεως
φωναῖς τε καὶ σχήμασιν, ἢ σμικρόν τι διηγήσεως ἔχουσα;
Ἀνάγκη, ἔφη, καὶ τοῦτο.
Ταῦτα τοίνυν, ἦν δ' ἐγώ, ἔλεγον τὰ δύο εἴδη τῆς λέξεως.
5 Καὶ γὰρ ἔστιν, ἔφη.

Οὐκοῦν αὐτοῖν τὸ μὲν σμικρὰς τὰς μεταβολὰς ἔχει, καὶ ἐάν
τις ἀποδιδῷ πρέπουσαν ἁρμονίαν καὶ ῥυθμὸν τῇ λέξει, ὀλίγου
πρὸς τὴν αὐτὴν γίγνεται λέγειν τῷ ὀρθῶς λέγοντι καὶ ἐν μιᾷ
ἁρμονίᾳ, σμικραὶ γὰρ αἱ μεταβολαί, καὶ δὴ καὶ ἐν ῥυθμῷ
10 ὡσαύτως παραπλησίῳ τινί;
c Κομιδῇ μὲν οὖν, ἔφη, οὕτως ἔχει.

Τί δὲ τὸ τοῦ ἑτέρου εἶδος; οὐ τῶν ἐναντίων δεῖται, πασῶν
μὲν ἁρμονιῶν, πάντων δὲ ῥυθμῶν, εἰ μέλλει αὖ οἰκείως
λέγεσθαι, διὰ τὸ παντοδαπὰς μορφὰς τῶν μεταβολῶν ἔχειν;
5 Καὶ σφόδρα γε οὕτως ἔχει.

Ἆρ' οὖν πάντες οἱ ποιηταὶ καὶ οἵ τι λέγοντες ἢ τῷ ἑτέρῳ
τούτων ἐπιτυγχάνουσιν τύπῳ τῆς λέξεως ἢ τῷ ἑτέρῳ ἢ ἐξ
ἀμφοτέρων τινὶ συγκεραννύντες;
Ἀνάγκη, ἔφη.

d Τί οὖν ποιήσομεν; ἦν δ' ἐγώ· πότερον εἰς τὴν πόλιν πάντας
τούτους παραδεξόμεθα ἢ τῶν ἀκράτων τὸν ἕτερον ἢ τὸν
κεκραμένον;
Ἐὰν ἡ ἐμή, ἔφη, νικᾷ, τὸν τοῦ ἐπιεικοῦς μιμητὴν ἄκρατον.
5 Ἀλλὰ μήν, ὦ Ἀδείμαντε, ἡδύς γε καὶ ὁ κεκραμένος, πολὺ
δὲ ἥδιστος παισί τε καὶ παιδαγωγοῖς ὁ ἐναντίος οὗ σὺ αἱρῇ
καὶ τῷ πλείστῳ ὄχλῳ.
Ἥδιστος γάρ.
Ἀλλ' ἴσως, ἦν δ' ἐγώ, οὐκ ἂν αὐτὸν ἁρμόττειν φαίης τῇ

---

b9 καὶ δὴ καὶ F: καὶ δὴ AD   b10 ἐν παραπλησίῳ F   c1 ἔχει
om. F   c4 ⟨ἐκ⟩ τῶν H. Richards   c5 οὕτως ἔχει secl. J. L. V.
Hartman   c6 τι om. prD   d2 δεξόμεθα D   d4 ἐὰν AD: ἂν
μὲν F   τὸν ἄκρατον Scor.y.1.13   d6 δὲ AF: γε D: δὴ Priscian.   παισί
AF: καὶ παισί D: παῖς Priscian.

ἡμετέρᾳ πολιτείᾳ, ὅτι οὐκ ἔστιν διπλοῦς ἀνὴρ παρ' ἡμῖν οὐδὲ e
πολλαπλοῦς, ἐπειδὴ ἕκαστος ἓν πράττει.

Οὐ γὰρ οὖν ἁρμόττει.

Οὐκοῦν διὰ ταῦτα ἐν μόνῃ τῇ τοιαύτῃ πόλει τόν τε
σκυτοτόμον σκυτοτόμον εὑρήσομεν καὶ οὐ κυβερνήτην πρὸς 5
τῇ σκυτοτομίᾳ, καὶ τὸν γεωργὸν γεωργὸν καὶ οὐ δικαστὴν
πρὸς τῇ γεωργίᾳ, καὶ τὸν πολεμικὸν πολεμικὸν καὶ οὐ
χρηματιστὴν πρὸς τῇ πολεμικῇ, καὶ πάντας οὕτω;

Ἀληθῆ, ἔφη.

Ἄνδρα δή, ὡς ἔοικε, δυνάμενον ὑπὸ σοφίας παντοδαπὸν 398
γίγνεσθαι καὶ μιμεῖσθαι πάντα χρήματα, εἰ ἡμῖν ἀφίκοιτο εἰς
τὴν πόλιν, αὐτός τε καὶ τὰ ποιήματα, βουλόμενος ἐπιδείξα-
σθαι, προσκυνοῖμεν ἂν αὐτὸν ὡς ἱερὸν καὶ θαυμαστὸν καὶ
ἡδύν, εἴποιμεν δ' ἂν ὅτι οὐκ ἔστιν τοιοῦτος ἀνὴρ ἐν τῇ πόλει 5
παρ' ἡμῖν οὐδὲ θέμις ἐγγενέσθαι, ἀποπέμποιμέν τε εἰς ἄλλην
πόλιν μύρον κατὰ τῆς κεφαλῆς καταχέαντες καὶ ἐρίῳ
στέψαντες, αὐτοὶ δ' ἂν τῷ αὐστηροτέρῳ καὶ ἀηδεστέρῳ
ποιητῇ χρώμεθα καὶ μυθολόγῳ ὠφελίας ἕνεκα, ὃς ἡμῖν τὴν b
τοῦ ἐπιεικοῦς λέξιν μιμοῖτο, καὶ τὰ λεγόμενα λέγοι ἐν
ἐκείνοις τοῖς τύποις οἷς κατ' ἀρχὰς ἐνομοθετησάμεθα, ὅτε
τοὺς στρατιώτας ἐπεχειροῦμεν παιδεύειν.

Καὶ μάλ', ἔφη, οὕτως ἂν ποιοῖμεν, εἰ ἐφ' ἡμῖν εἴη. 5

Νῦν δή, εἶπον ἐγώ, ὦ φίλε, κινδυνεύει ἡμῖν τῆς μουσικῆς
τὸ περὶ λόγους τε καὶ μύθους παντελῶς διαπεπεράνθαι· ἅ τε
γὰρ λεκτέον καὶ ὡς λεκτέον εἴρηται.

Καὶ αὐτῷ μοι δοκεῖ, ἔφη.

Οὐκοῦν μετὰ τοῦτο, ἦν δ' ἐγώ, τὸ περὶ ᾠδῆς τρόπου καὶ c
μελῶν λοιπόν;

Δῆλα δή.

Ἆρ' οὖν οὐ πᾶς ἤδη ἂν εὕροι ἃ ἡμῖν λεκτέον περὶ αὐτῶν οἷα
δεῖ εἶναι, εἴπερ μέλλομεν τοῖς προειρημένοις συμφωνήσειν; 5

398a2 εἰ A: om. DF   a5 οὐκ ADF: οὔτ' Adam   a6 οὐδὲ
Bekker: οὔτε ADF   τε A: τ' ἂν DF   a7 μύρον ADF Fl.Ioseph.
Procl.: μύρωι Dio Chrys. Schol.   b1 ὠφελίας AF: ἀφελείας D
b3 τόποις F   b9 ἔφη δοκεῖ F   c4 εὕροι A: εὕροιτο D: εὕρῃ F

Καὶ ὁ Γλαύκων ἐπιγελάσας, Ἐγὼ τοίνυν, ἔφη, ὦ Σώ-
κρατες, κινδυνεύω ἐκτὸς τῶν πάντων εἶναι· οὔκουν ἱκανῶς γε
ἔχω ἐν τῷ παρόντι συμβάλλεσθαι ποῖα ἄττα δεῖ ἡμᾶς λέγειν·
ὑποπτεύω μέντοι.

10   Πάντως δήπου, ἦν δ᾽ ἐγώ, πρῶτον μὲν τόδε ἱκανῶς ἔχεις
d   λέγειν, ὅτι τὸ μέλος ἐκ τριῶν ἐστιν συγκείμενον, λόγου τε καὶ
ἁρμονίας καὶ ῥυθμοῦ.

Ναί, ἔφη, τοῦτό γε.

Οὐκοῦν ὅσον γε αὐτοῦ λόγος ἐστίν, οὐδὲν δήπου διαφέρει
5 τοῦ μὴ ᾀδομένου λόγου πρὸς τὸ ἐν τοῖς αὐτοῖς δεῖν τύποις
λέγεσθαι οἷς ἄρτι προείπομεν καὶ ὡσαύτως;

Ἀληθῆ, ἔφη.

Καὶ μὴν τήν γε ἁρμονίαν καὶ ῥυθμὸν ἀκολουθεῖν δεῖ τῷ
λόγῳ.

10   Πῶς δ᾽ οὔ;

Ἀλλὰ μέντοι θρήνων γε καὶ ὀδυρμῶν ἔφαμεν ἐν λόγοις
οὐδὲν προσδεῖσθαι.

Οὐ γὰρ οὖν.

e   Τίνες οὖν θρηνώδεις ἁρμονίαι; λέγε μοι· σὺ γὰρ μουσικός.

Μειξολυδιστί, ἔφη, καὶ συντονολυδιστί, καὶ τοιαῦταί τινες.

Οὐκοῦν αὗται, ἦν δ᾽ ἐγώ, ἀφαιρετέαι; ἄχρηστοι γὰρ καὶ
γυναιξὶν ἃς δεῖ ἐπιεικεῖς εἶναι, μὴ ὅτι ἀνδράσι.

5   Πάνυ γε.

Ἀλλὰ μὴν μέθη γε φύλαξιν ἀπρεπέστατον καὶ μαλακία καὶ
ἀργία.

Πῶς γὰρ οὔ;

Τίνες οὖν μαλακαί τε καὶ συμποτικαὶ τῶν ἁρμονιῶν;

10   Ἰαστί, ἦ δ᾽ ὅς, καὶ λυδιστὶ αὖ τινες χαλαραὶ καλοῦνται.

399   Ταύταις οὖν, ὦ φίλε, ἐπὶ πολεμικῶν ἀνδρῶν ἔσθ᾽ ὅτι
χρήσῃ;

c8 ξυμβαλέσθαι A   c9 ὑποπτεύομέν τοι F   d5 ἀιδομένου A:
διδομένου DF   d11 γε F: τε AD   e2 συντονολυδιστί Apc
Aristid.Quint.: σύντονοι λυδιστὶ prA DF   e10 λυδιστὶ A
Aristid.Quint. Procl.: λυδιαστὶ DF   αὖ τινὲς Amg DF: αἴτινες A

Οὐδαμῶς, ἔφη· ἀλλὰ κινδυνεύει σοι δωριστὶ λείπεσθαι καὶ φρυγιστί.

Οὐκ οἶδα, ἔφην ἐγώ, τὰς ἁρμονίας, ἀλλὰ κατάλειπε ἐκείνην 5
τὴν ἁρμονίαν, ἣ ἔν τε πολεμικῇ πράξει ὄντος ἀνδρείου καὶ ἐν
πάσῃ βιαίῳ ἐργασίᾳ πρεπόντως ἂν μιμήσαιτο φθόγγους τε
καὶ προσῳδίας, καὶ ἀποτυχόντος ἢ εἰς τραύματα ἢ εἰς
θανάτους ἰόντος ἢ εἴς τινα ἄλλην συμφορὰν πεσόντος, ἐν b
πᾶσι τούτοις παρατεταγμένως καὶ καρτερούντως ἀμυνομένου
τὴν τύχην. καὶ ἄλλην αὖ ἐν εἰρηνικῇ τε καὶ μὴ βιαίῳ ἀλλ' ἐν
ἑκουσίῳ πράξει ὄντος, ἤ τινά τι πείθοντός τε καὶ δεομένου, ἢ
εὐχῇ θεὸν ἢ διδαχῇ καὶ νουθετήσει ἄνθρωπον, ἢ τοὐναντίον 5
ἄλλῳ δεομένῳ ἢ διδάσκοντι ἢ μεταπείθοντι ἑαυτὸν ὑπέχοντα,
καὶ ἐκ τούτων πράξαντα κατὰ νοῦν, καὶ μὴ ὑπερηφάνως
ἔχοντα, ἀλλὰ σωφρόνως τε καὶ μετρίως ἐν πᾶσι τούτοις
πράττοντά τε καὶ τὰ ἀποβαίνοντα ἀγαπῶντα. ταύτας δύο c
ἁρμονίας, βίαιον ἑκούσιον, δυστυχούντων εὐτυχούντων,
σωφρόνων ἀνδρείων [ἁρμονίας], αἵτινες φθόγγους μιμήσονται
κάλλιστα, ταύτας λεῖπε.

Ἀλλ', ἦ δ' ὅς, οὐκ ἄλλας αἰτεῖς λείπειν ἢ ἃς νυνδὴ ἐγὼ 5
ἔλεγον.

Οὐκ ἄρα, ἦν δ' ἐγώ, πολυχορδίας γε οὐδὲ παναρμονίου ἡμῖν
δεήσει ἐν ταῖς ᾠδαῖς τε καὶ μέλεσιν.

Οὔ μοι, ἔφη, φαίνεται.

Τριγώνων ἄρα καὶ πηκτίδων καὶ πάντων ὀργάνων ὅσα 10
πολύχορδα καὶ πολυαρμόνια δημιουργοὺς οὐ θρέψομεν.   d

Οὐ φαινόμεθα.

Τί δέ; αὐλοποιοὺς ἢ αὐλητὰς παραδέξῃ εἰς τὴν πόλιν; ἢ οὐ

399a3 λελεῖφθαι Aristid.Quint.   a5 κατάλιπε D   a6 ὄντος
ADF: ὄντως Vind.1 Matr.4573: ἀνδρὸς ὄντως Vollgraff   b1 τινα AD:
τὴν F   b2 παρατεταγμένως ADF: παρατεταγμένου Iambl., Procl.I 61:
τεταγμένον Themist.   b5 καρτερούντως ADF Iambl.: καρτερῶς
Themist., Procl.I 55   καρτερούντων ADF Iambl.: καρτερῶς
Themist.   b5 θεὸν A Dpc: θεων prD F   b6 ὑπέχοντα Bessarion:
ἐπέχοντα ADF: παρέχοντα Laur.80.19pc   c1 τὰ om. A
c3 σωφρόνων om. F   ἁρμονίας del. Bessarion   c4 λεῖπε A: λίπε
DF   c5 νῦν δὴ A: νῦν ἂν DF   d1 παναρμόνια Athen.

τοῦτο πολυχορδότατον, καὶ αὐτὰ τὰ παναρμόνια αὐλοῦ
5 τυγχάνει ὄντα μίμημα;
Δῆλα δή, ἦ δ' ὅς.
Λύρα δή σοι, ἦν δ' ἐγώ, καὶ κιθάρα λείπεται καὶ κατὰ
πόλιν χρήσιμα· καὶ αὖ κατ' ἀγροὺς τοῖς νομεῦσι σύριγξ ἄν τις
εἴη.
10 Ὡς γοῦν, ἔφη, ὁ λόγος ἡμῖν σημαίνει.
Οὐδέν γε, ἦν δ' ἐγώ, καινὸν ποιοῦμεν, ὦ φίλε, κρίνοντες
e τὸν Ἀπόλλω καὶ τὰ τοῦ Ἀπόλλωνος ὄργανα πρὸ Μαρσύου τε
καὶ τῶν ἐκείνου ὀργάνων.
Μὰ Δία, ἦ δ' ὅς, οὔ μοι φαινόμεθα.
Καὶ νὴ τὸν κύνα, εἶπον, λελήθαμέν γε διακαθαίροντες πάλιν
5 ἣν ἄρτι τρυφᾶν ἔφαμεν πόλιν.
Σωφρονοῦντές γε ἡμεῖς, ἦ δ' ὅς.
Ἴθι δή, ἔφην, καὶ τὰ λοιπὰ καθαίρωμεν. ἑπόμενον γὰρ δὴ
ταῖς ἁρμονίαις ἂν ἡμῖν εἴη τὸ περὶ ῥυθμούς, μὴ ποικίλους
αὐτοὺς διώκειν μηδὲ παντοδαπὰς βάσεις, ἀλλὰ βίου ῥυθμοὺς
400 ἰδεῖν κοσμίου τε καὶ ἀνδρείου τίνες εἰσίν· οὓς ἰδόντα τὸν πόδα
τῷ τοῦ τοιούτου λόγῳ ἀναγκάζειν ἕπεσθαι καὶ τὸ μέλος, ἀλλὰ
μὴ λόγον ποδί τε καὶ μέλει. οἵτινες δ' ἂν εἶεν οὗτοι οἱ ῥυθμοί,
σὸν ἔργον, ὥσπερ τὰς ἁρμονίας, φράσαι.
5 Ἀλλὰ μὰ Δί', ἔφη, οὐκ ἔχω λέγειν. ὅτι μὲν γὰρ τρί' ἄττα
ἐστὶν εἴδη ἐξ ὧν αἱ βάσεις πλέκονται, ὥσπερ ἐν τοῖς φθόγγοις
τέτταρα, ὅθεν αἱ πᾶσαι ἁρμονίαι, τεθεαμένος ἂν εἴποιμι· ποῖα
δ' ὁποίου βίου μιμήματα, λέγειν οὐκ ἔχω.
b Ἀλλὰ ταῦτα μέν, ἦν δ' ἐγώ, καὶ μετὰ Δάμωνος βουλευ-
σόμεθα, τίνες τε ἀνελευθερίας καὶ ὕβρεως ἢ μανίας καὶ ἄλλης
κακίας πρέπουσαι βάσεις, καὶ τίνας τοῖς ἐναντίοις λειπτέον
ῥυθμούς· οἶμαι δέ με ἀκηκοέναι οὐ σαφῶς ἐνόπλιόν τέ τινα
5 ὀνομάζοντος αὐτοῦ σύνθετον καὶ δάκτυλον, καὶ ἡρῷόν γε, οὐκ
οἶδα ὅπως διακοσμοῦντος καὶ ἴσον ἄνω καὶ κάτω τιθέντος, εἰς

d5 μιμήματα F   d7 καὶ κατὰ ADF: κατὰ Demetr.   d8 νομεῦσι
ADF: ποιμέσι Demetr.   e7 καθαίρωμεν AD Fpc: καθαίρομεν prF
400a3 λόγῳ prD   a4 σὸν Apc D: σου prA F   a7 εἴποιμι F: εἴποι
A: ἐπίοιμι D   b4 με om. F

βραχύ τε καὶ μακρὸν γιγνόμενον, καί, ὡς ἐγὼ οἶμαι, ἴαμβον
καί τιν' ἄλλον τροχαῖον ὠνόμαζε, μήκη δὲ καὶ βραχύτητας c
προσῆπτε. καὶ τούτων τισὶν οἶμαι τὰς ἀγωγὰς τοῦ ποδὸς
αὐτὸν οὐχ ἧττον ψέγειν τε καὶ ἐπαινεῖν ἢ τοὺς ῥυθμοὺς
αὐτούς· ἤτοι συναμφότερόν τι· οὐ γὰρ ἔχω λέγειν. ἀλλὰ
ταῦτα μέν, ὥσπερ εἶπον, εἰς Δάμωνα ἀναβεβλήσθω· διελέ- 5
σθαι γὰρ οὐ σμικροῦ λόγου. ἢ σὺ οἴει;
Μὰ Δί', οὐκ ἔγωγε.
Ἀλλὰ τόδε γε, ὅτι τὸ τῆς εὐσχημοσύνης τε καὶ ἀσχημο-
σύνης τῷ εὐρύθμῳ τε καὶ ἀρρύθμῳ ἀκολουθεῖ, δύνασαι
διελέσθαι; 10
Πῶς δ' οὔ;
Ἀλλὰ μὴν τὸ εὔρυθμόν γε καὶ τὸ ἄρρυθμον, τὸ μὲν τῇ καλῇ
λέξει ἕπεται ὁμοιούμενον, τὸ δὲ τῇ ἐναντίᾳ, καὶ τὸ εὐάρμο- d
στον καὶ ἀνάρμοστον ὡσαύτως, εἴπερ ῥυθμός γε καὶ ἁρμονία
λόγῳ, ὥσπερ ἄρτι ἐλέγετο, ἀλλὰ μὴ λόγος τούτοις.
Ἀλλὰ μήν, ἦ δ' ὅς, ταῦτά γε λόγῳ ἀκολουθητέον.
Τί δ' ὁ τρόπος τῆς λέξεως, ἦν δ' ἐγώ, καὶ ὁ λόγος; οὐ τῷ 5
τῆς ψυχῆς ἤθει ἕπεται;
Πῶς γὰρ οὔ;
Τῇ δὲ λέξει τὰ ἄλλα;
Ναί.
Εὐλογία ἄρα καὶ εὐαρμοστία καὶ εὐσχημοσύνη καὶ εὐ- 10
ρυθμία εὐηθείᾳ ἀκολουθεῖ, οὐχ ἣν ἄνοιαν οὖσαν ὑποκοριζό- e
μενοι καλοῦμεν εὐήθειαν, ἀλλὰ τὴν ὡς ἀληθῶς εὖ τε καὶ
καλῶς τὸ ἦθος κατεσκευασμένην διάνοιαν.
Παντάπασι μὲν οὖν, ἔφη.
Ἆρ' οὖν οὐ πανταχοῦ ταῦτα διωκτέα τοῖς νέοις, εἰ 5
μέλλουσι τὸ αὑτῶν πράττειν;
Διωκτέα μὲν οὖν.

c1 ὠνόμαζε A (D deficit): ὀνομάζομεν F, ex v.l. ὠνόμαζε μέν fortasse
ortum   c4 αὐτοῦ D   c8 καὶ ἀσχημοσύνης om. D   c12 γε AD:
τε F   d1 ἔπεται AD: ἔπετ' αὖ F   d2 καὶ ἀνάρμοστον om. A   γε
AD: τε F   e1 καὶ εὐήθεια Galen.   οὐχ ἣν ADF: οὐχὶ Galen.   οὖσαν
ADF: οὖσαν ἣν Galen.   e2 εὐήθειαν Galen.: ὡς εὐήθειαν ADF   τε AD
Galen.: γε F et fortasse prD

401 Ἔστιν δέ γέ που πλήρης μὲν γραφικὴ αὐτῶν καὶ πᾶσα ἡ
τοιαύτη δημιουργία, πλήρης δὲ ὑφαντικὴ καὶ ποικιλία καὶ
οἰκοδομία καὶ πᾶσα αὖ ἡ τῶν ἄλλων σκευῶν ἐργασία, ἔτι δὲ ἡ
τῶν σωμάτων φύσις καὶ ἡ τῶν ἄλλων φυτῶν· ἐν πᾶσι γὰρ
5 τούτοις ἔνεστιν εὐσχημοσύνη ἢ ἀσχημοσύνη. καὶ ἡ μὲν
ἀσχημοσύνη καὶ ἀρρυθμία καὶ ἀναρμοστία κακολογίας καὶ
κακοηθείας ἀδελφά, τὰ δ' ἐναντία τοῦ ἐναντίου, σώφρονός τε
καὶ ἀγαθοῦ ἤθους, ἀδελφά τε καὶ μιμήματα.
Παντελῶς μὲν οὖν, ἔφη.

b Ἆρ' οὖν τοῖς ποιηταῖς ἡμῖν μόνον ἐπιστατητέον καὶ
προσαναγκαστέον τὴν τοῦ ἀγαθοῦ εἰκόνα ἤθους ἐμποιεῖν
τοῖς ποιήμασιν ἢ μὴ παρ' ἡμῖν ποιεῖν, ἢ καὶ τοῖς ἄλλοις
δημιουργοῖς ἐπιστατητέον καὶ διακωλυτέον τὸ κακόηθες
5 τοῦτο καὶ ἀκόλαστον καὶ ἀνελεύθερον καὶ ἄσχημον μήτε ἐν
εἰκόσι ζῴων μήτε ἐν οἰκοδομήμασι μήτε ἐν ἄλλῳ μηδενὶ
δημιουργουμένῳ ἐμποιεῖν, ἢ ὁ μὴ οἷός τε ὢν οὐκ ἐατέος παρ'
ἡμῖν δημιουργεῖν, ἵνα μὴ ἐν κακίας εἰκόσι τρεφόμενοι ἡμῖν οἱ
φύλακες ὥσπερ ἐν κακῇ βοτάνῃ, πολλὰ ἑκάστης ἡμέρας κατὰ
c σμικρὸν ἀπὸ πολλῶν δρεπόμενοί τε καὶ νεμόμενοι, ἕν τι
συνιστάντες λανθάνωσιν κακὸν μέγα ἐν τῇ αὑτῶν ψυχῇ,
ἀλλ' ἐκείνους ζητητέον τοὺς δημιουργοὺς τοὺς εὐφυῶς
δυναμένους ἰχνεύειν τὴν τοῦ καλοῦ τε καὶ εὐσχήμονος
5 φύσιν, ἵνα ὥσπερ ἐν ὑγιεινῷ τόπῳ οἰκοῦντες οἱ νέοι ἀπὸ
παντὸς ὠφελῶνται ὁπόθεν ἂν αὐτοῖς ἀπὸ τῶν καλῶν ἔργων ἢ
πρὸς ὄψιν ἢ πρὸς ἀκοήν τι προσβάλῃ, ὥσπερ αὔρα φέρουσα
ἀπὸ χρηστῶν τόπων ὑγίειαν, καὶ εὐθὺς ἐκ παίδων λανθάνῃ εἰς
d ὁμοιότητά τε καὶ φιλίαν καὶ συμφωνίαν τῷ καλῷ λόγῳ
ἄγουσα;
Πολὺ γὰρ ἄν, ἔφη, κάλλιστα οὕτω τραφεῖεν.
Ἆρ' οὖν, ἦν δ' ἐγώ, ὦ Γλαύκων, τούτων ἕνεκα κυριωτάτη
5 ἐν μουσικῇ τροφή, ὅτι μάλιστα καταδύεται εἰς τὸ ἐντὸς τῆς

401a3 αὖ AF: ἡ τοιαύτη δημιουργία καὶ D   ἡ τῶν A Dpc F: τῶν prD
a4 καὶ ἡ AD: καί γε F   a5 ἢ AD: καὶ F   a7 κακοηθείας A:
κακονοίας DF   b8 ἡμῖν οἱ AD: οἱ F   c6 ἢ om. F   c7 αὔρα A:
λύρα DF   c8 λανθάνει F   d4 κυριωτάτη ⟨ἡ⟩ Rückert

ψυχῆς ὅ τε ῥυθμὸς καὶ ἁρμονία, καὶ ἐρρωμενέστατα ἅπτεται
αὐτῆς φέροντα τὴν εὐσχημοσύνην, καὶ ποιεῖ εὐσχήμονα, ἐάν
τις ὀρθῶς τραφῇ, εἰ δὲ μή, τοὐναντίον; καὶ ὅτι αὖ τῶν   e
παραλειπομένων καὶ μὴ καλῶς δημιουργηθέντων ἢ μὴ
καλῶς φύντων ὀξύτατ’ ἂν αἰσθάνοιτο ὁ ἐκεῖ τραφεὶς ὡς
ἔδει, καὶ ὀρθῶς δὴ δυσχεραίνων τὰ μὲν καλὰ ἐπαινοῖ καὶ
χαίροι καὶ καταδεχόμενος εἰς τὴν ψυχὴν τρέφοιτ’ ἂν ἀπ’   5
αὐτῶν καὶ γίγνοιτο καλός τε κἀγαθός, τὰ δ’ αἰσχρὰ ψέγοι   402
τ’ ἂν ὀρθῶς καὶ μισοῖ ἔτι νέος ὤν, πρὶν λόγον δυνατὸς εἶναι
λαβεῖν, ἐλθόντος δὲ τοῦ λόγου ἀσπάζοιτ’ ἂν αὐτὸν γνωρίζων
δι’ οἰκειότητα μάλιστα ὁ οὕτω τραφείς;

Ἐμοὶ γοῦν δοκεῖ, ἔφη, τῶν τοιούτων ἕνεκα ἐν μουσικῇ   5
εἶναι ἡ τροφή.

Ὥσπερ ἄρα, ἦν δ’ ἐγώ, γραμμάτων πέρι τότε ἱκανῶς
εἴχομεν, ὅτε τὰ στοιχεῖα μὴ λανθάνοι ἡμᾶς ὀλίγα ὄντα ἐν
ἅπασιν οἷς ἐστιν περιφερόμενα, καὶ οὔτ’ ἐν σμικρῷ οὔτ’ ἐν
μεγάλῳ ἠτιμάζομεν αὐτά, ὡς οὐ δέοι αἰσθάνεσθαι, ἀλλὰ   b
πανταχοῦ προυθυμούμεθα διαγιγνώσκειν, ὡς οὐ πρότερον
ἐσόμενοι γραμματικοὶ πρὶν οὕτως ἔχοιμεν.

Ἀληθῆ.

Οὐκοῦν καὶ εἰκόνας γραμμάτων, εἴ που ἢ ἐν ὕδασιν ἢ ἐν   5
κατόπτροις ἐμφαίνοιντο, οὐ πρότερον γνωσόμεθα, πρὶν ἂν
αὐτὰ γνῶμεν, ἀλλ’ ἔστιν τῆς αὐτῆς τέχνης τε καὶ μελέτης;

Παντάπασι μὲν οὖν.

Ἆρ’ οὖν, ὃ λέγω, πρὸς θεῶν, οὕτως οὐδὲ μουσικοὶ
πρότερον ἐσόμεθα, οὔτε αὐτοὶ οὔτε οὕς φαμεν ἡμῖν παιδευ-   c
τέον εἶναι τοὺς φύλακας, πρὶν ἂν τὰ τῆς σωφροσύνης εἴδη
καὶ ἀνδρείας καὶ ἐλευθεριότητος καὶ μεγαλοπρεπείας καὶ
ὅσα τούτων ἀδελφὰ καὶ τὰ τούτων αὖ ἐναντία πανταχοῦ

eι αὖ τῶν Laur.CS42 Caesen.D28.4: αὐτῶν ADF   e5 χαίροι καὶ
scripsi: χαίρων καὶ ADF: χαίρων Laur. 80.7 Ambr.300   402a2 πρὶν
καὶ F   a6 ἡ om. D   a9 οὔτ’ ἐν σμικρῷ AD: οὐ σμικρῷ F
b2 προυθυμούμεθα A: προθυμούμεθα DF: προυθέμεθα Laur.CS42
Caesen.D28.4   b5 καὶ F: καὶ εἰ AD   cι ἡμεῖς Theo
c2 ἂν ἅπαντα τὰ Theo   c4 αὖ ἐναντία ADF: ὑπεναντία Theo
πανταχῆι Theo

5 περιφερόμενα γνωρίζωμεν, καὶ ἐνόντα ἐν οἷς ἔνεστιν αἰσθα-
νώμεθα, καὶ αὐτὰ καὶ εἰκόνας αὐτῶν, καὶ μήτε ἐν σμικροῖς
μήτε ἐν μεγάλοις ἀτιμάζωμεν, ἀλλὰ τῆς αὐτῆς οἰώμεθα
τέχνης εἶναι καὶ μελέτης;
Πολλὴ ἀνάγκη, ἔφη.

d Οὐκοῦν, ἦν δ' ἐγώ, ὅτου ἂν συμπίπτῃ ἔν τε τῇ ψυχῇ καλὰ
ἤθη ἐνόντα καὶ ἐν τῷ εἴδει ὁμολογοῦντα ἐκείνοις καὶ
συμφωνοῦντα, τοῦ αὐτοῦ μετέχοντα τύπου, τοῦτ' ἂν εἴη
κάλλιστον θέαμα τῷ δυναμένῳ θεᾶσθαι;
5 Πολύ γε.

Καὶ μὴν τό γε κάλλιστον ἐρασμιώτατον;
Πῶς δ' οὔ;
Τῶν δὴ ὅτι μάλιστα τοιούτων ἀνθρώπων ὅ γε μουσικὸς
ἐρῴη ἄν· εἰ δὲ ἀσύμφωνος εἴη, οὐκ ἂν ἐρῴη.

10 Οὐκ ἄν, εἴ γέ τι, ἔφη, κατὰ τὴν ψυχὴν ἐλλείποι· εἰ μέντοι τι
κατὰ τὸ σῶμα, ὑπομείνειεν ἂν ὥστε ἐθέλειν ἀσπάζεσθαι.

e Μανθάνω, ἦν δ' ἐγώ, ὅτι ἔστιν σοι ἢ γέγονεν παιδικὰ
τοιαῦτα, καὶ συγχωρῶ. ἀλλὰ τόδε μοι εἰπέ· σωφροσύνη καὶ
ἡδονῇ ὑπερβαλλούσῃ ἔστι τις κοινωνία;
Καὶ πῶς; ἔφη· ἥ γε ἔκφρονα ποιεῖ οὐχ ἧττον ἢ λύπη;
5 Ἀλλὰ τῇ ἄλλῃ ἀρετῇ;

403 Οὐδαμῶς.
Τί δέ; ὕβρει τε καὶ ἀκολασίᾳ;
Πάντων μάλιστα.
Μείζω δέ τινα καὶ ὀξυτέραν ἔχεις εἰπεῖν ἡδονὴν τῆς περὶ τὰ
5 ἀφροδίσια;
Οὐκ ἔχω, ἦ δ' ὅς, οὐδέ γε μανικωτέραν.
Ὁ δὲ ὀρθὸς ἔρως πέφυκε κοσμίου τε καὶ καλοῦ σωφρόνως
τε καὶ μουσικῶς ἐρᾶν;
Καὶ μάλα, ἦ δ' ὅς.

10 Οὐδὲν ἄρα προσοιστέον μανικὸν οὐδὲ συγγενὲς ἀκολασίας
τῷ ὀρθῷ ἔρωτι;

c5 γνωρίζωμεν ADF: χωρίζωμεν Theo   ἔνεστιν ADF: ἔστιν Theo
d4 θεᾶσθαι AD Stob.: θεάσασθαι F   d5 πολύ ADF: πάνυ Stob.
d10 εἴ γε Apc, εἴ extra lineam addito, DF Stob.: γε prA   e4 ἤ γε AD
Hunain: εἴ γε F Stob.   403a7 ὀρθῶς Stob.   a11 ὀρθῶς Stob.

Οὐ προσοιστέον.

Οὐ προσοιστέον ἄρα αὕτη ἡ ἡδονή, οὐδὲ κοινωνητέον **b**
αὐτῆς ἐραστῇ τε καὶ παιδικοῖς ὀρθῶς ἐρῶσί τε καὶ ἐρωμένοις;
Οὐ μέντοι μὰ Δί', ἔφη, ὦ Σώκρατες, προσοιστέον.

Οὕτω δή, ὡς ἔοικε, νομοθετήσεις ἐν τῇ οἰκιζομένῃ πόλει,
φιλεῖν μὲν καὶ συνεῖναι καὶ ἅπτεσθαι ὥσπερ ὑέος παιδικῶν 5
ἐραστήν, τῶν καλῶν χάριν, ἐὰν πείθῃ, τὰ δ' ἄλλα οὕτως
ὁμιλεῖν πρὸς ὅν τις σπουδάζοι, ὅπως μηδέποτε δόξει μακρό-
τερα τούτων συγγίγνεσθαι· εἰ δὲ μή, ψόγον ἀμουσίας καὶ **c**
ἀπειροκαλίας ὑφέξοντα.

Οὕτως, ἔφη.

Ἆρ' οὖν, ἦν δ' ἐγώ, καὶ σοὶ φαίνεται τέλος ἡμῖν ἔχειν ὁ περὶ
μουσικῆς λόγος; οἷ γοῦν δεῖ τελευτᾶν, τετελεύτηκεν· δεῖ δέ 5
που τελευτᾶν τὰ μουσικὰ εἰς τὰ τοῦ καλοῦ ἐρωτικά.

Σύμφημι, ἦ δ' ὅς.

Μετὰ δὴ μουσικὴν γυμναστικῇ θρεπτέοι οἱ νεανίαι.

Τί μήν;

Δεῖ μὲν δὴ καὶ ταύτῃ ἀκριβῶς τρέφεσθαι ἐκ παίδων διὰ **d**
βίου. ἔχει δέ πως, ὡς ἐγῷμαι, ὧδε· σκόπει δὲ καὶ σύ. ἐμοὶ μὲν
γὰρ οὐ φαίνεται, ὃ ἂν χρηστὸν ᾖ σῶμα, τοῦτο τῇ αὑτοῦ ἀρετῇ
ψυχὴν ἀγαθὴν ποιεῖν, ἀλλὰ τοὐναντίον ψυχὴ ἀγαθὴ τῇ αὑτῆς
ἀρετῇ σῶμα παρέχειν ὡς οἷόν τε βέλτιστον. σοὶ δὲ πῶς 5
φαίνεται;

Καὶ ἐμοί, ἔφη, οὕτω.

Οὐκοῦν εἰ τὴν διάνοιαν ἱκανῶς θεραπεύσαντες παραδοῖμεν
αὐτῇ τὰ περὶ τὸ σῶμα ἀκριβολογεῖσθαι, ἡμεῖς δὲ ὅσον τοὺς
τύπους ὑφηγησαίμεθα, ἵνα μὴ μακρολογῶμεν, ὀρθῶς ἂν **e**
ποιοῖμεν;

Πάνυ μὲν οὖν.

Μέθης μὲν δὴ εἴπομεν ὅτι ἀφεκτέον αὐτοῖς· παντὶ γάρ που

---

b5 ὥσπερ ADF: ὡς πατὴρ van Herwerden (formam pluralem vocis *patris* praebent Hunain Averroes)   b7 ὁμιλεῖ F   σπουδάζει prF   δόξει A: δόξῃι DF   c8 δὴ om. Stob.   d1 ἀκριβῶς A prD F Stob.: ἀκριβῆ Dpc   d3 τοῦτο τῆι αὑτοῦ AD: τῇ αὑτοῦ τοῦτο F: τῇ αὑτοῦ Stob. d4 ἐμποιεῖν Stob.   d7 οὕτως ἔφη Stob.

5   μᾶλλον ἐγχωρεῖ ἢ φύλακι μεθυσθέντι μὴ εἰδέναι ὅπου γῆς
ἐστιν.

Γελοῖον γάρ, ἦ δ' ὅς, τόν γε φύλακα φύλακος δεῖσθαι.

Τί δὲ δὴ σίτων πέρι; ἀθληταὶ μὲν γὰρ οἱ ἄνδρες τοῦ
μεγίστου ἀγῶνος. ἢ οὐχί;

10   Ναί.

404   Ἆρ' οὖν ἡ τῶνδε τῶν ἀσκητῶν ἕξις προσήκουσ' ἂν εἴη
τούτοις;

Ἴσως.

Ἀλλ', ἦν δ' ἐγώ, ὑπνώδης αὕτη γέ τις καὶ σφαλερὰ πρὸς
5   ὑγίειαν. ἢ οὐχ ὁρᾷς ὅτι καθεύδουσί τε τὸν βίον καί, ἐὰν
σμικρὰ ἐκβῶσιν τῆς τεταγμένης διαίτης, μεγάλα καὶ σφόδρα
νοσοῦσιν οὗτοι οἱ ἀσκηταί;

Ὁρῶ.

Κομψοτέρας δή τινος, ἦν δ' ἐγώ, ἀσκήσεως δεῖ τοῖς
10   πολεμικοῖς ἀθληταῖς, οὕς γε ὥσπερ κύνας ἀγρύπνους τε
ἀνάγκη εἶναι καὶ ὅτι μάλιστα ὀξὺ ὁρᾶν καὶ ἀκούειν καὶ
b   πολλὰς μεταβολὰς ἐν ταῖς στρατείαις μεταβάλλοντας ὑδάτων
τε καὶ τῶν ἄλλων σίτων καὶ εἰλήσεων καὶ χειμώνων μὴ
ἀκροσφαλεῖς εἶναι πρὸς ὑγίειαν.

Φαίνεταί μοι.

5   Ἆρ' οὖν ἡ βελτίστη γυμναστικὴ ἀδελφή τις ἂν εἴη τῆς
μουσικῆς ἣν ὀλίγον πρότερον διῆμεν;

Πῶς λέγεις;

Ἁπλῆ που καὶ ἐπιεικὴς γυμναστική, καὶ μάλιστα ἡ τῶν
περὶ τὸν πόλεμον.

10   Πῇ δή;

Καὶ παρ' Ὁμήρου, ἦν δ' ἐγώ, τά γε τοιαῦτα μάθοι ἄν τις.
οἶσθα γὰρ ὅτι ἐπὶ στρατιᾶς ἐν ταῖς τῶν ἡρώων ἑστιάσεσιν
c   οὔτε ἰχθύσιν αὐτοὺς ἑστιᾷ, καὶ ταῦτα ἐπὶ θαλάττῃ ἐν

e5 ἐγχωρεῖν prD, -ν in ἢ corr. Dpc   404a6 σφοδρὰ A   a10 τε
DF: τε καὶ A   a11 καὶ ἀκούειν AF: ἀκούειν D   b1 στρατείαις F:
στρατιαῖς AD   b2 καὶ τῶν χειμώνων F   b6 μουσικῆς A prD: ἁπλῆς
μουσικῆς Dpc F   b8 που καὶ ADF: που καὶ ⟨ἡ⟩ Adam (articulum
praebet etiam Averroes)   b12 στρατιᾶς AD: στρατίαις F

112

Ἑλλησπόντῳ ὄντας, οὔτε ἐφθοῖς κρέασιν, ἀλλὰ μόνον ὀπτοῖς,
ἃ δὴ μάλιστ᾽ ἂν εἴη στρατιώταις εὔπορα· πανταχοῦ γὰρ ὡς
ἔπος εἰπεῖν αὐτῷ τῷ πυρὶ χρῆσθαι εὐπορώτερον ἢ ἀγγεῖα
συμπεριφέρειν.   5
Καὶ μάλα.
Οὐδὲ μὴν ἡδυσμάτων, ὡς ἐγῷμαι, Ὅμηρος πώποτε
ἐμνήσθη. ἢ τοῦτο μὲν καὶ οἱ ἄλλοι ἀσκηταὶ ἴσασιν, ὅτι τῷ
μέλλοντι σώματι εὖ ἕξειν ἀφεκτέον τῶν τοιούτων ἁπάντων;
Καὶ ὀρθῶς γε, ἔφη, ἴσασί τε καὶ ἀπέχονται.   10
Συρακοσίαν δέ, ὦ φίλε, τράπεζαν καὶ Σικελικὴν ποικιλίαν d
ὄψου, ὡς ἔοικας, οὐκ αἰνεῖς, εἴπερ σοι ταῦτα δοκεῖ ὀρθῶς
ἔχειν.
Οὔ μοι δοκῶ.
Ψέγεις ἄρα καὶ Κορινθίαν κόρην φίλην εἶναι ἀνδράσιν 5
μέλλουσιν εὖ σώματος ἕξειν.
Παντάπασι μὲν οὖν.
Οὐκοῦν καὶ Ἀττικῶν πεμμάτων τὰς δοκούσας εἶναι
εὐπαθείας;
Ἀνάγκη.   10
Ὅλην γάρ, οἶμαι, τὴν τοιαύτην σίτησιν καὶ δίαιταν τῇ
μελοποιίᾳ τε καὶ ᾠδῇ τῇ ἐν τῷ παναρμονίῳ καὶ ἐν πᾶσι
ῥυθμοῖς πεποιημένῃ ἀπεικάζοντες ὀρθῶς ἂν ἀπεικάζοιμεν. e
Πῶς γὰρ οὔ;
Οὐκοῦν ἐκεῖ μὲν ἀκολασίαν ἡ ποικιλία ἐνέτικτεν, ἐνταῦθα
δὲ νόσον, ἡ δὲ ἁπλότης κατὰ μὲν μουσικὴν ἐν ψυχαῖς
σωφροσύνην, κατὰ δὲ γυμναστικὴν ἐν σώμασιν ὑγίειαν;   5
Ἀληθέστατα, ἔφη.
Ἀκολασίας δὲ καὶ νόσων πληθυουσῶν ἐν πόλει ἆρ᾽ οὐ 405
δικαστήριά τε καὶ ἰατρεῖα πολλὰ ἀνοίγεται, καὶ δικανική τε
καὶ ἰατρικὴ σεμνύνονται, ὅταν δὴ καὶ ἐλεύθεροι πολλοὶ καὶ
σφόδρα περὶ αὐτὰ σπουδάζωσιν;
Τί γὰρ οὐ μέλλει;   5

c9 σώματος Cobet   d5 ἄρα ADF: δὲ Athen.   d12 τῶι A: τῇ
DF   405a2–3 δικανικὴ τε καὶ ἰατρικῇ F (quid D praebeat non
constat)

Τῆς δὲ κακῆς τε καὶ αἰσχρᾶς παιδείας ἐν πόλει ἆρα μή τι
μεῖζον ἕξεις λαβεῖν τεκμήριον ἢ τὸ δεῖσθαι ἰατρῶν καὶ
δικαστῶν ἄκρων μὴ μόνον τοὺς φαύλους τε καὶ χειροτέχνας,
ἀλλὰ καὶ τοὺς ἐν ἐλευθέρῳ σχήματι προσποιουμένους τε-
b θράφθαι; ἢ οὐκ αἰσχρὸν δοκεῖ καὶ ἀπαιδευσίας μέγα τεκμή-
ριον τὸ ἐπακτῷ παρ' ἄλλων, ὡς δεσποτῶν τε καὶ κριτῶν, τῷ
δικαίῳ ἀναγκάζεσθαι χρῆσθαι, καὶ ἀπορίᾳ οἰκείων;
Πάντων μὲν οὖν, ἔφη, αἴσχιστον.

5 Ἦ δοκεῖ σοι, ἦν δ' ἐγώ, τούτου αἴσχιον εἶναι τοῦτο, ὅταν
τις μὴ μόνον τὸ πολὺ τοῦ βίου ἐν δικαστηρίοις φεύγων τε καὶ
διώκων κατατρίβηται, ἀλλὰ καὶ ὑπὸ ἀπειροκαλίας ἐπ' αὐτῷ
δὴ τούτῳ πεισθῇ καλλωπίζεσθαι, ὡς δεινὸς ὢν περὶ τὸ
c ἀδικεῖν καὶ ἱκανὸς πάσας μὲν στροφὰς στρέφεσθαι, πάσας
δὲ διεξόδους διεξελθὼν ἀποστραφῆναι λυγιζόμενος, ὥστε μὴ
παρασχεῖν δίκην, καὶ ταῦτα σμικρῶν τε καὶ οὐδενὸς ἀξίων
ἕνεκα, ἀγνοῶν ὅσῳ κάλλιον καὶ ἄμεινον τὸ παρασκευάζειν τὸν
5 βίον αὑτῷ μηδὲν δεῖσθαι νυστάζοντος δικαστοῦ;
Οὔκ, ἀλλὰ τοῦτ', ἔφη, ἐκείνου ἔτι αἴσχιον.

Τὸ δὲ ἰατρικῆς, ἦν δ' ἐγώ, δεῖσθαι ὅτι μὴ τραυμάτων ἕνεκα
d ἤ τινων ἐπετείων νοσημάτων ἐπιπεσόντων, ἀλλὰ δι' ἀργίαν τε
καὶ δίαιταν οἵαν διήλθομεν, ῥευμάτων τε καὶ πνευμάτων
ὥσπερ λίμνας ἐμπιμπλαμένους, φύσας τε καὶ κατάρρους
νοσήμασιν ὀνόματα τίθεσθαι ἀναγκάζειν τοὺς κομψοὺς
5 Ἀσκληπιάδας, οὐκ αἰσχρὸν δοκεῖ;
Καὶ μάλ', ἔφη· ὡς ἀληθῶς καινὰ ταῦτα καὶ ἄτοπα
νοσημάτων ὀνόματα.

Οἷα, ἦν δ' ἐγώ, ὡς οἶμαι, οὐκ ἦν ἐπ' Ἀσκληπιοῦ.
τεκμαίρομαι δέ, ὅτι αὐτοῦ οἱ ὑεῖς ἐν Τροίᾳ Εὐρυπύλῳ
e τετρωμένῳ ἐπ' οἶνον Πράμνειον ἄλφιτα πολλὰ ἐπιπασθέντα

b3 καὶ AD: ὡς F: secl. Astius   b6 τις AD: δή τις F Stob.
c1 μὲν ADF Stob.: om. Phot. Suid.   c2 διεξελθὼν ADF Stob.:
διελθὼν Phot. Suid.   λυγιζόμενος A, Galen.Method.Med., Schol., Phot.,
Suid.: λογιζόμενος D, Galen.Plac.Hipp.Pl., Stob.: αὖ λογιζόμενος F   ὥστε
ADF Phot. Suid.: om. Stob.   c3 παρασχεῖν AD Stob.: παρέχειν F
Phot. Suid.   δίκην AF Stob. Phot. Suid.: om. D   c6 οὔκ AD Stob.:
om. F   d8 ὡς οἶμαι om. D

καὶ τυρὸν ἐπιξυσθέντα, ἃ δὴ δοκεῖ φλεγματώδη εἶναι, οὐκ 406
ἐμέμψαντο τῇ δούσῃ πιεῖν, οὐδὲ Πατρόκλῳ τῷ ἰωμένῳ
ἐπετίμησαν.

Καὶ μὲν δή, ἔφη, ἄτοπόν γε τὸ πῶμα οὕτως ἔχοντι.

Οὔκ, εἴ γ᾽ ἐννοεῖς, εἶπον, ὅτι τῇ παιδαγωγικῇ τῶν 5
νοσημάτων ταύτῃ τῇ νῦν ἰατρικῇ πρὸ τοῦ Ἀσκληπιάδαι οὐκ
ἐχρῶντο, ὥς φασι, πρὶν Ἡρόδικον γενέσθαι. Ἡρόδικος δὲ
παιδοτρίβης ὢν καὶ νοσώδης γενόμενος, μείξας γυμναστικὴν
ἰατρικῇ, ἀπέκναισε πρῶτον μὲν καὶ μάλιστα ἑαυτόν, ἔπειτ᾽ b
ἄλλους ὕστερον πολλούς.

Πῇ δή; ἔφη.

Μακρόν, ἦν δ᾽ ἐγώ, τὸν θάνατον αὐτῷ ποιήσας. παρα-
κολουθῶν γὰρ τῷ νοσήματι θανασίμῳ ὄντι οὔτε ἰάσασθαι, 5
οἶμαι, οἷός τ᾽ ἦν ἑαυτόν, ἐν ἀσχολίᾳ τε πάντων ἰατρευόμενος
διὰ βίου ἔζη, ἀποκναιόμενος εἴ τι τῆς εἰωθυίας διαίτης
ἐκβαίη, δυσθανατῶν δὲ ὑπὸ σοφίας εἰς γῆρας ἀφίκετο.

Καλὸν ἄρα τὸ γέρας, ἔφη, τῆς τέχνης ἠνέγκατο.

Οἷον εἰκός, ἦν δ᾽ ἐγώ, τὸν μὴ εἰδότα ὅτι Ἀσκληπιὸς οὐκ c
ἀγνοίᾳ οὐδὲ ἀπειρίᾳ τούτου τοῦ εἴδους τῆς ἰατρικῆς τοῖς
ἐκγόνοις οὐ κατέδειξεν αὐτό, ἀλλ᾽ εἰδὼς ὅτι πᾶσι τοῖς
εὐνομουμένοις ἔργον τι ἑκάστῳ ἐν τῇ πόλει προστέτακται,
ὃ ἀναγκαῖον ἐργάζεσθαι, καὶ οὐδενὶ σχολὴ διὰ βίου κάμνειν 5
ἰατρευομένῳ. ὃ ἡμεῖς γελοίως ἐπὶ μὲν τῶν δημιουργῶν
αἰσθανόμεθα, ἐπὶ δὲ τῶν πλουσίων τε καὶ εὐδαιμόνων
δοκούντων εἶναι οὐκ αἰσθανόμεθα.

Πῶς; ἔφη.

Τέκτων μέν, ἦν δ᾽ ἐγώ, κάμνων ἀξιοῖ παρὰ τοῦ ἰατροῦ 10
φάρμακον πιὼν ἐξεμέσαι τὸ νόσημα, ἢ κάτω καθαρθεὶς ἢ d
καύσει ἢ τομῇ χρησάμενος ἀπηλλάχθαι· ἐὰν δέ τις αὐτῷ
μακρὰν δίαιταν προστάττῃ, πιλίδιά τε περὶ τὴν κεφαλὴν
περιτιθεὶς καὶ τὰ τούτοις ἑπόμενα, ταχὺ εἶπεν ὅτι οὐ σχολὴ

406a2 ἐμέμψατο D   a5 γ᾽ ἐννοεῖς AD: γε εννοει[Π3, sed γε incerta
lectio: γε νοεῖς F   b4 μακρὸν Π3 ADF Plut. Procl.: μακρὰν F
c5 κάμνειν om. F   c10 μέν om. DF   d1 φάρμακων [sic] D
d3 μακρὰν Laur.CS42 Caesen.D28.4 Averroes: μικρὰν ADF

115

5 κάμνειν οὐδὲ λυσιτελεῖ οὕτω ζῆν, νοσήματι τὸν νοῦν προ-
σέχοντα, τῆς δὲ προκειμένης ἐργασίας ἀμελοῦντα. καὶ μετὰ

e ταῦτα χαίρειν εἰπὼν τῷ τοιούτῳ ἰατρῷ, εἰς τὴν εἰωθυῖαν
δίαιταν ἐμβάς, ὑγιὴς γενόμενος ζῇ τὰ ἑαυτοῦ πράττων· ἐὰν δὲ
μὴ ἱκανὸν ᾖ τὸ σῶμα ὑπενεγκεῖν, τελευτήσας πραγμάτων
ἀπηλλάγη.

5 Καὶ τῷ τοιούτῳ μέν γ', ἔφη, δοκεῖ πρέπειν οὕτω ἰατρικῇ
χρῆσθαι.

407 Ἄρα, ἦν δ' ἐγώ, ὅτι ἦν τι αὐτῷ ἔργον, ὃ εἰ μὴ πράττοι, οὐκ
ἐλυσιτέλει ζῆν;

Δῆλον, ἔφη.

Ὁ δὲ δὴ πλούσιος, ὥς φαμεν, οὐδὲν ἔχει τοιοῦτον ἔργον
5 προκείμενον, οὗ ἀναγκαζομένῳ ἀπέχεσθαι ἀβίωτον.

Οὔκουν δὴ λέγεταί γε.

Φωκυλίδου γάρ, ἦν δ' ἐγώ, οὐκ ἀκούεις πῶς φησι δεῖν,
ὅταν τῳ ἤδη βίος ᾖ, ἀρετὴν ἀσκεῖν;

Οἶμαι δέ γε, ἔφη, καὶ πρότερον.

10 Μηδέν, εἶπον, περὶ τούτου αὐτῷ μαχώμεθα, ἀλλ' ἡμᾶς
αὐτοὺς διδάξωμεν πότερον μελετητέον τοῦτο τῷ πλουσίῳ καὶ

b ἀβίωτον τῷ μὴ μελετῶντι, ἢ νοσοτροφία τεκτονικῇ μὲν καὶ
ταῖς ἄλλαις τέχναις ἐμπόδιον τῇ προσέξει τοῦ νοῦ, τὸ δὲ
Φωκυλίδου παρακέλευμα οὐδὲν ἐμποδίζει.

Ναὶ μὰ τὸν Δία, ἦ δ' ὅς. σχεδόν γέ τι πάντων μάλιστα ἥ γε
5 περαιτέρω γυμναστικῆς ἡ περιττὴ αὕτη ἐπιμέλεια τοῦ
σώματος· καὶ γὰρ πρὸς οἰκονομίας καὶ πρὸς στρατείας καὶ
πρὸς ἑδραίους ἐν πόλει ἀρχὰς δύσκολος.

e3 ἐπενεγκεῖν prF   407a1 ἄρα ἦν AD: ἄρ' οὖν F, fortasse e lectione
ἄρ' οὖν ἦν corruptum   a4 ἔφαμεν D   a7–8 Phocyl. fr. 9 Diehl
a7 πῶς AD: ὃς F   a8 ἤδη βίος ADF: βίος ἱκανὸς Greg.Nazianz.
ἀσκεῖσθαι Greg.Nazianz.   a10 μαχόμεθα prA   a11 διδάξομεν F
καὶ ADF: μόνον ἢ Wilamowitz   b1 ἢ DF: ἡ A: ἢ ἡ Groen van
Prinsterer   b4 ναὶ ADF: καὶ Galen.   post ὅς alterum interloc. ind.
Apc: usque ad c6 σώματος Glauconi continuat Schneider: usque ad
b7 δύσκολος Baiter: usque ad b6 σώματος Ficinus   γέ τι AD: τι γε F
Galen.   ἥ γε ADF: εἴ γε Galen.   b7 ἀρχὰς ἐν πόλει Galen.   post
δύσκολος alt. interl. ind. AF

Τὸ δὲ δὴ μέγιστον, ⟨***⟩, ὅτι καὶ πρὸς μαθήσεις ἀστινα-
σοῦν καὶ ἐννοήσεις τε καὶ μελέτας πρὸς ἑαυτὸν χαλεπή,   c
κεφαλῆς τινας ἀεὶ διατάσεις καὶ ἰλίγγους ὑποπτεύουσα καὶ
αἰτιωμένη ἐκ φιλοσοφίας ἐγγίγνεσθαι, ὥστε, ὅπη ταύτῃ
ἀρετὴ ἀσκεῖται καὶ δοκιμάζεται, πάντῃ ἐμπόδιος· κάμνειν
γὰρ οἴεσθαι ποιεῖ ἀεὶ καὶ ὠδίνοντα μήποτε λήγειν περὶ τοῦ   5
σώματος.

Εἰκός γε, ἔφη.

Οὐκοῦν ταῦτα γιγνώσκοντα φῶμεν καὶ Ἀσκληπιὸν τοὺς
μὲν φύσει τε καὶ διαίτῃ ὑγιεινῶς ἔχοντας τὰ σώματα, νόσημα
δέ τι ἀποκεκριμένον ἴσχοντας ἐν αὐτοῖς, τούτοις μὲν καὶ   d
ταύτῃ τῇ ἕξει καταδεῖξαι ἰατρικήν, φαρμάκοις τε καὶ τομαῖς
τὰ νοσήματα ἐκβάλλοντα αὐτῶν τὴν εἰωθυῖαν προστάττειν
δίαιταν, ἵνα μὴ τὰ πολιτικὰ βλάπτοι· τὰ δ' εἴσω διὰ παντὸς
νενοσηκότα σώματα οὐκ ἐπιχειρεῖν διαίταις κατὰ σμικρὸν   5
ἀπαντλοῦντα καὶ ἐπιχέοντα μακρὸν καὶ κακὸν βίον ἀνθρώπῳ
ποιεῖν, καὶ ἔκγονα αὐτῶν, ὡς τὸ εἰκός, ἕτερα τοιαῦτα
φυτεύειν, ἀλλὰ τὸν μὴ δυνάμενον ἐν τῇ καθεστηκυίᾳ περιόδῳ   e
ζῆν μὴ οἴεσθαι δεῖν θεραπεύειν, ὡς οὔτε αὐτῷ οὔτε πόλει
λυσιτελῆ;

Πολιτικόν, ἔφη, λέγεις Ἀσκληπιόν.

Δῆλον, ἦν δ' ἐγώ· καὶ οἱ παῖδες αὐτοῦ, ὅτι τοιοῦτος ἦν, οὐχ   5
ὁρᾷς ὡς καὶ ἐν Τροίᾳ ἀγαθοὶ πρὸς τὸν πόλεμον ἐφάνησαν, καὶ   408
τῇ ἰατρικῇ, ὡς ἐγὼ λέγω, ἐχρῶντο; ἢ οὐ μέμνησαι ὅτι καὶ τῷ
Μενέλεῳ ἐκ τοῦ τραύματος οὗ ὁ Πάνδαρος ἔβαλεν

αἷμ' ἐκμυζήσαντ' ἐπί τ' ἤπια φάρμακ' ἔπασσον.

b8 δὴ om. Galen.   lacunam statui, verbis ἦν δ' ἐγώ, ἔφην vel
talibus supplendam   c1 τε AD Galen.: om. F   c2 τινὰς Galen.:
τινὸς ADF   διατάσεις Galen.: διαστάσεις ADF   c3 ὥστε ὅπηι ταύτηι
ADF: ὡς ταύτης Galen.   c4 ἀρετὴ Laur.CS42 Caesen.D28.4: ἀρετῆι
ADF Galen.   c5 ποιεῖ A Dpc F Galen.: ποιεῖν prD   c7 εἰκός γε
ἔφη om. DF   c9 τὰ om. D   d3 προστάττειν Apc F: πράττειν
prA D   d4 βλάπτοιτο F   d7 ὡς A: εἰς DF   e3 λυσιτελεῖ F
e4 λέγεις ἔφη F   e5 ὅτι τοιοῦτος ἦν del. J. L. V. Hartman: post ἐγώ
transp. Schneider   408a4 Il. Δ 218–19 ἐκμυζήσαντ' AD: ἐκμυζήσαντες
F: ἐκμύζησάν τ' Laur.80.19pc: ἐκμυζήσας (et mox πάσσε) Hom.

5 ὅτι δ' ἐχρῆν μετὰ τοῦτο ἢ πιεῖν ἢ φαγεῖν οὐδὲν μᾶλλον ἢ τῷ
Εὐρυπύλῳ προσέταττον, ὡς ἱκανῶν ὄντων τῶν φαρμάκων
ἰάσασθαι ἄνδρας πρὸ τῶν τραυμάτων ὑγιεινούς τε καὶ
b κοσμίους ἐν διαίτῃ, κἂν εἰ τύχοιεν ἐν τῷ παραχρῆμα κυκεῶνα
πιόντες· νοσώδη δὲ φύσει τε καὶ ἀκόλαστον οὔτε αὐτοῖς οὔτε
τοῖς ἄλλοις ᾤοντο λυσιτελεῖν ζῆν, οὐδ' ἐπὶ τούτοις τὴν τέχνην
δεῖν εἶναι, οὐδὲ θεραπευτέον αὐτούς, οὐδ' εἰ Μίδου πλουσιώ-
5 τεροι εἶεν.
Πάνυ κομψούς, ἔφη, λέγεις Ἀσκληπιοῦ παῖδας.
Πρέπει, ἦν δ' ἐγώ, καίτοι ἀπειθοῦντές γε ἡμῖν οἱ τραγῳ-
δοποιοί τε καὶ Πίνδαρος Ἀπόλλωνος μέν φασιν Ἀσκληπιὸν
εἶναι, ὑπὸ δὲ χρυσοῦ πεισθῆναι πλούσιον ἄνδρα θανάσιμον
c ἤδη ὄντα ἰάσασθαι, ὅθεν δὴ καὶ κεραυνωθῆναι αὐτόν. ἡμεῖς δὲ
κατὰ τὰ προειρημένα οὐ πειθόμεθα αὐτοῖς ἀμφότερα, ἀλλ' εἰ
μὲν θεοῦ ἦν, οὐκ ἦν, φήσομεν, αἰσχροκερδής, εἰ δὲ αἰσχρο-
κερδής, οὐκ ἦν θεοῦ.
5 Ὀρθότατα, ἦ δ' ὅς, ταῦτά γε. ἀλλὰ περὶ τοῦδε τί λέγεις, ὦ
Σώκρατες; ἆρ' οὐκ ἀγαθοὺς δεῖ ἐν τῇ πόλει κεκτῆσθαι
ἰατρούς; εἶεν δ' ἄν που μάλιστα τοιοῦτοι ὅσοι πλείστους μὲν
ὑγιεινούς, πλείστους δὲ νοσώδεις μετεχειρίσαντο, καὶ δικα-
d σταὶ αὖ ὡσαύτως οἱ παντοδαπαῖς φύσεσιν ὡμιληκότες.
Καὶ μάλα, εἶπον, ἀγαθοὺς λέγω. ἀλλ' οἶσθα οὓς ἡγοῦμαι
τοιούτους;
Ἂν εἴπῃς, ἔφη.
5 Ἀλλὰ πειράσομαι, ἦν δ' ἐγώ· σὺ μέντοι οὐχ ὅμοιον πρᾶγμα
τῷ αὐτῷ λόγῳ ἤρου.
Πῶς; ἔφη.
Ἰατροὶ μέν, εἶπον, δεινότατοι ἂν γένοιντο, εἰ ἐκ παίδων
ἀρξάμενοι πρὸς τῷ μανθάνειν τὴν τέχνην ὡς πλείστοις τε καὶ
e πονηροτάτοις σώμασιν ὁμιλήσειαν καὶ αὐτοὶ πάσας νόσους
κάμοιεν καὶ εἶεν μὴ πάνυ ὑγιεινοὶ φύσει. οὐ γάρ, οἶμαι,

---

a6 προσέταττεν F   τῶν om. D   a7 ἰᾶσθαι F   b8 τε om. F
c2 πεισόμεθα F   c3 μὲν om. Alex.Aphrod.   c5 ὀρθότατά γε DF
d2 μάλα AF Stob.: μάλιστα D   οὓς AD: οἷς [sic] F: ὡς Stob.   d9 τῶι
AD: τὸ F Stob.

σώματι σῶμα θεραπεύουσιν· οὐ γὰρ ἂν αὐτὰ ἐνεχώρει κακὰ
εἶναί ποτε καὶ γενέσθαι· ἀλλὰ ψυχῇ σῶμα, ᾗ οὐκ ἐγχωρεῖ
κακὴν γενομένην τε καὶ οὖσαν εὖ τι θεραπεύειν.   5
Ὀρθῶς, ἔφη.

Δικαστὴς δέ γε, ὦ φίλε, ψυχῇ ψυχῆς ἄρχει, ᾗ οὐκ ἐγχωρεῖ **409**
ἐκ νέας ἐν πονηραῖς ψυχαῖς τεθράφθαι τε καὶ ὡμιληκέναι καὶ
πάντα ἀδικήματα αὐτὴν ἠδικηκυῖαν διεξεληλυθέναι, ὥστε
ὀξέως ἀφ᾽ αὑτῆς τεκμαίρεσθαι τὰ τῶν ἄλλων ἀδικήματα
οἷον κατὰ σῶμα νόσους. ἀλλ᾽ ἄπειρον αὐτὴν καὶ ἀκέραιον 5
δεῖ κακῶν ἠθῶν νέαν οὖσαν γεγονέναι, εἰ μέλλει καλὴ κἀγαθὴ
οὖσα κρινεῖν ὑγιῶς τὰ δίκαια. διὸ δὴ καὶ εὐήθεις νέοι ὄντες οἱ
ἐπιεικεῖς φαίνονται καὶ εὐεξαπάτητοι ὑπὸ τῶν ἀδίκων, ἅτε
οὐκ ἔχοντες ἐν ἑαυτοῖς παραδείγματα ὁμοιοπαθῆ τοῖς πονη- **b**
ροῖς.

Καὶ μὲν δή, ἔφη, σφόδρα γε αὐτὸ πάσχουσι.

Τῷ τοι, ἦν δ᾽ ἐγώ, οὐ νέον ἀλλὰ γέροντα δεῖ τὸν ἀγαθὸν
δικαστὴν εἶναι, ὀψιμαθῆ γεγονότα τῆς ἀδικίας οἷόν ἐστιν, οὐκ 5
οἰκείαν ἐν τῇ αὑτοῦ ψυχῇ ἐνοῦσαν ᾐσθημένον, ἀλλ᾽ ἀλλοτρίαν
ἐν ἀλλοτρίαις μεμελετηκότα ἐν πολλῷ χρόνῳ διαισθάνεσθαι
οἷον πέφυκε κακόν, ἐπιστήμῃ, οὐκ ἐμπειρίᾳ οἰκείᾳ κεχρημέ-
νον.

Γενναιότατος γοῦν, ἔφη, ἔοικεν εἶναι ὁ τοιοῦτος δικαστής. **c**

Καὶ ἀγαθός γε, ἦν δ᾽ ἐγώ, ὃ σὺ ἠρώτας· ὁ γὰρ ἔχων ψυχὴν
ἀγαθὴν ἀγαθός. ὁ δὲ δεινὸς ἐκεῖνος καὶ καχύποπτος, ὁ πολλὰ
αὐτὸς ἠδικηκὼς καὶ πανοῦργός τε καὶ σοφὸς οἰόμενος εἶναι,
ὅταν μὲν ὁμοίοις ὁμιλῇ, δεινὸς φαίνεται ἐξευλαβούμενος, πρὸς 5
τὰ ἐν αὑτῷ παραδείγματα ἀποσκοπῶν· ὅταν δὲ ἀγαθοῖς καὶ
πρεσβυτέροις ἤδη πλησιάσῃ, ἀβέλτερος αὖ φαίνεται, ἀπιστῶν
παρὰ καιρὸν καὶ ἀγνοῶν ὑγιὲς ἦθος, ἅτε οὐκ ἔχων παρά- **d**
δειγμα τοῦ τοιούτου. πλεονάκις δὲ πονηροῖς ἢ χρηστοῖς

e3 σώματι σῶμα AD Stob.: σῶμα σώματι F   e3–4 κακὰ εἶναι
ἐνεχώρει Stob.   409a1 ᾐσθηκυῖαν A Stob.: om. DF   a3 διεξεληλυθέναι
om. Stob.   a7 κρινεῖν A Stob.   b1 ὁμοιοπαθῆ Stob.   b4 τῶ τοι
DF Stob.: τοιγάρτοι A   b7 διαισθάνεσθαι ADF: δεῖ αἰσθάνεσθαι Stob.
c2 γε om. Stob.   ὃ A prD F Stob.: ὃν Dpc vel postera manus   c3 ὁ
πολλὰ ADF: πολλὰ Stob.   d2 δὲ ADF: τε Stob.

119

ἐντυγχάνων σοφώτερος ἢ ἀμαθέστερος δοκεῖ εἶναι αὐτῷ τε
καὶ ἄλλοις.

5 Πάντάπασι μὲν οὖν, ἔφη, ἀληθῆ.

Οὐ τοίνυν, ἦν δ'ἐγώ, τοιοῦτον χρὴ τὸν δικαστὴν ζητεῖν τὸν
ἀγαθόν τε καὶ σοφόν, ἀλλὰ τὸν πρότερον· πονηρία μὲν γὰρ
ἀρετήν τε καὶ αὐτὴν οὔποτ' ἂν γνοίη, ἀρετὴ δὲ φύσεως
παιδευομένης χρόνῳ ἅμα αὐτῆς τε καὶ πονηρίας ἐπιστήμην
e λήψεται. σοφὸς οὖν οὗτος, ὥς μοι δοκεῖ, ἀλλ' οὐχ ὁ κακὸς
γίγνεται.

Καὶ ἐμοί, ἔφη, συνδοκεῖ.

Οὐκοῦν καὶ ἰατρικήν, οἵαν εἴπομεν, μετὰ τῆς τοιαύτης
5 δικαστικῆς κατὰ πόλιν νομοθετήσεις, αἳ τῶν πολιτῶν σοι
410 τοὺς μὲν εὐφυεῖς τὰ σώματα καὶ τὰς ψυχὰς θεραπεύσουσι,
τοὺς δὲ μή, ὅσοι μὲν κατὰ σῶμα τοιοῦτοι, ἀποθνῄσκειν
ἐάσουσιν, τοὺς δὲ κατὰ τὴν ψυχὴν κακοφυεῖς καὶ ἀνιάτους
καὶ αὐτοὶ ἀποκτενοῦσιν;

5 Τὸ γοῦν ἄριστον, ἔφη, αὐτοῖς τε τοῖς πάσχουσιν καὶ τῇ
πόλει οὕτω πέφανται.

Οἱ δὲ δὴ νέοι, ἦν δ' ἐγώ, δῆλον ὅτι εὐλαβήσονταί σοι
δικαστικῆς εἰς χρείαν ἰέναι, τῇ ἁπλῇ ἐκείνῃ μουσικῇ χρώμε-
νοι ἣν δὴ ἔφαμεν σωφροσύνην ἐντίκτειν.

10 Τί μήν; ἔφη.

b Ἆρ' οὖν οὐ κατὰ ταὐτὰ ἴχνη ταῦτα ὁ μουσικὸς γυμνα-
στικὴν διώκων, ἐὰν ἐθέλῃ, αἱρήσει, ὥστε μηδὲν ἰατρικῆς
δεῖσθαι ὅτι μὴ ἀνάγκη;

Ἔμοιγε δοκεῖ.

5 Αὐτὰ μὴν τὰ γυμνάσια καὶ τοὺς πόνους πρὸς τὸ θυμοειδὲς
τῆς φύσεως βλέπων κἀκεῖνο ἐγείρων πονήσει μᾶλλον ἢ πρὸς
ἰσχύν, οὐχ ὥσπερ οἱ ἄλλοι ἀθληταὶ ῥώμης ἕνεκα σιτία καὶ
πόνους μεταχειρίζονται.

d3 σοφώτερος Apc Stob.: ἀσοφώτερος prA DF   εἶναι AD Stob.: om. F
e1 ἐμοί F Stob.   κακός τι Stob.   410a2 κατὰ τὸ σῶμα Stob.
a3 τὴν AD Stob.: om. F   τε καὶ Stob.   a4 καὶ αὐτοὶ Stob.: αὐτοὶ
ADF: αὐταὶ H. Richards   b5 μὴν ADF: μὲν Galen.   b6 κἀκεῖν'
ἐπεγείρων Galen.   b8 πότους Galen.   μεταχειρίζονται Galen.:
μεταχειριεῖται ADF

Ὀρθότατα, ἦ δ᾿ ὅς.

῏Αρ᾿ οὖν, ἦν δ᾿ ἐγώ, ὦ Γλαύκων, καὶ οἱ καθιστάντες 10
μουσικῇ καὶ γυμναστικῇ παιδεύειν οὐχ οὗ ἕνεκά τινες οἴονται c
καθιστᾶσιν, ἵνα τῇ μὲν τὸ σῶμα θεραπεύοιντο, τῇ δὲ τὴν
ψυχήν;

Ἀλλὰ τί μήν; ἔφη.

Κινδυνεύουσιν, ἦν δ᾿ ἐγώ, ἀμφότερα τῆς ψυχῆς ἕνεκα τὸ 5
μέγιστον καθιστάναι.

Πῶς δή;

Οὐκ ἐννοεῖς, εἶπον, ὡς διατίθενται αὐτὴν τὴν διάνοιαν οἳ ἂν
γυμναστικῇ μὲν διὰ βίου ὁμιλήσωσιν, μουσικῆς δὲ μὴ
ἅψωνται; ἢ αὖ ὅσοι ἂν τοὐναντίον διατεθῶσιν;   10

Τίνος δέ, ἦ δ᾿ ὅς, πέρι λέγεις;

Ἀγριότητός τε καὶ σκληρότητος, καὶ αὖ μαλακίας τε καὶ d
ἡμερότητος, ἦν δ᾿ ἐγώ.

Ἔγωγε, ἔφη· ὅτι οἱ μὲν γυμναστικῇ ἀκράτῳ χρησάμενοι
ἀγριώτεροι τοῦ δέοντος ἀποβαίνουσιν, οἱ δὲ μουσικῇ
μαλακώτεροι αὖ γίγνονται ἢ ὡς κάλλιον αὐτοῖς.   5

Καὶ μήν, ἦν δ᾿ ἐγώ, τό γε ἄγριον τὸ θυμοειδὲς ἂν τῆς
φύσεως παρέχοιτο, καὶ ὀρθῶς μὲν τραφὲν ἀνδρεῖον ἂν εἴη,
μᾶλλον δ᾿ ἐπιταθὲν τοῦ δέοντος σκληρόν τε καὶ χαλεπὸν
γίγνοιτ᾿ ἄν, ὡς τὸ εἰκός.

Δοκεῖ μοι, ἔφη.   10

Τί δέ; τὸ ἥμερον οὐχ ἡ φιλόσοφος ἂν ἔχοι φύσις, καὶ e
μᾶλλον μὲν ἀνεθέντος αὐτοῦ μαλακώτερον εἴη τοῦ δέοντος,
καλῶς δὲ τραφέντος ἥμερόν τε καὶ κόσμιον;

Ἔστι ταῦτα.

Δεῖν δέ γέ φαμεν τοὺς φύλακας ἀμφοτέρα ἔχειν τούτω τὼ 5
φύσει.

Δεῖ γάρ.

Οὐκοῦν ἡρμόσθαι δεῖ αὐτὰς πρὸς ἀλλήλας;

Πῶς δ᾿ οὔ;

---

c10 αὖ om. A   d6 γε AD: τε F   e2 εἴη A: ἂν εἴη DF
e3 ἥμερον ADF: σῶφρόν Krohn, alii alia, locus admodum suspectus
e5 ἀμφότερα Schneider: ἀμφότερα ADF

411   Καὶ τοῦ μὲν ἡρμοσμένου σώφρων τε καὶ ἀνδρεία ἡ ψυχή;
Πάνυ γε.
Τοῦ δὲ ἀναρμόστου δειλὴ καὶ ἄγροικος;
Καὶ μάλα.

5   Οὐκοῦν ὅταν μέν τις μουσικῇ παρέχῃ καταυλεῖν καὶ
καταχεῖν τῆς ψυχῆς διὰ τῶν ὤτων, ὥσπερ διὰ χώνης ἃς
νυνδὴ ἡμεῖς ἐλέγομεν τὰς γλυκείας τε καὶ μαλακὰς καὶ
θρηνώδεις ἁρμονίας, καὶ μινυρίζων τε καὶ γεγανωμένος ὑπὸ
τῆς ᾠδῆς διατελῇ τὸν βίον ὅλον, οὗτος τὸ μὲν πρῶτον, εἴ τι
10   θυμοειδὲς εἶχεν, ὥσπερ σίδηρον ἐμάλαξεν καὶ χρήσιμον ἐξ
b   ἀχρήστου καὶ σκληροῦ ἐποίησεν· ὅταν δ᾽ ἐπιχέων μὴ ἀνιῇ
ἀλλὰ κηλῇ, τὸ δὴ μετὰ τοῦτο ἤδη τήκει καὶ λείβει, ἕως ἂν
ἐκτήξῃ τὸν θυμὸν καὶ ἐκτέμῃ ὥσπερ νεῦρα ἐκ τῆς ψυχῆς καὶ
ποιήσῃ μ α λ θ α κ ὸ ν α ἰ χ μ η τ ή ν.
5   Πάνυ μὲν οὖν, ἔφη.

Καὶ ἐὰν μέν γε, ἦν δ᾽ ἐγώ, ἐξ ἀρχῆς φύσει ἄθυμον λάβῃ,
ταχὺ τοῦτο διεπράξατο· ἐὰν δὲ θυμοειδῆ, ἀσθενῆ ποιήσας τὸν
θυμὸν ὀξύρροπον ἀπηργάσατο, ἀπὸ σμικρῶν ταχὺ ἐρεθιζό-
c   μενόν τε καὶ κατασβεννύμενον. ἀκράχολοι οὖν καὶ ὀργίλοι
ἀντὶ θυμοειδοῦς γεγένηνται, δυσκολίας ἔμπλεω.
Κομιδῇ μὲν οὖν.

Τί δὲ ἂν αὖ γυμναστικῇ πολλὰ πονῇ καὶ εὐωχῆται εὖ μάλα,
5   μουσικῆς δὲ καὶ φιλοσοφίας μὴ ἅπτηται; οὐ πρῶτον μὲν εὖ
ἴσχων τὸ σῶμα φρονήματός τε καὶ θυμοῦ ἐμπίμπλαται καὶ
ἀνδρειότερος γίγνεται αὐτὸς αὑτοῦ;
Καὶ μάλα γε.

Τί δὲ ἐπειδὰν ἄλλο μηδὲν πράττῃ μηδὲ κοινωνῇ Μούσης
d   μηδαμῇ; οὐκ εἴ τι καὶ ἐνῆν αὐτοῦ φιλομαθὲς ἐν τῇ ψυχῇ, ἄτε

411a5 ὅταν ADF: ἐπὰν Demetr.   καταυλεῖν ADF Demetr.: καταντλεῖν
Ph. W. van Heusde   a6 τῆς ψυχῆς om. Demetr.   a7 ἡμεῖς om.
Demetr.   λέγομεν Demetr.   τε om. Themist.   a8 τε ADF Demetr.
Phot. Suid.: om. Plut.   b1 ἐπιχέων Morgenstern: ἐπέχων ADF:
καταχέων Demetr.   ἀνῆι Demetr.   b2 δὴ F Demetr.: om. AD   ἤδη
τήκει AD Demetr.: τήκη ἤδη F   b4 Il. P 588   c1 ἀκράχολοι F
Anecd.Bekk.: ἀκρόχολοι AD Themist.   οὖν AD: τε F   c2 γεγένηνται
Asl F: γεγένηται AD   c4 γυμναστικὸς Asl

οὔτε μαθήματος γευόμενον οὐδενός, οὔτε ζητήματος, οὔτε
λόγου μετίσχον, οὔτε τῆς ἄλλης μουσικῆς, ἀσθενές τε καὶ
κωφὸν καὶ τυφλὸν γίγνεται, ἅτε οὐκ ἐγειρόμενον οὐδὲ
τρεφόμενον οὐδὲ διακαθαιρομένων τῶν αἰσθήσεων αὐτοῦ; 5
Οὕτως, ἔφη.

Μισόλογος δή, οἶμαι, ὁ τοιοῦτος γίγνεται καὶ ἄμουσος, καὶ
πειθοῖ μὲν διὰ λόγων οὐδὲν ἔτι χρῆται, βίᾳ δὲ καὶ ἀγριότητι
ὥσπερ θηρίον πρὸς πάντα διαπράττεται, καὶ ἐν ἀμαθίᾳ καὶ e
σκαιότητι μετὰ ἀρρυθμίας τε καὶ ἀχαριστίας ζῇ.
Παντάπασιν, ἦ δ᾽ ὅς, οὕτως ἔχει.

Ἐπ[ε]ὶ δὴ δύ᾽ ὄντε τούτω, ὡς ἔοικε, δύο τέχνα θεὸν ἔγωγ᾽
ἄν τινα φαίην δεδωκέναι τοῖς ἀνθρώποις, μουσικήν τε καὶ 5
γυμναστικὴν ἐπὶ τὸ θυμοειδὲς καὶ τὸ φιλόσοφον, οὐκ ἐπὶ
ψυχὴν καὶ σῶμα, εἰ μὴ εἰ πάρεργον, ἀλλ᾽ ἐπ᾽ ἐκείνω, ὅπως ἂν
ἀλλήλοιν συναρμοσθῆτον ἐπιτεινομένω καὶ ἀνιεμένω μέχρι 412
τοῦ προσήκοντος.
Καὶ γὰρ ἔοικεν, ἔφη.

Τὸν κάλλιστ᾽ ἄρα μουσικῇ γυμναστικὴν κεραννύντα καὶ
μετριώτατα τῇ ψυχῇ προσφέροντα, τοῦτον ὀρθότατ᾽ ἂν φαῖ- 5
μεν εἶναι τελέως μουσικώτατον καὶ εὐαρμοστότατον, πολὺ
μᾶλλον ἢ τὸν τὰς χορδὰς ἀλλήλαις συνιστάντα.
Εἰκότως γ᾽, ἔφη, ὦ Σώκρατες.

Οὐκοῦν καὶ ἐν τῇ πόλει ἡμῖν, ὦ Γλαύκων, δεήσει τοῦ
τοιούτου τινὸς ἀεὶ ἐπιστάτου, εἰ μέλλει ἡ πολιτεία σώζεσθαι; b
Δεήσει μέντοι, ὡς οἷόν τέ γε μάλιστα.

Οἱ μὲν δὴ τύποι τῆς παιδείας τε καὶ τροφῆς οὗτοι ἂν εἶεν.
χορείας γὰρ τί ἄν τις διεξίοι τῶν τοιούτων καὶ θήρας τε καὶ
κυνηγέσια καὶ γυμνικοὺς ἀγῶνας καὶ ἱππικούς; σχεδὸν γάρ τι 5
δῆλα δὴ ὅτι τούτοις ἑπόμενα δεῖ αὐτὰ εἶναι, καὶ οὐκέτι
χαλεπὰ εὑρεῖν.

---

d2 γευόμενον Par.1810: γενομένου DF: γενομένου A   ει δια-
πράττεται ADF: secl. K. F. Hermann: διατάττεται Laur.80.7, alii
e2 ἀχαρισίας Asl   e4 ἐπὶ δὴ Laur.80.19pc: ἐπειδὴ ADF   δύ᾽ ὄντε AD:
δυοῖν τε F   e7 εἰ μὴ εἰ AD: εἰ μὴ F   ἐκείνω F (sed fortasse dativum
voluit): ἐκείνωι AD   412a9 τοῦ del. Laur.80.19pc   b3 τε om. F
b6 τούτοις AF: τοιούτοις D

Ἴσως, ἦ δ᾽ ὅς, οὐ χαλεπά.

Εἶεν, ἦν δ᾽ ἐγώ· τὸ δὴ μετὰ τοῦτο τί ἂν ἡμῖν διαιρετέον εἴη;

c ἆρ᾽ οὐκ αὐτῶν τούτων οἵτινες ἄρξουσί τε καὶ ἄρξονται;

Τί μήν;

Ὅτι μὲν πρεσβυτέρους τοὺς ἄρχοντας δεῖ εἶναι, νεωτέρους δὲ τοὺς ἀρχομένους, δῆλον;

5 Δῆλον.

Καὶ ὅτι γε τοὺς ἀρίστους αὐτῶν;

Καὶ τοῦτο.

Οἱ δὲ γεωργῶν ἄριστοι ἆρ᾽ οὐ γεωργικώτατοι γίγνονται;

Ναί.

10 Νῦν δ᾽, ἐπειδὴ φυλάκων αὐτοὺς ἀρίστους δεῖ εἶναι, ἆρ᾽ οὐ φυλακικωτάτους πόλεως;

Ναί.

Οὐκοῦν φρονίμους τε εἰς τοῦτο δεῖ ὑπάρχειν καὶ δυνατοὺς καὶ ἔτι κηδεμόνας τῆς πόλεως;

d Ἔστι ταῦτα.

Κήδοιτο δέ γ᾽ ἄν τις μάλιστα τούτου ὃ τυγχάνοι φιλῶν.

Ἀνάγκη.

Καὶ μὴν τοῦτό γ᾽ ἂν μάλιστα φιλοῖ, ᾧ συμφέρειν ἡγοῖτο τὰ

5 αὐτὰ καὶ ἑαυτῷ καὶ [ὅταν μάλιστα] ἐκείνου μὲν εὖ πράττοντος οἴοιτο συμβαίνειν καὶ ἑαυτῷ εὖ πράττειν, μηδέ, τοὐναντίον.

Οὕτως, ἔφη.

Ἐκλεκτέον ἄρ᾽ ἐκ τῶν ἄλλων φυλάκων τοιούτους ἄνδρας,

10 οἳ ἂν σκοποῦσιν ἡμῖν μάλιστα φαίνωνται παρὰ πάντα τὸν

e βίον, ὃ μὲν ἂν τῇ πόλει ἡγήσωνται συμφέρειν, πάσῃ προθυμίᾳ ποιεῖν, ὃ δ᾽ ἂν μή, μηδενὶ τρόπῳ πρᾶξαι ἂν ἐθέλειν.

Ἐπιτήδειοι γάρ, ἔφη.

c3 ὅτι AD: οὐκοῦν ὅτι F Stob.   c5 δῆλον om. F Stob.   c6 αὐτῶν τούτων Stob.   c10 δεῖ εἶναι AD Stob.: εἶναι δεῖ F   d2 δέ γ᾽ Π4 ADF: δ᾽ Stob.   τυγχάνει F Stob. (Π4 deficit)   d4 ᾧ Π4 AD Stob.: ὃ F   d5 καὶ ὅταν μάλιστα AD: ὅταν μάλιστα F: καὶ ὅτι μάλιστα Π4(u.v.) Stob.: καὶ K. F. Hermann   d6 οἴοιτο A Stob.: οἴοιτο ἃ F, ἃ fortasse ex ἂν corruptum: οἷον τὸ D (Π4 deficit)   d9 λεκτέον Stob.   d10 μάλιστα om. Stob.

Δοκεῖ δή μοι τηρητέον αὐτοὺς εἶναι ἐν ἁπάσαις ταῖς
ἡλικίαις, εἰ φυλακικοί εἰσι τούτου τοῦ δόγματος, καὶ μήτε 5
γοητευόμενοι μήτε βιαζόμενοι ἐκβάλλουσιν ἐπιλανθανόμενοι
δόξαν τὴν τοῦ ποιεῖν δεῖν ἃ τῇ πόλει βέλτιστα.

Τίνα, ἔφη, λέγεις τὴν ἐκβολήν;

Ἐγώ σοι, ἔφην, ἐρῶ. φαίνεταί μοι δόξα ἐξιέναι ἐκ διανοίας
ἢ ἑκουσίως ἢ ἀκουσίως· ἑκουσίως μὲν ἡ ψευδὴς τοῦ μετα- 413
μανθάνοντος, ἀκουσίως δὲ πᾶσα ἡ ἀληθής.

Τὸ μὲν τῆς ἑκουσίου, ἔφη, μανθάνω, τὸ δὲ τῆς ἀκουσίου
δέομαι μαθεῖν.

Τί δέ; οὐ καὶ σὺ ἡγῇ, ἔφην ἐγώ, τῶν μὲν ἀγαθῶν ἀκουσίως 5
στέρεσθαι τοὺς ἀνθρώπους, τῶν δὲ κακῶν ἑκουσίως; ἢ οὐ τὸ
μὲν ἐψεῦσθαι τῆς ἀληθείας κακόν, τὸ δὲ ἀληθεύειν ἀγαθόν; ἢ
οὐ τὸ τὰ ὄντα δοξάζειν ἀληθεύειν δοκεῖ σοι εἶναι;

Ἀλλ', ἦ δ' ὅς, ὀρθῶς λέγεις, καί μοι δοκοῦσιν ἄκοντες
ἀληθοῦς δόξης στερίσκεσθαι. 10

Οὐκοῦν κλαπέντες ἢ γοητευθέντες ἢ βιασθέντες τοῦτο b
πάσχουσιν;

Οὐδὲ νῦν, ἔφη, μανθάνω.

Τραγικῶς, ἦν δ' ἐγώ, κινδυνεύω λέγειν. κλαπέντας μὲν γὰρ
τοὺς μεταπεισθέντας λέγω καὶ τοὺς ἐπιλανθανομένους, ὅτι 5
τῶν μὲν χρόνος, τῶν δὲ λόγος ἐξαιρούμενος λανθάνει. νῦν γάρ
που μανθάνεις;

Ναί.

Τοὺς τοίνυν βιασθέντας λέγω οὓς ἂν ὀδύνη τις ἢ ἀλγηδὼν
μεταδοξάσαι ποιήσῃ. 10

Καὶ τοῦτ', ἔφη, ἔμαθον, καὶ ὀρθῶς λέγεις.

Τοὺς μὴν γοητευθέντας, ὡς ἐγᾦμαι, κἂν σὺ φαίης εἶναι οἳ c
ἂν μεταδοξάσωσιν ἢ ὑφ' ἡδονῆς κηληθέντες ἢ ὑπὸ φόβου τι
δείσαντες.

e6 ἐκβάλλουσιν ADF: οἳ ἐκβάλλοιεν Stob.: οἷοι ἐκβάλλειν Burnet
413b4 τραγικῶς AD: τραγικῶς γὰρ F: τραγικῶς ἄρα Stob.   μὲν ADF
Clem.: om. Stob.   b6 χρόνος ADF Stob.: ὁ χρόνος Clem.   λόγος
ADF Stob.: ὁ λόγος Clem.   c1 μὴν AD Stob.: μὲν F   c2 ἢ ὑφ'
AD Stob.: ὑφ' F: ἤτοι ὑφ' Clem.   κηληθέντες ADF Meth.: κληθέντες
Clem. Stob.   τι ADF Stob.: om. Clem.

Ἔοικε γάρ, ἦ δ' ὅς, γοητεύειν πάντα ὅσα ἀπατᾷ.

5 Ὁ τοίνυν ἄρτι ἔλεγον, ζητητέον τίνες ἄριστοι φύλακες τοῦ παρ' αὐτοῖς δόγματος, τοῦτο ὡς ποιητέον ὃ ἂν τῇ πόλει ἀεὶ δοκῶσι βέλτιστον εἶναι αὐτοῖς ποιεῖν. τηρητέον δὴ εὐθὺς ἐκ παίδων προθεμένοις ἔργα ἐν οἷς ἄν τις τὸ τοιοῦτον μάλιστα ἐπιλανθάνοιτο καὶ ἐξαπατῷτο, καὶ τὸν μὲν μνήμονα καὶ
d δυσεξαπάτητον ἐγκριτέον, τὸν δὲ μὴ ἀποκριτέον. ἦ γάρ; Ναί.

Καὶ πόνους γε αὖ καὶ ἀλγηδόνας καὶ ἀγῶνας αὐτοῖς θετέον, ἐν οἷς ταὐτὰ ταῦτα τηρητέον.

5 Ὀρθῶς, ἔφη.

Οὐκοῦν, ἦν δ' ἐγώ, καὶ τρίτου εἴδους τοῦ τῆς γοητείας ἅμιλλαν ποιητέον, καὶ θεατέον· ὥσπερ τοὺς πώλους ἐπὶ τοὺς ψόφους τε καὶ θορύβους ἄγοντες σκοποῦσιν εἰ φοβεροί, οὕτω νέους ὄντας εἰς δείματ' ἄττα κομιστέον καὶ εἰς ἡδονὰς αὖ
e μεταβλητέον, βασανίζοντας πολὺ μᾶλλον ἢ χρυσὸν ἐν πυρί. εἰ δυσγοήτευτος καὶ εὐσχήμων ἐν πᾶσι φαίνεται, φύλαξ αὑτοῦ ὢν ἀγαθὸς καὶ μουσικῆς ἧς ἐμάνθανεν, εὔρυθμόν τε καὶ εὐάρμοστον ἑαυτὸν ἐν πᾶσι τούτοις παρέχων, οἷος δὴ ἂν ὢν
5 καὶ ἑαυτῷ καὶ πόλει χρησιμώτατος εἴη. καὶ τὸν ἀεὶ ἔν τε παισὶ καὶ νεανίσκοις καὶ ἐν ἀνδράσι βασανιζόμενον καὶ
414 ἀκήρατον ἐκβαίνοντα καταστατέον ἄρχοντα τῆς πόλεως καὶ φύλακα, καὶ τιμὰς δοτέον καὶ ζῶντι καὶ τελευτήσαντι, τάφων τε καὶ τῶν ἄλλων μνημείων μέγιστα γέρα λαγχάνοντα· τὸν δὲ μὴ τοιοῦτον ἀποκριτέον. τοιαύτη τις, ἦν δ' ἐγώ, δοκεῖ μοι, ὦ

c6 τοῦτο ADF: τοῦ Stob., fortasse recte   ὃ ADF: ὁ δ' Stob.   ἀεὶ Apc Stob.: α prA: ἃ DF   c7 αὐτοῖς ποιεῖν ADF Stob.: secl. Bessarion   δὴ AD Stob.: δὲ F   d3 πόνους ADF: πόνων Stob. (Π4 deficit)   γε Π4pc ADF: τε prΠ4 Stob.   ἀλγηδόνας καὶ ἀγῶνας ADF: ἀλγηδόνων ἀγῶνας Stob.   d6 τοῦ τῆς Stob.: τούτοις AF: τούτους D   d9 ἄττα om. Stob.   e2 καὶ AF Stob.: om. D   ἅπασι F Stob.   e3 καὶ τῆς μουσικῆς F Stob.   e4 παρασχών Stob.   ἂν ὢν ADF: ἂν Stob.: ὢν R. B. Hirschig   e5 εἴη Π4(u.v.) AD Stob.(A): ἂν εἴη F Stob.(M)   e6 ἐν ἀνδράσι Π4(u.v.) ADF: ἀνδράσι Stob.   414a2 τελευτήσαντι AD Aristid.(u.v.): τελευτῶντι F: τετελευτηκότι Stob.   a3 γέρα ADF: ἱερὰ Stob.   a4–5 δοκεῖ μοι ὦ γλαύκων Π4 ADF: ὦ γλαύκων δοκεῖ μοι Stob.

Γλαύκων, ἡ ἐκλογὴ εἶναι καὶ κατάστασις τῶν ἀρχόντων τε 5
καὶ φυλάκων, ὡς ἐν τύπῳ, μὴ δι' ἀκριβείας, εἰρῆσθαι.

Καὶ ἐμοί, ἦ δ' ὅς, οὕτως πῃ φαίνεται.

Ἆρ' οὖν ὡς ἀληθῶς ὀρθότατον καλεῖν τούτους μὲν φύλακας b
παντελεῖς τῶν τε ἔξωθεν πολεμίων τῶν τε ἐντὸς φιλίων, ὅπως
οἱ μὲν μὴ βουλήσονται, οἱ δὲ μὴ δυνήσονται κακουργεῖν, τοὺς
δὲ νέους, οὓς δὴ νῦν φύλακας ἐκαλοῦμεν, ἐπικούρους τε καὶ
βοηθοὺς τοῖς τῶν ἀρχόντων δόγμασιν; 5

Ἔμοιγε δοκεῖ, ἔφη.

Τίς ἂν οὖν ἡμῖν, ἦν δ' ἐγώ, μηχανὴ γένοιτο τῶν ψευδῶν
τῶν ἐν δέοντι γιγνομένων, ὧν δὴ νῦν ἐλέγομεν, γενναῖόν τι ἓν
ψευδομένους πεῖσαι μάλιστα μὲν καὶ αὐτοὺς τοὺς ἄρχοντας· c
εἰ δὲ μή, τὴν ἄλλην πόλιν;

Ποῖόν τι; ἔφη.

Μηδὲν καινόν, ἦν δ' ἐγώ, ἀλλὰ Φοινικικόν τι, πρότερον μὲν
ἤδη πολλαχοῦ γεγονός, ὥς φασιν οἱ ποιηταὶ καὶ πεπείκασιν, 5
ἐφ' ἡμῶν δὲ οὐ γεγονὸς οὐδ' οἶδα εἰ γενόμενον ἄν, πεῖσαι δὲ
συχνῆς πειθοῦς.

Ὡς ἔοικας, ἔφη, ὀκνοῦντι λέγειν.

Δόξω δέ σοι, ἦν δ' ἐγώ, καὶ μάλ' εἰκότως ὀκνεῖν, ἐπειδὰν
εἴπω. 10

Λέγ', ἔφη, καὶ μὴ φοβοῦ.

Λέγω δή· καίτοι οὐκ οἶδα ὁποίᾳ τόλμῃ ἢ ποίοις λόγοις d
χρώμενος ἐρῶ, καὶ ἐπιχειρήσω πρῶτον μὲν αὐτοὺς τοὺς
ἄρχοντας πείθειν καὶ τοὺς στρατιώτας, ἔπειτα δὲ καὶ τὴν
ἄλλην πόλιν, ὡς ἄρ' ἃ ἡμεῖς αὐτοὺς ἐτρέφομέν τε καὶ
ἐπαιδεύομεν, ὥσπερ ὀνείρατα ἐδόκουν ταῦτα πάντα πάσχειν 5
τε καὶ γίγνεσθαι περὶ αὐτούς, ἦσαν δὲ τότε τῇ ἀληθείᾳ ὑπὸ
γῆς ἐντὸς πλαττόμενοι καὶ τρεφόμενοι, καὶ αὐτοὶ καὶ τὰ ὅπλα
αὐτῶν καὶ ἡ ἄλλη σκευὴ δημιουργουμένη, ἐπειδὴ δὲ παν-
τελῶς ἐξειργασμένοι ἦσαν, καὶ ἡ γῆ αὐτοὺς μήτηρ οὖσα e

a6 τύπωι Π4(u.v.) ADF Niceph.Greg.: τύποις Stob.   b2 φιλίων
Π4 ADF: φίλων Stob.   b3 οἱ μὲν Π4 ADF: om. Stob.   b4 δὴ
νῦν Π4 AD Stob.: νῦν δὴ F   c6 οἶδα Π4(u.v.) ADF: οἶδ' ἂν van
Herwerden   ἄν Π4(u.v.) ADF: secl. van Herwerden   c9 δέ AD: γέ
Π4 F   d1 ὁποίαι AD: ποῖα F   ἢ AD: καὶ F   d3 δὲ καὶ AD: δὲ F
et καὶ sl   e1 καὶ del. Vind.89pc, fortasse recte

ἀνῆκεν, καὶ νῦν δὴ ὡς περὶ μητρὸς καὶ τροφοῦ τῆς χώρας ἐν ᾗ
εἰσι βουλεύεσθαί τε καὶ ἀμύνειν αὐτούς, ἐάν τις ἐπ' αὐτὴν ἴῃ,
καὶ ὑπὲρ τῶν ἄλλων πολιτῶν ὡς ἀδελφῶν ὄντων καὶ γηγενῶν
5 διανοεῖσθαι.
    Οὐκ ἐτός, ἔφη, πάλαι ᾐσχύνου τὸ ψεῦδος λέγειν.
415   Πάνυ, ἦν δ' ἐγώ, εἰκότως· ἀλλ' ὅμως ἄκουε καὶ τὸ λοιπὸν
τοῦ μύθου. ἐστὲ μὲν γὰρ δὴ πάντες οἱ ἐν τῇ πόλει ἀδελφοί, ὡς
φήσομεν πρὸς αὐτοὺς μυθολογοῦντες, ἀλλ' ὁ θεὸς πλάττων,
ὅσοι μὲν ὑμῶν ἱκανοὶ ἄρχειν, χρυσὸν ἐν τῇ γενέσει συνέμειξεν
5 αὐτοῖς, δι' ὃ τιμιώτατοί εἰσιν· ὅσοι δ' ἐπίκουροι, ἄργυρον·
σίδηρον δὲ καὶ χαλκὸν τοῖς τε γεωργοῖς καὶ τοῖς ἄλλοις
δημιουργοῖς. ἅτε οὖν συγγενεῖς ὄντες πάντες τὸ μὲν πολὺ
b ὁμοίους ἂν ὑμῖν αὐτοῖς γεννῷτε, ἔστι δ' ὅτε ἐκ χρυσοῦ
γεννηθείη ἂν ἀργυροῦν καὶ ἐξ ἀργυροῦ χρυσοῦν ἔκγονον καὶ
τἆλλα πάντα οὕτως ἐξ ἀλλήλων. τοῖς οὖν ἄρχουσι καὶ πρῶτον
καὶ μάλιστα παραγγέλλει ὁ θεός, ὅπως μηδενὸς οὕτω
5 φύλακες ἀγαθοὶ ἔσονται μηδ' οὕτω σφόδρα φυλάξουσι
μηδὲν ὡς τοὺς ἐκγόνους, ὅτι αὐτοῖς τούτων ἐν ταῖς ψυχαῖς
παραμέμεικται. καὶ ἐάν τε σφέτερος ἔκγονος ὑπόχαλκος ἢ
c ὑποσίδηρος γένηται, μηδενὶ τρόπῳ κατελεήσουσιν, ἀλλὰ τὴν
τῇ φύσει προσήκουσαν τιμὴν ἀποδόντες ὤσουσιν εἰς δημιουρ-
γοὺς ἢ εἰς γεωργούς, καὶ ἂν αὖ ἐκ τούτων τις ὑπόχρυσος ἢ
ὑπάργυρος φύῃ, τιμήσαντες ἀνάξουσι τοὺς μὲν εἰς φυλακήν,
5 τοὺς δὲ εἰς ἐπικουρίαν, ὡς χρησμοῦ ὄντος τότε τὴν πόλιν
διαφθαρῆναι, ὅταν αὐτὴν ὁ σιδηροῦς φύλαξ ἢ ὁ χαλκοῦς

e2 δὴ ADF: δεῖ Laur.80.19pc   415a2 ἐστὲ μὲν ADF, Clem. bis:
ἐσμὲν Euseb.   γὰρ ADF, Clem.V 98, Euseb.: om. Clem.V 133   δὴ
ADF, Clem.V 133, Euseb.: om. Clem.V 98   πάντες ADF, Clem.V 133,
Euseb.: πάντως Clem.V 98   a6 τε om. Clem. Euseb.   a7 ἅπαντες
Euseb.   b1 γεννῶνται F Euseb.   b3 ἐξ ἀλλήλων οὕτως Euseb.
b5 ἔσονται ADF: γένωνται Euseb.   φυλάξωσι F Euseb.   b7 τε om.
Euseb.   c1 κατελεήσωσιν Euseb.   c2 ἀποδιδόντες Euseb.
c2–3 εἰς δημιουργοὺς ἢ εἰς γεωργοὺς AD: ἢ εἰς δημιουργοὺς ἢ εἰς γεωργοὺς F:
ἢ εἰς δημιουργοὺς ἢ γεωργοὺς Euseb.   c3 τις ADF: ἢ Euseb.
c4 φυῆι ADF: φυῆι τις Euseb.   c6 σιδηροῦς Apc F Euseb.: σίδηρος
prA D

φυλάξῃ. τοῦτον οὖν τὸν μῦθον ὅπως ἂν πεισθεῖεν, ἔχεις τινὰ
μηχανήν;

Οὐδαμῶς, ἔφη, ὅπως γ᾽ ἂν αὐτοὶ οὗτοι· ὅπως μέντἂν οἱ
τούτων ὑεῖς καὶ οἱ ἔπειτα οἵ τ᾽ ἄλλοι ἄνθρωποι οἱ ὕστερον. d
Ἀλλὰ καὶ τοῦτο, ἦν δ᾽ ἐγώ, εὖ ἂν ἔχοι πρὸς τὸ μᾶλλον
αὐτοὺς τῆς πόλεώς τε καὶ ἀλλήλων κήδεσθαι· σχεδὸν γάρ τι
μανθάνω ὃ λέγεις. καὶ τοῦτο μὲν δὴ ἕξει ὅπῃ ἂν αὐτὸ ἡ φήμη
ἀγάγῃ· ἡμεῖς δὲ τούτους τοὺς γηγενεῖς ὁπλίσαντες προάγω- 5
μεν ἡγουμένων τῶν ἀρχόντων. ἐλθόντες δὲ θεασάσθων τῆς
πόλεως ὅπου κάλλιστον στρατοπεδεύσασθαι, ὅθεν τούς τε
ἔνδον μάλιστ᾽ ἂν κατέχοιεν, εἴ τις μὴ ἐθέλοι τοῖς νόμοις e
πείθεσθαι, τούς τε ἔξωθεν ἀπαμύνοιεν, εἰ πολέμιος ὥσπερ
λύκος ἐπὶ ποίμνην τις ἴοι. στρατοπεδευσάμενοι δέ, θύσαντες
οἷς χρή, εὐνὰς ποιησάσθων. ἢ πῶς;

Οὕτως, ἔφη. 5

Οὐκοῦν τοιαύτας οἵας χειμῶνός τε στέγειν καὶ θέρους
ἱκανὰς εἶναι;

Πῶς γὰρ οὐχί; οἰκήσεις γάρ, ἔφη, δοκεῖς μοι λέγειν.

Ναί, ἦν δ᾽ ἐγώ, στρατιωτικάς γε, ἀλλ᾽ οὐ χρηματιστικάς.

Πῶς, ἔφη, αὖ τοῦτο λέγεις διαφέρειν ἐκείνου; 416

Ἐγώ σοι, ἦν δ᾽ ἐγώ, πειράσομαι εἰπεῖν. δεινότατον γάρ που
πάντων καὶ αἴσχιστον ποιμέσι τοιούτους γε καὶ οὕτω τρέφειν
κύνας ἐπικούρους ποιμνίων, ὥστε ὑπὸ ἀκολασίας ἢ λιμοῦ ἤ
τινος ἄλλου κακοῦ ἔθους αὐτοὺς τοὺς κύνας ἐπιχειρῆσαι τοῖς 5
προβάτοις κακουργεῖν, καὶ ἀντὶ κυνῶν λύκοις ὁμοιωθῆναι.

Δεινόν, ἦ δ᾽ ὅς· πῶς δ᾽ οὔ;

Οὐκοῦν φυλακτέον παντὶ τρόπῳ μὴ τοιοῦτον ἡμῖν οἱ b
ἐπίκουροι ποιήσωσι πρὸς τοὺς πολίτας, ἐπειδὴ αὐτῶν κρείτ-
τους εἰσίν, ἀντὶ συμμάχων εὐμενῶν δεσπόταις ἀγρίοις
ἀφομοιωθῶσιν;

Φυλακτέον, ἔφη. 5

---

c7 διαφυλάξηι Euseb.　　d5 προάγομεν F, sed fortasse προάγωμεν pc
e3 δέ om. F　　e8 δοκεῖ D　　e9 ναὶ ἦν AF: νῦν D　　γε AD Fpc: δὲ
prF　　416a3 αἴσχιστον F: αἴσχιστόν που A: αἴσχιόν που D　　γε AD: τε F
a6 κακουργεῖν ADF Averroes: secl. Madvig

Οὐκοῦν τὴν μεγίστην τῆς εὐλαβείας παρεσκευασμένοι ἂν εἶεν, εἰ τῷ ὄντι καλῶς πεπαιδευμένοι εἰσίν;

Ἀλλὰ μήν εἰσίν γ', ἔφη.

Καὶ ἐγὼ εἶπον· Τοῦτο μὲν οὐκ ἄξιον διισχυρίζεσθαι, ὦ
10 φίλε Γλαύκων· ὃ μέντοι ἄρτι ἐλέγομεν ἄξιον, ὅτι δεῖ αὐτοὺς
c τῆς ὀρθῆς τυχεῖν παιδείας, ἥτις ποτέ ἐστιν, εἰ μέλλουσι τὸ
μέγιστον ἔχειν πρὸς τὸ ἥμεροι εἶναι αὐτοῖς τε καὶ τοῖς
φυλαττομένοις ὑπ' αὐτῶν.

Καὶ ὀρθῶς γε, ἦ δ' ὅς.

5 Πρὸς τοίνυν τῇ παιδείᾳ ταύτῃ φαίη ἄν τις νοῦν ἔχων δεῖν
καὶ τὰς οἰκήσεις καὶ τὴν ἄλλην οὐσίαν τοιαύτην αὐτοῖς
παρεσκευάσθαι, ἥτις μήτε τοῦ[ς] φύλακας ὡς ἀρίστους
d εἶναι παύσει αὐτούς, κακουργεῖν τε μὴ ἐπαρεῖ περὶ τοὺς
ἄλλους πολίτας.

Καὶ ἀληθῶς γε φήσει.

Ὅρα δή, εἶπον ἐγώ, εἰ τοιόνδε τινὰ τρόπον δεῖ αὐτοὺς ζῆν
5 τε καὶ οἰκεῖν, εἰ μέλλουσι τοιοῦτοι ἔσεσθαι. πρῶτον μὲν
οὐσίαν κεκτημένον μηδεμίαν μηδένα ἰδίαν, ὧν μὴ πᾶσα
ἀνάγκη· ἔπειτα οἴκησιν καὶ ταμιεῖον μηδενὶ εἶναι μηδὲν
τοιοῦτον, εἰς ὃ οὐ πᾶς ὁ βουλόμενος εἴσεισι. τὰ δ' ἐπιτήδεια,
ὅσων δέονται ἄνδρες ἀθληταὶ πολέμου σώφρονές τε καὶ
e ἀνδρεῖοι, ταξαμένους παρὰ τῶν ἄλλων πολιτῶν δέχεσθαι
μισθὸν τῆς φυλακῆς τοσοῦτον ὅσον μήτε περιεῖναι αὐτοῖς
εἰς τὸν ἐνιαυτὸν μήτε ἐνδεῖν· φοιτῶντας δὲ εἰς συσσίτια
ὥσπερ ἐστρατοπεδευμένους κοινῇ ζῆν. χρυσίον δὲ καὶ ἀρ-
5 γύριον εἰπεῖν αὐτοῖς ὅτι θεῖον παρὰ θεῶν ἀεὶ ἐν τῇ ψυχῇ
ἔχουσι καὶ οὐδὲν προσδέονται τοῦ ἀνθρωπείου, οὐδὲ ὅσια τὴν

b6 τὴν AD: τὴν μὲν F   b9 ἐγὼ F: ἔγωγ' AD   c2 ἔχειν ADF:
ἕξειν Stob.   ἥμερον F Stob.   c7 παρεσκευάσθαι DF Stob.:
παρασκευάσασθαι A   τοῦ Cobet: τοὺς ADF Stob.   d1 εἶναι παύσει F:
εἶναι παύσει AD: ἀναγκάσει Stob.   τε μὴ ADF: μήτε Stob.   ἐπαρεῖ
Bekker: ἐπάρηι AD: ἐπάροι F: ἐπαίρει Stob.   d6 κεκτημένον AD:
κεκτημένοι F: κεκτημένων Stob.   ὧν F: ἂν AD: ἦν Stob.: ἦν van
Herwerden   μὴ AD Stob.: μοι F   d8 οὐ AD Stob.: om. F
d9 ὅσων A Dpc Fpc Stob.: ὅσον prD prF   e4 ἐξεστρατοπεδευμένους
Stob.

ἐκείνου κτῆσιν τῇ τοῦ θνητοῦ χρυσοῦ κτήσει συμμειγνύντας
μιαίνειν, διότι πολλὰ καὶ ἀνόσια περὶ τὸ τῶν πολλῶν νόμισμα   **417**
γέγονεν, τὸ παρ᾽ ἐκείνοις δὲ ἀκήρατον· ἀλλὰ μόνοις αὐτοῖς
τῶν ἐν τῇ πόλει μεταχειρίζεσθαι καὶ ἅπτεσθαι χρυσοῦ καὶ
ἀργύρου οὐ θέμις, οὐδ᾽ ὑπὸ τὸν αὐτὸν ὄροφον ἰέναι οὐδὲ
περιάψασθαι οὐδὲ πίνειν ἐξ ἀργύρου ἢ χρυσοῦ.   5

Καὶ οὕτω μὲν σῴζοιντό τ᾽ ἂν καὶ σῴζοιεν τὴν πόλιν· ὁπότε
δ᾽ αὐτοὶ γῆν τε ἰδίαν καὶ οἰκίας καὶ νομίσματα κτήσονται,
οἰκονόμοι μὲν καὶ γεωργοὶ ἀντὶ φυλάκων ἔσονται, δεσπόται δ᾽
ἐχθροὶ ἀντὶ συμμάχων τῶν ἄλλων πολιτῶν γενήσονται,   **b**
μισοῦντες δὲ δὴ καὶ μισούμενοι καὶ ἐπιβουλεύοντες καὶ
ἐπιβουλευόμενοι διάξουσι πάντα τὸν βίον, πολὺ πλείω καὶ
μᾶλλον δεδιότες τοὺς ἔνδον ἢ τοὺς ἔξωθεν πολεμίους, θέοντες
ἤδη τότε ἐγγύτατα ὀλέθρου αὐτοί τε καὶ ἡ ἄλλη πόλις.   5

Τούτων οὖν πάντων ἕνεκα, ἦν δ᾽ ἐγώ, φῶμεν οὕτω δεῖν
κατεσκευάσθαι τοὺς φύλακας οἰκήσεώς τε πέρι καὶ τῶν
ἄλλων, καὶ ταῦτα νομοθετήσωμεν, ἢ μή;

Πάνυ γε, ἦ δ᾽ ὃς ὁ Γλαύκων.

e7 χρυσοῦ AD Stob.: χρυσίου F   417a1 τὸ AF Stob.: om. D
a4 ἀργύρου AF Stob.: ἀργυρίου D   ἰέναι ADF Stob.: προσιέναι Apelt
a6 σῴζοιντό τ᾽ AD Stob.: σῴζοιντ᾽ F   a8 δεσπόται δὲ καὶ Stob.
b2 δὴ om. Stob.   b3 πλεῖον F Stob.

a   Καὶ ὁ Ἀδείμαντος ὑπολαβών, Τί οὖν, ἔφη, ὦ Σώκρατες,
ἀπολογήσῃ, ἐάν τίς σε φῇ μὴ πάνυ τι εὐδαίμονας ποιεῖν
τούτους τοὺς ἄνδρας, καὶ ταῦτα δι' ἑαυτούς, ὧν ἔστι μὲν ἡ
πόλις τῇ ἀληθείᾳ, οἱ δὲ μηδὲν ἀπολαύουσιν ἀγαθὸν τῆς
5 πόλεως, οἷον ἄλλοι ἀγρούς τε κεκτημένοι καὶ οἰκίας οἰκοδο-
μούμενοι καλὰς καὶ μεγάλας, καὶ ταύταις πρέπουσαν κατα-
σκευὴν κτώμενοι, καὶ θυσίας θεοῖς ἰδίας θύοντες, καὶ
ξενοδοκοῦντες, καὶ δὴ καὶ ἃ νυνδὴ σὺ ἔλεγες, χρυσόν τε καὶ
ἄργυρον κεκτημένοι καὶ πάντα ὅσα νομίζεται τοῖς μέλλουσιν
10 μακαρίοις εἶναι; ἀλλ' ἀτεχνῶς, φαίη ἄν, ὥσπερ ἐπίκουροι
420 μισθωτοὶ ἐν τῇ πόλει φαίνονται καθῆσθαι οὐδὲν ἄλλο ἢ
φρουροῦντες.

     Ναί, ἦν δ' ἐγώ, καὶ ταῦτά γε ἐπισίτιοι καὶ οὐδὲ μισθὸν
πρὸς τοῖς σιτίοις λαμβάνοντες ὥσπερ οἱ ἄλλοι, ὥστε οὐδ' ἂν
5 ἀποδημῆσαι βούλωνται ἰδίᾳ, ἐξέσται αὐτοῖς, οὐδ' ἑταίραις
διδόναι, οὐδ' ἀναλίσκειν ἄν ποι βούλωνται ἄλλοσε, οἷα δὴ οἱ
εὐδαίμονες δοκοῦντες εἶναι ἀναλίσκουσι. ταῦτα καὶ ἄλλα
τοιαῦτα συχνὰ τῆς κατηγορίας ἀπολείπεις.

     Ἀλλ', ἦ δ' ὅς, ἔστω καὶ ταῦτα κατηγορημένα.

b   Τί οὖν δὴ ἀπολογησόμεθα, φῄς;

     Ναί.

     Τὸν αὐτὸν οἶμον, ἦν δ' ἐγώ, πορευόμενοι εὑρήσομεν, ὡς
ἐγᾦμαι, ἃ λεκτέα. ἐροῦμεν γὰρ ὅτι θαυμαστὸν μὲν ἂν οὐδὲν
5 εἴη εἰ καὶ οὗτοι οὕτως εὐδαιμονέστατοί εἰσιν, οὐ μὴν πρὸς
τοῦτο βλέποντες τὴν πόλιν οἰκίζομεν, ὅπως ἕν τι ἡμῖν ἔθνος
ἔσται διαφερόντως εὔδαιμον, ἀλλ' ὅπως ὅτι μάλιστα ὅλη ἡ

419a2 πάνυ τι A prD: πάνυ τοι Dpc: πάντη F   a5 οἱ ἄλλοι Bessarion
a7 θεοῖς om. F   a8 νῦν δὴ AD: νῦν F   420a1 ἄλλο ἢ AD: ἀλλ' ἢ F
a3 γε om. Athen.   ἐπισίτιοι ADF Athen. Hesych.: ἐπίσιτοι Phot. Suid.
a4 λαμβάνοντες ὥσπερ οἱ ἄλλοι AD: ὥσπερ οἱ ἄλλοι λαμβάνοντες F: ὥσπερ οἱ
ἄλλοι λαβόντες Athen.   b1–2 φῄς. Ναί AD: ἔφη F   b5 εἰσιν ADF:
εἶεν Asl

πόλις. ᾠήθημεν γὰρ ἐν τῇ τοιαύτῃ μάλιστα ἂν εὑρεῖν
δικαιοσύνην καὶ αὖ ἐν τῇ κάκιστα οἰκουμένῃ ἀδικίαν,
κατιδόντες δὲ κρῖναι ἂν ὃ πάλαι ζητοῦμεν. νῦν μὲν οὖν, ὡς c
οἰόμεθα, τὴν εὐδαίμονα πλάττομεν, οὐκ ἀπολαβόντες ὀλίγους
ἐν αὐτῇ τοιούτους τινὰς τιθέντες, ἀλλ' ὅλην· αὐτίκα δὲ τὴν
ἐναντίαν σκεψόμεθα.

Ὥσπερ οὖν ἂν εἰ ἡμᾶς ἀνδριάντα γράφοντας προσελθών τις 5
ἔψεγε λέγων ὅτι οὐ τοῖς καλλίστοις τοῦ ζῴου τὰ κάλλιστα
φάρμακα προστίθεμεν, οἱ γὰρ ὀφθαλμοὶ κάλλιστον ὂν οὐκ
ὀστρείῳ ἐναληλιμμένοι εἶεν ἀλλὰ μέλανι, μετρίως ἂν ἐδοκοῦ- d
μεν πρὸς αὐτὸν ἀπολογεῖσθαι λέγοντες· "Ὦ θαυμάσιε, μὴ
οἴου δεῖν ἡμᾶς οὕτω καλοὺς ὀφθαλμοὺς γράφειν ὥστε μηδὲ
ὀφθαλμοὺς φαίνεσθαι, μηδ' αὖ τἆλλα μέρη, ἀλλ' ἄθρει εἰ τὰ
προσήκοντα ἑκάστοις ἀποδιδόντες τὸ ὅλον καλὸν ποιοῦμεν." 5
καὶ δὴ καὶ νῦν μὴ ἀνάγκαζε ἡμᾶς τοιαύτην εὐδαιμονίαν τοῖς
φύλαξι προσάπτειν, ἣ ἐκείνους πᾶν μᾶλλον ἀπεργάσεται ἢ
φύλακας. ἐπιστάμεθα γὰρ καὶ τοὺς γεωργοὺς ξυστίδας e
ἀμφιέσαντες καὶ χρυσὸν περιθέντες πρὸς ἡδονὴν ἐργάζεσθαι
κελεύειν τὴν γῆν, καὶ τοὺς κεραμέας κατακλίναντες ἐπὶ δεξιὰ
πρὸς τὸ πῦρ διαπίνοντάς τε καὶ εὐωχουμένους, τὸν τροχὸν
παραθεμένους, ὅσον ἂν ἐπιθυμῶσι κεραμεύειν, καὶ τοὺς 5
ἄλλους πάντας τοιούτῳ τρόπῳ μακαρίους ποιεῖν, ἵνα δὴ
ὅλη ἡ πόλις εὐδαιμονῇ. ἀλλ' ἡμᾶς μὴ οὕτω νουθέτει· ὡς, ἄν
σοι πειθώμεθα, οὔτε ὁ γεωργὸς γεωργὸς ἔσται οὔτε ὁ 421
κεραμεὺς κεραμεὺς οὔτε ἄλλος οὐδεὶς οὐδὲν ἔχων σχῆμα ἐξ
ὧν πόλις γίγνεται.

Ἀλλὰ τῶν μὲν ἄλλων ἐλάττων λόγος· νευρορράφοι γὰρ
φαῦλοι γενόμενοι καὶ διαφθαρέντες καὶ προσποιησάμενοι 5
εἶναι μὴ ὄντες πόλει οὐδὲν δεινόν, φύλακες δὲ νόμων τε καὶ
πόλεως μὴ ὄντες ἀλλὰ δοκοῦντες ὁρᾷς δὴ ὅτι πᾶσαν ἄρδην

b8 ἂν εὑρεῖν F: ἀνευρεῖν AD   c2 εὐδαίμονα A Dpc F: εὐδαίμονα πόλιν
prD   c3 θέντες D   c4 σκεψώμεθα F   c5 ἂν om. F   ἀνδριάντα
F Anecd.Bekk. Antiatt.(u.v.): ἀνδριάντας AD   προσελθὼν ἄν τις F
d4 εἰ AD Fpc: εἰς prF   e6 μακαρίους ποιεῖν om. F
e7 εὐδαίμων ᾖ F

πόλιν ἀπολλύασιν, καὶ αὖ τοῦ εὖ οἰκεῖν καὶ εὐδαιμονεῖν μόνοι
τὸν καιρὸν ἔχουσιν. εἰ μὲν οὖν ἡμεῖς μὲν φύλακας ὡς ἀληθῶς
b ποιοῦμεν ἥκιστα κακούργους τῆς πόλεως, ὁ δ᾽ ἐκεῖνο λέγων
γεωργούς τινας ⟨εὐδαίμονας⟩ καὶ ὥσπερ ἐν πανηγύρει ἀλλ᾽
οὐκ ἐν πόλει ἑστιάτορας [εὐδαίμονας], ἄλλο ἄν τι ἢ πόλιν
λέγοι.

5 Σκεπτέον οὖν πότερον πρὸς τοῦτο βλέποντες τοὺς φύλακας
καθιστῶμεν, ὅπως ὅτι πλείστη αὐτοῖς εὐδαιμονία ἐγγενήσε-
ται, ἢ τοῦτο μὲν εἰς τὴν πόλιν ὅλην βλέποντας θεατέον εἰ
ἐκείνῃ ἐγγίγνεται, τοὺς δ᾽ ἐπικούρους τούτους καὶ τοὺς
φύλακας ἐκεῖνο ἀναγκαστέον ποιεῖν καὶ πειστέον, ὅπως ὅτι
c ἄριστοι δημιουργοὶ τοῦ ἑαυτῶν ἔργου ἔσονται, καὶ τοὺς
ἄλλους ἅπαντας ὡσαύτως, καὶ οὕτω συμπάσης τῆς πόλεως
αὐξανομένης καὶ καλῶς οἰκιζομένης ἐατέον ὅπως ἑκάστοις
τοῖς ἔθνεσιν ἡ φύσις ἀποδίδωσι τοῦ μεταλαμβάνειν εὐδαιμο-
5 νίας.

Ἀλλ᾽, ἦ δ᾽ ὅς, καλῶς μοι δοκεῖς λέγειν.

Ἆρ᾽ οὖν, ἦν δ᾽ ἐγώ, καὶ τὸ τούτου ἀδελφὸν δόξω σοι
μετρίως λέγειν;

Τί μάλιστα;

10 Τοὺς ἄλλους αὖ δημιουργοὺς σκόπει εἰ τάδε διαφθείρει,
ὥστε καὶ κακοὺς γίγνεσθαι.

d Τὰ ποῖα δὴ ταῦτα;

Πλοῦτος, ἦν δ᾽ ἐγώ, καὶ πενία.

Πῶς δή;

Ὧδε. πλουτήσας χυτρεὺς δοκεῖ σοι ἔτ᾽ ἐθελήσειν ἐπιμε-
5 λεῖσθαι τῆς τέχνης;

Οὐδαμῶς, ἔφη.

Ἀργὸς δὲ καὶ ἀμελὴς γενήσεται μᾶλλον αὐτὸς αὑτοῦ;

421a9 εἰ οὖν Laur.80.19pc   b2 γεωμόρους R. G. Bury, alii alia
εὐδαίμονας ex b3 transp. Wilamowitz   b3 καὶ εὐδαίμονας F
b8 ἐγγίγνηται F   b9 ποιεῖν καὶ πειστέον om. F
c3 οἰακιζομένης Vollgraff   c10 διαφθείρει Dpc(u.v.) F Stob.:
διαφέρει A et fortasse prD   c11 ὥστε AD Stob.: ὡς F καὶ om. Stob.
d4 δοκεῖ σοι ἔτ᾽ ἐθελήσειν J. L. V. Hartman: δοκεῖ σοι ἔτι θελήσειν AD
Stob.: ἔτι δοκεῖ σοι θελήσειν F

Πολύ γε.

Οὐκοῦν κακίων χυτρεὺς γίγνεται;

Καὶ τοῦτο, ἔφη, πολύ.   10

Καὶ μὴν καὶ ὄργανά γε μὴ ἔχων παρέχεσθαι ὑπὸ πενίας ἤ
τι ἄλλο τῶν εἰς τὴν τέχνην, τά τε ἔργα πονηρότερα ἐργάσεται
καὶ τοὺς ὑεῖς ἢ ἄλλους οὓς ἂν διδάσκῃ χείρους δημιουργοὺς e
διδάξεται.

Πῶς δ᾽ οὔ;

Ὑπ᾽ ἀμφοτέρων δή, πενίας τε καὶ πλούτου, χείρω μὲν τὰ
τῶν τεχνῶν ἔργα, χείρους δὲ αὐτοί.   5

Φαίνεται.

Ἕτερα δή, ὡς ἔοικε, τοῖς φύλαξιν ηὑρήκαμεν, ἃ παντὶ
τρόπῳ φυλακτέον ὅπως μήποτε αὐτοὺς λήσει εἰς τὴν πόλιν
παραδύντα.

Τὰ ποῖα ταῦτα;   10

Πλοῦτός τε, ἦν δ᾽ ἐγώ, καὶ πενία· ὡς τοῦ μὲν τρυφὴν καὶ 422
ἀργίαν καὶ νεωτερισμὸν ἐμποιοῦντος, τοῦ δὲ ἀνελευθερίαν καὶ
κακοεργίαν πρὸς τῷ νεωτερισμῷ.

Πάνυ μὲν οὖν, ἔφη. τόδε μέντοι, ὦ Σώκρατες, σκόπει, πῶς
ἡμῖν ἡ πόλις οἵα τ᾽ ἔσται πολεμεῖν, ἐπειδὰν χρήματα μὴ 5
κεκτημένη ᾖ, ἄλλως τε κἂν πρὸς μεγάλην τε καὶ πλουσίαν
ἀναγκασθῇ πολεμεῖν.

Δῆλον, ἦν δ᾽ ἐγώ, ὅτι πρὸς μὲν μίαν χαλεπώτερον, πρὸς δὲ
δύο τοιαύτας ῥᾷον.   b

Πῶς εἶπες; ἦ δ᾽ ὅς.

Πρῶτον μέν που, εἶπον, ἐὰν δέῃ μάχεσθαι, ἆρα οὐ
πλουσίοις ἀνδράσι μαχοῦνται αὐτοὶ ὄντες πολέμου ἀθληταί;

Ναὶ τοῦτό γε, ἔφη.   5

---

d11 παρέχεσθαι ADF: πορίζεσθαι van Herwerden   e6 φαίνονται
Stob.   e7 εἰρήκαμεν Euseb. Stob.   e8 λήσει AD: λήσῃι Euseb.
Stob.: λύσῃ F   e10 τὰ F Euseb. Stob.: om. AD   422a1 τε ADF
Euseb.: om. Stob.   τρυφὴν καὶ AD Euseb. Stob.: τρυφήν τε καὶ F
a2 ἐμποιοῦντος F Euseb. Stob.: ποιοῦντος AD   τοῦ AD Stob.: τῆς F
Euseb.   a3 κακοεργίαν AD Euseb.: κακουργίαν F Stob.   πρὸς
τῶι νεωτερισμῶι AF Euseb. Stob.: καὶ νεωτερισμὸν ποιοῦντος D
b4 μαχοῦνται Apc DF: μαχονται prA

Τί οὖν, ἦν δ' ἐγώ, ὦ Ἀδείμαντε; εἷς πύκτης ὡς οἷόν τε
κάλλιστα ἐπὶ τοῦτο παρεσκευασμένος δυοῖν μὴ πύκταιν,
πλουσίοιν δὲ καὶ πιόνοιν, οὐκ ἂν δοκεῖ σοι ῥᾳδίως μάχεσθαι;
Οὐκ ἂν ἴσως, ἔφη, ἅμα γε.

10 Οὐδ' εἰ ἐξείη, ἦν δ' ἐγώ, ὑποφεύγοντι τὸν πρότερον ἀεὶ
c προσφερόμενον ἀναστρέφοντα κρούειν, καὶ τοῦτο ποιοῖ πολ-
λάκις ἐν ἡλίῳ τε καὶ πνίγει; ἆρά γε οὐ καὶ πλείους χειρώσαιτ'
ἂν τοιούτους ὁ τοιοῦτος;
Ἀμέλει, ἔφη, οὐδὲν ἂν γένοιτο θαυμαστόν.

5 Ἀλλ' οὐκ οἴει πυκτικῆς πλέον μετέχειν τοὺς πλουσίους
ἐπιστήμῃ τε καὶ ἐμπειρίᾳ ἢ πολεμικῆς;
Ἔγωγ', ἔφη.
Ῥᾳδίως ἄρα ἡμῖν οἱ ἀθληταὶ ἐκ τῶν εἰκότων διπλασίοις τε
καὶ τριπλασίοις αὑτῶν μαχοῦνται.

d Συγχωρήσομαί σοι, ἔφη· δοκεῖς γάρ μοι ὀρθῶς λέγειν.

Τί δ' ἂν πρεσβείαν πέμψαντες εἰς τὴν ἑτέραν πόλιν τἀληθῆ
εἴπωσιν, ὅτι "Ἡμεῖς μὲν οὐδὲν χρυσίῳ οὐδ' ἀργυρίῳ
χρώμεθα, οὐδ' ἡμῖν θέμις, ὑμῖν δέ· συμπολεμήσαντες οὖν
5 μεθ' ἡμῶν ἔχετε τὰ τῶν ἑτέρων"; οἴει τινὰς ἀκούσαντας
ταῦτα αἱρήσεσθαι κυσὶ πολεμεῖν στερεοῖς τε καὶ ἰσχνοῖς
μᾶλλον ἢ μετὰ κυνῶν προβάτοις πίοσί τε καὶ ἁπαλοῖς;
Οὔ μοι δοκεῖ. ἀλλ' ἐὰν εἰς μίαν, ἔφη, πόλιν συναθροισθῇ τὰ
τῶν ἄλλων χρήματα, ὅρα μὴ κίνδυνον φέρῃ τῇ μὴ πλουτούσῃ.

e Εὐδαίμων εἶ, ἦν δ' ἐγώ, ὅτι οἴει ἄξιον εἶναι ἄλλην τινὰ
προσειπεῖν πόλιν ἢ τὴν τοιαύτην οἵαν ἡμεῖς κατεσκευάζομεν.
Ἀλλὰ τί μήν; ἔφη.
Μειζόνως, ἦν δ' ἐγώ, χρὴ προσαγορεύειν τὰς ἄλλας·
5 ἑκάστη γὰρ αὐτῶν πόλεις εἰσὶ πάμπολλαι ἀλλ' οὐ πόλις, τὸ
τῶν παιζόντων. δύο μέν, κἂν ὁτιοῦν ᾖ, πολεμία ἀλλήλαις, ἡ
423 μὲν πενήτων, ἡ δὲ πλουσίων· τούτων δ' ἐν ἑκατέρᾳ πάνυ

---

b8 μαχεῖσθαι F   c1 ποιεῖ F   c9 μαχοῦνται Apc DF: μαχονται
prA   d3 ἀργύρω D   d4 συμπολεμίσαντες prA   d6 τε om. F
e2 κατασκευάζομεν F   e5 πάμπολλαι ADF: παμπόλεις Adam
e6 μὲν A: μὲν γὰρ DF: fortasse μὲν οὖν   πολεμία Bessarion: πολέμια
prA D: πολέμιαι Apc F

πολλαί, αἷς ἐὰν μὲν ὡς μιᾷ προσφέρῃ, παντὸς ἂν ἁμάρτοις,
ἐὰν δὲ ὡς πολλαῖς, διδοὺς τὰ τῶν ἑτέρων τοῖς ἑτέροις
χρήματά τε καὶ δυνάμεις ἢ καὶ αὐτούς, συμμάχοις μὲν ἀεὶ
πολλοῖς χρήσῃ, πολεμίοις δ' ὀλίγοις. καὶ ἕως ἂν ἡ πόλις σοι 5
οἰκῇ σωφρόνως ὡς ἄρτι ἐτάχθη, μεγίστη ἔσται, οὐ τῷ
εὐδοκιμεῖν λέγω, ἀλλ' ὡς ἀληθῶς μεγίστη, καὶ ἐὰν μόνον ᾖ
χιλίων τῶν προπολεμούντων· οὕτω γὰρ μεγάλην πόλιν μίαν
οὐ ῥᾳδίως οὔτε ἐν Ἕλλησιν οὔτε ἐν βαρβάροις εὑρήσεις, b
δοκούσας δὲ πολλὰς καὶ πολλαπλασίας τῆς τηλικαύτης. ἢ
ἄλλως οἴει;

Οὐ μὰ τὸν Δί', ἔφη.

Οὐκοῦν, ἦν δ' ἐγώ, οὗτος ἂν εἴη καὶ κάλλιστος ὅρος τοῖς 5
ἡμετέροις ἄρχουσιν, ὅσην δεῖ τὸ μέγεθος τὴν πόλιν ποιεῖσθαι
καὶ ἡλίκῃ οὔσῃ ὅσην χώραν ἀφορισαμένους τὴν ἄλλην χαίρειν
ἐᾶν;

Τίς, ἔφη, ὅρος;

Οἶμαι μέν, ἦν δ' ἐγώ, τόνδε· μέχρι οὗ ἂν ἐθέλῃ αὐξομένη 10
εἶναι μία, μέχρι τούτου αὔξειν, πέρα δὲ μή.

Καὶ καλῶς γ', ἔφη. c

Οὐκοῦν καὶ τοῦτο αὖ ἄλλο πρόσταγμα τοῖς φύλαξι
προστάξομεν, φυλάττειν παντὶ τρόπῳ ὅπως μήτε σμικρὰ ἡ
πόλις ἔσται μήτε μεγάλη δοκοῦσα, ἀλλά τις ἱκανὴ καὶ μία;

Καὶ φαῦλόν γ', ἔφη, ἴσως αὐτοῖς προστάξομεν. 5

Καὶ τούτου γε, ἦν δ' ἐγώ, ἔτι φαυλότερον τόδε, οὗ καὶ ἐν
τῷ πρόσθεν ἐπεμνήσθημεν, λέγοντες ὡς δέοι, ἐάντε τῶν
φυλάκων τις φαῦλος ἔκγονος γένηται, εἰς τοὺς ἄλλους
αὐτὸν ἀποπέμπεσθαι, ἐάντ' ἐκ τῶν ἄλλων σπουδαῖος, εἰς d
τοὺς φύλακας. τοῦτο δ' ἐβούλετο δηλοῦν ὅτι καὶ τοὺς ἄλλους
πολίτας, πρὸς ὅ τις πέφυκεν, πρὸς τοῦτο ἕνα πρὸς ἓν ἕκαστον
ἔργον δεῖ κομίζειν, ὅπως ἂν ἓν τὸ αὑτοῦ ἐπιτηδεύων ἕκαστος

423a5 ἕως F: ὡς AD   b10 αὐξομένη A Plut.: αὐξανομένη DF
c3 προστάξωμεν Fsl   c6 γε ἦν δ' ἐγὼ ἔτι ADF: δ' ἐγὼ ἔτι Phot. Suid.:
δ' ἔτι ἐγὼ Etym.Magn.   c6–7 ἐν τῶι πρόσθεν om. F   d2 δ'
ἐβούλετο Apc: δὲ βούλεται DF: δε· βουλετο prA   d3 ἕκαστον secl.
J. L. V. Hartman   d4 ἓν τὸ AD: τὸ F

5 μὴ πολλοὶ ἀλλὰ εἷς γίγνηται, καὶ οὕτω δὴ σύμπασα ἡ πόλις
μία φύηται ἀλλὰ μὴ πολλαί.

Ἔστι γάρ, ἔφη, τοῦτο ἐκείνου σμικρότερον.

Οὔ τοι, ἦν δ᾽ ἐγώ, ὦ ἀγαθὲ Ἀδείμαντε, ὡς δόξειεν ἄν τις,
e ταῦτα πολλὰ καὶ μεγάλα αὐτοῖς προστάττομεν ἀλλὰ πάντα
φαῦλα, ἐὰν τὸ λεγόμενον ἓν μέγα φυλάττωσι, μᾶλλον δ᾽ ἀντὶ
μεγάλου ἱκανόν.

Τί τοῦτο; ἔφη.

5 Τὴν παιδείαν, ἦν δ᾽ ἐγώ, καὶ τροφήν· ἐὰν γὰρ εὖ παιδευ-
όμενοι μέτριοι ἄνδρες γίγνωνται, πάντα ταῦτα ῥᾳδίως
διόψονται, καὶ ἄλλα γε ὅσα νῦν ἡμεῖς παραλείπομεν, τήν τε
424 τῶν γυναικῶν κτῆσιν καὶ γάμων καὶ παιδοποιίας, ὅτι δεῖ
ταῦτα κατὰ τὴν παροιμίαν πάντα ὅτι μάλιστα κοινὰ τὰ φίλων
ποιεῖσθαι.

Ὀρθότατα γάρ, ἔφη, γίγνοιτ᾽ ἄν.

5 Καὶ μήν, εἶπον, πολιτεία ἐάνπερ ἅπαξ ὁρμήσῃ εὖ, ἔρχεται
ὥσπερ κύκλος αὐξανομένη· τροφὴ γὰρ καὶ παίδευσις χρηστὴ
σῳζομένη φύσεις ἀγαθὰς ἐμποιεῖ, καὶ αὖ φύσεις χρησταὶ
τοιαύτης παιδείας ἀντιλαμβανόμεναι ἔτι βελτίους τῶν προ-
τέρων φύονται, εἴς τε τἆλλα καὶ εἰς τὸ γεννᾶν, ὥσπερ καὶ ἐν
10 τοῖς ἄλλοις ζῴοις.

b Εἰκός γ᾽, ἔφη.

Ὡς τοίνυν διὰ βραχέων εἰπεῖν, τούτου ἀνθεκτέον τοῖς
ἐπιμεληταῖς τῆς πόλεως, ὅπως ἂν αὐτοὺς μὴ λάθῃ διαφθαρὲν
ἀλλὰ παρὰ πάντα αὐτὸ φυλάττωσι, τὸ μὴ νεωτερίζειν περὶ
5 γυμναστικήν τε καὶ μουσικὴν παρὰ τὴν τάξιν, ἀλλ᾽ ὡς οἷόν τε
μάλιστα φυλάττειν, φοβουμένους ὅταν τις λέγῃ ὡς τ ὴ ν

e5 τροφήν AD Stob.: τὴν τροφὴν F   424a1 γάμους H. Richards
a2 τὰ φίλων ADF Stob.: secl. J. L. V. Hartman   a6 παίδευσις χρηστὴ
ADF Stob.: ἡ παίδευσις ἡ χρηστὴ Clem.   a7 ἐμποιεῖ ADF Stob.: ποιεῖ
Clem.   αὖ φύσεις χρησταὶ ADF Stob.: αἱ φύσεις αἱ χρησταὶ Clem.
a8 προτέρων ADF Stob.: πρότερον Clem.   a9 καὶ εἰς AD Clem.
Stob.: καὶ F   b4 μὴ om. Stob.

ἀοιδὴν μᾶλλον ἐπιφρονέουσ' ἄνθρωποι,
ἥτις ἀειδόντεσσι νεωτάτη ἀμφιπέληται,

μὴ πολλάκις τὸν ποιητήν τις οἴηται λέγειν οὐκ ἄσματα νέα c
ἀλλὰ τρόπον ᾠδῆς νέον, καὶ τοῦτο ἐπαινῇ. δεῖ δ' οὔτ' ἐπαινεῖν
τὸ τοιοῦτον οὔτε ὑπολαμβάνειν. εἶδος γὰρ καινὸν μουσικῆς
μεταβάλλειν εὐλαβητέον ὡς ἐν ὅλῳ κινδυνεύοντα· οὐδαμοῦ
γὰρ κινοῦνται μουσικῆς τρόποι ἄνευ πολιτικῶν νόμων τῶν 5
μεγίστων, ὥς φησί τε Δάμων καὶ ἐγὼ πείθομαι.

Καὶ ἐμὲ τοίνυν, ἔφη ὁ Ἀδείμαντος, θὲς τῶν πεπεισμένων.

Τὸ δὴ φυλακτήριον, ἦν δ' ἐγώ, ὡς ἔοικεν, ἐνταῦθά που
οἰκοδομητέον τοῖς φύλαξιν, ἐν μουσικῇ. d

Ἡ γοῦν παρανομία, ἔφη, ῥᾳδίως αὕτη λανθάνει παρα-
δυομένη.

Ναί, ἔφην, ὡς ἐν παιδιᾶς γε μέρει καὶ ὡς κακὸν οὐδὲν
ἐργαζομένη. 5

Οὐδὲ γὰρ ἐργάζεται, ἔφη, ἄλλο γε ἢ κατὰ σμικρὸν
εἰσοικισαμένη ἠρέμα ὑπορρεῖ πρὸς τὰ ἤθη τε καὶ τὰ
ἐπιτηδεύματα· ἐκ δὲ τούτων εἰς τὰ πρὸς ἀλλήλους συμβόλαια
μείζων ἐκβαίνει, ἐκ δὲ δὴ τῶν συμβολαίων ἔρχεται ἐπὶ τοὺς e
νόμους καὶ πολιτείας σὺν πολλῇ, ὦ Σώκρατες, ἀσελγείᾳ, ἕως
ἂν τελευτῶσα πάντα ἰδίᾳ καὶ δημοσίᾳ ἀνατρέψῃ.

Εἶεν, ἦν δ' ἐγώ· οὕτω τοῦτ' ἔχει;

Δοκεῖ μοι, ἔφη. 5

Οὐκοῦν, ὃ ἐξ ἀρχῆς ἐλέγομεν, τοῖς ἡμετέροις παισὶν
ἐννομωτέρου εὐθὺς παιδιᾶς μεθεκτέον, ὡς παρανόμου γιγνο-
μένης αὐτῆς καὶ παίδων τοιούτων ἐννόμους τε καὶ σπου-
δαίους ἐξ αὐτῶν ἄνδρας αὐξάνεσθαι ἀδύνατον ὄν; 425

Πῶς δ' οὐχί; ἔφη.

Ὅταν δὴ ἄρα καλῶς ἀρξάμενοι παῖδες παίζειν εὐνομίαν

b7–8 Od. a 351–2   b7 ἐπιφρονέουσ(ιν) ADF Stob.: ἐπικλείουσ'
Hom.   b8 ἀκούοντεσσι Hom.   c2 τοῦτο AD Stob.: τοῦτον F
d2 αὕτη DF Stob.(M): αὐτὴ A Stob.(A): ταύτηι Madvig   d4 παιδιᾶς
A: παιδίας D: παιδείας F Stob.   e2 σὺν om. Stob.   ἕως ADF: ὡς
Stob.   e3 ἂν τελευτῶσα ADF: ἀπαιδεύτως Stob.   ἀνατρέψαι Stob.
e7 παιδιᾶς AD: παιδειᾶς F: παιδείας Stob.

διὰ τῆς μουσικῆς εἰσδέξωνται, πάλιν τοὐναντίον ἢ 'κείνοις εἰς
5 πάντα συνέπεταί τε καὶ αὔξει, ἐπανορθοῦσα εἴ τι καὶ
πρότερον τῆς πόλεως ἔκειτο.

Ἀληθῆ μέντοι, ἔφη.

Καὶ τὰ σμικρὰ ἄρα, εἶπον, δοκοῦντα εἶναι νόμιμα ἐξευ-
ρίσκουσιν οὗτοι, ἃ οἱ πρότερον ἀπώλλυσαν πάντα.

10 Ποῖα;

b Τὰ τοιάδε· σιγάς τε τῶν νεωτέρων παρὰ πρεσβυτέροις ἃς
πρέπει, καὶ κατακλίσεις καὶ ὑπαναστάσεις καὶ γονέων θερα-
πείας, καὶ κουράς γε καὶ ἀμπεχόνας καὶ ὑποδέσεις καὶ ὅλον
τὸν τοῦ σώματος σχηματισμὸν καὶ τἆλλα ὅσα τοιαῦτα. ἢ οὐκ
5 οἴει;

Ἔγωγε.

Νομοθετεῖν δ' αὐτά, οἶμαι, εὔηθες· οὔτε γάρ που γίγνεται
οὔτ' ἂν μείνειεν λόγῳ τε καὶ γράμμασιν νομοθετηθέντα.

Πῶς γάρ;

10 Κινδυνεύει γοῦν, ἦν δ' ἐγώ, ὦ Ἀδείμαντε, ἐκ τῆς παιδείας
c ὅποι ἄν τις ὁρμήσῃ, τοιαῦτα καὶ τὰ ἑπόμενα εἶναι. ἢ οὐκ ἀεὶ
τὸ ὅμοιον ὂν ὅμοιον παρακαλεῖ;

Τί μήν;

Καὶ τελευτῶν δή, οἶμαι, φαῖμεν ἂν εἰς ἕν τι τέλεον καὶ
5 νεανικὸν ἀποβαίνειν αὐτὸ ἢ ἀγαθὸν ἢ καὶ τοὐναντίον.

Τί γὰρ οὔκ; ἦ δ' ὅς.

Ἐγὼ μὲν τοίνυν, εἶπον, διὰ ταῦτα οὐκ ἂν ἔτι τὰ τοιαῦτα
ἐπιχειρήσαιμι νομοθετεῖν.

Εἰκότως γ', ἔφη.

10 Τί δέ, ὦ πρὸς θεῶν, ἔφην, τάδε τὰ ἀγοραῖα, συμβολαίων τε
πέρι κατ' ἀγορὰν ἕκαστοι ἃ πρὸς ἀλλήλους συμβάλλουσιν, εἰ

425a4 κείνως fere Stob.   a8 ἄρα AD Stob.: om. F   a9 ἅπαντα
Stob.   a10 ποῖα ADF Stob.: τὰ ποῖα J. L. V. Hartman   b1 ἃς A
Stob.(S): ἃ Stob.(MA): ὡς DF   b2 καὶ κατακλίσεις καὶ ὑπαναστάσεις
ADF Stob.: καὶ ὑπαναστάσεις καὶ κατακλίσεις Aristot.(u.v.)   b3 γε
ADF: τε Stob.   b10 παιδείας A, Stob. bis: παιδειᾶς F: παιδιᾶς D
c1 ὅποι ἄν ADF, Stob. bis: ὁποίας ἄν Dobree   ὁρμήσηι ADF, Stob.II:
ὁρμηθῇ Stob.IV   c2 ὂν AD: om. F, Stob. bis   c4 φαμὲν ἂν F
Stob.   c10 τάδε om. A

δὲ βούλει, καὶ χειροτεχνικῶν περὶ συμβολαίων καὶ λοιδοριῶν d
καὶ αἰκίας καὶ δικῶν λήξεως καὶ δικαστῶν καταστάσεως, καὶ
εἴ που τελῶν τινες ἢ πράξεις ἢ θέσεις ἀναγκαῖοί εἰσιν ἢ κατ᾽
ἀγορὰς ἢ λιμένας, καὶ τὸ πάμπαν ἀγορανομικὰ ἄττα ἢ
ἀστυνομικὰ ἢ ἐλλιμενικὰ ἢ ὅσα ἄλλα τοιαῦτα, τούτων 5
τολμήσομέν τι νομοθετεῖν;

Ἀλλ᾽ οὐκ ἄξιον, ἔφη, ἀνδράσι καλοῖς κἀγαθοῖς ἐπιτάττειν·
τὰ πολλὰ γὰρ αὐτῶν, ὅσα δεῖ νομοθετήσασθαι, ῥᾳδίως που e
εὑρήσουσι.

Ναί, ὦ φίλε, εἶπον, ἐάν γε θεὸς αὐτοῖς διδῷ σωτηρίαν τῶν
νόμων ὧν ἔμπροσθεν διήλθομεν.

Εἰ δὲ μή γε, ἦ δ᾽ ὅς, πολλὰ τοιαῦτα τιθέμενοι ἀεὶ καὶ 5
ἐπανορθούμενοι τὸν βίον διατελοῦσιν, οἰόμενοι ἐπιλήψεσθαι
τοῦ βελτίστου.

Λέγεις, ἔφην ἐγώ, βιώσεσθαι τοὺς τοιούτους ὥσπερ τοὺς
κάμνοντάς τε καὶ οὐκ ἐθέλοντας ὑπὸ ἀκολασίας ἐκβῆναι
πονηρᾶς διαίτης. 10

Πάνυ μὲν οὖν.

Καὶ μὴν οὗτοί γε χαριέντως διατελοῦσιν· ἰατρευόμενοι γὰρ 426
οὐδὲν περαίνουσιν, πλήν γε ποικιλώτερα καὶ μείζω ποιοῦσι
τὰ νοσήματα, καὶ ἀεὶ ἐλπίζοντες, ἐάν τις φάρμακον συμβου-
λεύσῃ, ὑπὸ τούτου ἔσεσθαι ὑγιεῖς.

Πάνυ γάρ, ἔφη, τῶν οὕτω καμνόντων τὰ τοιαῦτα πάθη. 5

Τί δέ; ἦν δ᾽ ἐγώ· τόδε αὐτῶν οὐ χαρίεν, τὸ πάντων ἔχθιστον
ἡγεῖσθαι τὸν τἀληθῆ λέγοντα, ὅτι πρὶν ἂν μεθύων καὶ
ἐμπιμπλάμενος καὶ ἀφροδισιάζων καὶ ἀργῶν παύσηται,
οὔτε φάρμακα οὔτε καύσεις οὔτε τομαὶ οὐδ᾽ αὖ ἐπῳδαὶ b
αὐτὸν οὐδὲ περίαπτα οὐδὲ ἄλλο τῶν τοιούτων οὐδὲν ὀνήσει;

Οὐ πάνυ χαρίεν, ἔφη· τὸ γὰρ τῷ εὖ λέγοντι χαλεπαίνειν
οὐκ ἔχει χάριν.

d2 λήξεως Par.1810: λήξεις ADF   d4 καὶ F: ἢ καὶ AD   παράπαν
Laur.CS42 Caesen.D28.4   e4 διήλθομεν Apc^sl F: ἤλθομεν prA D
e6 διατελοῦσιν Cobet: διατελέσουσιν ADF   426a3 καὶ om. Vind.89
Bon.3630 Scor.y.1.13pc   a4 ὑγιεῖς Laur.CS42 Caesen.D28.4
Scor.y.1.13pc: ὑγιής ADF   a5 τῶν AD: ὑπὸ τῶν F   a7 λέγοντα
om. F

5 Οὐκ ἐπαινέτης εἶ, ἔφην ἐγώ, ὡς ἔοικας, τῶν τοιούτων
ἀνδρῶν.

Οὐ μέντοι μὰ Δία.

Οὐδ' ἂν ἡ πόλις ἄρα, ὅπερ ἄρτι ἐλέγομεν, ὅλη τοιοῦτον
ποιῇ, οὐκ ἐπαινέσῃ. ἢ οὐ φαίνονταί σοι ταὐτὸν ἐργάζεσθαι
10 τούτοις, τῶν πόλεων ὅσαι κακῶς πολιτευόμεναι προαγο-
c ρεύουσι τοῖς πολίταις τὴν μὲν κατάστασιν τῆς πόλεως ὅλην
μὴ κινεῖν, ὡς ἀποθανουμένους, ὃς ἂν τοῦτο δρᾷ; ὃς δ' ἂν σφᾶς
οὕτω πολιτευομένους ἥδιστα θεραπεύῃ καὶ χαρίζηται ὑπο-
τρέχων καὶ προγιγνώσκων τὰς σφετέρας βουλήσεις καὶ
5 ταύτας δεινὸς ᾖ ἀποπληροῦν, οὗτος ἄρα ἀγαθός τε ἔσται
ἀνὴρ καὶ σοφὸς τὰ μεγάλα καὶ τιμήσεται ὑπὸ σφῶν.

Ταὐτὸν μὲν οὖν, ἔφη, ἔμοιγε δοκοῦσι δρᾶν, καὶ οὐδ'
ὁπωστιοῦν ἐπαινῶ.

d Τί δ' αὖ τοὺς ἐθέλοντας θεραπεύειν τὰς τοιαύτας πόλεις καὶ
προθυμουμένους; οὐκ ἄγασαι τῆς ἀνδρείας τε καὶ εὐχερείας;

Ἔγωγ', ἔφη, πλήν γ' ὅσοι ἐξηπάτηνται ὑπ' αὐτῶν καὶ
οἴονται τῇ ἀληθείᾳ πολιτικοὶ εἶναι, ὅτι ἐπαινοῦνται ὑπὸ τῶν
5 πολλῶν.

Πῶς λέγεις; οὐ συγγιγνώσκεις, ἦν δ' ἐγώ, τοῖς ἀνδράσιν; ἢ
οἴει οἷόν τ' εἶναι ἀνδρὶ μὴ ἐπισταμένῳ μετρεῖν, ἑτέρων
τοιούτων πολλῶν λεγόντων ὅτι τετράπηχύς ἐστιν, αὐτὸν
e ταῦτα μὴ ἡγεῖσθαι περὶ αὐτοῦ;

Οὐκ αὖ, ἔφη, τοῦτό γε.

Μὴ τοίνυν χαλέπαινε· καὶ γάρ πού εἰσι πάντων χαριέστα-
τοι οἱ τοιοῦτοι, νομοθετοῦντές τε οἷα ἄρτι διήλθομεν καὶ
5 ἐπανορθοῦντες, ἀεὶ οἰόμενοί τι πέρας εὑρήσειν περὶ τὰ ἐν τοῖς
συμβολαίοις κακουργήματα καὶ περὶ ἃ νυνδὴ ἐγὼ ἔλεγον,
ἀγνοοῦντες ὅτι τῷ ὄντι ὥσπερ Ὕδραν τέμνουσιν.

427 Καὶ μήν, ἔφη, οὐκ ἄλλο τί γε ποιοῦσιν.

Ἐγὼ μὲν τοίνυν, ἦν δ' ἐγώ, τὸ τοιοῦτον εἶδος νόμων πέρι
καὶ πολιτείας οὔτ' ἐν κακῶς οὔτ' ἐν εὖ πολιτευομένῃ πόλει

b8 τοιοῦτόν τι Laur.80.19pc   d1 ἐθέλοντας F: θέλοντας AD
d6 post λέγεις alterum interloc. indic. ADF   e5 τι AD: τε F
427a1 τί γε AD: γέ τι F

ᾤμην ἂν δεῖν τὸν ἀληθινὸν νομοθέτην πραγματεύεσθαι, ἐν τῇ
μὲν ὅτι ἀνωφελῆ καὶ πλέον οὐδέν, ἐν δὲ τῇ ὅτι τὰ μὲν αὐτῶν 5
κἂν ὁστισοῦν εὕροι, τὰ δὲ ὅτι αὐτόματα ἔπεισιν ἐκ τῶν
ἔμπροσθεν ἐπιτηδευμάτων.

Τί οὖν, ἔφη, ἔτι ἂν ἡμῖν λοιπὸν τῆς νομοθεσίας εἴη;   b

Καὶ ἐγὼ εἶπον ὅτι Ἡμῖν μὲν οὐδέν, τῷ μέντοι Ἀπόλλωνι
τῷ ἐν Δελφοῖς τά τε μέγιστα καὶ κάλλιστα καὶ πρῶτα τῶν
νομοθετημάτων.

Τὰ ποῖα; ἦ δ' ὅς.   5

Ἱερῶν τε ἱδρύσεις καὶ θυσίαι καὶ ἄλλαι θεῶν τε καὶ
δαιμόνων καὶ ἡρώων θεραπεῖαι, τελευτησάντων ⟨τε⟩ αὖ
θῆκαι καὶ ὅσα τοῖς ἐκεῖ δεῖ ὑπηρετοῦντας ἵλεως αὐτοὺς
ἔχειν. τὰ γὰρ δὴ τοιαῦτα οὔτ' ἐπιστάμεθα ἡμεῖς οἰκίζοντές
τε πόλιν οὐδενὶ ἄλλῳ πεισόμεθα, ἐὰν νοῦν ἔχωμεν, οὐδὲ c
χρησόμεθα ἐξηγητῇ ἀλλ' ἢ τῷ πατρίῳ· οὗτος γὰρ δήπου ὁ
θεὸς περὶ τὰ τοιαῦτα πᾶσιν ἀνθρώποις πάτριος ἐξηγητὴς ἐν
μέσῳ τῆς γῆς ἐπὶ τοῦ ὀμφαλοῦ καθήμενος ἐξηγεῖται.

Καὶ καλῶς γ', ἔφη, λέγεις· καὶ ποιητέον οὕτω.   5

Ὠικισμένη μὲν τοίνυν, ἦν δ' ἐγώ, ἤδη ἄν σοι εἴη, ὦ παῖ
Ἀρίστωνος, ἡ πόλις· τὸ δὲ δὴ μετὰ τοῦτο σκόπει ἐν αὐτῇ, d
φῶς ποθὲν πορισάμενος ἱκανόν, αὐτός τε καὶ τὸν ἀδελφὸν
παρακάλει καὶ Πολέμαρχον καὶ τοὺς ἄλλους, ἐάν πως ἴδωμεν
ποῦ ποτ' ἂν εἴη ἡ δικαιοσύνη καὶ ποῦ ἡ ἀδικία, καὶ τί
ἀλλήλοιν διαφέρετον, καὶ πότερον δεῖ κεκτῆσθαι τὸν μέλ- 5
λοντα εὐδαίμονα εἶναι, ἐάντε λανθάνῃ ἐάντε μὴ πάντας θεούς
τε καὶ ἀνθρώπους.

Οὐδὲν λέγεις, ἔφη ὁ Γλαύκων· σὺ γὰρ ὑπέσχου ζητήσειν,
ὡς οὐχ ὅσιόν σοι ὂν μὴ οὐ βοηθεῖν δικαιοσύνῃ εἰς δύναμιν e
παντὶ τρόπῳ.

Ἀληθῆ, ἔφην ἐγώ, ὑπομιμνῄσκεις, καὶ ποιητέον μέν γε
οὕτως, χρὴ δὲ καὶ ὑμᾶς συλλαμβάνειν.

b7 τε add. Bessarion   c1 ἄλλο D   c2 πατρίωι ADF
Oenomaus: πατρώω Dγρ   c3–4 ἐν μέσωι τῆς AD Plot. Themist.: τῆς
ἐν μέσω τῆς F: τῆς van Herwerden   d5 ποτέραν van Herwerden
e1 σοι AD: σου F   οὐ om. D

5 Ἀλλ᾽, ἔφη, ποιήσομεν οὕτω.

Ἐλπίζω τοίνυν, ἦν δ᾽ ἐγώ, εὑρήσειν αὐτὸ ὧδε. οἶμαι ἡμῖν τὴν πόλιν, εἴπερ ὀρθῶς γε ᾤκισται, τελέως ἀγαθὴν εἶναι.

Ἀνάγκη, ἔφη.

Δῆλον δὴ ὅτι σοφή τ᾽ ἐστὶ καὶ ἀνδρεία καὶ σώφρων καὶ
10 δικαία.

Δῆλον.

Οὐκοῦν ὅτι ἂν αὐτῶν εὕρωμεν ἐν αὐτῇ, τὸ ὑπόλοιπον ἔσται
428 τὸ οὐχ ηὑρημένον;

Τί μήν;

Ὥσπερ τοίνυν ἄλλων τινῶν τεττάρων, εἰ ἕν τι ἐζητοῦμεν αὐτῶν ἐν ὁτῳοῦν, ὁπότε πρῶτον ἐκεῖνο ἔγνωμεν, ἱκανῶς ἂν
5 εἶχεν ἡμῖν· εἰ δὲ τὰ τρία πρότερον ἐγνωρίσαμεν, αὐτῷ ἂν τούτῳ ἐγνώριστο τὸ ζητούμενον. δῆλον γὰρ ὅτι οὐκ ἄλλο ἔτι ἦν ἢ τὸ ὑπολειφθέν.

Ὀρθῶς, ἔφη, λέγεις.

Οὐκοῦν καὶ περὶ τούτων, ἐπειδὴ τέτταρα ὄντα τυγχάνει,
10 ὡσαύτως ζητητέον;

Δῆλα δή.

b Καὶ μὲν δὴ πρῶτόν γέ μοι δοκεῖ ἐν αὐτῷ κατάδηλον εἶναι ἡ σοφία· καί τι ἄτοπον περὶ αὐτὴν φαίνεται.

Τί; ἦ δ᾽ ὅς.

Σοφὴ μὲν τῷ ὄντι δοκεῖ μοι ἡ πόλις εἶναι ἣν διήλθομεν·
5 εὔβουλος γάρ, οὐχί;

Ναί.

Καὶ μὴν τοῦτό γε αὐτό, ἡ εὐβουλία, δῆλον ὅτι ἐπιστήμη τίς ἐστιν· οὐ γάρ που ἀμαθίᾳ γε ἀλλ᾽ ἐπιστήμῃ εὖ βουλεύονται.

Δῆλον.

10 Πολλαὶ δέ γε καὶ παντοδαπαὶ ἐπιστῆμαι ἐν τῇ πόλει εἰσίν.

Πῶς γὰρ οὔ;

e5 ποιήσομεν F   e8 ἔφη AD: γ᾽ ἔφη F   e11 δηλονότι D, sed
fortasse -ότι delevit   428a4 ἐκεῖνο ADF: -ω Asl, dativum certe voluit
a5 τὰ A: om. DF   a6 τούτωι AD Fpc: τοῦτο prF   a7 ὑπολειφθέν
Apc D: ὑποληφθέν prA F   b5 οὐχί ADF: ἢ οὐχί Laur.80.19pc
b9 δηλονότι D

Ἆρ' οὖν διὰ τὴν τῶν τεκτόνων ἐπιστήμην σοφὴ καὶ
εὔβουλος ἡ πόλις προσρητέα;

Οὐδαμῶς, ἔφη, διά γε ταύτην, ἀλλὰ τεκτονική.   c

Οὐκ ἄρα διὰ τὴν ὑπὲρ τῶν ξυλίνων σκευῶν ἐπιστήμην,
βουλευομένη ὡς ἂν ἔχοι βέλτιστα, σοφὴ κλητέα πόλις.

Οὐ μέντοι.

Τί δέ; τὴν ὑπὲρ τῶν ἐκ τοῦ χαλκοῦ ἤ τινα ἄλλην τῶν 5
τοιούτων;

Οὐδ' ἡντινοῦν, ἔφη.

Οὐδὲ τὴν ὑπὲρ τοῦ καρποῦ τῆς γενέσεως ἐκ τῆς γῆς, ἀλλὰ
γεωργική.

Δοκεῖ μοι.   10

Τί δέ; ἦν δ' ἐγώ· ἔστι τις ἐπιστήμη ἐν τῇ ἄρτι ὑφ' ἡμῶν
οἰκισθείσῃ παρά τισι τῶν πολιτῶν, ᾗ οὐχ ὑπὲρ τῶν ἐν τῇ d
πόλει τινὸς βουλεύεται, ἀλλ' ὑπὲρ αὑτῆς ὅλης, ὅντινα τρόπον
αὐτή τε πρὸς αὑτὴν καὶ πρὸς τὰς ἄλλας πόλεις ἄριστα ὁμιλοῖ;

Ἔστι μέντοι.

Τίς, ἔφην ἐγώ, καὶ ἐν τίσιν;   5

Αὕτη, ἦ δ' ὅς, ἡ φυλακική, καὶ ἐν τούτοις τοῖς ἄρχουσιν οὓς
νυνδὴ τελέους φύλακας ὠνομάζομεν.

Διὰ ταύτην οὖν τὴν ἐπιστήμην τί τὴν πόλιν προσαγορεύεις;

Εὔβουλον, ἔφη, καὶ τῷ ὄντι σοφήν.

Πότερον οὖν, ἦν δ' ἐγώ, ἐν τῇ πόλει οἴει ἡμῖν χαλκέας 10
πλείους ἐνέσεσθαι ἢ τοὺς ἀληθινοὺς φύλακας τούτους;   e

Πολύ, ἔφη, χαλκέας.

Οὐκοῦν, ἔφη, καὶ τῶν ἄλλων ὅσοι ἐπιστήμας ἔχοντες
ὀνομάζονταί τινες εἶναι, πάντων τούτων οὗτοι ἂν εἶεν ὀλί-
γιστοι;   5

Πολύ γε.

Τῷ σμικροτάτῳ ἄρα ἔθνει καὶ μέρει ἑαυτῆς καὶ τῇ ἐν
τούτῳ ἐπιστήμῃ, τῷ προεστῶτι καὶ ἄρχοντι, ὅλη σοφὴ ἂν εἴη
κατὰ φύσιν οἰκισθεῖσα πόλις· καὶ τοῦτο, ὡς ἔοικε, φύσει

c3 βουλευομένην Heindorf   c5 τῶν ἐκ AD Fpc: om. prF
d2 ὄντιν' ἂν Astius   d3 ἄριστα ἂν Laur.85.14   d10 οὖν F:
om. AD   e1 ἐνέσεσθαι Apc DF: ἔσεσθαι prA

429 ὀλίγιστον γίγνεται γένος, ᾧ προσήκει ταύτης τῆς ἐπιστήμης
μεταλαγχάνειν ἣν μόνην δεῖ τῶν ἄλλων ἐπιστημῶν σοφίαν
καλεῖσθαι.

Ἀληθέστατα, ἔφη, λέγεις.

5 Τοῦτο μὲν δὴ ἓν τῶν τεττάρων οὐκ οἶδα ὅντινα τρόπον
ηὑρήκαμεν, αὐτό τε καὶ ὅπου τῆς πόλεως ἵδρυται.

Ἐμοὶ γοῦν δοκεῖ, ἔφη, ἀποχρώντως ηὑρῆσθαι.

Ἀλλὰ μὴν ἀνδρεία γε αὐτή τε καὶ ἐν ᾧ κεῖται τῆς πόλεως,
δι' ὃ τοιαύτη κλητέα ἡ πόλις, οὐ πάνυ χαλεπὸν ἰδεῖν.

10 Πῶς δή;

b Τίς ἄν, ἦν δ' ἐγώ, εἰς ἄλλο τι ἀποβλέψας ἢ δειλὴν ἢ ἀνδρείαν
πόλιν εἴποι ἀλλ' ἢ εἰς τοῦτο τὸ μέρος ὃ προπολεμεῖ τε καὶ
στρατεύεται ὑπὲρ αὐτῆς;

Οὐδ' ἂν εἷς, ἔφη, εἰς ἄλλο τι.

5 Οὐ γὰρ οἶμαι, εἶπον, οἵ γε ἄλλοι ἐν αὐτῇ ἢ δειλοὶ ἢ ἀνδρεῖοι
ὄντες κύριοι ἂν εἶεν ἢ τοίαν αὐτὴν εἶναι ἢ τοίαν.

Οὐ γάρ.

Καὶ ἀνδρεία ἄρα πόλις μέρει τινὶ ἑαυτῆς ἐστι, διὰ τὸ ἐν
ἐκείνῳ ἔχειν δύναμιν τοιαύτην ἢ διὰ παντὸς σώσει τὴν περὶ
c τῶν δεινῶν δόξαν, ταῦτά τε αὐτὰ εἶναι καὶ τοιαῦτα, ἅ τε καὶ
οἷα ὁ νομοθέτης παρήγγειλεν ἐν τῇ παιδείᾳ. ἢ οὐ τοῦτο
ἀνδρείαν καλεῖς;

Οὐ πάνυ, ἔφη, ἔμαθον ὃ εἶπες, ἀλλ' αὖθις εἰπέ.

5 Σωτηρίαν ἔγωγ', εἶπον, λέγω τινὰ εἶναι τὴν ἀνδρείαν.

Ποίαν δὴ σωτηρίαν;

Τὴν τῆς δόξης τῆς ὑπὸ νόμου διὰ τῆς παιδείας γεγονυίας
περὶ τῶν δεινῶν ἅ τέ ἐστι καὶ οἷα· διὰ παντὸς δὲ ἔλεγον αὐτὴν
σωτηρίαν τὸ ἔν τε λύπαις ὄντα διασῴζεσθαι αὐτὴν καὶ ἐν
d ἡδοναῖς καὶ ἐν ἐπιθυμίαις καὶ ἐν φόβοις, καὶ μὴ ἐκβάλλειν. ᾧ
δέ μοι δοκεῖ ὅμοιον εἶναι ἐθέλω ἀπεικάσαι, εἰ βούλει.

429a2 ἦν AF: καὶ D: fortasse ἢ prF   σοφία D   a7 καὶ ἐμοὶ γοῦν F
εὑρῆσθαι A: εἰρῆσθαι DF   c1 τοιαῦτα AD: τὰ τοιαῦτα F   c2 παρήγ-
γειλεν Laur.CS42 Caesen.D28.4: παρήγγειλλεν [sic] A: παρήγγελλεν Asl DF
οὐ om. D   c7 γεγονυίας Laur.80.19pc: γεγονυίαν ADF Stob.
c8 αὐτὴν ADF Stob.: αὐτῆς Adam: αὖ τῆς H. Jackson   c9 τὸ ADF
Stob.: τῷ Laur.80.19: διὰ τὸ J. L. V. Hartman

Ἀλλὰ βούλομαι.

Οὐκοῦν οἶσθα, ἦν δ' ἐγώ, ὅτι οἱ βαφῆς, ἐπειδὰν βουληθῶσι
βάψαι ἔρια ὥστ' εἶναι ἁλουργά, πρῶτον μὲν ἐκλέγονται ἐκ   5
τοσούτων χρωμάτων μίαν φύσιν τὴν τῶν λευκῶν, ἔπειτα
προπαρασκευάζουσιν, οὐκ ὀλίγῃ παρασκευῇ θεραπεύσαντες
ὅπως δέξεται ὅτι μάλιστα τὸ ἄνθος, καὶ οὕτω δὴ βάπτουσι;
καὶ ὃ μὲν ἂν τούτῳ τῷ τρόπῳ βαφῇ, δευσοποιὸν γίγνεται [τὸ   e
βαφέν], καὶ ἡ πλύσις οὔτ' ἄνευ ῥυμμάτων οὔτε μετὰ ῥυμ-
μάτων δύναται αὐτῶν τὸ ἄνθος ἀφαιρεῖσθαι· ἃ δ' ἂν μή, οἶσθα
οἷα δὴ γίγνεται, ἐάντε τις ἄλλα χρώματα βάπτῃ ἐάντε καὶ
ταῦτα μὴ προθεραπεύσας.   5

Οἶδα, ἔφη, ὅτι καὶ ἔκπλυτα καὶ γελοῖα.

Τοιοῦτον τοίνυν, ἦν δ' ἐγώ, ὑπόλαβε κατὰ δύναμιν ἐργά-
ζεσθαι καὶ ἡμᾶς, ὅτε ἐξελεγόμεθα τοὺς στρατιώτας καὶ
ἐπαιδεύομεν μουσικῇ καὶ γυμναστικῇ· μηδὲν οἴου ἄλλο   430
μηχανᾶσθαι ἢ ὅπως ἡμῖν ὅτι κάλλιστα τοὺς νόμους πεισθέν-
τες δέξοιντο ὥσπερ βαφήν, ἵνα δευσοποιὸς αὐτῶν ἡ δόξα
γίγνοιτο καὶ περὶ δεινῶν καὶ περὶ τῶν ἄλλων, διὰ τὸ τήν τε
φύσιν καὶ τὴν τροφὴν ἐπιτηδείαν ἐσχηκέναι, καὶ μὴ αὐτῶν   5
ἐκπλύναι τὴν βαφὴν τὰ ῥύμματα ταῦτα, δεινὰ ὄντα ἐκκλύζειν,
ἥ τε ἡδονή, παντὸς χαλεστραίου δεινοτέρα οὖσα τοῦτο δρᾶν   b
καὶ κονίας, λύπη τε καὶ φόβος καὶ ἐπιθυμία, παντὸς ἄλλου
ῥύμματος. τὴν δὴ τοιαύτην δύναμιν καὶ σωτηρίαν διὰ παντὸς
δόξης ὀρθῆς τε καὶ νομίμου δεινῶν πέρι καὶ μή, ἀνδρείαν
ἔγωγε καλῶ καὶ τίθεμαι, εἰ μή τι σὺ ἄλλο λέγεις.   5

d6 τὴν ADF Theo: om. Stob.   d7 προπαρασκευάζουσιν ADF
Stob.: προκατασκευάζουσιν Theo   d8 δέξεται ADF Stob.(SM):
δέξηται Theo Stob.(A)   δὴ ADF Stob.: om. Theo   e1 βαφῆι ADF
Theo: om. Stob.   e1–2 τὸ βαφέν ADF Theo Stob.: secl. van
Herwerden   e2 πλύσις ADF Stob.: φύσις Theo   ἄνευ ῥυμμάτων οὔτε
ADF Theo: ἂν Stob.: om. Averroes   e6 ὅτι καὶ F Stob.: ὅτι AD
e7 ὑπόλαβε ADF: φρονῶ Stob.: ἡγεῖσθαι χρὴ Theo (per periphrasin)
430a1 μουσικῆι ADF: ἐν μουσικῆι Theo Stob.   καὶ μηδὲν F Stob.
a2 κάλλιστα τοὺς ADF: καλλίστους Stob.   a4 δεινῶν A Dpc F
Theo Stob.: δεινὸν prD   τε ADF Stob.: om. Theo   a5 τὴν τροφὴν
ADF Stob.: τροφὴν Theo   a5–6 αὐτῶν ἐκπλῦναι ADF Stob.: ἐκπλύνηι
αὐτῶν Theo   b2–3 παντὸς ἄλλου ῥύμματος ADF Theo Stob.: secl.
Badham   b4 τε πέρι Stob.

Ἀλλ' οὐδέν, ἦ δ' ὅς, λέγω· δοκεῖς γάρ μοι τὴν ὀρθὴν δόξαν περὶ τῶν αὐτῶν τούτων ἄνευ παιδείας γεγονυῖαν, τήν τε θηριώδη καὶ ἀνδραποδώδη, οὔτε πάνυ μόνιμον ἡγεῖσθαι, ἄλλο τέ τι ἢ ἀνδρείαν καλεῖν.

c Ἀληθέστατα, ἦν δ' ἐγώ, λέγεις.

Ἀποδέχομαι τοίνυν τοῦτο ἀνδρείαν εἶναι.

Καὶ γὰρ ἀποδέχου, ἦν δ' ἐγώ, πολιτικήν γε, καὶ ὀρθῶς ἀποδέξῃ. αὖθις δὲ περὶ αὐτοῦ, ἐὰν βούλῃ, ἔτι κάλλιον δίιμεν·
5 νῦν γὰρ οὐ τοῦτο ἐζητοῦμεν, ἀλλὰ δικαιοσύνην. πρὸς οὖν τὴν ἐκείνου ζήτησιν, ὡς ἐγῷμαι, ἱκανῶς ἔχει.

Ἀλλὰ καλῶς, ἔφη, λέγεις.

Δύο μήν, ἦν δ' ἐγώ, ἔτι λοιπὰ ἃ δεῖ κατιδεῖν ἐν τῇ πόλει, ἥ
d τε σωφροσύνη καὶ οὗ δὴ ἕνεκα πάντα ζητοῦμεν, δικαιοσύνη.

Πάνυ μὲν οὖν.

Πῶς οὖν ἂν τὴν δικαιοσύνην εὕροιμεν, ἵνα μηκέτι πραγματευώμεθα περὶ σωφροσύνης;

5 Ἐγὼ μὲν τοίνυν, ἔφη, οὔτε οἶδα οὔτ' ἂν βουλοίμην αὐτὸ πρότερον φανῆναι, εἴπερ μηκέτι ἐπισκεψόμεθα σωφροσύνην. ἀλλ' εἰ ἔμοιγε βούλει χαρίζεσθαι, σκόπει πρότερον τοῦτο ἐκείνου.

Ἀλλὰ μέντοι, ἦν δ' ἐγώ, βούλομαί γε, εἰ μὴ ἀδικῶ.

10 Σκόπει δή, ἔφη.

e Σκεπτέον, εἶπον· καὶ ὥς γε ἐντεῦθεν ἰδεῖν, συμφωνίᾳ τινὶ καὶ ἁρμονίᾳ προσέοικεν μᾶλλον ἢ τὰ πρότερον.

Πῶς;

Κόσμος πού τις, ἦν δ' ἐγώ, ἡ σωφροσύνη ἐστὶν καὶ ἡδονῶν
5 τινων καὶ ἐπιθυμιῶν ἐγκράτεια, ὥς φασι, κ ρ ε ί τ τ ω δὴ α ὑ τ ο ῦ λέγοντες οὐκ οἶδ' ὅντινα τρόπον· καὶ ἄλλα ἄττα τοιαῦτα ὥσπερ ἴχνη αὐτῆς λέγεται. ἦ γάρ;

Πάντων μάλιστα, ἔφη.

Οὐκοῦν τὸ μὲν κρείττω αὐτοῦ γελοῖον; ὁ γὰρ ἑαυτοῦ

b8 μόνιμον Stob.: νόμιμον ADF   c5 ζητοῦμεν F
d6 ἐπισκεψόμεθα Apc D: ἐπισκεψώμεθα prA F   e4 κόσμος Apc
Stob.: ὁ κόσμος prA DF   e6 λέγοντες Ayp Stob.: φαίνονται ADF:
ἀποφαίνονται Cornarius, alii alia, locus admodum incertus

148

κρείττων καὶ ἥττων δήπου ἂν αὐτοῦ εἴη καὶ ὁ ἥττων 10
κρείττων· ὁ αὐτὸς γὰρ ἐν ἅπασιν τούτοις προσαγορεύεται.   431

Τί δ᾽ οὔ;

Ἀλλ᾽, ἦν δ᾽ ἐγώ, φαίνεταί μοι βούλεσθαι λέγειν οὗτος ὁ
λόγος ὥς τι ἐν αὐτῷ τῷ ἀνθρώπῳ περὶ τὴν ψυχὴν τὸ μὲν
βέλτιον ἔνι, τὸ δὲ χεῖρον, καὶ ὅταν μὲν τὸ βέλτιον φύσει τοῦ 5
χείρονος ἐγκρατὲς ᾖ, τοῦτο λέγειν τὸ κρείττω αὐτοῦ, ἐπαινεῖ
γοῦν· ὅταν δὲ ὑπὸ τροφῆς κακῆς ἤ τινος ὁμιλίας κρατηθῇ ὑπὸ
πλήθους τοῦ χείρονος σμικρότερον τὸ βέλτιον ὄν, τοῦτο δὲ ὡς
ἐν ὀνείδει ψέγειν τε καὶ καλεῖν ἥττω ἑαυτοῦ, καὶ b
ἀκόλαστον τὸν οὕτω διακείμενον.

Καὶ γὰρ ἔοικεν, ἔφη.

Ἀπόβλεπε τοίνυν, ἦν δ᾽ ἐγώ, πρὸς τὴν νέαν ἡμῖν πόλιν, καὶ
εὑρήσεις ἐν αὐτῇ τὸ ἕτερον τούτων ἐνόν· κρείττω γὰρ αὐτὴν 5
αὑτῆς δικαίως φήσεις προσαγορεύεσθαι, εἴπερ οὗ τὸ ἄμεινον
τοῦ χείρονος ἄρχει σῶφρον κλητέον καὶ κρεῖττον αὐτοῦ.

Ἀλλ᾽ ἀποβλέπω, ἔφη, καὶ ἀληθῆ λέγεις.

Καὶ μὴν καὶ τάς γε πολλὰς καὶ παντοδαπὰς ἐπιθυμίας καὶ
ἡδονάς τε καὶ λύπας ἐν παισὶ μάλιστα ἄν τις εὕροι καὶ γυναιξὶ c
καὶ οἰκέταις, καὶ τῶν ἐλευθέρων λεγομένων ἐν τοῖς πολλοῖς τε
καὶ φαύλοις.

Πάνυ μὲν οὖν.

Τὰς δέ γε ἁπλᾶς τε καὶ μετρίας, αἳ δὴ μετὰ νοῦ τε καὶ 5
δόξης ὀρθῆς λογισμῷ ἄγονται, ἐν ὀλίγοις τε ἐπιτεύξῃ καὶ τοῖς
βέλτιστα μὲν φῦσιν, βέλτιστα δὲ παιδευθεῖσιν.

Ἀληθῆ, ἔφη.

Οὐκοῦν καὶ ταῦτα ὁρᾷς ἐνόντα σοι ἐν τῇ πόλει, καὶ
κρατουμένας αὐτόθι τὰς ἐπιθυμίας τὰς ἐν τοῖς πολλοῖς τε 10
καὶ φαύλοις ὑπό τε τῶν ἐπιθυμιῶν καὶ τῆς φρονήσεως τῆς ἐν d
τοῖς ἐλάττοσί τε καὶ ἐπιεικεστέροις;

---

e10 δήπου ADF: αὐτοῦ Stob., fortasse ex v.l. αὐτὸς ortum
431a6 ἐγκρατέστερον Stob.   τὸ D Stob.: τὸν AF   a8 ὄν om.
Stob.   b6 προσαγορεύειν Stob.   οὗ Laur.80.19pc: οὖν ADF Stob.
b9 γε ADF: τε Stob.   c1 παισὶ H. Wolf: πᾶσι ADF Stob.
c7 φῦσιν ADF: τραφεῖσιν Stob.

Ἔγωγ᾽, ἔφη.

Εἰ ἄρα δεῖ τινα πόλιν προσαγορεύειν κρείττω ἡδονῶν τε
5 καὶ ἐπιθυμιῶν καὶ αὐτὴν αὑτῆς, καὶ ταύτην προσρητέον.

Παντάπασιν μὲν οὖν, ἔφη.

Ἆρ᾽ οὖν οὐ καὶ σώφρονα κατὰ πάντα ταῦτα;

Καὶ μάλα, ἔφη.

Καὶ μὴν εἴπερ αὖ ἐν ἄλλῃ πόλει ἡ αὐτὴ δόξα ἔνεστι τοῖς τε
e ἄρχουσι καὶ ἀρχομένοις περὶ τοῦ οὕστινας δεῖ ἄρχειν, καὶ ἐν
ταύτῃ ἂν εἴη τοῦτο ἐνόν. ἢ οὐ δοκεῖ;

Καὶ μάλα, ἔφη, σφόδρα.

Ἐν ποτέροις οὖν φήσεις τῶν πολιτῶν τὸ σωφρονεῖν ἐνεῖναι
5 ὅταν οὕτως ἔχωσιν· ἐν τοῖς ἄρχουσιν ἢ ἐν τοῖς ἀρχομένοις;

Ἐν ἀμφοτέροις που, ἔφη.

Ὁρᾷς οὖν, ἦν δ᾽ ἐγώ, ὅτι ἐπιεικῶς ἐμαντευόμεθα ἄρτι ὡς
ἁρμονίᾳ τινὶ ἡ σωφροσύνη ὡμοίωται;

Τί δή;

10 Ὅτι οὐχ, ὥσπερ ἡ ἀνδρεία καὶ ἡ σοφία ἐν μέρει τινὶ
432 ἑκατέρα ἐνοῦσα ἡ μὲν σοφήν, ἡ δὲ ἀνδρείαν τὴν πόλιν
παρείχετο, οὐχ οὕτω ποιεῖ αὕτη, ἀλλὰ δι᾽ ὅλης ἀτεχνῶς
τέταται διὰ πασῶν παρεχομένη συνᾴδοντας τούς τε ἀσθενε-
στάτους ταὐτὸν καὶ τοὺς ἰσχυροτάτους καὶ τοὺς μέσους, εἰ
5 μὲν βούλει, φρονήσει, εἰ δὲ βούλει, ἰσχύϊ, εἰ δέ, καὶ πλήθει ἢ
χρήμασιν ἢ ἄλλῳ ὁτῳοῦν τῶν τοιούτων. ὥστε ὀρθότατ᾽ ἂν
φαῖμεν ταύτην τὴν ὁμόνοιαν σωφροσύνην εἶναι, χείρονός τε
καὶ ἀμείνονος κατὰ φύσιν συμφωνίαν ὁπότερον δεῖ ἄρχειν καὶ
b ἐν πόλει καὶ ἐν ἑνὶ ἑκάστῳ.

Πάνυ μοι, ἔφη, συνδοκεῖ.

Εἶεν, ἦν δ᾽ ἐγώ· τὰ μὲν τρία ἡμῖν ἐν τῇ πόλει κατῶπται, ὥς
γε οὑτωσὶ δόξαι· τὸ δὲ δὴ λοιπὸν εἶδος, δι᾽ ὃ ἂν ἔτι ἀρετῆς

d7 καὶ AD Stob.: om. F   πάντα ταῦτα AD Stob.: ταῦτα πάντα F
d9 αὖ εἴπερ Stob.   e1 καὶ ἀρχομένοις ADF Stob.(SM): καὶ τοῖς
ἀρχομένοις Stob.(A)   e7 ἄρτι ὡς AD: ἀρτίως F: ἀρτίως ὡς Stob.
e8 ἤ om. Stob.   e10 οὐχ ADF: οὐδ᾽ Stob.   432a2 παρείχετο Apc
DF Stob.: παρέσχετο prA(u.v.)   οὕτω A Stob.: οὕτω τὴν πόλιν F: ὅτι D
a5 φρονήσει εἰ δὲ βούλει punctis del. A   εἰ δὲ βούλει AD Stob.: εἰ δ᾽ οὐ
βούλει F   a7 φαμὲν F Stob.

μετέχοι πόλις, τί ποτ᾽ ἂν εἴη; δῆλον γὰρ ὅτι τοῦτ᾽ ἔστιν ἡ 5
δικαιοσύνη.

Δῆλον.

Οὐκοῦν, ὦ Γλαύκων, νῦν δὴ ἡμᾶς δεῖ ὥσπερ κυνηγέτας
τινὰς θάμνον κύκλῳ περιίστασθαι προσέχοντας τὸν νοῦν, μή
πῃ διαφύγῃ ἡ δικαιοσύνη καὶ ἀφανισθεῖσα ἄδηλος γένηται; 10
φανερὸν γὰρ δὴ ὅτι ταύτῃ πῃ ἔστιν· ὅρα οὖν καὶ προθυμοῦ c
κατιδεῖν, ἐάν πως πρότερος ἐμοῦ ἴδῃς, καὶ ἐμοὶ φράσεις.

Εἰ γὰρ ὤφελον, ἔφη. ἀλλὰ μᾶλλον, ἐάν μοι ἑπομένῳ χρῇ
καὶ τὰ δεικνύμενα δυναμένῳ καθορᾶν, πάνυ μοι μετρίως
χρήσῃ. 5

Ἕπου, ἦν δ᾽ ἐγώ, εὐξάμενος μετ᾽ ἐμοῦ.

Ποιήσω ταῦτα, ἀλλὰ μόνον, ἦ δ᾽ ὅς, ἡγοῦ.

Καὶ μήν, εἶπον ἐγώ, δύσβατός γέ τις ὁ τόπος φαίνεται καὶ
ἐπίσκιος· ἔστι γοῦν σκοτεινὸς καὶ δυσδιερεύνητος. ἀλλὰ γὰρ
ὅμως ἰτέον. 10

Ἰτέον γάρ, ἔφη. d

Καὶ ἐγὼ κατιδών, Ἰοὺ ἰού, εἶπον, ὦ Γλαύκων· κινδυνεύ-
ομέν τι ἔχειν ἴχνος, καί μοι δοκεῖ οὐ πάνυ τι ἐκφευξεῖσθαι
ἡμᾶς.

Εὖ ἀγγέλλεις, ἦ δ᾽ ὅς. 5

Ἦ μήν, ἦν δ᾽ ἐγώ, βλακικόν γε ἡμῶν τὸ πάθος.

Τὸ ποῖον;

Πάλαι, ὦ μακάριε, φαίνεται πρὸ ποδῶν ἡμῖν ἐξ ἀρχῆς
κυλινδεῖσθαι, καὶ οὐχ ἑωρῶμεν ἄρ᾽ αὐτό, ἀλλ᾽ ἦμεν καταγε-
λαστότατοι, ὥσπερ οἱ ἐν ταῖς χερσὶν ἔχοντες ζητοῦσιν ἐνίοτε 10
ὃ ἔχουσιν, καὶ ἡμεῖς εἰς αὐτὸ μὲν οὐκ ἀπεβλέπομεν, πόρρω δέ e
ποι ἀπεσκοποῦμεν· ἦ δὴ καὶ ἐλάνθανεν ἴσως ἡμᾶς.

Πῶς, ἔφη, λέγεις;

Οὕτως, εἶπον, ὡς δοκοῦμέν μοι καὶ λέγοντες αὐτὸ καὶ
ἀκούοντες πάλαι οὐ μανθάνειν ἡμῶν αὐτῶν, ὅτι ἐλέγομεν 5
τρόπον τινὰ αὐτό.

c2 φράσεις A: φράσῃς DF   c4 μοι om. D, fortasse recte
d3 πάνυ τι AD: πάνυ F   d5 εὖ ἀγγέλλεις AF: εὐαγγελλεις [sic] D:
εὐαγγελεῖς Phryn.   d9 καλινδεῖσθαι Themist.   e1 ἀποβλέπομεν F
e2 ἀποσκοποῦμεν F, sed fortasse ἀπεσκοποῦμεν pc

Μακρόν, ἔφη, τὸ προοίμιον τῷ ἐπιθυμοῦντι ἀκοῦσαι.

433 Ἀλλ', ἦν δ' ἐγώ, ἄκουε εἴ τι ἄρα λέγω. ὃ γὰρ ἐξ ἀρχῆς
ἐθέμεθα δεῖν ποιεῖν διὰ παντός, ὅτε τὴν πόλιν κατῳκίζομεν,
τοῦτό ἐστιν, ὡς ἐμοὶ δοκεῖ, ἤτοι τούτου τι εἶδος, ἡ δικαι-
οσύνη. ἐθέμεθα δὲ δήπου καὶ πολλάκις ἐλέγομεν, εἰ μέμνησαι,
5 ὅτι ἓν ἕκαστον ἓν δέοι ἐπιτηδεύειν τῶν περὶ τὴν πόλιν, εἰς ὃ
αὐτοῦ ἡ φύσις ἐπιτηδειοτάτη πεφυκυῖα εἴη.

Ἐλέγομεν γάρ.

Καὶ μὴν ὅτι γε τὸ τὰ αὑτοῦ πράττειν καὶ μὴ πολυπραγμο-
νεῖν δικαιοσύνη ἐστί, καὶ τοῦτο ἄλλων τε πολλῶν ἀκηκόαμεν
b καὶ αὐτοὶ πολλάκις εἰρήκαμεν.

Εἰρήκαμεν γάρ.

Τοῦτο τοίνυν, ἦν δ' ἐγώ, ὦ φίλε, κινδυνεύει τρόπον τινὰ
γιγνόμενον ἡ δικαιοσύνη εἶναι, τὸ τὰ αὑτοῦ πράττειν. οἶσθα
5 ὅθεν τεκμαίρομαι;

Οὔκ, ἀλλὰ λέγ', ἔφη.

Δοκεῖ μοι, ἦν δ' ἐγώ, τὸ ὑπόλοιπον ἐν τῇ πόλει τῶν ⟨** ὧν⟩
ἐσκέμμεθα, σωφροσύνης καὶ ἀνδρείας καὶ φρονήσεως, τοῦτο
εἶναι ὃ πᾶσιν ἐκείνοις τὴν δύναμιν παρέσχεν ὥστε ἐγγενέσθαι,
10 καὶ ἐγγενομένοις γε σωτηρίαν παρέχειν, ἕωσπερ ἂν ἐνῇ.
c καίτοι ἔφαμεν δικαιοσύνην ἔσεσθαι τὸ ὑπολειφθὲν ἐκείνων,
εἰ τὰ τρία εὕροιμεν.

Καὶ γὰρ ἀνάγκη, ἔφη.

Ἀλλὰ μέντοι, ἦν δ' ἐγώ, εἰ δέοι γε κρῖναι τί τὴν πόλιν ἡμῖν
5 τούτων μάλιστα ἀγαθὴν ἀπεργάσεται ἐγγενόμενον, δύσκριτον
ἂν εἴη πότερον ἡ ὁμοδοξία τῶν ἀρχόντων τε καὶ ἀρχομένων, ἢ
ἡ περὶ δεινῶν τε καὶ μή, ἅττα ἐστί, δόξης ἐννόμου σωτηρία ἐν
τοῖς στρατιώταις ἐγγενομένη, ἢ ἡ ἐν τοῖς ἄρχουσι φρόνησίς

e7 ἐπιθυμοῦντι ADF: ποθοῦντι Aristaenet. Method.   433a2 δεῖν
om. Stob.   a3 τι om. Stob.   ἡ om. Stob.   a4 δὲ Apc[sl] DF
Stob.: om. prA   a8 τὸ om. Stob.   a9 δικαιοσύνη ADF Stob.:
δίκαιόν H. Richards   b4 ἡ om. Stob.   b7 lacunam indicavi: τῶν
prA DF Stob.: ὧν Apc: fortasse τῶν ⟨τριῶν ὧν⟩   b9 ὅ . . . παρέσχεν
ADF: τὸ . . . παρέχον Stob.   b10 γε om. Stob.   c4 γε om. Stob.
τί ADF: τινα Stob.   c5 τούτων ADF: τί τούτων Stob.   ἀπείργασται
Stob.   c7 δεινῶν ADF Stob.: δεινοῦ Alcin.   c8 ἢ ἡ Stob.: ἢ AF:
ἡ D

τε καὶ φυλακὴ ἐνοῦσα, ἣ τοῦτο μάλιστα ἀγαθὴν αὐτὴν ποιεῖ d
ἐνὸν καὶ ἐν παιδὶ καὶ ἐν γυναικὶ καὶ δούλῳ καὶ ἐλευθέρῳ καὶ
δημιουργῷ καὶ ἄρχοντι καὶ ἀρχομένῳ, ὅτι τὸ αὑτοῦ ἕκαστος
εἷς ὢν ἔπραττε καὶ οὐκ ἐπολυπραγμόνει.

Δύσκριτον, ἔφη· πῶς δ' οὔ;   5

Ἐνάμιλλον ἄρα, ὡς ἔοικε, πρὸς ἀρετὴν πόλεως τῇ τε σοφίᾳ
αὐτῆς καὶ τῇ σωφροσύνῃ καὶ τῇ ἀνδρείᾳ ἡ τοῦ ἕκαστον ἐν
αὐτῇ τὰ αὑτοῦ πράττειν δύναμις.

Καὶ μάλα, ἔφη.

Οὐκοῦν δικαιοσύνην τό γε τούτοις ἐνάμιλλον ἂν εἰς ἀρετὴν   10
πόλεως θείης;

Παντάπασι μὲν οὖν.

Σκόπει δὴ καὶ τῇδε εἰ οὕτω δόξει· ἆρα τοῖς ἄρχουσιν ἐν τῇ e
πόλει τὰς δίκας προστάξεις δικάζειν;

Τί μήν;

Ἦ ἄλλου τινὸς οὖν μᾶλλον ἐφιέμενοι δικάσουσιν ἢ τούτου,
ὅπως ἂν ἕκαστοι μήτ' ἔχωσι τἀλλότρια μήτε τῶν αὑτῶν   5
στέρωνται;

Οὔκ, ἀλλὰ τούτου.

Ὡς δικαίου ὄντος;

Ναί.

Καὶ ταύτῃ ἄρα πῃ ἡ τοῦ οἰκείου τε καὶ ἑαυτοῦ ἕξις τε καὶ   10
πρᾶξις δικαιοσύνη ἂν ὁμολογοῖτο.   434

Ἔστι ταῦτα.

Ἰδὲ δὴ ἐὰν σοὶ ὅπερ ἐμοὶ συνδοκῇ. τέκτων σκυτοτόμου
ἐπιχειρῶν ἔργα ἐργάζεσθαι ἢ σκυτοτόμος τέκτονος, ἢ τὰ
ὄργανα μεταλαμβάνοντες τἀλλήλων ἢ τιμάς, ἢ καὶ ὁ αὐτὸς   5
ἐπιχειρῶν ἀμφότερα πράττειν, πάντα τἆλλα μεταλλαττό-
μενα, ἆρά σοι ἄν τι δοκεῖ μέγα βλάψαι πόλιν;

Οὐ πάνυ, ἔφη.

d2 καὶ δούλωι καὶ ἐλευθέρωι AD Stob.: καὶ ἐν δούλω καὶ ἐν ἐλευθέρω F
d4 ἔπραττε ADF: ἐν ἔπραττε Stob.   d6 ὡς ἔοικε AD: ὡς ἔοικέ τι
Stob.: om. F   e1 οὕτω ADF Stob.: σαυτῶι Aγρ   e4 τινὸς οὖν
ADF: τινὸς οὐ Stob.: οὑτινοσοῦν f   τούτου DF Stob.: τοῦτο A
e7 τούτου Apc DF Stob.: τουτου prA   434a6 πάντα τε τἆλλα
Wilamowitz

Ἀλλ᾽ ὅταν γε, οἶμαι, δημιουργὸς ὢν ἤ τις ἄλλος χρημα-
10 τιστὴς φύσει, ἔπειτα ἐπαιρόμενος ἢ πλούτῳ ἢ πλήθει ἢ ἰσχύϊ
b ἢ ἄλλῳ τῳ τοιούτῳ εἰς τὸ τοῦ πολεμικοῦ εἶδος ἐπιχειρῇ ἰέναι,
ἢ τῶν πολεμικῶν τις εἰς τὸ τοῦ βουλευτικοῦ καὶ φύλακος,
ἀνάξιος ὤν, καὶ τὰ ἀλλήλων οὗτοι ὄργανα μεταλαμβάνωσι
καὶ τὰς τιμάς, ἢ ὅταν ὁ αὐτὸς πάντα ταῦτα ἅμα ἐπιχειρῇ
5 πράττειν, τότε οἶμαι καὶ σοὶ δοκεῖν ταύτην τὴν τούτων
μεταβολὴν καὶ πολυπραγμοσύνην ὄλεθρον εἶναι τῇ πόλει.

Παντάπασι μὲν οὖν.

Ἡ τριῶν ἄρα ὄντων γενῶν πολυπραγμοσύνη καὶ μεταβολὴ
c εἰς ἄλληλα μεγίστη τε βλάβη τῇ πόλει καὶ ὀρθότατ᾽ ἂν
προσαγορεύοιτο μάλιστα κακουργία.

Κομιδῇ μὲν οὖν.

Κακουργίαν δὲ τὴν μεγίστην τῆς ἑαυτοῦ πόλεως οὐκ
5 ἀδικίαν φήσεις εἶναι;

Πῶς δ᾽ οὔ;

Τοῦτο μὲν ἄρα ἀδικία. πάλιν δὲ ὧδε λέγωμεν· χρηματι-
στικοῦ, ἐπικουρικοῦ, φυλακικοῦ γένους οἰκειοπραγία, ἑκά-
στου τούτων τὸ αὑτοῦ πράττοντος ἐν πόλει, τοὐναντίον
10 ἐκείνου δικαιοσύνη τ᾽ ἂν εἴη καὶ τὴν πόλιν δικαίαν παρέχοι;

Οὐκ ἄλλῃ ἔμοιγε δοκεῖ, ἢ δ᾽ ὅς, ἔχειν ἢ ταύτῃ.

d Μηδέν, ἦν δ᾽ ἐγώ, πω πάνυ παγίως αὐτὸ λέγωμεν, ἀλλ᾽ ἐὰν
μὲν ἡμῖν καὶ εἰς ἕνα ἕκαστον τῶν ἀνθρώπων ἰὸν τὸ εἶδος
τοῦτο ὁμολογῆται καὶ ἐκεῖ δικαιοσύνη εἶναι, συγχωρησόμεθα
ἤδη· τί γὰρ καὶ ἐροῦμεν; εἰ δὲ μή, τότε ἄλλο τι σκεψόμεθα.
5 νῦν δ᾽ ἐκτελέσωμεν τὴν σκέψιν ἣν ᾠήθημεν, εἰ ἐν μείζονί τινι
τῶν ἐχόντων δικαιοσύνην πρότερον ἐκεῖ ἐπιχειρήσαιμεν
θεάσασθαι, ῥᾷον ἂν ἐν ἑνὶ ἀνθρώπῳ κατιδεῖν οἷόν ἐστιν. καὶ
e ἔδοξε δὴ ἡμῖν τοῦτο εἶναι πόλις, καὶ οὕτω ᾠκίζομεν ὡς
ἐδυνάμεθα ἀρίστην, εὖ εἰδότες ὅτι ἔν γε τῇ ἀγαθῇ ἂν εἴη. ὃ
οὖν ἡμῖν ἐκεῖ ἐφάνη, ἐπαναφέρωμεν εἰς τὸν ἕνα, κἂν μὲν
ὁμολογῆται, καλῶς ἕξει· ἐὰν δέ τι ἄλλο ἐν τῷ ἑνὶ ἐμφαίνηται,

c7 λέγωμεν A: λέγομεν DF   c11 δοκεῖ om. F   d6 ⟨ἢ⟩ ἐκεῖ
Burnet   d7 ἐν AD: ἓν ἐν F   e2 γε τῇι AD: γενετῇ F, pro γε malim
γοῦν

πάλιν ἐπανιόντες ἐπὶ τὴν πόλιν βασανιοῦμεν, καὶ τάχ᾽ ἂν παρ᾽ **435**
ἄλληλα σκοποῦντες καὶ τρίβοντες, ὥσπερ ἐκ πυρείων ἐκλάμ-
ψαι ποιήσαιμεν τὴν δικαιοσύνην· καὶ φανερὰν γενομένην
βεβαιωσαίμεθ᾽ ἂν αὐτὴν παρ᾽ ἡμῖν αὐτοῖς.

Ἀλλ᾽, ἔφη, καθ᾽ ὁδόν τε λέγεις καὶ ποιεῖν χρὴ οὕτως.   5

Ἆρ᾽ οὖν, ἦν δ᾽ ἐγώ, ὅ γε ταὐτὸν ἄν τις προσείποι μεῖζόν τε
καὶ ἔλαττον, ἀνόμοιον τυγχάνει ὂν ταύτῃ ᾗ ταὐτὸν προσα-
γορεύεται, ἢ ὅμοιον;

Ὅμοιον, ἔφη.

Καὶ δίκαιος ἄρα ἀνὴρ δικαίας πόλεως κατ᾽ αὐτὸ τὸ τῆς **b**
δικαιοσύνης εἶδος οὐδὲν διοίσει, ἀλλ᾽ ὅμοιος ἔσται.

Ὅμοιος, ἔφη.

Ἀλλὰ μέντοι πόλις γε ἔδοξεν εἶναι δικαία ὅτι ἐν αὐτῇ
τριττὰ γένη φύσεων ἐνόντα τὸ αὑτῶν ἕκαστον ἔπραττεν,   5
σώφρων δὲ αὖ καὶ ἀνδρεία καὶ σοφὴ διὰ τῶν αὐτῶν τούτων
γενῶν ἄλλ᾽ ἄττα πάθη τε καὶ ἕξεις.

Ἀληθῆ, ἔφη.

Καὶ τὸν ἕνα ἄρα, ὦ φίλε, οὕτως ἀξιώσομεν, τὰ αὐτὰ ταῦτα
εἴδη ἐν τῇ αὑτοῦ ψυχῇ ἔχοντα, διὰ τὰ αὐτὰ πάθη ἐκείνοις τῶν **c**
αὐτῶν ὀνομάτων ὀρθῶς ἀξιοῦσθαι τῇ πόλει.

Πᾶσα ἀνάγκη, ἔφη.

Εἰς φαῦλόν γε αὖ, ἦν δ᾽ ἐγώ, ὦ θαυμάσιε, σκέμμα
ἐμπεπτώκαμεν περὶ ψυχῆς, εἴτε ἔχει τὰ τρία εἴδη ταῦτα ἐν   5
αὐτῇ εἴτε μή.

Οὐ πάνυ μοι δοκοῦμεν, ἔφη, εἰς φαῦλον· ἴσως γάρ, ὦ
Σώκρατες, τὸ λεγόμενον ἀληθές, ὅτι χαλεπὰ τὰ καλά.

Φαίνεται, ἦν δ᾽ ἐγώ. καὶ εὖ γ᾽ ἴσθι, ὦ Γλαύκων, ὡς ἡ ἐμὴ
δόξα, ἀκριβῶς μὲν τοῦτο ἐκ τοιούτων μεθόδων, οἵαις νῦν ἐν **d**
τοῖς λόγοις χρώμεθα, οὐ μή ποτε λάβωμεν· ἄλλη γὰρ
μακροτέρα καὶ πλείων ὁδὸς ἡ ἐπὶ τοῦτο ἄγουσα· ἴσως μέντοι
τῶν γε προειρημένων τε καὶ προεσκεμμένων ἀξίως.

435a4 βεβαιωσαίμεθ᾽ ἂν Laur.80.19pc: βεβαιωσώμεθ᾽ ἂν prA DF:
βεβαιωσόμεθ᾽ ἂν Apc   a7 ἔλαττον ⟨ὂν⟩ Dobree   b4 ὅτι DF:
ὅτε A   c9 ἡ AD Galen.: om. F   d1 οἵαις ADF: αἷς Galen.(H):
οἷα Galen.(L), fortasse recte   νῦν ADF: δὴ νῦν Galen.   d2 ἄλλη
Galen.: ἀλλὰ ADF   d4 γε om. F

5 Οὔκουν ἀγαπητόν; ἔφη· ἐμοὶ μὲν γὰρ ἔν γε τῷ παρόντι
ἱκανῶς ἂν ἔχοι.
Ἀλλὰ μέντοι, εἶπον, ἔμοιγε καὶ πάνυ ἐξαρκέσει.
Μὴ τοίνυν ἀποκάμῃς, ἔφη, ἀλλὰ σκόπει.

Ἆρ' οὖν ἡμῖν, ἦν δ' ἐγώ, πολλὴ ἀνάγκη ὁμολογεῖν, ὅτι γε
e τὰ αὐτὰ ἐν ἑκάστῳ ἔνεστιν ἡμῶν εἴδη τε καὶ ἤθη ἅπερ ἐν τῇ
πόλει; οὐ γάρ που ἄλλοθεν ἐκεῖσε ἀφῖκται. γελοῖον γὰρ ἂν εἴη
εἴ τις οἰηθείη τὸ θυμοειδὲς μὴ ἐκ τῶν ἰδιωτῶν ἐν ταῖς πόλεσιν
ἐγγεγονέναι, οἳ δὴ καὶ ἔχουσι ταύτην τὴν αἰτίαν, οἷον οἱ κατὰ
5 τὴν Θρᾴκην τε καὶ Σκυθικὴν καὶ σχεδόν τι κατὰ τὸν ἄνω
τόπον, ἢ τὸ φιλομαθές, ὃ δὴ περὶ τὸν παρ' ἡμῖν μάλιστ' ἄν τις
436 αἰτιάσαιτο τόπον, ἢ τὸ φιλοχρήματον [τὸ] περὶ τούς τε
Φοίνικας εἶναι καὶ τοὺς κατὰ Αἴγυπτον φαίη τις ἂν οὐχ
ἥκιστα.
Καὶ μάλα, ἔφη.
5 Τοῦτο μὲν δὴ οὕτως ἔχει, ἦν δ' ἐγώ, καὶ οὐδὲν χαλεπὸν
γνῶναι.
Οὐ δῆτα.
Τόδε δὲ ἤδη χαλεπόν, εἰ τῷ αὐτῷ τούτῳ ἕκαστα πράττο-
μεν ἢ τρισὶν οὖσιν ἄλλο ἄλλῳ· μανθάνομεν μὲν ἑτέρῳ,
10 θυμούμεθα δὲ ἄλλῳ τῶν ἐν ἡμῖν, ἐπιθυμοῦμεν δ' αὖ τρίτῳ
b τινὶ τῶν περὶ τὴν τροφήν τε καὶ γέννησιν ἡδονῶν καὶ ὅσα
τούτων ἀδελφά, ἢ ὅλῃ τῇ ψυχῇ καθ' ἕκαστον αὐτῶν πράττο-
μεν, ὅταν ὁρμήσωμεν. ταῦτ' ἔσται τὰ χαλεπὰ διορίσασθαι
ἀξίως λόγου.
5 Καὶ ἐμοὶ δοκεῖ, ἔφη.
Ὧδε τοίνυν ἐπιχειρῶμεν αὐτὰ ὁρίζεσθαι, εἴτε τὰ αὐτὰ
ἀλλήλοις εἴτε ἕτερά ἐστι.
Πῶς;

e4 ἐγγεγονέναι A: ἐκγεγονέναι Stob.: γεγονέναι DF   e6 περὶ om.
Stob.   436a1 περὶ scripsi: τὸ περὶ ADF Stob.: ὃ περὶ Bessarion
a8 τούτωι ADF Stob.: τούτων Mon.237pc   a9 μὲν A Stob.: om. DF
b1 τῶν AD Stob.(F) Phot. Suid.: τῆς Stob.(P): om. F   τε ADF
Stob.(F): om. Stob.(P) Phot. Suid.   b3 τὰ AF Stob.: om. D

Δῆλον ὅτι ταὐτὸν τἀναντία ποιεῖν ἢ πάσχειν κατὰ ταὐτόν
γε καὶ πρὸς ταὐτὸν οὐκ ἐθελήσει ἅμα, ὥστε ἄν που εὑρίσκω-   10
μεν ἐν αὐτοῖς ταῦτα γιγνόμενα, εἰσόμεθα ὅτι οὐ ταὐτὸν ἦν   c
ἀλλὰ πλείω.

Εἶεν.

Σκόπει δὴ ὃ λέγω.

Λέγε, ἔφη.   5

Ἑστάναι, εἶπον, καὶ κινεῖσθαι τὸ αὐτὸ ἅμα κατὰ τὸ αὐτὸ
ἆρα δυνατόν;

Οὐδαμῶς.

Ἔτι τοίνυν ἀκριβέστερον ὁμολογησώμεθα, μή πη προϊόν-
τες ἀμφισβητήσωμεν. εἰ γάρ τις λέγοι ἄνθρωπον ἑστηκότα,   10
κινοῦντα δὲ τὰς χεῖράς τε καὶ τὴν κεφαλήν, ὅτι ὁ αὐτὸς
ἕστηκέ τε καὶ κινεῖται ἅμα, οὐκ ἄν, οἶμαι, ἀξιοῖμεν οὕτω
λέγειν δεῖν, ἀλλ' ὅτι τὸ μέν τι αὐτοῦ ἕστηκε, τὸ δὲ κινεῖται.   d
οὐχ οὕτω;

Οὕτω.

Οὐκοῦν καὶ εἰ ἔτι μᾶλλον χαριεντίζοιτο ὁ ταῦτα λέγων,
κομψευόμενος ὡς οἵ γε στρόβιλοι ὅλοι ἑστᾶσί τε ἅμα καὶ   5
κινοῦνται, ὅταν ἐν τῷ αὐτῷ πήξαντες τὸ κέντρον περιφέρων-
ται, ἢ καὶ ἄλλο τι κύκλῳ περιιὸν ἐν τῇ αὐτῇ ἕδρᾳ τοῦτο δρᾷ,
οὐκ ἂν ἀποδεχοίμεθα, ὡς οὐ κατὰ ταὐτὰ ἑαυτῶν τὰ τοιαῦτα
τότε μενόντων τε καὶ φερομένων, ἀλλὰ φαῖμεν ἂν ἔχειν αὐτὰ
εὐθύ τε καὶ περιφερὲς ἐν αὐτοῖς, καὶ κατὰ μὲν τὸ εὐθὺ   e
ἑστάναι, οὐδαμῇ γὰρ ἀποκλίνειν, κατὰ δὲ τὸ περιφερὲς

b9 δῆλον ὅτι ταὐτὸν ADF, Galen.IX 9.23: ταὐτὸν δηλονότι Galen.V
κατὰ ADF, Galen.IX 9.39: κἂν Galen.IX 9.23: ἢ κατὰ Galen.V   ταὐτόν
AD, Galen. ter: ταυτά [sic] F   b10 γε ADF: τε Galen. ter   καὶ Apc
DF, Galen. ter: om. prA   c1 ἐν αὐτοῖς AD: ἑαυτοῖς F   c7 ἆρα
δυνατόν ADF: ἅμα ἀδύνατον Galen.   c9 διομολογησόμεθα [sic] Galen.
πηι ADF: πως Galen.   c11 ὁ αὐτὸς AF Galen.(Ald.): αὐτὸς D: ὁ αὐτὸς
οὗτος Galen.(M)   c12 τε om. Galen.   d4 καὶ εἰ AD Galen.: εἰ
καὶ F   d5 οἵ AD prF Galen.: εἴ Fpc   στρόμβοι Galen. bis   ὅλοι AD
Galen.: ὅσοι F   d7 αὐτῆι ADF: αὐτοῦ Galen.   d8 ἀποδεχοίμεθα
Galen.: ἀποδεχώμεθα prA DF: ἀποδεχόμεθα Apc   τὰ τοιαῦτα ADF
Galen.: secl. Astius: τῶν τοιούτων H. Richards   d9 τότε AD: τῶν
τε F: om. Galen.   μένοντα et φερόμενα Naber, fortasse recte

κύκλῳ κινεῖσθαι, ὅταν δὲ τὴν εὐθυωρίαν ἢ εἰς δεξιὰν ἢ εἰς
ἀριστερὰν ἢ εἰς τὸ πρόσθεν ἢ εἰς τὸ ὄπισθεν ἐγκλίνῃ ἅμα
5 περιφερόμενον, τότε οὐδαμῇ ἑστάναι.
Καὶ ὀρθῶς γε, ἔφη.
Οὐδὲν ἄρα ἡμᾶς τῶν τοιούτων λεγόμενον ἐκπλήξει, οὐδὲ
μᾶλλόν τι πείσει ὥς ποτέ τι ἂν τὸ αὐτὸ ὂν ἅμα κατὰ τὸ αὐτὸ
437 πρὸς τὸ αὐτὸ τἀναντία πάθοι ἢ καὶ εἴη ἢ καὶ ποιήσειεν.
Οὔκουν ἔμεγε, ἔφη.
Ἀλλ' ὅμως, ἦν δ' ἐγώ, ἵνα μὴ ἀναγκαζώμεθα πάσας τὰς
τοιαύτας ἀμφισβητήσεις ἐπεξιόντες καὶ βεβαιούμενοι ὡς οὐκ
5 ἀληθεῖς οὔσας μηκύνειν, ὑποθέμενοι ὡς τούτου οὕτως ἔχον-
τος εἰς τὸ πρόσθεν προΐωμεν, ὁμολογήσαντες, ἐάν ποτε ἄλλῃ
φανῇ ταῦτα ἢ ταύτῃ, πάντα ἡμῖν τὰ ἀπὸ τούτου συμβαίνοντα
λελυμένα ἔσεσθαι.
Ἀλλὰ χρή, ἔφη, ταῦτα ποιεῖν.
b Ἆρ' οὖν, ἦν δ' ἐγώ, τὸ ἐπινεύειν τῷ ἀνανεύειν καὶ τὸ
ἐφίεσθαί τινος λαβεῖν τῷ ἀπαρνεῖσθαι καὶ τὸ προσάγεσθαι τῷ
ἀπωθεῖσθαι, πάντα τὰ τοιαῦτα τῶν ἐναντίων ἀλλήλοις θείης
εἴτε ποιημάτων εἴτε παθημάτων; οὐδὲν γὰρ ταύτῃ διοίσει.
5 Ἀλλ', ἦ δ' ὅς, τῶν ἐναντίων.
Τί οὖν; ἦν δ' ἐγώ· διψῆν καὶ πεινῆν καὶ ὅλως τὰς ἐπιθυμίας,
καὶ αὖ τὸ ἐθέλειν καὶ τὸ βούλεσθαι, οὐ πάντα ταῦτα εἰς ἐκεῖνά
ποι ἂν θείης τὰ εἴδη τὰ νυνδὴ λεχθέντα; οἷον ἀεὶ τὴν τοῦ
c ἐπιθυμοῦντος ψυχὴν οὐχὶ ἤτοι ἐφίεσθαι φήσεις ἐκείνου οὗ ἂν
ἐπιθυμῇ, ἢ προσάγεσθαι τοῦτο ὃ ἂν βούληταί οἱ γενέσθαι, ἢ
αὖ, καθ' ὅσον ἐθέλει τί οἱ πορισθῆναι, ἐπινεύειν τοῦτο πρὸς
αὑτὴν ὥσπερ τινὸς ἐρωτῶντος, ἐπορεγομένην αὐτοῦ τῆς
5 γενέσεως;

e3 ὅταν ADF: καὶ ὅταν Galen. ἢ εἰς δεξιὰν DF: ἢ εἰς δεξιὰ Galen.: ἢ καὶ
εἰς δεξιὰν A e4 ἀριστερὰ Galen. ἐγκλίνηι AD: ἐκκλίνη F: ἐκκλίνει
Galen. e5 ἑστάναι Galen.: ἐστιν ἑστάναι ADF: ἔτι ἑστάναι Bywater
e8 ποτέ τοί τι Galen. 437a1 ἢ καὶ εἴη ADF Galen.: om.
Vind.89 Bonon.3630 Scor.y.1.13 b3 θείης ADF, Galen. bis: ἂν
θείης Stallbaum b7 πάντα ταῦτα ADF, Galen.VI: ταῦτα πάντα
Galen.V b8 νῦν δὴ ADF, Galen.VI: νῦν Galen.V c2 οἱ γενέσθαι
ADF: γενέσθαι μοι Galen.V(H), μοι ex οἱ corruptum: γενέσθαι Galen.VI,
Galen.V(L) c4 ἐρωτῶντος prA DF, Galen.V: ἐρῶντος Apc, Galen.VI

Ἔγωγε.

Τί δέ; τὸ ἀβουλεῖν καὶ μὴ ἐθέλειν μηδ᾽ ἐπιθυμεῖν οὐκ εἰς τὸ
ἀπωθεῖν καὶ ἀπελαύνειν ἀφ᾽ αὐτῆς καὶ εἰς ἅπαντα τἀναντία
ἐκείνοις θήσομεν;

Πῶς γὰρ οὔ;   10

Τούτων δὴ οὕτως ἐχόντων ἐπιθυμιῶν τι φήσομεν εἶναι **d**
εἶδος, καὶ ἐναργεστάτας αὐτῶν τούτων ἥν τε δίψαν καλοῦμεν
καὶ ἣν πεῖναν;

Φήσομεν, ἦ δ᾽ ὅς.

Οὐκοῦν τὴν μὲν ποτοῦ, τὴν δὲ ἐδωδῆς;   5

Ναί.

Ἆρ᾽ οὖν, καθ᾽ ὅσον δίψα ἐστί, πλέονος ἄν τινος ἢ οὗ
λέγομεν ἐπιθυμία ἐν τῇ ψυχῇ εἴη, οἷον δίψα ἐστὶ δίψα ἆρά
γε θερμοῦ ποτοῦ ἢ ψυχροῦ, ἢ πολλοῦ ἢ ὀλίγου, ἢ καὶ ἑνὶ λόγῳ
ποιοῦ τινος πώματος; ἢ ἐὰν μέν τις θερμότης τῷ δίψει προσῇ,   10
τὴν τοῦ ψυχροῦ ἐπιθυμίαν προσπαρέχοιτ᾽ ἄν, ἐὰν δὲ ψυχρό- **e**
της, τὴν τοῦ θερμοῦ· ἐὰν δὲ διὰ πλήθους παρουσίαν πολλὴ ἡ
δίψα ᾖ, τὴν τοῦ πολλοῦ παρέξεται· ἐὰν δὲ ὀλίγη, τὴν τοῦ
ὀλίγου; αὐτὸ δὲ τὸ διψῆν οὐ μή ποτε ἄλλου γένηται ἐπιθυμία
ἢ οὗπερ πέφυκεν αὐτοῦ, πώματος, καὶ αὖ τὸ πεινῆν βρώμα-   5
τος;

Οὕτως, ἔφη, αὐτή γε ἡ ἐπιθυμία ἑκάστη αὐτοῦ μόνον
ἑκάστου οὗ πέφυκεν, τοῦ δὲ τοίου ἢ τοίου τὰ προσγιγνόμενα.

Μή τοί τις, ἦν δ᾽ ἐγώ, ἀσκέπτους ἡμᾶς ὄντας θορυβήσῃ, ὡς **438**
οὐδεὶς ποτοῦ ἐπιθυμεῖ ἀλλὰ χρηστοῦ ποτοῦ, καὶ οὐ σίτου
ἀλλὰ χρηστοῦ σίτου. πάντες γὰρ ἄρα τῶν ἀγαθῶν ἐπιθυμοῦ-
σιν. εἰ οὖν ἡ δίψα ἐπιθυμία ἐστί, χρηστοῦ ἂν εἴη εἴτε πώματος
εἴτε ἄλλου ὅτου ἐστὶν ἐπιθυμία, καὶ αἱ ἄλλαι οὕτω.   5

Ἴσως γὰρ ἄν, ἔφη, δοκεῖ τι λέγειν ὁ ταῦτα λέγων.

Ἀλλὰ μέντοι, ἦν δ᾽ ἐγώ, ὅσα γ᾽ ἐστὶ τοιαῦτα οἷα εἶναί του,

d7 ἢ οὗ Caesen.D28.4: που et γρ η ου prA: ἢ οὐ et γρ που Apc: που D:
πού F   d8 λέγωμεν F   d9 ἑνὶ λόγωι Cornarius: ἐν ὀλίγωι ADF
Athen.   d10 τις A: τῆς D: τι F Athen.   e1 ψυχροῦ ADF
Athen.: θερμοῦ K. F. Hermann   προσπαρέχοι Athen.   e2 θερμοῦ
ADF Athen.: ψυχροῦ K. F. Hermann   438a7 του om. F Simplic.

b τὰ μὲν ποιὰ ἄττα ποιοῦ τινός ἐστιν, ὡς ἐμοὶ δοκεῖ, τὰ δ᾽ αὐτὰ
ἕκαστα αὐτοῦ ἑκάστου μόνον.
Οὐκ ἔμαθον, ἔφη.
Οὐκ ἔμαθες, ἔφην, ὅτι τὸ μεῖζον τοιοῦτόν ἐστιν οἷον τινὸς
5 εἶναι μεῖζον;
Πάνυ γε.
Οὐκοῦν τοῦ ἐλάττονος;
Ναί.
Τὸ δέ γε πολὺ μεῖζον πολὺ ἐλάττονος. ἦ γάρ;
10 Ναί.
Ἆρ᾽ οὖν καὶ τὸ ποτὲ μεῖζον ποτὲ ἐλάττονος, καὶ τὸ
ἐσόμενον μεῖζον ἐσομένου ἐλάττονος;
Ἀλλὰ τί μήν; ἦ δ᾽ ὅς.
Καὶ τὰ πλείω δὴ πρὸς τὰ ἐλάττω καὶ τὰ διπλάσια πρὸς τὰ
c ἡμίσεα καὶ πάντα τὰ τοιαῦτα, καὶ αὖ βαρύτερα πρὸς
κουφότερα καὶ θάττω πρὸς τὰ βραδύτερα, καὶ ἔτι γε τὰ
θερμὰ πρὸς τὰ ψυχρὰ καὶ πάντα τὰ τούτοις ὅμοια ἆρ᾽ οὐχ
οὕτως ἔχει;
5 Πάνυ μὲν οὖν.
Τί δὲ τὰ περὶ τὰς ἐπιστήμας; οὐχ ὁ αὐτὸς τρόπος;
ἐπιστήμη μὲν αὐτὸ μαθήματος αὐτοῦ ἐπιστήμη ἐστὶν ἢ
ὅτου δὴ δεῖ θεῖναι τὴν ἐπιστήμην, ἐπιστήμη δέ τις καὶ ποιά
τις ποιοῦ τινος καὶ τινός. λέγω δὲ τὸ τοιόνδε· οὐκ ἐπειδὴ
d οἰκίας ἐργασίας ἐπιστήμη ἐγένετο, διήνεγκε τῶν ἄλλων
ἐπιστημῶν, ὥστε οἰκοδομικὴ κληθῆναι;
Τί μήν;
Ἆρ᾽ οὐ τῷ ποιά τις εἶναι, οἵα ἑτέρα οὐδεμία τῶν ἄλλων;
5 Ναί.
Οὐκοῦν ἐπειδὴ ποιοῦ τινος, καὶ αὐτὴ ποιά τις ἐγένετο; καὶ
αἱ ἄλλαι οὕτω τέχναι τε καὶ ἐπιστῆμαι;
Ἔστιν οὕτω.
Τοῦτο τοίνυν, ἦν δ᾽ ἐγώ, φάθι με τότε βούλεσθαι λέγειν, εἰ

b2 μόνου Galen.   b14 καὶ διπλάσια F, fortasse recte   c7 αὐτὸ
F: αὐτὴ AD   c8 δὴ δεῖ Apc, δὴ extra lineam addito: δεῖ prA D: δὴ F
d1 οἰκίας F: οἰκείας AD

ΠΟΛΙΤΕΙΑΣ Δ

438 d

ἆρα νῦν ἔμαθες, ὅτι ὅσα ἐστὶν οἷα εἶναί του, αὐτὰ μὲν μόνα 10
αὐτῶν μόνων ἐστίν, τῶν δὲ ποιῶν τινων ποιὰ ἄττα. καὶ οὔ τι e
λέγω, ὡς, οἵων ἂν ᾖ, τοιαῦτα καὶ ἔστιν, ὡς ἄρα καὶ τῶν
ὑγιεινῶν καὶ νοσωδῶν ἡ ἐπιστήμη ὑγιεινὴ καὶ νοσώδης καὶ
τῶν κακῶν καὶ τῶν ἀγαθῶν κακὴ καὶ ἀγαθή· ἀλλ᾽ ἐπειδὴ οὐκ
αὐτοῦ οὗπερ ἐπιστήμη ἐστὶν ἐγένετο ἐπιστήμη, ἀλλὰ ποιοῦ 5
τινος, τοῦτο δ᾽ ἦν ὑγιεινὸν καὶ νοσῶδες, ποιὰ δή τις συνέβη
καὶ αὐτὴ γενέσθαι. καὶ τοῦτο αὐτὴν ἐποίησεν μηκέτι
ἐπιστήμην ἁπλῶς καλεῖσθαι, ἀλλὰ τοῦ ποιοῦ τινος προσγενο-
μένου ἰατρικήν.

Ἔμαθον, ἔφη, καί μοι δοκεῖ οὕτως ἔχειν. 10

Τὸ δὲ δὴ δίψος, ἦν δ᾽ ἐγώ, οὐ τούτων θήσεις τῶν †τινὸς 439
εἶναι τοῦτο ὅπερ ἐστίν†; ἔστι δὲ δήπου δίψος.

Ἔγωγε, ἦ δ᾽ ὅς, πώματός γε.

Οὐκοῦν ποιοῦ μέν τινος πώματος ποιόν τι καὶ δίψος, δίψος
δ᾽ οὖν αὐτὸ οὔτε πολλοῦ οὔτε ὀλίγου, οὔτε ἀγαθοῦ οὔτε 5
κακοῦ, οὐδὲ ἑνὶ λόγῳ ποιοῦ τινος, ἀλλ᾽ αὐτοῦ πώματος
μόνον αὐτὸ δίψος πέφυκεν;

Παντάπασι μὲν οὖν.

Τοῦ διψῶντος ἄρα ἡ ψυχή, καθ᾽ ὅσον διψῇ, οὐκ ἄλλο τι
βούλεται ἢ πιεῖν, καὶ τούτου ὀρέγεται καὶ ἐπὶ τοῦτο ὁρμᾷ. b

Δῆλον δή.

Οὐκοῦν εἴ ποτέ τι αὐτὴν ἀνθέλκει διψῶσαν, ἕτερον ἄν τι ἐν
αὐτῇ εἴη αὐτοῦ τοῦ διψῶντος καὶ ἄγοντος ὥσπερ θηρίου ἐπὶ
τὸ πιεῖν; οὐ γὰρ δή, φαμέν, τό γε αὐτὸ τῷ αὐτῷ ἑαυτοῦ περὶ 5
τὸ αὐτὸ ἅμα τἀναντία πράττοι.

Οὐ γὰρ οὖν.

439a1 τῶν τινὸς ADF: τῶν οἵων τινὸς Madvig: τῶν τινὸς, καὶ τινὸς
Adam: τῶι τινος Bywater   a2 δήπου ADF: δή του Morgenstern
a6 οὐδὲ ἑνὶ F: οὐδενὶ AD   αὐτοῦ AD: οὖν τοῦ F   a9 τοῦ διψῶντος ἄρα ἡ
ADF: ἄρα τοῦ διψῶντος ἡ Galen.: τοῦ διψῶντος ἡ Stob.   a9–b1 οὐκ
ἄλλο τι βούλεται ADF Galen.: οὐ βούλεται ἄλλο τι Stob.   b3 ἀνθέλκει
AF Galen. Stob.: καθέλκει A   ἄν τι ADF Galen.: τι ἂν Stob.
b4 θηρίου ADF Galen.: θηρίον Stob.   b5 δὴ ADF Galen. Stob.:
ἂν Schanz   b6 ἅμα ADF Galen. Stob.: ἅμ᾽ ἂν Campbell   πράττοι
ADF Stob. Galen.(L): πράττειν Galen.(H): πράττει Astius

161

Ὥσπερ γε, οἶμαι, τοῦ τοξότου οὐ καλῶς ἔχει λέγειν ὅτι
αὐτοῦ ἅμα αἱ χεῖρες τὸ τόξον ἀπωθοῦνταί τε καὶ προσέλ-
10 κονται, ἀλλ᾽ ὅτι ἄλλη μὲν ἡ ἀπωθοῦσα χείρ, ἑτέρα δὲ ἡ
c προσαγομένη.

Παντάπασι μὲν οὖν, ἔφη.

Πότερον δὴ φῶμέν τινας ἔστιν ὅτε διψῶντας οὐκ ἐθέλειν
πιεῖν;

5 Καὶ μάλα γ᾽, ἔφη, πολλοὺς καὶ πολλάκις.

Τί οὖν, ἔφην ἐγώ, φαίη τις ἂν τούτων πέρι; οὐκ ἐνεῖναι μὲν
ἐν τῇ ψυχῇ αὐτῶν τὸ κελεῦον, ἐνεῖναι δὲ τὸ κωλῦον πιεῖν,
ἄλλο ὂν καὶ κρατοῦν τοῦ κελεύοντος;

Ἔμοιγε, ἔφη, δοκεῖ.

10 Ἆρ᾽ οὖν οὐ τὸ μὲν κωλῦον τὰ τοιαῦτα ἐγγίγνεται, ὅταν
d ἐγγένηται, ἐκ λογισμοῦ; τὰ δὲ ἄγοντα καὶ ἕλκοντα διὰ
παθημάτων τε καὶ νοσημάτων παραγίγνεται;

Φαίνεται.

Οὐ δὴ ἀλόγως, ἦν δ᾽ ἐγώ, ἀξιώσομεν αὐτὰ διττά τε καὶ
5 ἕτερα ἀλλήλων εἶναι, τὸ μὲν ᾧ λογίζεται λογιστικὸν προσα-
γορεύοντες τῆς ψυχῆς, τὸ δὲ ᾧ ἐρᾷ τε καὶ πεινῇ καὶ διψῇ καὶ
περὶ τὰς ἄλλας ἐπιθυμίας ἐπτόηται ἀλόγιστόν τε καὶ
ἐπιθυμητικόν, πληρώσεών τινων καὶ ἡδονῶν ἑταῖρον.

Οὔκ, ἀλλ᾽ εἰκότως, ἔφη, ἡγοίμεθ᾽ ἂν οὕτως.

e Ταῦτα μὲν τοίνυν, ἦν δ᾽ ἐγώ, δύο ἡμῖν ὡρίσθω εἴδη ἐν ψυχῇ
ἐνόντα· τὸ δὲ δὴ τοῦ θυμοῦ καὶ ᾧ θυμούμεθα πότερον τρίτον,
ἢ τούτων ποτέρῳ ἂν εἴη ὁμοφυές;

Ἴσως, ἔφη, τῷ ἑτέρῳ, τῷ ἐπιθυμητικῷ.

5 Ἀλλ᾽, ἦν δ᾽ ἐγώ, ποτὲ ἀκούσας τι πιστεύω τοῦτο, ὡς ἄρα
Λεόντιος ὁ Ἀγλαΐωνος ἀνιὼν ἐκ Πειραιῶς ὑπὸ τὸ βόρειον
τεῖχος ἐκτός, αἰσθόμενος νεκροὺς παρὰ τῷ δημίῳ κειμένους,

c5 μάλα γ᾽ A Galen. Stob.: μάλ᾽ DF   c8 καὶ ADF Stob.: τὸ Galen.
c9 ἔφη δοκεῖ ADF Galen.: δοκεῖ ἔφη Stob.   d8 ἑταῖρον DF Galen.:
ἕτερον A Stob.   e3 ἂν εἴη AD Stob.: εἴη ἂν F Galen.   e5 τι ADF
Galen. Stob.: τι οὐ Campbell   τοῦτο Galen. Stob.: τούτωι ADF
e6 ἀγλαΐωνος AD Galen. Stob.: ἀγαλλίωνος F   e7 αἰσθόμενος AF
Galen. Stob.: αἰσθάμενος D, fortasse ex αἰσθανόμενος corruptum   δημίωι
AD Galen. Stob.: δήμῳ F: δηλιωι [sic] Amg

ἅμα μὲν ἰδεῖν ἐπιθυμοῖ, ἅμα δὲ αὖ δυσχεραίνοι καὶ ἀποτρέποι
ἑαυτόν, καὶ τέως μὲν μάχοιτό τε καὶ παρακαλύπτοιτο· 440
κρατούμενος δ᾽ οὖν ὑπὸ τῆς ἐπιθυμίας, διελκύσας τοὺς
ὀφθαλμούς, προσδραμὼν πρὸς τοὺς νεκρούς, "Ἰδοὺ ὑμῖν,"
ἔφη, "ὦ κακοδαίμονες, ἐμπλήσθητε τοῦ καλοῦ θεάματος."
Ἤκουσα, ἔφη, καὶ αὐτός.   5

Οὗτος μέντοι, ἔφην, ὁ λόγος σημαίνει τὴν ὀργὴν πολεμεῖν
ἐνίοτε ταῖς ἐπιθυμίαις ὡς ἄλλο ὂν ἄλλῳ.

Σημαίνει γάρ, ἔφη.

Οὐκοῦν καὶ ἄλλοθι, ἔφην, πολλαχοῦ αἰσθανόμεθα, ὅταν
βιάζωνταί τινα παρὰ τὸν λογισμὸν ἐπιθυμίαι, λοιδοροῦντά τε b
αὑτὸν καὶ θυμούμενον τῷ βιαζομένῳ ἐν αὑτῷ, καὶ ὥσπερ
δυοῖν στασιαζόντοιν σύμμαχον τῷ λόγῳ γιγνόμενον τὸν
θυμὸν τοῦ τοιούτου; ταῖς δ᾽ ἐπιθυμίαις αὐτὸν κοινωνήσαντα,
αἱροῦντος λόγου μὴ δεῖν ἀντιπράττειν, οἶμαί σε οὐκ ἂν φάναι 5
γενομένου ποτὲ ἐν σαυτῷ τοῦ τοιούτου αἰσθέσθαι, οἶμαι δ᾽
οὐδ᾽ ἐν ἄλλῳ.

Οὐ μὰ τὸν Δία, ἔφη.

Τί δέ, ἦν δ᾽ ἐγώ, ὅταν τις οἴηται ἀδικεῖν; οὐχ ὅσῳ ἂν
γενναιότερος ᾖ, τοσούτῳ ἧττον δύναται ὀργίζεσθαι, καὶ c
πεινῶν καὶ ῥιγῶν καὶ ἄλλο ὁτιοῦν τῶν τοιούτων πάσχων,
ὑπ᾽ ἐκείνου ὃν ἂν οἴηται δικαίως ταῦτα δρᾶν, καί, ὃ λέγω, οὐκ
ἐθέλει πρὸς τοῦτον αὐτοῦ ἐγείρεσθαι ὁ θυμός;

Ἀληθῆ, ἔφη.   5

Τί δὲ ὅταν ἀδικεῖσθαί τις ἡγῆται; οὐκ ἐν τούτῳ ζεῖ τε καὶ
χαλεπαίνει καὶ συμμαχεῖ τῷ δοκοῦντι δικαίῳ, καὶ διὰ τὸ
πεινῆν καὶ διὰ τὸ ῥιγοῦν καὶ πάντα τὰ τοιαῦτα πάσχειν,
ὑπομένων καὶ νικᾷ καὶ οὐ λήγει τῶν γενναίων, πρὶν ἂν ἢ d

e8 αὖ AF: om. D Galen. Stob.   440a1 μὲν F Galen. Stob.: om.
AD   τε ADF Galen.: om. Stob.   a4 ὦ AF Galen. Stob.:
om. D   a6 τὴν ὀργὴν ADF Galen. Stob.: τὸν θυμὸν Laur.80.19pc
b5 ἀντιπράττειν ADF: τι πράττειν Galen.: ἀντιπράττειν δὲ Prandtl
b6 σαυτῶι A: ἑαυτῶι Asl DF Galen.   τοῦ om. Galen.
c6 ἡγεῖται F Galen.   ζεῖ Galen. in paraphrasi (ἀναζεῖ): ζητεῖ ADF,
Galen. locum laudans

διαπράξηται ἢ τελευτήσῃ ἢ ὥσπερ κύων ὑπὸ νομέως ὑπὸ τοῦ
λόγου τοῦ παρ' αὐτῷ ἀνακληθεὶς πραϋνθῇ;

Πάνυ μὲν οὖν, ἔφη, ἔοικε τούτῳ ᾧ λέγεις. καίτοι γ' ἐν τῇ
5 ἡμετέρᾳ πόλει τοὺς ἐπικούρους ὥσπερ κύνας ἐθέμεθα ὑπη-
κόους τῶν ἀρχόντων ὥσπερ ποιμένων πόλεως.

Καλῶς γάρ, ἦν δ' ἐγώ, νοεῖς ὃ βούλομαι λέγειν. ἀλλ' εἰ πρὸς
τούτῳ καὶ τόδε ἐνθυμῇ.

Τὸ ποῖον;

e   Ὅτι τοὐναντίον ἢ ἀρτίως ἡμῖν φαίνεται περὶ τοῦ θυμο-
ειδοῦς. τότε μὲν γὰρ ἐπιθυμητικόν τι αὐτὸ ᾠόμεθα εἶναι, νῦν
δὲ πολλοῦ δεῖν φαμεν, ἀλλὰ πολὺ μᾶλλον αὐτὸ ἐν τῇ τῆς
ψυχῆς στάσει τίθεσθαι τὰ ὅπλα πρὸς τὸ λογιστικόν.

5   Παντάπασιν, ἔφη.

Ἆρ' οὖν ἕτερον ὂν καὶ τούτου, ἢ λογιστικοῦ τι εἶδος, ὥστε
μὴ τρία ἀλλὰ δύο εἴδη εἶναι ἐν ψυχῇ, λογιστικὸν καὶ
ἐπιθυμητικόν; ἢ καθάπερ ἐν τῇ πόλει συνεῖχεν αὐτὴν τρία
441 ὄντα γένη, χρηματιστικόν, ἐπικουρητικόν, βουλευτικόν,
οὕτως καὶ ἐν ψυχῇ τρίτον τοῦτό ἐστι τὸ θυμοειδές, ἐπίκουρον
ὂν τῷ λογιστικῷ φύσει, ἐὰν μὴ ὑπὸ κακῆς τροφῆς διαφθαρῇ;

Ἀνάγκη, ἔφη, τρίτον.

5   Ναί, ἦν δ' ἐγώ, ἄν γε τοῦ λογιστικοῦ ἄλλο τι φανῇ, ὥσπερ
τοῦ ἐπιθυμητικοῦ ἐφάνη ἕτερον ὄν.

Ἀλλ' οὐ χαλεπόν, ἔφη, φανῆναι· καὶ γὰρ ἐν τοῖς παιδίοις
τοῦτό γ' ἄν τις ἴδοι, ὅτι θυμοῦ μὲν εὐθὺς γενόμενα μεστά ἐστι,
λογισμοῦ δ' ἔνιοι μὲν ἔμοιγε δοκοῦσιν οὐδέποτε μεταλαμβά-
b   νειν, οἱ δὲ πολλοὶ ὀψέ ποτε.

Ναὶ μὰ Δί', ἦν δ' ἐγώ, καλῶς γε εἶπες. ἔτι δὲ ἐν τοῖς θηρίοις

d7 εἰ ADF: ἢ Astius, fortasse ἐὰν   e2 αὐτὸ F: αὐτῶι AD
e4 τοῦ λογιστικοῦ Bessarion   e6 τούτου F Galen.(H): τοῦτο AD
Galen.(L) Stob.   λογιστικοῦ ADF Galen.: λογιστικόν Stob.   τι DF
Galen. Stob.: om. A   441a1 ἐπικουρητικὸν A Galen. Stob.:
ἐπικουρικὸν DF   a2 ψυχῆι AD Galen. Stob.: τῇ ψυχῇ F   τρίτον τοῦτό
ADF Stob.: τοῦτο τρίτον Galen.   a3 διαφθαρῆι ADF Stob.:
διαφθείρηται Galen.   a5 τι A Dpc F Stob.: om. prD   φανῆι om.
Stob.   a9 οὐδέποτε ADF Galen.: οὐδέποτέ γε Stob.   b2 γε ADF
Stob.: om. Galen.   δὲ ADF Stob.: γ' Galen.

ἄν τις ἴδοι ὃ λέγεις, ὅτι οὕτως ἔχει. πρὸς δὲ τούτοις καὶ ὃ ἄνω
που ἐκεῖ εἴπομεν, τὸ τοῦ Ὁμήρου μαρτυρήσει, τὸ

στῆθος δὲ πλήξας κραδίην ἠνίπαπε μύθῳ·   5

ἐνταῦθα γὰρ δὴ σαφῶς ὡς ἕτερον ἑτέρῳ ἐπιπλῆττον πεποί-
ηκεν Ὅμηρος τὸ ἀναλογισάμενον περὶ τοῦ βελτίονός τε καὶ   c
χείρονος τῷ ἀλογίστως θυμουμένῳ.

Κομιδῇ, ἔφη, ὀρθῶς λέγεις.

Ταῦτα μὲν ἄρα, ἦν δ' ἐγώ, μόγις διανενεύκαμεν, καὶ ἡμῖν
ἐπιεικῶς ὁμολογεῖται τὰ αὐτὰ μὲν ἐν πόλει, τὰ αὐτὰ δ' ἐν ἑνὸς   5
ἑκάστου τῇ ψυχῇ γένη ἐνεῖναι, καὶ ἴσα τὸν ἀριθμόν.

Ἔστι ταῦτα.

Οὐκοῦν ἐκεῖνό γε ἤδη ἀναγκαῖον, ὡς πόλις ἦν σοφὴ καὶ ᾧ,
οὕτω καὶ τὸν ἰδιώτην καὶ τούτῳ σοφὸν εἶναι;

Τί μήν;   10

Καὶ ᾧ δὴ ἀνδρεῖος ἰδιώτης καὶ ὥς, τούτῳ καὶ πόλιν
ἀνδρείαν καὶ οὕτως, καὶ τἆλλα πάντα πρὸς ἀρετὴν ὡσαύτως   d
ἀμφότερα ἔχειν;

Ἀνάγκη.

Καὶ δίκαιον δή, ὦ Γλαύκων, οἶμαι φήσομεν ἄνδρα εἶναι τῷ
αὐτῷ τρόπῳ ᾧπερ καὶ πόλις ἦν δικαία.   5

Καὶ τοῦτο πᾶσα ἀνάγκη.

Ἀλλ' οὔ πη μὴν τοῦτό γε ἐπιλελήσμεθα, ὅτι ἐκείνη γε τῷ
τὸ ἑαυτοῦ ἕκαστον ἐν αὐτῇ πράττειν τριῶν ὄντων γενῶν
δικαία ἦν.

Οὔ μοι δοκοῦμεν, ἔφη, ἐπιλελῆσθαι.   10

Μνημονευτέον ἄρα ἡμῖν ὅτι καὶ ἡμῶν ἕκαστος, ὅτου ἂν τὰ

b3 ὃ ADF Galen.: ἃ Stob.   b4 που ἐκεῖ ADF: πούς· καὶ Galen.(L):
που Galen.(H)   τοῦ AD Galen. Stob.: om. F   b5 Od. υ 17
b6 ἐπιπλῆττον πεποίηκεν ADF, Galen.76 Stob.: πεποίηκεν ἐπιπλῆττον
Galen.82   c1 τοῦ ADF, Galen.82, Stob.: om. Galen.76
c5 ὡμολόγηται Stob., fortasse recte   ἑνὸς Bon.3630
Scor.y.1.13 Laur.80.19: ἑνὶ ADF Stob.   c6 τῇι AF Stob.: om. D
γένη Stob.: γένει ADF   c9 τούτωι A Dpc F: τοῦτον prD: τοῦτο Stob.
d1 ἀνδρείαν F Stob.: καὶ ἀνδρείαν AD   d4 δὴ ἔφη Stob., et fortasse δὴ
ἔφη⟨ν⟩ scribendum   d5 ὥσπερ F Stob.   d7 οὔ πηι ADF: οὔ πω
Stob., ex v.l. οὔ πως ortum: οὐ Wilamowitz   τοῦτό γε F Stob.: τοῦτο AD

αὐτοῦ ἕκαστον τῶν ἐν αὑτῷ πράττῃ, οὗτος δίκαιός τε ἔσται

e καὶ τὰ αὑτοῦ πράττων.

Καὶ μάλα, ἦ δ' ὅς, μνημονευτέον.

Οὐκοῦν τῷ μὲν λογιστικῷ ἄρχειν προσήκει, σοφῷ ὄντι καὶ ἔχοντι τὴν ὑπὲρ ἁπάσης τῆς ψυχῆς προμήθειαν, τῷ δὲ

5 θυμοειδεῖ ὑπηκόῳ εἶναι καὶ συμμάχῳ τούτου;

Πάνυ γε.

Ἆρ' οὖν οὐχ, ὥσπερ ἐλέγομεν, μουσικῆς καὶ γυμναστικῆς κρᾶσις σύμφωνα αὐτὰ ποιήσει, τὸ μὲν ἐπιτείνουσα καὶ

442 τρέφουσα λόγοις τε καλοῖς καὶ μαθήμασιν, τὸ δὲ ἀνιεῖσα παραμυθουμένη, ἡμεροῦσα ἁρμονίᾳ τε καὶ ῥυθμῷ;

Κομιδῇ γε, ἦ δ' ὅς.

Καὶ τούτω δὴ οὕτω τραφέντε καὶ ὡς ἀληθῶς τὰ αὑτῶν

5 μαθόντε καὶ παιδευθέντε προστ⟨ατ⟩ήσετον τοῦ ἐπιθυμητικοῦ, ὃ δὴ πλεῖστον τῆς ψυχῆς ἐν ἑκάστῳ ἐστὶ καὶ χρημάτων φύσει ἀπληστότατον, ὃ τηρήσετον μὴ τῷ πίμπλασθαι τῶν περὶ τὸ σῶμα καλουμένων ἡδονῶν πολὺ καὶ ἰσχυρὸν γενόμενον οὐκ αὖ

b τὰ αὑτοῦ πράττῃ, ἀλλὰ καταδουλώσασθαι καὶ ἄρχειν ἐπι-χειρήσῃ ὧν οὐ προσῆκον αὑτῷ γένει, καὶ σύμπαντα τὸν βίον πάντων ἀνατρέψῃ.

Πάνυ μὲν οὖν, ἔφη.

5 Ἆρ' οὖν, ἦν δ' ἐγώ, καὶ τοὺς ἔξωθεν πολεμίους τούτω ἂν κάλλιστα φυλαττοίτην ὑπὲρ ἁπάσης τῆς ψυχῆς τε καὶ τοῦ σώματος, τὸ μὲν βουλευόμενον, τὸ δὲ προπολεμοῦν, ἑπόμενον δὲ τῷ ἄρχοντι καὶ τῇ ἀνδρείᾳ ἐπιτελοῦν τὰ βουλευθέντα;

Ἔστι ταῦτα.

d12 δικαιότερός τε Stob.　　e3 προσῆκον Stob.　　e5 ὑπηκόωι ADF Stob.: εὐηκόωι Themist.(u.v.)　　442a2 καὶ παραμυθουμένη F Stob.　　ἡμεροῦσα ADF Stob.: καὶ ἡμεροῦσα Bessarion, fortasse recte a5 προστατήσετον Bekker: προστήσετον ADF Stob.: προστήσεσθον Schneider　　a7 ὃ F Stob.: ὧι A: ὡ [sic] D　　b1 πράττηι AD: πράττειν F: πράττει Stob.　　ἀλλὰ om. Stob.　　ἐπιχειρήσηι AF Iulian.(u.v.): ἐπιχείρησιν D, ex ἐπιχειρήσειεν nimirum corruptum: ἐθέλει Stob. b2 προσῆκον ADF Iulian.(u.v.) Themist.: προσῆκεν Stob.　　γένει ADF Themist. Stob.: γενῶν Laur.80.19pc　　b3 ἀνατρέψει Stob. b6 φυλαττοίτην Laur.80.19pc: φυλάττοι τὴν ADF Stob.　　b8 δὲ om. Stob.

Καὶ ἀνδρεῖον δή, οἶμαι, τούτῳ τῷ μέρει καλοῦμεν ἕνα 10
ἕκαστον, ὅταν αὐτοῦ τὸ θυμοειδὲς διασῴζῃ διά τε λυπῶν καὶ c
ἡδονῶν τὸ ὑπὸ τῶν λόγων παραγγελθὲν δεινόν τε καὶ μή.

Ὀρθῶς γ᾽, ἔφη.

Σοφὸν δέ γε ἐκείνῳ τῷ σμικρῷ μέρει, τῷ ὃ ἦρχέν τ᾽ ἐν
αὐτῷ καὶ ταῦτα παρήγγελλεν, ἔχον αὖ κἀκεῖνο ἐπιστήμην ἐν 5
αὐτῷ τὴν τοῦ συμφέροντος ἑκάστῳ τε καὶ ὅλῳ τῷ κοινῷ
σφῶν αὐτῶν τριῶν ὄντων.

Πάνυ μὲν οὖν.

Τί δέ; σώφρονα οὐ τῇ φιλίᾳ καὶ συμφωνίᾳ τῇ αὐτῶν
τούτων, ὅταν τό τε ἄρχον καὶ τὼ ἀρχομένω τὸ λογιστικὸν d
ὁμοδοξῶσι δεῖν ἄρχειν καὶ μὴ στασιάζωσιν αὐτῷ;

Σωφροσύνη γοῦν, ἦ δ᾽ ὅς, οὐκ ἄλλο τί ἐστιν ἢ τοῦτο,
πόλεώς τε καὶ ἰδιώτου.

Ἀλλὰ μὲν δὴ δίκαιός γε, ᾧ πολλάκις λέγομεν, τούτῳ καὶ 5
οὕτως ἔσται.

Πολλὴ ἀνάγκη.

Τί οὖν; εἶπον ἐγώ· μή πῃ ἡμῖν ἀπαμβλύνεται ἄλλο τι
δικαιοσύνη δοκεῖν εἶναι ἢ ὅπερ ἐν τῇ πόλει ἐφάνη;

Οὐκ ἔμοιγε, ἔφη, δοκεῖ. 10

Ὧδε γάρ, ἦν δ᾽ ἐγώ, παντάπασιν ἂν βεβαιωσαίμεθα εἴ τι
ἡμῶν ἔτι ἐν τῇ ψυχῇ ἀμφισβητεῖ, τὰ φορτικὰ αὐτῷ προσφέ- e
ροντες.

Ποῖα δή;

Οἷον εἰ δέοι ἡμᾶς ἀνομολογεῖσθαι περί τε ἐκείνης τῆς
πόλεως καὶ τοῦ ἐκείνῃ ὁμοίως πεφυκότος τε καὶ τεθραμμένου 5
ἀνδρός, εἰ δοκεῖ ἂν παρακαταθήκην χρυσίου ἢ ἀργυρίου
δεξάμενος ὁ τοιοῦτος ἀποστερῆσαι, τίν᾽ ἂν οἴει οἰηθῆναι
τοῦτο αὐτὸν δρᾶσαι μᾶλλον ἢ ὅσοι μὴ τοιοῦτοι; 443

b10 τῶι Apc DF Stob.: om. prA   c1 τε AD Stob.: om. F
c4 γε Apc DF Stob.: om. prA   c5 ἐπιστήμην Apc F Stob.: ἐπὶ
ἐπιστήμην prA D   c6 ἑκάστωι τε ADF: ἑκάστοτε Stob.   c7 ὄντων
AD Stob.: om. F   c9 τῆι ξυμφωνίαι Stob.   d1 τὼ ἀρχομένω
Laur.85.7pc: τῶι ἀρχομένωι ADF Stob.   d2 στασιάσωσιν Stob.
d3 τί om. Stob.   d5 γε AD Stob.: om. F, spatio vacuo relicto
d11 πάντα παντάπασιν Stob.   443a1 τοῦτο αὐτὸν Stob.: τούτον αὐτὸν
ADF: τούτον αὐτὸ Schneider: τοῦτ᾽ ἂν αὐτὸν J. L. V. Hartman

Οὐδέν' ἄν, ἔφη.

Οὐκοῦν καὶ ἱεροσυλιῶν καὶ κλοπῶν καὶ προδοσιῶν, ἢ ἰδίᾳ
ἑταίρων ἢ δημοσίᾳ πόλεων, ἐκτὸς ἂν οὗτος εἴη;

5 Ἐκτός.

Καὶ μὴν οὐδ' ὁπωστιοῦν ἄπιστος ἢ κατὰ ὅρκους ἢ κατὰ τὰς
ἄλλας ὁμολογίας.

Πῶς γὰρ ἄν;

Μοιχεῖαι μὴν καὶ γονέων ἀμέλειαι καὶ θεῶν ἀθεραπευσίαι
10 παντὶ ἄλλῳ μᾶλλον ἢ τῷ τοιούτῳ προσήκουσι.

Παντὶ μέντοι, ἔφη.

b Οὐκοῦν τούτων πάντων αἴτιον ὅτι αὐτοῦ τῶν ἐν αὐτῷ
ἕκαστον τὰ αὑτοῦ πράττει ἀρχῆς τε πέρι καὶ τοῦ ἄρχεσθαι;
Τοῦτο μὲν οὖν, καὶ οὐδὲν ἄλλο.

Ἔτι τι οὖν ἕτερον ζητεῖς δικαιοσύνην εἶναι ἢ ταύτην τὴν
5 δύναμιν ἢ τοὺς τοιούτους ἄνδρας τε παρέχεται καὶ πόλεις;
Μὰ Δία, ἦ δ' ὅς, οὐκ ἔγωγε.

Τέλεον ἄρα ἡμῖν τὸ ἐνύπνιον ἀποτετέλεσται, ὃ ἔφαμεν
ὑποπτεῦσαι ὡς εὐθὺς ἀρχόμενοι τῆς πόλεως οἰκίζειν κατὰ
c θεόν τινα εἰς ἀρχήν τε καὶ τύπον τινὰ τῆς δικαιοσύνης
κινδυνεύομεν ἐμβεβηκέναι.

Παντάπασιν μὲν οὖν.

Τὸ δέ γε ἦν ἄρα, ὦ Γλαύκων, δι' ὃ καὶ ὠφελεῖ, εἴδωλόν τι
5 τῆς δικαιοσύνης, τὸ τὸν μὲν σκυτοτομικὸν φύσει ὀρθῶς ἔχειν
σκυτοτομεῖν καὶ ἄλλο μηδὲν πράττειν, τὸν δὲ τεκτονικὸν
τεκταίνεσθαι, καὶ τἆλλα δὴ οὕτω.

Φαίνεται.

Τὸ δέ γε ἀληθές, τοιοῦτον μέν τι ἦν, ὡς ἔοικεν, ἡ
10 δικαιοσύνη, ἀλλ' οὔ τι περὶ τὴν ἔξω πρᾶξιν τῶν αὑτοῦ,

a2 οὐδένα ἂν Stob.: οὐδὲν ἂν ADF   a6 ὁπωστιοῦν AD: ὅπως: τί γε
οὖν F: ὁπωστισγεοῦν Stob.: ὁπωστιοῦν ἂν f   a9 μὴν DF: μὲν A: γε μὴν
Stob.   b2 τε ADF Stob.: om. Porph.   b3–4 post ἄλλο distinx.
Stob.: post ἔτι alt. interloc. indic. ADF   b4 τι om. Stob.
b7 τέλεον Αγρ DF Stob.: τελευταῖον A   c1 τε A Stob.: om. DF
c4 ὠφελεῖ ADF Stob.: ὠφέλει Madvig   c9 μέν om. Stob.
c10 ἀλλ' οὔ τι Hense: ἀλλ' οὐ ADF: ἀλλ' ὅτι Stob.   τῶν ADF
Stob.(AM Spc): τὴν Stob.(prS)

ἀλλὰ περὶ τὴν ἐντός, ὡς ἀληθῶς περὶ ἑαυτὸν καὶ τὰ ἑαυτοῦ, d
μὴ ἐάσαντα τἀλλότρια πράττειν ἕκαστον ἐν αὐτῷ μηδὲ
πολυπραγμονεῖν πρὸς ἄλληλα τὰ ἐν τῇ ψυχῇ γένη, ἀλλὰ τῷ
ὄντι τὰ οἰκεῖα εὖ θέμενον καὶ ἄρξαντα αὐτὸν αὑτοῦ καὶ
κοσμήσαντα καὶ φίλον γενόμενον ἑαυτῷ καὶ συναρμόσαντα 5
τρία ὄντα, ὥσπερ ὅρους τρεῖς ἁρμονίας ἀτεχνῶς, νεάτης τε
καὶ ὑπάτης καὶ μέσης, καὶ εἰ ἄλλα ἄττα μεταξὺ τυγχάνει
ὄντα, πάντα ταῦτα συνδήσαντα καὶ παντάπασιν ἕνα γενόμε- e
νον ἐκ πολλῶν, σώφρονα καὶ ἡρμοσμένον, οὕτω δὴ πράττειν
ἤδη, ἐάν τι πράττῃ ἢ περὶ χρημάτων κτῆσιν ἢ περὶ σώματος
θεραπείαν ἢ καὶ πολιτικόν τι ἢ περὶ τὰ ἴδια συμβόλαια, ἐν
πᾶσι τούτοις ἡγούμενον καὶ ὀνομάζοντα δικαίαν μὲν καὶ 5
καλὴν πρᾶξιν, ἣ ἂν ταύτην τὴν ἕξιν σῴζῃ τε καὶ συναπεργ-
άζηται, σοφίαν δὲ τὴν ἐπιστατοῦσαν ταύτῃ τῇ πράξει
ἐπιστήμην, ἄδικον δὲ πρᾶξιν, ἣ ἂν ἀεὶ ταύτην λύῃ, ἀμαθίαν 444
δὲ τὴν ταύτῃ αὖ ἐπιστατοῦσαν δόξαν.

Παντάπασιν, ἦ δ' ὅς, ὦ Σώκρατες, ἀληθῆ λέγεις.

Εἶεν, ἦν δ' ἐγώ· τὸν μὲν δίκαιον καὶ ἄνδρα καὶ πόλιν καὶ
δικαιοσύνην, ὃ τυγχάνει ἐν αὐτοῖς ὄν, εἰ φαῖμεν ηὑρηκέναι, 5
οὐκ ἂν πάνυ τι, οἶμαι, δόξαιμεν ψεύδεσθαι.

Μὰ Δία οὐ μέντοι, ἔφη.

Φῶμεν ἄρα;

Φῶμεν.

Ἔστω δή, ἦν δ' ἐγώ· μετὰ γὰρ τοῦτο σκεπτέον, οἶμαι, 10
ἀδικίαν.

Δῆλον.

Οὐκοῦν στάσιν τινὰ αὖ τριῶν ὄντων τούτων δεῖ αὐτὴν εἶναι b
καὶ πολυπραγμοσύνην καὶ ἀλλοτριοπραγμοσύνην καὶ ἐπανά-
στασιν μέρους τινὸς τῷ ὅλῳ τῆς ψυχῆς, ἵν' ἄρχῃ ἐν αὐτῇ οὐ
προσῆκον, ἀλλὰ τοιούτου ὄντος φύσει οἵου πρέπειν αὐτῷ

d4 εὖ θέμενον ADF: ἐνθυμούμενον Stob.   d6 τρία ὄντα om. Stob.
d7 καὶ εἰ DF Stob.: εἰ καὶ A   e7 ταύτῃ AF Stob.: ταύτην D
444a2 δὲ ADF: ὡς Stob.   a5 ὃ ADF: ὃς Stob.   ὄν ADF: ὤν Stob.
φαμὲν Stob.   a12 δῆλον A Dpc F Stob.: δηλονότι prD   b1 δεῖ AD
Stob.: δὴ F   b2 καὶ ἀλλοτριοπραγμοσύνην om. Stob.   b4 οἵου
ADF: οὗ Stob.

5 δουλεύειν, †τοῦ δ' αὖ δουλεύειν ἀρχικοῦ γένους ὄντι†; τοιαῦτ'
ἄττα, οἶμαι, φήσομεν καὶ τὴν τούτων ταραχὴν καὶ πλάνην
εἶναι τήν τε ἀδικίαν καὶ ἀκολασίαν καὶ δειλίαν καὶ ἀμαθίαν
καὶ συλλήβδην πᾶσαν κακίαν.

c Αὐτὰ μὲν οὖν ταῦτα, ἔφη.

Οὐκοῦν, ἦν δ' ἐγώ, καὶ τὸ ἄδικα πράττειν καὶ τὸ ἀδικεῖν
καὶ αὖ τὸ δίκαια ποιεῖν, ταῦτα πάντα τυγχάνει ὄντα κατά-
δηλα ἤδη σαφῶς, εἴπερ καὶ ἡ ἀδικία τε καὶ δικαιοσύνη;

5 Πῶς δή;

Ὅτι, ἦν δ' ἐγώ, τυγχάνει οὐδὲν διαφέροντα τῶν ὑγιεινῶν
τε καὶ νοσωδῶν, ὡς ἐκεῖνα ἐν σώματι, ταῦτα ἐν ψυχῇ.

Πῇ; ἔφη.

Τὰ μέν που ὑγιεινὰ ὑγίειαν ἐμποιεῖ, τὰ δὲ νοσώδη νόσον.

10 Ναί.

Οὐκοῦν καὶ τὸ μὲν δίκαια πράττειν δικαιοσύνην ἐμποιεῖ, τὸ
d δ' ἄδικα ἀδικίαν;

Ἀνάγκη.

Ἔστι δὲ τὸ μὲν ὑγίειαν ποιεῖν τὰ ἐν τῷ σώματι κατὰ φύσιν
καθιστάναι κρατεῖν τε καὶ κρατεῖσθαι ὑπ' ἀλλήλων, τὸ δὲ
5 νόσον παρὰ φύσιν ἄρχειν τε καὶ ἄρχεσθαι ἄλλο ὑπ' ἄλλου.

Ἔστι γάρ.

Οὐκοῦν αὖ, ἔφην, τὸ δικαιοσύνην ἐμποιεῖν τὰ ἐν τῇ ψυχῇ
κατὰ φύσιν καθιστάναι κρατεῖν τε καὶ κρατεῖσθαι ὑπ'
ἀλλήλων, τὸ δὲ ἀδικίαν παρὰ φύσιν ἄρχειν τε καὶ ἄρχεσθαι
10 ἄλλο ὑπ' ἄλλου;

Κομιδῇ, ἔφη.

b5 τοῦ δ' αὖ δουλεύειν—ὄντι ADF Stob.: τῷ τοῦ—ὄντι Vind.89
Bon.3630 Scor.y.1.13: τὸ δ' αὖ δουλεύῃι—ὄν Wilamowitz: τοῦ δ' αὖ
δουλοῦσθαι—ὄντος ego olim, alii alia   b6 οἶμαι AD Stob.: εἶναι F
b7 καὶ δειλίαν AD Stob.: δειλίαν F   c1 αὐτὰ Stob.: ταὐτὰ A: ταῦτα
DF   c3 αὖ τὸ F Stob.: αὖ τὰ A: αὐτὰ D   πάντα ταῦτα Stob.
c4 εἴπερ ADF: ἤπερ Stob.   τε om. Stob.   δικαιοσύνη AD Stob.: ἡ
δικαιοσύνη F   c6 ὅτι AD Stob.: ὅτι δὴ F   τυγχάνει οὐδὲν AD Stob.:
οὐδὲν τυγχάνει F   c11–d1 τὸ δ' ἄδικα AD: τὸ δ' ἄδικα πράττειν F: τὰ δ'
ἄδικα Stob.   d3 ποιεῖν ADF Stob.(Spc): ἐμποιεῖν Stob.(prS)
d8 τε om. Stob.   d11 fortasse melius κομιδῆι ⟨γε⟩

Ἀρετὴ μὲν ἄρα, ὡς ἔοικεν, ὑγίειά τέ τις ἂν εἴη καὶ κάλλος
καὶ εὐεξία ψυχῆς, κακία δὲ νόσος τε καὶ αἶσχος καὶ ἀσθένεια.   e
Ἔστιν οὕτω.

Ἆρ᾽ οὖν οὐ καὶ τὰ μὲν καλὰ ἐπιτηδεύματα εἰς ἀρετῆς
κτῆσιν φέρει, τὰ δ᾽ αἰσχρὰ εἰς κακίας;

Ἀνάγκη.   5

Τὸ δὴ λοιπὸν ἤδη, ὡς ἔοικεν, ἡμῖν ἐστι σκέψασθαι πότερον
αὖ λυσιτελεῖ δίκαιά τε πράττειν καὶ καλὰ ἐπιτηδεύειν καὶ   445
εἶναι δίκαιον, ἐάντε λανθάνῃ ἐάντε μὴ τοιοῦτος ὤν, ἢ ἀδικεῖν
τε καὶ ἄδικον εἶναι, ἐάνπερ μὴ διδῷ δίκην μηδὲ βελτίων
γίγνηται κολαζόμενος.

Ἀλλ᾽, ἔφη, ὦ Σώκρατες, γελοῖον ἔμοιγε φαίνεται τὸ   5
σκέμμα γίγνεσθαι ἤδη, εἰ τοῦ μὲν σώματος τῆς φύσεως
διαφθειρομένης δοκεῖ οὐ βιωτὸν εἶναι οὐδὲ μετὰ πάντων
σιτίων τε καὶ ποτῶν καὶ παντὸς πλούτου καὶ πάσης ἀρχῆς,
τῆς δὲ αὐτοῦ τούτου ᾧ ζῶμεν φύσεως ταραττομένης καὶ
διαφθειρομένης βιωτὸν ἄρα ἔσται, ἐάνπερ τις ποιῇ ὃ ἂν   b
βουληθῇ, ἄλλο πλὴν τοῦτο ὁπόθεν κακίας μὲν καὶ ἀδικίας
ἀπαλλαγήσεται, δικαιοσύνην δὲ καὶ ἀρετὴν κτήσεται, ἐπειδή-
περ ἐφάνη γε ὄντα ἑκάτερα οἷα ἡμεῖς διεληλύθαμεν.

Γελοῖον γάρ, ἦν δ᾽ ἐγώ· ἀλλ᾽ ὅμως ἐπείπερ ἐνταῦθα   5
ἐληλύθαμεν, ὅσον οἷόν τε σαφέστατα κατιδεῖν ὅτι ταῦτα
οὕτως ἔχει οὐ χρὴ ἀποκάμνειν.

Ἥκιστα, νὴ τὸν Δία, ἔφη, πάντων ἀποκμητέον.

Δεῦρο νῦν, ἦν δ᾽ ἐγώ, ἵνα καὶ ἴδῃς ὅσα καὶ εἴδη ἔχει ἡ   c
κακία, ὡς ἐμοὶ δοκεῖ, ἅ γε δὴ καὶ ἄξια θέας.

Ἕπομαι, ἔφη· μόνον λέγε.

Καὶ μήν, ἦν δ᾽ ἐγώ, ὥσπερ ἀπὸ σκοπιᾶς μοι φαίνεται,
ἐπειδὴ ἐνταῦθα ἀναβεβήκαμεν τοῦ λόγου, ἓν μὲν εἶναι εἶδος   5

e6 τὸ ADF Stob.: τόδε van Herwerden   ἤδη ὡς ἔοικεν AD Stob.: ὡς
ἔοικεν ἤδη F   445a7 μετὰ AD Stob.: om. F   a9 τούτου ADF:
τοῦ Stob.   τε καὶ F Stob.   b3 δὲ AD Stob.: τε F   ἐπειδήπερ
ADF: ἐπειδὴ γε Stob.   b8 ἀποκμητέον Bekker: ἀποκνητέον ADF
Stob.   c1 εἰδῆις Stob.   ὅσα εἴδη Stob.   c2 ἐμοὶ AD Stob.:
ἔμοιγε F

τῆς ἀρετῆς, ἄπειρα δὲ τῆς κακίας, τέτταρα δ' ἐν αὐτοῖς ἄττα
ὧν καὶ ἄξιον ἐπιμνησθῆναι.

Πῶς λέγεις; ἔφη.

Ὅσοι, ἦν δ' ἐγώ, πολιτειῶν τρόποι εἰσὶν εἴδη ἔχοντες,
10 τοσοῦτοι κινδυνεύουσι καὶ ψυχῆς τρόποι εἶναι.

d   Πόσοι δή;

Πέντε μέν, ἦν δ' ἐγώ, πολιτειῶν, πέντε δὲ ψυχῆς.

Λέγε, ἔφη, τίνες.

Λέγω, εἶπον, ὅτι εἷς μὲν οὗτος ὃν ἡμεῖς διεληλύθαμεν
5 πολιτείας εἴη ἂν τρόπος, ἐπονομασθείη δ' ἂν καὶ διχῇ·
ἐγγενομένου μὲν γὰρ ἀνδρὸς ἑνὸς ἐν τοῖς ἄρχουσι διαφέροντος
βασιλεία ἂν κληθείη, πλειόνων δὲ ἀριστοκρατία.

Ἀληθῆ, ἔφη.

Τοῦτο μὲν τοίνυν, ἦν δ' ἐγώ, ἓν εἶδος λέγω· οὔτε γὰρ ἂν
10 πλείους οὔτε εἷς ἐγγενόμενοι κινήσειεν ἂν τῶν ἀξίων λόγου
e νόμων τῆς πόλεως, τροφῇ τε καὶ παιδείᾳ χρησάμενος ᾗ
διήλθομεν.

Οὐ γὰρ εἰκός, ἔφη.

c6 δ' ἐν αὐτοῖς AD: δὲ αὐτῆς prF: δὲ αὐτοῖς Fpc: δὲ ἐν αὐτῆι Stob.
ἄττα ADF: ὄντα Stob.   d6 μὲν om. Stob.   d10 ἐγγενόμενος
Stob., fortasse recte   ἂν ADF: ἄν τινα Stob.   ἀξίων λόγου AF Stob.:
ἀξιολόγου prD, ex v.l. ἀξιολόγων fortasse ortum: ἀξιω λόγου [sic] Dpc
e2 διεληλύθαμεν Stob.

Ἀγαθὴν μὲν τοίνυν τὴν τοιαύτην πόλιν τε καὶ πολιτείαν καὶ **a**
ὀρθὴν καλῶ, καὶ ἄνδρα τὸν τοιοῦτον· κακὰς δὲ τὰς ἄλλας καὶ
ἡμαρτημένας, εἴπερ αὕτη ὀρθή, περί τε πόλεων διοικήσεις
καὶ περὶ ἰδιωτῶν ψυχῆς τρόπου κατασκευήν, ἐν τέτταρσι
πονηρίας εἴδεσιν οὔσας.   5
    Ποίας δὴ ταύτας; ἔφη.
    Καὶ ἐγὼ μὲν ᾖα τὰς ἐφεξῆς ἐρῶν, ὥς μοι ἐφαίνοντο
ἕκασται ἐξ ἀλλήλων μεταβαίνειν· ὁ δὲ Πολέμαρχος, σμικρὸν **b**
γὰρ ἀπωτέρω τοῦ Ἀδειμάντου καθῆστο, ἐκτείνας τὴν χεῖρα
καὶ λαβόμενος τοῦ ἱματίου ἄνωθεν αὐτοῦ παρὰ τὸν ὦμον,
ἐκεῖνόν τε προσηγάγετο καὶ προτείνας ἑαυτὸν ἔλεγεν ἄττα
προσκεκυφώς, ὧν ἄλλο μὲν οὐδὲν κατηκούσαμεν, τόδε δέ· **5**
Ἀφήσομεν οὖν, ἔφη, ἢ τί δράσομεν;
    Ἥκιστά γε, ἔφη ὁ Ἀδείμαντος, μέγα ἤδη λέγων.
    Καὶ ἐγώ, Τί μάλιστα, ἔφην, ὑμεῖς οὐκ ἀφίετε;
    Σέ, ἦ δ᾽ ὅς.
    Ὅτι, ἐγὼ εἶπον, τί μάλιστα;   **c**
    Ἀπορραθυμεῖν ἡμῖν δοκεῖς, ἔφη, καὶ εἶδος ὅλον οὐ τὸ
ἐλάχιστον ἐκκλέπτειν τοῦ λόγου, ἵνα μὴ διέλθῃς, καὶ λήσειν
οἰηθῆναι εἰπὼν αὐτὸ φαύλως, ὡς ἄρα περὶ γυναικῶν τε καὶ
παίδων παντὶ δῆλον ὅτι κοινὰ τὰ φίλων ἔσται.   **5**
    Οὔκουν ὀρθῶς, ἔφην, ὦ Ἀδείμαντε;
    Ναί, ἦ δ᾽ ὅς. ἀλλὰ τὸ ὀρθῶς τοῦτο, ὥσπερ τἆλλα, λόγου
δεῖται, τίς ὁ τρόπος τῆς κοινωνίας· πολλοὶ γὰρ ἂν γένοιντο.
μὴ οὖν παρῇς ὅντινα σὺ λέγεις· ὡς ἡμεῖς πάλαι περιμένομεν **d**
οἰόμενοί σέ που μνησθήσεσθαι παιδοποιίας τε πέρι, πῶς
παιδοποιήσονται, καὶ γενομένους πῶς θρέψουσιν, καὶ ὅλην
ταύτην ἣν λέγεις κοινωνίαν γυναικῶν τε καὶ παίδων· μέγα

449a2 τὸν A: om. DF   a6 ἔφη om. A   c1 ὅτι Bessarion: ἔτι
ADF   c7–8 λόγου δεῖται AD: δεῖται λόγου F   d2 μνησθήνσεσθαι
[sic] D, ex v.l. μνησθῆναι ortum   τε om. F

173

5 γάρ τι οἰόμεθα φέρειν καὶ ὅλον εἰς πολιτείαν ὀρθῶς ἢ μὴ
ὀρθῶς γιγνόμενον. νῦν οὖν, ἐπειδὴ ἄλλης ἐπιλαμβάνῃ πολι-
τείας πρὶν ταῦτα ἱκανῶς διελέσθαι, δέδοκται ἡμῖν τοῦτο ὃ σὺ
450 ἤκουσας, τὸ σὲ μὴ μεθιέναι πρὶν ἂν ταῦτα πάντα ὥσπερ
τἆλλα διέλθῃς.

Καὶ ἐμὲ τοίνυν, ὁ Γλαύκων ἔφη, κοινωνὸν τῆς ψήφου
ταύτης τίθετε.

5 Ἀμέλει, ἔφη ὁ Θρασύμαχος, πᾶσι ταῦτα δεδογμένα ἡμῖν
νόμιζε, ὦ Σώκρατες.

Οἷον, ἦν δ' ἐγώ, ἠργάσασθε ἐπιλαβόμενοί μου. ὅσον λόγον
πάλιν, ὥσπερ ἐξ ἀρχῆς, κινεῖτε περὶ τῆς πολιτείας, ἣν ὡς ἤδη
διεληλυθὼς ἔγωγε ἔχαιρον, ἀγαπῶν εἴ τις ἐάσοι ταῦτα
b ἀποδεξάμενος ὡς τότε ἐρρήθη. ἃ νῦν ὑμεῖς παρακαλοῦντες
οὐκ ἴστε ὅσον ἑσμὸν λόγων ἐπεγείρετε· ὃν ὁρῶν ἐγὼ παρῆκα
τότε, μὴ παράσχοι πολὺν ὄχλον.

Τί δέ; ἦ δ' ὃς ὁ Θρασύμαχος· χρυσοχοήσοντας οἴει τούσδε
5 νῦν ἐνθάδε ἀφῖχθαι, ἀλλ' οὐ λόγων ἀκουσομένους;

Ναί, εἶπον, μετρίως γε.

Μέτρον δέ γ', ἔφη, ὦ Σώκρατες, ὁ Γλαύκων, τοιούτων
λόγων ἀκούειν ὅλος ὁ βίος νοῦν ἔχουσιν. ἀλλὰ τὸ μὲν
ἡμέτερον ἔα· σὺ δὲ περὶ ὧν ἐρωτῶμεν μηδαμῶς ἀποκάμῃς
c ᾗ σοι δοκεῖ διεξιών, τίς ἡ κοινωνία τοῖς φύλαξιν ἡμῖν παίδων
τε πέρι καὶ γυναικῶν ἔσται καὶ τροφῆς νέων ἔτι ὄντων, τῆς ἐν
τῷ μεταξὺ χρόνῳ γιγνομένης γενέσεώς τε καὶ παιδείας, ἣ δὴ
ἐπιπονωτάτη δοκεῖ εἶναι. πειρῶ οὖν εἰπεῖν τίνα τρόπον δεῖ
5 γίγνεσθαι αὐτήν.

Οὐ ῥᾴδιον, ὦ εὔδαιμον, ἦν δ' ἐγώ, διελθεῖν· πολλὰς γὰρ
ἀπιστίας ἔχει ἔτι μᾶλλον τῶν ἔμπροσθεν ὧν διήλθομεν. καὶ
γὰρ ὡς δυνατὰ λέγεται, ἀπιστοῖτ' ἄν, καὶ εἰ ὅτι μάλιστα
γένοιτο, ὡς ἄριστ' ἂν εἴη ταῦτα, καὶ ταύτῃ ἀπιστήσεται. διὸ

450a1 ὥσπερ πάντα D   a5 ταῦτα DF: ταὐτὰ A   a9 ἐάσει
Scor.y.1.13, fortasse melius   c2 πέρι καὶ AD: καὶ πέρι F   c4 οὖν
DF: ἂν A: δὴ Baiter   c6 εὐδαίμων D   c8 λέγεται ADF: γενέσθαι
Naber

δὴ καὶ ὄκνος τις αὐτῶν ἅπτεσθαι, μὴ εὐχὴ δοκῇ εἶναι ὁ λόγος,   d
ὦ φίλε ἑταῖρε.

Μηδέν, ἦ δ' ὅς, ὄκνει· οὔτε γὰρ ἀγνώμονες οὔτε ἄπιστοι
οὔτε δύσνοι οἱ ἀκουσόμενοι.

Καὶ ἐγὼ εἶπον· Ὦ ἄριστε, ἦ που βουλόμενός με παρα-   5
θαρρύνειν λέγεις;

Ἔγωγ', ἔφη.

Πᾶν τοίνυν, ἦν δ' ἐγώ, τοὐναντίον ποιεῖς. πιστεύοντος μὲν
γὰρ ἐμοῦ ἐμοὶ εἰδέναι ἃ λέγω, καλῶς εἶχεν ἡ παραμυθία· ἐν
γὰρ φρονίμοις τε καὶ φίλοις περὶ τῶν μεγίστων τε καὶ φίλων   e
τἀληθῆ εἰδότα λέγειν ἀσφαλὲς καὶ θαρραλέον, ἀπιστοῦντα δὲ
καὶ ζητοῦντα ἅμα τοὺς λόγους ποιεῖσθαι, ὃ δὴ ἐγὼ δρῶ,
φοβερόν τε καὶ σφαλερόν, οὔ τι γέλωτα ὀφλεῖν, παιδικὸν γὰρ   451
τοῦτό γε· ἀλλὰ μὴ σφαλεὶς τῆς ἀληθείας οὐ μόνον αὐτὸς ἀλλὰ
καὶ τοὺς φίλους συνεπισπασάμενος κείσομαι περὶ ἃ ἥκιστα
δεῖ σφάλλεσθαι. προσκυνῶ δὲ Ἀδράστειαν, ὦ Γλαύκων, χάριν
οὗ μέλλω λέγειν. ἐλπίζω γὰρ οὖν ἔλαττον ἁμάρτημα ἀκου-   5
σίως τινὸς φονέα γενέσθαι ἢ ἀπατεῶνα καλῶν τε καὶ ἀγαθῶν
[καὶ] δικαίων ⟨καὶ⟩ νομίμων πέρι. τοῦτο οὖν τὸ κινδύνευμα
κινδυνεύειν ἐν ἐχθροῖς κρεῖττον ἢ φίλοις, ὥστε εὖ με παρα-
μυθῇ.

Καὶ ὁ Γλαύκων γελάσας, Ἀλλ', ὦ Σώκρατες, ἔφη, ἐάν τι   b
πάθωμεν πλημμελὲς ὑπὸ τοῦ λόγου, ἀφίεμέν σε ὥσπερ φόνου
καὶ καθαρὸν εἶναι καὶ μὴ ἀπατεῶνα ἡμῶν. ἀλλὰ θαρρήσας
λέγε.

Ἀλλὰ μέντοι, εἶπον, καθαρός γε καὶ ἐκεῖ ὁ ἀφεθείς, ὡς ὁ   5
νόμος λέγει· εἰκὸς δέ γε, εἴπερ ἐκεῖ, κἀνθάδε.

Λέγε τοίνυν, ἔφη, τούτου γ' ἕνεκα.

Λέγειν δή, ἔφην ἐγώ, χρὴ ἀνάπαλιν αὖ νῦν, ἃ τότε ἴσως

d1 ὄκνω [sic] D   εὐχὴ AD: ὀφθῇ F, fortasse v.l. pro δοκῆι εἶναι   δοκῆι
a Laur.80.7: δοκεῖ ADF   d9 καλῶς ⟨ἂν⟩ εἶχεν J. L. V. Hartman   ἦ
om. D   e1 τε καὶ φίλων om. Stob.   fortasse φιλ⟨τάτ⟩ων
scribendum   451a3 φίλους AD: ἄλλους F   a7 δικαίων καὶ νομίμων
Wilamowitz: καὶ δικαίων νομίμων ADF   b3 καὶ καθαρὸν A: καθαρὸν
DF   b5 ἐκεῖ ὁ AD: ὁ ἐκεῖ F   b8 δὴ DF: δὲ A   τότε Laur.85.7pc
et 80.7: πότε ADF

c ἔδει ἐφεξῆς λέγειν. τάχα δὲ οὕτως ἂν ὀρθῶς ἔχοι, μετὰ
ἀνδρεῖον δρᾶμα παντελῶς διαπερανθὲν τὸ γυναικεῖον αὖ
περαίνειν, ἄλλως τε καὶ ἐπειδὴ σὺ οὕτω προκαλῇ.
ἀνθρώποις
γὰρ φῦσι καὶ παιδευθεῖσιν ὡς ἡμεῖς διήλθομεν, κατ' ἐμὴν
5 δόξαν οὐκ ἔστ' ἄλλη ὀρθὴ παίδων τε καὶ γυναικῶν κτῆσίς τε
καὶ χρεία ἢ κατ' ἐκείνην τὴν ὁρμὴν ἰοῦσιν, ἥνπερ τὸ πρῶτον
ὡρμήσαμεν. ἐπεχειρήσαμεν δέ που ὡς ἀγέλης φύλακας τοὺς
ἄνδρας καθιστάναι τῷ λόγῳ.
Ναί.

d Ἀκολουθῶμεν τοίνυν καὶ τὴν γένεσιν καὶ τροφὴν παρα-
πλησίαν ἀποδιδόντες, καὶ σκοπῶμεν εἰ ἡμῖν πρέπει ἢ οὔ.
Πῶς; ἔφη.
Ὧδε. τὰς θηλείας τῶν φυλάκων κυνῶν πότερα συμφυλάτ-
5 τειν οἰόμεθα δεῖν ἅπερ ἂν οἱ ἄρρενες φυλάττωσι, καὶ
συνθηρεύειν καὶ τἆλλα κοινῇ πράττειν, ἢ τὰς μὲν οἰκουρεῖν
ἔνδον ὡς ἀδυνάτους διὰ τὸν τῶν σκυλάκων τόκον τε καὶ
τροφήν, τοὺς δὲ πονεῖν τε καὶ πᾶσαν ἐπιμέλειαν ἔχειν περὶ τὰ
ποίμνια;
10 Κοινῇ, ἔφη, πάντα· πλὴν ὡς ἀσθενεστέραις χρώμεθα, τοῖς
δὲ ὡς ἰσχυροτέροις.

e Οἷόν τ' οὖν, ἔφην ἐγώ, ἐπὶ τὰ αὐτὰ χρῆσθαί τινι ζῴῳ, ἂν
μὴ τὴν αὐτὴν τροφήν τε καὶ παιδείαν ἀποδιδῷς;
Οὐχ οἷόν τε.
Εἰ ἄρα ταῖς γυναιξὶν ἐπὶ ταὐτὰ χρησόμεθα καὶ τοῖς
5 ἀνδράσι, ταὐτὰ καὶ διδακτέον αὐτάς.
452 Ναί.
Μουσικὴ μὲν ἐκείνοις τε καὶ γυμναστικὴ ἐδόθη.
Ναί.
Καὶ ταῖς γυναιξὶν ἄρα τούτω τὼ τέχνα καὶ τὰ περὶ τὸν
5 πόλεμον ἀποδοτέον, καὶ χρηστέον κατὰ ταῦτά.
Εἰκὸς ἐξ ὧν λέγεις, ἔφη.

---

c5 ἔσται D   c6 ἥνπερ A prD F: ᾗπερ (i.e. ᾗπερ) Dpc   e5 καὶ
Apc^{sl} DF Galen.: om. prA   452a2 μὲν ADF Galen.: μὴν H. Richards
τε om. Galen.   a5 καὶ ADF: τε καὶ Galen.

Ἴσως δή, εἶπον, παρὰ τὸ ἔθος γελοῖα ἂν φαίνοιτο πολλὰ
περὶ τὰ νῦν λεγόμενα, εἰ πράξεται ᾗ λέγεται.

Καὶ μάλα, ἔφη.

Τί, ἦν δ᾽ ἐγώ, γελοιότατον αὐτῶν ὁρᾷς; ἢ δῆλα δὴ ὅτι 10
γυμνὰς τὰς γυναῖκας ἐν ταῖς παλαίστραις γυμναζομένας μετὰ
τῶν ἀνδρῶν, οὐ μόνον τὰς νέας, ἀλλὰ καὶ ἤδη τὰς πρεσβυ- b
τέρας, ὥσπερ τοὺς γέροντας ἐν τοῖς γυμνασίοις, ὅταν ῥυσοὶ
καὶ μὴ ἡδεῖς τὴν ὄψιν ὅμως φιλογυμναστῶσιν;

Νὴ τὸν Δία, ἔφη· γελοῖον γὰρ ἄν, ὥς γε ἐν τῷ παρεστῶτι,
φανείη.   5

Οὐκοῦν, ἦν δ᾽ ἐγώ, ἐπείπερ ὡρμήσαμεν λέγειν, οὐ φοβη-
τέον τὰ τῶν χαριέντων σκώμματα, ὅσα καὶ οἷα ἂν εἴποιεν εἰς
τὴν τοιαύτην μεταβολὴν γενομένην καὶ περὶ τὰ γυμνάσια καὶ
περὶ μουσικὴν καὶ οὐκ ἐλάχιστα περὶ τὴν τῶν ὅπλων σχέσιν c
καὶ ἵππων ὀχήσεις;

Ὀρθῶς, ἔφη, λέγεις.

Ἀλλ᾽ ἐπείπερ λέγειν ἠρξάμεθα, πορευτέον πρὸς τὸ τραχὺ
τοῦ νόμου, δεηθεῖσίν τε τούτων μὴ τὰ αὑτῶν πράττειν ἀλλὰ 5
σπουδάζειν, καὶ ὑπομνήσασιν ὅτι οὐ πολὺς χρόνος ἐξ οὗ τοῖς
Ἕλλησιν ἐδόκει αἰσχρὰ εἶναι καὶ γελοῖα ἅπερ νῦν τοῖς
πολλοῖς τῶν βαρβάρων, γυμνοὺς ἄνδρας ὁρᾶσθαι, καὶ ὅτε
ἤρχοντο τῶν γυμνασίων πρῶτοι μὲν Κρῆτες, ἔπειτα Λακε-
δαιμόνιοι, ἐξῆν τοῖς τότε ἀστείοις πάντα ταῦτα κωμῳδεῖν. ἢ d
οὐκ οἴει;

Ἔγωγε.

Ἀλλ᾽ ἐπειδή, οἶμαι, χρωμένοις ἄμεινον τὸ ἀποδύεσθαι τοῦ
συγκαλύπτειν πάντα τὰ τοιαῦτα ἐφάνη, καὶ τὸ ἐν τοῖς 5
ὀφθαλμοῖς δὴ γελοῖον ἐξερρύη ὑπὸ τοῦ ἐν τοῖς λόγοις
μηνυθέντος ἀρίστου· καὶ τοῦτο ἐνεδείξατο, ὅτι μάταιος ὃς
γελοῖον ἄλλο τι ἡγεῖται ἢ τὸ κακόν, καὶ ὁ γελωτοποιεῖν

a7 ἔθος ADF: εἰωθὸς Euseb.   a8 νῦν δὴ Euseb.   a10 τί δὲ
Euseb.   b1 ἀλλὰ καὶ ἤδη τὰς ADF: ἀλλ᾽ ἤδη καὶ τὰς Euseb.: ἀλλὰ καὶ
τὰς ἤδη van Herwerden   b3 φιλογυμναστῶσιν AD Fpc Euseb.:
φιλογυμνασταὶ ὦσιν prF(u.v.)   c5 τε ADF: γε J. J. Hartman
c9 λακεδαιμόνιοι Α: λακεδαιμονίοις DF   d1 ταῦτα πάντα D

ἐπιχειρῶν πρὸς ἄλλην τινὰ ὄψιν ἀποβλέπων ὡς γελοίου ἢ τὴν
10 τοῦ ἄφρονός τε καὶ κακοῦ, καὶ καλοῦ αὖ σπουδάζει [πρὸς]
e ἄλλον τινὰ σκοπὸν στησάμενος ἢ τὸν τοῦ ἀγαθοῦ.

Παντάπασι μὲν οὖν, ἔφη.

Ἆρ' οὖν οὐ πρῶτον μὲν τοῦτο περὶ αὐτῶν ἀνομολογητέον,
εἰ δυνατὰ ἢ οὔ, καὶ δοτέον ἀμφισβήτησιν εἴτε τις φιλο-
5 παίσμων εἴτε σπουδαστικὸς ἐθέλει ἀμφισβητῆσαι, πότερον
453 δυνατὴ φύσις ἡ ἀνθρωπίνη ἡ θήλεια τῇ τοῦ ἄρρενος γένους
κοινωνῆσαι εἰς ἅπαντα τὰ ἔργα, ἢ οὐδ' εἰς ἕν, ἢ εἰς τὰ μὲν οἷα
τε, εἰς δὲ τὰ οὔ, καὶ τοῦτο δὴ τὸ περὶ τὸν πόλεμον ποτέρων
ἐστίν; ἆρ' οὐχ οὕτως ἂν κάλλιστά τις ἀρχόμενος ὡς τὸ εἰκὸς
5 καὶ κάλλιστα τελευτήσειεν;

Πολύ γε, ἔφη.

Βούλει οὖν, ἦν δ' ἐγώ, ἡμεῖς πρὸς ἡμᾶς αὐτοὺς ὑπὲρ τῶν
ἄλλων ἀμφισβητήσωμεν, ἵνα μὴ ἔρημα τὰ τοῦ ἑτέρου λόγου
πολιορκῆται;

10 Οὐδέν, ἔφη, κωλύει.

b Λέγωμεν δὴ ὑπὲρ αὐτῶν ὅτι "Ὦ Σώκρατές τε καὶ
Γλαύκων, οὐδὲν δεῖ ὑμῖν ἄλλους ἀμφισβητεῖν· αὐτοὶ γὰρ ἐν
ἀρχῇ τῆς κατοικίσεως, ἣν ᾠκίζετε πόλιν, ὡμολογεῖτε δεῖν
κατὰ φύσιν ἕκαστον ἕνα ἓν τὸ αὑτοῦ πράττειν."

5 Ὡμολογήσαμεν, οἶμαι· πῶς γὰρ οὔ;

"Ἔστιν οὖν ὅπως οὐ πάμπολυ διαφέρει γυνὴ ἀνδρὸς τὴν
φύσιν;"

Πῶς δ' οὐ διαφέρει;

"Οὐκοῦν ἄλλο καὶ ἔργον ἑκατέρῳ προσήκει προστάττειν τὸ
10 κατὰ τὴν αὑτοῦ φύσιν;"

Τί μήν;

d9 πρὸς ADF: εἰς Stob.   ἢ om. Stob.   d10 καὶ καλοῦ αὖ ADF
Stob.: om. Scor.y.1.13   πρὸς ADF: εἰς Stob.: del. W. H. Thompson
e1 προστησάμενος Cobet, d10 πρὸς secluso   e3 αὐτῶν Laur.80.19pc:
αὐτὸν ADF   e4 φιλοπαίσμων A prF Schol.: φιλοπαίγμων D Fpc
453a4 ὡς AD: εἰς F   a5 καὶ κάλλιστα ADF: κάλλιστα καὶ Dobree
b1 λέγωμεν AD: λέγομεν F Galen.   b3 κατοικίσεως A: κατοικήσεως
DF Galen.   ὡμολογεῖτε AD: ὁμολογεῖτε F Galen.   b8 δ' om. Galen.

"Πῶς οὖν οὐχ ἁμαρτάνετε νῦν καὶ τἀναντία ὑμῖν αὐτοῖς c
λέγετε, φάσκοντες αὖ τοὺς ἄνδρας καὶ τὰς γυναῖκας δεῖν τὰ
αὐτὰ πράττειν, πλεῖστον κεχωρισμένην φύσιν ἔχοντας;" ἕξεις
τι, ὦ θαυμάσιε, πρὸς ταῦτ' ἀπολογεῖσθαι;

Ὡς μὲν ἐξαίφνης, ἔφη, οὐ πάνυ ῥᾴδιον· ἀλλὰ σοῦ δεήσομαί 5
τε καὶ δέομαι καὶ τὸν ὑπὲρ ἡμῶν λόγον, ὅστις ποτ' ἐστίν,
ἑρμηνεῦσαι.

Ταῦτ' ἐστίν, ἦν δ' ἐγώ, ὦ Γλαύκων, καὶ ἄλλα πολλὰ
τοιαῦτα, ἃ ἐγὼ πάλαι προορῶν ἐφοβούμην τε καὶ ὤκνουν
ἅπτεσθαι τοῦ νόμου τοῦ περὶ τὴν τῶν γυναικῶν καὶ παίδων d
κτῆσιν καὶ τροφήν.

Οὐ μὰ τὸν Δία, ἔφη· οὐ γὰρ εὐκόλῳ ἔοικεν.

Οὐ γάρ, εἶπον. ἀλλὰ δὴ ὧδ' ἔχει· ἄντε τις εἰς κολυμβήθραν
μικρὰν ἐμπέσῃ ἄντε εἰς τὸ μέγιστον πέλαγος μέσον, ὅμως γε 5
νεῖ οὐδὲν ἧττον.

Πάνυ μὲν οὖν.

Οὐκοῦν καὶ ἡμῖν νευστέον καὶ πειρατέον σῴζεσθαι ἐκ τοῦ
λόγου, ἤτοι δελφῖνά τινα ἐλπίζοντας ἡμᾶς ὑπολαβεῖν ἂν ἤ
τινα ἄλλην ἄπορον σωτηρίαν;   10

Ἔοικεν, ἔφη.

Φέρε δή, ἦν δ' ἐγώ, ἐάν πῃ εὕρωμεν τὴν ἔξοδον. ὁμολογοῦ- e
μεν γὰρ δὴ ἄλλην φύσιν ἄλλο δεῖν ἐπιτηδεύειν, γυναικὸς δὲ
καὶ ἀνδρὸς ἄλλην εἶναι· τὰς δὲ ἄλλας φύσεις τὰ αὐτά φαμεν
νῦν δεῖν ἐπιτηδεῦσαι. ταῦτα ἡμῶν κατηγορεῖται;

Κομιδῇ γε.   5

Ἡ γενναία, ἦν δ' ἐγώ, ὦ Γλαύκων, ἡ δύναμις τῆς 454
ἀντιλογικῆς τέχνης.

Τί δή;

Ὅτι, εἶπον, δοκοῦσί μοι εἰς αὐτὴν καὶ ἄκοντες πολλοὶ
ἐμπίπτειν καὶ οἴεσθαι οὐκ ἐρίζειν ἀλλὰ διαλέγεσθαι, διὰ τὸ 5
μὴ δύνασθαι κατ' εἴδη διαιρούμενοι τὸ λεγόμενον ἐπισκοπεῖν,

c1 νυνὶ Galen.   d1 τὴν om. F   d3 οὐ γὰρ εὐκόλωι ἔοικεν post
d2 τροφήν transp. Groen van Prinsterer, fortasse recte   e2 pro δὲ
scripserat τε prA, sed statim correctum   e4 κατηγορεῖται F:
κατηγορεῖτε AD   454a6 τὸν λεγόμενον D

454 a　ΠΛΑΤΩΝΟΣ

ἀλλὰ κατ' αὐτὸ τὸ ὄνομα διώκειν τοῦ λεχθέντος τὴν ἐναντίωσιν, ἔριδι, οὐ διαλέκτῳ πρὸς ἀλλήλους χρώμενοι.

Ἔστι γὰρ δή, ἔφη, περὶ πολλοὺς τοῦτο τὸ πάθος· ἀλλὰ μῶν
10 καὶ πρὸς ἡμᾶς τοῦτο τείνει ἐν τῷ παρόντι;
b Παντάπασι μὲν οὖν, ἦν δ' ἐγώ· κινδυνεύομεν γοῦν ἄκοντες
ἀντιλογίας ἅπτεσθαι.

Πῶς;

Τὸ τὴν αὐτὴν φύσιν ὅτι οὐ τῶν αὐτῶν δεῖ ἐπιτηδευμάτων
5 τυγχάνειν πάνυ ἀνδρείως τε καὶ ἐριστικῶς κατὰ τὸ ὄνομα
διώκομεν, ἐπεσκεψάμεθα δὲ οὐδ' ὁπηοῦν τί εἶδος τὸ τῆς
ἑτέρας τε καὶ τῆς αὐτῆς φύσεως καὶ πρὸς τί τεῖνον ὡριζόμεθα
τότε, ὅτε τὰ ἐπιτηδεύματα ἄλλῃ φύσει ἄλλα, τῇ δὲ αὐτῇ τὰ
αὐτὰ ἀπεδίδομεν.
10 Οὐ γὰρ οὖν, ἔφη, ἐπεσκεψάμεθα.

c Τοιγάρτοι, εἶπον, ἔξεστιν ἡμῖν, ὡς ἔοικεν, ἀνερωτᾶν ἡμᾶς
αὐτοὺς εἰ ἡ αὐτὴ φύσις φαλακρῶν καὶ κομητῶν καὶ οὐχ ἡ
ἐναντία, καὶ ἐπειδὰν ὁμολογῶμεν ἐναντίαν εἶναι, ἐὰν φαλα
κροὶ σκυτοτομῶσιν, μὴ ἐᾶν κομήτας, ἐὰν δ' αὖ κομῆται, μὴ
5 τοὺς ἑτέρους.

Γελοῖον μέντἂν εἴη, ἔφη.

Ἆρα κατ' ἄλλο τι, εἶπον ἐγώ, γελοῖον, ἢ ὅτι τότε οὐ
πάντως τὴν αὐτὴν καὶ τὴν ἑτέραν φύσιν ἐτιθέμεθα, ἀλλ'
ἐκεῖνο τὸ εἶδος τῆς ἀλλοιώσεώς τε καὶ ὁμοιώσεως μόνον
d ἐφυλάττομεν τὸ πρὸς αὐτὰ τεῖνον τὰ ἐπιτηδεύματα; οἷον
†ἰατρικὸν μὲν καὶ ἰατρικὴν τὴν ψυχὴν ὄντα† τὴν αὐτὴν
φύσιν ἔχειν ἐλέγομεν· ἢ οὐκ οἴει;

Ἔγωγε.

5 Ἰατρικὸν δέ γε καὶ τεκτονικὸν ἄλλην;

Πάντως που.

Οὐκοῦν, ἦν δ' ἐγώ, καὶ τὸ τῶν ἀνδρῶν καὶ τὸ τῶν γυναικῶν

b1 γοῦν ADF: οὖν Galen.　　b4 τὸ τὴν αὐτὴν ADF Galen.: τὸ μὴ τὴν
αὐτὴν Bessarion: τὸ τὴν ἄλλην Baiter　　c9 μόνον prA D: μόνον ὂν Apc^sl
Galen.: ἐὰν μόνον F　　d1 τὸ Galen.: τὰ ADF　　αὐτὰ AD Galen.: αὐτὸ F
τεῖνον τὰ Galen.: τείνοντα ADF　　d2 ἰατρικὸν Apc DF Galen.: ἰατρικῶν
prA　ἰατρικὴν ADF Galen.: ἰατρικὸν Laur.80.19pc　ὄντα ADF Galen.:
ἔχοντα Cornarius: secl. Burnet　　d5 δέ γε F Galen.: δὲ AD

γένος, ἐὰν μὲν πρὸς τέχνην τινὰ ἢ ἄλλο ἐπιτήδευμα διαφέρον
φαίνηται, τοῦτο δὴ φήσομεν ἑκατέρῳ δεῖν ἀποδιδόναι; ἐὰν δ᾽
αὐτῷ τούτῳ φαίνηται διαφέρειν, τῷ τὸ μὲν θῆλυ τίκτειν, τὸ   10
δὲ ἄρρεν ὀχεύειν, οὐδέν τί πω φήσομεν μᾶλλον ἀποδεδεῖχθαι   e
ὡς πρὸς ὃ ἡμεῖς λέγομεν διαφέρει γυνὴ ἀνδρός, ἀλλ᾽ ἔτι
οἰησόμεθα δεῖν τὰ αὐτὰ ἐπιτηδεύειν τούς τε φύλακας ἡμῖν
καὶ τὰς γυναῖκας αὐτῶν.

Καὶ ὀρθῶς γ᾽, ἔφη.   5

Οὐκοῦν μετὰ τοῦτο κελεύομεν τὸν τὰ ἐναντία λέγοντα
τοῦτο αὐτὸ διδάσκειν ἡμᾶς, πρὸς τίνα τέχνην ἢ τί ἐπιτήδευμα   455
τῶν περὶ πόλεως κατασκευὴν οὐχ ἡ αὐτὴ ἀλλὰ ἑτέρα φύσις
γυναικός τε καὶ ἀνδρός;

Δίκαιον γοῦν.

Τάχα τοίνυν ἄν, ὅπερ σὺ ὀλίγον πρότερον ἔλεγες, εἴποι ἂν   5
καὶ ἄλλος, ὅτι ἐν μὲν τῷ παραχρῆμα ἱκανῶς εἰπεῖν οὐ ῥάδιον,
ἐπισκεψαμένῳ δὲ οὐδὲν χαλεπόν.

Εἴποι γὰρ ἄν.

Βούλει οὖν δεώμεθα τοῦ τὰ τοιαῦτα ἀντιλέγοντος ἀκο-
λουθῆσαι ἡμῖν, ἐάν πως ἡμεῖς ἐκείνῳ ἐνδειξώμεθα ὅτι οὐδέν   b
ἐστιν ἐπιτήδευμα ἴδιον γυναικὶ πρὸς διοίκησιν πόλεως;

Πάνυ γε.

Ἴθι δή, φήσομεν πρὸς αὐτόν, ἀποκρίνου· ἆρα οὕτως ἔλεγες
τὸν μὲν εὐφυῆ πρός τι εἶναι, τὸν δὲ ἀφυῆ, ἐν ᾧ ὁ μὲν ῥαδίως τι   5
μανθάνοι, ὁ δὲ χαλεπῶς; καὶ ὁ μὲν ἀπὸ βραχείας μαθήσεως
ἐπὶ πολὺ εὑρετικὸς εἴη οὗ ἔμαθεν, ὁ δὲ πολλῆς μαθήσεως
τυχὼν καὶ μελέτης μηδ᾽ ἃ ἔμαθεν σῴζοιτο; καὶ τῷ μὲν τὰ τοῦ
σώματος ἱκανῶς ὑπηρετοῖ τῇ διανοίᾳ, τῷ δὲ ἐναντιοῖτο; ἆρ᾽   c
ἄλλα ἄττα ἐστὶν ἢ ταῦτα, οἷς τὸν εὐφυῆ πρὸς ἕκαστα καὶ τὸν
μὴ ὡρίζου;

Οὐδείς, ἦ δ᾽ ὅς, ἄλλα φήσει.

Οἶσθά τι οὖν ὑπὸ ἀνθρώπων μελετώμενον, ἐν ᾧ οὐ πάντα   5

d8 μὲν AD Galen.: om. F   e3 ἡμῶν Galen.   e5 γ᾽ F Galen.:
om. AD   455a5 ὀλίγωι Galen.   a9 δεώμεθα AD: δεόμεθα F
Galen.   b1 ἐκεῖνο Galen.   b5 τὸν μὲν Asl F Galen. Stob.: τὸ μὲν
AD   c1 ὑπηρετοῖ AD: ὑπηρετεῖ F Galen. et fere Stob.

ταῦτα τὸ τῶν ἀνδρῶν γένος διαφερόντως ἔχει ἢ τὸ τῶν
γυναικῶν; ἢ μακρολογῶμεν τήν τε ὑφαντικὴν λέγοντες καὶ
τὴν τῶν ποπάνων τε καὶ ἑψημάτων θεραπείαν, ἐν οἷς δή τι
d δοκεῖ τὸ γυναικεῖον γένος εἶναι, οὗ καὶ καταγελαστότατόν
ἐστι πάντων ἡττώμενον;
Ἀληθῆ, ἔφη, λέγεις, ὅτι πολὺ κρατεῖται ἐν ἅπασιν ὡς ἔπος
εἰπεῖν τὸ γένος τοῦ γένους. γυναῖκες μέντοι πολλαὶ πολλῶν
5 ἀνδρῶν βελτίους εἰς πολλά· τὸ δὲ ὅλον ἔχει ὡς σὺ λέγεις.
Οὐδὲν ἄρα ἐστίν, ὦ φίλε, ἐπιτήδευμα τῶν πόλιν διοι-
κούντων γυναικὸς διότι γυνή, οὐδ' ἀνδρὸς διότι ἀνήρ, ἀλλ'
ὁμοίως διεσπαρμέναι αἱ φύσεις ἐν ἀμφοῖν τοῖν ζῴοιν, καὶ
πάντων μὲν μετέχει γυνὴ ἐπιτηδευμάτων κατὰ φύσιν, πάντων
e δὲ ἀνήρ, ἐπὶ πᾶσι δὲ ἀσθενέστερον γυνὴ ἀνδρός.
Πάνυ γε.
Ἦ οὖν ἀνδράσι πάντα προστάξομεν, γυναικὶ δ' οὐδέν;
Καὶ πῶς;
5 Ἀλλ' ἔστι γάρ, οἶμαι, ὡς φήσομεν, καὶ γυνὴ ἰατρική, ἡ δ'
οὔ, καὶ μουσική, ἡ δ' ἄμουσος φύσει.
Τί μήν;
456 Γυμναστικὴ δ' ἄρα οὐ καὶ πολεμική, ἡ δὲ ἀπόλεμος καὶ οὐ
φιλογυμναστική;
Οἶμαι ἔγωγε.
Τί δέ; φιλόσοφός τε καὶ μισόσοφος; καὶ θυμοειδής, ἡ δ'
5 ἄθυμος;

c6 ταῦτα τὸ A Galen. Euseb.: ταῦτα τὰ D: ταῦτα F ἢ τὸ ADF Euseb.:
τοῦ Galen.   c7 μακρολογῶμεν ADF Galen.: μακρολογοῦμεν Stob.
c8 τι ADF Euseb.: om. Galen.   d1 καταγελαστότατον AD Fpc
Galen. Euseb.: τὸ γελαστότατον prF   d2 πάντων ADF: πάμπολυ
Galen. Euseb.   d3 ἔφη λέγεις ADF Euseb.: λέγεις ἔφη Galen.
d6 ἄρα ἐστὶν ADF Euseb.: ἐστιν ἄρα Galen.   e2 γε ADF Euseb.: om.
Galen.   e3 ἢ ADF Euseb.: τί Galen.   προστάξομεν Apc F Galen.
Euseb.: προστάξωμεν prA D   e4 καὶ ADF Euseb.: ἢ καὶ Galen.
456a1 γυμναστικὴ AF Galen. Euseb.: καὶ γυμναστικὴ D   δὲ ἄρα οὐ καὶ
Laur.85.7pc: δ' ἄρα οὔ οὐδὲ ADF Euseb.: δ' ἄρα οὐδὲ Euseb.: ἄρα καὶ
Laur.80.19pc   καὶ οὐ AD Galen. Euseb.: καὶ F   a3 ἔγωγε Apc[sl] DF
Galen. Euseb.: εγω prA   a4 μισόσοφος ADF Euseb.: θυμοειδής
Galen.   a4–5 καὶ θυμοειδής, ἡ δ' ἄθυμος ADF Euseb.: ἡ δὲ ἄθυμος καὶ
μισόσοφος Galen.

Ἔστι καὶ ταῦτα.

Ἔστιν ἄρα καὶ φυλακικὴ γυνή, ἡ δ' οὔ. ἢ οὐ τοιαύτην καὶ
τῶν ἀνδρῶν τῶν φυλακικῶν φύσιν ἐξελεξάμεθα;

Τοιαύτην μὲν οὖν.

Καὶ γυναικὸς ἄρα καὶ ἀνδρὸς ἡ αὐτὴ φύσις εἰς φυλακὴν 10
πόλεως, πλὴν ὅσα ἀσθενεστέρα ἢ ἰσχυροτέρα ἐστίν.

Φαίνεται.

Καὶ γυναῖκες ἄρα αἱ τοιαῦται τοῖς τοιούτοις ἀνδράσιν
ἐκλεκτέαι συνοικεῖν τε καὶ συμφυλάττειν, ἐπείπερ εἰσὶν b
ἱκαναὶ καὶ συγγενεῖς αὐτοῖς τὴν φύσιν.

Πάνυ γε.

Τὰ δ' ἐπιτηδεύματα οὐ τὰ αὐτὰ ἀποδοτέα ταῖς αὐταῖς
φύσεσιν;   5

Τὰ αὐτά.

Ἥκομεν ἄρα εἰς τὰ πρότερα περιφερόμενοι, καὶ ὁμολογοῦ-
μεν μὴ παρὰ φύσιν εἶναι ταῖς τῶν φυλάκων γυναιξὶ μουσικήν
τε καὶ γυμναστικὴν ἀποδιδόναι.

Παντάπασιν μὲν οὖν.   10

Οὐκ ἄρα ἀδύνατά γε οὐδὲ εὐχαῖς ὅμοια ἐνομοθετοῦμεν, c
ἐπείπερ κατὰ φύσιν ἐτίθεμεν τὸν νόμον· ἀλλὰ τὰ νῦν παρὰ
ταῦτα γιγνόμενα παρὰ φύσιν μᾶλλον, ὡς ἔοικε, γίγνεται.

Ἔοικεν.

Οὐκοῦν ἡ ἐπίσκεψις ἡμῖν ἦν εἰ δυνατά τε καὶ βέλτιστα 5
λέγοιμεν;

Ἦν γάρ.

Καὶ ὅτι μὲν δὴ δυνατά, διωμολόγηται;

Ναί.

Ὅτι δὲ δὴ βέλτιστα, τὸ μετὰ τοῦτο δεῖ διομολογηθῆναι; 10
Δῆλον.

a6 ἔστι Glauconi attrib. AD Galen. Euseb.(ID): Socrati F
Euseb.(ON)   a11 ὅσα ADF: ὅσα ἡ μὲν Galen.: ὅσωι Euseb.   ἢ
ἰσχυροτέρα DF: ἰσχυροτέρα A, postea tota vox signis deleta: ἰσχυροτέρας
Asl: ἡ δὲ ἰσχυροτέρα Euseb.: ὁ δ' ἰσχυρότερος Galen.   a13 αἱ ADF
Euseb.: om. Galen.   b1 συμφυλάττειν ADF Euseb.(IO): φυλάττειν
Galen. Euseb.(ND)   b4 ἀποδοτέα A Galen.: ἀποδοτέον D:
ἀποδιδοτέα F   c5 τε Laur.80.7: γε ADF

Οὐκοῦν πρός γε τὸ φυλακικὴν γυναῖκα γενέσθαι, οὐκ ἄλλη
μὲν ἡμῖν ἄνδρας ποιήσει παιδεία, ἄλλη δὲ γυναῖκας, ἄλλως τε
d καὶ τὴν αὐτὴν φύσιν παραλαβοῦσα;
Οὐκ ἄλλη.
Πῶς οὖν ἔχεις δόξης τοῦ τοιοῦδε πέρι;
Τίνος δή;
5 Τοῦ ὑπολαμβάνειν παρὰ σεαυτῷ τὸν μὲν ἀμείνω ἄνδρα, τὸν
δὲ χείρω· ἢ πάντας ὁμοίους ἡγῇ;
Οὐδαμῶς.
Ἐν οὖν τῇ πόλει ἣν ᾠκίζομεν, πότερον οἴει ἡμῖν ἀμείνους
ἄνδρας ἐξειργάσθαι τοὺς φύλακας, τυχόντας ἧς διήλθομεν
10 παιδείας, ἢ τοὺς σκυτοτόμους, τῇ σκυτικῇ παιδευθέντας;
Γελοῖον, ἔφη, ἐρωτᾷς.
Μανθάνω, ἔφην. τί δέ; τῶν ἄλλων πολιτῶν οὐχ οὗτοι
ἄριστοι;
Πολύ γε.
e Τί δὲ αἱ γυναῖκες; τῶν γυναικῶν οὐχ αὗται ἔσονται
βέλτισται;
Καὶ τοῦτο, ἔφη, πολύ.
Ἔστι δέ τι πόλει ἄμεινον ἢ γυναῖκάς τε καὶ ἄνδρας ὡς
5 ἀρίστους ἐγγίγνεσθαι;
Οὐκ ἔστιν.
Τοῦτο δὲ μουσική τε καὶ γυμναστικὴ παραγιγνόμεναι, ὡς
457 ἡμεῖς διήλθομεν, ἀπεργάσονται;
Πῶς δ' οὔ;
Οὐ μόνον ἄρα δυνατὸν ἀλλὰ καὶ ἄριστον πόλει νόμιμον
ἐτίθεμεν.
5 Οὕτως.
Ἀποδυτέον δὴ ταῖς τῶν φυλάκων γυναιξίν, ἐπείπερ ἀρετὴν
ἀντὶ ἱματίων ἀμφιέσονται, καὶ κοινωνητέον πολέμου τε καὶ
τῆς ἄλλης φυλακῆς τῆς περὶ τὴν πόλιν, καὶ οὐκ ἄλλα
πρακτέον· τούτων δ' αὐτῶν τὰ ἐλαφρότερα ταῖς γυναιξὶν ἢ
10 τοῖς ἀνδράσι δοτέον διὰ τὴν τοῦ γένους ἀσθένειαν. ὁ δὲ γελῶν

d4 δέ prA   d6 πάντως F   457a8 ἄλλα ADF: ἄλλο Stob.
a10 ἀποδοτέον Stob.

ἀνὴρ ἐπὶ γυμναῖς γυναιξί, τοῦ βελτίστου ἕνεκα γυμναζομέ- b
ναις, ἀ τ ε λ ῆ τοῦ γελοίου σ ο φ ί α ς δ ρ έ π ω ν κ α ρ π ό ν, οὐδὲν
οἶδεν, ὡς ἔοικεν, ἐφ᾽ ᾧ γελᾷ οὐδ᾽ ὅτι πράττει· κάλλιστα γὰρ
δὴ τοῦτο καὶ λέγεται καὶ λελέξεται, ὅτι τὸ μὲν ὠφέλιμον
καλόν, τὸ δὲ βλαβερὸν αἰσχρόν.   5
Πανταπασι μὲν οὖν.

Τοῦτο μὲν τοίνυν ἓν ὥσπερ κῦμα φῶμεν διαφεύγειν τοῦ
γυναικείου πέρι νόμου λέγοντες, ὥστε μὴ παντάπασι κατα-
κλυσθῆναι, τιθέντας ὡς δεῖ κοινῇ πάντα ἐπιτηδεύειν τούς τε
φύλακας ἡμῖν καὶ τὰς φυλακίδας, ἀλλά πη τὸν λόγον αὐτὸν c
αὐτῷ ὁμολογῆσθαι ὡς δυνατά τε καὶ ὠφέλιμα λέγει;
Καὶ μάλα, ἔφη, οὐ σμικρὸν κῦμα διαφεύγεις.

Φήσεις δέ, ἦν δ᾽ ἐγώ, οὐ μέγα αὐτὸ εἶναι, ὅταν τὸ μετὰ
τοῦτο ἴδῃς.   5
Λέγε δή· ἴδω, ἔφη.

Τούτῳ, ἦν δ᾽ ἐγώ, ἕπεται νόμος καὶ τοῖς ἔμπροσθεν τοῖς
ἄλλοις, ὡς ἐγῷμαι, ὅδε.
Τίς;

Τὰς γυναῖκας ταύτας τῶν ἀνδρῶν τούτων πάντων πάσας 10
εἶναι κοινάς, ἰδίᾳ δὲ μηδενὶ μηδεμίαν συνοικεῖν· καὶ τοὺς d
παῖδας αὖ κοινούς, καὶ μήτε γονέα ἔκγονον εἰδέναι τὸν αὑτοῦ
μήτε παῖδα γονέα.

Πολύ, ἔφη, τοῦτο ἐκείνου μεῖζον πρὸς ἀπιστίαν καὶ τοῦ
δυνατοῦ πέρι καὶ τοῦ ὠφελίμου.   5

Οὐκ οἶμαι, ἦν δ᾽ ἐγώ, περί γε τοῦ ὠφελίμου ἀμφισβητεῖ-
σθαι ἄν, ὡς οὐ μέγιστον ἀγαθὸν κοινὰς μὲν τὰς γυναῖκας

b1 γυναιξί ADF Stob.: ταῖς γυναιξί Euseb.   b2 Pind. fr. 209
ἀτελῆ ADF Stob.: ἄτε δὴ Αγρ Euseb.   οὐδὲν AD Stob.: οὐδὲ Euseb.: ὧν
δὲν [sic] F   b3 γελᾶι AF Euseb. Stob.: γελῶι D   b7 τοίνυν ἓν om.
Philop.   b8 παντάπασι ADF: πάντας Philop.   b9 τιθέντας ADF
Philop.: τιθέντες Naber   c2 ὁμολογῆσθαι Asl D: ὁμολογεῖσθαι AF
Philop.   c4 δὲ F Philop.: γε AD: δέ γε Stallbaum   c7 τούτωι
ADF Stob. Philop.: τούτων Euseb.   c10 πάντων ADF Euseb.
Philop.: om. Stob.   d2 ἔκγονον εἰδέναι ADF Euseb. Philop.: εἰδέναι
ἔκγονον Stob.   d3 γονέα AD Euseb. Stob. Philop.: γονέας F
d5 τοῦ ADF Philop.: om. Stob.

εἶναι, κοινοὺς δὲ τοὺς παῖδας, εἴπερ οἷόν τε· ἀλλ' οἶμαι περὶ
τοῦ εἰ δυνατὸν ἢ μὴ πλείστην ἀμφισβήτησιν γενέσθαι.

e Περὶ ἀμφοτέρων, ἦ δ' ὅς, εὖ μάλ' ἂν ἀμφισβητηθείη.

Λέγεις, ἦν δ' ἐγώ, λόγων σύστασιν· ἐγὼ δ' ᾤμην ἔκ γε τοῦ
ἑτέρου ἀποδράσεσθαι, εἴ σοι δόξειεν ὠφέλιμον εἶναι, λοιπὸν
δὲ δή μοι ἔσεσθαι περὶ τοῦ δυνατοῦ καὶ μή.

5 Ἀλλ' οὐκ ἔλαθες, ἦ δ' ὅς, ἀποδιδράσκων, ἀλλ' ἀμφοτέρων
πέρι δίδου λόγον.

Ὑφεκτέον, ἦν δ' ἐγώ, δίκην. τοσόνδε μέντοι χάρισαί μοι·
458 ἔασόν με ἑορτάσαι, ὥσπερ οἱ ἀργοὶ τὴν διάνοιαν εἰώθασιν
ἑστιᾶσθαι ὑφ' ἑαυτῶν, ὅταν μόνοι πορεύωνται. καὶ γὰρ οἱ
τοιοῦτοί που, πρὶν ἐξευρεῖν τίνα τρόπον ἔσται τι ὧν ἐπιθυ-
μοῦσι, τοῦτο παρέντες, ἵνα μὴ κάμνωσι βουλευόμενοι περὶ
5 τοῦ δυνατοῦ καὶ μή, θέντες ὡς ὑπάρχον εἶναι ὃ βούλονται,
ἤδη τὰ λοιπὰ διατάττουσιν καὶ χαίρουσιν διεξιόντες οἷα
δράσουσι γενομένου, ἀργὸν καὶ ἄλλως ψυχὴν ἔτι ἀργοτέραν
b ποιοῦντες. ἤδη οὖν καὶ αὐτὸς μαλθακίζομαι, καὶ ἐκεῖνα μὲν
ἐπιθυμῶ ἀναβαλέσθαι καὶ ὕστερον ἐπισκέψασθαι, ἦ δυνατά,
νῦν δὲ ὡς δυνατῶν ὄντων θεὶς σκέψομαι, ἄν μοι παριῇς, πῶς
διατάξουσιν αὐτὰ οἱ ἄρχοντες γιγνόμενα, καὶ ὅτι πάντων
5 συμφορώτατ' ἂν εἴη πραχθέντα τῇ τε πόλει καὶ τοῖς φύλαξιν.
ταῦτα πειράσομαί σοι πρότερα συνδιασκοπεῖσθαι, ὕστερα δ'
ἐκεῖνα, εἴπερ παρίῃς.

Ἀλλὰ παρίημι, ἔφη, καὶ σκόπει.

Οἶμαι τοίνυν, ἦν δ' ἐγώ, εἴπερ ἔσονται οἱ ἄρχοντες ἄξιοι
c τούτου τοῦ ὀνόματος, οἵ τε τούτοις ἐπίκουροι κατὰ ταὐτά,
τοὺς μὲν ἐθελήσειν ποιεῖν τὰ ἐπιταττόμενα, τοὺς δὲ ἐπιτάξειν,
τὰ μὲν αὐτοὺς πειθομένους τοῖς νόμοις, τὰ δὲ καὶ μιμουμέ-
νους, ὅσα ἂν ἐκείνοις ἐπιτρέψωμεν.

5 Εἰκός, ἔφη.

Σὺ μὲν τοίνυν, ἦν δ' ἐγώ, ὁ νομοθέτης αὐτοῖς, ὥσπερ τοὺς
ἄνδρας ἐξέλεξας, οὕτω καὶ τὰς γυναῖκας ἐκλέξας παραδώσεις

---

d9 ἀδύνατον F   πλείστην ἂν F   e7 δίκην del. van Herwerden
458b2 δυνατά AD: δύναται F   b5 τε om. A   c3 αὐτοῖς Par.1642
καὶ AD: ἢ F   c7 ἐξέλεξας om. Euseb.

καθ' ὅσον οἷόν τε ὁμοφυεῖς· οἱ δέ, ἅτε οἰκίας τε καὶ συσσίτια
κοινὰ ἔχοντες, ἰδίᾳ δὲ οὐδενὸς οὐδὲν τοιοῦτον κεκτημένου,
ὁμοῦ δὴ ἔσονται, ὁμοῦ δὲ ἀναμεμειγμένων καὶ ἐν γυμνασίοις d
καὶ ἐν τῇ ἄλλῃ τροφῇ ὑπ' ἀνάγκης, οἶμαι, τῆς ἐμφύτου
ἄξονται πρὸς τὴν ἀλλήλων μεῖξιν. ἢ οὐκ ἀναγκαῖά σοι δοκῶ
λέγειν;

Οὐ γεωμετρικαῖς γε, ἦ δ' ὅς, ἀλλ' ἐρωτικαῖς ἀνάγκαις, αἳ 5
κινδυνεύουσιν ἐκείνων δριμύτεραι εἶναι πρὸς τὸ πείθειν τε καὶ
ἕλκειν τὸν πολὺν λεών.

Καὶ μάλα, εἶπον. ἀλλὰ μετὰ δὴ ταῦτα, ὦ Γλαύκων,
ἀτάκτως μὲν μείγνυσθαι ἀλλήλοις ἢ ἄλλο ὁτιοῦν ποιεῖν οὔτε
ὅσιον ἐν εὐδαιμόνων πόλει οὔτ' ἐάσουσιν οἱ ἄρχοντες.   e

Οὐ γὰρ δίκαιον, ἔφη.

Δῆλον δὴ ὅτι γάμους τὸ μετὰ τοῦτο ποιήσομεν ἱεροὺς εἰς
δύναμιν ὅτι μάλιστα· εἶεν δ' ἂν ἱεροὶ οἱ ὠφελιμώτατοι.

Παντάπασι μὲν οὖν.   5

Πῶς οὖν δὴ ὠφελιμώτατοι ἔσονται; τόδε μοι λέγε, ὦ 459
Γλαύκων· ὁρῶ γάρ σου ἐν τῇ οἰκίᾳ καὶ κύνας θηρευτικοὺς
καὶ τῶν γενναίων ὀρνίθων μάλα συχνούς· ἆρα οὖν, ὦ πρὸς
Διός, προσέσχηκάς τι τοῖς τούτων γάμοις τε καὶ παιδοποιίᾳ;

Τὸ ποῖον; ἔφη.   5

Πρῶτον μὲν αὐτῶν τούτων, καίπερ ὄντων γενναίων, ἆρ'
οὐκ εἰσί τινες καὶ γίγνονται ἄριστοι;

Εἰσίν.

Πότερον οὖν ἐξ ἁπάντων ὁμοίως γεννᾷς, ἢ προθυμῇ ὅτι
μάλιστα ἐκ τῶν ἀρίστων;   10

Ἐκ τῶν ἀρίστων.

Τί δ'; ἐκ τῶν νεωτάτων ἢ ἐκ τῶν γεραιτάτων ἢ ἐξ b
ἀκμαζόντων ὅτι μάλιστα;

Ἐξ ἀκμαζόντων.

Καὶ ἂν μὴ οὕτω γεννᾶται, πολύ σοι ἡγῇ χεῖρον ἔσεσθαι τό
τε τῶν ὀρνίθων καὶ τὸ τῶν κυνῶν γένος;   5

Ἔγωγ', ἔφη.

d9 μίγνυσθαι DF Averroes: γυμνοῦσθαι A   459a4 τι om. F

Τί δὲ ἵππων οἴει, ἦν δ' ἐγώ, καὶ τῶν ἄλλων ζώων; ἢ ἄλλη
πῃ ἔχειν;

Ἄτοπον μεντἄν, ἦ δ' ὅς, εἴη.

10 Βαβαῖ, ἦν δ' ἐγώ, ὦ φίλε ἑταῖρε, ὡς ἄρα σφόδρα ἡμῖν δεῖ
ἄκρων εἶναι τῶν ἀρχόντων, εἴπερ καὶ περὶ τὸ τῶν ἀνθρώπων
c γένος ὡσαύτως ἔχει.

Ἀλλὰ μὲν δὴ ἔχει, ἔφη· ἀλλὰ τί δή;

Ὅτι ἀνάγκη αὐτοῖς, ἦν δ' ἐγώ, φαρμάκοις πολλοῖς
χρῆσθαι. ἰατρὸν δέ που μὴ δεομένοις μὲν σώμασι φαρμάκων,
5 ἀλλὰ διαίτῃ ἐθελόντων ὑπακούειν, καὶ φαυλότερον ἐξαρκεῖν
ἡγούμεθα εἶναι· ὅταν δὲ δὴ καὶ φαρμακεύειν δέῃ, ἴσμεν ὅτι
ἀνδρειοτέρου δεῖ τοῦ ἰατροῦ.

Ἀληθῆ· ἀλλὰ πρὸς τί λέγεις;

Πρὸς τόδε, ἦν δ' ἐγώ· συχνῷ τῷ ψεύδει καὶ τῇ ἀπάτῃ
d κινδυνεύει ἡμῖν δεήσειν χρῆσθαι τοὺς ἄρχοντας ἐπ' ὠφελίᾳ
τῶν ἀρχομένων. ἔφαμεν δέ που ἐν φαρμάκου εἴδει πάντα τὰ
τοιαῦτα χρήσιμα εἶναι.

Καὶ ὀρθῶς γε, ἔφη.

5 Ἐν τοῖς γάμοις τοίνυν καὶ παιδοποιίαις ἔοικεν τὸ ὀρθὸν
τοῦτο γίγνεσθαι οὐκ ἐλάχιστον.

Πῶς δή;

Δεῖ μέν, εἶπον, ἐκ τῶν ὡμολογημένων τοὺς ἀρίστους ταῖς
ἀρίσταις συγγίγνεσθαι ὡς πλειστάκις, τοὺς δὲ φαυλοτάτους
10 ταῖς φαυλοτάταις τοὐναντίον· καὶ τῶν μὲν τὰ ἔκγονα τρέφειν,
e τῶν δὲ μή, εἰ μέλλει τὸ ποίμνιον ὅτι ἀκρότατον εἶναι· καὶ
ταῦτα πάντα γιγνόμενα λανθάνειν πλὴν αὐτοὺς τοὺς ἄρχον-
τας, εἰ αὖ ἡ ἀγέλη τῶν φυλάκων ὅτι μάλιστα ἀστασίαστος
ἔσται.

5 Ὀρθότατα, ἔφη.

Οὐκοῦν δὴ ἑορταί τινες νομοθετητέαι, ἐν αἷς συνάξομεν τάς
τε νύμφας καὶ τοὺς νυμφίους, καὶ θυσίαι, καὶ ὕμνοι ποιητέοι
460 τοῖς ἡμετέροις ποιηταῖς πρέποντες τοῖς γιγνομένοις γάμοις·
τὸ δὲ πλῆθος τῶν γάμων ἐπὶ τοῖς ἄρχουσι ποιήσομεν, ἵν' ὡς

b11 εἶναι del. Laur.80.19pc   c5 φαυλοτέρων F   c6 εἶναι del.
H. Stephanus   d10 ταῖς φαυλοτάταις om. Philop.

μάλιστα διασῴζωσι τὸν αὐτὸν ἀριθμὸν τῶν ἀνδρῶν, πρὸς
πολέμους τε καὶ νόσους καὶ πάντα τὰ τοιαῦτα ἀποσκοποῦν-
τες, καὶ μήτε μεγάλη ἡμῖν ἡ πόλις κατὰ τὸ δυνατὸν μήτε 5
σμικρὰ γίγνηται.

Ὀρθῶς, ἔφη.

Κλῆροι δή τινες, οἶμαι, ποιητέοι κομψοί, ὥστε τὸν φαῦλον
ἐκεῖνον αἰτιᾶσθαι ἐφ' ἑκάστης συνέρξεως τύχην ἀλλὰ μὴ τοὺς
ἄρχοντας. 10

Καὶ μάλα, ἔφη.

Καὶ τοῖς ἀγαθοῖς γέ που τῶν νέων ἐν πολέμῳ ἢ ἄλλοθί που b
γέρα δοτέον καὶ ἆθλα, ἄλλα τε καὶ ἀφθονεστέρα ἡ ἐξουσία τῆς
τῶν γυναικῶν συγκοιμήσεως, ἵνα καὶ ἅμα μετὰ προφάσεως
ὡς πλεῖστοι τῶν παίδων ἐκ τῶν τοιούτων σπείρωνται.

Ὀρθῶς. 5

Οὐκοῦν καὶ τὰ ἀεὶ γιγνόμενα ἔκγονα παραλαμβάνουσαι αἱ
ἐπὶ τούτων ἐφεστηκυῖαι ἀρχαὶ εἴτε ἀνδρῶν εἴτε γυναικῶν εἴτε
ἀμφότερα; κοιναὶ γάρ που καὶ ἀρχαὶ γυναιξί τε καὶ ἀνδράσιν.

Ναί.

Τὰ μὲν δὴ τῶν ἀγαθῶν, δοκῶ, λαβοῦσαι εἰς τὸν σηκὸν c
οἴσουσιν παρά τινας τροφοὺς χωρὶς οἰκούσας ἔν τινι μέρει τῆς
πόλεως· τὰ δὲ τῶν χειρόνων, καὶ ἐάν τι τῶν ἑτέρων ἀνάπηρον
γίγνηται, ἐν ἀπορρήτῳ τε καὶ ἀδήλῳ κατακρύψουσιν ὡς
πρέπει. 5

Εἴπερ μέλλοι, ἔφη, καθαρὸν τὸ γένος τῶν φυλάκων
ἔσεσθαι.

Οὐκοῦν καὶ τροφῆς οὗτοι ἐπιμελήσονται τάς τε μητέρας
ἐπὶ τὸν σηκὸν ἄγοντες ὅταν σπαργῶσι, πᾶσαν μηχανὴν
μηχανώμενοι ὅπως μηδεμία τὸ αὑτῆς αἰσθήσεται, καὶ d
ἄλλας γάλα ἐχούσας ἐκπορίζοντες, ἐὰν μὴ αὐταὶ ἱκαναὶ
ὦσι, καὶ αὐτῶν τούτων ἐπιμελήσονται ὅπως μέτριον χρόνον

460a4 τε om. D   b1 γέ A prD F: δέ Dpc   b8 ἀμφοτέρων prF
γάρ DF: μὲν γάρ A   c4 γένηται Philop.   c6 μέλλει Philop.
c9 σπαργῶσι Apc DF Phot.: σπαραγῶσι fortasse prA et interpretari
videtur Schol.   d2 γάλα om. D

θηλάσονται, ἀγρυπνίας δὲ καὶ τὸν ἄλλον πόνον τίτθαις τε καὶ
5 τροφοῖς παραδώσουσιν;
  Πολλὴν ῥᾳστώνην, ἔφη, λέγεις τῆς παιδοποιίας ταῖς τῶν
φυλάκων γυναιξίν.
  Πρέπει γάρ, ἦν δ᾽ ἐγώ. τὸ δ᾽ ἐφεξῆς διέλθωμεν ὃ
προυθέμεθα. ἔφαμεν γὰρ δὴ ἐξ ἀκμαζόντων δεῖν τὰ ἔκγονα
10 γίγνεσθαι.
  Ἀληθῆ.
e Ἆρ᾽ οὖν σοι συνδοκεῖ μέτριος χρόνος ἀκμῆς τὰ εἴκοσι ἔτη
γυναικί, ἀνδρὶ δὲ τὰ τριάκοντα;
  Τὰ ποῖα αὐτῶν; ἔφη.
  Γυναικὶ μέν, ἦν δ᾽ ἐγώ, ἀρξαμένη ἀπὸ εἰκοσέτιδος μέχρι
5 τετταρακοντούτιδος τίκτειν τῇ πόλει· ἀνδρὶ δ᾽, ἐπειδὰν τὴν
ὀξυτάτην δ ρ ό μ ο υ ἀ κ μ ὴ ν παρῇ, τὸ ἀπὸ τούτου γεννᾶν τῇ
πόλει μέχρι πεντεκαιπεντηκοντέτους.
461 Ἀμφοτέρων γοῦν, ἔφη, αὕτη ἀκμὴ σώματός τε καὶ
φρονήσεως.
  Οὐκοῦν ἐάντε πρεσβύτερος τούτων ἐάντε νεώτερος τῶν εἰς
τὸ κοινὸν γεννήσεων ἅψηται, οὔτε ὅσιον οὔτε δίκαιον φήσο-
5 μεν τὸ ἁμάρτημα, ὡς παῖδα φιτύοντος τῇ πόλει, ὅς, ἂν λάθῃ,
γεννήσεται οὐχ ὑπὸ θυσιῶν οὐδ᾽ ὑπὸ εὐχῶν φύς, ἃς ἐφ᾽
ἑκάστοις τοῖς γάμοις εὔξονται καὶ ἱέρειαι καὶ ἱερῆς καὶ
σύμπασα ἡ πόλις ἐξ ἀγαθῶν ἀμείνους καὶ ἐξ ὠφελίμων
ὠφελιμωτέρους ἀεὶ τοὺς ἐκγόνους γίγνεσθαι, ἀλλ᾽ ὑπὸ σκότου
b μετὰ δεινῆς ἀκρατείας γεγονώς.
  Ὀρθῶς, ἔφη.
  Ὁ αὐτὸς δέ γ᾽, εἶπον, νόμος, ἐάν τις τῶν ἔτι γεννώντων μὴ
συνέρξαντος ἄρχοντος ἅπτηται τῶν ἐν ἡλικίᾳ γυναικῶν·

---

d4 θηλάσονται fortasse prA: θηλάσωνται AD (F deficit): formam
activam testatur Antiatt.   τε AD: γε F   d6 ταῖς AD: τῆς F
d9 προυθέμεθα F Stob.: προθυμούμεθα A: προμηθούμεθα D   e4 μὲν
ADF Stob.: om. Euseb.   e5 τετταρακονταέτιδος ADF Euseb. Stob.:
inter viginti et triginta Averroes   e6 verba δρόμου ἀκμήν e poeta
ignoto petita   461a4 φήσομεν ADF: θήσομεν Asl   a5 φιτύοντος
AD Schol.: φύνοντος F, ex v.l. φύοντος nimirum ortum   a6 φὺς ἃς
Scor.y.1.13: φύσας ἃς Apc: φύσας prA DF   ἐφ᾽ DF prA et Αγρ: om. Apc

νόθον γὰρ καὶ ἀνέγγυον καὶ ἀνίερον θήσομεν αὐτὸν παῖδα τῇ 5
πόλει καθιστάναι.

Ὀρθότατα, ἔφη.

Ὅταν δὲ δή, οἶμαι, αἵ τε γυναῖκες καὶ οἱ ἄνδρες τοῦ γεννᾶν
ἐκβῶσι τὴν ἡλικίαν, ἀφήσομέν που ἐλευθέρους αὐτοὺς συγ-
γίγνεσθαι ᾧ ἂν ἐθέλωσι, πλὴν θυγατρὶ καὶ μητρὶ καὶ ταῖς τῶν 10
θυγατέρων παισὶ καὶ ταῖς ἄνω μητρός, καὶ γυναῖκας αὖ πλὴν c
ὑεῖ καὶ πατρὶ καὶ τοῖς τούτων εἰς τὸ κάτω καὶ ἐπὶ τὸ ἄνω, καὶ
ταῦτά γ᾽ ἤδη πάντα διακελευσάμενοι προθυμεῖσθαι μάλιστα
μὲν μηδ᾽ εἰς φῶς ἐκφέρειν κύημα μηδὲ ἕν, ἐὰν γένηται, ἐὰν δέ
τι βιάσηται, οὕτω τιθέναι, ὡς οὐκ οὔσης τροφῆς τῷ τοιούτῳ. 5

Καὶ ταῦτα μέν γ᾽, ἔφη, μετρίως λέγεται· πατέρας δὲ καὶ
θυγατέρας καὶ ἃ νυνδὴ ἔλεγες πῶς διαγνώσονται ἀλλήλων;

Οὐδαμῶς, ἦν δ᾽ ἐγώ· ἀλλ᾽ ἀφ᾽ ἧς ἂν ἡμέρας τις αὐτῶν d
νυμφίος γένηται, μετ᾽ ἐκείνην δεκάτῳ μηνὶ καὶ ἑβδόμῳ δὴ ἃ
ἂν γένηται ἔκγονα, ταῦτα πάντα προσερεῖ τὰ μὲν ἄρρενα ὑεῖς,
τὰ δὲ θήλεα θυγατέρας, καὶ ἐκεῖνα ἐκεῖνον πατέρα, καὶ οὕτω
δὴ τὰ τούτων ἔκγονα παίδων παῖδας, καὶ ἐκεῖνα αὖ ἐκείνους 5
πάππους τε καὶ τηθάς, τὰ δ᾽ ἐν ἐκείνῳ τῷ χρόνῳ γεγονότα, ἐν
ᾧ αἱ μητέρες καὶ οἱ πατέρες αὐτῶν ἐγέννων, ἀδελφάς τε καὶ
ἀδελφούς, ὥστε, ὃ νυνδὴ ἐλέγομεν, ἀλλήλων μὴ ἅπτεσθαι; e
ἀδελφοὺς δὲ καὶ ἀδελφὰς δώσει ὁ νόμος συνοικεῖν, ἐὰν ὁ
κλῆρος ταύτῃ συμπίπτῃ καὶ ἡ Πυθία προσαναιρῇ.

Ὀρθότατα, ἦ δ᾽ ὅς.

Ἡ μὲν δὴ κοινωνία, ὦ Γλαύκων, αὕτη τε καὶ τοιαύτη 5
γυναικῶν τε καὶ παίδων τοῖς φύλαξί σοι τῆς πόλεως· ὡς δὲ

b5 φήσομεν A   b8 δὴ ADF Euseb.: ἤδη Philop.   b9 ἀφήσομέν
Euseb. Philop.: φήσομέν ADF   b10 ᾧ ADF Euseb.: ἧι Philop.
c1 γυναῖκας AD: τὰς γυναῖκας F Philop.   αὖ AD Philop.: om. F
c2 τοῖς F Philop.: ταῖς AD   τούτων AF Philop.: τῶν τοιούτων D
c3 προθυμεῖσθαι ADF Euseb.: διαπροθυμεῖσθαι Philop. bis   c4 μηδ᾽
ADF Philop.: μὴ Euseb.   μηδὲ ἕν Cobet: μηδέ γ᾽ ἓν A, ἕ γ᾽ punctis deleta:
μηδὲν DF Euseb. Philop.   c5 τι ADF Philop.: τις Euseb.   d5 δὴ
om. F   ἐκεῖνα Vind.89 Bon.3630 Scor.γ.1.13: ἐκείνου ADF
e3 προσαναιρῆι Apc: προσαναιρεῖ prA DF   e6 ὡς δὲ Apcsl: ὧδε prA
DF Stob.

ἑπομένη τε τῇ ἄλλῃ πολιτείᾳ καὶ μακρῷ βελτίστῃ, δεῖ δὴ τὸ
μετὰ τοῦτο βεβαιώσασθαι παρὰ τοῦ λόγου. ἢ πῶς ποιῶμεν;
462 Οὕτω νὴ Δία, ἦ δ' ὅς.

Ἆρ' οὖν οὐχ ἥδε ἀρχὴ τῆς ὁμολογίας, ἐρέσθαι ἡμᾶς αὐτοὺς
τί ποτε τὸ μέγιστον ἀγαθὸν ἔχομεν εἰπεῖν εἰς πόλεως
κατασκευήν, οὗ δεῖ στοχαζόμενον τὸν νομοθέτην τιθέναι
5 τοὺς νόμους, καὶ τί μέγιστον κακόν, εἶτα ἐπισκέψασθαι ἆρα
ἃ νυνδὴ διήλθομεν εἰς μὲν τὸ τοῦ ἀγαθοῦ ἴχνος ἡμῖν ἁρμόττει,
τῷ δὲ τοῦ κακοῦ ἀναρμοστεῖ;
Πάντων μάλιστα, ἔφη.

Ἔχομεν οὖν τι μεῖζον κακὸν πόλει ἢ ἐκεῖνο ὃ ἂν αὐτὴν
b διασπᾷ καὶ ποιῇ πολλὰς ἀντὶ μιᾶς; ἢ μεῖζον ἀγαθὸν τοῦ ὃ ἂν
συνδῇ τε καὶ ποιῇ μίαν;
Οὐκ ἔχομεν.

Οὐκοῦν ἡ μὲν ἡδονῆς τε καὶ λύπης κοινωνία συνδεῖ, ὅταν
5 ὅτι μάλιστα πάντες οἱ πολῖται τῶν αὐτῶν γιγνομένων τε καὶ
ἀπολλυμένων παραπλησίως χαίρωσι καὶ λυπῶνται;
Παντάπασι μὲν οὖν, ἔφη.

Ἡ δέ γε τῶν τοιούτων ἰδίωσις διαλύει, ὅταν οἱ μὲν
περιαλγεῖς, οἱ δὲ περιχαρεῖς γίγνωνται ἐπὶ τοῖς αὐτοῖς
10 παθήμασι τῆς πόλεώς τε καὶ τῶν ἐν τῇ πόλει;
c Τί δ' οὔ;

Ἆρ' οὖν ἐκ τοῦδε τὸ τοιόνδε γίγνεται, ὅταν μὴ ἅμα
φθέγγωνται ἐν τῇ πόλει τὰ τοιάδε ῥήματα, τό τε ἐμὸν καὶ
τὸ οὐκ ἐμόν; καὶ περὶ τοῦ ἀλλοτρίου κατὰ ταὐτά;
5 Κομιδῇ μὲν οὖν.

Ἐν ᾗτινι δὴ πόλει πλεῖστοι ἐπὶ τὸ αὐτὸ κατὰ ταὐτὰ τοῦτο
λέγουσι τὸ ἐμὸν καὶ τὸ οὐκ ἐμόν, αὕτη ἄριστα διοικεῖται;
Πολύ γε.

e8 ποιῶμεν AD Fpc Stob.: ποιοῦμεν prF   462a1 ἦ δ' ὅς AD Stob.:
om. F   a2 αὐτοὺς om. Stob.   a6 νῦν δὴ ADF: νῦν δὴ Stob.
a7 τῶι AD: τὸ F Stob.   a9 ἂν om. Par.1642   b1 ποιῇ a
Vind.89 Bon.3630: ποιεῖ ADF Stob.   ἂν ADF: δὴ Stob.   b2 ξυδῇ
[sic] F: ξυνδεῖ AD Stob.   ποιῇ a Vind.89 Bon.3630: ποιεῖ ADF Stob.
b10 τῆς AD Stob.: τοῖς F   c6 ἐπὶ ADF Iambl.: σοι Stob.   τὸ αὐτὸ
ADF Iambl. Stob.: ταὐτῶι Wyttenbach: τοῦ αὐτοῦ Küster

Καὶ ἥτις δὴ ἐγγύτατα ἑνὸς ἀνθρώπου ἔχει; οἷον ὅταν που
ἡμῶν δάκτυλός του πληγῇ, πᾶσα ἡ κοινωνία ἡ κατὰ τὸ σῶμα   10
πρὸς τὴν ψυχὴν τεταμένη εἰς μίαν σύνταξιν τὴν τοῦ ἄρχοντος
ἐν αὐτῇ ᾔσθετό τε καὶ πᾶσα ἅμα συνήλγησεν μέρους   d
πονήσαντος ὅλη, καὶ οὕτω δὴ λέγομεν ὅτι ὁ ἄνθρωπος τὸν
δάκτυλον ἀλγεῖ· καὶ περὶ ἄλλου ὁτουοῦν τῶν τοῦ ἀνθρώπου ὁ
αὐτὸς λόγος, περί τε λύπης πονοῦντος μέρους καὶ περὶ ἡδονῆς
ῥαΐζοντος;   5

Ὁ αὐτὸς γάρ, ἔφη· καὶ τοῦτο ὃ ἐρωτᾷς, τοῦ τοιούτου
ἐγγύτατα ἡ ἄριστα πολιτευομένη πόλις οἰκεῖ.

Ἑνὸς δή, οἶμαι, πάσχοντος τῶν πολιτῶν ὁτιοῦν ἢ ἀγαθὸν ἢ
κακὸν ἡ τοιαύτη πόλις μάλιστά τε φήσει ἑαυτῆς εἶναι τὸ   e
πάσχον, καὶ ἢ συνησθήσεται ἅπασα ἢ συλλυπήσεται.

Ἀνάγκη, ἔφη, τήν γε εὔνομον.

Ὥρα ἂν εἴη, ἦν δ᾽ ἐγώ, ἐπανιέναι ἡμῖν ἐπὶ τὴν ἡμετέραν
πόλιν, καὶ τὰ τοῦ λόγου ὁμολογήματα σκοπεῖν ἐν αὐτῇ, εἰ   5
αὐτὴ μάλιστ᾽ ἔχει εἴτε καὶ ἄλλη τις μᾶλλον.

Οὔκουν χρή; ἔφη.

Τί οὖν; ἔστι μέν που καὶ ἐν ταῖς ἄλλαις πόλεσιν ἄρχοντές τε   463
καὶ δῆμος, ἔστι δὲ καὶ ἐν ταύτῃ;

Ἔστι.

Πολίτας μὲν δὴ πάντες οὗτοι ἀλλήλους προσεροῦσι;

Πῶς δ᾽ οὔ;   5

Ἀλλὰ πρὸς τῷ πολίτας τί ὁ ἐν ταῖς ἄλλαις δῆμος τοὺς
ἄρχοντας προσαγορεύει;

Ἐν μὲν ταῖς πολλαῖς δεσπότας, ἐν δὲ ταῖς δημοκρατουμέ-
ναις αὐτὸ [τοὔνομα] τοῦτο, ἄρχοντας.

Τί δ᾽ ὁ ἐν τῇ ἡμετέρᾳ δῆμος; πρὸς τῷ πολίτας τί τοὺς   10
ἄρχοντάς φησιν εἶναι;

Σωτῆράς τε καὶ ἐπικούρους, ἔφη.

Τί δ᾽ οὗτοι τὸν δῆμον;   b

c9 ἐγγύτατα ADF Stob.: ἐγγυτάτω Iambl.   d4 αὐτὸς AD Stob.:
αὐτός τε F   463a2 ταύτῃ F Stob.: αὐτῆι AD   a6 τῶι A Dpc F
Stob.: τὸ prD   a9 αὐτὸ τοῦτο Burnet: αὐτὸ τοὔνομα τοῦτο AD: αὐτὸ
τοῦτο τοὺς F: αὐτὸ τοῦτο τοὔνομα Stob.

Μισθοδότας τε καὶ τροφέας.

Οἱ δ᾽ ἐν ταῖς ἄλλαις ἄρχοντες τοὺς δήμους;

Δούλους, ἔφη.

5 Τί δ᾽ οἱ ἄρχοντες ἀλλήλους;

Συνάρχοντας, ἔφη.

Τί δ᾽ οἱ ἡμέτεροι;

Συμφύλακας.

Ἔχεις οὖν εἰπεῖν τῶν ἀρχόντων τῶν ἐν ταῖς ἄλλαις πόλε-
10 σιν, εἴ τίς τινα ἔχει προσειπεῖν τῶν συναρχόντων τὸν μὲν ὡς
οἰκεῖον, τὸν δ᾽ ὡς ἀλλότριον;

Καὶ πολλούς γε.

Οὐκοῦν τὸν μὲν οἰκεῖον ὡς ἑαυτοῦ νομίζει τε καὶ λέγει, τὸν
δ᾽ ἀλλότριον ὡς οὐχ ἑαυτοῦ;

15 Οὕτω.

c Τί δὲ οἱ παρὰ σοὶ φύλακες; ἔσθ᾽ ὅστις αὐτῶν ἔχοι ἂν τῶν
συμφυλάκων νομίσαι τινὰ ἢ προσειπεῖν ὡς ἀλλότριον;

Οὐδαμῶς, ἔφη· παντὶ γὰρ ᾧ ἂν ἐντυγχάνῃ, ἢ ὡς ἀδελφῷ ἢ
ὡς ἀδελφῇ ἢ ὡς πατρὶ ἢ ὡς μητρὶ ἢ υἱεῖ ἢ θυγατρὶ ἢ τούτων
5 ἐκγόνοις ἢ προγόνοις νομιεῖ ἐντυγχάνειν.

Κάλλιστα, ἦν δ᾽ ἐγώ, λέγεις, ἀλλ᾽ ἔτι καὶ τόδε εἰπέ·
πότερον αὐτοῖς τὰ ὀνόματα μόνον οἰκεῖα νομοθετήσεις, ἢ
d καὶ τὰς πράξεις πάσας κατὰ τὰ ὀνόματα πράττειν, περί τε
τοὺς πατέρας, ὅσα νόμος περὶ πατέρας αἰδοῦς τε πέρι καὶ
κηδεμονίας καὶ τοῦ ὑπήκοον δεῖν εἶναι τῶν γονέων, ἢ μήτε
πρὸς θεῶν μήτε πρὸς ἀνθρώπων αὐτῷ ἄμεινον ἔσεσθαι, ὡς
5 οὔτε ὅσια οὔτε δίκαια πράττοντος ἄν, εἰ ἄλλα πράττοι ἢ
ταῦτα; αὗταί σοι ἢ ἄλλαι φῆμαι ἐξ ἁπάντων τῶν πολιτῶν
ὑμνήσουσιν εὐθὺς περὶ τὰ τῶν παίδων ὦτα καὶ περὶ πατέρων,
e οὓς ἂν αὐτοῖς τις ἀποφήνῃ, καὶ περὶ τῶν ἄλλων συγγενῶν;

b9 τῶν ἐν F: ***** ἐν A: ἐν D Stob.   b13 οἰκεῖον ὡς ἑαυτοῦ AD
Stob.: ὡς οἰκεῖον ἑαυτοῦ F   c3 ἐντυγχάνῃ F Stob.: ἐντυγχάνηι τις AD
c4 ὡς μητρὶ A Stob.: μητρὶ DF   υἱεῖ ADF: ὡς υἱεῖ Stob.   d2 νόμος
AD Stob.: ὁ νόμος F   περὶ πατέρα Stob.   d3 τοῦ A, υ puncto
deletum, Stob.: τὸ DF   d5 οὔτε δίκαια οὔτε ὅσια Stob.   πράττοντος
AD Stob.: πράττοντας F   d6 αὗταί AD Stob.: ἢ αὐτὴ F

Αὗται, ἔφη· γελοῖον γὰρ ἂν εἴη εἰ ἄνευ ἔργων οἰκεῖα
ὀνόματα διὰ τῶν στομάτων μόνον φθέγγοιντο.

Πασῶν ἄρα πόλεων μάλιστα ἐν αὐτῇ συμφωνήσουσιν ἑνός
τινος ἢ εὖ ἢ κακῶς πράττοντος ὃ νυνδὴ ἐλέγομεν τὸ ῥῆμα, τὸ 5
ὅτι τὸ ἐμὸν εὖ πράττει ἢ ὅτι τὸ ἐμὸν κακῶς.

Ἀληθέστατα, ἦ δ' ὅς.

Οὐκοῦν μετὰ τούτου τοῦ δόγματός τε καὶ ῥήματος ἔφαμεν 464
συνακολουθεῖν τάς τε ἡδονὰς καὶ τὰς λύπας κοινῇ;

Καὶ ὀρθῶς γε ἔφαμεν.

Οὐκοῦν μάλιστα τοῦ αὐτοῦ κοινωνήσουσιν ἡμῖν οἱ πολῖται,
ὃ δὴ ἐμὸν ὀνομάσουσιν; τούτου δὲ κοινωνοῦντες οὕτω δὴ 5
λύπης τε καὶ ἡδονῆς μάλιστα κοινωνίαν ἕξουσιν;

Πολύ γε.

Ἆρ' οὖν τούτων αἰτία πρὸς τῇ ἄλλῃ καταστάσει ἡ τῶν
γυναικῶν τε καὶ παίδων κοινωνία τοῖς φύλαξιν;

Πολὺ μὲν οὖν μάλιστα, ἔφη.   10

Ἀλλὰ μὴν μέγιστόν γε πόλει αὐτὸ ὡμολογήσαμεν ἀγαθόν, b
ἀπεικάζοντες εὖ οἰκουμένην πόλιν σώματι πρὸς μέρος αὐτοῦ
λύπης τε πέρι καὶ ἡδονῆς ὡς ἔχει.

Καὶ ὀρθῶς γ', ἔφη, ὡμολογήσαμεν.

Τοῦ μεγίστου ἄρα ἀγαθοῦ τῇ πόλει αἰτία ἡμῖν πέφανται ἡ 5
κοινωνία τοῖς ἐπικούροις τῶν τε παίδων καὶ τῶν γυναικῶν.

Καὶ μάλ', ἔφη.

Καὶ μὲν δὴ καὶ τοῖς πρόσθεν γε ὁμολογοῦμεν· ἔφαμεν γάρ
που οὔτε οἰκίας τούτοις ἰδίας δεῖν εἶναι οὔτε γῆν οὔτε τι
κτῆμα, ἀλλὰ παρὰ τῶν ἄλλων τροφὴν λαμβάνοντας, μισθὸν c
τῆς φυλακῆς, κοινῇ πάντας ἀναλίσκειν, εἰ μέλλοιεν ὄντως
φύλακες εἶναι.

e2–3 οἰκεῖα ὀνόματα AD: ὀνόματα οἰκεῖα F Stob.   e5–6 τὸ ὅτι ADF:
ὅτι Stob.   e7 ἀληθέστατα AD: ἀληθέστατα ἂν F: ἀληθέστατα αὖ Stob.
464a1 τούτου τοῦ δόγματός τε ADF Stob.: τοῦ δόγματος τούτου Philop.
a2 τὰς λύπας ADF Philop.: λύπας Stob.   a4 ἡμῖν οἱ πολῖται AD: οἱ
πολῖται ἡμῖν F Stob.   a8 ἡ AD Stob.: om. F   a9 τε AD Stob.:
om. F   a10 πολὺ ADF: πάνυ Stob.   b1 γε AF Stob.: τε D
b8 ὁμολογοῦμεν F Stob.(SM): ὡμολογοῦμεν AD Stob.(A)   b9 τι AD:
om. F Stob.

Ὀρθῶς, ἔφη.

5 Ἆρ' οὖν οὐχ, ὅπερ λέγω, τά τε πρόσθεν εἰρημένα καὶ τὰ νῦν λεγόμενα ἔτι μᾶλλον ἀπεργάζεται αὐτοὺς ἀληθινοὺς φύλακας, καὶ ποιεῖ μὴ διασπᾶν τὴν πόλιν τὸ ἐμὸν ὀνομάζοντας μὴ τὸ αὐτὸ ἀλλ' ἄλλον ἄλλο, τὸν μὲν εἰς τὴν ἑαυτοῦ οἰκίαν ἕλκοντα ὅτι ἂν δύνηται χωρὶς τῶν ἄλλων κτήσασθαι, τὸν δὲ εἰς τὴν
d ἑαυτοῦ ἑτέραν οὖσαν, καὶ γυναῖκά τε καὶ παῖδας ἑτέρους, ἡδονάς τε καὶ ἀλγηδόνας ἐμποιοῦντας ἰδίων ὄντων ἰδίας, ἀλλ' ἑνὶ δόγματι τοῦ οἰκείου πέρι ἐπὶ τὸ αὐτὸ τείνοντας πάντας εἰς τὸ δυνατὸν ὁμοπαθεῖς λύπης τε καὶ ἡδονῆς εἶναι;
5 *Κομιδῇ μὲν οὖν, ἔφη.*

Τί δέ; δίκαι τε καὶ ἐγκλήματα πρὸς ἀλλήλους οὐκ οἰχήσεται ἐξ αὐτῶν ὡς ἔπος εἰπεῖν διὰ τὸ μηδὲν ἴδιον ἐκτῆσθαι πλὴν τὸ σῶμα, τὰ δ' ἄλλα κοινά; ὅθεν δὴ ὑπάρχει
e τούτοις ἀστασιάστοις εἶναι, ὅσα γε διὰ χρημάτων ἢ παίδων καὶ συγγενῶν κτῆσιν ἄνθρωποι στασιάζουσιν.

Πολλὴ ἀνάγκη, ἔφη, ἀπηλλάχθαι.

Καὶ μὴν οὐδὲ βιαίων γε οὐδ' αἰκίας δίκαι δικαίως ἂν εἶεν ἐν
5 αὐτοῖς· ἥλιξι μὲν γὰρ ἥλικας ἀμύνεσθαι καλὸν καὶ δίκαιόν που φήσομεν, ἀνάγκην σωμάτων ἐπιμελείας τιθέντες.

Ὀρθῶς, ἔφη.

465 Καὶ γὰρ τόδε ὀρθὸν ἔχει, ἦν δ' ἐγώ, οὗτος ὁ νόμος· εἴ πού τίς τῳ θυμοῖτο, ἐν τῷ τοιούτῳ πληρῶν τὸν θυμὸν ἧττον ἐπὶ μείζους ἂν ἴοι στάσεις.

Πάνυ μὲν οὖν.

5 Πρεσβυτέρῳ μὴν νεωτέρων πάντων ἄρχειν τε καὶ κολάζειν προστετάξεται.

Δῆλον.

Καὶ μὴν ὅτι γε νεώτερος πρεσβύτερον, ἂν μὴ ἄρχοντες

d3 τοῦ ADF: οὐ τοῦ Stob.   d4 ὁμοιοπαθεῖς Stob.   d6 δίκαι AD
Stob.: δίκη F   e1 ἀστασιάστοις AD Stob.: ἀστασίαστον F   γε AD
Stob.: γε δὴ F   e2 καὶ AF: ἢ D Stob.   e3 ἀνάγκη ἔφη AD: ἔφη
ἀνάγκη F Stob.   e6 φήσομεν ADF: θήσομεν Stob.   ἀνάγκην AF Stob.:
ἀνάγκη D (fortasse dativus)   ἐπιμελείας Stob.: ἐπιμελείαι ADF
465a1 καὶ γὰρ καὶ Stob.   a5 πάντων ADF: πάντηι Asl Stob.
a8 πρεσβύτερον AD Stob.: πρεσβυτέρων F

προστάττωσιν, οὔτε ἄλλο βιάζεσθαι ἐπιχειρήσει ποτὲ οὔτε
τύπτειν, ὡς τὸ εἰκός, οἶμαι δ᾽ οὐδὲ ἄλλως ἀτιμάσει. ἱκανὼ   10
γὰρ τὼ φύλακε κωλύοντε, δέος τε καὶ αἰδώς, αἰδὼς μὲν ὡς   b
γονέων μὴ ἅπτεσθαι εἴργουσα, δέος δὲ τὸ τῷ πάσχοντι τοὺς
ἄλλους βοηθεῖν, τοὺς μὲν ὡς ὑεῖς, τοὺς δὲ ὡς ἀδελφούς, τοὺς
δὲ ὡς πατέρας.

Συμβαίνει γὰρ οὕτως, ἔφη.   5

Πανταχῇ δὴ ἐκ τῶν νόμων εἰρήνην πρὸς ἀλλήλους οἱ
ἄνδρες ἄξουσι;

Πολλήν γε.

Τούτων μὴν ἐν ἑαυτοῖς μὴ στασιαζόντων οὐδὲν δεινὸν μή
ποτε ἡ ἄλλη πόλις πρὸς τούτους ἢ πρὸς ἀλλήλους διχο-   10
στατήσῃ.

Οὐ γὰρ οὖν.

Τά γε μὴν σμικρότατα τῶν κακῶν δι᾽ ἀπρέπειαν ὀκνῶ καὶ   c
λέγειν, ὧν ἀπηλλαγμένοι ἂν εἶεν, κολακείας τε πλουσίων
πένητες ἀπορίας τε καὶ ἀλγηδόνας ὅσας ἐν παιδοτροφίᾳ καὶ
χρηματισμοῖς διὰ τροφὴν οἰκετῶν ἀναγκαίαν ἴσχουσι, τὰ μὲν
δανειζόμενοι, τὰ δ᾽ ἐξαρνούμενοι, τὰ δὲ πάντως πορισάμενοι   5
θέμενοι παρὰ γυναῖκάς τε καὶ οἰκέτας, ταμιεύειν παραδόντες,
ὅσα τε, ὦ φίλε, περὶ αὐτὰ καὶ οἷα πάσχουσι, δῆλά τε δὴ καὶ
ἀγεννῆ καὶ οὐκ ἄξια λέγειν.   d

Δῆλα γάρ, ἔφη, καὶ τυφλῷ.

Πάντων τε δὴ τούτων ἀπηλλάξονται, ζήσουσί τε τοῦ
μακαριστοῦ βίου ὃν οἱ ὀλυμπιονῖκαι ζῶσι μακαριώτερον.

Πῇ;   5

Διὰ σμικρόν που μέρος εὐδαιμονίζονται ἐκεῖνοι ὧν τούτοις

a10 ἄλλως F Stob.: ἄλλος AD   b1 φύλακε A Dpc F Stob.: φύλακες
prD: φυλακὰ Amg   κωλύοντε AD Stob.: κωλύοντες F   b2 τὸ ADF
Stob.: τοῦ Madvig   b7 ἄξουσι AD Stob.: ἕξουσι F   b10 τούτους
A Stob.: τούτοις DF   διχοστατήσηι Stob.: διχοστατήσει AD: ζυγοστατήσει
F   c3 ἀλγηδόνας ADF Stob.: ἀλγηδόνος Mon.237   παιδοτροφίαις AF
Stob.: παιδοτρόφω D   c7 δὴ A (fortasse pc): om. DF Stob.
d2 ἔφη AD Stob.: δὴ F   d3 ἀπηλλάξονται Cobet: ἀπαλλάξονται ADF
Stob.   d4 ὃν οἱ AD Stob.: οἷον F   d6 σμικρόν AD Stob.:
σμικρότερον F

ὑπάρχει. ἥ τε γὰρ τῶνδε νίκη καλλίων, ἥ τ' ἐκ τοῦ δημοσίου
τροφὴ τελεωτέρα. νίκην τε γὰρ νικῶσι συμπάσης τῆς πόλεως
σωτηρίαν, τροφῇ τε καὶ τοῖς ἄλλοις πᾶσιν ὅσων βίος δεῖται
e αὐτοί τε καὶ παῖδες ἀναδοῦνται, καὶ γέρα δέχονται παρὰ τῆς
αὐτῶν πόλεως ζῶντές τε καὶ τελευτήσαντες ταφῆς ἀξίας
μετέχουσι.

Καὶ μάλα, ἔφη, καλά.

5 Μέμνησαι οὖν, ἦν δ' ἐγώ, ὅτι ἐν τοῖς πρόσθεν οὐκ οἶδα ὅτου
466 λόγος ἡμῖν ἐπέπληξεν ὅτι τοὺς φύλακας οὐκ εὐδαίμονας
ποιοῦμεν, οἷς ἐξὸν πάντα ἔχειν τὰ τῶν πολιτῶν οὐδὲν ἔχοιεν;
ἡμεῖς δέ που εἴπομεν ὅτι τοῦτο μέν, εἴ που παραπίπτοι, εἰς
αὖθις σκεψόμεθα, νῦν δὲ τοὺς μὲν φύλακας φύλακας ποιοῦμεν,
5 τὴν δὲ πόλιν ὡς οἷοί τ' εἶμεν εὐδαιμονεστάτην, ἀλλ' οὐκ εἰς ἓν
ἔθνος ἀποβλέποντες ἐν αὐτῇ τοῦτο εὔδαιμον πλάττοιμεν.

Μέμνημαι, ἔφη.

Τί οὖν; νῦν ἡμῖν ὁ τῶν ἐπικούρων βίος, εἴπερ τοῦ γε τῶν
ὀλυμπιονικῶν πολύ τε καλλίων καὶ ἀμείνων φαίνεται, μή πη
b κατὰ τὸν τῶν σκυτοτόμων φαίνεται βίον ἤ τινων ἄλλων
δημιουργῶν ἢ τὸν τῶν γεωργῶν;

Οὔ μοι δοκεῖ, ἔφη.

Ἀλλὰ μέντοι, ὅ γε καὶ ἐκεῖ ἔλεγον, δίκαιον καὶ ἐνταῦθα
5 εἰπεῖν, ὅτι εἰ οὕτως ὁ φύλαξ ἐπιχειρήσει εὐδαίμων γίγνεσθαι,
ὥστε μηδὲ φύλαξ εἶναι, μηδ' ἀρκέσει αὐτῷ βίος οὕτω μέτριος
καὶ βέβαιος καὶ ὡς ἡμεῖς φαμεν ἄριστος, ἀλλ' ἀνόητός τε καὶ
μειρακιώδης δόξα ἐμπεσοῦσα εὐδαιμονίας πέρι ὁρμήσει
αὐτὸν διὰ δύναμιν ἐπὶ τὸ ἅπαντα τὰ ἐν τῇ πόλει οἰκειοῦσθαι,
c γνώσεται τὸν Ἡσίοδον ὅτι τῷ ὄντι ἦν σοφὸς λέγων π λ έ ο ν
εἶναί πως ἥ μ ι σ υ π α ν τ ό ς .

d8 γὰρ AF Stob.: om. D   ξυναπάσης Stob.   d9 σώτειραν Stob.
e2 ἀξίας A prF Stob.: ἄξια D: ἀξία Fpc   e4 καλά AD Stob.: πολλὰ F
466a2 ποιοῦμεν A: ποιοῖμεν DF   οἷς ADF: οἱ R. B. Hirschig
a4 σκεψοίμεθα F   ποιοῦμεν A: ποιοῖμεν DF   a8 εἴπερ AF: ὅπερ
D, ex v.l. ὅσπερ fortasse ortum   τοῦ AD: τοῦτο F   a9 τε AD: γε F:
del. J. L. V. Hartman   b4 ἐλέγομεν F   b7 ἔφαμεν D
c1–2 Hes. Op. 40

Ἐμοὶ μέν, ἔφη, συμβούλῳ χρώμενος μενεῖ ἐπὶ τούτῳ τῷ βίῳ.

Συγχωρεῖς ἄρα, ἦν δ᾽ ἐγώ, τὴν τῶν γυναικῶν κοινωνίαν 5
τοῖς ἀνδράσιν, ἣν διεληλύθαμεν, παιδείας τε πέρι καὶ παίδων
καὶ φυλακῆς τῶν ἄλλων πολιτῶν, κατά τε πόλιν μενούσας εἰς
πόλεμόν τε ἰούσας καὶ συμφυλάττειν δεῖν καὶ συνθηρεύειν
ὥσπερ κύνας, καὶ πάντα πάντῃ κατὰ τὸ δυνατὸν κοινωνεῖν,
καὶ ταῦτα πραττούσας τά τε βέλτιστα πράξειν καὶ οὐ παρὰ d
φύσιν τὴν τοῦ θήλεος πρὸς τὸ ἄρρεν, ᾗ πεφύκατον πρὸς
ἀλλήλω κοινωνεῖν;

Συγχωρῶ, ἔφη.

Οὐκοῦν, ἦν δ᾽ ἐγώ, ἐκεῖνο λοιπὸν διελέσθαι, εἰ ἄρα καὶ ἐν 5
ἀνθρώποις δυνατόν, ὥσπερ ἐν ἄλλοις ζῴοις, ταύτην τὴν
κοινωνίαν ἐγγενέσθαι, καὶ ὅπῃ δυνατόν;

Ἔφθης, ἔφη, εἰπὼν ᾗ ἔμελλον ὑπολήψεσθαι.

Περὶ μὲν γὰρ τῶν ἐν τῷ πολέμῳ οἶμαι, ἔφην, δῆλον ὃν e
τρόπον πολεμήσουσιν.

Πῶς; ἦ δ᾽ ὅς.

Ὅτι κοινῇ στρατεύσονται, καὶ πρός γε ἄξουσι τῶν παίδων
εἰς τὸν πόλεμον ὅσοι ἁδροί, ἵν᾽ ὥσπερ οἱ τῶν ἄλλων 5
δημιουργῶν θεῶνται ταῦτα ἃ τελεωθέντας δεήσει δημιουρ-
γεῖν· πρὸς δὲ τῇ θέᾳ διακονεῖν καὶ ὑπηρετεῖν πάντα τὰ περὶ 467
τὸν πόλεμον, καὶ θεραπεύειν πατέρας τε καὶ μητέρας. ἢ οὐκ
ᾔσθησαι τὰ περὶ τὰς τέχνας, οἷον τοὺς τῶν κεραμέων παῖδας,
ὡς πολὺν χρόνον διακονοῦντες θεωροῦσι πρὶν ἅπτεσθαι τοῦ
κεραμεύειν;   5

Καὶ μάλα.

Ἦ οὖν ἐκείνοις ἐπιμελέστερον παιδευτέον ἢ τοῖς φύλαξι
τοὺς αὑτῶν ἐμπειρίᾳ τε καὶ θέᾳ τῶν προσηκόντων;

Καταγέλαστον μεντἄν, ἔφη, εἴη.

Ἀλλὰ μὴν καὶ μάχεταί γε πᾶν ζῷον διαφερόντως παρόντων b
ὧν ἂν τέκῃ.

Ἔστιν οὕτω. κίνδυνος δέ, ὦ Σώκρατες, οὐ σμικρὸς

c3 μένει F   e5 οἵ om. F   467b1 καὶ om. Stob.   μάχεταί F
Stob.: μαχεῖταί AD

199

σφαλεῖσιν, οἷα δὴ ἐν πολέμῳ φιλεῖ, πρὸς ἑαυτοῖς παῖδας
5 ἀπολέσαντας ποιῆσαι καὶ τὴν ἄλλην πόλιν ἀδύνατον ἀναλα-
βεῖν.

Ἀληθῆ, ἦν δ᾽ ἐγώ, λέγεις. ἀλλὰ σὺ πρῶτον μὲν ἡγῇ
παρασκευαστέον τὸ μή ποτε κινδυνεῦσαι;

Οὐδαμῶς.

10 Τί δ᾽; εἴ που κινδυνευτέον, οὐκ ἐν ᾧ βελτίους ἔσονται
κατορθοῦντες;

Δῆλον δή.

c Ἀλλὰ σμικρὸν οἴει διαφέρειν καὶ οὐκ ἄξιον κινδύνου
θεωρεῖν ἢ μὴ τὰ περὶ τὸν πόλεμον παῖδας τοὺς ἄνδρας
πολεμικοὺς ἐσομένους;

Οὔκ, ἀλλὰ διαφέρει πρὸς ὃ λέγεις.

5 Τοῦτο μὲν ἄρα ὑπαρκτέον, θεωροὺς πολέμου τοὺς παῖδας
ποιεῖν, προσμηχανᾶσθαι δ᾽ αὐτοῖς ἀσφάλειαν, καὶ καλῶς ἕξει.
ἦ γάρ;

Ναί.

Οὐκοῦν, ἦν δ᾽ ἐγώ, πρῶτον μὲν αὐτῶν οἱ πατέρες, ὅσα
10 ἄνθρωποι, οὐκ ἀμαθεῖς ἔσονται ἀλλὰ γνωμονικοὶ τῶν στρα-
τειῶν ὅσαι τε καὶ μὴ ἐπικίνδυνοι;

Εἰκός, ἔφη.

d Εἰς μὲν ἄρα τὰς ἄξουσιν, εἰς δὲ τὰς εὐλαβήσονται.

Ὀρθῶς.

Καὶ ἄρχοντάς γέ που, ἦν δ᾽ ἐγώ, οὐ τοὺς φαυλοτάτους
αὐτοῖς ἐπιστήσουσιν ἀλλὰ τοὺς ἐμπειρίᾳ τε καὶ ἡλικίᾳ
5 ἱκανοὺς ἡγεμόνας τε καὶ παιδαγωγοὺς εἶναι.

Πρέπει γάρ.

Ἀλλὰ γάρ, φήσομεν, καὶ παρὰ δόξαν πολλὰ πολλοῖς δὴ
ἐγένετο.

Καὶ μάλα.

10 Πρὸς τοίνυν τὰ τοιαῦτα, ὦ φίλε, πτεροῦν χρὴ παιδία ὄντα
εὐθύς, ἵν᾽, ἄν τι δέῃ, πετόμενοι ἀποφεύγωσιν.

Πῶς λέγεις; ἔφη.

c1 καὶ om. D   c10 στρατιῶν F   d7 παρὰ δόξαν AF:
παραδόξων D

Ἐπὶ τοὺς ἵππους, ἦν δ' ἐγώ, ἀναβιβαστέον ὡς νεωτάτους, e
καὶ διδαξαμένους ἱππεύειν ἐφ' ἵππων ἀκτέον ἐπὶ τὴν θέαν, μὴ
θυμοειδῶν μηδὲ μαχητικῶν, ἀλλ' ὅτι ποδωκεστάτων καὶ
εὐηνιωτάτων. οὕτω γὰρ κάλλιστά τε θεάσονται τὸ αὑτῶν
ἔργον, καὶ ἀσφαλέστατα, ἄν τι δέῃ, σωθήσονται μετὰ 5
πρεσβυτέρων ἡγεμόνων ἑπόμενοι.

Ὀρθῶς, ἔφη, μοι δοκεῖς λέγειν.   468

Τί δὲ δή, εἶπον, τὰ περὶ τὸν πόλεμον; πῶς ἑκτέον σοι τοὺς
στρατιώτας πρὸς αὑτούς τε καὶ τοὺς πολεμίους; ἆρα ὀρθῶς
μοι καταφαίνεται ἢ οὔ;

Λέγ', ἔφη, ποῖα.   5

Αὐτῶν μέν, εἶπον, τὸν λιπόντα τάξιν ἢ ὅπλα ἀποβαλόντα ἤ
τι τῶν τοιούτων ποιήσαντα διὰ κάκην ἆρα οὐ δημιουργόν τινα
δεῖ καθιστάναι ἢ γεωργόν;

Πάνυ μὲν οὖν.

Τὸν δὲ ζῶντα εἰς τοὺς πολεμίους ἁλόντα ἆρ' οὐ δωρεὰν 10
διδόναι τοῖς ἑλοῦσι χρῆσθαι τῇ ἄγρᾳ ὅτι ἂν βούλωνται;   b

Κομιδῇ γε.

Τὸν δὲ ἀριστεύσαντά τε καὶ εὐδοκιμήσαντα οὐ πρῶτον μὲν
ἐπὶ στρατιᾶς ὑπὸ τῶν συστρατευομένων μειρακίων τε καὶ
παίδων ἐν μέρει ὑπὸ ἑκάστου δοκεῖ σοι χρῆναι στεφανωθῆναι; 5
ἢ οὔ;

Ἔμοιγε.

Τί δέ; δεξιωθῆναι;

Καὶ τοῦτο.

Ἀλλὰ τόδ' οἶμαι, ἦν δ' ἐγώ, οὐκέτι σοι δοκεῖ.   10

Τὸ ποῖον;

Τὸ φιλῆσαί τε καὶ φιληθῆναι ὑπὸ ἑκάστου.

Πάντων, ἔφη, μάλιστα· καὶ προστίθημί γε τῷ νόμῳ, ἕως

---

e2 διδαξαμένους Monac.237pc cf. Averroes, qui tempus praeteritum
legit: διδαξομένους ADF   468a5 ποῖα Laur.85.7pc Bessarion: ποῖ,ἄν
A: ποίαν DF: ποῖα δή H. Richards   a6 αὑτῶν AD: αὐτὸν F
b1 ἑλοῦσι van Leeuwen: θέλουσι ADF   b4 στρατιᾶς van Herwerden :
στρατείας ADF   b8 δεξιωθῆναι Apc: δεξιαθῆναι prA (δ- in ras.) DF:
ἐξιαθῆναι Asl et Amg

c ἂν ἐπὶ ταύτης ὦσι τῆς στρατιᾶς, μηδενὶ ἐξεῖναι ἀπαρνηθῆναι
ὃν ἂν βούληται φιλεῖν, ἵνα καί, ἐάν τίς του τύχῃ ἐρῶν ἢ
ἄρρενος ἢ θηλείας, προθυμότερος ᾖ πρὸς τὸ τἀριστεῖα φέρειν.
Καλῶς, ἦν δ᾽ ἐγώ. ὅτι μὲν γὰρ ἀγαθῷ ὄντι γάμοι τε ἕτοιμοι
5 πλείους ἢ τοῖς ἄλλοις καὶ αἱρέσεις τῶν τοιούτων πολλάκις
παρὰ τοὺς ἄλλους ἔσονται, ἵν᾽ ὅτι πλεῖστοι ἐκ τοῦ τοιούτου
γίγνωνται, εἴρηται ἤδη.
Εἴπομεν γάρ, ἔφη.
Ἀλλὰ μὴν καὶ καθ᾽ Ὅμηρον τοῖς τοιοῖσδε δίκαιον τιμᾶν
d τῶν νέων ὅσοι ἀγαθοί. καὶ γὰρ Ὅμηρος τὸν εὐδοκιμήσαντα
ἐν τῷ πολέμῳ νώτοισιν Αἴαντα ἔφη διηνεκέεσσι
γεραίρεσθαι, ὡς ταύτην οἰκείαν οὖσαν τιμὴν τῷ ἡβῶντί
τε καὶ ἀνδρείῳ, ἐξ ἧς ἅμα τῷ τιμᾶσθαι καὶ τὴν ἰσχὺν αὐξήσει.
5 Ὀρθότατα, ἔφη.
Πεισόμεθα ἄρα, ἦν δ᾽ ἐγώ, ταῦτά γε Ὁμήρῳ. καὶ γὰρ
ἡμεῖς ἔν τε θυσίαις καὶ τοῖς τοιούτοις πᾶσι τοὺς ἀγαθούς,
καθ᾽ ὅσον ἂν ἀγαθοὶ φαίνωνται, καὶ ὕμνοις καὶ οἷς νυνδὴ
e ἐλέγομεν τιμήσομεν, πρὸς δὲ τούτοις ἕδραις τε καὶ
κρέασιν ἰδὲ πλείοις δεπάεσσιν, ἵνα ἅμα τῷ τιμᾶν
ἀσκῶμεν τοὺς ἀγαθοὺς ἄνδρας τε καὶ γυναῖκας.
Κάλλιστα, ἔφη, λέγεις.
5 Εἶεν· τῶν δὲ δὴ ἀποθανόντων ἐπὶ στρατιᾶς ὃς ἂν εὐδοκιμή-
σας τελευτήσῃ ἆρ᾽ οὐ πρῶτον μὲν φήσομεν τοῦ χρυσοῦ γένους
εἶναι;
Πάντων γε μάλιστα.
Ἀλλ᾽ οὐ πεισόμεθα Ἡσιόδῳ, ἐπειδάν τινες τοῦ τοιούτου
10 γένους τελευτήσωσιν, ὡς ἄρα

---

c1 στρατιᾶς A: στρατίας D: στρατείας F   μηδενὶ A: καὶ μηδενὶ DF
c9 τοὺς τοιούτους Hermog.   d2–3 Il. H 321   d2 Αἴαντα post
d3 γεραίρεσθαι praeb. Hermog.   d3 οὖσαν οἰκείαν Hermog.
e1 τιμήσομεν AD Fpc: τιμήσωμεν prF   e1–2 Il. Θ 162
e5 στρατιᾶς AF: στρατίας D: στρατείας Clem. Euseb.   e8 πάντων
ADF Clem.: πάνυ Euseb.   e9 τοῦ ADF Euseb.: om. Hermog.

οἱ μὲν δαίμονες ἁγνοὶ ἐπιχθόνιοι τελέθουσιν,   469
ἐσθλοί, ἀλεξίκακοι, φύλακες μερόπων ἀνθρώπων;

Πεισόμεθα μὲν οὖν.

Διαπυθόμενοι ἄρα τοῦ θεοῦ πῶς χρὴ τοὺς δαιμονίους τε
καὶ θείους τιθέναι καὶ τίνι διαφόρῳ, οὕτω καὶ ταύτῃ θήσομεν 5
ᾗ ἂν ἐξηγῆται;

Τί δ' οὐ μέλλομεν;

Καὶ τὸν λοιπὸν δὴ χρόνον ὡς δαιμόνων, οὕτω θεραπεύσο-
μέν τε καὶ προσκυνήσομεν αὐτῶν τὰς θήκας; ταὐτὰ δὲ ταῦτα b
νομιοῦμεν ὅταν τις γήρᾳ ἤ τινι ἄλλῳ τρόπῳ τελευτήσῃ τῶν
ὅσοι ἂν διαφερόντως ἐν τῷ βίῳ ἀγαθοὶ κριθῶσιν;

Δίκαιον γοῦν, ἔφη.

Τί δέ; πρὸς τοὺς πολεμίους πῶς ποιήσουσιν ἡμῖν οἱ 5
στρατιῶται;

Τὸ ποῖον δή;

Πρῶτον μὲν ἀνδραποδισμοῦ πέρι, δοκεῖ δίκαιον Ἕλληνας
Ἑλληνίδας πόλεις ἀνδραποδίζεσθαι, ἢ μηδ' ἄλλῃ ἐπιτρέπειν
κατὰ τὸ δυνατόν, καὶ τοῦτο ἐθίζειν, τοῦ Ἑλληνικοῦ γένους 10
φείδεσθαι, εὐλαβουμένους τὴν ὑπὸ τῶν βαρβάρων δουλείαν; c

Ὅλῳ καὶ παντί, ἔφη, διαφέρει τὸ φείδεσθαι.

Μηδὲ Ἕλληνα ἄρα δοῦλον ἐκτῆσθαι μήτε αὐτούς, τοῖς τε
ἄλλοις Ἕλλησιν οὕτω συμβουλεύειν;

Πάνυ μὲν οὖν, ἔφη· μᾶλλόν γοῦν ἂν οὕτω πρὸς τοὺς 5
βαρβάρους τρέποιντο, ἑαυτῶν δ' ἀπέχοιντο.

Τί δέ; σκυλεύειν, ἦν δ' ἐγώ, τοὺς τελευτήσαντας πλὴν
ὅπλων, ἐπειδὰν νικήσωσιν, ἢ καλῶς ἔχει; ἢ οὐ πρόφασιν μὲν
τοῖς δειλοῖς ἔχει μὴ πρὸς τὸν μαχόμενον ἰέναι, ὥς τι τῶν

469a1–2 Hes. Op. 122–3, citantur et Cra. 398a1–2   a1 ἐπιχθόνιοι
(et Hes.) ADF Hermog. Euseb.: ὑποχθόνιοι Aristid. (cf. Cra.)   τελέθουσιν
ADF Hermog.(P) Euseb.: καλέονται Aristid. Hermog.(V) (cf. Cra.)
a2 μερόπων ADF Euseb.: θνητῶν (et Hes.) Aristid. Hermog. (cf. Cra.)
a8 καὶ om. Euseb.   ὡς δαίμονας γεγονότας Euseb.   θεραπεύσομεν DF
Euseb.: θεραπεύσωμέν A   b1 προσκυνήσομεν prA DF Euseb.:
προσκυνήσωμεν Apc   c1 εὐλαβουμένοις F   c3 ἐκτῆσθαι AD
Euseb.: ἐκτήσασθαι F, cum v.l. κτήσασθαι contaminatum   c5 γοῦν ἂν
scripsi: γ' ἂν οὖν AD Fpc: γὰρ οὖν prF: τ' ἂν οὖν Euseb.

d δεόντων δρῶντας ὅταν περὶ τὸν τεθνεῶτα κυπτάζωσι, πολλὰ
δὲ ἤδη στρατόπεδα διὰ τὴν τοιαύτην ἁρπαγὴν ἀπώλετο;
Καὶ μάλα.

Ἀνελεύθερον δὲ οὐ δοκεῖ καὶ φιλοχρήματον νεκρὸν συλᾶν,
5 καὶ γυναικείας τε καὶ σμικρᾶς διανοίας τὸ πολέμιον νομίζειν
τὸ σῶμα τοῦ τεθνεῶτος ἀποπταμένου τοῦ ἐχθροῦ, λελοιπότος
δὲ ᾧ ἐπολέμει; ἢ οἴει τι διάφορον δρᾶν τοὺς τοῦτο ποιοῦντας
e τῶν κυνῶν, αἳ τοῖς λίθοις οἷς ἂν βληθῶσι χαλεπαίνουσι, τοῦ
βάλλοντος οὐχ ἁπτόμεναι;
Οὐδὲ σμικρόν, ἔφη.

Ἐατέον ἄρα τὰς νεκροσυλίας καὶ τὰς τῶν ἀναιρέσεων
5 διακωλύσεις;
Ἐατέον μέντοι, ἔφη, νὴ Δία.

Οὐδὲ μήν που πρὸς τὰ ἱερὰ τὰ ὅπλα οἴσομεν ὡς ἀναθή-
σοντες, ἄλλως τε καὶ τὰ τῶν Ἑλλήνων, ἐάν τι ἡμῖν μέλῃ τῆς
470 πρὸς τοὺς ἄλλους Ἕλληνας εὐνοίας· μᾶλλον δὲ καὶ φοβη-
σόμεθα μή τι μίασμα ᾖ πρὸς ἱερὸν τὰ τοιαῦτα ἀπὸ τῶν
οἰκείων φέρειν, ἐὰν μή τι δὴ ὁ θεὸς ἄλλο λέγῃ.
Ὀρθότατα, ἔφη.

5 Τί δὲ γῆς τε τμήσεως τῆς Ἑλληνικῆς καὶ οἰκιῶν ἐμπρή-
σεως; ποῖόν τί σοι δράσουσιν οἱ στρατιῶται πρὸς τοὺς
πολεμίους;
Σοῦ, ἔφη, δόξαν ἀποφαινομένου ἡδέως ἂν ἀκούσαιμι.

Ἐμοὶ μὲν τοίνυν, ἦν δ᾽ ἐγώ, δοκεῖ τούτων μηδέτερα ποιεῖν,
b ἀλλὰ τὸν ἐπέτειον καρπὸν ἀφαιρεῖσθαι. καὶ ὧν ἕνεκα, βούλει
σοι λέγω;
Πάνυ γε.

Φαίνεταί μοι, ὥσπερ καὶ ὀνομάζεται δύο ταῦτα ὀνόματα,
5 πόλεμός τε καὶ στάσις, οὕτω καὶ εἶναι δύο, ὄντα ἐπὶ δυοῖν
τινοιν διαφοραῖν. λέγω δὲ τὰ δύο τὸ μὲν οἰκεῖον καὶ συγγενές,
τὸ δὲ ἀλλότριον καὶ ὀθνεῖον. ἐπὶ μὲν οὖν τῇ τοῦ οἰκείου ἔχθρᾳ
στάσις κέκληται, ἐπὶ δὲ τῇ τοῦ ἀλλοτρίου πόλεμος.

e1–2 τοῦ βάλλοντος DF Aristot.(A) Stob.: τοῦ βαλόντος A: τῶν
βαλλόντων Aristot.(ceteri codd.) 470a1 φοβησόμεθα A:
φοβηθησόμεθα DF b4 ταῦτα prA DF: ταῦτα τὰ Apcˢˡ Stob.

Καὶ οὐδέν γε, ἔφη, ἀπὸ τρόπου λέγεις.

Ὅρα δὴ καὶ εἰ τόδε πρὸς τρόπου λέγω. φημὶ γὰρ τὸ μὲν c
Ἑλληνικὸν γένος αὐτὸ αὑτῷ οἰκεῖον εἶναι καὶ συγγενές, τῷ δὲ
βαρβαρικῷ ὀθνεῖόν τε καὶ ἀλλότριον.

Καλῶς γε, ἔφη.

Ἕλληνας μὲν ἄρα βαρβάροις καὶ βαρβάρους Ἕλλησι 5
μαχομένους πολεμεῖν τε φήσομεν καὶ πολεμίους φύσει εἶναι,
καὶ πόλεμον τὴν ἔχθραν ταύτην κλητέον· Ἕλληνας δὲ
Ἕλλησιν, ὅταν τι τοιοῦτον δρῶσιν, φύσει μὲν φίλους εἶναι,
νοσεῖν δ᾽ ἐν τῷ τοιούτῳ τὴν Ἑλλάδα καὶ στασιάζειν, καὶ d
στάσιν τὴν τοιαύτην ἔχθραν κλητέον.

Ἐγὼ μέν, ἔφη, συγχωρῶ οὕτω νομίζειν.

Σκόπει δή, εἶπον, ὅτι ἐν τῇ νῦν ὁμολογουμένῃ στάσει, ὅπου
ἄν τι τοιοῦτον γένηται καὶ διαστῇ πόλις, ἐὰν ἑκάτεροι 5
ἑκατέρων τέμνωσιν ἀγροὺς καὶ οἰκίας ἐμπιμπρῶσιν, ὡς
ἀλιτηριώδης τε δοκεῖ ἡ στάσις εἶναι καὶ οὐδέτεροι αὐτῶν
φιλοπόλιδες· οὐ γὰρ ἄν ποτε ἐτόλμων τὴν τροφόν τε καὶ
μητέρα κείρειν· ἀλλὰ μέτριον εἶναι τοὺς καρποὺς ἀφαιρεῖσθαι
τοῖς κρατοῦσι τῶν κρατουμένων, καὶ διανοεῖσθαι ὡς διαλ- e
λαγησομένων καὶ οὐκ ἀεὶ πολεμησόντων.

Πολὺ γάρ, ἔφη, ἡμερωτέρων αὕτη ἡ διάνοια ἐκείνης.

Τί δὲ δή; ἔφην· ἣν σὺ πόλιν οἰκίζεις, οὐχ Ἑλληνὶς ἔσται;

Δεῖ γ᾽ αὐτήν, ἔφη. 5

Οὐκοῦν καὶ ἀγαθοί τε καὶ ἥμεροι ἔσονται;

Σφόδρα γε.

Ἀλλ᾽ οὐ φιλέλληνες; οὐδὲ οἰκείαν τὴν Ἑλλάδα ἡγήσονται,
οὐδὲ κοινωνήσουσιν ὧνπερ οἱ ἄλλοι ἱερῶν;

Καὶ σφόδρα γε. 10

Οὐκοῦν τὴν πρὸς τοὺς Ἕλληνας διαφοράν, ὡς οἰκείους, 471
στάσιν ἡγήσονται καὶ οὐδὲ ὀνομάσουσιν πόλεμον;

Οὐ γάρ.

Καὶ ὡς διαλλαγησόμενοι ἄρα διοίσονται;

b9 οὐδέν AD: οὐδέ F   c1 εἰ AD: om. F: post τόδε coll. J. L. V.
Hartman, fortasse recte   c6 μαχομένους πολεμεῖν F: πολεμεῖν
μαχομένους AD   d1 τῶι om. F   e9 οἱ Apc^sl: om. prA DF

205

5 Πάνυ μὲν οὖν.

Εὐμενῶς δὴ σωφρονιοῦσιν, οὐκ ἐπὶ δουλείᾳ κολάζοντες
οὐδ᾿ ἐπ᾿ ὀλέθρῳ, σωφρονισταὶ ὄντες, οὐ πολέμιοι.

Οὕτως, ἔφη.

Οὐδ᾿ ἄρα τὴν Ἑλλάδα Ἕλληνες ὄντες κεροῦσιν, οὐδὲ
10 οἰκήσεις ἐμπρήσουσιν, οὐδὲ ὁμολογήσουσιν ἐν ἑκάστῃ πόλει
πάντας ἐχθροὺς αὐτοῖς εἶναι, καὶ ἄνδρας καὶ γυναῖκας καὶ
b παῖδας, ἀλλ᾿ ὀλίγους ἀεὶ ἐχθροὺς τοὺς αἰτίους τῆς διαφορᾶς.
καὶ διὰ ταῦτα πάντα οὔτε τὴν γῆν ἐθελήσουσιν κείρειν αὐτῶν,
ὡς φίλων τῶν πολλῶν, οὔτε οἰκίας ἀνατρέπειν, ἀλλὰ μέχρι
τούτου ποιήσονται τὴν διαφοράν, μέχρι οὗ ἂν οἱ αἴτιοι
5 ἀναγκασθῶσιν ὑπὸ τῶν ἀναιτίων ἀλγούντων δοῦναι δίκην.

Ἐγὼ μέν, ἔφη, ὁμολογῶ οὕτω δεῖν πρὸς τοὺς ἐναντίους
τοὺς ἡμετέρους πολίτας προσφέρεσθαι· πρὸς δὲ τοὺς βαρ-
βάρους, ὡς νῦν οἱ Ἕλληνες πρὸς ἀλλήλους.

c Τιθῶμεν δὴ καὶ τοῦτον τὸν νόμον τοῖς φύλαξι, μήτε γῆν
τέμνειν μήτε οἰκίας ἐμπιμπράναι;

Θῶμεν, ἔφη· καὶ ἔχειν γε καλῶς ταῦτά τε καὶ τὰ πρόσθεν.

ἀλλὰ γάρ μοι δοκεῖς, ὦ Σώκρατες, ἐάν τίς σοι τὰ τοιαῦτα
5 ἐπιτρέπῃ λέγειν, οὐδέποτε μνησθήσεσθαι ὃ ἐν τῷ πρόσθεν
παρωσάμενος πάντα ταῦτα εἴρηκας, τὸ ὡς δυνατὴ αὕτη ἡ
πολιτεία γενέσθαι καὶ τίνα τρόπον ποτὲ δυνατή. ἐπεὶ ὅτι γε,
εἰ γένοιτο, πάντ᾿ ἂν εἴη ἀγαθὰ πόλει ᾗ γένοιτο, καὶ ἃ σὺ
d παραλείπεις, ἐγὼ λέγω, ὅτι καὶ τοῖς πολεμίοις ἄριστ᾿ ἂν
μάχοιντο τῷ ἥκιστα ἀπολείπειν ἀλλήλους, γιγνώσκοντές τε
καὶ ἀνακαλοῦντες ταῦτα τὰ ὀνόματα ἑαυτούς, ἀδελφούς,
πατέρας, υἱεῖς· εἰ δὲ καὶ τὸ θῆλυ συστρατεύοιτο, εἴτε καὶ ἐν
5 τῇ αὐτῇ τάξει εἴτε καὶ ὄπισθεν ἐπιτεταγμένον, φόβων τε
ἕνεκα τοῖς ἐχθροῖς καὶ εἴ ποτέ τις ἀνάγκη βοηθείας γένοιτο,

471a6 σωφρονοῦσιν F   δουλείαν F   a7 οὐ ADF: ὡς Amg, incertum
utrum vox inserenda an scholium: ὡς ante σωφρονισταὶ coll. Förster
a11 αὐτοῖς AF: αὐτοὺς D   b1 ἀεὶ om. D   b6 μὲν AD: μὲν οὖν F
c5 ἐπιτρέπῃ F Stob.: ἐπιτρέπει A: ἐπιτρέπειν D   c6 ταῦτα A Dpc F
Stob.: τὰ τοιαῦτα prD   αὕτη Apc^mg DF Stob.: om. prA   c8 ἦι
γένοιτο om. Stob.   d3 ἑαυτοὺς A Stob.(A): ἑαυτοῖς D Stob.(M): τὰ
ἑαυτοῖς F   d4 δὲ AD Fpc: δὴ prF(u.v.)

οἶδ' ὅτι ταύτῃ πάντῃ ἄμαχοι ἂν εἶεν· καὶ οἴκοι γε ἃ
παραλείπεται ἀγαθά, ὅσα ἂν εἴη αὐτοῖς, ὁρῶ. ἀλλ' ὡς ἐμοῦ
ὁμολογοῦντος πάντα ταῦτα ὅτι εἴη ἂν καὶ ἄλλα γε μυρία, εἰ   e
γένοιτο ἡ πολιτεία αὕτη, μηκέτι πλείω περὶ αὐτῆς λέγε, ἀλλὰ
τοῦτο ἤδη αὐτὸ πειρώμεθα ἡμᾶς αὐτοὺς πείθειν, ὡς δυνατὸν
καὶ ᾗ δυνατόν, τὰ δ' ἄλλα χαίρειν ἐῶμεν.

Ἐξαίφνης γε σύ, ἦν δ' ἐγώ, ὥσπερ καταδρομὴν ἐποιήσω   472
ἐπὶ τὸν λόγον μου, καὶ οὐ συγγιγνώσκεις στραγγευομένῳ.
ἴσως γὰρ οὐκ οἶσθα ὅτι μόγις μοι τὼ δύο κύματε ἐκφυγόντι
νῦν τὸ μέγιστον καὶ χαλεπώτατον τῆς τρικυμίας ἐπάγεις, ὃ
ἐπειδὰν ἴδῃς τε καὶ ἀκούσῃς, πάνυ συγγνώμην ἕξεις, ὅτι   5
εἰκότως ἄρα ὤκνουν τε καὶ ἐδεδοίκη οὕτω παράδοξον λόγον
λέγειν τε καὶ ἐπιχειρεῖν διασκοπεῖν.

Ὅσῳ ἄν, ἔφη, τοιαῦτα πλείω λέγῃς, ἧττον ἀφεθήσῃ ὑφ'
ἡμῶν πρὸς τὸ μὴ εἰπεῖν πῇ δυνατὴ γίγνεσθαι αὕτη ἡ   b
πολιτεία. ἀλλὰ λέγε καὶ μὴ διάτριβε.

Οὐκοῦν, ἦν δ' ἐγώ, πρῶτον μὲν τόδε χρὴ ἀναμνησθῆναι, ὅτι
ἡμεῖς ζητοῦντες δικαιοσύνην οἷόν ἐστι καὶ ἀδικίαν δεῦρο
ἥκομεν;   5

Χρή· ἀλλὰ τί τοῦτο; ἔφη.

Οὐδέν· ἀλλ' ἐὰν εὕρωμεν οἷόν ἐστι δικαιοσύνη, ἆρα καὶ
ἄνδρα τὸν δίκαιον ἀξιώσομεν μηδὲν δεῖν αὐτῆς ἐκείνης
διαφέρειν, ἀλλὰ πανταχῇ τοιοῦτον εἶναι οἷον δικαιοσύνη
ἐστίν; ἢ ἀγαπήσομεν ἐὰν ὅτι ἐγγύτατα αὐτῆς ᾖ καὶ πλεῖστα   c
τῶν ἄλλων ἐκείνης μετέχῃ;

Οὕτως, ἔφη· ἀγαπήσομεν.

Παραδείγματος ἄρα ἕνεκα, ἦν δ' ἐγώ, ἐζητοῦμεν αὐτό τε
δικαιοσύνην οἷόν ἐστι, καὶ ἄνδρα τὸν τελέως δίκαιον εἰ   5
γένοιτο, καὶ οἷος ἂν εἴη γενόμενος, καὶ ἀδικίαν αὖ καὶ τὸν
ἀδικώτατον, ἵνα εἰς ἐκείνους ἀποβλέποντες, οἷοι ἂν ἡμῖν

d7 ταύτηι πάντηι AD: πάντη ταύτι [sic] F   ἄμαχον F   γε Asl: τε ADF
e3 ἤδη αὐτὸ F: αὐτὸ ἤδη AD   472a2 στραγγευομένῳ f: στρατευομένωι
ADF   a6–7 λόγον λέγειν F: λέγειν λόγον AD   a8 λέγῃς a: λέγεις
ADF   b3 τόδε χρὴ A: χρὴ τόδε DF   b6 τί om. F   τοῦτο ADF:
τοῦτό γ' Apc   c4 ἐζητοῦμεν A: ζητοῦμεν DF   c5 τελέως om. D
c6 καὶ οἷος ADF: οἷος Madvig, fortasse recte

φαίνωνται εὐδαιμονίας τε πέρι καὶ τοῦ ἐναντίου, ἀναγκαζώ-
μεθα καὶ περὶ ἡμῶν αὐτῶν ὁμολογεῖν, ὃς ἂν ἐκείνοις ὅτι
d ὁμοιότατος ᾖ, τὴν ἐκείνης μοῖραν ὁμοιοτάτην ἕξειν, ἀλλ᾽ οὐ
τούτου ἕνεκα, ἵν᾽ ἀποδείξωμεν ὡς δυνατὰ ταῦτα γίγνεσθαι.
Τοῦτο μέν, ἔφη, ἀληθὲς λέγεις.

Οἴει [ἂν] οὖν ἧττόν τι ἀγαθὸν ζωγράφον εἶναι ὃς ἂν γράψας
5 παράδειγμα οἷον ἂν εἴη ὁ κάλλιστος ἄνθρωπος, καὶ πάντα εἰς
τὸ γράμμα ἱκανῶς ἀποδούς, μὴ ἔχῃ ἐπιδεῖξαι ὡς καὶ δυνατὸν
γενέσθαι τοιοῦτον ἄνδρα;
Μὰ Δί᾽ οὐκ ἔγωγ᾽, ἔφη.

Τί οὖν; οὐ καὶ ἡμεῖς, φαμέν, παράδειγμα ἐποιοῦμεν λόγῳ
10 ἀγαθῆς πόλεως;
e Πάνυ γε.

Ἧττόν τι οὖν οἴει ἡμᾶς εὖ λέγειν τούτου ἕνεκα, ἐὰν μὴ
ἔχωμεν ἀποδεῖξαι ὡς δυνατὸν οὕτω πόλιν οἰκῆσαι ὡς
ἐλέγετο;
5 Οὐ δῆτα, ἔφη.

Τὸ μὲν τοίνυν ἀληθές, ἦν δ᾽ ἐγώ, οὕτω· εἰ δὲ δὴ καὶ τοῦτο
προθυμηθῆναι δεῖ σὴν χάριν, ἀποδεῖξαι πῇ μάλιστα καὶ κατὰ
τί δυνατώτατ᾽ ἂν εἴη, πάλιν μοι πρὸς τὴν τοιαύτην ἀπόδειξιν
τὰ αὐτὰ διομολόγησαι.

10 Τὰ ποῖα;
473 Ἆρ᾽ οἷόν τέ τι πραχθῆναι ὡς λέγεται, ἢ φύσιν ἔχει πρᾶξιν
λέξεως ἧττον ἀληθείας ἐφάπτεσθαι, κἂν εἰ μή τῳ δοκεῖ; ἀλλὰ
σὺ πότερον ὁμολογεῖς οὕτως ἢ οὔ;
Ὁμολογῶ, ἔφη.

5 Τοῦτο μὲν δὴ μὴ ἀνάγκαζέ με, οἷα τῷ λόγῳ διήλθομεν,
τοιαῦτα παντάπασι καὶ τῷ ἔργῳ δεῖν γιγνόμενα ⟨ἂν⟩ ἀπο-
φαίνειν· ἀλλ᾽, ἐὰν οἷοί τε γενώμεθα εὑρεῖν ὡς ἂν ἐγγύτατα

d4 οὖν scripsi: ἂν οὖν AD: οὖν ἂν F   d6 ἐπιδεῖξαι DF: ἀποδεῖξαι A
e6 δὴ Π6 ADF: om. Stob.   τοῦτο ADF Stob.: τοῦ Π6   e7 δεῖ
Π6 ADF: χρή Stob.   e9 διομολόγησαι AD Stob.: διωμολόγηται Π6:
δεῖ ὁμολογῆσαι F   473a1 τι ADF Stob.: om. Π6   a2 δοκεῖ ADF:
δοκῇ Stob.   a3 πότερον AF: πρότερον D Stob.   a5 τοῦτο
Π6 ADF: τούτωι Stob.   a6 δεῖν AF Stob.: δεῖ D: δὴ H. Stephanus
γιγνόμενα ADF Stob.: γιγνόμεν᾽ ἂν Bywater

τῶν εἰρημένων πόλις οἰκήσειεν, φάναι ἡμᾶς ἐξηυρηκέναι ὡς
δυνατὰ ταῦτα γίγνεσθαι ἃ σὺ ἐπιτάττεις. ἢ οὐκ ἀγαπήσεις b
τούτων τυγχάνων; ἐγὼ μὲν γὰρ ἂν ἀγαπῴην.

Καὶ γὰρ ἐγώ, ἔφη.

Τὸ δὲ δὴ μετὰ τοῦτο, ὡς ἔοικε, πειρώμεθα ζητεῖν τε καὶ
ἀποδεικνύναι τί ποτε νῦν κακῶς ἐν ταῖς πόλεσι πράττεται δι' 5
ὃ οὐχ οὕτως οἰκοῦνται, καὶ τίνος ἂν σμικροτάτου μετα-
βαλόντος ἔλθοι εἰς τοῦτον τὸν τρόπον τῆς πολιτείας πόλις,
μάλιστα μὲν ἑνός, εἰ δὲ μή, δυοῖν, εἰ δὲ μή, ὅτι ὀλιγίστων τὸν
ἀριθμὸν καὶ σμικροτάτων τὴν δύναμιν.

Παντάπασι μὲν οὖν, ἔφη. c

Ἑνὸς μὲν τοίνυν, ἦν δ' ἐγώ, μεταβαλόντος δοκοῦμέν μοι
ἔχειν δεῖξαι ὅτι μεταπέσοι ἄν, οὐ μέντοι σμικροῦ γε οὐδὲ
ῥᾳδίου, δυνατοῦ δέ.

Τίνος; ἔφη. 5

Ἐπ' αὐτῷ δή, ἦν δ' ἐγώ, εἰμὶ ὃ τῷ μεγίστῳ προσῃκάζομεν
κύματι. εἰρήσεται δ' οὖν, εἰ καὶ μέλλει γέλωτί τε ἀτεχνῶς
ὥσπερ κῦμα ἐκγελῶν καὶ ἀδοξίᾳ κατακλύσειν. σκόπει δὲ ὃ
μέλλω λέγειν.

Λέγε, ἔφη. 10

Ἐὰν μή, ἦν δ' ἐγώ, ἢ οἱ φιλόσοφοι βασιλεύσωσιν ἐν ταῖς
πόλεσιν ἢ οἱ βασιλῆς τε νῦν λεγόμενοι καὶ δυνάσται φιλο- d
σοφήσωσι γνησίως τε καὶ ἱκανῶς, καὶ τοῦτο εἰς ταὐτὸν
συμπέσῃ, δύναμίς τε πολιτικὴ καὶ φιλοσοφία, τῶν δὲ νῦν
πορευομένων χωρὶς ἐφ' ἑκάτερον αἱ πολλαὶ φύσεις ἐξ ἀνάγκης
ἀποκλεισθῶσιν, οὐκ ἔστι κακῶν παῦλα, ὦ φίλε Γλαύκων, 5
ταῖς πόλεσι, δοκῶ δ' οὐδὲ τῷ ἀνθρωπίνῳ γένει· οὐδὲ αὕτη ἡ

b2 ἂν om. Stob.   b3 ἐγώ ADF: ἔγωγε Stob.   b7 ἔλθοι AF:
ἔλθη D Stob.   c2 μεταβαλόντος AF Stob.: μεταβάλλοντος Asl:
μεταβαλλόντος [sic] D   c6 αὐτῷ F Stob.: αὐτὸ AD   δὴ AD Stob.:
δ' F   εἰμι DF: εἶμι A Stob.   προσήκαζομεν F Stob.: προεικάζομεν AD
c7 κύματι ADF: σχήματι Stob.   ἀτεχνῶς ADF Stob.: ἀτεχνῶι Asl
c8 ἐκγελῶν (et Stob.) suspectum   c11 ἐὰν Apc Stob.: ἐὰν δὲ prA
DF   d4 ἑκάτερον Π6 AD Stob.: ἑκατέρων F   ἐξ ἀνάγκης Π6 ADF:
om. Stob.   d6 δοκῶ ADF: ἀλλὰ μὴ δοκῶ Stob., ex ἀλλαχῆι δοκῶ
fortasse ortum

πολιτεία μή ποτε πρότερον φύῃ τε εἰς τὸ δυνατὸν καὶ φῶς
e ἡλίου ἴδῃ, ἣν νῦν λόγῳ διεληλύθαμεν. ἀλλὰ τοῦτό ἐστιν ὃ ἐμοὶ
πάλαι ὄκνον ἐντίθησι λέγειν, ὁρῶντι ὡς πολὺ παρὰ δόξαν
ῥηθήσεται· χαλεπὸν γὰρ ἰδεῖν ὅτι οὐκ ἂν ἄλλη τις εὐδαιμονή-
σειεν οὔτε ἰδίᾳ οὔτε δημοσίᾳ.

5 Καὶ ὅς, Ὦ Σώκρατες, ἔφη, τοιοῦτον ἐκβέβληκας ῥῆμά τε
καὶ λόγον, ὃν εἰπὼν ἡγοῦ ἐπὶ σὲ πάνυ πολλούς τε καὶ οὐ
474 φαύλους νῦν οὕτως, οἷον ῥίψαντας τὰ ἱμάτια, γυμνοὺς
λαβόντας ὅτι ἑκάστῳ παρέτυχεν ὅπλον, θεῖν διατεταμένους
ὡς θαυμάσια ἐργασομένους· οὓς εἰ μὴ ἀμυνῇ τῷ λόγῳ καὶ
ἐκφεύξῃ, τῷ ὄντι τωθαζόμενος δώσεις δίκην.

5 Οὐκοῦν σύ μοι, ἦν δ᾽ ἐγώ, τούτων αἴτιος;
Καλῶς γ᾽, ἔφη, ἐγὼ ποιῶν. ἀλλὰ τοί σε οὐ προδώσω, ἀλλ᾽
ἀμυνῶ οἷς δύναμαι· δύναμαι δὲ εὐνοίᾳ τε καὶ τῷ παρα-
κελεύεσθαι, καὶ ἴσως ἂν ἄλλου του ἐμμελέστερόν σοι ἀπο-
b κρινοίμην. ἀλλ᾽ ὡς ἔχων τοιοῦτον βοηθὸν πειρῶ τοῖς
ἀπιστοῦσιν ἐνδείξασθαι ὅτι ἔχει ᾗ σὺ λέγεις.

Πειρατέον, ἦν δ᾽ ἐγώ, ἐπειδὴ καὶ σὺ οὕτω μεγάλην
συμμαχίαν παρέχῃ. ἀναγκαῖον οὖν μοι δοκεῖ, εἰ μέλλομέν
5 πῃ ἐκφεύξεσθαι οὓς λέγεις, διορίσασθαι πρὸς αὐτοὺς τοὺς
φιλοσόφους τίνας λέγοντες τολμῶμεν φάναι δεῖν ἄρχειν, ἵνα
διαδήλων γενομένων δύνηταί τις ἀμύνεσθαι, ἐνδεικνύμενος
c ὅτι τοῖς μὲν προσήκει φύσει ἅπτεσθαί τε φιλοσοφίας ἡγεμο-
νεύειν τ᾽ ἐν πόλει, τοῖς δ᾽ ἄλλοις μήτε ἅπτεσθαι ἀκολουθεῖν τε
τῷ ἡγουμένῳ.

Ὥρα ἄν, ἔφη, εἴη ὁρίζεσθαι.

5 Ἴθι δή, ἀκολούθησόν μοι τῇδε, ἐὰν αὐτὸ ἀμῇ γέ πῃ ἱκανῶς
ἐξηγησώμεθα.

Ἄγε, ἔφη.

Ἀναμιμνήσκειν οὖν σε, ἦν δ᾽ ἐγώ, δεήσει, ἢ μέμνησαι ὅτι
ὃν ἂν φῶμεν φιλεῖν τι, δεῖ φανῆναι αὐτόν, ἐὰν ὀρθῶς λέγηται,
10 οὐ τὸ μὲν φιλοῦντα ἐκείνου, τὸ δὲ μή, ἀλλὰ πᾶν στέργοντα;

e2 πάλαι AF Stob.: πάλιν D   e3 ἄλλῃ Monac.237: ἄλλη ADF
Stob.   e5 ὅς om. F   474a2 ὅπλων D   a3 ἐργασομένους Apc
F: ἐργασαμένους prA D   c4 ἔφη εἴη F: εἴη ἔφη AD   c10 πάντα F

Ἀναμιμνήσκειν, ἔφη, ὡς ἔοικεν, δεῖ· οὐ γὰρ πάνυ γε ἐννοῶ.

Ἄλλῳ, εἶπον, ἔπρεπεν, ὦ Γλαύκων, λέγειν ἃ λέγεις· ἀνδρὶ **d**
δ᾽ ἐρωτικῷ οὐ πρέπει ἀμνημονεῖν ὅτι πάντες οἱ ἐν ὥρᾳ τὸν
φιλόπαιδα καὶ ἐρωτικὸν ἀμῇ γέ πῃ δάκνουσί τε καὶ κινοῦσι,
δοκοῦντες ἄξιοι εἶναι ἐπιμελείας τε καὶ τοῦ ἀσπάζεσθαι. ἢ
οὐχ οὕτω ποιεῖτε πρὸς τοὺς καλούς; ὁ μέν, ὅτι σιμός, 5
ἐπίχαρις κληθεὶς ἐπαινεθήσεται ὑφ᾽ ὑμῶν, τοῦ δὲ τὸ γρυπὸν
βασιλικόν φατε εἶναι, τὸν δὲ δὴ διὰ μέσου τούτων ἐμμετρό-
τατα ἔχειν, μέλανας δὲ ἀνδρικοὺς ἰδεῖν, λευκοὺς δὲ θεῶν **e**
παῖδας εἶναι· μελιχλώρους δὲ καὶ τοὔνομα οἴει τινὸς ἄλλου
ποίημα εἶναι ἢ ἐραστοῦ ὑποκοριζομένου τε καὶ εὐχερῶς
φέροντος τὴν ὠχρότητα, ἐὰν ἐπὶ ὥρᾳ ᾖ; καὶ ἑνὶ λόγῳ
πάσας προφάσεις προφασίζεσθέ τε καὶ πάσας φωνὰς ἀφίετε, **475**
ὥστε μηδένα ἀποβάλλειν τῶν ἀνθούντων ἐν ὥρᾳ.

Εἰ βούλει, ἔφη, ἐπ᾽ ἐμοῦ λέγειν περὶ τῶν ἐρωτικῶν ὅτι
οὕτω ποιοῦσι, συγχωρῶ τοῦ λόγου χάριν.

Τί δέ; ἦν δ᾽ ἐγώ· τοὺς φιλοίνους οὐ τὰ αὐτὰ ταῦτα 5
ποιοῦντας ὁρᾷς, πάντα οἶνον ἐπὶ πάσης προφάσεως ἀσπαζο-
μένους;

Καὶ μάλα.

Καὶ μὴν φιλοτίμους γε, ὡς ἐγῷμαι, καθορᾷς ὅτι, ἂν μὴ
στρατηγῆσαι δύνωνται, τριττυαρχοῦσιν, κἂν μὴ ὑπὸ μει- 10
ζόνων καὶ σεμνοτέρων τιμᾶσθαι, ὑπὸ σμικροτέρων καὶ
φαυλοτέρων τιμώμενοι ἀγαπῶσιν, ὡς ὅλως τιμῆς ἐπιθυμηταὶ **b**
ὄντες.

Κομιδῇ μὲν οὖν.

Τοῦτο δὴ φάθι ἢ μή· ἆρα ὃν ἄν τινος ἐπιθυμητικὸν
λέγωμεν, παντὸς τοῦ εἴδους τούτου φήσομεν ἐπιθυμεῖν, ἢ 5
τοῦ μέν, τοῦ δὲ οὔ;

Παντός, ἔφη.

d5 ποιεῖται F   d6 ἐπαινεθήσεται ADF: ἐπαινεῖται Asl Aristaen.
e2 μελιχλώρους Αγρ Aristaen.: μελαγχλώρους ADF: μελίχρους Plut. bis,
Philostr.   δὲ καὶ AD: τε δὲ καὶ F   475a1 πάσας προφάσεις AD
Aristaen.: προφάσεις πάσας F   a9 γε om. F   b4 δὴ AD: δε
[sic] F

Οὐκοῦν καὶ τὸν φιλόσοφον σοφίας φήσομεν ἐπιθυμητὴν
εἶναι, οὐ τῆς μέν, τῆς δ᾽ οὔ, ἀλλὰ πάσης;

10 Ἀληθῆ.

Τὸν ἄρα περὶ τὰ μαθήματα δυσχεραίνοντα, ἄλλως τε καὶ
c νέον ὄντα καὶ μήπω λόγον ἔχοντα τί τε χρηστὸν καὶ μή, οὐ
φήσομεν φιλομαθῆ οὐδὲ φιλόσοφον εἶναι, ὥσπερ τὸν περὶ τὰ
σιτία δυσχερῆ οὔτε πεινῆν φαμεν οὔτ᾽ ἐπιθυμεῖν σιτίων, οὐδὲ
φιλόσιτον ἀλλὰ κακόσιτον εἶναι.

5 Καὶ ὀρθῶς γε φήσομεν.

Τὸν δὲ δὴ εὐχερῶς ἐθέλοντα παντὸς μαθήματος γεύεσθαι
καὶ ἀσμένως ἐπὶ τὸ μανθάνειν ἰόντα καὶ ἀπλήστως ἔχοντα,
τοῦτον δ᾽ ἐν δίκῃ φήσομεν φιλόσοφον. ἢ γάρ;

d Καὶ ὁ Γλαύκων ἔφη· Πολλοὶ ἄρα καὶ ἄτοποι ἔσονταί σοι
τοιοῦτοι. οἵ τε γὰρ φιλοθεάμονες πάντες ἔμοιγε δοκοῦσι τῷ
καταμανθάνειν χαίροντες τοιοῦτοι εἶναι, οἵ τε φιλήκοοι
ἀτοπώτατοί τινές εἰσιν ὥς γ᾽ ἐν φιλοσόφοις τιθέναι· οἳ πρὸς
5 μὲν λόγους καὶ τοιαύτην διατριβὴν ἑκόντες οὐκ ἂν ἐθέλοιεν
ἐλθεῖν, ὥσπερ δὲ ἀπομεμισθωκότες τὰ ὦτα ἐπακοῦσαι
πάντων χορῶν περιθέουσι τοῖς Διονυσίοις οὔτε τῶν κατὰ
πόλεις οὔτε τῶν κατὰ κώμας ἀπολειπόμενοι. τούτους οὖν
πάντας καὶ ἄλλους τοιούτων τινῶν μαθητικοὺς καὶ τοὺς τῶν
e τεχνυδρίων φιλοσόφους φήσομεν;

Οὐδαμῶς, εἶπον, ἀλλ᾽ ὁμοίους μὲν φιλοσόφοις.

Τοὺς δὲ ἀληθινούς, ἔφη, τίνας λέγεις;

Τοὺς τῆς ἀληθείας, ἦν δ᾽ ἐγώ, φιλοθεάμονας.

5 Καὶ τοῦτο μέν γ᾽, ἔφη, ὀρθῶς· ἀλλὰ πῶς αὐτὸ λέγεις;

Οὐδαμῶς, ἦν δ᾽ ἐγώ, ῥᾳδίως πρός γε ἄλλον· σὲ δὲ οἶμαι
ὁμολογήσειν μοι τὸ τοιόνδε.

Τὸ ποῖον;

476 Ἐπειδή ἐστιν ἐναντίον καλὸν αἰσχρῷ, δύο αὐτὼ εἶναι.

b8 σοφίας φήσομεν AD cf. Themist.: φήσομεν σοφίας F   c8 φήσομεν
AD: θήσομεν Asl F   d2 τῶι AD: τὸ F   d9 ἄλλους AD Clem.
Cyr.: ἄλλων F   μαθητικοὺς A: μαθηματικοὺς Apc^{sl} DF Clem. Cyr.   τοὺς
ADF Cyr.: om. Clem.   e1 φήσομεν AD: θήσομεν F Clem.
e2 φιλοσόφοις A Clem.: φιλοσόφους DF

Πῶς δ' οὔ;

Οὐκοῦν ἐπειδὴ δύο, καὶ ἓν ἑκάτερον;

Καὶ τοῦτο.

Καὶ περὶ δὴ δικαίου καὶ ἀδίκου καὶ ἀγαθοῦ καὶ κακοῦ καὶ 5
πάντων τῶν εἰδῶν πέρι ὁ αὐτὸς λόγος, αὐτὸ μὲν ἓν ἕκαστον
εἶναι, τῇ δὲ τῶν πράξεων καὶ σωμάτων καὶ ἀλλήλων κοινωνίᾳ
πανταχοῦ φανταζόμενα πολλὰ φαίνεσθαι ἕκαστον.

Ὀρθῶς, ἔφη, λέγεις.

Ταύτῃ τοίνυν, ἦν δ' ἐγώ, διαιρῶ, χωρὶς μὲν οὓς νυνδὴ 10
ἔλεγες φιλοθεάμονάς τε καὶ φιλοτέχνους καὶ πρακτικούς, καὶ
χωρὶς αὖ περὶ ὧν ὁ λόγος, οὓς μόνους ἄν τις ὀρθῶς προσείποι b
φιλοσόφους.

Πῶς, ἔφη, λέγεις;

Οἱ μέν που, ἦν δ' ἐγώ, φιλήκοοι καὶ φιλοθεάμονες τάς τε
καλὰς φωνὰς ἀσπάζονται καὶ χρόας καὶ σχήματα καὶ πάντα 5
τὰ ἐκ τῶν τοιούτων δημιουργούμενα, αὐτοῦ δὲ τοῦ καλοῦ
ἀδύνατος αὐτῶν ἡ διάνοια τὴν φύσιν ἰδεῖν τε καὶ ἀσπάσασθαι.

Ἔχει γὰρ οὖν δή, ἔφη, οὕτως.

Οἱ δὲ δὴ ἐπ' αὐτὸ τὸ καλὸν δυνατοὶ ἰέναι τε καὶ ὁρᾶν καθ'
αὐτὸ ἆρα οὐ σπάνιοι ἂν εἶεν; 10

Καὶ μάλα.

Ὁ οὖν καλὰ μὲν πράγματα νομίζων, αὐτὸ δὲ κάλλος μήτε c
νομίζων μήτε, ἄν τις ἡγῆται ἐπὶ τὴν γνῶσιν αὐτοῦ, δυνάμενος
ἕπεσθαι, ὄναρ ἢ ὕπαρ δοκεῖ σοι ζῆν; σκόπει δέ. τὸ ὀνειρώττειν
ἆρα οὐ τόδε ἐστίν, ἐάντε ἐν ὕπνῳ τις ἐάντ' ἐγρηγορὼς τὸ
ὅμοιόν τῳ μὴ ὅμοιον ἀλλ' αὐτὸ ἡγῆται εἶναι ᾧ ἔοικεν; 5

Ἐγὼ γοῦν ἄν, ἦ δ' ὅς, φαίην ὀνειρώττειν τὸν τοιοῦτον.

Τί δέ; ὁ τἀναντία τούτων ἡγούμενός τέ τι αὐτὸ καλὸν καὶ
δυνάμενος καθορᾶν καὶ αὐτὸ καὶ τὰ ἐκείνου μετέχοντα, καὶ
οὔτε τὰ μετέχοντα αὐτὸ οὔτε αὐτὸ τὰ μετέχοντα ἡγούμενος, d
ὕπαρ ἢ ὄναρ αὖ καὶ οὗτος δοκεῖ σοι ζῆν;

Καὶ μάλα, ἔφη, ὕπαρ.

476a4 καὶ om. F   τοῦτο AD: τούτω F: τούτων H. Wolf   a5 δὴ
om. A   a6 ἓν om. F   a7 ἀλλήλων ADF: ἄλληι ἄλλων Badham:
fortasse ἄλλου ἄλλων

Οὐκοῦν τούτου μὲν τὴν διάνοιαν ὡς γιγνώσκοντος γνώμην
5 ἂν ὀρθῶς φαῖμεν εἶναι, τοῦ δὲ δόξαν ὡς δοξάζοντος;
Πάνυ μὲν οὖν.

Τί οὖν ἐὰν ἡμῖν χαλεπαίνῃ οὗτος, ὅν φαμεν δοξάζειν ἀλλ᾽
οὐ γιγνώσκειν, καὶ ἀμφισβητῇ ὡς οὐκ ἀληθῆ λέγομεν; ἔξομέν
e τι παραμυθεῖσθαι αὐτὸν καὶ πείθειν ἠρέμα, ἐπικρυπτόμενοι
ὅτι οὐχ ὑγιαίνει;
Δεῖ γέ τοι δή, ἔφη.

Ἴθι δή, σκόπει τί ἐροῦμεν πρὸς αὐτόν. ἢ βούλει ὧδε
5 πυνθανώμεθα παρ᾽ αὐτοῦ, λέγοντες ὡς εἴ τι οἶδεν οὐδεὶς
αὐτῷ φθόνος, ἀλλ᾽ ἄσμενοι ἂν ἴδοιμεν εἰδότα τι; ἀλλ᾽ ἡμῖν
εἰπὲ τόδε· ὁ γιγνώσκων γιγνώσκει τι ἢ οὐδέν; σὺ οὖν μοι ὑπὲρ
ἐκείνου ἀποκρίνου.
Ἀποκρινοῦμαι, ἔφη, ὅτι γιγνώσκει τι.

10 Πότερον ὂν ἢ οὐκ ὄν;
477 Ὄν· πῶς γὰρ ἂν μὴ ὄν γέ τι γνωσθείη;

Ἱκανῶς οὖν τοῦτο ἔχομεν, κἂν εἰ πλεοναχῇ σκοποῖμεν, ὅτι
τὸ μὲν παντελῶς ὂν παντελῶς γνωστόν, μὴ ὂν δὲ μηδαμῇ
πάντῃ ἄγνωστον;
5 Ἱκανώτατα.

Εἶεν· εἰ δὲ δή τι οὕτως ἔχει ὡς εἶναί τε καὶ μὴ εἶναι, οὐ
μεταξὺ ἂν κέοιτο τοῦ εἰλικρινῶς ὄντος καὶ τοῦ αὖ μηδαμῇ
ὄντος;
Μεταξύ.

10 Οὐκοῦν ⟨ἐπεὶ⟩ ἐπὶ μὲν τῷ ὄντι γνῶσις ἦν, ἀγνωσία δ᾽ ἐξ
ἀνάγκης ἐπὶ μὴ ὄντι, ἐπὶ τῷ μεταξὺ τούτῳ μεταξύ τι καὶ
b ζητητέον ἀγνοίας τε καὶ ἐπιστήμης, εἴ τι τυγχάνει ὂν
τοιοῦτον;
Πάνυ μὲν οὖν.

Ἆρ᾽ οὖν λέγομέν τι δόξαν εἶναι;

e4 σκόπει AF: σκοποῦμεν D   e7 ὁ γιγνώσκων γιγνώσκει AF: οὐ
γιγνώσκων et ει supra -ων D   477a10 ⟨ἐπεὶ⟩ ἐπὶ K. F. Hermann
(fortasse potius ⟨ἐπειδὴ⟩ ἐπὶ): ἐπὶ ADF: εἰ ἐπὶ Laur.80.19pc   a11 ἐπὶ
τῶι ADF: ⟨καὶ⟩ ἐπὶ τῶι Wilamowitz: ἐπὶ δὲ τῶ f   τούτωι AD: τούτων F
b1 τι om. F   b4 τί λέγομεν F

Πῶς γὰρ οὔ;   5
Πότερον ἄλλην δύναμιν ἐπιστήμης ἢ τὴν αὐτήν;
Ἄλλην.
Ἐπ' ἄλλῳ ἄρα τέτακται δόξα καὶ ἐπ' ἄλλῳ ἐπιστήμη, κατὰ
τὴν δύναμιν ἑκατέρα τὴν αὑτῆς.
Οὕτω.   10
Οὐκοῦν ἐπιστήμη μὲν ἐπὶ τῷ ὄντι πέφυκε γνῶναι ὡς ἔστι
τὸ ὄν; μᾶλλον δὲ ὧδέ μοι δοκεῖ πρότερον ἀναγκαῖον εἶναι
διελέσθαι.
Πῶς;
Φήσομεν δυνάμεις εἶναι γένος τι τῶν ὄντων, αἷς δὴ καὶ c
ἡμεῖς δυνάμεθα ἃ δυνάμεθα καὶ ἄλλο πᾶν ὅτιπερ ἂν δύνηται,
οἷον λέγω ὄψιν καὶ ἀκοὴν τῶν δυνάμεων εἶναι, εἰ ἄρα
μανθάνεις ὃ βούλομαι λέγειν τὸ εἶδος.
Ἀλλὰ μανθάνω, ἔφη.   5
Ἄκουσον δὴ ὅ μοι φαίνεται περὶ αὐτῶν. δυνάμεως γὰρ ἐγὼ
οὔτε τινὰ χρόαν ὁρῶ οὔτε σχῆμα οὔτε τι τῶν τοιούτων οἷον
καὶ ἄλλων πολλῶν, πρὸς ἃ ἀποβλέπων ἔνια διορίζομαι παρ'
ἐμαυτῷ τὰ μὲν ἄλλα εἶναι, τὰ δὲ ἄλλα· δυνάμεως δ' εἰς ἐκεῖνο d
μόνον βλέπω ἐφ' ᾧ τε ἔστι καὶ ὃ ἀπεργάζεται, καὶ ταύτῃ
ἑκάστην αὐτῶν δύναμιν ἐκάλεσα, καὶ τὴν μὲν ἐπὶ τῷ αὐτῷ
τεταγμένην καὶ τὸ αὐτὸ ἀπεργαζομένην τὴν αὐτὴν καλῶ, τὴν
δ' ἐπὶ ἑτέρῳ καὶ ἕτερον ἀπεργαζομένην ἄλλην. τί δὲ σύ; πῶς 5
ποιεῖς;
Οὕτως, ἔφη.
Δεῦρο δὴ πάλιν, ἦν δ' ἐγώ, ὦ ἄριστε. ἐπιστήμην πότερον
δύναμίν τινα φῂς εἶναι αὐτήν, ἢ εἰς τί γένος τίθης;
Εἰς τοῦτο, ἔφη, πασῶν γε δυνάμεων ἐρρωμενεστάτην.   e
Τί δέ; δόξαν εἰς δύναμιν ἢ εἰς ἄλλο εἶδος οἴσομεν;
Οὐδαμῶς, ἔφη· ᾧ γὰρ δοξάζειν δυνάμεθα, οὐκ ἄλλο τι ἢ
δόξα ἐστίν.

b8 κατὰ Apc: η κατα prA(u.v.): ἡ κατὰ D: ἦ κατὰ F   b9 τὴν δύναμιν
F: τὴν αὐτὴν δύναμιν AD   c2 ἃ δυνάμεθα A: om. DF   c7 οἵων D
d3 τῶι αὐτῶι AD: τὸ αὐτὸ F   d4 ἀπεργασομένην F   e2 οἴσομεν
ADF: θήσομεν Vind.89 Bon.3630

5 Ἀλλὰ μὲν δὴ ὀλίγον γε πρότερον ὡμολόγεις μὴ τὸ αὐτὸ
εἶναι ἐπιστήμην τε καὶ δόξαν.

Πῶς γὰρ ἄν, ἔφη, τό γε ἀναμάρτητον τῷ μὴ ἀναμαρτήτῳ
ταὐτόν ποτέ τις νοῦν ἔχων τιθείη;

478 Καλῶς, ἦν δ' ἐγώ, καὶ δῆλον ὅτι ἕτερον ἐπιστήμης δόξα
ὁμολογεῖται ἡμῖν.

Ἕτερον.

Ἐφ' ἑτέρῳ ἄρα ἕτερόν τι δυναμένη ἑκατέρα αὐτῶν πέφυ-
5 κεν;

Ἀνάγκη.

Ἐπιστήμη μέν γέ που ἐπὶ τῷ ὄντι, τὸ ὂν γνῶναι ὡς ἔχει;

Ναί.

Δόξα δέ, φαμέν, δοξάζειν;

10 Ναί.

Ἦ ταὐτὸν ὅπερ ἐπιστήμη γιγνώσκει; καὶ ἔσται γνωστόν
τε καὶ δοξαστὸν τὸ αὐτό; ἢ ἀδύνατον;

Ἀδύνατον, ἔφη, ἐκ τῶν ὡμολογημένων· εἴπερ ἐπ' ἄλλῳ
ἄλλη δύναμις πέφυκεν, δυνάμεις δὲ ἀμφότεραί ἐστον, δόξα τε
b καὶ ἐπιστήμη, ἄλλη δὲ ἑκατέρα, ὥς φαμεν, ἐκ τούτων δὴ οὐκ
ἐγχωρεῖ γνωστὸν καὶ δοξαστὸν ταὐτὸν εἶναι.

Οὐκοῦν εἰ τὸ ὂν γνωστόν, ἄλλο τι ἂν δοξαστὸν ἢ τὸ ὂν εἴη;

Ἄλλο.

5 Ἆρ' οὖν τὸ μὴ ὂν δοξάζει; ἢ ἀδύνατον καὶ δοξάσαι τό γε μὴ
ὄν; ἐννόει δέ. οὐχ ὁ δοξάζων ἐπί τι φέρει τὴν δόξαν; ἢ οἷόν τε
αὖ δοξάζειν μέν, δοξάζειν δὲ μηδέν;

Ἀδύνατον.

Ἀλλ' ἔν γέ τι δοξάζει ὁ δοξάζων;

10 Ναί.

Ἀλλὰ μὴν μὴ ὄν γε οὐχ ἕν τι ἀλλὰ μηδὲν ὀρθότατ' ἂν
c προσαγορεύοιτο;

Πάνυ γε.

Μὴ ὄντι μὴν ἄγνοιαν ἐξ ἀνάγκης ἀπέδομεν, ὄντι δὲ γνῶσιν;

Ὀρθῶς, ἔφη.

478a11 γιγνώσκειν F   b1 φαμὲν A: ἔφαμεν DF   b5 γε Apc^sl:
om. prA DF

Οὐκ ἄρα ὂν οὐδὲ μὴ ὂν δοξάζει; 5

Οὐ γάρ.

Οὔτε ἄρα ἄγνοια οὔτε γνῶσις δόξα ἂν εἴη;

Οὐκ ἔοικεν.

Ἆρ' οὖν ἐκτὸς τούτων ἐστίν, ὑπερβαίνουσα ἢ γνῶσιν

σαφηνείᾳ ἢ ἄγνοιαν ἀσαφείᾳ; 10

Οὐδέτερα.

Ἀλλ' ἆρα, ἦν δ' ἐγώ, γνώσεως μέν σοι φαίνεται δόξα

σκοτωδέστερον, ἀγνοίας δὲ φανότερον;

Καὶ πολύ γε, ἔφη.

Ἐντὸς δ' ἀμφοῖν κεῖται; d

Ναί.

Μεταξὺ ἄρα ἂν εἴη τούτοιν δόξα.

Κομιδῇ μὲν οὖν.

Οὐκοῦν ἔφαμεν ἐν τοῖς πρόσθεν, εἴ τι φανείη οἷον ἅμα ὄν τε 5

καὶ μὴ ὄν, τὸ τοιοῦτον μεταξὺ κεῖσθαι τοῦ εἰλικρινῶς ὄντος

τε καὶ τοῦ πάντως μὴ ὄντος, καὶ οὔτε ἐπιστήμην οὔτε ἄγνοιαν

ἐπ' αὐτῷ ἔσεσθαι, ἀλλὰ τὸ μεταξὺ αὖ φανὲν ἀγνοίας καὶ

ἐπιστήμης;

Ὀρθῶς. 10

Νῦν δέ γε πέφανται μεταξὺ τούτοιν ὃ δὴ καλοῦμεν δόξαν;

Πέφανται.

Ἐκεῖνο δὴ λείποιτ' ἂν ἡμῖν εὑρεῖν, ὡς ἔοικε, τὸ ἀμφοτέρων e

μετέχον, τοῦ εἶναί τε καὶ μὴ εἶναι, καὶ οὐδέτερον εἰλικρινὲς

ὀρθῶς ἂν προσαγορευόμενον, ἵνα, ἐὰν φανῇ, δοξαστὸν αὐτὸ

εἶναι ἐν δίκῃ προσαγορεύωμεν, τοῖς μὲν ἄκροις τὰ ἄκρα, τοῖς

δὲ μεταξὺ τὰ μεταξὺ ἀποδιδόντες. ἢ οὐχ οὕτως; 5

Οὕτω.

Τούτων δὴ ὑποκειμένων λεγέτω μοι, φήσω, καὶ ἀποκρι-

νέσθω ὁ χρηστὸς ὃς αὐτὸ μὲν καλὸν καὶ ἰδέαν τινὰ αὐτοῦ 479

κάλλους μηδεμίαν ἡγεῖται ἀεὶ κατὰ ταὐτὰ ὡσαύτως ἔχουσαν,

---

c10 σαφηνείαι AD: σαφῆ εἶναι F   c13 φανότερον A: φανερώτερον DF
d1 ἐντὸς A: ἐνὸς DF   479a1 μὲν AD: τὸ μὲν F   a2 ἡγεῖται Apc:
ἡγῆται F: ἡγηται prA D: ἥγηται Par.1810, fortasse recte   ἀεὶ DF: ἀεὶ
μὲν A

πολλὰ δὲ τὰ καλὰ νομίζει, ἐκεῖνος ὁ φιλοθεάμων καὶ οὐδαμῇ
ἀνεχόμενος ἄν τις ἓν τὸ καλὸν φῇ εἶναι καὶ δίκαιον καὶ τἆλλα
5 οὕτω. "Τούτων γὰρ δή, ὦ ἄριστε, φήσομεν, τῶν πολλῶν
καλῶν μῶν τι ἔστιν ὃ οὐκ αἰσχρὸν φανήσεται; καὶ τῶν
δικαίων, ὃ οὐκ ἄδικον; καὶ τῶν ὁσίων, ὃ οὐκ ἀνόσιον;"
    Οὔκ, ἀλλ' ἀνάγκη, ἔφη, καὶ καλά πως αὐτὰ καὶ αἰσχρὰ
b φανῆναι, καὶ ὅσα ἄλλα ἐρωτᾷς.
    Τί δὲ τὰ πολλὰ διπλάσια; ἧττόν τι ἡμίσεα ἢ διπλάσια
φαίνεται;
    Οὐδέν.
5 Καὶ μεγάλα δὴ καὶ σμικρὰ καὶ κοῦφα καὶ βαρέα μή τι
μᾶλλον ἃ ἂν φήσωμεν, ταῦτα προσρηθήσεται ἢ τἀναντία;
    Οὔκ, ἀλλ' ἀεί, ἔφη, ἕκαστον ἀμφοτέρων ἕξεται.
    Πότερον οὖν ἔστι μᾶλλον ἢ οὐκ ἔστιν ἕκαστον τῶν πολλῶν
τοῦτο ὃ ἄν τις φῇ αὐτὸ εἶναι;
10 Τοῖς ἐν ταῖς ἑστιάσεσιν, ἔφη, ἐπαμφοτερίζουσιν ἔοικεν, καὶ
c τῷ τῶν παίδων αἰνίγματι τῷ περὶ τοῦ εὐνούχου, τῆς βολῆς
πέρι τῆς νυκτερίδος, ᾧ καὶ ἐφ' οὗ αὐτὸν αὐτὴν αἰνίττονται
βαλεῖν· καὶ γὰρ ταῦτα ἐπαμφοτερίζειν, καὶ οὔτ' εἶναι οὔτε μὴ
εἶναι οὐδὲν αὐτῶν δυνατὸν παγίως νοῆσαι, οὔτε ἀμφότερα
5 οὔτε οὐδέτερον.
    Ἔχεις οὖν αὐτοῖς, ἦν δ' ἐγώ, ὅτι χρήσῃ, ἢ ὅποι θήσεις
καλλίω θέσιν τῆς μεταξὺ οὐσίας τε καὶ τοῦ μὴ εἶναι; οὔτε γάρ
που σκοτωδέστερα μὴ ὄντος πρὸς τὸ μᾶλλον μὴ εἶναι
φανήσεται, οὔτε φανότερα ὄντος πρὸς τὸ μᾶλλον εἶναι.
d   Ἀληθέστατα, ἔφη.
    Ηὑρήκαμεν ἄρα, ὡς ἔοικεν, ὅτι τὰ τῶν πολλῶν πολλὰ
νόμιμα καλοῦ τε πέρι καὶ τῶν ἄλλων μεταξύ που κυλινδεῖται
τοῦ τε μὴ ὄντος καὶ τοῦ ὄντος εἰλικρινῶς.
5   Ηὑρήκαμεν.

a7 ὃ om. F   b2 ἡμίσεα AD: ἡμίσυ [sic] F et a supra υ
b7 ἔχεται F   c2 ἀφ' οὗ Athen.   c3 ἐπαμφοτερίζει Bessarion
c4 αὐτῶν AD: αὐτὸ F   c6 ὅποι AD: ὅπη F   c9 φανότερα A:
φανερώτερα F (D deficit)   d4 εἰλικρινῶς Glauconi trib. A: in DF
nulla omnino distinctio

Προωμολογήσαμεν δέ γε, εἴ τι τοιοῦτον φανείη, δοξαστὸν
αὐτὸ ἀλλ' οὐ γνωστὸν δεῖν λέγεσθαι, τῇ μεταξὺ δυνάμει τὸ
μεταξὺ πλανητὸν ἁλισκόμενον.
Ὡμολογήκαμεν.

Τοὺς ἄρα πολλὰ καλὰ θεωμένους, αὐτὸ δὲ τὸ καλὸν μὴ   10
ὁρῶντας μηδ' ἄλλῳ ἐπ' αὐτὸ ἄγοντι δυναμένους ἕπεσθαι, καὶ   e
πολλὰ δίκαια, αὐτὸ δὲ τὸ δίκαιον μή, καὶ πάντα οὕτω,
δοξάζειν φήσομεν ἅπαντα, γιγνώσκειν δὲ ὧν δοξάζουσιν
οὐδέν.
Ἀνάγκη, ἔφη.   5

Τί δὲ αὖ τοὺς αὐτὰ ἕκαστα θεωμένους καὶ ἀεὶ κατὰ ταὐτὰ
ὡσαύτως ὄντα; ἆρ' οὐ γιγνώσκειν ἀλλ' οὐ δοξάζειν;
Ἀνάγκη καὶ ταῦτα.

Οὐκοῦν καὶ ἀσπάζεσθαί τε καὶ φιλεῖν τούτους μὲν ταῦτα
φήσομεν ἐφ' οἷς γνῶσίς ἐστιν, ἐκείνους δὲ ἐφ' οἷς δόξα; ἢ οὐ   480
μνημονεύομεν ὅτι φωνάς τε καὶ χρόας καλὰς καὶ τὰ τοιαῦτ'
ἔφαμεν τούτους φιλεῖν τε καὶ θεᾶσθαι, αὐτὸ δὲ τὸ καλὸν οὐδ'
ἀνέχεσθαι ὥς τι ὄν;
Μεμνήμεθα.   5

Μὴ οὖν τι πλημμελήσομεν φιλοδόξους καλοῦντες αὐτοὺς
μᾶλλον ἢ φιλοσόφους; καὶ ἆρα ἡμῖν σφόδρα χαλεπανοῦσιν ἂν
οὕτω λέγωμεν;
Οὔκ, ἄν γ' ἐμοὶ πείθωνται, ἔφη· τῷ γὰρ ἀληθεῖ χαλεπαίνειν
οὐ θέμις.   10

Τοὺς αὐτὸ ἄρα ἕκαστον τὸ ὂν ἀσπαζομένους φιλοσόφους
ἀλλ' οὐ φιλοδόξους κλητέον;
Παντάπασι μὲν οὖν.

480a1 ἐστιν om. Clem.   a6 πλημμελήσωμεν A, fortasse se ipse
correxit, certe corr. a   a7 χαλεπανοῦσιν AD Fpc: χαλεπαινουσιν [sic]
prF

a Οἱ μὲν δὴ φιλόσοφοι, ἦν δ᾽ ἐγώ, ὦ Γλαύκων, καὶ οἱ μή, διὰ
μακροῦ τινος διεξελθόντες λόγου μόγις πως ἀνεφάνησαν οἵ
εἰσιν ἑκάτεροι.

Ἴσως γάρ, ἔφη, διὰ βραχέος οὐ ῥάδιον.

5 Οὐ φαίνεται, εἶπον· ἐμοὶ γοῦν ἔτι δοκεῖ ἂν βελτιόνως
φανῆναι εἰ περὶ τούτου μόνου ἔδει ῥηθῆναι, καὶ μὴ πολλὰ
b τὰ λοιπὰ διελθεῖν μέλλοντι κατόψεσθαι τί διαφέρει βίος
δίκαιος ἀδίκου.

Τί οὖν, ἔφη, τὸ μετὰ τοῦτο ἡμῖν;

Τί δ᾽ ἄλλο, ἦν δ᾽ ἐγώ, ἢ τὸ ἑξῆς; ἐπειδὴ φιλόσοφοι μὲν οἱ
5 τοῦ ἀεὶ κατὰ ταὐτὰ ὡσαύτως ἔχοντος δυνάμενοι ἐφάπτεσθαι,
οἱ δὲ μὴ ἀλλ᾽ ἐν πολλοῖς καὶ παντοίως ἴσχουσιν πλανώμενοι
οὐ φιλόσοφοι, ποτέρους δὴ δεῖ πόλεως ἡγεμόνας εἶναι;

Πῶς οὖν λέγοντες ἂν αὐτό, ἔφη, μετρίως λέγοιμεν;

Ὁπότεροι ἄν, ἦν δ᾽ ἐγώ, δυνατοὶ φαίνωνται φυλάξαι
10 νόμους τε καὶ ἐπιτηδεύματα πόλεων, τούτους καθιστάναι
φύλακας.

Ὀρθῶς, ἔφη.

c Τόδε δέ, ἦν δ᾽ ἐγώ, ἆρα δῆλον, εἴτε τυφλὸν εἴτε ὀξὺ ὁρῶντα
χρὴ φύλακα τηρεῖν ὁτιοῦν;

Καὶ πῶς, ἔφη, οὐ δῆλον;

Ἦ οὖν δοκοῦσί τι τυφλῶν διαφέρειν οἱ τῷ ὄντι τοῦ ὄντος
5 ἑκάστου ἐστερημένοι τῆς γνώσεως, καὶ μηδὲν ἐναργὲς ἐν τῇ
ψυχῇ ἔχοντες παράδειγμα, μηδὲ δυνάμενοι ὥσπερ γραφῆς εἰς
τὸ ἀληθέστατον ἀποβλέποντες κἀκεῖσε ἀεὶ ἀναφέροντές τε
καὶ θεώμενοι ὡς οἷόν τε ἀκριβέστατα, οὕτω δὴ καὶ τὰ ἐνθάδε

484a2 διεξελθόντες F: διεξελθόντος AD: διεξελθοῦσι van Herwerden   οἵ
AD: οἵοί F   a5 βελτιόνως A: βέλτιον ὡς DF, fortasse βέλτιον antiqua
v.l. erat   a6 μόνου τούτου F   b4 ἑξῆς ADF: ἐξ ἀρχῆς Amg
b6 παντοίως Amg: πάντως ADF   b12 ὀρθῶς AD: δῆλον F   c4 ἢ
AD: εἰ F   τι om. D

νόμιμα καλῶν τε πέρι καὶ δικαίων καὶ ἀγαθῶν τίθεσθαί τε, d
ἐὰν δέῃ τίθεσθαι, καὶ τὰ κείμενα φυλάττοντες σῴζειν;
Οὐ μὰ τὸν Δία, ἦ δ' ὅς, οὐ πολύ τι διαφέρει.

Τούτους οὖν μᾶλλον φύλακας στησόμεθα ἢ τοὺς ἐγνωκό-
τας μὲν ἕκαστον τὸ ὄν, ἐμπειρίᾳ δὲ μηδὲν ἐκείνων ἐλλείπον- 5
τας μηδ' ἐν ἄλλῳ μηδενὶ μέρει ἀρετῆς ὑστεροῦντας;

Ἄτοπον μέντἄν, ἔφη, εἴη ἄλλους αἱρεῖσθαι, εἴ γε τἆλλα μὴ
ἐλλείποιντο· τούτῳ γὰρ αὐτῷ σχεδόν τι τῷ μεγίστῳ ἂν
προέχοιεν.

Οὐκοῦν τοῦτο δὴ λέγωμεν, τίνα τρόπον οἷοί τ' ἔσονται οἱ 485
αὐτοὶ κἀκεῖνα καὶ ταῦτα ἔχειν;

Πάνυ μὲν οὖν.

Ὃ τοίνυν ἀρχόμενοι τούτου τοῦ λόγου ἐλέγομεν, τὴν φύσιν
αὐτῶν πρῶτον δεῖν καταμαθεῖν, καὶ οἶμαι, ἐὰν ἐκείνην ἱκανῶς 5
ὁμολογήσωμεν, ὁμολογήσειν καὶ ὅτι οἷοί τε ταῦτα ἔχειν οἱ
αὐτοί, ὅτι τε οὐκ ἄλλους πόλεων ἡγεμόνας δεῖ εἶναι ἢ
τούτους.

⟨Καὶ⟩ πῶς;

Τοῦτο μὲν δὴ τῶν φιλοσόφων φύσεων πέρι ὡμολογήσθω 10
ἡμῖν ὅτι μαθήματός γε ἀεὶ ἐρῶσιν ὃ ἂν αὐτοῖς δηλοῖ ἐκείνης b
τῆς οὐσίας τῆς ἀεὶ οὔσης καὶ μὴ πλανωμένης ὑπὸ γενέσεως
καὶ φθορᾶς.

Ὁμολογήσθω.

Καὶ μήν, ἦν δ' ἐγώ, καὶ ὅτι πάσης αὐτῆς, καὶ οὔτε σμικροῦ 5
οὔτε μείζονος οὔτε τιμιωτέρου οὔτε ἀτιμοτέρου μέρους
ἑκόντες ἀφίενται, ὥσπερ ἐν τοῖς πρόσθεν περί τε τῶν
φιλοτίμων καὶ ἐρωτικῶν διήλθομεν.

Ὀρθῶς, ἔφη, λέγεις.

Τόδε τοίνυν μετὰ τοῦτο σκόπει, εἰ ἀνάγκη ἔχειν πρὸς 10
τούτῳ ἐν τῇ φύσει οἳ ἂν μέλλωσιν ἔσεσθαι οἵους ἐλέγομεν. c

d3 διαφέρειν Laur.80.19   d8 τοῦτο γὰρ αὐτὸ F   485a5 δεῖ F
ἐὰν AD: εἴ τι ἐὰν F   ἐκείνη F (nimirum dativum voluit)   a9 καὶ πῶς
scripsi: πῶς ADF   a10 τῆς φιλοσόφου φύσεως Themist.   ὁμολογείσθω
Themist.   b1–2 ἐκείνην τὴν οὐσίαν τὴν ἀεὶ οὖσαν καὶ μὴ πλανωμένην
Themist.   c1 ἐλέγομεν A: λέγομεν DF

Τὸ ποῖον;

Τὴν ἀψεύδειαν καὶ τὸ ἑκόντας εἶναι μηδαμῇ προσδέχεσθαι τὸ ψεῦδος ἀλλὰ μισεῖν, τὴν δ' ἀλήθειαν στέργειν.

5 Εἰκός γ', ἔφη.

Οὐ μόνον γε, ὦ φίλε, εἰκός, ἀλλὰ καὶ πᾶσα ἀνάγκη τὸν ἐρωτικῶς του φύσει ἔχοντα πᾶν τὸ συγγενές τε καὶ οἰκεῖον τῶν παιδικῶν ἀγαπᾶν.

Ὀρθῶς, ἔφη.

10 Ἦ οὖν οἰκειότερον σοφίᾳ τι ἀληθείας ἂν εὕροις;

Καὶ πῶς; ἦ δ' ὅς.

Ἦ οὖν δυνατὸν εἶναι τὴν αὐτὴν φύσιν φιλόσοφόν τε καὶ
d φιλοψευδῆ;

Οὐδαμῶς γε.

Τὸν ἄρα τῷ ὄντι φιλομαθῆ πάσης ἀληθείας δεῖ εὐθὺς ἐκ νέου ὅτι μάλιστα ὀρέγεσθαι.

5 Παντελῶς γε.

Ἀλλὰ μὴν ὅτῳ γε εἰς ἕν τι αἱ ἐπιθυμίαι σφόδρα ῥέπουσιν, ἴσμεν που ὅτι εἰς τἆλλα τούτῳ ἀσθενέστεραι, ὥσπερ ῥεῦμα ἐκεῖσε ἀπωχετευμένον.

Τί μήν;

10 Ὧι δὴ πρὸς τὰ μαθήματα καὶ πᾶν τὸ τοιοῦτον ἐρρυήκασιν, περὶ τὴν τῆς ψυχῆς, οἶμαι, ἡδονὴν αὐτῆς καθ' αὑτὴν εἶεν ἄν, τὰς δὲ διὰ τοῦ σώματος ἐκλείποιεν, εἰ μὴ πεπλασμένως ἀλλ'
e ἀληθῶς φιλόσοφός τις εἴη.

Μεγάλη ἀνάγκη.

Σώφρων μὴν ὅ γε τοιοῦτος καὶ οὐδαμῇ φιλοχρήματος· ὧν γὰρ ἕνεκα χρήματα μετὰ πολλῆς δαπάνης σπουδάζεται, ἄλλῳ
5 τινὶ μᾶλλον ἢ τούτῳ προσήκει σπουδάζειν.

Οὕτω.

486 Καὶ μήν που καὶ τόδε δεῖ σκοπεῖν, ὅταν κρίνειν μέλλῃς φύσιν φιλόσοφόν τε καὶ μή.

c10 ἂν ἀληθείας F   d8 ἀπωχετευμένον AD: ἀποχετευόμενον prF:
ἀποχετευόμεναι Fpc (cf. ἐπιθυμίαι . . . ἀποχετεύσονται Themist. 260a,
ἀποτετραμμέναι Themist. 270a)   d11 εἶεν A: εἰς ἕν D(u.v.) F
e5 τούτωι Apc DF: τοῦτο prA   προσήκει om. F   486a1 κρινεῖν
H. Richards

Τὸ ποῖον;

Μή σε λάθῃ μετέχουσα ἀνελευθερίας· ἐναντιώτατον γάρ
που σμικρολογία ψυχῇ μελλούσῃ τοῦ ὅλου καὶ παντὸς ἀεὶ 5
ἐπορέξεσθαι θείου τε καὶ ἀνθρωπίνου.

Ἀληθέστατα, ἔφη.

Ἧι οὖν ὑπάρχει διανοίᾳ μεγαλοπρέπεια καὶ θεωρία παντὸς
μὲν χρόνου, πάσης δὲ οὐσίας, οἷόν τε οἴει τούτῳ μέγα τι
δοκεῖν εἶναι τὸν ἀνθρώπινον βίον;   10

Ἀδύνατον, ἦ δ’ ὅς.

Οὐκοῦν καὶ θάνατον οὐ δεινόν τι ἡγήσεται ὁ τοιοῦτος;   b

Ἥκιστά γε.

Δειλῇ δὴ καὶ ἀνελευθέρῳ φύσει φιλοσοφίας ἀληθινῆς, ὡς
ἔοικεν, οὐκ ἂν μετείη.

Οὔ μοι δοκεῖ.   5

Τί οὖν; ὁ κόσμιος καὶ μὴ φιλοχρήματος μηδ’ ἀνελεύθερος
μηδ’ ἀλαζὼν μηδὲ δειλὸς ἔσθ’ ὅπῃ ἂν δυσσύμβολος ἢ ἄδικος
γένοιτο;

Οὐκ ἔστιν.

Καὶ τοῦτο δὴ ψυχὴν σκοπῶν φιλόσοφον καὶ μὴ εὐθὺς νέου 10
ὄντος ἐπισκέψῃ, εἰ ἄρα δικαία τε καὶ ἥμερος ἢ δυσκοινώνητος
καὶ ἀγρία.

Πάνυ μὲν οὖν.

Οὐ μὴν οὐδὲ τόδε παραλείψεις, ὡς ἐγῷμαι.   c

Τὸ ποῖον;

Εὐμαθὴς ἢ δυσμαθής. ἢ προσδοκᾷς ποτέ τινά τι ἱκανῶς ἂν
στέρξαι, ὃ πράττων ἂν ἀλγῶν τε πράττοι καὶ μόγις σμικρὸν
ἀνύτων;   5

Οὐκ ἂν γένοιτο.

Τί δ’ εἰ μηδὲν ὧν μάθοι σῴζειν δύναιτο, λήθης ὢν πλέως;
ἆρ’ ἂν οἷός τ’ εἴη ἐπιστήμης μὴ κενὸς εἶναι;

a4 μή σε AD Themist.: μή γε σε F: ἀλλὰ μή σε Anon. in Theaet.
μετέχουσα ἀνελευθερίας ADF Themist.: ἀνελευθεριότης προσοῦσα Anon. in
Theaet.   a8 ὧι . . . διάνοια μεγαλοπρεπής fere M.Aurel.   a9 οἷόν
τε ADF: ἆρα M.Aurel.   a10 δοκεῖν AD M.Aurel.: δοκεῖ F   b3 δὴ
A: δὲ DF   b12 τε καὶ Themist. (quid Π7 praebeat incertum)
c1 τόδε Π7 A Dpc F: τοῦτο prD   c3 τι Π7 AF: om. D
c7 ἀνάπλεως F

Καὶ πῶς;

10 Ἀνόνητα δὴ πονῶν οὐκ οἴει ἀναγκασθήσεται τελευτῶν
αὑτόν τε μισεῖν καὶ τὴν τοιαύτην πρᾶξιν;

Πῶς δ' οὔ;

d Ἐπιλήσμονα ἄρα ψυχὴν ἐν ταῖς ἱκανῶς φιλοσόφοις μή ποτε
ἐγκρίνωμεν, ἀλλὰ μνημονικὴν αὐτὴν ζητῶμεν δεῖν εἶναι.

Παντάπασι μὲν οὖν.

Ἀλλ' οὐ μὴν τό γε τῆς ἀμούσου τε καὶ ἀσχήμονος φύσεως
5 ἄλλοσέ ποι ἂν φαῖμεν ἕλκειν ἢ εἰς ἀμετρίαν.

Τί μήν;

Ἀλήθειαν δὲ ἀμετρίᾳ ἡγῇ συγγενῆ εἶναι ἢ ἐμμετρίᾳ;

Ἐμμετρίᾳ.

Ἔμμετρον ἄρα καὶ εὔχαριν ζητῶμεν πρὸς τοῖς ἄλλοις
10 διάνοιαν φύσει, ἣν ἐπὶ τὴν τοῦ ὄντος ἰδέαν ἑκάστου τὸ
αὐτοφυὲς εὐάγωγον παρέξει.

Πῶς δ' οὔ;

e Τί οὖν; μή πῃ δοκοῦμέν σοι οὐκ ἀναγκαῖα ἕκαστα
διεληλυθέναι καὶ ἑπόμενα ἀλλήλοις τῇ μελλούσῃ τοῦ ὄντος
ἱκανῶς τε καὶ τελέως ψυχῇ μεταλήψεσθαι;

487 Ἀναγκαιότατα μὲν οὖν, ἔφη.

Ἔστιν οὖν ὅπῃ μέμψῃ τοιοῦτον ἐπιτήδευμα, ὃ μή ποτ' ἄν
τις οἷός τε γένοιτο ἱκανῶς ἐπιτηδεῦσαι, εἰ μὴ φύσει εἴη
μνήμων, εὐμαθής, μεγαλοπρεπής, εὔχαρις, φίλος τε καὶ
5 συγγενὴς ἀληθείας, δικαιοσύνης, ἀνδρείας, σωφροσύνης;

Οὐδ' ἂν ὁ Μῶμος, ἔφη, τό γε τοιοῦτον μέμψαιτο.

Ἀλλ', ἦν δ' ἐγώ, τελεωθεῖσι τοῖς τοιούτοις παιδείᾳ τε καὶ
ἡλικίᾳ ἆρα οὐ μόνοις ἂν τὴν πόλιν ἐπιτρέποις;

b Καὶ ὁ Ἀδείμαντος, Ὦ Σώκρατες, ἔφη, πρὸς μὲν ταῦτά σοι
οὐδεὶς ἂν οἷός τ' εἴη ἀντειπεῖν. ἀλλὰ γὰρ τοιόνδε τι πάσχουσιν
οἱ ἀκούοντες ἑκάστοτε ἃ νῦν λέγεις· ἡγοῦνται δι' ἀπειρίαν τοῦ
ἐρωτᾶν καὶ ἀποκρίνεσθαι ὑπὸ τοῦ λόγου παρ' ἕκαστον τὸ

c10 ἀνόνητα Αγρ DF: ἀνόητα A   d5 ποίαν φαμὲν F
d8 ἐμμετρίᾳι om. F   487a4 τε AD Marin.: δὲ F   b3 ἃ νῦν
λέγεις AD: νῦν λέγεις F: ἃ ἂν λέγῃις Wilamowitz: ἃ νῦν ἡμεῖς Bamberg

ἐρώτημα σμικρὸν παραγόμενοι, ἀθροισθέντων τῶν σμικρῶν 5
ἐπὶ τελευτῆς τῶν λόγων μέγα τὸ σφάλμα καὶ ἐναντίον τοῖς
πρώτοις ἀναφαίνεσθαι, καὶ ὥσπερ ὑπὸ τῶν πεττεύειν δεινῶν,
οἱ μή, τελευτῶντες ἀποκλείονται καὶ οὐκ ἔχουσιν ὅτι
φέρωσιν, οὕτω καὶ σφεῖς τελευτῶντες ἀποκλείεσθαι καὶ οὐκ c
ἔχειν ὅτι λέγωσιν ὑπὸ πεττείας αὖ ταύτης τινὸς ἑτέρας, οὐκ
ἐν ψήφοις ἀλλ' ἐν λόγοις· ἐπεὶ τό γε ἀληθὲς οὐδέν τι μᾶλλον
ταύτῃ ἔχειν. λέγω δ' εἰς τὸ παρὸν ἀποβλέψας. νῦν γὰρ φαίη ἄν
τίς σοι λόγῳ μὲν οὐκ ἔχειν καθ' ἕκαστον τὸ ἐρωτώμενον 5
ἐναντιοῦσθαι, ἔργῳ δὲ ὁρᾶν, ὅσοι ἂν ἐπὶ φιλοσοφίαν ὁρμή-
σαντες μὴ τοῦ πεπαιδεῦσθαι ἕνεκα ἁψάμενοι νέοι ὄντες
ἀπαλλάττωνται, ἀλλὰ μακρότερον ἐνδιατρίψωσιν, τοὺς μὲν d
πλείστους καὶ πάνυ ἀλλοκότους γιγνομένους, ἵνα μὴ παμ-
πονήρους εἴπωμεν, τοὺς δ' ἐπιεικεστάτους δοκοῦντας ὅμως
τοῦτό γε ὑπὸ τοῦ ἐπιτηδεύματος οὗ σὺ ἐπαινεῖς πάσχοντας,
ἀχρήστους ταῖς πόλεσι γιγνομένους. 5

Καὶ ἐγὼ ἀκούσας, Οἴει οὖν, εἶπον, τοὺς ταῦτα λέγοντας
ψεύδεσθαι;

Οὐκ οἶδα, ἦ δ' ὅς, ἀλλὰ τὸ σοὶ δοκοῦν ἡδέως ἂν ἀκούοιμι.

Ἀκούοις ἂν ὅτι ἔμοιγε φαίνονται τἀληθῆ λέγειν.

Πῶς οὖν, ἔφη, εὖ ἔχει λέγειν ὅτι οὐ πρότερον κακῶν e
παύσονται αἱ πόλεις, πρὶν ἂν ἐν αὐταῖς οἱ φιλόσοφοι ἄρξωσιν,
οὓς ἀχρήστους ὁμολογοῦμεν αὐταῖς εἶναι;

Ἐρωτᾷς, ἦν δ' ἐγώ, ἐρώτημα δεόμενον ἀποκρίσεως δι'
εἰκόνος λεγομένης. 5

Σὺ δέ γε, ἔφη, οἶμαι οὐκ εἴωθας δι' εἰκόνων λέγειν.

Εἶεν, εἶπον· σκώπτεις ἐμβεβληκώς με εἰς λόγον οὕτω
δυσαπόδεικτον; ἄκουε δ' οὖν τῆς εἰκόνος, ἵν' ἔτι μᾶλλον ἴδῃς 488
ὡς γλίσχρως εἰκάζω. οὕτω γὰρ χαλεπὸν πάθος τῶν ἐπιει-
κεστάτων, ὃ πρὸς τὰς πόλεις πεπόνθασιν, ὥστε οὐδ' ἔστιν ἓν

---

b5 σμικρόν ⟨τι⟩ Cobet   παραγόμενοι Amg D: παραγενόμενοι AF
b7 ὥσπερ AF: ὡς D   c1 φέρωσιν Vind.1 Matr.4573: φέρουσιν
ADF   c4 ταύτην A   c5 τις A: τι DF   d3 δ' om. F   ὅμως
δὲ F   e7 σκώπτει D   488a2 πάθος A: τὸ πάθος DF: πλῆθος Αγρ:
τὸ πλῆθος Αγρρc

οὐδὲν ἄλλο τοιοῦτον πεπονθός, ἀλλὰ δεῖ ἐκ πολλῶν αὐτὸ
5 συναγαγεῖν εἰκάζοντα καὶ ἀπολογούμενον ὑπὲρ αὐτῶν, οἷον
οἱ γραφῆς τραγελάφους καὶ τὰ τοιαῦτα μειγνύντες γράφουσιν.
νόησον γὰρ τοιουτονὶ γενόμενον εἴτε πολλῶν νεῶν πέρι εἴτε
μιᾶς· ναύκληρον μεγέθει μὲν καὶ ῥώμῃ ὑπὲρ τοὺς ἐν τῇ νηὶ
b πάντας, ὑπόκωφον δὲ καὶ ὁρῶντα ὡσαύτως βραχύ τι καὶ
γιγνώσκοντα περὶ ναυτικῶν ἕτερα τοιαῦτα, τοὺς δὲ ναύτας
στασιάζοντας πρὸς ἀλλήλους περὶ τῆς κυβερνήσεως, ἕκαστον
οἰόμενον δεῖν κυβερνᾶν, μήτε μαθόντα πώποτε τὴν τέχνην
5 μήτε ἔχοντα ἀποδεῖξαι διδάσκαλον ἑαυτοῦ μηδὲ χρόνον ἐν ᾧ
ἐμάνθανεν, πρὸς δὲ τούτοις φάσκοντας μηδὲ διδακτὸν εἶναι,
ἀλλὰ καὶ τὸν λέγοντα ὡς διδακτὸν ἑτοίμους κατατέμνειν,
c αὐτοὺς δὲ αὐτῷ ἀεὶ τῷ ναυκλήρῳ περικεχύσθαι δεομένους καὶ
πάντα ποιοῦντας ὅπως ἂν σφίσι τὸ πηδάλιον ἐπιτρέψῃ, ἐνίοτε
δ' ἂν μὴ πείθωσιν ἀλλὰ ἄλλοι μᾶλλον, τοὺς μὲν ἄλλους ἢ
ἀποκτεινύντας ἢ ἐκβάλλοντας ἐκ τῆς νεώς, τὸν δὲ γενναῖον
5 ναύκληρον μανδραγόρᾳ ἢ μέθῃ ἤ τινι ἄλλῳ συμποδίσαντας
τῆς νεὼς ἄρχειν χρωμένους τοῖς ἐνοῦσι, καὶ πίνοντάς τε καὶ
εὐωχουμένους πλεῖν ὡς τὸ εἰκὸς τοὺς τοιούτους, πρὸς δὲ
d τούτοις ἐπαινοῦντας ναυτικὸν μὲν καλοῦντας καὶ κυβερνητι-
κὸν καὶ ἐπιστάμενον τὰ κατὰ ναῦν, ὃς ἂν συλλαμβάνειν δεινὸς
ᾖ ὅπως ἄρξουσιν ἢ πείθοντες ἢ βιαζόμενοι τὸν ναύκληρον, τὸν
δὲ μὴ τοιοῦτον ψέγοντας ὡς ἄχρηστον, τοῦ δὲ ἀληθινοῦ
5 κυβερνήτου πέρι μηδ' ἐπαΐοντες, ὅτι ἀνάγκη αὐτῷ τὴν
ἐπιμέλειαν ποιεῖσθαι ἐνιαυτοῦ καὶ ὡρῶν καὶ οὐρανοῦ καὶ
ἄστρων καὶ πνευμάτων καὶ πάντων τῶν τῇ τέχνῃ προση-
κόντων, εἰ μέλλει τῷ ὄντι νεὼς ἀρχικὸς ἔσεσθαι, ὅπως δὲ
κυβερνήσει ἐάντε τινὲς βούλωνται ἐάντε μή, μήτε τέχνην
e τούτου μήτε μελέτην οἰόμενοι δυνατὸν εἶναι λαβεῖν ἅμα καὶ
τὴν κυβερνητικήν. τοιούτων δὴ περὶ τὰς ναῦς γιγνομένων τὸν

a4 πεπονθός Apc: πεπονθώς prA DF   a5 ὑπεραπολογούμενον F
a7 τοιοῦτον F, fortasse e corr.   c4 ἐκβαλόντας Par.1642   c7 πλεῖν
ὡς A: πλεῖον ὡς D: πλεῖον εἰς F   d4 ψέγοντες L. Reinhard
d5 πέρι om. F, spatio vacuo relicto   ἐπαΐοντας Scor.y.1.13pc   d7 τῆι
om. F   d9 κυβερνήσῃ F   e2 τοιοῦτον . . . γιγνόμενον F

ὡς ἀληθῶς κυβερνητικὸν οὐχ ἡγῇ ἂν τῷ ὄντι μετεωροσκόπον
τε καὶ ἀδολέσχην καὶ ἄχρηστον σφίσι καλεῖσθαι ὑπὸ τῶν ἐν **489**
ταῖς οὕτω κατεσκευασμέναις ναυσὶ πλωτήρων;

Καὶ μάλα, ἔφη ὁ Ἀδείμαντος.

Οὐ δή, ἦν δ' ἐγώ, οἶμαι δεῖσθαί σε ἐξεταζομένην τὴν εἰκόνα
ἰδεῖν, ὅτι ταῖς πόλεσι πρὸς τοὺς ἀληθινοὺς φιλοσόφους τὴν   5
διάθεσιν ἔοικεν, ἀλλὰ μανθάνειν ὃ λέγω.

Καὶ μάλ', ἔφη.

Πρῶτον μὲν τοίνυν ἐκεῖνον τὸν θαυμάζοντα ὅτι οἱ φιλόσο-
φοι οὐ τιμῶνται ἐν ταῖς πόλεσι δίδασκέ τε τὴν εἰκόνα καὶ
πειρῶ πείθειν ὅτι πολὺ ἂν θαυμαστότερον ἦν εἰ ἐτιμῶντο.   **b**

Ἀλλὰ διδάξω, ἔφη.

Καὶ ὅτι τοίνυν τἀληθῆ λέγεις, ὡς ἄχρηστοι τοῖς πολλοῖς οἱ
ἐπιεικέστατοι τῶν ἐν φιλοσοφίᾳ· τῆς μέντοι ἀχρηστίας τοὺς
μὴ χρωμένους κέλευε αἰτιᾶσθαι, ἀλλὰ μὴ τοὺς ἐπιεικεῖς. οὐ   5
γὰρ ἔχει φύσιν κυβερνήτην ναυτῶν δεῖσθαι ἄρχεσθαι ὑφ'
αὑτοῦ οὐδὲ τοὺς σοφοὺς ἐπὶ τὰς τῶν πλουσίων θύρας ἰέναι,
ἀλλ' ὁ τοῦτο κομψευσάμενος ἐψεύσατο, τὸ δὲ ἀληθὲς πέφυκεν,
ἐάντε πλούσιος ἐάντε πένης κάμνῃ, ἀναγκαῖον εἶναι ἐπὶ
ἰατρῶν θύρας ἰέναι καὶ πάντα τὸν ἄρχεσθαι δεόμενον ἐπὶ   **c**
τὰς τοῦ ἄρχειν δυναμένου, οὐ τὸν ἄρχοντα δεῖσθαι τῶν
ἀρχομένων ἄρχεσθαι, οὗ ἂν τῇ ἀληθείᾳ τι ὄφελος ᾖ. ἀλλὰ
τοὺς νῦν πολιτικοὺς ἄρχοντας ἀπεικάζων οἷς ἄρτι ἐλέγομεν
ναύταις οὐχ ἁμαρτήσῃ, καὶ τοὺς ὑπὸ τούτων ἀχρήστους   5
λεγομένους καὶ μετεωρολέσχας τοῖς ὡς ἀληθῶς κυβερνήταις.

Ὀρθότατα, ἔφη.

Ἔκ τε τοίνυν τούτων καὶ ἐν τούτοις οὐ ῥᾴδιον εὐδοκιμεῖν
τὸ βέλτιστον ἐπιτήδευμα ὑπὸ τῶν τἀναντία ἐπιτηδευόντων·   **d**
πολὺ δὲ μεγίστη καὶ ἰσχυροτάτη διαβολὴ γίγνεται φιλοσοφίᾳ
διὰ τοὺς τὰ τοιαῦτα φάσκοντας ἐπιτηδεύειν, οὓς δὴ σὺ φῂς
τὸν ἐγκαλοῦντα τῇ φιλοσοφίᾳ λέγειν ὡς παμπόνηροι οἱ
πλεῖστοι τῶν ἰόντων ἐπ' αὐτήν, οἱ δὲ ἐπιεικέστατοι ἄχρηστοι,   5
καὶ ἐγὼ συνεχώρησα ἀληθῆ σε λέγειν. ἦ γάρ;

e3 μετεωροκόπον Porson   489a4 σε AD: σοι F   a5 τὴν AD: διὰ
τὴν F   b9 ἀναγκαίων D   c6 ὡς om. F   d6 ἀληθῆ σε A: ἀληθές
τε DF

Ναί.

Οὐκοῦν τῆς μὲν τῶν ἐπιεικῶν ἀχρηστίας τὴν αἰτίαν διεληλύθαμεν;

10 Καὶ μάλα.

Τῆς δὲ τῶν πολλῶν πονηρίας τὴν ἀνάγκην βούλει τὸ μετὰ
e τοῦτο διέλθωμεν, καὶ ὅτι οὐδὲ τούτου φιλοσοφία αἰτία, ἂν
δυνώμεθα, πειραθῶμεν δεῖξαι;

Πάνυ μὲν οὖν.

Ἀκούωμεν δὴ καὶ λέγωμεν ἐκεῖθεν ἀναμνησθέντες, ὅθεν
5 διῇμεν τὴν φύσιν οἷον ἀνάγκη φῦναι τὸν καλόν τε κἀγαθὸν
490 ἐσόμενον. ἡγεῖτο δ᾽ αὐτῷ, εἰ νῷ ἔχεις, πρῶτον μὲν ἀλήθεια,
ἣν διώκειν αὐτὸν πάντως καὶ πάντῃ ἔδει ἢ ἀλαζόνι ὄντι
μηδαμῇ μετεῖναι φιλοσοφίας ἀληθινῆς.

Ἦν γὰρ οὕτω λεγόμενον.

5 Οὐκοῦν ἓν μὲν τοῦτο σφόδρα οὕτω παρὰ δόξαν τοῖς νῦν
δοκουμένοις περὶ αὐτοῦ;

Καὶ μάλα, ἔφη.

Ἆρ᾽ οὖν δὴ οὐ μετρίως ἀπολογησόμεθα ὅτι πρὸς τὸ ὂν
πεφυκὼς εἴη ἁμιλλᾶσθαι ὅ γε ὄντως φιλομαθής, καὶ οὐκ
b ἐπιμένοι ἐπὶ τοῖς δοξαζομένοις εἶναι πολλοῖς ἑκάστοις, ἀλλ᾽
ἴοι καὶ οὐκ ἀμβλύνοιτο οὐδ᾽ ἀπολήγοι τοῦ ἔρωτος, πρὶν αὐτοῦ
ὅ ἐστιν ἑκάστου τῆς φύσεως ἅψασθαι ᾧ προσήκει ψυχῆς
ἐφάπτεσθαι τοῦ τοιούτου, προσήκει δὲ συγγενεῖ, ᾧ πλησιά-
5 σας καὶ μιγεὶς τῷ ὄντι ὄντως, γεννήσας νοῦν καὶ ἀλήθειαν,
γνοίη τε καὶ ἀληθῶς ζῴη καὶ τρέφοιτο καὶ οὕτω λήγοι
ὠδῖνος, πρὶν δ᾽ οὔ;

Ὡς οἷόν τ᾽, ἔφη, μετριώτατα.

Τί οὖν; τούτῳ τι μετέσται ψεῦδος ἀγαπᾶν ἢ πᾶν τοὐναντίον
10 μισεῖν;

c Μισεῖν, ἔφη.

Ἡγουμένης δὴ ἀληθείας οὐκ ἄν ποτε, οἶμαι, φαμὲν αὐτῇ
χορὸν κακῶν ἀκολουθῆσαι.

490a1 αὐτῶν F   a8 ἀπελογησάμεθα Astius   b1 ἐπιμένει F
b3 ἕκαστον J. L. V. Hartman   b6 ζώῃ τε καὶ F   οὕτω δὴ F   λήγῃ F,
ex v.l. λήγει fortasse corruptum   b9 τούτωι τί AD: τι τούτω F
c2 δὴ ADF: δὲ Stob.   φαμὲν F Stob.: φαῖμεν AD

Πῶς γάρ;

Ἀλλ' ὑγιές τε καὶ δίκαιον ἦθος, ᾧ καὶ σωφροσύνην ἕπε- 5
σθαι.

Ὀρθῶς, ἔφη.

Καὶ δὴ τὸν ἄλλον τῆς φιλοσόφου φύσεως χορὸν τί δεῖ πάλιν
ἐξ ἀρχῆς ἀναγκάζοντα τάττειν; μέμνησαι γάρ που ὅτι συνέβη
προσῆκον τούτοις ἀνδρεία, μεγαλοπρέπεια, εὐμάθεια, μνήμη· 10
καὶ σοῦ ἐπιλαβομένου ὅτι πᾶς μὲν ἀναγκασθήσεται ὁμολογεῖν
οἷς λέγομεν, ἐάσας δὲ τοὺς λόγους, εἰς αὐτοὺς ἀποβλέψας d
περὶ ὧν ὁ λόγος, φαίη ὁρᾶν αὐτῶν τοὺς μὲν ἀχρήστους, τοὺς
δὲ πολλοὺς κακοὺς πᾶσαν κακίαν, τῆς διαβολῆς τὴν αἰτίαν
ἐπισκοποῦντες ἐπὶ τούτῳ νῦν γεγόναμεν, τί ποθ' οἱ πολλοὶ
κακοί· καὶ τούτου δὴ ἕνεκα πάλιν ἀνειλήφαμεν τὴν τῶν 5
ἀληθῶς φιλοσόφων φύσιν καὶ ἐξ ἀνάγκης ὡρισάμεθα.

Ἔστιν, ἔφη, ταῦτα.

Ταύτης δή, ἦν δ' ἐγώ, τῆς φύσεως δεῖ θεάσασθαι τὰς e
φθοράς, ὡς διόλλυται ἐν πολλοῖς, σμικρὸν δέ τι ἐκφεύγει, οὓς
δὴ καὶ οὐ πονηρούς, ἀχρήστους δὲ καλοῦσι· καὶ μετὰ τοῦτο
αὖ τὰς μιμουμένας ταύτην καὶ εἰς τὸ ἐπιτήδευμα καθιστα- 491
μένας αὐτῆς, οἷαι οὖσαι φύσεις ψυχῶν εἰς ἀνάξιον καὶ μεῖζον
ἑαυτῶν ἀφικνούμεναι ἐπιτήδευμα, πολλαχῇ πλημμελοῦσαι,
πανταχῇ καὶ ἐπὶ πάντας δόξαν οἵαν λέγεις φιλοσοφίᾳ
προσῆψαν.   5

Τίνας δέ, ἔφη, τὰς διαφθορὰς λέγεις;

Ἐγώ σοι, εἶπον, ἂν οἷός τε γένωμαι, πειράσομαι διελθεῖν.
τόδε μὲν οὖν, οἶμαι, πᾶς ἡμῖν ὁμολογήσει, τοιαύτην φύσιν καὶ
πάντα ἔχουσαν ὅσα προσετάξαμεν νυνδή, εἰ τελέως μέλλοι
φιλόσοφος γενέσθαι, ὀλιγάκις ἐν ἀνθρώποις φύεσθαι καὶ b
ὀλίγας. ἢ οὐκ οἴει;

Σφόδρα γε.

d2 φαίη ⟨ἂν⟩ Astius   μὲν om. A   d3 τῆς διαβολῆς AF: τῆς ἤδη
διαβολῆς D: τῆς διαβολῆς ἤδη Adam   d4 τούτων F   491a2 οἵων
J. L. V. Hartman   a7 πειράσωμαι F, fortasse pc   a8 ὁμολογῆσαι F
a9 μέλλει prA

Τούτων δὴ τῶν ὀλίγων σκόπει ὡς πολλοὶ ὄλεθροι καὶ
5 μεγάλοι.

Τίνες δή;

Ὁ μὲν πάντων θαυμαστότατον ἀκοῦσαι, ὅτι ἓν ἕκαστον ὧν
ἐπῃνέσαμεν τῆς φύσεως ἀπόλλυσι τὴν ἔχουσαν ψυχὴν καὶ
ἀποσπᾷ φιλοσοφίας. λέγω δὲ ἀνδρείαν, σωφροσύνην, καὶ
10 πάντα ἃ διήλθομεν.

Ἄτοπον, ἔφη, ἀκοῦσαι.

c   Ἔτι τοίνυν, ἦν δ' ἐγώ, πρὸς τούτοις τὰ λεγόμενα ἀγαθὰ
πάντα φθείρει καὶ ἀποσπᾷ, κάλλος καὶ πλοῦτος καὶ ἰσχὺς
σώματος καὶ συγγένεια ἐρρωμένη ἐν πόλει καὶ πάντα τὰ
τούτων οἰκεῖα· ἔχεις γὰρ τὸν τύπον ὧν λέγω.

5   Ἔχω, ἔφη· καὶ ἡδέως γ' ἂν ἀκριβέστερον ἃ λέγεις
πυθοίμην.

Λαβοῦ τοίνυν, ἦν δ' ἐγώ, ὅλου αὐτοῦ ὀρθῶς, καί σοι
εὔδηλόν τε φανεῖται καὶ οὐκ ἄτοπα δόξει τὰ προειρημένα
περὶ αὐτῶν.

10   Πῶς οὖν, ἔφη, κελεύεις;

d   Παντός, ἦν δ' ἐγώ, σπέρματος πέρι ἢ φυτοῦ, εἴτε ἐγγείων
εἴτε τῶν ζῴων, ἴσμεν ὅτι τὸ μὴ τυχὸν τροφῆς ἧς προσήκει
ἑκάστῳ μηδ' ὥρας μηδὲ τόπου, ὅσῳ ἂν ἐρρωμενέστερον ᾖ,
τοσούτῳ πλειόνων ἐνδεῖ τῶν πρεπόντων· ἀγαθῷ γάρ που
5 κακὸν ἐναντιώτερον ἢ τῷ μὴ ἀγαθῷ.

Πῶς δ' οὔ;

Ἔχει δή, οἶμαι, λόγον τὴν ἀρίστην φύσιν ἐν ἀλλοτριωτέρᾳ
οὖσαν τροφῇ κάκιον ἀπαλλάττειν τῆς φαύλης.

Ἔχει.

10   Οὐκοῦν, ἦν δ' ἐγώ, ὦ Ἀδείμαντε, καὶ τὰς ψυχὰς οὕτω
e   φῶμεν τὰς εὐφυεστάτας κακῆς παιδαγωγίας τυχούσας δια-
φερόντως κακὰς γίγνεσθαι; ἢ οἴει τὰ μεγάλα ἀδικήματα καὶ
τὴν ἄκρατον πονηρίαν ἐκ φαύλης ἀλλ' οὐκ ἐκ νεανικῆς φύσεως

c5 γ' ἂν AD: γὰρ F   c9 αὐτῶν A: αὐτοῦ DF   d1 πάντως A
d2 τῶν prA DF Stob.: των Apc: om. H. Richards   d3 ἑκάστωι om.
Stob.   d4 που ADF Stob.: om. Ammon.   d8 κάκιον AF: κακίον
D: κακιῶν Stob.: κακίον' Boeckh   d10–e1 φῶμεν οὕτω Stob.

τροφῇ διολομένης γίγνεσθαι, ἀσθενῆ δὲ φύσιν μεγάλων οὔτε
ἀγαθῶν οὔτε κακῶν αἰτίαν ποτὲ ἔσεσθαι; 5
Οὔκ, ἀλλά, ἦ δ' ὅς, οὕτως.

Ἦν τοίνυν ἔθεμεν τοῦ φιλοσόφου φύσιν, ἂν μέν, οἶμαι, 492
μαθήσεως προσηκούσης τύχῃ, εἰς πᾶσαν ἀρετὴν ἀνάγκη
αὐξανομένην ἀφικνεῖσθαι, ἐὰν δὲ μὴ ἐν προσηκούσῃ σπαρεῖσά
τε καὶ φυτευθεῖσα τρέφηται, εἰς πάντα τἀναντία αὖ, ἐὰν μή
τις αὐτῇ βοηθήσας θεῶν τύχῃ. ἢ καὶ σὺ ἡγῇ, ὥσπερ οἱ 5
πολλοί, διαφθειρομένους τινὰς εἶναι ὑπὸ σοφιστῶν νέους,
διαφθείροντας δέ τινας σοφιστὰς ἰδιωτικούς, ὅτι καὶ ἄξιον
λόγου, ἀλλ' οὐκ αὐτοὺς τοὺς ταῦτα λέγοντας μεγίστους μὲν b
εἶναι σοφιστάς, παιδεύειν δὲ τελεώτατα καὶ ἀπεργάζεσθαι
οἵους βούλονται εἶναι καὶ νέους καὶ πρεσβυτέρους καὶ ἄνδρας
καὶ γυναῖκας;
Πότε δή; ἦ δ' ὅς. 5

Ὅταν, εἶπον, συγκαθεζόμενοι ἁθρόοι πολλοὶ εἰς ἐκκλησίας
ἢ εἰς δικαστήρια ἢ θέατρα ἢ στρατόπεδα ἤ τινα ἄλλον κοινὸν
πλήθους σύλλογον σὺν πολλῷ θορύβῳ τὰ μὲν ψέγωσι τῶν
λεγομένων ἢ πραττομένων, τὰ δὲ ἐπαινῶσιν, ὑπερβαλλόντως
ἑκάτερα, καὶ ἐκβοῶντες καὶ κροτοῦντες, πρὸς δ' αὐτοῖς αἵ τε c
πέτραι καὶ ὁ τόπος ἐν ᾧ ἂν ὦσιν ἐπηχοῦντες διπλάσιον
θόρυβον παρέχωσι τοῦ ψόγου καὶ ἐπαίνου. ἐν δὴ τῷ τοιούτῳ
τὸν νέον, τὸ λεγόμενον, τίνα οἴει καρδίαν ἴσχειν; ἢ ποίαν [ἂν]
αὐτῷ παιδείαν ἰδιωτικὴν ἀνθέξειν, ἣν οὐ κατακλυσθεῖσαν ὑπὸ 5
τοῦ τοιούτου ψόγου ἢ ἐπαίνου οἰχήσεσθαι φερομένην κατὰ
ῥοῦν ᾗ ἂν οὗτος φέρῃ; καὶ φήσειν τε τὰ αὐτὰ τούτοις καλὰ καὶ
αἰσχρὰ εἶναι, καὶ ἐπιτηδεύσειν ἅπερ ἂν οὗτοι, καὶ ἔσεσθαι
τοιοῦτον;
Πολλή, ἦ δ' ὅς, ὦ Σώκρατες, ἀνάγκη. d

e4 διολομένης Fpc   e5 ποτε αἰτίαν Stob.   492b2 δὲ AD: τὲ F
b8 ψέγουσι F   b9 ἐπαινοῦσιν F   c1 ἐπιβοῶντες Wilamowitz
αὐτοῖς secl. J. L. V. Hartman   c3 παρέχουσι F   τε καὶ F   δὴ AD:
δὲ F   c4 τίν' ἂ⟨ν⟩ οἴει Bywater   καρδία D, fortasse dativum voluit
ἴσχειν AD: ἰέχειν [sic] F, fortasse ex v.l. ἔχειν contaminatum   ἂν ADF:
secl. Cobet   c5 ἰδιώτην F   c8 ἐπιτηδεύσειν AD Fsl: ἐπιτηδεύειν F

Καὶ μήν, ἦν δ' ἐγώ, οὔπω τὴν μεγίστην ἀνάγκην εἰρήκαμεν.

Ποίαν; ἔφη.

5 Ἦν ἔργῳ προστιθέασι λόγῳ μὴ πείθοντες οὗτοι οἱ παιδευταί τε καὶ σοφισταί. ἢ οὐκ οἶσθα ὅτι τὸν μὴ πειθόμενον ἀτιμίαις τε καὶ χρήμασι καὶ θανάτοις κολάζουσι;

Καὶ μάλα, ἔφη, σφόδρα.

Τίνα οὖν ἄλλον σοφιστὴν οἴει ἢ ποίους ἰδιωτικοὺς λόγους
10 ἐναντία τούτοις τείνοντας κρατήσειν;

e Οἶμαι μὲν οὐδένα, ἦ δ' ὅς.

Οὐ γάρ, ἦν δ' ἐγώ, ἀλλὰ καὶ τὸ ἐπιχειρεῖν πολλὴ ἄνοια. οὔτε γὰρ γίγνεται οὔτε γέγονεν οὐδὲ οὖν μὴ γένηται ἀλλοῖον ἦθος πρὸς ἀρετὴν παρὰ τὴν τούτων παιδείαν πεπαιδευμένον,
5 ἀνθρώπειον, ὦ ἑταῖρε· θεῖον μέντοι κατὰ τὴν παροιμίαν ἐξαιρῶμεν λόγου· εὖ γὰρ χρὴ εἰδέναι, ὅτιπερ ἂν σωθῇ τε
493 καὶ γένηται οἷον δεῖ ἐν τοιαύτῃ καταστάσει πολιτειῶν, θεοῦ μοῖραν αὐτὸ σῶσαι λέγων οὐ κακῶς ἐρεῖς.

Οὐδ' ἐμοὶ ἄλλως, ἔφη, δοκεῖ.

Ἔτι τοίνυν σοι, ἦν δ' ἐγώ, πρὸς τούτοις καὶ τόδε δοξάτω.

5 Τὸ ποῖον;

Ἕκαστος τῶν μισθαρνούντων ἰδιωτῶν, οὓς δὴ οὗτοι σοφιστὰς καλοῦσι καὶ ἀντιτέχνους ἡγοῦνται, μὴ ἄλλα παιδεύειν ἢ ταῦτα τὰ τῶν πολλῶν δόγματα, ἃ δοξάζουσιν ὅταν ἀθροισθῶσιν, καὶ σοφίαν ταύτην καλεῖν. οἷόνπερ ἂν εἰ
10 θρέμματος μεγάλου καὶ ἰσχυροῦ τρεφομένου τὰς ὀργάς τις
b καὶ ἐπιθυμίας κατεμάνθανεν, ὅπῃ τε προσελθεῖν χρὴ καὶ ὅπῃ ἅψασθαι αὐτοῦ, καὶ ὁπότε χαλεπώτατον, ἢ πραότατον, καὶ ἐκ τίνων γίγνεται, καὶ φωνὰς δὴ ἐφ' οἷς ἑκάστας εἴωθεν φθέγγεσθαι, καὶ οἵας αὖ ἄλλου φθεγγομένου ἡμεροῦταί τε
5 καὶ ἀγριαίνει, καταμαθὼν δὲ ταῦτα πάντα συνουσίᾳ τε καὶ χρόνου τριβῇ σοφίαν τε καλέσειεν καὶ ὡς τέχνην συστησά-

d6 τὸν DF: τὸ A   e2 ἦν δ' ἐγώ om. D   e3 ἀλλοῖον ADF: ἄμεινον Vermehren, alii alia   493a6 οὓς δὴ AD: ὅτε δὴ F, ex v.l. οὓς τε δὴ fortasse ortum   a8 δόγματα om. F   b3 ἑκάστας Groen van Prinsterer: ἕκαστος ADF: ἑκάστοτε Vind.1 Matr.4573

μενος ἐπὶ διδασκαλίαν τρέποιτο, μηδὲν εἰδὼς τῇ ἀληθείᾳ
τούτων τῶν δογμάτων τε καὶ ἐπιθυμιῶν ὅτι καλὸν ἢ αἰσχρὸν
ἢ ἀγαθὸν ἢ κακὸν ἢ δίκαιον ἢ ἄδικον, ὀνομάζοι δὲ πάντα c
ταῦτα ἐπὶ ταῖς τοῦ μεγάλου ζῴου δόξαις, οἷς μὲν χαίροι
ἐκεῖνο ἀγαθὰ καλῶν, οἷς δὲ ἄχθοιτο κακά, ἄλλον δὲ μηδένα
ἔχοι λόγον περὶ αὐτῶν, ἀλλὰ τἀναγκαῖα δίκαια καλοῖ καὶ
καλά, τὴν δὲ τοῦ ἀναγκαίου καὶ ἀγαθοῦ φύσιν, ὅσον διαφέρει 5
τῷ ὄντι, μήτε ἑωρακὼς εἴη μήτε ἄλλῳ δυνατὸς δεῖξαι,
τοιοῦτος δὴ ὢν πρὸς Διὸς οὐκ ἄτοπος ἄν σοι δοκεῖ εἶναι
παιδευτής;

Ἔμοιγ᾽, ἔφη.

Ἦ οὖν τι τούτου δοκεῖ διαφέρειν ὁ τὴν τῶν πολλῶν καὶ 10
παντοδαπῶν συνιόντων ὀργὴν καὶ ἡδονὰς κατανενοηκέναι d
σοφίαν ἡγούμενος, εἴτ᾽ ἐν γραφικῇ εἴτ᾽ ἐν μουσικῇ εἴτε δὴ
ἐν πολιτικῇ; ὅτι μὲν γὰρ ἐάν τις τούτοις ὁμιλῇ ἐπιδεικνύμε-
νος, ἢ ποίησιν ἤ τινα ἄλλην δημιουργίαν ἢ πόλει διακονίαν,
κυρίους αὑτοῦ ποιῶν τοὺς πολλούς, πέρα τῶν ἀναγκαίων, ἡ 5
Διομήδεια λεγομένη ἀνάγκη ποιεῖν αὐτῷ ταῦτα ἃ ἂν οὗτοι
ἐπαινῶσιν· ὡς δὲ καὶ ἀγαθὰ καὶ καλὰ ταῦτα τῇ ἀληθείᾳ, ἤδη
πώποτέ του ἤκουσας αὐτῶν λόγον διδόντος οὐ καταγέλαστον;

Οἶμαι δέ γε, ἦ δ᾽ ὅς, οὐδ᾽ ἀκούσομαι. e

Ταῦτα τοίνυν πάντα ἐννοήσας ἐκεῖνο ἀναμνήσθητι· αὐτὸ τὸ
καλὸν ἀλλὰ μὴ τὰ πολλὰ καλά, ἢ αὐτό τι ἕκαστον καὶ μὴ τὰ
πολλὰ ἕκαστα, ἔσθ᾽ ὅπως πλῆθος ἀνέξεται ἢ ἡγήσεται εἶναι; 494

Ἥκιστά γ᾽, ἔφη.

Φιλόσοφον μὲν ἄρα, ἦν δ᾽ ἐγώ, πλῆθος ἀδύνατον εἶναι.

Ἀδύνατον.

Καὶ τοὺς φιλοσοφοῦντας ἄρα ἀνάγκη ψέγεσθαι ὑπ᾽ αὐτῶν. 5

Ἀνάγκη.

---

b7 τράποιτο Cobet   c1 ὀνομάζοι δὲ AD: ὀνομάζεται prF: ὀνομάζει τε
Fpc   c1–2 πάντα ταῦτα AD: ταῦτα πάντα F   c2 χαίρει F
c3 ἀγαθὰ A: ἀγαθὸν DF   c4 ἔχει F   καλεῖ F   c10 τι τούτου AD:
τοῦτο F   d3 ἐάν ADF: ἄν Adam   d6 διομήδεια DF Schol.:
διομηδεία A   d7 καὶ ἀγαθὰ καὶ καλὰ AD: καλὰ καὶ ἀγαθὰ F
e2 πάντα τοίνυν ταῦτα F   494a5 ἀνάγκη ἄρα F   a6 καὶ ἀνάγκη F

Καὶ ὑπὸ τούτων δὴ τῶν ἰδιωτῶν, ὅσοι προσομιλοῦντες
ὄχλῳ ἀρέσκειν αὐτῷ ἐπιθυμοῦσι.

Δῆλον.

10 Ἐκ δὴ τούτων τίνα ὁρᾷς σωτηρίαν φιλοσόφῳ φύσει, ὥστ᾽
ἐν τῷ ἐπιτηδεύματι μείνασαν πρὸς τέλος ἐλθεῖν; ἐννόει δ᾽ ἐκ
b τῶν ἔμπροσθεν. ὡμολόγηται γὰρ δὴ ἡμῖν εὐμάθεια καὶ μνήμη
καὶ ἀνδρεία καὶ μεγαλοπρέπεια ταύτης εἶναι τῆς φύσεως.

Ναί.

Οὐκοῦν εὐθὺς ἐν πα⟨ι⟩σὶν ὁ τοιοῦτος πρῶτος ἔσται ἐν
5 ἅπασιν, ἄλλως τε καὶ ἐὰν τὸ σῶμα φύῃ προσφερὴς τῇ ψυχῇ;
Τί δ᾽ οὐ μέλλει; ἔφη.

Βουλήσονται δή, οἶμαι, αὐτῷ χρῆσθαι, ἐπειδὰν πρεσβύ-
τερος γίγνηται, ἐπὶ τὰ αὐτῶν πράγματα οἵ τε οἰκεῖοι καὶ οἱ
πολῖται.

10 Πῶς δ᾽ οὔ;
c Ὑποκείσονται ἄρα δεόμενοι καὶ τιμῶντες, προκαταλαμβά-
νοντες καὶ προκολακεύοντες τὴν μέλλουσαν αὐτοῦ δύναμιν.

Φιλεῖ γοῦν, ἔφη, οὕτω γίγνεσθαι.

Τί οὖν οἴει, ἦν δ᾽ ἐγώ, τὸν τοιοῦτον ἐν τοῖς τοιούτοις
5 ποιήσειν, ἄλλως τε καὶ ἐὰν τύχῃ μεγάλης πόλεως ὢν καὶ ἐν
ταύτῃ πλούσιός τε καὶ γενναῖος, καὶ ἔτι εὐειδὴς καὶ μέγας;
ἆρ᾽ οὐ πληρωθήσεσθαι ἀμηχάνου ἐλπίδος, ἡγούμενον καὶ τὰ
d τῶν Ἑλλήνων καὶ τὰ τῶν βαρβάρων ἱκανὸν ἔσεσθαι πράττειν,
καὶ ἐπὶ τούτοις ὑψηλὸν ἐξαρεῖν αὐτόν, σχηματισμοῦ καὶ
φρονήματος κενοῦ ἄνευ νοῦ ἐμπιμπλάμενον;

Καὶ μάλ᾽, ἔφη.

5 Τῷ δὴ οὕτω διατιθεμένῳ ἐάν τις ἠρέμα προσελθὼν τἀληθῆ
λέγῃ, ὅτι νοῦς οὐκ ἔνεστιν αὐτῷ, δεῖται δέ, τὸ δὲ οὐ κτητὸν
μὴ δουλεύσαντι τῇ κτήσει αὐτοῦ, ἆρ᾽ εὐπετὲς οἴει εἶναι
εἰσακοῦσαι διὰ τοσούτων κακῶν;

Πολλοῦ γε δεῖ, ἦ δ᾽ ὅς.

---

b4 παισὶν de Geer: πᾶσιν ADF   d2 ἐξαιρεῖν A, iota prius puncto
deletum: ἐξάρειν [sic] F: ἐξαίρειν D   d3 ἄνευ νοῦ ADF Damasc.: del.
Groen van Prinsterer   d7 δουλεύσαντα F   κτήσει Apc: κτίσει prA
DF   d9 δεῖ om. F

Ἐὰν δ᾽ οὖν, ἦν δ᾽ ἐγώ, διὰ τὸ εὖ πεφυκέναι καὶ τὸ συγγενὲς 10
τῶν λόγων [εἰσ]αἰσθάνηταί τέ πη καὶ κάμπτηται καὶ ἕλκηται
πρὸς φιλοσοφίαν, τί οἰόμεθα δράσειν ἐκείνους τοὺς ἡγου- e
μένους ἀπολλύναι αὐτοῦ τὴν χρείαν τε καὶ ἑταιρίαν; οὐ πᾶν
μὲν ἔργον, πᾶν δ᾽ ἔπος λέγοντάς τε καὶ πράττοντας καὶ περὶ
αὑτόν, ὅπως ἂν μὴ πεισθῇ, καὶ περὶ τὸν πείθοντα, ὅπως ἂν μὴ
οἷός τ᾽ ᾖ, καὶ ἰδίᾳ ἐπιβουλεύοντας καὶ δημοσίᾳ εἰς ἀγῶνας 5
καθιστάντας;
Πολλή, ἦ δ᾽ ὅς, ἀνάγκη.   495
Ἔστιν οὖν ὅπως ὁ τοιοῦτος φιλοσοφήσει;
Οὐ πάνυ.
Ὁρᾷς οὖν, ἦν δ᾽ ἐγώ, ὅτι οὐ κακῶς ἐλέγομεν ὡς ἄρα καὶ
αὐτὰ τὰ τῆς φιλοσόφου φύσεως μέρη, ὅταν ἐν κακῇ τροφῇ 5
γένηται, αἴτια τρόπον τινὰ τοῦ ἐκπεσεῖν ἐκ τοῦ ἐπιτηδεύμα-
τος, καὶ τὰ λεγόμενα ἀγαθά, πλοῦτοί τε καὶ πᾶσα ἡ τοιαύτη
παρασκευή;
Οὐ γάρ, ἀλλ᾽ ὀρθῶς, ἔφη, ἐλέχθη.
Οὗτος δή, εἶπον, ὦ θαυμάσιε, ὄλεθρός τε καὶ διαφθορὰ 10
τοσαύτη τε καὶ τοιαύτη τῆς βελτίστης φύσεως εἰς τὸ ἄριστον b
ἐπιτήδευμα, ὀλίγης καὶ ἄλλως γιγνομένης, ὡς ἡμεῖς φαμεν.
καὶ ἐκ τούτων δὴ τῶν ἀνδρῶν καὶ οἱ τὰ μέγιστα κακὰ
ἐργαζόμενοι τὰς πόλεις γίγνονται καὶ τοὺς ἰδιώτας, καὶ οἱ
τἀγαθά, οἳ ἂν ταύτῃ τύχωσι ῥυέντες· σμικρὰ δὲ φύσις οὐδὲν 5
μέγα οὐδέποτε οὐδένα οὔτε ἰδιώτην οὔτε πόλιν δρᾷ.
Ἀληθέστατα, ἦ δ᾽ ὅς.
Οὗτοι μὲν δὴ οὕτως ἐκπίπτοντες, οἷς μάλιστα προσήκει,
ἔρημον καὶ ἀτελῆ φιλοσοφίαν λείποντες, αὐτοί τε βίον οὐ c
προσήκοντα οὐδ᾽ ἀληθῆ ζῶσιν, τὴν δέ, ὥσπερ ὀρφανὴν
συγγενῶν, ἄλλοι ἐπεισελθόντες ἀνάξιοι ᾔσχυνάν τε καὶ ὀνείδη
περιῆψαν, οἷα καὶ σὺ φῂς ὀνειδίζειν τοὺς ὀνειδίζοντας, ὡς οἱ

d11 αἰσθάνηται Laur.85.7pc: εἰς αἰσθάνηται AD: εἰς αἰσθάνηται F   τέ
om. F   e2 ἑταιρίαν F: ἑταιρείαν AD   495a4 ὁρᾷς DF Stob.: ἄρα A
a6 τοῦ ἐκπεσεῖν ADF: τῶι ἐκπεσεῖν Stob.   b5 οἳ ἂν A: οἷαν [sic] D:
οἷον F: ὅταν Naber   b8 μὲν om. D

235

5 συνόντες αὐτῇ οἱ μὲν οὐδενός, οἱ δὲ πολλοὶ πολλῶν κακῶν
ἄξιοί εἰσιν.
Καὶ γὰρ οὖν, ἔφη, τά γε λεγόμενα ταῦτα.
Εἰκότως γε, ἦν δ᾽ ἐγώ, λεγόμενα. καθορῶντες γὰρ ἄλλοι
ἀνθρωπίσκοι κενὴν τὴν χώραν ταύτην γιγνομένην, καλῶν δὲ
d ὀνομάτων καὶ προσχημάτων μεστήν, ὥσπερ οἱ ἐκ τῶν
εἰργμῶν εἰς τὰ ἱερὰ ἀποδιδράσκοντες, ἄσμενοι καὶ οὗτοι ἐκ
τῶν τεχνῶν ἐκπηδῶσιν εἰς τὴν φιλοσοφίαν, οἳ ἂν κομψότατοι
ὄντες τυγχάνωσι περὶ τὸ αὐτῶν τεχνίον. ὅμως γὰρ δὴ πρός γε
5 τὰς ἄλλας τέχνας καίπερ οὕτω πραττούσης φιλοσοφίας τὸ
ἀξίωμα μεγαλοπρεπέστερον λείπεται, οὗ δὴ ἐφιέμενοι πολλοὶ
ἀτελεῖς μὲν τὰς φύσεις, ὑπὸ δὲ τῶν τεχνῶν τε καὶ δημιουρ-
γιῶν ὥσπερ τὰ σώματα λελώβηνται, οὕτω καὶ τὰς ψυχὰς
e συγκεκλασμένοι τε καὶ ἀποτεθρυμμένοι διὰ τὰς βαναυσίας
τυγχάνουσιν. ἢ οὐκ ἀνάγκη;
Καὶ μάλα, ἔφη.
Δοκεῖς οὖν τι, ἦν δ᾽ ἐγώ, διαφέρειν αὐτοὺς ἰδεῖν ἀργύριον
5 κτησαμένου χαλκέως φαλακροῦ καὶ σμικροῦ, νεωστὶ μὲν ἐκ
δεσμῶν λελυμένου, ἐν βαλανείῳ δὲ λελουμένου, νεουργὸν
ἱμάτιον ἔχοντος, ὡς νυμφίου παρεσκευασμένου, διὰ πενίαν
καὶ ἐρημίαν τοῦ δεσπότου τὴν θυγατέρα μέλλοντος γαμεῖν;
496 Οὐ πάνυ, ἔφη, διαφέρει.
Ποῖ᾽ ἄττα οὖν εἰκὸς γεννᾶν τοὺς τοιούτους; οὐ νόθα καὶ
φαῦλα;
Πολλὴ ἀνάγκη.
5 Τί δέ; τοὺς ἀναξίους παιδεύσεως, ὅταν αὐτῇ πλησιάζοντες
ὁμιλῶσι μὴ κατ᾽ ἀξίαν, ποῖ᾽ ἄττα φῶμεν γεννᾶν διανοήματά
τε καὶ δόξας; ἆρ᾽ οὐχ ὡς ἀληθῶς προσήκοντα ἀκοῦσαι
σοφίσματα, καὶ οὐδὲν γνήσιον οὐδὲ φρονήσεως [ἄξιον]
ἀληθινῆς ἐχόμενον;

c5 μὲν AD: μὲν οὖν F   c6 αἴτιοί Naber   c7 ταῦτα om. F   c8 οἱ
ἄλλοι F   d2 εἰργμῶν Asl   d4 περιτυγχάνωσι D   αὐτῶν AF: αὐτὸ D
d7 τεχνῶν δὲ καὶ F   e1 ἀποτεθρυμμένοι AD: ἀποτεθρυμμένοι F Tim.
Apost.   e2 τυγχάνοντες Laur.80.19pc   e5 ἐκ om. Themist.
496a5 αὐτοὶ F   a7 οὐχ ὡς AD: οὕτως F   a8–9 ἀληθινῆς Astius: ἄξιον
ἀληθινῆς A: ἄξιον ὡς ἀληθινῆς D: ἀληθινῆς ὡς ἄξιον F: ἀξίως ἀληθινῆς Campbell

Παντελῶς μὲν οὖν, ἔφη.　10

Πάνσμικρον δή τι, ἔφην ἐγώ, ὦ Ἀδείμαντε, λείπεται τῶν
κατ' ἀξίαν ὁμιλούντων φιλοσοφίᾳ, ἤ που ὑπὸ φυγῆς καταλη- b
φθὲν γενναῖον καὶ εὖ τεθραμμένον ἦθος, ἀπορίᾳ τῶν δια-
φθερούντων κατὰ φύσιν μεῖναν ἐπ' αὐτῇ, ἢ ἐν σμικρᾷ πόλει
ὅταν μεγάλη ψυχὴ φύῃ καὶ ἀτιμάσασα τὰ τῆς πόλεως
ὑπερίδῃ· βραχὺ δέ πού τι καὶ ἀπ' ἄλλης τέχνης δικαίως　5
ἀτιμάσαν εὐφυὲς ἐπ' αὐτὴν ἂν ἔλθοι. εἴη δ' ἂν καὶ ὁ τοῦ
ἡμετέρου ἑταίρου Θεάγους χαλινὸς οἷος κατασχεῖν· καὶ γὰρ
Θεάγει τὰ μὲν ἄλλα πάντα παρεσκεύασται πρὸς τὸ ἐκπεσεῖν c
φιλοσοφίας, ἡ δὲ τοῦ σώματος νοσοτροφία ἀπείργουσα αὐτὸν
τῶν πολιτικῶν κατέχει. τὸ δ' ἡμέτερον οὐκ ἄξιον λέγειν, τὸ
δαιμόνιον σημεῖον· ἢ γάρ πού τινι ἄλλῳ ἢ οὐδενὶ τῶν
ἔμπροσθεν γέγονεν. καὶ τούτων δὴ τῶν ὀλίγων οἱ γενόμενοι　5
καὶ γευσάμενοι ὡς ἡδὺ καὶ μακάριον τὸ κτῆμα, καὶ τῶν
πολλῶν αὖ ἱκανῶς ἰδόντες τὴν μανίαν, καὶ ὅτι οὐδεὶς οὐδὲν
ὑγιές, ὡς ἔπος εἰπεῖν, περὶ τὰ τῶν πόλεων πράττει, οὐδ' ἔστι
σύμμαχος μεθ' ὅτου τις ἰὼν ἐπὶ τὴν τῷ δικαίῳ βοήθειαν d
σῴζοιτ' ἄν, ἀλλ' ὥσπερ εἰς θηρία ἄνθρωπος ἐμπεσών, οὔτε
συναδικεῖν ἐθέλων οὔτε ἱκανὸς ὢν εἷς πᾶσιν ἀγρίοις ἀντέχειν,
πρίν τι τὴν πόλιν ἢ φίλους ὀνῆσαι προαπολόμενος ἀνωφελὴς
αὑτῷ τε καὶ τοῖς ἄλλοις ἂν γένοιτο, ταῦτα πάντα λογισμῷ　5
λαβών, ἡσυχίαν ἔχων καὶ τὰ αὑτοῦ πράττων, οἷον ἐν χειμῶνι
κονιορτοῦ καὶ ζάλης ὑπὸ πνεύματος φερομένου ὑπὸ τειχίον
ἀποστάς, ὁρῶν τοὺς ἄλλους καταπιμπλαμένους ἀνομίας,
ἀγαπᾷ εἴ πη αὐτὸς καθαρὸς ἀδικίας τε καὶ ἀνοσίων ἔργων e
τόν τε ἐνθάδε βίον βιώσεται καὶ τὴν ἀπαλλαγὴν αὐτοῦ μετὰ
καλῆς ἐλπίδος ἵλεώς τε καὶ εὐμενὴς ἀπαλλάξεται.

Ἀλλά τοι, ἦ δ' ὅς, οὐ τὰ ἐλάχιστα ἂν διαπραξάμενος 497
ἀπαλλάττοιτο.

a10 ἔφη ἦν δ' ἐγώ A　b1 καταλειφθὲν F　b5 δέ τι που F
b6 ἀτιμάσασα F　ἂν ἔλθοι Laur.80.19pc: ἀνέλθοι AF: ανέλθοι [sic] D
c3 οὐκ AD: οὐδ' F　d1 δικαίων Dpc, sed τῷ intactum reliquit
d7 φερομένου ADF Phot. Suid.: φερομένων Wilamowitz　d8 ἀποστὰς
AF Basil.: ὑποστὰς D Phot. Suid.

Οὐδέ γε, εἶπον, τὰ μέγιστα, μὴ τυχὼν πολιτείας προση-
κούσης· ἐν γὰρ προσηκούσῃ αὐτός τε μᾶλλον αὐξήσεται καὶ
5 μετὰ τῶν ἰδίων τὰ κοινὰ σώσει. τὸ μὲν οὖν τῆς φιλοσοφίας ὧν
ἕνεκα διαβολὴν εἴληφεν καὶ ὅτι οὐ δικαίως, ἐμοὶ μὲν δοκεῖ
μετρίως εἰρῆσθαι, εἰ μὴ ἔτ' ἄλλο λέγεις τι σύ.

Ἀλλ' οὐδέν, ἦ δ' ὅς, ἔτι λέγω περὶ τούτου· ἀλλὰ τὴν
προσήκουσαν αὐτῇ τίνα τῶν νῦν λέγεις πολιτειῶν;

b Οὐδ' ἡντινοῦν, εἶπον, ἀλλὰ τοῦτο καὶ ἐπαιτιῶμαι, μηδε-
μίαν ἀξίαν εἶναι τῶν νῦν κατάστασιν πόλεως φιλοσόφου
φύσεως· διὸ καὶ στρέφεσθαί τε καὶ ἀλλοιοῦσθαι αὐτήν,
ὥσπερ ξενικὸν σπέρμα ἐν γῇ ἄλλῃ σπειρόμενον ἐξίτηλον εἰς
5 τὸ ἐπιχώριον φιλεῖ κρατούμενον ἰέναι, οὕτω καὶ τοῦτο τὸ
γένος νῦν μὲν οὐκ ἴσχειν τὴν αὑτοῦ δύναμιν, ἀλλ' εἰς
ἀλλότριον ἦθος ἐκπίπτειν· εἰ δὲ λήψεται τὴν ἀρίστην πολι-
c τείαν, ὥσπερ καὶ αὐτὸ ἄριστόν ἐστιν, τότε δηλώσει ὅτι τοῦτο
μὲν τῷ ὄντι θεῖον ἦν, τὰ δὲ ἄλλα ἀνθρώπινα, τά τε τῶν
φύσεων καὶ τῶν ἐπιτηδευμάτων. δῆλος δὴ οὖν εἶ ὅτι μετὰ
τοῦτο ἐρήσῃ τίς αὕτη ἡ πολιτεία.

5 Οὐκ ἔγνως, ἔφη· οὐ γὰρ τοῦτο ἔμελλον, ἀλλ' εἰ αὕτη ἦν
ἡμεῖς διεληλύθαμεν οἰκίζοντες τὴν πόλιν ἢ ἄλλη.

Τὰ μὲν ἄλλα, ἦν δ' ἐγώ, αὕτη· τοῦτο δὲ αὐτὸ ἐρρήθη μὲν
καὶ τότε, ὅτι δεήσοι τι ἀεὶ ἓν εἶναι ἐν τῇ πόλει λόγον ἔχον τῆς
d πολιτείας τὸν αὐτὸν ὅνπερ καὶ σὺ ὁ νομοθέτης ἔχων τοὺς
νόμους ἐτίθης.

Ἐρρήθη γάρ, ἔφη.

Ἀλλ' οὐχ ἱκανῶς, εἶπον, ἐδηλώθη, φόβῳ ὧν ὑμεῖς ἀντι-
5 λαμβανόμενοι δεδηλώκατε μακρὰν καὶ χαλεπὴν αὐτοῦ τὴν
ἀπόδειξιν· ἐπεὶ καὶ τὸ λοιπὸν οὐ πάντων ῥᾷστον διελθεῖν.

Τὸ ποῖον;

Τίνα τρόπον μεταχειριζομένη πόλις φιλοσοφίαν οὐ διολεῖ-
ται. τὰ γὰρ δὴ μεγάλα πάντα ἐπισφαλῆ, καί, τὸ λεγόμενον,
10 τὰ καλὰ τῷ ὄντι χαλεπά.

497a8 τούτου AD: τούτω F, fortasse ex v.l. τούτων ortum   b4 γῆι
AD Stob.: τῇ F   c3 καὶ τῶν AD Stob.: καὶ τὰ τῶν F   c8 ἐν εἶναι
AF: εν εἶναι [sic] D: ἐνεῖναι Laur. CS42 Caesen. D28.4   d1 ὅνπερ
AD: ὥσπερ F   d6 πάντων Bekker: πάντως ADF

Ἀλλ' ὅμως, ἔφη, λαβέτω τέλος ἡ ἀπόδειξις τούτου φανεροῦ e
γενομένου.

Οὐ τὸ μὴ βούλεσθαι, ἦν δ' ἐγώ, ἀλλ' εἴπερ, τὸ μὴ δύνασθαι
διακωλύσει· παρὼν δὲ τήν γ' ἐμὴν προθυμίαν εἴσῃ. σκόπει δὲ
καὶ νῦν ὡς προθύμως καὶ παρακινδυνευτικῶς μέλλω λέγειν, 5
ὅτι τοὐναντίον ἢ νῦν δεῖ τοῦ ἐπιτηδεύματος τούτου πόλιν
ἅπτεσθαι.

Πῶς;

Νῦν μέν, ἦν δ' ἐγώ, οἱ καὶ ἁπτόμενοι μειράκια ὄντα ἄρτι ἐκ 498
παίδων τὸ μεταξὺ οἰκονομίας καὶ χρηματισμοῦ πλησιάσαντες
αὐτοῦ τῷ χαλεπωτάτῳ ἀπαλλάττονται, οἱ φιλοσοφώτατοι
ποιούμενοι, λέγω δὲ χαλεπώτατον τὸ περὶ τοὺς λόγους· ἐν δὲ
τῷ ἔπειτα, ἐὰν καὶ ἄλλων τοῦτο πραττόντων παρακαλούμενοι 5
ἐθέλωσιν ἀκροαταὶ γίγνεσθαι, μεγάλα ἡγοῦνται, πάρεργον
οἰόμενοι αὐτὸ δεῖν πράττειν· πρὸς δὲ τὸ γῆρας ἐκτὸς δή τινων
ὀλίγων ἀποσβέννυνται πολὺ μᾶλλον τοῦ Ἡρακλειτείου ἡλίου,
ὅσον αὖθις οὐκ ἐξάπτονται.

Δεῖ δὲ πῶς; ἔφη. b

Πᾶν τοὐναντίον, μειράκια μὲν ὄντα καὶ παῖδας μειρακιώδη
παιδείαν καὶ φιλοσοφίαν μεταχειρίζεσθαι, τῶν τε σωμάτων,
ἐν ᾧ βλαστάνει τε καὶ ἀνδροῦται, εὖ μάλα ἐπιμελεῖσθαι,
ὑπηρεσίαν φιλοσοφίᾳ κτωμένους· προϊούσης δὲ τῆς ἡλικίας, 5
ἐν ᾗ ἡ ψυχὴ τελεοῦσθαι ἄρχεται, ἐπιτείνειν τὰ ἐκείνης
γυμνάσια· ὅταν δὲ λήγῃ μὲν ἡ ῥώμη, πολιτικῶν δὲ καὶ
στρατειῶν ἐκτὸς γίγνηται, τότε ἤδη ἀφέτους νέμεσθαι καὶ c
μηδὲν ἄλλο πράττειν, ὅτι μὴ πάρεργον, τοὺς μέλλοντας
εὐδαιμόνως βιώσεσθαι καὶ τελευτήσαντας τῷ βίῳ τῷ βεβιω-
μένῳ τὴν ἐκεῖ μοῖραν ἐπιστήσειν πρέπουσαν.

Ὡς ἀληθῶς μοι δοκεῖς, ἔφη, λέγειν γε προθύμως, ὦ 5
Σώκρατες· οἶμαι μέντοι τοὺς πολλοὺς τῶν ἀκούοντων

498a6 μεγάλα ἡγοῦνται ADF: μεγαλαυχοῦνται J. A. C. van Heusde
a8 ἀποσβέννυται F   μᾶλλον πολὺ F   ἡρακλείτου F
b3 φιλοσοφίαν AD: σοφίαν F   τε AD: δὲ F   b5 φιλοσοφίαι AF
Themist. Basil.: φιλοσοφίαν D   b6 ἐπιτείνει D   c1 στρατειῶν
Laur.80.19pc: στρατιῶν ADF   ἤδη om. F   c5 γε AD: τε F: secl. van
Herwerden, fortasse recte

προθυμότερον ἔτι ἀντιτείνειν οὐδ᾽ ὁπωστιοῦν πεισομένους,
ἀπὸ Θρασυμάχου ἀρξαμένους.

d Μὴ διάβαλλε, ἦν δ᾽ ἐγώ, ἐμὲ καὶ Θρασύμαχον ἄρτι φίλους
γεγονότας, οὐδὲ πρὸ τοῦ ἐχθροὺς ὄντας. πείρας γὰρ οὐδὲν
ἀνήσομεν, ἕως ἂν ἢ πείσωμεν καὶ τοῦτον καὶ τοὺς ἄλλους, ἢ
προὔργου τι ποιήσωμεν εἰς ἐκεῖνον τὸν βίον, ὅταν αὖθις
5 γενόμενοι τοῖς τοιούτοις ἐντύχωσι λόγοις.

Εἰς μικρόν γ᾽, ἔφη, χρόνον εἴρηκας.

Εἰς οὐδὲν μὲν οὖν, ἔφην, ὥς γε πρὸς τὸν ἅπαντα. τὸ μέντοι
μὴ πείθεσθαι τοῖς λεγομένοις τοὺς πολλοὺς θαῦμα οὐδέν· οὐ
γὰρ πώποτε εἶδον γενόμενον τὸ νῦν λεγόμενον, ἀλλὰ πολὺ
e μᾶλλον τοιαῦτ᾽ ἄττα ῥήματα ἐξεπίτηδες ἀλλήλοις ὡμοιω-
μένα, ἀλλ᾽ οὐκ ἀπὸ τοῦ αὐτομάτου ὥσπερ νῦν συμπεσόντα.
ἄνδρα δὲ ἀρετῇ παρισωμένον καὶ ὡμοιωμένον μέχρι τοῦ
δυνατοῦ τελέως ἔργῳ τε καὶ λόγῳ, δυναστεύοντα ἐν πόλει
499 ἑτέρᾳ τοιαύτῃ, οὐ πώποτε ἑωράκασιν, οὔτε ἕνα οὔτε πλείους.
ἢ οἴει;

Οὐδαμῶς γε.

Οὐδέ γε αὖ λόγων, ὦ μακάριε, καλῶν τε καὶ ἐλευθέρων
5 ἱκανῶς ἐπήκοοι γεγόνασιν, οἵων ζητεῖν μὲν τὸ ἀληθὲς
συντεταμένως ἐκ παντὸς τρόπου τοῦ γνῶναι χάριν, τὰ δὲ
κομψά τε καὶ ἐριστικὰ καὶ μηδαμόσε ἄλλοσε τείνοντα ἢ πρὸς
δόξαν καὶ ἔριν καὶ ἐν δίκαις καὶ ἐν ἰδίαις συνουσίαις πόρρωθεν
ἀσπαζομένων.

10 Οὐδὲ τούτων, ἔφη.

b Τούτων τοι χάριν, ἦν δ᾽ ἐγώ, καὶ ταῦτα προορώμενοι ἡμεῖς
τότε καὶ δεδιότες ὅμως ἐλέγομεν, ὑπὸ τἀληθοῦς ἠναγκασμέ-
νοι, ὅτι οὔτε πόλις οὔτε πολιτεία οὐδέ γ᾽ ἀνὴρ ὁμοίως μή ποτε
γένηται τέλεος, πρὶν ἂν τοῖς φιλοσόφοις τούτοις τοῖς ὀλίγοις
5 καὶ οὐ πονηροῖς, ἀχρήστοις δὲ νῦν κεκλημένοις, ἀνάγκη τις ἐκ

c7 ἀντιτείνειν ADF: ἂν ἀντιτενεῖν Mon.237pc: ἀντιτενεῖν H. Stephanus
πειθομένους J. L. V. Hartman, locus admodum suspectus   d1 διάβαλε
Phot. Lex.Sabb.   d3 τοῦτο D   d9 τὸ AD: τὸν F   πολὺ ADF: πολλοὶ
Asl, ex v.l. πολλῶι fortasse corruptum   e1 τοιαῦτ᾽ ἄττα ADF: τοιαυτὶ
Αγρ   499a5 οἵων A: οἷον Asl DF   a6 ξυντεταγμένως Α   τρόπου Αγρ
DF: προσώπου Α   b5 ἀνάγκην Adam

τύχης περιβάλῃ, εἴτε βούλονται εἴτε μή, πόλεως ἐπιμεληθῆ-
ναι, καὶ τῇ πόλει κατήκοοι γενέσθαι, ἢ τῶν νῦν ἐν δυναστείαις
ἢ βασιλείαις ὄντων ὑέσιν ἢ αὐτοῖς ἔκ τινος θείας ἐπιπνοίας
ἀληθινῆς φιλοσοφίας ἀληθινὸς ἔρως ἐμπέσῃ. τούτων δὲ c
πότερα γενέσθαι ἢ ἀμφότερα ὡς ἄρα ἐστὶν ἀδύνατον, ἐγὼ
μὲν οὐδένα φημὶ ἔχειν λόγον· οὕτω γὰρ ἂν ἡμεῖς δικαίως
καταγελώμεθα, ὡς ἄλλως εὐχαῖς ὅμοια λέγοντες. ἢ οὐχ
οὕτως;   5
Οὕτως.

Εἰ τοίνυν ἄκροις εἰς φιλοσοφίαν πόλεώς τις ἀνάγκη
ἐπιμεληθῆναι ἢ γέγονεν ἐν τῷ ἀπείρῳ τῷ παρεληλυθότι
χρόνῳ ἢ καὶ νῦν ἔστιν ἔν τινι βαρβαρικῷ τόπῳ, πόρρω που
ἐκτὸς ὄντι τῆς ἡμετέρας ἐπόψεως, ἢ καὶ ἔπειτα γενήσεται, d
περὶ τούτου ἕτοιμοι τῷ λόγῳ διαμάχεσθαι, ὡς γέγονεν ἡ
εἰρημένη πολιτεία καὶ ἔστιν, καὶ γενήσεταί γε, ὅταν αὐτὴ
Μοῦσα πόλεως ἐγκρατὴς γένηται. οὐ γὰρ ἀδύνατος γενέσθαι,
οὐδ' ἡμεῖς ἀδύνατα λέγομεν· χαλεπὰ δέ, καὶ παρ' ἡμῶν 5
ὁμολογεῖται.

Καὶ ἐμοί, ἔφη, οὕτω δοκεῖ.

Τοῖς δὲ πολλοῖς, ἦν δ' ἐγώ, ὅτι οὐκ αὖ δοκεῖ ἐρεῖς;
Ἴσως, ἔφη.

Ὦ μακάριε, ἦν δ' ἐγώ, μὴ πάνυ οὕτω τῶν πολλῶν 10
κατηγόρει. ἀλλοίαν τοι δόξαν ἕξουσιν, ἐὰν αὐτοῖς μὴ φιλο- e
νικῶν ἀλλὰ παραμυθούμενος καὶ ἀπολυόμενος τὴν τῆς φιλο-
μαθίας διαβολὴν ἐνδεικνύῃ οὓς λέγεις τοὺς φιλοσόφους, καὶ
διορίζῃ ὥσπερ ἄρτι τήν τε φύσιν αὐτῶν καὶ τὴν ἐπιτήδευσιν, 500
ἵνα μὴ ἡγῶνταί σε λέγειν οὓς αὐτοὶ οἴονται. καὶ ἐὰν οὕτω
θεῶνται, ἀλλοίαν τοι φήσεις αὐτοὺς δόξαν λήψεσθαι καὶ ἄλλα

---

b6 παραβάλῃ Flor.59.1   b7 κατήκοοι ADF Schol.: κατηκόωι
Schleiermacher (malim κατηκόοις)   c8 ἐν τῶι ADF Euseb.: ἐν
Wilamowitz   d1 ἐπόψεως ADF: ὄψεως Euseb.: ἐνόψεως Themist.
d3–4 αὐτὴ Μοῦσα scripsi: αὐτὴ ἡ μοῦσα A Euseb.: αὕτη ἡ μοῦσα D: αὕτη
μοῦσα F   e1 ἀλλ' οἷαν [sic] F   ἐὰν A Schol.: ἐν D (fortasse ἐνὶ prD):
ἐν F, num fuit v.l. εἰ?   e3 ἐνδεικνύει F   500a1 διορίζει F
a2 καὶ–a4 ἀποκρίνεσθαι secl. Burnet   a2 καὶ F: ἢ καὶ AD   οὕτω AD:
αὐτῶ F

†ἀποκρίνεσθαι. ἢ οἴει τινὰ χαλεπαίνειν τῷ μὴ χαλεπῷ ἢ
5 φθονεῖν τῷ μὴ φθονερῷ ἄφθονόν τε καὶ πρᾶον ὄντα; ἐγὼ
μὲν γάρ σε προφθάσας λέγω ὅτι ἐν ὀλίγοις τισὶν ἡγοῦμαι, ἀλλ᾽
οὐκ ἐν τῷ πλήθει, χαλεπὴν οὕτω φύσιν γίγνεσθαι.
Καὶ ἐγὼ ἀμέλει, ἔφη, συνοίομαι.

b Οὐκοῦν καὶ αὐτὸ τοῦτο συνοίει, τοῦ χαλεπῶς πρὸς
φιλοσοφίαν τοὺς πολλοὺς διακεῖσθαι ἐκείνους αἰτίους εἶναι
τοὺς ἔξωθεν οὐ προσῆκον ἐπεισκεκωμακότας, λοιδορουμέ-
νους τε αὐτοῖς καὶ φιλαπεχθημόνως ἔχοντας καὶ ἀεὶ περὶ
5 ἀνθρώπων τοὺς λόγους ποιουμένους, ἥκιστα φιλοσοφίᾳ πρέ-
πον ποιοῦντας;
Πολύ γ᾽, ἔφη.

Οὐδὲ γάρ που, ὦ Ἀδείμαντε, σχολὴ τῷ γε ὡς ἀληθῶς πρὸς
c τοῖς οὖσι τὴν διάνοιαν ἔχοντι κάτω βλέπειν εἰς ἀνθρώπων
πραγματείας, καὶ μαχόμενον αὐτοῖς φθόνου τε καὶ δυσμενείας
ἐμπίμπλασθαι, ἀλλ᾽ εἰς τεταγμένα ἄττα καὶ κατὰ ταὐτὰ ἀεὶ
ἔχοντα ὁρῶντας καὶ θεωμένους οὔτ᾽ ἀδικοῦντα οὔτ᾽ ἀδικού-
5 μενα ὑπ᾽ ἀλλήλων, κόσμῳ δὲ πάντα καὶ κατὰ λόγον ἔχοντα,
ταῦτα μιμεῖσθαί τε καὶ ὅτι μάλιστα ἀφομοιοῦσθαι. ἢ οἴει τινὰ
μηχανὴν εἶναι, ὅτῳ τις ὁμιλεῖ ἀγάμενος, μὴ μιμεῖσθαι ἐκεῖνο;
Ἀδύνατον, ἔφη.

d Θείῳ δὴ καὶ κοσμίῳ ὅ γε φιλόσοφος ὁμιλῶν κόσμιός τε καὶ
θεῖος εἰς τὸ δυνατὸν ἀνθρώπῳ γίγνεται· διαβολὴ δ᾽ ἐν πᾶσι
πολλή.
Παντάπασι μὲν οὖν.

5 Ἂν οὖν τις, εἶπον, αὐτῷ ἀνάγκη γένηται ἃ ἐκεῖ ὁρᾷ
μελετῆσαι εἰς ἀνθρώπων ἤθη καὶ ἰδίᾳ καὶ δημοσίᾳ τιθέναι
καὶ μὴ μόνον ἑαυτὸν πλάττειν, ἆρα κακὸν δημιουργὸν αὐτὸν
οἴει γενήσεσθαι σωφροσύνης τε καὶ δικαιοσύνης καὶ συμ-
πάσης τῆς δημοτικῆς ἀρετῆς;
10 Ἥκιστά γε, ἦ δ᾽ ὅς.

Ἀλλ᾽ ἐὰν δὴ αἴσθωνται οἱ πολλοὶ ὅτι ἀληθῆ περὶ αὐτοῦ

a4 ἀποκρίνεσθαι A: ἀποκρινεῖσθαι DF: ἀποκρινεῖ Wilamowitz
a7 χαλεπὸν prD   c4 ἀδικούμενα F: ἀδικούμενον A Dpc: ἀδικούμενος
prD   c7 ἀγόμενος Asl

λέγομεν, χαλεπανοῦσι δὴ τοῖς φιλοσόφοις καὶ ἀπιστήσουσιν
ἡμῖν λέγουσιν ὡς οὐκ ἄν ποτε ἄλλως εὐδαιμονήσειε πόλις, εἰ   e
μὴ αὐτὴν διαγράψειαν οἱ τῷ θείῳ παραδείγματι χρώμενοι
ζωγράφοι;
    Οὐ χαλεπανοῦσιν, ἦ δ' ὅς, ἐάνπερ αἴσθωνται. ἀλλὰ δὴ τίνα
λέγεις τρόπον τῆς διαγραφῆς;   501
    Λαβόντες, ἦν δ' ἐγώ, ὥσπερ πίνακα πόλιν τε καὶ ἤθη
ἀνθρώπων, πρῶτον μὲν καθαρὰν ποιήσειαν ἄν, ὃ οὐ πάνυ
ῥᾴδιον· ἀλλ' οὖν οἶσθ' ὅτι τούτῳ ἂν εὐθὺς τῶν ἄλλων διενέγ-
κει⟨α⟩ν, τῷ μήτε ἰδιώτου μήτε πόλεως ἐθελῆσαι ἂν ἅψασθαι   5
μηδὲ γράφειν νόμους, πρὶν ἢ παραλαβεῖν καθαρὰν ἢ αὐτοὶ
ποιῆσαι.
    Καὶ ὀρθῶς γ', ἔφη.
    Οὐκοῦν μετὰ ταῦτα οἴει ὑπογράψασθαι ἂν τὸ σχῆμα τῆς
πολιτείας;   10
    Τί μήν;
    Ἔπειτα, οἶμαι, ἀπεργαζόμενοι πυκνὰ ἂν ἑκατέρωσ' ἀπο-   b
βλέποιεν, πρός τε τὸ φύσει δίκαιον καὶ καλὸν καὶ σῶφρον καὶ
πάντα τὰ τοιαῦτα, καὶ πρὸς ἐκεῖνο αὖ τὸ ἐν τοῖς ἀνθρώποις
ἐμποιοῖεν, συμμειγνύντες τε καὶ κεραννύντες ἐκ τῶν ἐπιτη-
δευμάτων τὸ ἀνδρείκελον, ἀπ' ἐκείνου τεκμαιρόμενοι, ὃ δὴ   5
καὶ Ὅμηρος ἐκάλεσεν ἐν τοῖς ἀνθρώποις ἐγγιγνόμενον
θεοειδές τε καὶ θεοείκελον.
    Ὀρθῶς, ἔφη.
    Καὶ τὸ μὲν ἄν, οἶμαι, ἐξαλείφοιεν, τὸ δὲ πάλιν ἐγγράφοιεν,   c
ἕως ὅτι μάλιστα ἀνθρώπεια ἤθη εἰς ὅσον ἐνδέχεται θεοφιλῆ
ποιήσειαν.

d12 χαλεπανοῦσι Apc DF Euseb.: χαλεπαίνουσι prA   e1 ἄλλως om.
Hierocl.   e4 χαλεπανοῦσιν Apc DF Euseb.: χαλεπαινουσιν prA
501a3 ἄν AD Euseb.: om. F Hierocl.   a4 τούτωι AD Fpc Euseb.:
τοῦτο prF   διενέγκει⟨α⟩ν scripsi: διενεγκεῖν ADF: διενέγκαι ἂν Euseb.
b1 ἑκατέρωσ F Euseb. Hierocl.: ἑκατέρως AD   b3 ἐκεῖνο ADF
Euseb. Hierocl.: ἐκεῖν' Burnet   τὸ ADF Euseb.: ὃ Bessarion, cf. Hierocl.
b4 ἐμποιοῖεν ADF Euseb.: ⟨ὡς⟩ ἐμποιοῖεν Wilamowitz, alii alia, fortasse
⟨καὶ⟩ ἐμποιοῖεν   c2 ἀνθρώπεια AD: τὰ ἀνθρώπεια F Euseb.: τὰ
ἀνθρώπινα Hierocl.   θεοφιλῆ ADF Euseb. Hierocl.: θεοειδῆ Badham

Καλλίστη γοῦν ἂν, ἔφη, ἡ γραφὴ γένοιτο.

5 Ἆρ᾽ οὖν, ἦν δ᾽ ἐγώ, πείθομέν πη ἐκείνους, οὓς διατεταμένους ἐφ᾽ ἡμᾶς ἔφησθα ἰέναι, ὡς τοιοῦτός ἐστι πολιτειῶν ζωγράφος ὃν τότ᾽ ἐπηνοῦμεν πρὸς αὐτούς, δι᾽ ὃν ἐκεῖνοι ἐχαλέπαινον ὅτι τὰς πόλεις αὐτῷ παρεδίδομεν, καί τι μᾶλλον αὐτὸ νῦν ἀκούοντες πραΰνονται;

10 Καὶ πολύ γε, ἦ δ᾽ ὅς, εἰ σωφρονοῦσιν.

d Πῇ γὰρ δὴ ἕξουσιν ἀμφισβητῆσαι; πότερον μὴ τοῦ ὄντος τε καὶ ἀληθείας ἐραστὰς εἶναι τοὺς φιλοσόφους; Ἄτοπον μεντἄν, ἔφη, εἴη.

Ἀλλὰ μὴ τὴν φύσιν αὐτῶν οἰκείαν εἶναι τοῦ ἀρίστου, ἣν
5 ἡμεῖς διήλθομεν;
Οὐδὲ τοῦτο.

Τί δέ; τὴν τοιαύτην τυχοῦσαν τῶν προσηκόντων ἐπιτηδευμάτων οὐκ ἀγαθὴν τελέως ἔσεσθαι καὶ φιλόσοφον, εἴπερ τινὰ ἄλλην; ἢ ἐκείνους φήσειν μᾶλλον, οὓς ἡμεῖς ἀφωρίσαμεν;
10 Οὐ δήπου.

e Ἔτι οὖν ἀγριανοῦσι λεγόντων ἡμῶν ὅτι πρὶν ἂν πόλεως τὸ φιλόσοφον γένος ἐγκρατὲς γένηται, οὔτε πόλει οὔτε πολίταις κακῶν παῦλα ἔσται, οὐδὲ ἡ πολιτεία ἣν μυθολογοῦμεν λόγῳ, ἔργῳ τέλος λήψεται;
5 Ἴσως, ἔφη, ἧττον.

Βούλει οὖν, ἦν δ᾽ ἐγώ, μὴ ἧττον φῶμεν αὐτοὺς ἀλλὰ
502 παντάπασι πράους γεγονέναι καὶ πεπεῖσθαι, ἵνα, εἰ μή τι ἀλλὰ αἰσχυνθέντες ὁμολογήσωσιν;
Πάνυ μὲν οὖν, ἔφη.

Οὗτοι μὲν τοίνυν, ἦν δ᾽ ἐγώ, τοῦτο πεπεισμένοι ἔστων·
5 τοῦδε δὲ πέρι τις ἀμφισβητήσει, ὡς οὐκ ἂν τύχοιεν γενόμενοι βασιλέων ἔκγονοι ἢ δυναστῶν τὰς φύσεις φιλόσοφοι;
Οὐδ᾽ ἂν εἷς, ἔφη.

Τοιούτους δὲ γενομένους ὡς πολλὴ ἀνάγκη διαφθαρῆναι, ἔχει τις λέγειν; ὡς μὲν γὰρ χαλεπὸν σωθῆναι, καὶ ἡμεῖς

c4 ἤ om. D   c5 κείνους F   c8 τί [sic] A: ἔτι DF   c9 αὐτὸ om. F   d9 φήσειν AD: φύσει F: secl. Madvig: φήσει Adam
e6 μὴ om. D   502a2 ἀλλὰ Astius: ἄλλο ADF   a5 τίς A
a9 γὰρ om. F

συγχωροῦμεν· ὡς δὲ ἐν παντὶ τῷ χρόνῳ τῶν πάντων οὐδέποτε 10
οὐδ' ἂν εἷς σωθείη, ἔσθ' ὅστις ἀμφισβητήσειε; b

Καὶ πῶς;

Ἀλλὰ μήν, ἦν δ' ἐγώ, εἷς ἱκανὸς γενόμενος, πόλιν ἔχων
πειθομένην, πάντ' ἐπιτελέσαι τὰ νῦν ἀπιστούμενα.

Ἱκανὸς γάρ, ἔφη. 5

Ἄρχοντος γάρ που, ἦν δ' ἐγώ, τιθέντος τοὺς νόμους καὶ τὰ
ἐπιτηδεύματα ἃ διεληλύθαμεν, οὐ δήπου ἀδύνατον ἐθέλειν
ποιεῖν τοὺς πολίτας.

Οὐδ' ὁπωστιοῦν.

Ἀλλὰ δή, ἅπερ ἡμῖν δοκεῖ, δόξαι καὶ ἄλλοις θαυμαστόν τι 10
καὶ ἀδύνατον;

Οὐκ οἶμαι ἔγωγε, ἦ δ' ὅς. c

Καὶ μὴν ὅτι γε βέλτιστα, εἴπερ δυνατά, ἱκανῶς ἐν τοῖς
ἔμπροσθεν, ὡς ἐγῷμαι, διήλθομεν.

Ἱκανῶς γάρ.

Νῦν δή, ὡς ἔοικεν, συμβαίνει ἡμῖν περὶ τῆς νομοθεσίας 5
ἄριστα μὲν εἶναι ἃ λέγομεν, εἰ γένοιτο, χαλεπὰ δὲ γενέσθαι,
οὐ μέντοι ἀδύνατά γε.

Συμβαίνει γάρ, ἔφη.

Οὐκοῦν ἐπειδὴ τοῦτο μόγις τέλος ἔσχεν, τὰ ἐπίλοιπα δὴ
μετὰ τοῦτο λεκτέον, τίνα τρόπον ἡμῖν καὶ ἐκ τίνων μαθη- 10
μάτων τε καὶ ἐπιτηδευμάτων οἱ σωτῆρες ἐνέσονται τῆς d
πολιτείας, καὶ κατὰ ποίας ἡλικίας ἕκαστοι ἑκάστων ἁπτό-
μενοι;

Λεκτέον μέντοι, ἔφη.

Οὐδέν, ἦν δ' ἐγώ, τὸ σοφόν μοι ἐγένετο τήν τε τῶν 5
γυναικῶν τῆς κτήσεως δυσχέρειαν ἐν τῷ πρόσθεν παραλι-
πόντι καὶ παιδογονίαν καὶ τὴν τῶν ἀρχόντων κατάστασιν,
εἰδότι ὡς ἐπίφθονός τε καὶ χαλεπὴ γίγνεσθαι ἡ παντελῶς
ἀληθής· νῦν γὰρ οὐδὲν ἧττον ἦλθεν τὸ δεῖν αὐτὰ διελθεῖν. καὶ e

b1 ὅστις AF: ὅτι prD: ὅτις Dpc ἀμφισβητήσεως D b3 γενόμενος
secl. Wilamowitz c9 μόλις D c10 τίνα AD: ὅντινα F καὶ om. F
d2 ἕκαστοι ἑκάστῳ F d5 σοφόν AF: σῶφρόν D d8 τε om. F
γίγνεσθαι AD: λέγεσθαι F e1 αὐτὴν F

245

τὰ μὲν δὴ τῶν γυναικῶν τε καὶ παίδων πεπέρανται, τὸ δὲ τῶν
ἀρχόντων ὥσπερ ἐξ ἀρχῆς μετελθεῖν δεῖ. ἐλέγομεν δ', εἰ
503 μνημονεύεις, δεῖν αὐτοὺς φιλοπόλιδάς τε φαίνεσθαι, βασανι-
ζομένους ἐν ἡδοναῖς τε καὶ λύπαις, καὶ τὸ δόγμα τοῦτο μήτ'
ἐν πόνοις μήτ' ἐν φόβοις μήτ' ἐν ἄλλῃ μηδεμιᾷ μεταβολῇ
φαίνεσθαι ἐκβάλλοντας, ἢ τὸν ἀδυνατοῦντα ἀποκριτέον, τὸν
5 δὲ πανταχοῦ ἀκήρατον ἐκβαίνοντα ὥσπερ χρυσὸν ἐν πυρὶ
βασανιζόμενον, στατέον ἄρχοντα καὶ γέρα δοτέον καὶ ζῶντι
καὶ τελευτήσαντι καὶ ἆθλα. τοιαῦτ' ἄττα ἦν τὰ λεγόμενα
παρεξιόντος καὶ παρακαλυπτομένου τοῦ λόγου, πεφοβημένου
κινεῖν τὸ νῦν παρόν.

b   Ἀληθέστατα, ἔφη, λέγεις· μέμνημαι γάρ.

Ὄκνος γάρ, ἔφην, ὦ φίλε, ἐγώ, εἰπεῖν τὰ νῦν ἀποτετολμη-
μένα· νῦν δὲ τοῦτο μὲν τετολμήσθω εἰπεῖν, ὅτι τοὺς ἀκρι-
βεστάτους φύλακας φιλοσόφους δεῖ καθιστάναι.

5   Εἰρήσθω γάρ, ἔφη.

Νόησον δὴ ὡς εἰκότως ὀλίγοι ἔσονταί σοι· ἣν γὰρ διήλθο-
μεν φύσιν δεῖν ὑπάρχειν αὐτοῖς, εἰς ταὐτὸ συμφύεσθαι αὐτῆς
τὰ μέρη ὀλιγάκις ἐθέλει, τὰ πολλὰ δὲ διεσπασμένη φύεται.

Πῶς, ἔφη, λέγεις;

c   Εὐμαθεῖς καὶ μνήμονες καὶ ἀγχίνοι καὶ ὀξεῖς καὶ ὅσα ἄλλα
τούτοις ἕπεται οἶσθ' ὅτι οὐκ ἐθέλουσιν ἅμα φύεσθαι †καὶ
νεανικοί τε καὶ μεγαλοπρεπεῖς τὰς διανοίας οἷοι† κοσμίως
μετὰ ἡσυχίας καὶ βεβαιότητος ἐθέλειν ζῆν, ἀλλ' οἱ τοιοῦτοι
5 ὑπὸ ὀξύτητος φέρονται ὅπῃ ἂν τύχωσιν, καὶ τὸ βέβαιον ἅπαν
αὐτῶν ἐξοίχεται.

Ἀληθῆ, ἔφη, λέγεις.

Οὐκοῦν τὰ βέβαια αὖ ταῦτα ἤθη καὶ οὐκ εὐμετάβολα, οἷς ἄν
τις μᾶλλον ὡς πιστοῖς χρήσαιτο, καὶ ἐν τῷ πολέμῳ πρὸς τοὺς
d   φόβους δυσκίνητα ὄντα, πρὸς τὰς μαθήσεις αὖ ποιεῖ ταὐτόν;
δυσκινήτως ἔχει καὶ δυσμαθῶς ὥσπερ ἀπονεναρκωμένα, καὶ

e2 τε om. D   503a4 φαίνεσθαι secl. Vahlen   b2 ὦ φίλε ἔφην
ἐγὼ F   b3 μὲν AD: μὲν δὴ F   c2 καὶ–c3 διανοίας post c2 ἔπεται
transpos. Baiter, post c1 ὀξεῖς Vretska, alii alia   d2 νεναρκωμένα D

ὕπνου τε καὶ χάσμης ἐμπίμπλανται, ὅταν τι δέῃ τοιοῦτον
διαπονεῖν.

Ἔστι ταῦτα, ἔφη. 5

Ἡμεῖς δέ γε ἔφαμεν ἀμφοτέρων δεῖν εὖ τε καὶ καλῶς
μετέχειν, ἢ μήτε παιδείας τῆς ἀκριβεστάτης δεῖν αὐτῷ
μεταδιδόναι μήτε τιμῆς μήτε ἀρχῆς.

Ὀρθῶς, ἦ δ' ὅς.

Οὐκοῦν σπάνιον αὐτὸ οἴει ἔσεσθαι; 10

Πῶς δ' οὔ;

Βασανιστέον δὴ ἔν τε οἷς τότε ἐλέγομεν πόνοις τε καὶ
φόβοις καὶ ἡδοναῖς, καὶ ἔτι δὴ ὃ τότε παρεῖμεν νῦν λέγομεν, e
ὅτι καὶ ἐν μαθήμασι πολλοῖς γυμνάζειν δεῖ, σκοποῦντας εἰ καὶ
τὰ μέγιστα μαθήματα δυνατὴ ἔσται ἐνεγκεῖν εἴτε καὶ
ἀποδειλιάσει, ὥσπερ οἱ ἐν τοῖς ἄλλοις ἀποδειλιῶντες. 504

Πρέπει γέ τοι δή, ἔφη, οὕτω σκοπεῖν. ἀλλὰ ποῖα δὴ λέγεις
μαθήματα μέγιστα;

Μνημονεύεις μέν που, ἦν δ' ἐγώ, ὅτι τριττὰ εἴδη ψυχῆς
διαστησάμενοι συνεβιβάζομεν δικαιοσύνης τε πέρι καὶ 5
σωφροσύνης καὶ ἀνδρείας καὶ σοφίας ὃ ἕκαστον εἴη.

Μὴ γὰρ μνημονεύων, ἔφη, τὰ λοιπὰ ἂν εἴην δίκαιος μὴ
ἀκούειν.

Ἦ καὶ τὸ προρρηθὲν αὐτῶν;

Τὸ ποῖον δή; 10

Ἐλέγομέν που ὅτι, ὡς μὲν δυνατὸν ἦν κάλλιστα αὐτὰ b
κατιδεῖν ἄλλη μακροτέρα εἴη περίοδος, ἣν περιελθόντι
καταφανῆ γίγνοιτο, τῶν μέντοι ἔμπροσθεν προειρημένων
ἑπομένας ἀποδείξεις οἷόν τ' εἴη προσάψαι. καὶ ὑμεῖς ἐξαρκεῖν
ἔφατε, καὶ οὕτω δὴ ἐρρήθη τὰ τότε τῆς μὲν ἀκριβείας, ὡς 5
ἐμοὶ ἐφαίνετο, ἐλλιπῆ, εἰ δὲ ὑμῖν ἀρεσκόντως, ὑμεῖς ἂν τοῦτο
εἴποιτε.

Ἀλλ' ἔμοιγε, ἔφη, μετρίως· ἐφαίνετο μὴν καὶ τοῖς ἄλλοις.

d6 γε ἔφαμεν A: γ' ἔφαμεν D: γε φαμὲν F   504a5 πέρι καὶ AD: καὶ
περὶ F   a7 εἴην A: εἴη DF   b1 ὅτι ὡς μὲν AD: ὡς ἐσμὲν F: ὅτι ὡς
ἐσμὲν Fsl   ἦν secl. Madvig   b4 εἴη AD: εἶναι F   b6 ἐφαίνετο AD
Fpc: φαίνεται prF

c   Ἀλλ', ὦ φίλε, ἦν δ' ἐγώ, μέτρον τῶν τοιούτων ἀπολεῖπον
καὶ ὁτιοῦν τοῦ ὄντος οὐ πάνυ μετρίως γίγνεται· ἀτελὲς γὰρ
οὐδὲν οὐδενὸς μέτρον. δοκεῖ δ' ἐνίοτέ τισιν ἱκανῶς ἤδη ἔχειν
καὶ οὐδὲν δεῖ⟨ν⟩ περαιτέρω ζητεῖν.

5   Καὶ μάλ', ἔφη, συχνοὶ πάσχουσιν αὐτὸ διὰ ῥᾳθυμίαν.
Τούτου δέ γε, ἦν δ' ἐγώ, τοῦ παθήματος ἥκιστα προσδεῖται
φύλακι πόλεώς τε καὶ νόμων.
Εἰκός, ἦ δ' ὅς.
Τὴν μακροτέραν τοίνυν, ὦ ἑταῖρε, ἔφην, περιτέον τῷ
d   τοιούτῳ, καὶ οὐχ ἧττον μανθάνοντι πονητέον ἢ γυμναζομένῳ·
ἤ, ὃ νυνδὴ ἐλέγομεν, τοῦ μεγίστου τε καὶ μάλιστα προσή-
κοντος μαθήματος ἐπὶ τέλος οὔποτε ἥξει.

Οὐ γὰρ ταῦτα, ἔφη, μέγιστα, ἀλλ' ἔτι τι μεῖζον δικαιο-
5   σύνης τε καὶ ὧν διήλθομεν;
Καὶ μεῖζον, ἦν δ' ἐγώ, καὶ αὐτῶν τούτων οὐχ ὑπογραφὴν
δεῖ ὥσπερ νῦν θεάσασθαι, ἀλλὰ τὴν τελεωτάτην ἀπεργασίαν
μὴ παριέναι. ἢ οὐ γελοῖον ἐπὶ μὲν ἄλλοις σμικροῦ ἀξίοις πᾶν
ποιεῖν συντεινομένους ὅπως ὅτι ἀκριβέστατα καὶ καθαρώ-
e   τατα ἕξει, τῶν δὲ μεγίστων μὴ μεγίστας ἀξιοῦν εἶναι καὶ τὰς
ἀκριβείας;

Καὶ μάλα, ἔφη [ἄξιον τὸ διανόημα]· ὃ μέντοι μέγιστον
μάθημα καὶ περὶ ὅτι αὐτὸ λέγεις, οἴει τιν' ἄν σε, ἔφη, ἀφεῖναι
5   μὴ ἐρωτήσαντα τί ἐστιν;
Οὐ πάνυ, ἦν δ' ἐγώ, ἀλλὰ καὶ σὺ ἐρώτα. πάντως αὐτὸ οὐκ
ὀλιγάκις ἀκήκοας, νῦν δὲ ἢ οὐκ ἐννοεῖς ἢ αὖ διανοῇ ἐμοὶ
505   πράγματα παρέχειν ἀντιλαμβανόμενος. οἶμαι δὲ τοῦτο μᾶλ-
λον· ἐπεὶ ὅτι γε ἡ τοῦ ἀγαθοῦ ἰδέα μέγιστον μάθημα,
πολλάκις ἀκήκοας, ᾗ καὶ δίκαια καὶ τἆλλα προσχρησάμενα
χρήσιμα καὶ ὠφέλιμα γίγνεται. καὶ νῦν σχεδὸν οἶσθ' ὅτι
5   μέλλω τοῦτο λέγειν, καὶ πρὸς τούτῳ ὅτι αὐτὴν οὐχ ἱκανῶς

c1 ἀπολεῖπον Αγρ F: ἀπολείπων Α: ἀπολειπὼν [sic] D   c2 τοῦ ὄντος
ADF: τοιοῦτος Αγρ   μετρίως ADF: μέτριον Αγρ   c4 δεῖν Laur.80.19,
fortasse e corr.: δεῖ ADF   c6 προσδεῖται ADF: προσδεῖ Par.1810pc
d4 τι om. F   d9 καθαρώτατα καὶ ἀκριβέστατα F   e3 ἄξιον τὸ
διανόημα non vertit Ficinus, secl. Astius   e4 τιν' ἄν AD: τίνα F
505a3 καὶ δίκαια DF Syrian.: δίκαια Α: καὶ τὰ δίκαια Procl.

ἴσμεν· εἰ δὲ μὴ ἴσμεν, ἄνευ δὲ ταύτης εἰ ὅτι μάλιστα τἆλλα
ἐπισταίμεθα, οἶσθ' ὅτι οὐδὲν ἡμῖν ὄφελος, ὥσπερ οὐδ' εἰ
κεκτήμεθά τι ἄνευ τοῦ ἀγαθοῦ. ἢ οἴει τι πλέον εἶναι πᾶσαν b
κτῆσιν ἐκτῆσθαι, μὴ μέντοι ἀγαθήν; ἢ πάντα τἆλλα φρονεῖν
ἄνευ τοῦ ἀγαθοῦ, καλὸν δὲ καὶ ἀγαθὸν μηδὲν φρονεῖν;
    Μὰ Δί' οὐκ ἔγωγ', ἔφη.
    Ἀλλὰ μὴν καὶ τόδε γε οἶσθα, ὅτι τοῖς μὲν πολλοῖς ἡδονὴ 5
δοκεῖ εἶναι τὸ ἀγαθόν, τοῖς δὲ κομψοτέροις φρόνησις.
    Πῶς δ' οὔ;
    Καὶ ὅτι γε, ὦ φίλε, οἱ τοῦτο ἡγούμενοι οὐκ ἔχουσι δεῖξαι
ἥτις φρόνησις, ἀλλ' ἀναγκάζονται τελευτῶντες τὴν τοῦ
ἀγαθοῦ φάναι.   10
    Καὶ μάλα, ἔφη, γελοίως.
    Πῶς γὰρ οὐχί, ἦν δ' ἐγώ, εἰ ὀνειδίζοντές γε ὅτι οὐκ ἴσμεν c
τὸ ἀγαθὸν λέγουσι πάλιν ὡς εἰδόσιν; φρόνησιν γὰρ αὐτό φασιν
εἶναι ἀγαθοῦ, ὡς αὖ συνιέντων ἡμῶν ὅτι λέγουσιν, ἐπειδὰν τὸ
τοῦ ἀγαθοῦ φθέγξωνται ὄνομα.
    Ἀληθέστατα, ἔφη.   5
    Τί δὲ οἱ τὴν ἡδονὴν ἀγαθὸν ὁριζόμενοι; μῶν μή τι
ἐλάττονος πλάνης ἔμπλεῳ τῶν ἑτέρων; ἢ οὐ καὶ οὗτοι
ἀναγκάζονται ὁμολογεῖν ἡδονὰς εἶναι κακάς;
    Σφόδρα γε.
    Συμβαίνει δὴ αὐτοῖς, οἶμαι, ὁμολογεῖν ἀγαθὰ εἶναι καὶ 10
κακὰ ταὐτά. ἦ γάρ;
    Τί μήν;   d
    Οὐκοῦν ὅτι μὲν μεγάλαι καὶ πολλαὶ ἀμφισβητήσεις περὶ
αὐτοῦ, φανερόν;
    Πῶς γὰρ οὔ;
    Τί δέ; τόδε οὐ φανερόν, ὡς δίκαια μὲν καὶ καλὰ πολλοὶ ἂν 5
ἕλοιντο τὰ δοκοῦντα, κἂν ⟨εἰ⟩ μὴ εἴη, ὅμως ταῦτα πράττειν

a7 ἐπισταίμεθα F   b1 κεκτήμεθά Bekker: κεκτήμεθά ADF (potest et
opt. esse)   εἶναι F: εἰδέναι A, -δέ- punctis deletum, D   b5 τόδε γε
AF: τό γε prD: τόδε Dpc   c7 ἔμπλεοι AD: ἐκπλέοι F   c10 δὴ A
Dpc F: δὲ prD (statim correxit)   οἶμαι αὐτοῖς F   d6 καὶ τὰ δοκοῦντα
Procl.   ⟨εἰ⟩ Astius   εἴη ADF: ἦ Scor.y.1.13

καὶ κεκτῆσθαι καὶ δοκεῖν, ἀγαθὰ δὲ οὐδενὶ ἔτι ἀρκεῖ τὰ
δοκοῦντα κτᾶσθαι, ἀλλὰ τὰ ὄντα ζητοῦσιν, τὴν δὲ δόξαν
ἐνταῦθα ἤδη πᾶς ἀτιμάζει;

10 Καὶ μάλα, ἔφη.

e Ὃ δὴ διώκει μὲν ἅπασα ψυχὴ καὶ τούτου ἕνεκα πάντα
πράττει, ἀπομαντευομένη τι εἶναι, ἀποροῦσα δὲ καὶ οὐκ
ἔχουσα λαβεῖν ἱκανῶς τί ποτ' ἐστὶν οὐδὲ πίστει χρήσασθαι
μονίμῳ οἵᾳ καὶ περὶ τὰ ἄλλα, διὰ τοῦτο δὲ ἀποτυγχάνει καὶ
5 τῶν ἄλλων εἴ τι ὄφελος ἦν, περὶ δὴ τὸ τοιοῦτον καὶ τοσοῦτον
506 οὕτω φῶμεν δεῖν ἐσκοτῶσθαι καὶ ἐκείνους τοὺς βελτίστους ἐν
τῇ πόλει, οἷς πάντα ἐγχειριοῦμεν;

Ἥκιστά γ', ἔφη.

Οἶμαι γοῦν, εἶπον, δίκαιά τε καὶ καλὰ ἀγνοούμενα ὅπῃ
5 ποτὲ ἀγαθά ἐστιν, οὐ πολλοῦ τινος ἄξιον φύλακα κεκτῆσθαι
ἂν ἑαυτῶν τὸν τοῦτο ἀγνοοῦντα· μαντεύομαι δὲ μηδένα αὐτὰ
πρότερον γνώσεσθαι ἱκανῶς.

Καλῶς γάρ, ἔφη, μαντεύῃ.

Οὐκοῦν ἡμῖν ἡ πολιτεία τελέως κεκοσμήσεται, ἐὰν ὁ
b τοιοῦτος αὐτὴν ἐπισκοπῇ φύλαξ, ὁ τούτων ἐπιστήμων;

Ἀνάγκη, ἔφη. ἀλλὰ σὺ δή, ὦ Σώκρατες, πότερον
ἐπιστήμην τὸ ἀγαθὸν φὴς εἶναι ἢ ἡδονήν, ἢ ἄλλο τι παρὰ
ταῦτα;

5 Οὗτος, ἦν δ' ἐγώ, ἀνήρ, καλῶς ἦσθα καὶ πάλαι καταφανὴς
ὅτι σοι οὐκ ἀποχρήσοι τὸ τοῖς ἄλλοις δοκοῦν περὶ αὐτῶν.

Οὐδὲ γὰρ δίκαιόν μοι, ἔφη, ὦ Σώκρατες, φαίνεται τὰ τῶν
ἄλλων μὲν ἔχειν εἰπεῖν δόγματα, τὸ δ' αὑτοῦ μή, τοσοῦτον
c χρόνον περὶ ταῦτα πραγματευόμενον.

Τί δέ; ἦν δ' ἐγώ· δοκεῖ σοι δίκαιον εἶναι περὶ ὧν τις μὴ
οἶδεν λέγειν ὡς εἰδότα;

Οὐδαμῶς γ', ἔφη, ὡς εἰδότα, ὡς μέντοι οἰόμενον ταῦθ' ἃ
5 οἴεται ἐθέλειν λέγειν.

Τί δέ; εἶπον· οὐκ ᾔσθησαι τὰς ἄνευ ἐπιστήμης δόξας, ὡς

d7 οὐδενὶ AD Procl.: οὐδὲν F   ἔτι om. Procl.   506a6 δὲ AD: δὴ F
μηδένα AD: μὴ F   a9 τελέως A: παντελῶς DF   b5 ἀνὴρ prA
b8–c1 χρόνον τοσοῦτον F

πᾶσαι αἰσχραί; ὧν αἱ βέλτισται τυφλαί. ἢ δοκοῦσί τί σοι
τυφλῶν διαφέρειν ὁδὸν ὀρθῶς πορευομένων οἱ ἄνευ νοῦ
ἀληθές τι δοξάζοντες;

Οὐδέν, ἔφη. 10

Βούλει οὖν αἰσχρὰ θεάσασθαι, τυφλά τε καὶ σκολιά, ἐξὸν
παρ' ἄλλων ἀκούειν φανά τε καὶ καλά;

Μὴ πρὸς Διός, ἦ δ' ὅς, ὦ Σώκρατες, ὁ Γλαύκων, ὥσπερ d
ἐπὶ τέλει ὢν ἀποστῆς. ἀρκέσει γὰρ ἡμῖν κἂν ὥσπερ δικαιο-
σύνης πέρι καὶ σωφροσύνης καὶ τῶν ἄλλων διῆλθες, οὕτω καὶ
περὶ τοῦ ἀγαθοῦ διέλθῃς.

Καὶ γὰρ ἐμοί, ἦν δ' ἐγώ, ὦ ἑταῖρε, καὶ μάλα ἀρκέσει· ἀλλ' 5
ὅπως μὴ οὐχ οἷός τ' ἔσομαι, προθυμούμενος δὲ ἀσχημονῶν
γέλωτα ὀφλήσω. ἀλλ', ὦ μακάριοι, αὐτὸ μὲν τί ποτ' ἐστὶ
τἀγαθὸν ἐάσωμεν τὸ νῦν εἶναι· πλέον γάρ μοι φαίνεται ἢ κατὰ
τὴν παροῦσαν ὁρμὴν ἐφικέσθαι τοῦ γε δοκοῦντος ἐμοὶ τὰ νῦν. e
ὃς δὲ ἔκγονός τε τοῦ ἀγαθοῦ φαίνεται καὶ ὁμοιότατος ἐκείνῳ,
λέγειν ἐθέλω, εἰ καὶ ὑμῖν φίλον, εἰ δὲ μή, ἐᾶν.

Ἀλλ', ἔφη, λέγε· εἰς αὖθις γὰρ τοῦ πατρὸς ἀποτείσεις τὴν
διήγησιν. 5

Βουλοίμην ἄν, εἶπον, ἐμέ τε δύνασθαι αὐτὴν ἀποδοῦναι καὶ 507
ὑμᾶς κομίσασθαι, ἀλλὰ μὴ ὥσπερ νῦν τοὺς τόκους μόνον.
τοῦτον δὲ δὴ οὖν τὸν τόκον τε καὶ ἔκγονον αὐτοῦ τοῦ ἀγαθοῦ
κομίσασθε. εὐλαβεῖσθε μέντοι μή πῃ ἐξαπατήσω ὑμᾶς ἄκων,
κίβδηλον ἀποδιδοὺς τὸν λόγον τοῦ τόκου. 5

Εὐλαβησόμεθα, ἔφη, κατὰ δύναμιν· ἀλλὰ μόνον λέγε.

Διομολογησάμενός γ', ἔφην ἐγώ, καὶ ἀναμνήσας ὑμᾶς τά τ'
ἐν τοῖς ἔμπροσθεν ῥηθέντα καὶ ἄλλοτε ἤδη πολλάκις εἰρη-
μένα.

Τὰ ποῖα; ἦ δ' ὅς. 10

Πολλὰ καλά, ἦν δ' ἐγώ, καὶ πολλὰ ἀγαθὰ καὶ ἕκαστα b
οὕτως εἶναί φαμέν τε καὶ διορίζομεν τῷ λόγῳ.

---

c7 ἅπασαι Stob.   σοι om. Stob.   d7 μακάριε Procl.
d8 ἐάσωμεν AD Fpc Procl.: ἐάσομεν prF   e1 τὰ om. Procl.
e2 δὲ AD: γε F   507a3 οὖν om. F   a4 κομίσασθε Apc D:
κομίσασθαι prA et Amg, F   εὐλαβεῖσθαι Amg F

Φαμὲν γάρ.

Καὶ αὐτὸ δὴ καλὸν καὶ αὐτὸ ἀγαθόν, καὶ οὕτω περὶ πάντων
5 ἃ τότε ὡς πολλὰ ἐτίθεμεν, πάλιν αὖ κατ' ἰδέαν μίαν ἑκάστου
ὡς μιᾶς οὔσης τιθέντες, "ὅ ἐστιν" ἕκαστον προσαγορεύομεν.
Ἔστι ταῦτα.
Καὶ τὰ μὲν δὴ ὁρᾶσθαί φαμεν, νοεῖσθαι δ' οὔ, τὰς δ' αὖ
ἰδέας νοεῖσθαι μέν, ὁρᾶσθαι δ' οὔ.
10 Παντάπασι μὲν οὖν.
c Τῷ οὖν ὁρῶμεν ἡμῶν αὐτῶν τὰ ὁρώμενα;
Τῇ ὄψει, ἔφη.
Οὐκοῦν, ἦν δ' ἐγώ, καὶ ἀκοῇ τὰ ἀκουόμενα, καὶ ταῖς ἄλλαις
αἰσθήσεσι πάντα τὰ αἰσθητά;
5 Τί μήν;
Ἆρ' οὖν, ἦν δ' ἐγώ, ἐννενόηκας τὸν τῶν αἰσθήσεων
δημιουργὸν ὅσῳ πολυτελεστάτην τὴν τοῦ ὁρᾶν τε καὶ ὁρᾶσθαι
δύναμιν ἐδημιούργησεν;
Οὐ πάνυ, ἔφη.
10 Ἀλλ' ὧδε σκόπει. ἔστιν ὅτι προσδεῖ ἀκοῇ καὶ φωνῇ γένους
ἄλλου εἰς τὸ τὴν μὲν ἀκούειν, τὴν δὲ ἀκούεσθαι, ὃ ἐὰν μὴ
d παραγένηται τρίτον, ἡ μὲν οὐκ ἀκούσεται, ἡ δὲ οὐκ ἀκου-
σθήσεται;
Οὐδενός, ἔφη.
Οἶμαι δέ γε, ἦν δ' ἐγώ, οὐδ' ἄλλαις πολλαῖς, ἵνα μὴ εἴπω
5 ὅτι οὐδεμιᾷ, τοιούτου προσδεῖ οὐδενός. ἢ σύ τινα ἔχεις εἰπεῖν;
Οὐκ ἔγωγε, ἦ δ' ὅς.
Τὴν δὲ τῆς ὄψεως καὶ τοῦ ὁρατοῦ οὐκ ἐννοεῖς ὅτι
προσδεῖται;
Πῶς;
10 Ἐνούσης που ἐν ὄμμασιν ὄψεως καὶ ἐπιχειροῦντος τοῦ
ἔχοντος χρῆσθαι αὐτῇ, παρούσης δὲ χρόας ἐν αὐτοῖς, ἐὰν μὴ
παραγένηται γένος τρίτον ἰδίᾳ ἐπ' αὐτὸ τοῦτο πεφυκός, οἶσθ'
e ὅτι ἥ τε ὄψις οὐδὲν ὄψεται, τά τε χρώματα ἔσται ἀόρατα.

b5 ὡς ADF: καλῶς Procl.   κατ' ADF Procl.: καὶ Adam   μίαν om.
Procl.   b7 ἔστι ταῦτα om. D   b8 αὖ om. Procl.   c6 τὸν A: τὸ
DF   d11 ἐν ADF: ἐν Adam: ἐπ' Astius, alii alia

Τίνος δὴ λέγεις, ἔφη, τούτου;

Ὃ δὴ σὺ καλεῖς, ἦν δ' ἐγώ, φῶς.

Ἀληθῆ, ἔφη, λέγεις.

Οὐ σμικρᾷ ἄρα ἰδέᾳ ἡ τοῦ ὁρᾶν αἴσθησις καὶ ἡ τοῦ ὁρᾶσθαι 5
δύναμις τῶν ἄλλων συζεύξεων τιμιωτέρῳ ζυγῷ ἐζύγησαν, 508
εἴπερ μὴ ἄτιμον τὸ φῶς.

Ἀλλὰ μήν, ἔφη, πολλοῦ γε δεῖ ἄτιμον εἶναι.

Τίνα οὖν ἔχεις αἰτιάσασθαι τῶν ἐν οὐρανῷ θεῶν τούτου
κύριον, οὗ ἡμῖν τὸ φῶς ὄψιν τε ποιεῖ ὁρᾶν ὅτι κάλλιστα καὶ τὰ 5
ὁρώμενα ὁρᾶσθαι;

Ὅνπερ καὶ σύ, ἔφη, καὶ οἱ ἄλλοι· τὸν ἥλιον γὰρ δῆλον ὅτι
ἐρωτᾷς.

Ἆρ' οὖν ὧδε πέφυκεν ὄψις πρὸς τοῦτον τὸν θεόν;

Πῶς; 10

Οὐκ ἔστιν ἥλιος ἡ ὄψις οὔτε αὐτὴ οὔτ' ἐν ᾧ ἐγγίγνεται, ὃ
δὴ καλοῦμεν ὄμμα. b

Οὐ γὰρ οὖν.

Ἀλλ' ἡλιοειδέστατόν γε, οἶμαι, τῶν περὶ τὰς αἰσθήσεις
ὀργάνων.

Πολύ γε. 5

Οὐκοῦν καὶ τὴν δύναμιν ἣν ἔχει ἐκ τούτου ταμιευομένην
ὥσπερ ἐπίρρυτον κέκτηται;

Πάνυ μὲν οὖν.

Ἆρ' οὖν οὐ καὶ ὁ ἥλιος ὄψις μὲν οὐκ ἔστιν, αἴτιος δ' ὢν
αὐτῆς ὁρᾶται ὑπ' αὐτῆς ταύτης; 10

Οὕτως, ἦ δ' ὅς.

Τοῦτον τοίνυν, ἦν δ' ἐγώ, φάναι με λέγειν τὸν τοῦ ἀγαθοῦ
ἔκγονον, ὃν τἀγαθὸν ἐγέννησεν ἀνάλογον ἑαυτῷ, ὅτιπερ αὐτὸ
ἐν τῷ νοητῷ τόπῳ πρός τε νοῦν καὶ τὰ νοούμενα, τοῦτο c
τοῦτον ἐν τῷ ὁρατῷ πρός τε ὄψιν καὶ τὰ ὁρώμενα.

e3 post vocem δὴ mutilus est D, in cuius locum succedit lectio
reconstituta D   e5 καὶ τοῦ ὁρᾶσθαι D   508a5 ὅτι om. F
a11 ἥλιος om. F   b11 οὕτως AD Euseb.: om. F   b12 φάναι με
AD Euseb.: φάναι μὲν F: φαίνομαι Iulian.   τὸν ADF Iulian.: τὸ Euseb.
b13 τἀγαθὸν AD: τὸ ἀγαθὸν F Euseb.: ἀγαθὸν Iulian.   c1 τε ADF
Euseb.: γε Iulian.   τοῦτο AD: om. F Euseb. Iulian.

Πῶς; ἔφη· ἔτι δίελθέ μοι.

Ὀφθαλμοί, ἦν δ᾽ ἐγώ, οἶσθ᾽ ὅτι, ὅταν μηκέτι ἐπ᾽ ἐκεῖνά τις
5 αὐτοὺς τρέπῃ ὧν ἂν τὰς χρόας τὸ ἡμερινὸν φῶς ἐπέχῃ, ἀλλὰ
ὧν νυκτερινὰ φέγγη, ἀμβλυώττουσί τε καὶ ἐγγὺς φαίνονται
τυφλῶν, ὥσπερ οὐκ ἐνούσης καθαρᾶς ὄψεως;

Καὶ μάλα, ἔφη.

Ὅταν δέ γ᾽, οἶμαι, ὧν ὁ ἥλιος καταλάμπει, σαφῶς ὁρῶσι,
d καὶ τοῖς αὐτοῖς τούτοις ὄμμασιν ἐνοῦσα φαίνεται.

Τί μήν;

Οὕτω τοίνυν καὶ τὸ τῆς ψυχῆς ὧδε νόει· ὅταν μὲν οὗ
καταλάμπει ἀλήθειά τε καὶ τὸ ὄν, εἰς τοῦτο ἀπερείσηται,
5 ἐνόησέν τε καὶ ἔγνω αὐτὸ καὶ νοῦν ἔχειν φαίνεται· ὅταν δὲ εἰς
τὸ τῷ σκότῳ κεκραμένον, τὸ γιγνόμενόν τε καὶ ἀπολλύμενον,
δοξάζει τε καὶ ἀμβλυώττει ἄνω καὶ κάτω τὰς δόξας
μεταβάλλον, καὶ ἔοικεν αὖ νοῦν οὐκ ἔχοντι.

Ἔοικε γάρ.

10 Τοῦτο τοίνυν τὸ τὴν ἀλήθειαν παρέχον τοῖς γιγνωσκομέ-
e νοις καὶ τῷ γιγνώσκοντι τὴν δύναμιν ἀποδιδὸν τὴν τοῦ
ἀγαθοῦ ἰδέαν φάθι εἶναι· αἰτίαν δ᾽ ἐπιστήμης οὖσαν καὶ
ἀληθείας, ὡς γιγνωσκομένης μὲν διανοοῦ, οὕτω δὲ καλῶν
ἀμφοτέρων ὄντων, γνώσεώς τε καὶ ἀληθείας, ἄλλο καὶ
5 κάλλιον ἔτι τούτων ἡγούμενος αὐτὸ ὀρθῶς ἡγήσῃ· ἐπιστήμην
509 δὲ καὶ ἀλήθειαν, ὥσπερ ἐκεῖ φῶς τε καὶ ὄψιν ἡλιοειδῆ μὲν
νομίζειν ὀρθόν, ἥλιον δ᾽ ἡγεῖσθαι οὐκ ὀρθῶς ἔχει, οὕτω καὶ
ἐνταῦθα ἀγαθοειδῆ μὲν νομίζειν ταῦτ᾽ ἀμφότερα ὀρθόν,
ἀγαθὸν δὲ ἡγεῖσθαι ὁπότερον αὐτῶν οὐκ ὀρθόν, ἀλλ᾽ ἔτι
5 μειζόνως τιμητέον τὴν τοῦ ἀγαθοῦ ἕξιν.

c3 ἔτι δίελθέ AD: ἐπιδίελθέ F   c4 μηκέτι ADF: μὴ Procl.
c4–5 τις αὐτοὺς post c4 ὅταν hab. Procl.   c5 ἂν om. Procl.   ἐπέχῃι
A: ἐπέχει F Procl.: ἐπέχοι D   c6 ὧν AF: ὡς D: ὧν ⟨ἂν⟩ J. L. V.
Hartman   ἀμβλυώττουσί AD Procl.: ἀμβλυωποῦσιν F   c9 καταλάμπει
prA F Procl.: καταλάμπηι Apc et fortasse D   d3 τὸ ADF: τὸ ὄμμα
Procl.   d5 ἐνόησέν AD: ἐννόησε F   τε καὶ AD: τε αὐτὸ καὶ F
d6 τε om. Procl.   d8 μεταβαλὸν D   e1 τῶι ADF: τὸ Euseb.
e3 γιγνωσκομένην Laur.80.19   e5 καὶ ἐπιστήμην F   509a2 οὕτω
καὶ AF: καὶ οὕτω καὶ D

Ἀμήχανον κάλλος, ἔφη, λέγεις, εἰ ἐπιστήμην μὲν καὶ
ἀλήθειαν παρέχει, αὐτὸ δ᾽ ὑπὲρ ταῦτα κάλλει ἐστίν· οὐ γὰρ
δήπου σύ γε ἡδονὴν αὐτὸ λέγεις.

Εὐφήμει, ἦν δ᾽ ἐγώ· ἀλλ᾽ ὧδε μᾶλλον τὴν εἰκόνα αὐτοῦ ἔτι
ἐπισκόπει.   10

Πῶς;

Τὸν ἥλιον τοῖς ὁρωμένοις οὐ μόνον, οἶμαι, τὴν τοῦ ὁρᾶσθαι b
δύναμιν παρέχειν φήσεις, ἀλλὰ καὶ τὴν γένεσιν καὶ αὔξην καὶ
τροφήν, οὐ γένεσιν αὐτὸν ὄντα.

Πῶς γάρ;

Καὶ τοῖς γιγνωσκομένοις τοίνυν μὴ μόνον τὸ γιγνώσκεσθαι 5
φάναι ὑπὸ τοῦ ἀγαθοῦ παρεῖναι, ἀλλὰ καὶ τὸ εἶναί τε καὶ τὴν
οὐσίαν ὑπ᾽ ἐκείνου αὐτοῖς προσεῖναι, οὐκ οὐσίας ὄντος τοῦ
ἀγαθοῦ, ἀλλ᾽ ἔτι ἐπέκεινα τῆς οὐσίας πρεσβείᾳ καὶ δυνάμει
ὑπερέχοντος.

Καὶ ὁ Γλαύκων μάλα γελοίως, Ἄπολλον, ἔφη, δαιμονίας c
ὑπερβολῆς.

Σὺ γάρ, ἦν δ᾽ ἐγώ, αἴτιος, ἀναγκάζων τὰ ἐμοὶ δοκοῦντα
περὶ αὐτοῦ λέγειν.

Καὶ μηδαμῶς γ᾽, ἔφη, παύσῃ, εἰ μή τι ἀλλὰ τὴν περὶ τὸν 5
ἥλιον ὁμοιότητα αὖ διεξιών, εἴ πῃ ἀπολείπεις.

Ἀλλὰ μήν, εἶπον, συχνά γε ἀπολείπω.

Μηδὲ σμικρὸν τοίνυν, ἔφη, παραλίπῃς.

Οἶμαι μέν, ἦν δ᾽ ἐγώ, καὶ πολύ· ὅμως δέ, ὅσα γ᾽ ἐν τῷ
παρόντι δυνατόν, ἑκὼν οὐκ ἀπολείψω.   10

Μὴ γάρ, ἔφη.

Νόησον τοίνυν, ἦν δ᾽ ἐγώ, ὥσπερ λέγομεν, δύο αὐτὼ εἶναι, d
καὶ βασιλεύειν τὸ μὲν νοητοῦ γένους τε καὶ τόπου, τὸ δ᾽ αὖ

---

a7 ἐστίν AD: εἰ ἔστιν F   b2 αὔξην AD Euseb.(BIO Npc) Procl.:
αὔξησιν F Euseb.(prN)   b6 φάναι ADF Euseb.: φάναι με Procl.   καὶ τὴν
AD Euseb. Procl.: τὴν F   b8 ἔτι ADF Procl.Theol. (u.v.): om. Euseb.
bis, Procl.in Remp.   τῆς ADF Euseb. XI 21.6, Iambl., Procl.Theol., alii:
om. Plot., Euseb. XI 21.5, Procl.in Remp., alii   καὶ ADF Euseb.: τε καὶ
Procl. saepius   c5 ἀλλὰ D: ἄλλα AF   c6 αὖ AD: αὐτοῦ F
ἀπολείποις fortasse D   c8 παραλίπῃς prA D: παραλείπῃς Apc F

255

ΟΡΑΤΟ, ἵνα μὴ *ΟΡΑΝΟ* εἰπὼν δόξω σοι σοφίζεσθαι περὶ τὸ ὄνομα. ἀλλ᾽ οὖν ἔχεις ταῦτα διττὰ εἴδη, ὁρατόν, νοητόν;

5 Ἔχω.

Ὥσπερ τοίνυν γραμμὴν δίχα τετμημένην λαβὼν ἄνισα τμήματα, πάλιν τέμνε ἑκάτερον τμῆμα ἀνὰ τὸν αὐτὸν λόγον, τό τε τοῦ ὁρωμένου γένους καὶ τὸ τοῦ νοουμένου, καί σοι ἔσται σαφηνείᾳ καὶ ἀσαφείᾳ πρὸς ἄλληλα ἐν μὲν τῷ
10 ὁρωμένῳ τὸ μὲν ἕτερον τμῆμα εἰκόνες, λέγω δὲ τὰς εἰκόνας
510 πρῶτον μὲν τὰς σκιάς, ἔπειτα τὰ ἐν τοῖς ὕδασι φαντάσματα καὶ ἐν τοῖς ὅσα πυκνά τε καὶ λεῖα καὶ φανὰ συνέστηκεν, καὶ πᾶν τὸ τοιοῦτον, εἰ κατανοεῖς.

Ἀλλὰ κατανοῶ.

5 Τὸ τοίνυν ἕτερον τίθει ᾧ τοῦτο ἔοικεν, τά τε περὶ ἡμᾶς ζῷα καὶ πᾶν τὸ φυτευτὸν καὶ τὸ σκευαστὸν ὅλον γένος.

Τίθημι, ἔφη.

Ἦ καὶ ἐθέλοις ἂν αὐτὸ φάναι, ἦν δ᾽ ἐγώ, διῃρῆσθαι ἀληθείᾳ τε καὶ μή, ὡς τὸ δοξαστὸν πρὸς τὸ γνωστόν, οὕτω
10 τὸ ὁμοιωθὲν πρὸς τὸ ᾧ ὡμοιώθη;

b Ἔγωγ᾽, ἔφη, καὶ μάλα.

Σκόπει δὴ αὖ καὶ τὴν τοῦ νοητοῦ τομὴν ᾗ τμητέον.

Πῇ;

Ἦι τὸ μὲν αὐτοῦ τοῖς τότε μιμηθεῖσιν ὡς εἰκόσιν χρωμένη
5 ψυχὴ ζητεῖν ἀναγκάζεται ἐξ ὑποθέσεων, οὐκ ἐπ᾽ ἀρχὴν πο- ρευομένη ἀλλ᾽ ἐπὶ τελευτήν, τὸ δ᾽ αὖ ἕτερον [τὸ] ἐπ᾽ ἀρχὴν ἀνυπόθετον ἐξ ὑποθέσεως ἰοῦσα καὶ ἄνευ τῶν περὶ ἐκεῖνο εἰκόνων, αὐτοῖς εἴδεσι δι᾽ αὐτῶν τὴν μέθοδον ποιουμένη.

Ταῦτ᾽, ἔφη, ἃ λέγεις, οὐχ ἱκανῶς ἔμαθον, ἀλλ᾽ αὖθις ⟨**
c **⟩, ἦν δ᾽ ἐγώ· ῥᾷον γὰρ τούτων προειρημένων μαθήσῃ.

d3 *ΟΡΑΤΟ* Wilamowitz: ὁρατοῦ ADF   *ΟΡΑΝΟ* Wilamowitz: ὁρανοῦ D: οὐρανοῦ F: οὐρανὸν A   d6 ἄνισα AD Plut.: ἂν, ἴσα F: ἀν᾽ ἴσα Richter: ἴσα Ps.-Archyt.   d7 τμῆμα A Plut.: τὸ τμῆμα DF   510a6 πᾶν om. Procl.   καὶ τὸ AF Procl.: καὶ D   b4 μιμηθεῖσιν A Procl.: τιμηθεῖσιν F: τιμηθεῖσιν D   b6 ἐπ᾽ Astius: τὸ ἐπ᾽ ADF b7 ὑποθέσεων fortasse D   τῶν περὶ Par.1810pc: ὧν περὶ F: ὧνπερ AD ἐκεῖνα fortasse prA   b9–c1 verba ἀλλ᾽ αὖθις Glauconi dedi et lacunam statui, fortasse ἀλλ᾽ αὖθις ⟨εἰπέ.—ἀλλ᾽ ἐρῶ⟩ ἦν δ᾽ ἐγώ· ⟨ἐρῶ⟩ post ἐγώ Cobet

οἶμαι γάρ σε εἰδέναι ὅτι οἱ περὶ τὰς γεωμετρίας τε καὶ
λογισμοὺς καὶ τὰ τοιαῦτα πραγματευόμενοι, ὑποθέμενοι τό
τε περιττὸν καὶ τὸ ἄρτιον καὶ τὰ σχήματα καὶ γωνιῶν τριττὰ
εἴδη καὶ ἄλλα τούτων ἀδελφὰ καθ' ἑκάστην μέθοδον, ταῦτα 5
μὲν ὡς εἰδότες, ποιησάμενοι ὑποθέσεις αὐτά, οὐδένα λόγον
οὔτε αὑτοῖς οὔτε ἄλλοις ἔτι ἀξιοῦσι περὶ αὐτῶν διδόναι ὡς
παντὶ φανερῶν, ἐκ τούτων δ' ἀρχόμενοι τὰ λοιπὰ ἤδη διεξι-   d
όντες τελευτῶσιν ὁμολογουμένως ἐπὶ τοῦτο οὗ ἂν ἐπὶ σκέψιν
ὁρμήσωσι.

Πάνυ μὲν οὖν, ἔφη, τοῦτό γε οἶδα.

Οὐκοῦν καὶ ὅτι τοῖς ὁρωμένοις εἴδεσι προσχρῶνται καὶ 5
τοὺς λόγους περὶ αὐτῶν ποιοῦνται, οὐ περὶ τούτων διανο-
ούμενοι, ἀλλ' ἐκείνων πέρι οἷς ταῦτα ἔοικε, τοῦ τετραγώνου
αὐτοῦ ἕνεκα τοὺς λόγους ποιούμενοι καὶ διαμέτρου αὐτῆς,
ἀλλ' οὐ ταύτης ἣν γράφουσιν, καὶ τἆλλ' οὕτως, αὐτὰ μὲν e
ταῦτα ἃ πλάττουσί τε καὶ γράφουσιν, ὧν καὶ σκιαὶ καὶ ἐν
ὕδασιν εἰκόνες εἰσίν, τούτοις μὲν ὡς εἰκόσιν αὖ χρώμενοι,
ζητοῦντές τε αὐτὰ ἐκεῖνα ἰδεῖν ἃ οὐκ ἂν ἄλλως ἴδοι τις ἢ τῇ 511
διανοίᾳ.

Ἀληθῆ, ἔφη, λέγεις.

Τοῦτο τοίνυν νοητὸν μὲν τὸ εἶδος ἔλεγον, ὑποθέσεσι δ'
ἀναγκαζομένην ψυχὴν χρῆσθαι περὶ τὴν ζήτησιν αὐτοῦ, οὐκ 5
ἐπ' ἀρχὴν ἰοῦσαν, ὡς οὐ δυναμένην τῶν ὑποθέσεων ἀνωτέρω
ἐκβαίνειν, εἰκόσι δὲ χρωμένην αὐτοῖς τοῖς ὑπὸ τῶν κάτω
ἀπεικασθεῖσιν καὶ ἐκείνοις πρὸς ἐκεῖνα ὡς ἐναργέσι δεδοξα-
σμένοις τε καὶ τετιμημένοις.

Μανθάνω, ἔφη, ὅτι τὸ ὑπὸ ταῖς γεωμετρίαις τε καὶ ταῖς 10
ταύτης ἀδελφαῖς τέχναις λέγεις.   b

Τὸ τοίνυν ἕτερον μάνθανε τμῆμα τοῦ νοητοῦ λέγοντά με

c4 τριττά ADF: τριπλᾶ Procl.   c7 οὐδὲ αὑτοῖς οὐδὲ F   ἀξιοῦμεν
fortasse D   d1 φανερῶν A: φανερὸν F et fortasse D   d8 ἕνεκα καὶ F
e1 μὲν AF: μὲν οὖν fortasse D   e3 αὖ om. F   511 a1 τε A et fortasse
D: δὲ F   a4 νοητὸν AF: νοητοῦ D: νοητοῦ ⟨ἓν⟩ Astius   a7 ὑπὸ τῶν
κάτω ADF: ὑποκάτω Bywater   a8 ἐκείνοις secl. Sidgwick: καὶ ἐκείνοις
post πρὸς ἐκεῖνα transpos. Wilamowitz, alii alia   a9 τετιμημένοις Apc F:
τετιμημένοις prA D   a10 γεωμετρικαῖς F   b2 με AD: μετὰ F

τοῦτο, οὗ αὐτὸς ὁ λόγος ἅπτεται τῇ τοῦ διαλέγεσθαι δυνάμει,
τὰς ὑποθέσεις ποιούμενος οὐκ ἀρχὰς ἀλλὰ τῷ ὄντι ὑποθέσεις,
5 οἷον ἐπιβάσεις τε καὶ ὁρμάς, ἵνα μέχρι τοῦ ἀνυποθέτου ἐπὶ
τὴν τοῦ παντὸς ἀρχὴν ἰών, ἁψάμενος αὐτῆς, πάλιν αὖ
ἐχόμενος τῶν ἐκείνης ἐχομένων, οὕτως ἐπὶ τελευτὴν κατα-
c βαίνῃ, αἰσθητῷ παντάπασιν οὐδενὶ προσχρώμενος, ἀλλ᾿
εἴδεσιν αὐτοῖς δι᾿ αὐτῶν εἰς αὐτά, καὶ τελευτᾷ εἰς εἴδη.

Μανθάνω, ἔφη, ἱκανῶς μὲν οὔ, δοκεῖς γάρ μοι συχνὸν ἔργον
λέγειν, ὅτι μέντοι βούλει διορίζειν σαφέστερον εἶναι τὸ ὑπὸ
5 τῆς τοῦ διαλέγεσθαι ἐπιστήμης τοῦ ὄντος τε καὶ νοητοῦ
θεωρούμενον ἢ τὸ ὑπὸ τῶν τεχνῶν καλουμένων, αἷς αἱ
ὑποθέσεις ἀρχαί, καὶ διανοίᾳ μὲν ἀναγκάζονται ἀλλὰ μὴ
αἰσθήσεσιν αὐτὰ θεᾶσθαι οἱ θεώμενοι, διὰ δὲ τὸ μὴ ἐπ᾿
d ἀρχὴν ἀνελθόντες σκοπεῖν ἀλλ᾿ ἐξ ὑποθέσεων, νοῦν οὐκ ἴσχειν
περὶ αὐτὰ δοκοῦσί σοι [καίτοι νοητῶν ὄντων μετὰ ἀρχῆς].
διάνοιαν δὲ καλεῖν μοι δοκεῖς τὴν τῶν γεωμετρικῶν τε καὶ
τῶν τοιούτων ἕξιν ἀλλ᾿ οὐ νοῦν, ὡς μεταξύ τι δόξης τε καὶ νοῦ
5 τὴν διάνοιαν οὖσαν.

Ἱκανώτατα, ἦν δ᾿ ἐγώ, ἀπεδέξω. καί μοι ἐπὶ τοῖς τέτταρσι
τμήμασι τέτταρα ταῦτα παθήματα ἐν τῇ ψυχῇ γιγνόμενα
λαβέ, νόησιν μὲν ἐπὶ τῷ ἀνωτάτω, διάνοιαν δὲ ἐπὶ τῷ
e δευτέρῳ, τῷ τρίτῳ δὲ πίστιν ἀπόδος, καὶ τῷ τελευταίῳ
εἰκασίαν, καὶ τάξον αὐτὰ ἀνὰ λόγον, ὥσπερ ἐφ᾿ οἷς ἐστιν
ἀληθείας μετέχειν, οὕτω ταῦτα σαφηνείας ἡγησάμενος
μετέχειν.

5 Μανθάνω, ἔφη, καὶ συγχωρῶ, καὶ τάττω ὡς λέγεις.

b4 ποιουμένου prA   b6 αὖ om. F   b7 καταβαίνοι fortasse D
c2 αὐτῶν A   αὐτὰ A   c3 οὖ [sic] Apc, -ν punctis deleto: οὖν prA DF
δοκεῖς γάρ μοι AD: δοκεῖ σοι F   c6 τεχνῶν τι F   d1 ἐξ fortasse
om. prA   d2 καίτοι–ἀρχῆς ADF: secl. Bolling   d3–4 καὶ τῶν D:
καὶ τὴν τῶν AF   e2 ἀνὰ λόγον Astius: ἀνάλογον ADF   e3 μετέχει
Mon.237pc

Μετὰ ταῦτα δή, εἶπον, ἀπείκασον τοιούτῳ πάθει τὴν a
ἡμετέραν φύσιν παιδείας τε πέρι καὶ ἀπαιδευσίας. ἰδὲ γὰρ
ἀνθρώπους οἷον ἐν καταγείῳ οἰκήσει σπηλαιώδει, ἀναπεπτα-
μένην πρὸς τὸ φῶς τὴν εἴσοδον ἐχούσῃ μακρὰν παρὰ πᾶν τὸ
σπήλαιον, ἐν ταύτῃ ἐκ παίδων ὄντας ἐν δεσμοῖς, καὶ τὰ σκέλη 5
καὶ τοὺς αὐχένας, ὥστε μένειν τε αὐτοῦ[ς] εἴς τε τὸ πρόσθεν b
μόνον ὁρᾶν, κύκλῳ δὲ τὰς κεφαλὰς ὑπὸ τοῦ δεσμοῦ ἀδυνάτους
περιάγειν· φῶς δὲ αὐτοῖς πυρὸς ἄνωθεν καὶ πόρρωθεν
καόμενον ὄπισθεν αὐτῶν, μεταξὺ δὲ τοῦ πυρὸς καὶ τῶν
δεσμωτῶν ἐπάνω ὁδόν, παρ’ ἣν ἰδὲ τειχίον παρῳκοδομημένον 5
ὥσπερ τοῖς θαυματοποιοῖς πρὸ τῶν ἀνθρώπων πρόκειται τὰ
παραφράγματα, ὑπὲρ ὧν τὰ θαύματα δεικνύασιν.
Ὁρῶ, ἔφη.
Ὅρα τοίνυν παρὰ τοῦτο τὸ τειχίον φέροντας ἀνθρώπους
σκεύη τε παντοδαπὰ ὑπερέχοντα τοῦ τειχίου καὶ ἀνδριάντας c
καὶ ἄλλα ζῷα λίθινά τε καὶ ξύλινα καὶ παντοῖα εἰργασμένα, 515
οἷον εἰκὸς τοὺς μὲν φθεγγομένους, τοὺς δὲ σιγῶντας τῶν
παραφερόντων.
Ἄτοπον, ἔφη, λέγεις εἰκόνα καὶ δεσμώτας ἀτόπους.
Ὁμοίους ἡμῖν, ἦν δ’ ἐγώ· τοὺς γὰρ τοιούτους πρῶτον μὲν 5
ἑαυτῶν τε καὶ ἀλλήλων οἴει ἄν τι ἑωρακέναι ἄλλο πλὴν τὰς
σκιὰς τὰς ὑπὸ τοῦ πυρὸς εἰς τὸ καταντικρὺ αὐτῶν τοῦ
σπηλαίου προσπιπτούσας;

514a2 ἰδὲ γὰρ Apc Schol. Procl.: ἴδε γὰρ prA DF Iambl.: ἰδεῖν Porph.
a3 οἰκήσει σπηλαιώδει ADF Porph. Iambl.: σπηλαιώδει οἰκήσει Procl.
ἀναπεπταμένην ADF Iambl.: ἀναπεπταμένηι Porph.   a4 τὸ φῶς ADF
Iambl.: φῶς Porph.   παρὰ πᾶν Iambl.: παρ’ ἅπαν A Porph.: παράπαν DF
b1 αὐτοῦ R. B. Hirschig: αὐτοὺς ADF Iambl.   εἴς τε τὸ Apc^sl F Iambl.: εἰς
τὸ D: εἴς τε prA   b5 ἣν ἰδὲ [sic] AF: ἧ ἣν ἰδεῖν D: ἣν εἶναι Iambl.
ᾠκοδομημένον Iambl.   b7 δεικνύασιν A: δεικνύουσιν D Iambl.: δείκνυσιν
F, haud absurde   b9 ὅρα τοίνυν ADF: ἔτι τοίνυν ὅρα Iambl.
515a5 μὲν AF Iambl.: om. D

Πῶς γάρ, ἔφη, εἰ ἀκινήτους γε τὰς κεφαλὰς ἔχειν
b ἠναγκασμένοι εἶεν διὰ βίου;
Τί δὲ τῶν παραφερομένων; οὐ ταὐτὸν τοῦτο;
Τί μήν;
Εἰ οὖν διαλέγεσθαι οἷοί τ᾽ εἶεν πρὸς ἀλλήλους, οὐ ταῦτα
5 ἡγῇ ἂν τὰ ὄντα αὐτοὺς ὀνομάζειν ἅπερ ὁρῶεν;
Ἀνάγκη.
Τί δ᾽ εἰ καὶ ἠχὼ τὸ δεσμωτήριον ἐκ τοῦ καταντικρὺ ἔχοι;
ὁπότε τις τῶν παριόντων φθέγξαιτο, οἴει ἂν ἄλλο τι αὐτοὺς
ἡγεῖσθαι τὸ φθεγγόμενον ἢ τὴν παριοῦσαν σκιάν;
10 Μὰ Δί᾽ οὐκ ἔγωγ᾽, ἔφη.
c Παντάπασι δή, ἦν δ᾽ ἐγώ, οἱ τοιοῦτοι οὐκ ἂν ἄλλο τι
νομίζοιεν τὸ ἀληθὲς ἢ τὰς τῶν σκευαστῶν σκιάς.
Πολλὴ ἀνάγκη, ἔφη.
Σκόπει δή, ἦν δ᾽ ἐγώ, αὐτῶν λύσιν τε καὶ ἴασιν τῶν δεσμῶν
5 καὶ τῆς ἀφροσύνης, οἷα τις ἂν εἴη, εἰ φύσει τοιάδε συμβαίνοι
αὐτοῖς· ὁπότε τις λυθείη καὶ ἀναγκάζοιτο ἐξαίφνης ἀνίστα-
σθαί τε καὶ περιάγειν τὸν αὐχένα καὶ βαδίζειν καὶ πρὸς τὸ
φῶς ἀναβλέπειν, πάντα δὲ ταῦτα ποιῶν ἀλγοῖ τε καὶ διὰ τὰς
d μαρμαρυγὰς ἀδυνατοῖ καθορᾶν ἐκεῖνα ὧν τότε τὰς σκιὰς
ἑώρα, τί ἂν οἴει αὐτὸν εἰπεῖν, εἴ τις αὐτῷ λέγοι ὅτι τότε
μὲν ἑώρα φλυαρίας, νῦν δὲ μᾶλλόν τι ἐγγυτέρω τοῦ ὄντος καὶ
πρὸς μᾶλλον ὄντα τετραμμένος ὀρθότερον βλέποι, καὶ δὴ καὶ
5 ἕκαστον τῶν παριόντων δεικνὺς αὐτῷ ἀναγκάζοι ἐρωτῶν
ἀποκρίνεσθαι ὅτι ἐστίν; οὐκ οἴει αὐτὸν ἀπορεῖν τε ἂν καὶ
ἡγεῖσθαι τὰ τότε ὁρώμενα ἀληθέστερα ἢ τὰ νῦν δεικνύμενα;
Πολύ γ᾽, ἔφη.

a9 ἔχειν AD Iambl.: om. F   b4 ταῦτα D Iambl.: ταὐτὰ AF: αὐτὰ
Vermehren   b5 ὄντα Iambl. Procl.: παρόντα ADF: παριόντα
Laur.80.7pc   ὀνομάζειν Iambl.: νομίζειν ὀνομάζειν AD: νομίζειν F Procl.
c1 δὴ ADF: δὴ οὖν Iambl.   c4 δὴ AD: δὲ F: οὖν Iambl.   τῶν A: τῶν
τε DF Iambl.   c5 εἰ φύσει Apc[sl] F: ἡ φύσει [sic] Iambl.: φύσει prA D:
φύσει εἰ Schleiermacher (εἰ post τοιάδε [sic] inser. Laur.80.19pc), sed
φύσει omnino suspectum   d3 τι Apc[sl] F Iambl.: om. prA D
d4 καὶ δὴ καὶ DF Iambl.: καὶ δὴ A   d5 παριόντων AD Iambl.:
παρόντων F   d6 ἀποκρίνασθαι Iambl.   d7 in voce ἀληθέστερα
redit D

Οὐκοῦν κἂν εἰ πρὸς αὐτὸ τὸ φῶς ἀναγκάζοι αὐτὸν βλέπειν,
ἀλγεῖν τε ἂν τὰ ὄμματα καὶ φεύγειν ἀποστρεφόμενον πρὸς e
ἐκεῖνα ἃ δύναται καθορᾶν, καὶ νομίζειν ταῦτα τῷ ὄντι
σαφέστερα τῶν δεικνυμένων;
    Οὕτως, ἔφη.

Εἰ δέ, ἦν δ᾽ ἐγώ, ἐντεῦθεν ἕλκοι τις αὐτὸν βίᾳ διὰ τραχείας 5
τῆς ἀναβάσεως καὶ ἀνάντους, καὶ μὴ ἀνείη πρὶν ἐξελκύσειεν
εἰς τὸ τοῦ ἡλίου φῶς, ἆρα οὐχὶ ὀδυνᾶσθαί τε ἂν καὶ
ἀγανακτεῖν ἑλκόμενον, καὶ ἐπειδὴ πρὸς τὸ φῶς ἔλθοι, 516
αὐγῆς ἂν ἔχοντα τὰ ὄμματα μεστὰ ὁρᾶν οὐδ᾽ ἂν ἓν δύνασθαι
τῶν νῦν λεγομένων ἀληθῶν;
    Οὐ γὰρ ἄν, ἔφη, ἐξαίφνης γε.

Συνηθείας δή, οἶμαι, δέοιτ᾽ ἄν, εἰ μέλλοι τὰ ἄνω ὄψεσθαι. 5
καὶ πρῶτον μὲν τὰς σκιὰς ἂν ῥᾷστα καθορῷ, καὶ μετὰ τοῦτο
ἐν τοῖς ὕδασι τά τε τῶν ἀνθρώπων καὶ τὰ τῶν ἄλλων εἴδωλα,
ὕστερον δὲ αὐτά· ἐκ δὲ τούτων τὰ ἐν τῷ οὐρανῷ καὶ αὐτὸν τὸν
οὐρανὸν νύκτωρ ἂν ῥᾷον θεάσαιτο, προσβλέπων τὸ τῶν
ἄστρων τε καὶ σελήνης φῶς, ἢ μεθ᾽ ἡμέραν τὸν ἥλιόν τε καὶ b
τὸ τοῦ ἡλίου.
    Πῶς δ᾽ οὔ;

Τελευταῖον δή, οἶμαι, τὸν ἥλιον, οὐκ ἐν ὕδασιν οὐδ᾽ ἐν
ἀλλοτρίᾳ ἕδρᾳ φαντάσματα αὐτοῦ, ἀλλ᾽ αὐτὸν καθ᾽ αὑτὸν ἐν 5
τῇ αὑτοῦ χώρᾳ δύναιτ᾽ ἂν κατιδεῖν καὶ θεάσασθαι οἷός ἐστιν.
    Ἀναγκαῖον, ἔφη.

Καὶ μετὰ ταῦτ᾽ ἂν ἤδη συλλογίζοιτο περὶ αὐτοῦ ὅτι οὗτος ὁ
τάς τε ὥρας παρέχων καὶ ἐνιαυτοὺς καὶ πάντα ἐπιτροπεύων
τὰ ἐν τῷ ὁρωμένῳ τόπῳ, καὶ ἐκείνων ὧν σφεῖς ἑώρων τρόπον c
τινὰ πάντων αἴτιος.
    Δῆλον, ἔφη, ὅτι ἐπὶ ταῦτα ἂν μετ᾽ ἐκεῖνα ἔλθοι.

Τί οὖν; ἀναμιμνησκόμενον αὐτὸν τῆς πρώτης οἰκήσεως καὶ

e6 ἀνείη Apc(u.v.): ἂν εἴη prA Iambl.: ἀνίη DF: ἀνιείη Naber   e7 ἆρα
οὐχὶ om. Iambl.   516a3 νῦν om. Iambl.   a6 fortasse καθορᾶι
Dpc   b1 ἄστρων AD Iambl.: ἀστέρων F   σελήνης ADF Averroes:
σεληνῶν Iambl.   b8 ἂν AD Iambl.: om. F   οὗτος DF Iambl.:
αὐτὸς A

5 τῆς ἐκεῖ σοφίας καὶ τῶν τότε συνδεσμωτῶν οὐκ ἂν οἴει αὐτὸν
μὲν εὐδαιμονίζειν τῆς μεταβολῆς, τοὺς δὲ ἐλεεῖν;
Καὶ μάλα.

Τιμαὶ δὲ καὶ ἔπαινοι εἴ τινες αὐτοῖς ἦσαν τότε παρ᾽
ἀλλήλων καὶ γέρα, τῷ ὀξύτατα καθορῶντι τὰ παριόντα καὶ
10 μνημονεύοντι μάλιστα ὅσα τε πρότερα αὐτῶν καὶ ὕστερα
d εἰώθει καὶ ἅμα πορεύεσθαι, καὶ ἐκ τούτων δὴ δυνατώτατα
ἀπομαντευομένῳ τὸ μέλλον ἥξειν, δοκεῖς ἂν αὐτὸν ἐπιθυμη-
τικῶς αὐτῶν ἔχειν καὶ ζηλοῦν τοὺς παρ᾽ ἐκείνοις τιμωμένους
τε καὶ ἐνδυναστεύοντας, ἢ τὸ τοῦ Ὁμήρου ἂν πεπονθέναι
5 καὶ σφόδρα βούλεσθαι ἐ π ά ρ ο υ ρ ο ν ἐ ό ν τ α θ η τ ε υ έ μ ε ν
ἄ λ λ ῳ, ἀ ν δ ρ ὶ π α ρ᾽ ἀ κ λ ή ρ ῳ καὶ ὁτιοῦν [ἂν] πεπονθέναι
μᾶλλον ἢ ᾽κεῖνά τε δοξάζειν καὶ ἐκείνως ζῆν;
e Οὕτως, ἔφη, ἔγωγε οἶμαι, πᾶν μᾶλλον πεπονθέναι ἂν
δέξασθαι ἢ ζῆν ἐκείνως.

Καὶ τόδε δὴ ἐννόησον, ἦν δ᾽ ἐγώ. εἰ πάλιν ὁ τοιοῦτος
καταβὰς εἰς τὸν αὐτὸν θᾶκον καθίζοιτο, ἆρ᾽ οὐ σκότους ἂν[α]
5 πλέως σχοίη τοὺς ὀφθαλμούς, ἐξαίφνης ἥκων ἐκ τοῦ ἡλίου;
Καὶ μάλα γ᾽, ἔφη.

Τὰς δὲ δὴ σκιὰς ἐκείνας πάλιν εἰ δέοι αὐτὸν γνωματεύοντα
διαμιλλᾶσθαι τοῖς ἀεὶ δεσμώταις ἐκείνοις, ἐν ᾧ ἀμβλυώττει,
517 πρὶν καταστῆναι τὰ ὄμματα, οὗτος δ᾽ ὁ χρόνος μὴ πάνυ
ὀλίγος εἴη τῆς συνηθείας, ἆρ᾽ οὐ γέλωτ᾽ ἂν παράσχοι, καὶ
λέγοιτο ἂν περὶ αὐτοῦ ὡς ἀναβὰς ἄνω διεφθαρμένος ἥκει τὰ
ὄμματα, καὶ ὅτι οὐκ ἄξιον οὐδὲ πειρᾶσθαι ἄνω ἰέναι; καὶ τὸν
5 ἐπιχειροῦντα λύειν τε καὶ ἀνάγειν, εἴ πως ἐν ταῖς χερσὶ
δύναιντο λαβεῖν καὶ ἀποκτείνειν, ἀποκτεινύναι ἄν;
Σφόδρα γ᾽, ἔφη.

Ταύτην τοίνυν, ἦν δ᾽ ἐγώ, τὴν εἰκόνα, ὦ φίλε Γλαύκων,

c8 ἦσαν αὐτοῖς Iambl.   παρ᾽ ADF: περὶ Iambl.   c10 τε AD Iambl.:
τὰ F   d1 εἴωθε Iambl.   d6 ὁτιοῦν AD Iambl.: ὅτι F   πεπονθέναι
scripsi: ἂν πεπονθέναι ADF Iambl.: secl. Wilamowitz   d7 ἐκεῖνα
F Iambl.   e4–5 ἂν πλέως Stallbaum: ἀνάπλεως ADF Iambl.: ⟨ἂν⟩
ἀνάπλεως Baiter   e6 καὶ om. F Iambl.   e8 ἀμβλυωπεῖ Iambl.
517a2 παρέχοι Iambl.   a4 ἄνω ἰέναι ADF: ἀνιέναι Iambl.
a6 ἀποκτείνειν ADF Iambl.: secl. Drachmann (melius [καὶ ἀποκτείνειν])

προσαπτέον ἅπασαν τοῖς ἔμπροσθεν λεγομένοις, τὴν μὲν δι' **b**
ὄψεως φαινομένην ἕδραν τῇ τοῦ δεσμωτηρίου οἰκήσει ἀφο-
μοιοῦντα, τὸ δὲ τοῦ πυρὸς ἐν αὐτῇ φῶς τῇ τοῦ ἡλίου δυνάμει·
τὴν δὲ ἄνω ἀνάβασιν καὶ θέαν τῶν ἄνω τὴν εἰς τὸν νοητὸν
τόπον τῆς ψυχῆς ἄνοδον τιθεὶς οὐχ ἁμαρτήσῃ τῆς γ' ἐμῆς 5
ἐλπίδος, ἐπειδὴ ταύτης ἐπιθυμεῖς ἀκούειν. θεὸς δέ που οἶδεν
εἰ ἀληθὴς οὖσα τυγχάνει· τὰ δ' οὖν ἐμοὶ φαινόμενα οὕτω
φαίνεται, ἐν τῷ γνωστῷ τελευταία ἡ τοῦ ἀγαθοῦ ἰδέα καὶ
μόγις ὁρᾶσθαι, ὀφθεῖσα δὲ συλλογιστέα εἶναι ὡς ἄρα πᾶσι
πάντων αὕτη ὀρθῶν τε καὶ καλῶν αἰτία, ἔν τε ὁρατῷ φῶς καὶ **c**
τὸν τούτου κύριον τεκοῦσα, ἔν τε νοητῷ αὐτὴ κυρία ἀλήθειαν
καὶ νοῦν παρασχομένη, καὶ ὅτι δεῖ ταύτην ἰδεῖν τὸν μέλλοντα
ἐμφρόνως πράξειν ἢ ἰδίᾳ ἢ δημοσίᾳ.

Συνοίομαι, ἔφη, καὶ ἐγώ, ὅν γε δὴ τρόπον δύναμαι. 5

Ἴθι τοίνυν, ἦν δ' ἐγώ, καὶ τόδε συνοιήθητι καὶ μὴ
θαυμάσῃς ὅτι οἱ ἐνταῦθα ἐλθόντες οὐκ ἐθέλουσιν τὰ τῶν
ἀνθρώπων πράττειν, ἀλλ' ἄνω ἀεὶ ἐπείγονται αὐτῶν αἱ
ψυχαὶ διατρίβειν· εἰκὸς γάρ που οὕτως, εἴπερ αὖ κατὰ τὴν **d**
προειρημένην εἰκόνα τοῦτ' ἔχει.

Εἰκὸς μέντοι, ἔφη.

Τί δέ; τόδε οἴει τι θαυμαστόν, εἰ ἀπὸ θείων, ἦν δ' ἐγώ,
θεωριῶν ἐπὶ τὰ ἀνθρώπειά τις ἐλθὼν κακὰ ἀσχημονεῖ τε καὶ 5
φαίνεται σφόδρα γελοῖος ἔτι ἀμβλυώττων, καὶ πρὶν ἱκανῶς
συνήθης γενέσθαι τῷ παρόντι σκότῳ ἀναγκαζόμενος ἐν
δικαστηρίοις ἢ ἄλλοθί που ἀγωνίζεσθαι περὶ τῶν τοῦ δικαίου
σκιῶν ἢ ἀγαλμάτων ὧν αἱ σκιαί, καὶ διαμιλλᾶσθαι περὶ
τούτου, ὅπῃ ποτὲ ὑπολαμβάνεται ταῦτα ὑπὸ τῶν αὐτὴν 10
δικαιοσύνην μὴ πώποτε ἰδόντων;   **e**

b1 ἅπασαν AD Iambl.: ἅπασι F: πᾶσι Porph.: πᾶσαν Method.   τοῖς
ἔμπροσθεν λεγομένοις ADF Porph. cf. Method.: ὡς ἀληθῶς τοῖς λεγομένοις
Iambl.   b3 ἐν αὐτῆι ADF Iambl.: om. Porph.   b8 τελευταία
ADF Procl.: τελευταίως Iambl.   c1 ὀρθῶν τε καὶ καλῶν ADF Iambl.:
καλῶν τε καὶ ὀρθῶν Procl.   αἰτία ADF Iambl.: αἴτιον Procl.   c2 τὸν
ADF Iambl.: τὸ Procl.   c3 παρασχομένη ADF et legit Procl.:
παρεχομένη Iambl.   c6 ἴθι δὴ τοίνυν F   καὶ τόδε ἦν δ' ἐγὼ F   c7 οἱ
om. F   d2 τοῦτ' AF: ταῦτ' D   e1 ἰδόντων AD: εἰδότων F

Οὐδ' ὁπωστιοῦν θαυμαστόν, ἔφη.

518 Ἀλλ' εἰ νοῦν γε ἔχοι τις, ἦν δ' ἐγώ, μεμνῇτ' ἂν ὅτι διτταὶ
καὶ ἀπὸ διττῶν γίγνονται ἐπιταράξεις ὄμμασιν, ἔκ τε φωτὸς
εἰς σκότος μεθισταμένων καὶ ἐκ σκότους εἰς φῶς. ταὐτὰ δὲ
ταῦτα νομίσας γίγνεσθαι καὶ περὶ ψυχήν, ὁπότε ἴδοι θορυ-
5 βουμένην τινὰ καὶ ἀδυνατοῦσάν τι καθορᾶν, οὐκ ἂν ἀλο-
γίστως γελῷ, ἀλλ' ἐπισκοποῖ ἂν πότερον ἐκ φανοτέρου βίου
ἥκουσα ὑπὸ ἀηθείας ἐσκότωται, ἢ ἐξ ἀμαθίας πλείονος εἰς
b φανότερον ἰοῦσα ὑπὸ λαμπροτέρου μαρμαρυγῆς ἐμπέπλη-
σται, καὶ οὕτω δὴ τὴν μὲν εὐδαιμονίσειεν ἂν τοῦ πάθους τε
καὶ βίου, τὴν δὲ ἐλεήσειεν, καὶ εἰ γελᾶν ἐπ' αὐτῇ βούλοιτο,
ἧττον ἂν καταγέλαστος ὁ γέλως αὐτῷ εἴη ἢ ὁ ἐπὶ τῇ ἄνωθεν
5 ἐκ φωτὸς ἡκούσῃ.

Καὶ μάλα, ἔφη, μετρίως λέγεις.

Δεῖ δή, εἶπον, ἡμᾶς τοιόνδε νομίσαι περὶ αὐτῶν, εἰ ταῦτ'
ἀληθῆ· τὴν παιδείαν οὐχ οἵαν τινὲς ἐπαγγελλόμενοί φασιν
εἶναι τοιαύτην καὶ εἶναι. φασὶ δέ πού οὐκ ἐνούσης ἐν τῇ ψυχῇ
c ἐπιστήμης σφεῖς ἐντιθέναι, οἷον τυφλοῖς ὀφθαλμοῖς ὄψιν
ἐντιθέντες.

Φασὶ γὰρ οὖν, ἔφη.

Ὁ δέ γε νῦν λόγος, ἦν δ' ἐγώ, σημαίνει ταύτην τὴν ἐνοῦσαν
5 ἑκάστου δύναμιν ἐν τῇ ψυχῇ καὶ τὸ ὄργανον ᾧ καταμανθάνει
ἕκαστος, οἷον εἰ ὄμμα μὴ δυνατὸν ἦν ἄλλως ἢ σὺν ὅλῳ τῷ
σώματι στρέφειν πρὸς τὸ φανὸν ἐκ τοῦ σκοτώδους, οὕτω σὺν
ὅλῃ τῇ ψυχῇ ἐκ τοῦ γιγνομένου περιακτέον εἶναι, ἕως ἂν εἰς
τὸ ὂν καὶ τοῦ ὄντος τὸ φανότατον δυνατὴ γένηται ἀνασχέσθαι
d θεωμένη· τοῦτο δ' εἶναί φαμεν τἀγαθόν. ἦ γάρ;

Ναί.

Τούτου τοίνυν, ἦν δ' ἐγώ, αὐτοῦ τέχνη ἂν εἴη, τῆς
περιαγωγῆς, τίνα τρόπον ὡς ῥᾷστά τε καὶ ἀνυσιμώτατα

e2 ἔφη θαυμαστὸν F   518a1 ἔχει F   a2 ἀπὸ AD: ὑπὸ F
b1 φανερώτερον F   b2 εὐδαιμονίσειεν Par.1810pc: εὐδαιμονήσειεν ADF
b7 νοῆσαι περὶ αὐτῶν τοιόνδε τι Iambl.   b8 οἷόν Iambl.   c1 σφεῖς
om. Iambl.   c5 ἑκάστωι Iambl.   ᾧ AD: ὃ F Iambl.
c6 ἄλλως AD Iambl.: ἄλλω F   c9 γίνηται Iambl.

μεταστραφήσεται, οὐ τοῦ ἐμποιῆσαι αὐτῷ τὸ ὁρᾶν, ἀλλ' ὡς 5
ἔχοντι μὲν αὐτό, οὐκ ὀρθῶς δὲ τετραμμένῳ οὐδὲ βλέποντι οῖ
ἔδει, τοῦτο διαμηχανήσασθαι.
Ἔοικεν γάρ, ἔφη.

Αἱ μὲν τοίνυν ἄλλαι ἀρεταὶ καλούμεναι ψυχῆς κινδυνεύ-
ουσιν ἐγγύς τι τείνειν τῶν τοῦ σώματος· τῷ ὄντι γὰρ οὐκ 10
ἐνοῦσαι πρότερον ὕστερον ἐμποιεῖσθαι ἔθεσι καὶ ἀσκήσεσιν· ἡ
δὲ τοῦ φρονῆσαι παντὸς μᾶλλον θειοτέρου τινὸς τυγχάνει, ὡς e
ἔοικεν, οὖσα, ὃ τὴν μὲν δύναμιν οὐδέποτε ἀπόλλυσιν, ὑπὸ δὲ
τῆς περιαγωγῆς χρήσιμόν τε καὶ ὠφέλιμον καὶ ἄχρηστον αὖ
καὶ βλαβερὸν γίγνεται. ἢ οὔπω ἐννενόηκας, τῶν λεγομένων 519
πονηρῶν μέν, σοφῶν δέ, ὡς δριμὺ μὲν βλέπει τὸ ψυχάριον καὶ
ὀξέως διορᾷ ταῦτα ἐφ' ἃ τέτραπται, ὡς οὐ φαύλην ἔχον τὴν
ὄψιν, κακίᾳ δ' ἠναγκασμένον ὑπηρετεῖν, ὥστε ὅσῳ ἂν ὀξύ-
τερον βλέπῃ, τοσούτῳ πλείω κακὰ ἐργαζόμενον; 5
Πάνυ μὲν οὖν, ἔφη.

Τοῦτο μέντοι, ἦν δ' ἐγώ, τὸ τῆς τοιαύτης φύσεως εἰ ἐκ
παιδὸς εὐθὺς κοπτόμενον περιεκόπη τὰς τῆς γενέσεως
συγγενεῖς ὥσπερ μολυβδίδας, αἳ δὴ ἐδωδαῖς τε καὶ τοιούτων b
ἡδοναῖς τε καὶ λιχνείαις προσφυεῖς γιγνόμεναι περικάτω
στρέφουσι τὴν τῆς ψυχῆς ὄψιν, ὧν εἰ ἀπαλλαγὲν περιεστρέ-
φετο εἰς τὰ ἀληθῆ, καὶ ἐκεῖνα ἂν τὸ αὐτὸ τοῦτο τῶν αὐτῶν
ἀνθρώπων ὀξύτατα ἑώρα, ὥσπερ καὶ ἐφ' ἃ νῦν τέτραπται. 5
Εἰκός γε, ἔφη.

Τί δέ; τόδε οὐκ εἰκός, ἦν δ' ἐγώ, καὶ ἀνάγκη ἐκ τῶν
προειρημένων, μήτε τοὺς ἀπαιδεύτους καὶ ἀληθείας ἀπείρους
ἱκανῶς ἄν ποτε πόλιν ἐπιτροπεῦσαι, μήτε τοὺς ἐν παιδείᾳ c
ἐωμένους διατρίβειν διὰ τέλους· τοὺς μὲν ὅτι σκοπὸν ἐν τῷ
βίῳ οὐκ ἔχουσιν ἕνα, οὗ στοχαζομένους δεῖ ἅπαντα πράττειν

d5 τὸ om. Iambl.   d7 διαμηχανήσασθαι prA DF: δεῖ μηχανήσασθαι
Apc Iambl.   d10 τείνειν Plot.: εἶναι ADF Iambl.   τῶν ADF Iambl.:
om. Plot.   519a2 πονηρῶν μὲν ADF: μὲν πονηρῶν Iambl.
a4 ὥστε ADF Iambl: καὶ Astius   a8 τὰς AF Iambl.: τὰ D
b1 ἐδωδαῖς ADF Iambl.: ἐδωδῶν Plot.: ἐδωδῆς Jackson   τοιούτων AD
Iambl.: τῶν τοιούτων F, fortasse recte modo cum Plot. ἐδωδῶν legatur
b2 περικάτω D: περὶ κάτω AF: περὶ τὰ κάτω Iambl.   c2 σκοπῶν F

ἃ ἂν πράττωσιν ἰδίᾳ τε καὶ δημοσίᾳ, τοὺς δὲ ὅτι ἑκόντες εἶναι
5 οὐ πράξουσιν, ἡγούμενοι ἐν μακάρων νήσοις ζῶντες ἔτι
ἀπῳκίσθαι;

Ἀληθῆ, ἔφη.

Ἡμέτερον δὴ ἔργον, ἦν δ' ἐγώ, τῶν οἰκιστῶν τάς τε
βελτίστας φύσεις ἀναγκάσαι ἀφικέσθαι πρὸς τὸ μάθημα ὃ
10 ἐν τῷ πρόσθεν ἔφαμεν εἶναι μέγιστον, ἰδεῖν τε τὸ ἀγαθὸν καὶ
d ἀναβῆναι ἐκείνην τὴν ἀνάβασιν, καὶ ἐπειδὰν ἀναβάντες
ἱκανῶς ἴδωσι, μὴ ἐπιτρέπειν αὐτοῖς ὃ νῦν ἐπιτρέπεται.

Τὸ ποῖον δή;

Τὸ αὑτοῦ, ἦν δ' ἐγώ, καταμένειν, καὶ μὴ ἐθέλειν πάλιν
5 καταβαίνειν παρ' ἐκείνους τοὺς δεσμώτας μηδὲ μετέχειν τῶν
παρ' ἐκείνοις πόνων τε καὶ τιμῶν, εἴτε φαυλότεραι εἴτε
σπουδαιότεραι.

Ἔπειτ', ἔφη, ἀδικήσομεν αὐτούς, καὶ ποιήσομεν χεῖρον
ζῆν, δυνατὸν αὐτοῖς ὂν ἄμεινον;

e Ἐπελάθου, ἦν δ' ἐγώ, πάλιν, ὦ φίλε, ὅτι νόμῳ οὐ τοῦτο
μέλει, ὅπως ἕν τι γένος ἐν πόλει διαφερόντως εὖ πράξει, ἀλλ'
ἐν ὅλῃ τῇ πόλει τοῦτο μηχανᾶται ἐγγενέσθαι, συναρμόττων
τοὺς πολίτας πειθοῖ τε καὶ ἀνάγκῃ, ποιῶν μεταδιδόναι
520 ἀλλήλοις τῆς ὠφελίας ἣν ἂν ἕκαστοι τὸ κοινὸν δυνατοὶ ὦσιν
ὠφελεῖν καὶ αὐτὸς ἐμποιῶν τοιούτους ἄνδρας ἐν τῇ πόλει, οὐχ
ἵνα ἀφιῇ τρέπεσθαι ὅπῃ ἕκαστος βούλεται, ἀλλ' ἵνα καταχρῆ-
ται αὐτὸς αὐτοῖς ἐπὶ τὸν σύνδεσμον τῆς πόλεως.

5 Ἀληθῆ, ἔφη· ἐπελαθόμην γάρ.

Σκέψαι τοίνυν, εἶπον, ὦ Γλαύκων, ὅτι οὐδ' ἀδικήσομεν
τοὺς παρ' ἡμῖν φιλοσόφους γιγνομένους, ἀλλὰ δίκαια πρὸς
αὐτοὺς ἐροῦμεν, προσαναγκάζοντες τῶν ἄλλων ἐπιμελεῖσθαί
b τε καὶ φυλάττειν. ἐροῦμεν γὰρ ὅτι οἱ μὲν ἐν ταῖς ἄλλαις
πόλεσι τοιοῦτοι γιγνόμενοι εἰκότως οὐ μετέχουσι τῶν ἐν
αὐταῖς πόνων· αὐτόματοι γὰρ ἐμφύονται ἀκούσης τῆς ἐν

c5–6 ἔτι ἀπῳκίσθαι AD: τε ἀποκεῖσθαι F   c9 ἀφικέσθαι A Dpc F:
ἐφικέσθαι prD: ἀφικνεῖσθαι Clem.   d8 ἀδικήσωμεν F   ποιήσωμεν F
e3 ἐγγενέσθαι AD: ἐπαινεῖσθαι F   ξυναρμόττον D   520a4 ἐπὶ AD: ἐν
ἢ F

ἑκάστῃ πολιτείας, δίκην δ᾽ ἔχει τό γε αὐτοφυὲς μηδενὶ τροφὴν
ὀφεῖλον μηδ᾽ ἐκτίνειν τῷ προθυμεῖσθαι τὰ τροφεῖα· "ὑμᾶς δ᾽ 5
ἡμεῖς ὑμῖν τε αὐτοῖς τῇ τε ἄλλῃ πόλει ὥσπερ ἐν σμήνεσιν
ἡγεμόνας τε καὶ βασιλέας ἐγεννήσαμεν, ἄμεινόν τε καὶ
τελεώτερον ἐκείνων πεπαιδευμένους καὶ μᾶλλον δυνατοὺς
ἀμφοτέρων μετέχειν. καταβατέον οὖν ἐν μέρει ἑκάστῳ εἰς c
τὴν τῶν ἄλλων συνοίκησιν καὶ συνεθιστέον τὰ σκοτεινὰ
θεάσασθαι· συνεθιζόμενοι γὰρ μυρίῳ βέλτιον ὄψεσθε τῶν
ἐκεῖ καὶ γνώσεσθε ἕκαστα τὰ εἴδωλα ἅττα ἐστὶ καὶ ὧν, διὰ
τὸ τἀληθῆ ἑωρακέναι καλῶν τε καὶ δικαίων καὶ ἀγαθῶν πέρι. 5
καὶ οὕτω ὕπαρ ἡμῖν καὶ ὑμῖν ἡ πόλις οἰκήσεται ἀλλ᾽ οὐκ ὄναρ,
ὡς νῦν αἱ πολλαὶ ὑπὸ σκιαμαχούντων τε πρὸς ἀλλήλους καὶ
στασιαζόντων περὶ τοῦ ἄρχειν οἰκοῦνται, ὡς μεγάλου τινὸς d
ἀγαθοῦ ὄντος. τὸ δέ που ἀληθὲς ὧδε ἔχει· ἐν πόλει ᾗ ἥκιστα
πρόθυμοι ἄρχειν οἱ μέλλοντες ἄρξειν, ταύτην ἄριστα καὶ
ἀστασιαστότατα ἀνάγκη οἰκεῖσθαι, τὴν δ᾽ ἐναντίους ἄρχοντας
σχοῦσαν ἐναντίως." 5

Πάνυ μὲν οὖν, ἔφη.

Ἀπειθήσουσιν οὖν ἡμῖν, οἴει, οἱ τρόφιμοι ταῦτ᾽ ἀκούοντες,
καὶ οὐκ ἐθελήσουσιν συμπονεῖν ἐν τῇ πόλει ἕκαστοι ἐν μέρει,
τὸν δὲ πολὺν χρόνον μετ᾽ ἀλλήλων οἰκεῖν ἐν τῷ καθαρῷ;

Ἀδύνατον, ἔφη· δίκαια γὰρ δὴ δικαίοις ἐπιτάξομεν. παντὸς e
μὴν μᾶλλον ὡς ἐπ᾽ ἀναγκαῖον αὐτῶν ἕκαστος εἶσι τὸ ἄρχειν,
τοὐναντίον τῶν νῦν ἐν ἑκάστῃ πόλει ἀρχόντων.

Οὕτω γὰρ ἔχει, ἦν δ᾽ ἐγώ, ὦ ἑταῖρε· εἰ μὲν βίον ἐξευρήσεις
ἀμείνω τοῦ ἄρχειν τοῖς μέλλουσιν ἄρξειν, ἔστι σοι δυνατὴ 521
γενέσθαι πόλις εὖ οἰκουμένη· ἐν μόνῃ γὰρ αὐτῇ ἄρξουσιν οἱ
τῷ ὄντι πλούσιοι, οὐ χρυσίου ἀλλ᾽ οὗ δεῖ τὸν εὐδαίμονα
πλουτεῖν, ζωῆς ἀγαθῆς τε καὶ ἔμφρονος. εἰ δὲ πτωχοὶ καὶ
πεινῶντες ἀγαθῶν ἰδίων ἐπὶ τὰ δημόσια ἴασιν, ἐντεῦθεν 5

b5 τωι H. Stephanus: τῶι AD: τὸ F   b6 ὥσπερ ἐν ADF: ὡσπερεὶ
Naber   c1 ἕκαστον F   c2 ξυνοίκησιν AD: οἴκησιν F
c3 βέλτιόν τε F   ἄψεσθε F   c6 ὑμῖν καὶ ἡμῖν F   d3 πρόθυμοι ADF
Stob.: προθυμούμενοι Themist.   d5 σχοῦσαν AD: ἴσχυσαν F, ex v.l.
ἴσχουσαν ortum: ἔχουσαν H. Richards   d8 ἐν τῆι πόλει AD: τῇ πόλει F
e1 δικαίοις AD: δικαίως F   521a3 οὐ A Stob.: om. DF

οἰόμενοι τἀγαθὸν δεῖν ἁρπάζειν, οὐκ ἔστι· περιμάχητον γὰρ
τὸ ἄρχειν γιγνόμενον, οἰκεῖος ὢν καὶ ἔνδον ὁ τοιοῦτος
πόλεμος αὐτούς τε ἀπόλλυσι καὶ τὴν ἄλλην πόλιν.

Ἀληθέστατα, ἔφη.

b   Ἔχεις οὖν, ἢν δ᾽ ἐγώ, βίον ἄλλον τινὰ πολιτικῶν ἀρχῶν
καταφρονοῦντα ἢ τὸν τῆς ἀληθινῆς φιλοσοφίας;

Οὐ μὰ τὸν Δία, ἦ δ᾽ ὅς.

Ἀλλὰ μέντοι δεῖ γε μὴ ἐραστὰς τοῦ ἄρχειν ἰέναι ἐπ᾽ αὐτό·
5 εἰ δὲ μή, οἵ γε ἀντερασταὶ μαχοῦνται.

Πῶς δ᾽ οὔ;

Τίνας οὖν ἄλλους ἀναγκάσεις ἰέναι ἐπὶ φυλακὴν τῆς
πόλεως ἢ οἳ περὶ τούτων τε φρονιμώτατοι, δι᾽ ὧν ἄριστα
πόλις οἰκεῖται, ἔχουσί τε τιμὰς ἄλλας καὶ βίον ἀμείνω τοῦ
10 πολιτικοῦ;

Οὐδένας ἄλλους, ἔφη.

c   Βούλει οὖν τοῦτ᾽ ἤδη σκοπῶμεν, τίνα τρόπον οἱ τοιοῦτοι
ἐγγενήσονται, καὶ πῶς τις ἀνάξει αὐτοὺς εἰς φῶς, ὥσπερ ἐξ
Ἅιδου λέγονται δή τινες εἰς θεοὺς ἀνελθεῖν;

Πῶς γὰρ οὐ βούλομαι; ἔφη.

5 Τοῦτο δή, ὡς ἔοικεν, οὐκ ὀστράκου ἂν εἴη περιστροφή,
ἀλλὰ ψυχῆς περιαγωγὴ ἐκ νυκτερινῆς τινος ἡμέρας εἰς
ἀληθινήν, τοῦ ὄντος οὖσαν ἐπάνοδον, ἣν δὴ φιλοσοφίαν
ἀληθῆ φήσομεν εἶναι.

Πάνυ μὲν οὖν.

d   Οὐκοῦν δεῖ σκοπεῖσθαι τί τῶν μαθημάτων ἔχει τοιαύτην
δύναμιν;

Πῶς γὰρ οὔ;

Τί ἂν οὖν εἴη, ὦ Γλαύκων, μάθημα ψυχῆς ὁλκὸν ἀπὸ τοῦ
5 γιγνομένου ἐπὶ τὸ ὄν; τόδε δ᾽ ἐννοῶ λέγων ἅμα· οὐκ ἀθλητὰς
μέντοι πολέμου ἔφαμεν τούτους ἀναγκαῖον εἶναι νέους ὄντας;

---

b5 μάχονται prA   b8 οἳ Astius: οἱ ADF   τούτων τε AD: τούτων F,
locus suspectus   c1 τοῦτ᾽ ἤδη AD: τουτὶ δὴ F   c5 τοῦτο δὴ ADF
Euseb. Iambl.P: τοῦτο δὲ Clem.: τὸ δ᾽ Iambl.F   c6 ψυχῆς AD Clem.
Iambl.: om. F   c8 ἀληθῆ ADF Clem.: ἀληθινὴν Iambl.   d4 ἂν
οὖν AD Euseb.: οὖν ἂν F   d5 τόδε δ᾽ ADF: τόδ᾽ Euseb.

Ἔφαμεν γάρ.

Δεῖ ἄρα καὶ τοῦτο προσέχειν τὸ μάθημα ὃ ζητοῦμεν πρὸς ἐκείνῳ.

Τὸ ποῖον;   10

Μὴ ἄχρηστον πολεμικοῖς ἀνδράσιν εἶναι.

Δεῖ μέντοι, ἔφη, εἴπερ οἷόν τε.

Γυμναστικῇ μὴν καὶ μουσικῇ ἔν γε τῷ πρόσθεν ἐπαιδεύοντο ἡμῖν.

Ἦν ταῦτα, ἔφη.   15

Γυμναστικὴ μέν που περὶ γιγνόμενον καὶ ἀπολλύμενον e
τετεύτακεν· σώματος γὰρ αὔξης καὶ φθίσεως ἐπιστατεῖ.

Φαίνεται.

Τοῦτο μὲν δὴ οὐκ ἂν εἴη ὃ ζητοῦμεν μάθημα.

Οὐ γάρ.   522

Ἀλλ' ἆρα μουσικὴ ὅσην τὸ πρότερον διήλθομεν;

Ἀλλ' ἦν ἐκείνη γ', ἔφη, ἀντίστροφος τῆς γυμναστικῆς, εἰ μέμνησαι, ἔθεσι παιδεύουσα τοὺς φύλακας, κατά τε ἁρμονίαν εὐαρμοστίαν τινά, οὐκ ἐπιστήμην, παραδιδοῦσα, καὶ κατὰ 5 ῥυθμὸν εὐρυθμίαν, ἔν τε τοῖς λόγοις ἕτερα τούτων ἀδελφὰ ἔθη ἄττα ἔχουσα, καὶ ὅσοι μυθώδεις τῶν λόγων καὶ ὅσοι ἀληθινώτεροι ἦσαν· μάθημα δὲ πρὸς τοιοῦτόν τι ἄγον, οἷον σὺ νῦν ζητεῖς, οὐδὲν ἦν ἐν αὐτῇ.

Ἀκριβέστατα, ἦν δ' ἐγώ, ἀναμιμνήσκεις με· τῷ γὰρ ὄντι b τοιοῦτον οὐδὲν εἶχεν. ἀλλ', ὦ δαιμόνιε Γλαύκων, τί ἂν εἴη τοιοῦτον; αἵ τε γὰρ τέχναι βάναυσοί που ἅπασαι ἔδοξαν εἶναι—

Πῶς δ' οὔ; καὶ μὴν τί ἔτ' ἄλλο λείπεται μάθημα, μουσικῆς 5 καὶ γυμναστικῆς καὶ τῶν τεχνῶν κεχωρισμένον;

Φέρε, ἦν δ' ἐγώ, εἰ μηδὲν ἔτι ἐκτὸς τούτων ἔχομεν λαβεῖν, τῶν ἐπὶ πάντα τεινόντων τι λάβωμεν.

d8 ὃ AF Euseb.: om. D   d12 ἔφη om. Euseb.   d13 μὴν ADF: πῃ Euseb.   e1 γυμναστικῇ AD: καὶ γυμναστικῇ F Euseb. 522a2 ὅσην AD Euseb.: ἦν F   τὸ AD Euseb.: om. F   a6 ἔθη F Euseb.: ἔφη AD   a8 δὲ AF Euseb.: om. D   ἄγον Euseb.: αγ [sic] F in fine lineae: ἀγαθὸν AD   a9 νῦν om. F Euseb.   b6 τῶν AD: τε F κεχωρισμένον Apc DF: κεχωρισμένων prA(u.v.)

Τὸ ποῖον;

c   Οἷον τοῦτο τὸ κοινόν, ᾧ πᾶσαι προσχρῶνται τέχναι τε καὶ
διάνοιαι καὶ ἐπιστῆμαι, ὃ καὶ παντὶ ἐν πρώτοις ἀνάγκη
μανθάνειν.

Τὸ ποῖον; ἔφη.

5   Τὸ φαῦλον τοῦτο, ἦν δ' ἐγώ, τὸ ἕν τε καὶ τὰ δύο καὶ τὰ τρία
διαγιγνώσκειν· λέγω δὲ αὐτὸ ἐν κεφαλαίῳ ἀριθμόν τε καὶ
λογισμόν. ἢ οὐχ οὕτω περὶ τούτων ἔχει, ὡς πᾶσα τέχνη τε
καὶ ἐπιστήμη ἀναγκάζεται αὐτῶν μέτοχος γίγνεσθαι;

Καὶ μάλα, ἔφη.

10   Οὐκοῦν, ἦν δ' ἐγώ, καὶ ἡ πολεμική;

Πολλή, ἔφη, ἀνάγκη.

d   Παγγέλοιον γοῦν, ἔφην, στρατηγὸν Ἀγαμέμνονα ἐν ταῖς
τραγῳδίαις Παλαμήδης ἑκάστοτε ἀποφαίνει. ἢ οὐκ ἐννενό-
ηκας ὅτι φησὶν ἀριθμὸν εὑρὼν τάς τε τάξεις τῷ στρατοπέδῳ
καταστῆσαι ἐν Ἰλίῳ καὶ ἐξαριθμῆσαι ναῦς τε καὶ τἆλλα
5   πάντα, ὡς πρὸ τοῦ ἀναριθμήτων ὄντων καὶ τοῦ Ἀγαμέμνο-
νος, ὡς ἔοικεν, οὐδ' ὅσους πόδας εἶχεν εἰδότος, εἴπερ ἀριθμεῖν
μὴ ἠπίστατο; καίτοι ποῖόν τιν' αὐτὸν οἴει στρατηγὸν εἶναι;

Ἄτοπόν τιν', ἔφη, ἔγωγε, εἰ ἦν τοῦτ' ἀληθές.

e   Ἄλλο τι οὖν, ἦν δ' ἐγώ, μάθημα ἀναγκαῖον πολεμικῷ ἀνδρὶ
θήσομεν λογίζεσθαί τε καὶ ἀριθμεῖν δύνασθαι;

Πάντων γ', ἔφη, μάλιστα, εἰ καὶ ὁτιοῦν μέλλει τάξεων
ἐπαΐειν, μᾶλλον δ' εἰ καὶ ἄνθρωπος ἔσεσθαι.

5   Ἐννοεῖς οὖν, εἶπον, περὶ τοῦτο τὸ μάθημα ὅπερ ἐγώ;

Τὸ ποῖον;

523   Κινδυνεύει τῶν πρὸς τὴν νόησιν ἀγόντων φύσει εἶναι ὧν
ζητοῦμεν, χρῆσθαι δ' οὐδεὶς αὐτῷ ὀρθῶς, ἑλκτικῷ ὄντι
παντάπασι πρὸς οὐσίαν.

Πῶς, ἔφη, λέγεις;

5   Ἐγὼ πειράσομαι, ἦν δ' ἐγώ, τό γ' ἐμοὶ δοκοῦν δηλῶσαι. ἃ

c4 τὸ om. A   d3–4 καταστῆσαι τῶι στρατοπέδωι Theo   d6 εἶχε
πόδας Theo   εἴπερ ADF: εἴ γε Theo   d6–7 μὴ ἠπίστατο ἀριθμεῖν
Theo   e2 καὶ λογίζεσθαί τε A   e5 εἶπον om. D   523a1 τήν
om. Theo   ὧν Apc F: ὃν prA D

270

γὰρ διαιροῦμαι παρ᾽ ἐμαυτῷ ἀγωγά τε εἶναι οἷ λέγομεν καὶ
μή, συνθεατὴς γενόμενος σύμφαθι ἢ ἄπειπε, ἵνα καὶ τοῦτο
σαφέστερον ἴδωμεν εἰ ἔστιν οἷον μαντεύομαι.

Δείκνυ᾽, ἔφη.

Δείκνυμι δή, εἶπον, εἰ καθορᾷς, τὰ μὲν ἐν ταῖς αἰσθήσεσιν 10
οὐ παρακαλοῦντα τὴν νόησιν εἰς ἐπίσκεψιν, ὡς ἱκανῶς ὑπὸ b
τῆς αἰσθήσεως κρινόμενα, τὰ δὲ παντάπασι διακελευόμενα
ἐκείνην ἐπισκέψασθαι, ὡς τῆς αἰσθήσεως οὐδὲν ὑγιὲς
ποιούσης.

Τὰ πόρρωθεν, ἔφη, φαινόμενα δῆλον ὅτι λέγεις καὶ τὰ 5
ἐσκιαγραφημένα.

Οὐ πάνυ, ἦν δ᾽ ἐγώ, ἔτυχες οὗ λέγω.

Ποῖα μήν, ἔφη, λέγεις;

Τὰ μὲν οὐ παρακαλοῦντα, ἦν δ᾽ ἐγώ, ὅσα μὴ ἐκβαίνει εἰς
ἐναντίαν αἴσθησιν ἅμα· τὰ δ᾽ ἐκβαίνοντα ὡς παρακαλοῦντα c
τίθημι, ἐπειδὰν ἡ αἴσθησις μηδὲν μᾶλλον τοῦτο ἢ τὸ ἐναντίον
δηλοῖ, εἴτ᾽ ἐγγύθεν προσπίπτουσα εἴτε πόρρωθεν. ὧδε δὲ ἃ
λέγω σαφέστερον εἴσῃ. οὗτοί φαμεν τρεῖς ἂν εἶεν δάκτυλοι, ὅ
τε σμικρότατος καὶ ὁ δεύτερος καὶ ὁ μέσος. 5

Πάνυ γ᾽, ἔφη.

Ὡς ἐγγύθεν τοίνυν ὁρωμένους λέγοντός μου διανοοῦ· ἀλλά
μοι περὶ αὐτῶν τόδε σκόπει.

Τὸ ποῖον;

Δάκτυλος μὲν αὐτῶν φαίνεται ὁμοίως ἕκαστος, καὶ ταύτῃ 10
γε οὐδὲν διαφέρει, ἐάντε ἐν μέσῳ ὁρᾶται ἐάντ᾽ ἐπ᾽ ἐσχάτῳ, d
ἐάντε λευκὸς ἐάντε μέλας, ἐάντε παχὺς ἐάντε λεπτός, καὶ πᾶν
ὅτι τοιοῦτον. ἐν πᾶσι γὰρ τούτοις οὐκ ἀναγκάζεται τῶν
πολλῶν ἡ ψυχὴ τὴν νόησιν ἐπερέσθαι τί ποτ᾽ ἐστὶ δάκτυλος·
οὐδαμοῦ γὰρ ἡ ὄψις αὐτῇ ἅμα ἐσήμηνεν τὸν δάκτυλον 5
τοὐναντίον ἢ δάκτυλον εἶναι.

b9 μὴ ADF: μήτ᾽ Iambl.: μηδ᾽ Festa   c4 οὗτοί ADF Iambl.: οὑτοιί
J. L. V. Hartman   ἂν εἶεν AD Iambl.: εἶεν ἂν F   c10 μὲν AD: μέν
που F Iambl.   d1 ἐπ᾽ Iambl.: ἐν A Dpc F: om. prD
d3 ἀναγκάζεται ADF Iambl.: ἀναγκάζει Asl   d5 ἅμα AF Iambl.:
om. D   ἐσήμαινε Iambl.

Οὐ γὰρ οὖν, ἔφη.

Οὐκοῦν, ἦν δ᾽ ἐγώ, εἰκότως τό γε τοιοῦτον νοήσεως οὐκ ἂν
παρακλητικὸν οὐδ᾽ ἐγερτικὸν εἴη.

10   Εἰκότως.

e   Τί δὲ δή; τὸ μέγεθος αὐτῶν καὶ τὴν σμικρότητα ἡ ὄψις ἆρα
ἱκανῶς ὁρᾷ, καὶ οὐδὲν αὐτῇ διαφέρει ἐν μέσῳ τινὰ αὐτῶν
κεῖσθαι ἢ ἐπ᾽ ἐσχάτῳ; καὶ ὡσαύτως πάχος καὶ λεπτότητα ἢ
μαλακότητα καὶ σκληρότητα ἡ ἁφή; καὶ αἱ ἄλλαι αἰσθήσεις
5   ἆρ᾽ οὐκ ἐνδεῶς τὰ τοιαῦτα δηλοῦσιν; ἢ ὧδε ποιεῖ ἑκάστη
524 αὐτῶν· πρῶτον μὲν ἡ ἐπὶ τῷ σκληρῷ τεταγμένη αἴσθησις
ἠνάγκασται καὶ ἐπὶ τῷ μαλακῷ τετάχθαι, καὶ παραγγέλλει
τῇ ψυχῇ ὡς ταὐτὸν σκληρόν τε καὶ μαλακὸν αἰσθανομένη;
Οὕτως, ἔφη.

5   Οὐκοῦν, ἦν δ᾽ ἐγώ, ἀναγκαῖον ἐν τοῖς τοιούτοις αὖ τὴν
ψυχὴν ἀπορεῖν τί ποτε σημαίνει αὕτη ἡ αἴσθησις τὸ σκληρόν,
εἴπερ τὸ αὐτὸ καὶ μαλακὸν λέγει, καὶ ἡ τοῦ κούφου καὶ ἡ τοῦ
βαρέος, τί τὸ κοῦφον καὶ βαρύ, εἰ τό τε βαρὺ κοῦφον καὶ τὸ
κοῦφον βαρὺ σημαίνει;

b   Καὶ γάρ, ἔφη, αὗταί γε ἄτοποι τῇ ψυχῇ αἱ ἑρμηνεῖαι καὶ
ἐπισκέψεως δεόμεναι.

Εἰκότως ἄρα, ἦν δ᾽ ἐγώ, ἐν τοῖς τοιούτοις πρῶτον μὲν
πειρᾶται λογισμόν τε καὶ νόησιν ψυχὴ παρακαλοῦσα ἐπισκο-
5   πεῖν εἴτε ἓν εἴτε δύο ἐστὶν ἕκαστα τῶν εἰσαγγελλομένων.
Πῶς δ᾽ οὔ;

Οὐκοῦν ἐὰν δύο φαίνηται, ἕτερόν τε καὶ ἓν ἑκάτερον
φαίνεται;

Ναί.

10   Εἰ ἄρα ἓν ἑκάτερον, ἀμφότερα δὲ δύο, τά γε δύο κεχωρι-
c   σμένα νοήσει· οὐ γὰρ ἂν ἀχώριστά γε δύο ἐνόει, ἀλλ᾽ ἕν.
Ὀρθῶς.

d8 γε AD Iambl.: om. F   d9 οὐδ᾽ ἐγερτικὸν ADF: οὐδ᾽ ἐπεγερτικὸν
Theo: om. Iambl.   e2 αὐτῶν τινα Iambl.   e3–4 ἢ μαλακότητα
om. Iambl.   e5 δηλώσουσιν Iambl.   524a1 μὲν om. Iambl.
a5 ἐν AD Iambl.: ἕν γε F   a6 αὕτη Apc DF: αὐτὴ prA Iambl.
a8 εἰ τό τε AD Iambl.: εἴτε τὸ F   b1 ἄτοποι ADF Iambl.: ἄποροι van
Herwerden   b3 ἄρα ADF: οὖν Iambl.   b5 ἓν ADF: ἓν εἴη Iambl.

Μέγα μὴν καὶ ὄψις καὶ σμικρὸν ἑώρα, φαμέν, ἀλλ᾽ οὐ κεχωρισμένον ἀλλὰ συγκεχυμένον τι. ἦ γάρ;

Ναί. 5

Διὰ δὲ τὴν τούτου σαφήνειαν μέγα αὖ καὶ σμικρὸν ἡ νόησις ἠναγκάσθη ἰδεῖν, οὐ συγκεχυμένα ἀλλὰ διωρισμένα, τοὐναν-τίον ἢ ᾽κείνη.

Ἀληθῆ.

Οὐκοῦν ἐντεῦθέν ποθεν πρῶτον ἐπέρχεται ἐρέσθαι ἡμῖν τί 10 οὖν ποτ᾽ ἐστὶ τὸ μέγα αὖ καὶ τὸ σμικρόν;

Παντάπασι μὲν οὖν.

Καὶ οὕτω δὴ τὸ μὲν νοητόν, τὸ δ᾽ ὁρατὸν ἐκαλέσαμεν.

Ὀρθότατ᾽, ἔφη.

Ταῦτα τοίνυν καὶ ἄρτι ἐπεχείρουν λέγειν, ὡς τὰ μὲν d παρακλητικὰ τῆς διανοίας ἐστί, τὰ δὲ οὔ, ἃ μὲν εἰς τὴν αἴσθησιν ἅμα τοῖς ἐναντίοις ἑαυτοῖς ἐμπίπτει, παρακλητικὰ ὁριζόμενος, ὅσα δὲ μή, οὐκ ἐγερτικὰ τῆς νοήσεως.

Μανθάνω τοίνυν ἤδη, ἔφη, καὶ δοκεῖ μοι οὕτω. 5

Τί οὖν; ἀριθμός τε καὶ τὸ ἓν ποτέρων δοκεῖ εἶναι;

Οὐ συννοῶ, ἔφη.

Ἀλλ᾽ ἐκ τῶν προειρημένων, ἔφην, ἀναλογίζου. εἰ μὲν γὰρ ἱκανῶς αὐτὸ καθ᾽ αὑτὸ ὁρᾶται ἢ ἄλλῃ τινὶ αἰσθήσει λαμβά-νεται τὸ ἕν, οὐκ ἂν ὁλκὸν εἴη ἐπὶ τὴν οὐσίαν, ὥσπερ ἐπὶ τοῦ e δακτύλου ἐλέγομεν· εἰ δ᾽ ἀεί τι αὐτῷ ἅμα ὁρᾶται ἐναντίωμα, ὥστε μηδὲν μᾶλλον ἓν ἢ καὶ τοὐναντίον φαίνεσθαι, τοῦ ἐπικρινοῦντος δὴ δέοι ἂν ἤδη, καὶ ἀναγκάζοιτ᾽ ἂν ἐν αὐτῷ ψυχὴ ἀπορεῖν καὶ ζητεῖν, κινοῦσα ἐν ἑαυτῇ τὴν ἔννοιαν, καὶ 5 ἀνερωτᾶν τί ποτέ ἐστιν αὐτὸ τὸ ἕν, καὶ οὕτω τῶν ἀγωγῶν ἂν 525 εἴη καὶ μεταστρεπτικῶν ἐπὶ τὴν τοῦ ὄντος θέαν ἡ περὶ τὸ ἓν μάθησις.

Ἀλλὰ μέντοι, ἔφη, τοῦτό γ᾽ ἔχει οὐχ ἥκιστα ἡ περὶ τὸ αὐτὸ

---

c3 ὄψις AD: ἡ ὄψις F Iambl. ὥς φαμεν Iambl. c10 πρῶτον AD
Iambl.: πρῶτον μὲν F c11 ἔσται Iambl. d4 ὁριζόμενος AD
Iambl.: ἐργαζόμενος F d6 ποτέρων DF Iambl.: πότερον A
d9 καθ᾽ αὑτὸ om. Iambl. e2 αὐτῶι AD Iambl.: αὐτὸ F
525a2 μεταστρεπτικῶν AD Iambl.: μετατρεπτικῶν F a4 τὸ αὐτὸ
AD: αὐτὸ F Iambl.

5 ὄψις· ἅμα γὰρ ταὐτὸν ὡς ἕν τε ὁρῶμεν καὶ ὡς ἄπειρα τὸ πλῆθος.

Οὐκοῦν εἴπερ τὸ ἕν, ἦν δ' ἐγώ, καὶ σύμπας ἀριθμὸς ταὐτὸν πέπονθε τοῦτο;

Πῶς δ' οὔ;

10 Ἀλλὰ μὴν λογιστική τε καὶ ἀριθμητικὴ περὶ ἀριθμὸν πᾶσα.

Καὶ μάλα.

Ταῦτα δέ γε φαίνεται ἀγωγὰ πρὸς ἀλήθειαν.

Ὑπερφυῶς μὲν οὖν.

b Ὧν ζητοῦμεν ἄρα, ὡς ἔοικε, μαθημάτων ἂν εἴη· πολεμικῷ μὲν γὰρ διὰ τὰς τάξεις ἀναγκαῖον μαθεῖν ταῦτα, φιλοσόφῳ δὲ διὰ τὸ τῆς οὐσίας ἁπτέον εἶναι γενέσεως ἐξαναδύντι, ἢ μηδέποτε λογιστικῷ γενέσθαι.

5 Ἔστι ταῦτ', ἔφη.

Ὁ δέ γε ἡμέτερος φύλαξ πολεμικός τε καὶ φιλόσοφος τυγχάνει ὤν.

Τί μήν;

Προσῆκον δὴ τὸ μάθημα ἂν εἴη, ὦ Γλαύκων, νομοθετῆσαι 10 καὶ πείθειν τοὺς μέλλοντας ἐν τῇ πόλει τῶν μεγίστων c μεθέξειν ἐπὶ λογιστικὴν ἰέναι, καὶ ἀνθάπτεσθαι αὐτῆς μὴ ἰδιωτικῶς, ἀλλ' ἕως ἂν ἐπὶ θέαν τῆς τῶν ἀριθμῶν φύσεως ἀφίκωνται τῇ νοήσει αὐτῇ, οὐκ ὠνῆς οὐδὲ πράσεως χάριν ὡς ἐμπόρους ἢ καπήλους μελετῶντας, ἀλλ' ἕνεκα πολέμου τε καὶ 5 αὐτῆς τῆς ψυχῆς ῥᾳστώνης μεταστροφῆς ἀπὸ γενέσεως ἐπ' ἀλήθειάν τε καὶ οὐσίαν.

Κάλλιστ', ἔφη, λέγεις.

Καὶ μήν, ἦν δ' ἐγώ, νῦν καὶ ἐννοῶ, ῥηθέντος τοῦ περὶ τοὺς d λογισμοὺς μαθήματος, ὡς κομψόν ἐστι καὶ πολλαχῇ χρήσιμον ἡμῖν πρὸς ὃ βουλόμεθα, ἐὰν τοῦ γνωρίζειν ἕνεκά τις αὐτὸ ἐπιτηδεύῃ, ἀλλὰ μὴ τοῦ καπηλεύειν.

Πῇ δή; ἔφη.

a8 τοῦτο DF: τούτωι A Iambl.   a13 γε om. Iambl.   b1 εἴη ἂν
Iambl.   c2 ἕως ADF: ὡς Theo   c5 ῥαιστώνης prA DF Iambl.:
ῥαιστώνης τε Apc   c8 νῦν ἐννοῶ F

Τοῦτό γε, ὃ νυνδὴ ἐλέγομεν, ὡς σφόδρα ἄνω ποι ἄγει τὴν 5
ψυχὴν καὶ περὶ αὐτῶν τῶν ἀριθμῶν ἀναγκάζει διαλέγεσθαι,
οὐδαμῇ ἀποδεχόμενον ἐάν τις αὐτῇ ὁρατὰ ἢ ἁπτὰ σώματα
ἔχοντας ἀριθμοὺς προτεινόμενος διαλέγηται. οἶσθα γάρ που
τοὺς περὶ ταῦτα δεινοὺς ὡς, ἐάν τις αὐτὸ τὸ ἓν ἐπιχειρῇ τῷ
λόγῳ τέμνειν, καταγελῶσί τε καὶ οὐκ ἀποδέχονται, ἀλλ' ἐὰν e
σὺ κερματίζῃς αὐτό, ἐκεῖνοι πολλαπλασιοῦσιν, εὐλαβούμενοι
μή ποτε φανῇ τὸ ἓν μὴ ἓν ἀλλὰ πολλὰ μόρια.
Ἀληθέστατα, ἔφη, λέγεις.

Τί οὖν οἴει, ὦ Γλαύκων, εἴ τις ἔροιτο αὐτούς· "Ὦ 526
θαυμάσιοι, περὶ ποίων ἀριθμῶν διαλέγεσθε, ἐν οἷς τὸ ἓν
οἷον ὑμεῖς ἀξιοῦτέ ἐστιν, ἴσον τε ἕκαστον πᾶν παντὶ καὶ
οὐδὲ σμικρὸν διαφέρον, μόριόν τε ἔχον ἐν ἑαυτῷ οὐδέν;" τί ἂν
οἴει αὐτοὺς ἀποκρίνασθαι; 5

Τοῦτο ἔγωγε, ὅτι περὶ τούτων λέγουσιν ὧν διανοηθῆναι
μόνον ἐγχωρεῖ, ἄλλως δ' οὐδαμῶς μεταχειρίζεσθαι δυνατόν.

Ὁρᾷς οὖν, ἦν δ' ἐγώ, ὦ φίλε, ὅτι τῷ ὄντι ἀναγκαῖον ἡμῖν
κινδυνεύει εἶναι τὸ μάθημα, ἐπειδὴ φαίνεταί γε προσαναγκά- b
ζον αὐτῇ τῇ νοήσει χρῆσθαι τὴν ψυχὴν ἐπ' αὐτὴν τὴν
ἀλήθειαν;
Καὶ μὲν δή, ἔφη, σφόδρα γε ποιεῖ αὐτό.

Τί δέ; τόδε ἤδη ἐπεσκέψω, ὡς οἵ τε φύσει λογιστικοὶ εἰς 5
πάντα τὰ μαθήματα ὡς ἔπος εἰπεῖν ὀξεῖς φύονται, οἵ τε
βραδεῖς, ἂν ἐν τούτῳ παιδευθῶσιν καὶ γυμνάσωνται, κἂν
μηδὲν ἄλλο ὠφεληθῶσιν, ὅμως εἴς γε τὸ ὀξύτεροι αὐτοὶ
αὑτῶν γίγνεσθαι πάντες ἐπιδιδόασιν;
Ἔστιν, ἔφη, οὕτω. 10

Καὶ μήν, ὡς ἐγῷμαι, ἅ γε μείζω πόνον παρέχει μανθάνοντι c
καὶ μελετῶντι, οὐκ ἂν ῥᾳδίως οὐδὲ πολλὰ ἂν εὕροις ὡς τοῦτο.
Οὐ γὰρ οὖν.

d8 ἔχοντας ADF: ἔχοντα Theo   d9 δεινοὺς F: δεινοὺς δύο A (δύο
punctis deletum), D: δεινοὺς αὖ Burnet   526a7 μεταχειρίσασθαι
Iambl.   b2 αὐτῆι AF Iambl.: αὐτὴν prD: αὐτῆς Dpc   τῇι DF Iambl.:
om. A, vide num αὐτὴν νοήσει vera lectio sit   τὴν ψυχὴν AD Iambl.: τῇ
ψυχῇ F   b7 ἂν ἐν AD: ἐὰν F   b8 ὀξύτεροι AD Iambl. Theo:
ὀξύτερον F   b9 γίγνεσθαι ADF Iambl.: γενέσθαι Theo

Πάντων δὴ ἕνεκα τούτων οὐκ ἀφετέον τὸ μάθημα, ἀλλ᾽ οἱ
5 ἄριστοι τὰς φύσεις παιδευτέοι ἐν αὐτῷ.

Σύμφημι, ἦ δ᾽ ὅς.

Τοῦτο μὲν τοίνυν, εἶπον, ἓν ἡμῖν κείσθω· δεύτερον δὲ τὸ
ἐχόμενον τούτου σκεψώμεθα ἆρά τι προσήκει ἡμῖν.

Τὸ ποῖον; ἢ γεωμετρίαν, ἔφη, λέγεις;

10 Αὐτὸ τοῦτο, ἦν δ᾽ ἐγώ.

Ὅσον μέν, ἔφη, πρὸς τὰ πολεμικὰ αὐτοῦ τείνει, δῆλον ὅτι
d προσήκει· πρὸς γὰρ τὰς στρατοπεδεύσεις καὶ καταλήψεις
χωρίων καὶ συναγωγὰς καὶ ἐκτάσεις στρατιᾶς, καὶ ὅσα δὴ
ἄλλα σχηματίζουσι τὰ στρατόπεδα ἐν αὐταῖς τε ταῖς μάχαις
καὶ πορείαις, διαφέροι ἂν αὐτὸς αὐτοῦ γεωμετρικὸς καὶ μὴ
5 ὤν.

Ἀλλ᾽ οὖν δή, εἶπον, πρὸς μὲν τὰ τοιαῦτα καὶ βραχύ τι ἂν
ἐξαρκοῖ γεωμετρίας τε καὶ λογισμοῦ μόριον· τὸ δὲ πολὺ
e αὐτῆς καὶ πορρωτέρω προϊὸν σκοπεῖσθαι δεῖ εἴ τι πρὸς ἐκεῖνο
τείνει, πρὸς τὸ ποιεῖν κατιδεῖν ῥᾷον τὴν τοῦ ἀγαθοῦ ἰδέαν.
τείνει δέ, φαμέν, πάντα αὐτόσε, ὅσα ἀναγκάζει ψυχὴν εἰς
ἐκεῖνον τὸν τόπον μεταστρέφεσθαι ἐν ᾧ ἐστι τὸ εὐδαιμονέ-
5 στατον τοῦ ὄντος, ὃ δεῖ αὐτὴν παντὶ τρόπῳ ἰδεῖν.

Ὀρθῶς, ἔφη, λέγεις.

Οὐκοῦν εἰ μὲν οὐσίαν ἀναγκάζει θεάσασθαι, προσήκει, εἰ
δὲ γένεσιν, οὐ προσήκει.

Φαμέν γε δή.

527 Οὐ τοίνυν τοῦτό γε, ἦν δ᾽ ἐγώ, ἀμφισβητήσουσιν ἡμῖν ὅσοι
καὶ σμικρὰ γεωμετρίας ἔμπειροι, ὅτι αὕτη ἡ ἐπιστήμη πᾶν
τοὐναντίον ἔχει τοῖς ἐν αὐτῇ λόγοις λεγομένοις ὑπὸ τῶν
μεταχειριζομένων.

5 Πῶς; ἔφη.

c7 ἓν Laur.80.19, fortasse e corr.: ἐν ADF   c8 τοῦτο F
c11 τείνει AD: εἰ F   d1 προσήκει om. F   d2 ἐκτάσεις AD:
ἐκτὸς F: ἐξετάσεις Theo   στρατιᾶς A Theo: στρατίας D: στρατείας F
d4 τε καὶ μὴ F   d6 οὖν δὴ Asl DF: οὖν A   καὶ F: om. AD
d7 λογισμοῦ F: λογισμῶν A: λογισμὸν D   τὸ AD: τὰ F   e5 ὃ DF
Iambl.: ὂν [sic] prA: οὗ Apc   e6 λέγεις om. D   527a1 γε om. F
a3 ὑπὸ AD: τοῖς ὑπὸ F

Λέγουσι μέν που μάλα γελοίως τε καὶ ἀναγκαίως· ὡς γὰρ
πράττοντές τε καὶ πράξεως ἕνεκα πάντας τοὺς λόγους
ποιούμενοι λέγουσιν τετραγωνίζειν τε καὶ παρατείνειν καὶ
προστιθέναι καὶ πάντα οὕτω φθεγγόμενοι· τὸ δ' ἐστί που πᾶν
τὸ μάθημα γνώσεως ἕνεκα ἐπιτηδευόμενον.   10
Παντάπασι μὲν οὖν, ἔφη.   b
Οὔκουν τοῦτο ἔτι διομολογητέον;
Τὸ ποῖον;
Ὡς τοῦ ἀεὶ ὄντος γνώσεως, ἀλλ' οὐ τοῦ ποτέ τι γιγνομένου
καὶ ἀπολλυμένου.   5
Εὐομολόγητον, ἔφη· τοῦ γὰρ ἀεὶ ὄντος ἡ γεωμετρικὴ
γνῶσίς ἐστιν.
Ὁλκὸν ἄρα, ὦ γενναῖε, ψυχῆς πρὸς ἀλήθειαν εἴη ἂν καὶ
ἀπεργαστικὸν φιλοσόφου διανοίας πρὸς τὸ ἄνω σχεῖν ἃ νῦν
κάτω οὐ δέον ἔχομεν.   10
Ὡς οἷόν τε μάλιστ', ἔφη.
Ὡς οἷόν τ' ἄρα, ἦν δ' ἐγώ, μάλιστα προστακτέον ὅπως οἱ c
ἐν τῇ καλλιπόλει σοι μηδενὶ τρόπῳ γεωμετρίας ἀφέξονται.
καὶ γὰρ τὰ πάρεργα αὐτοῦ οὐ σμικρά.
Ποῖα; ἦ δ' ὅς.
Ἅ τε δὴ σὺ εἶπες, ἦν δ' ἐγώ, τὰ περὶ τὸν πόλεμον, καὶ δὴ 5
καὶ πρὸς πάσας μαθήσεις, ὥστε κάλλιον ἀποδέχεσθαι, ἴσμεν
που ὅτι τῷ ὅλῳ καὶ παντὶ διοίσει ἡμμένος τε γεωμετρίας καὶ
μή.
Τῷ παντὶ μέντοι νὴ Δί', ἔφη.
Δεύτερον δὴ τοῦτο τιθῶμεν μάθημα τοῖς νέοις;   10
Τιθῶμεν, ἔφη.
Τί δέ; τρίτον θῶμεν ἀστρονομίαν; ἢ οὐ δοκεῖ;   d
Ἐμοὶ γοῦν, ἔφη· τὸ γὰρ περὶ ὥρας εὐαισθητοτέρως ἔχειν
καὶ μηνῶν καὶ ἐνιαυτῶν οὐ μόνον γεωργίᾳ οὐδὲ ναυτιλίᾳ
προσήκει, ἀλλὰ καὶ στρατηγίᾳ οὐχ ἧττον.

a6 μάλιστα F   b4 τι AD Iambl.: om. F   b6 εὐομολόγητον Αγρ
DF: εὖ διομολογητέον A   c2 σοι AD: σου F   ἀφέξονται Scor.y.1.13:
ἀφέξωνται ADF   c5–6 καὶ δὴ καὶ AF: καὶ δὴ D   c7 τε AF: τε καὶ
D, fortasse v.l. ὅλωι τε καὶ παντὶ vestigium   c9 μέντοι AD: μὲν F

5 Ἡδὺς εἶ, ἦν δ' ἐγώ, ὅτι ἔοικας δεδιότι τοὺς πολλούς, μὴ
δοκῇς ἄχρηστα μαθήματα προστάττειν. τὸ δ' ἐστὶν οὐ πάνυ
φαῦλον ἀλλὰ χαλεπὸν πιστεῦσαι ὅτι ἐν τούτοις τοῖς μαθήμα-
σιν ἑκάστου ὄργανόν τι ψυχῆς ἐκκαθαίρεταί τε καὶ ἀνα-
e ζωπυρεῖται ἀπολλύμενον καὶ τυφλούμενον ὑπὸ τῶν ἄλλων
ἐπιτηδευμάτων, κρεῖττον ὂν σωθῆναι μυρίων ὀμμάτων· μόνῳ
γὰρ αὐτῷ ἀλήθεια ὁρᾶται. οἷς μὲν οὖν ταῦτα συνδοκεῖ
ἀμηχάνως ὡς εὖ δόξεις λέγειν, ὅσοι δὲ τούτου μηδαμῇ
5 ᾐσθημένοι εἰσὶν εἰκότως ἡγήσονταί σε λέγειν οὐδέν· ἄλλην
γὰρ ἀπ' αὐτῶν οὐχ ὁρῶσιν ἀξίαν λόγου ὠφελίαν. σκόπει οὖν
528 αὐτόθεν πρὸς ποτέρους διαλέγῃ· ἢ οὐδὲ πρὸς ἑτέρους, ἀλλὰ
σαυτοῦ ἕνεκα τὸ μέγιστον ποιῇ τοὺς λόγους, φθονοῖς μὴν οὐδ'
ἂν ἄλλῳ, εἴ τίς τι δύναιτο ἀπ' αὐτῶν ὄνασθαι.

Οὕτως, ἔφη, αἱροῦμαι, ἐμαυτοῦ ἕνεκα τὸ πλεῖστον λέγειν
5 τε καὶ ἐρωτᾶν καὶ ἀποκρίνεσθαι.

Ἄναγε τοίνυν, ἦν δ' ἐγώ, εἰς τοὐπίσω· νῦν [δὴ] γὰρ οὐκ
ὀρθῶς τὸ ἑξῆς ἐλάβομεν τῇ γεωμετρίᾳ.

Πῶς λαβόντες; ἔφη.

Μετὰ ἐπίπεδον, ἦν δ' ἐγώ, ἐν περιφορᾷ ὂν ἤδη στερεὸν
10 λαβόντες, πρὶν αὐτὸ καθ' αὑτὸ λαβεῖν· ὀρθῶς δὲ ἔχει ἑξῆς
b μετὰ δευτέραν αὔξην τρίτην λαμβάνειν. ἔστι δέ που τοῦτο
περὶ τὴν τῶν κύβων αὔξην καὶ τὸ βάθους μετέχον.

Ἔστι γάρ, ἔφη· ἀλλὰ ταῦτά γε, ὦ Σώκρατες, δοκεῖ οὔπω
ηὑρῆσθαι.

5 Διττὰ γάρ, ἦν δ' ἐγώ, τὰ αἴτια· ὅτι τε οὐδεμία πόλις
ἐντίμως αὐτὰ ἔχει, ἀσθενῶς ζητεῖται χαλεπὰ ὄντα, ἐπιστάτου
τε δέονται οἱ ζητοῦντες, ἄνευ οὗ οὐκ ἂν εὕροιεν, ὂν πρῶτον
μὲν γενέσθαι χαλεπόν, ἔπειτα καὶ γενομένου, ὡς νῦν ἔχει, οὐκ

d6 μαθήματα ADF: τὰ μαθήματα Theo: ταῦτα τὰ μαθήματα Nicom.
d7 χαλεπὸν ADF: παγχάλεπον Nicom. et legit Theo   d8 ὄργανόν τι
AD Iambl.: ὄργανον τὲ F: οἷον ὀργανοῖς τὸ et mox ὄμμα Theo   τε AF
Iambl.: τι D: om. Theo   e1 τυφλούμενον ADF Theo Iambl.:
ἀποτυφλούμενον Nicom.   e5 εἰσὶν om. Iambl.   528a1 ἢ οὐδὲ πρὸς
ἑτέρους Cobet: ἢ οὐ πρὸς οὐδετέρους AD: ἢ πρὸς οὐδετέρους F   a4 οὕτω
γ' F   a6 νῦν δὴ ADF: δὴ seclusi   b1 αὔξησιν Alcin.   τοῦτο om. F
b3 οὔπω δοκεῖ F   b7 τε Apc[sl] DF: om. prA   ἄνευ οὗ AD: οὗ ἄνευ F

ἂν πείθοιντο οἱ περὶ ταῦτα ζητητικοὶ μεγαλοφρονούμενοι. εἰ c
δὲ πόλις ὅλη συνεπιστατοῖ ἐντίμως ἄγουσα αὐτά, οὗτοί τε ἂν
πείθοιντο καὶ συνεχῶς τε ἂν καὶ ἐντόνως ζητούμενα ἐκφανῆ
γένοιτο ὅπη ἔχει· ἐπεὶ καὶ νῦν ὑπὸ τῶν πολλῶν ἀτιμαζόμενα
καὶ κολουόμενα, ὑπὸ δὲ τῶν ζητούντων λόγον οὐκ ἐχόντων 5
καθ᾽ ὅτι χρήσιμα, ὅμως πρὸς ἅπαντα ταῦτα βίᾳ ὑπὸ χάριτος
αὐξάνεται, καὶ οὐδὲν θαυμαστὸν αὐτὰ φανῆναι.

Καὶ μὲν δή, ἔφη, τό γε ἐπίχαρι καὶ διαφερόντως ἔχει. ἀλλά d
μοι σαφέστερον εἰπὲ ἃ νυνδὴ ἔλεγες. τὴν μὲν γάρ που τοῦ
ἐπιπέδου πραγματείαν γεωμετρίαν ἐτίθης.

Ναί, ἦν δ᾽ ἐγώ.

Εἶτά γ᾽, ἔφη, τὸ μὲν πρῶτον ἀστρονομίαν μετὰ ταύτην, 5
ὕστερον δ᾽ ἀνεχώρησας.

Σπεύδων γάρ, ἔφην, ταχὺ πάντα διεξελθεῖν μᾶλλον βρα-
δύνω· ἑξῆς γὰρ οὖσαν τὴν βάθους αὔξης μέθοδον, ὅτι τῇ
ζητήσει γελοίως ἔχει, ὑπερβὰς αὐτὴν μετὰ γεωμετρίαν
ἀστρονομίαν ἔλεγον, φορὰν οὖσαν βάθους.   10

Ὀρθῶς, ἔφη, λέγεις.

Τέταρτον τοίνυν, ἦν δ᾽ ἐγώ, τιθῶμεν μάθημα ἀστρονομίαν, e
ὡς ὑπαρχούσης τῆς νῦν παραλειπομένης, ἐὰν αὐτὴν πόλις
μετίῃ.

Εἰκός, ἦ δ᾽ ὅς. καὶ ὅ γε νυνδή μοι, ὦ Σώκρατες, ἐπέπληξας
περὶ ἀστρονομίας ὡς φορτικῶς ἐπαινοῦντι, νῦν ἧ σὺ μετέρχῃ 5
ἐπαινῶ· παντὶ γάρ μοι δοκεῖ δῆλον ὅτι αὕτη γε ἀναγκάζει 529
ψυχὴν εἰς τὸ ἄνω ὁρᾶν καὶ ἀπὸ τῶν ἐνθένδε ἐκεῖσε ἄγει.

Ἴσως, ἦν δ᾽ ἐγώ, παντὶ δῆλον πλὴν ἐμοί· ἐμοὶ γὰρ οὐ δοκεῖ
οὕτω.

Ἀλλὰ πῶς; ἔφη.   5

Ὡς μὲν νῦν αὐτὴν μεταχειρίζονται οἱ εἰς φιλοσοφίαν
ἀνάγοντες, πάνυ ποιεῖν κάτω βλέπειν.

c1 μεγαλοφρονούμενοι valde suspectum   c3 ἐντόνως AD Iambl.:
εὐτόνως F   c4 ὑπὸ μὲν τῶν F   c5 κωλυόμενα F   ὑπὸ δὲ τῶν ADF:
τῶν δὲ Cobet: ὑπὸ τῶν Madvig, alii alia   c7 αὐξάνεται ADF Plut.
1094d: αὔξεται Plut. ap. Stob.(u.v.)   d1 γε A Dsl F: δὲ [sic] D
d5 μετὰ ταύτην A: μετ᾽ αὐτὴν D: μετὰ ταῦτα τὴν F   e2 παραλειπομένης
Apc F: παραλιπομένης prA D

Πῶς, ἔφη, λέγεις;

Οὐκ ἀγεννῶς μοι δοκεῖς, ἦν δ᾽ ἐγώ, τὴν περὶ τὰ ἄνω
10 μάθησιν λαμβάνειν παρὰ σαυτῷ ἥ ἐστι· κινδυνεύεις γὰρ καὶ εἴ
b τις ἐν ὀροφῇ ποικίλματα θεώμενος ἀνακύπτων καταμανθάνοι
τι, ἡγεῖσθαι ἂν αὐτὸν νοήσει ἀλλ᾽ οὐκ ὄμμασι θεωρεῖν. ἴσως
οὖν καλῶς ἡγῇ, ἐγὼ δ᾽ εὐηθικῶς. ἐγὼ γὰρ αὖ οὐ δύναμαι ἄλλο
τι νομίσαι ἄνω ποιοῦν ψυχὴν βλέπειν μάθημα ἢ ἐκεῖνο ὃ ἂν
5 περὶ τὸ ὄν τε ᾖ καὶ τὸ ἀόρατον, ἐάντε τις ἄνω κεχηνὼς ἢ
κάτω συμμεμυκὼς τῶν αἰσθητῶν τι ἐπιχειρῇ μανθάνειν, οὔτε
μαθεῖν ἄν ποτέ φημι αὐτόν, ἐπιστήμην γὰρ οὐδὲν ἔχειν τῶν
c τοιούτων, οὔτε ἄνω ἀλλὰ κάτω αὐτοῦ βλέπειν τὴν ψυχήν, κἂν
ἐξ ὑπτίας νέων ἐν γῇ ἢ ἐν θαλάττῃ μανθάνῃ.

Δίκην, ἔφη, ἔχω· ὀρθῶς γάρ μοι ἐπέπληξας. ἀλλὰ πῶς δὴ
ἔλεγες δεῖν ἀστρονομίαν μανθάνειν παρὰ ἃ νῦν μανθάνουσιν,
5 εἰ μέλλοιεν ὠφελίμως πρὸς ἃ λέγομεν μαθήσεσθαι;

Ὧδε, ἦν δ᾽ ἐγώ. ταῦτα μὲν τὰ ἐν τῷ οὐρανῷ ποικίλματα,
ἐπείπερ ἐν ὁρατῷ πεποίκιλται, κάλλιστα μὲν ἡγεῖσθαι καὶ
d ἀκριβέστατα τῶν τοιούτων ἔχειν, τῶν δὲ ἀληθινῶν πολὺ
ἐνδεῖν, ἃς τὸ ὄν τάχος καὶ ἡ οὖσα βραδυτὴς ἐν τῷ ἀληθινῷ
ἀριθμῷ καὶ πᾶσι τοῖς ἀληθέσι σχήμασι φοράς τε πρὸς ἄλληλα
φέρεται καὶ τὰ ἐνόντα φέρει, ἃ δὴ λόγῳ μὲν καὶ διανοίᾳ
5 ληπτά, ὄψει δ᾽ οὔ· ἢ σὺ οἴει;

Οὐδαμῶς γε, ἔφη.

Οὐκοῦν, εἶπον, τῇ περὶ τὸν οὐρανὸν ποικιλίᾳ παραδείγμασι
χρηστέον τῆς πρὸς ἐκεῖνα μαθήσεως ἕνεκα, ὁμοίως ὥσπερ ἂν
εἴ τις ἐντύχοι ὑπὸ Δαιδάλου ἤ τινος ἄλλου δημιουργοῦ ἢ
e γραφέως διαφερόντως γεγραμμένοις καὶ ἐκπεπονημένοις
διαγράμμασιν. ἡγήσαιτο γὰρ ἄν πού τις ἔμπειρος γεωμε-
τρίας, ἰδὼν τὰ τοιαῦτα, κάλλιστα μὲν ἔχειν ἀπεργασία,

529a10 κινδυνεύει F   b2 νοήσει F et fortasse Dpc: νοήσειν AD
b4 τὴν ψυχὴν Iambl.   b5 ἐάν τέ AD: ἐὰν δέ F   b6 τι om. D
b7 ποτέ om. F   ἔχει F   c1 ἀλλὰ AD: οὔτε F   βλέπει D
c2 ἐξ ὑπτίας νέων DF Poll.: ἐξ ὑπτίας μὲν A: ἐξυπτιασμένος Marindin
c5 λέγοιμεν F   d3 προσάλλα [sic] F   d6 γε om. AD
e1 διαφέροντος prA   e2 ἡγήσατο F   ἄν AD Fsl: om. F
e3 ἀπεργασίαν F

γελοῖον μὴν ἐπισκοπεῖν αὐτὰ σπουδῇ ὡς τὴν ἀλήθειαν ἐν
αὐτοῖς ληψόμενον ἴσων ἢ διπλασίων ἢ ἄλλης τινὸς συμμε-   530
τρίας.

Τί δ' οὐ μέλλει γελοῖον εἶναι; ἔφη.

Τῷ ὄντι δὴ ἀστρονομικόν, ἦν δ' ἐγώ, ὄντα οὐκ οἴει ταὐτὸν
πείσεσθαι εἰς τὰς τῶν ἄστρων φορὰς ἀποβλέποντα; νομιεῖν   5
μὲν ὡς οἷόν τε κάλλιστα τὰ τοιαῦτα ἔργα συστήσασθαι, οὕτω
συνεστάναι τῷ τοῦ οὐρανοῦ δημιουργῷ αὐτόν τε καὶ τὰ ἐν
αὐτῷ· τὴν δὲ νυκτὸς πρὸς ἡμέραν συμμετρίαν καὶ τούτων
πρὸς μῆνα καὶ μηνὸς πρὸς ἐνιαυτὸν καὶ τῶν ἄλλων ἄστρων
πρός τε ταῦτα καὶ πρὸς ἄλληλα, οὐκ ἄτοπον, οἴει, ἡγήσεται   b
τὸν νομίζοντα γίγνεσθαί τε ταῦτα ἀεὶ ὡσαύτως καὶ οὐδαμῇ
οὐδὲν παραλλάττειν, σῶμά τε ἔχοντα καὶ ὁρώμενα, καὶ ζητεῖν
παντὶ τρόπῳ τὴν ἀλήθειαν αὐτῶν λαβεῖν;

Ἐμοὶ γοῦν δοκεῖ, ἔφη, σοῦ νῦν ἀκούοντι.   5

Προβλήμασιν ἄρα, ἦν δ' ἐγώ, χρώμενοι ὥσπερ γεωμετρίαν
οὕτω καὶ ἀστρονομίαν μέτιμεν, τὰ δ' ἐν τῷ οὐρανῷ ἐάσομεν,
εἰ μέλλομεν ὄντως ἀστρονομίας μεταλαμβάνοντες χρήσιμον   c
τὸ φύσει φρόνιμον ἐν τῇ ψυχῇ ἐξ ἀχρήστου ποιήσειν.

Ἦ πολλαπλάσιον, ἔφη, τὸ ἔργον ἢ ὡς νῦν ἀστρονομεῖται
προστάττεις.

Οἶμαι δέ γε, εἶπον, καὶ τἆλλα κατὰ τὸν αὐτὸν τρόπον   5
προστάξειν ἡμᾶς, ἐάν τι ἡμῶν ὡς νομοθετῶν ὄφελος ᾖ. ἀλλὰ
γάρ τι ἔχεις ὑπομνῆσαι τῶν προσηκόντων μαθημάτων;

Οὐκ ἔχω, ἔφη, νῦν γ' οὑτωσί.

Οὐ μὴν ἕν, ἀλλὰ πλείω, ἦν δ' ἐγώ, εἴδη παρέχεται ἡ φορά,
ὡς ἐγῷμαι. τὰ μὲν οὖν πάντα ἴσως ὅστις σοφὸς ἕξει εἰπεῖν· ἃ   d
δὲ καὶ ἡμῖν προφανῆ, δύο.

Ποῖα δή;

Πρὸς τούτῳ, ἦν δ' ἐγώ, ἀντίστροφον αὐτοῦ.

e4 μὴν AD: μὲν F   αὐτὰ DF Iambl.: ταῦτα A   ὡς AF Iambl.: πρὸς D
530a7 τε om. F   b3 σῶμά τε AD: τὰ σώματά τε F: σώματα Plot.
Iambl.   καὶ ζητεῖν AD Iambl.: ζητεῖν F   b4 ἀλήθειαν AD: βοήθειαν F
αὐτῷ D (dativus)   b7 ἐάσωμεν F   c2 ἐξ AD: πρὸς F   c7 τι
F: τί AD: ἔτι τι H. Richards   d4 τοῦτο F

530 d   ΠΛΑΤΩΝΟΣ

5   Τὸ ποῖον;

Κινδυνεύει, ἔφην, ὡς πρὸς ἀστρονομίαν ὄμματα πέπηγεν,
ὣς πρὸς ἐναρμόνιον φορὰν ὦτα παγῆναι, καὶ αὗται ἀλλήλων
ἀδελφαί τινες αἱ ἐπιστῆμαι εἶναι, ὡς οἵ τε Πυθαγόρειοί φασι,
καὶ ἡμεῖς, ὦ Γλαύκων, συγχωροῦμεν. ἢ πῶς ποιοῦμεν;

10   Οὕτως, ἔφη.

e   Οὐκοῦν, ἦν δ᾽ ἐγώ, ἐπειδὴ πολὺ τὸ ἔργον ἐκείνων πευ-
σόμεθα πῶς λέγουσι περὶ αὐτῶν καὶ εἴ τι ἄλλο πρὸς τούτοις·
ἡμεῖς δὲ παρὰ πάντα ταῦτα φυλάξομεν τὸ ἡμέτερον.

Ποῖον;

5   Μή ποτ᾽ αὐτῶν τι ἀτελὲς ἐπιχειρῶσιν ἡμῖν μανθάνειν οὓς
θρέψομεν, καὶ οὐκ ἐξῆκον ἐκεῖσε ἀεί, οἷ πάντα δεῖ ἀφήκειν,
οἷον ἄρτι περὶ τῆς ἀστρονομίας ἐλέγομεν. ἢ οὐκ οἶσθ᾽ ὅτι καὶ

531   περὶ ἁρμονίας ἕτερον τοιοῦτον ποιοῦσιν; τὰς γὰρ ἀκουομένας
αὖ συμφωνίας καὶ φθόγγους ἀλλήλοις ἀναμετροῦντες ἀνή-
νυτα, ὥσπερ οἱ ἀστρονόμοι, πονοῦσιν.

Νὴ τοὺς θεούς, ἔφη, καὶ γελοίως γε, πυκνώματ᾽ ἄττα
5   ὀνομάζοντες καὶ παραβάλλοντες τὰ ὦτα, οἷον ἐκ γειτόνων
φωνὴν θηρευόμενοι, οἱ μέν φασιν ἔτι κατακούειν ἐν μέσῳ τινὰ
ἠχὴν καὶ σμικρότατον εἶναι τοῦτο διάστημα, ᾧ μετρητέον, οἱ
δὲ ἀμφισβητοῦντες ὡς ὅμοιον ἤδη φθεγγομένων, ἀμφότεροι
b   ὦτα τοῦ νοῦ προστησάμενοι.

Σὺ μέν, ἦν δ᾽ ἐγώ, τοὺς χρηστοὺς λέγεις τοὺς ταῖς χορδαῖς
πράγματα παρέχοντας καὶ βασανίζοντας, ἐπὶ τῶν κολλόπων
στρεβλοῦντας· ἵνα δὲ μὴ μακροτέρα ἡ εἰκὼν γίγνηται,
5   πλήκτρῳ τε πληγῶν γιγνομένων καὶ κατηγορίας πέρι καὶ

d7 ὣς A: ὡς D: οὕτως F, fortasse scholium quod lectionem ὡς expulit
d9 ποιῶμεν F   e3 πάντα ταῦτα AF: ταῦτα πάντα D: πάντα Iambl.
φυλάξωμεν F   e5 αὐτῶν τι ADF Euseb.: τι αὐτῶν Iambl.
e6 πάντα ADF Iambl.: πάντας Euseb.   ἀφήκειν ADF Iambl. Phot.
Schol.: αὖ ἥκειν Euseb.   531a2 αὖ συμφωνίας ADF Euseb.: συμφωνίας
αὖ Theo   ἀνήνυτα AD Theo Euseb.: ἀνόνητα F   a4 γελοίως AD
Euseb.: γελοῖα F   a6 ἔτι AD: ὅτι Euseb.: om. F Theo   a7 ἠχὴν
ADF Euseb.: ἦχον Theo   τοῦτο διάστημα ADF Euseb.: διάστημα τοῦτο
Theo   a8 φθεγγομένων ADF Euseb.: φθεγγόμενον Asl: φθεγγομένου
Theo   b3 κολλόπων ADF Schol. Euseb.: κολλάβων Theo Tim.
Suid.

ἐξαρνήσεως καὶ ἀλαζονείας χορδῶν, παύομαι τῆς εἰκόνος καὶ
οὔ φημι τούτους λέγειν, ἀλλ᾽ ἐκείνους οὓς ἔφαμεν νυνδὴ περὶ
ἁρμονίας ἐρήσεσθαι. ταὐτὸν γὰρ ποιοῦσι τοῖς ἐν τῇ ἀστρο-
νομίᾳ· τοὺς γὰρ ἐν ταύταις ταῖς συμφωνίαις ταῖς ἀκουομέναις c
ἀριθμοὺς ζητοῦσιν, ἀλλ᾽ οὐκ εἰς προβλήματα ἀνίασιν, ἐπι-
σκοπεῖν τίνες σύμφωνοι ἀριθμοὶ καὶ τίνες οὔ, καὶ διὰ τί
ἑκάτεροι.

Δαιμόνιον γάρ, ἔφη, πρᾶγμα λέγεις.   5

Χρήσιμον μὲν οὖν, ἦν δ᾽ ἐγώ, πρὸς τὴν τοῦ καλοῦ τε καὶ
ἀγαθοῦ ζήτησιν, ἄλλως δὲ μεταδιωκόμενον ἄχρηστον.

Εἰκός γ᾽, ἔφη.

Οἶμαι δέ γε, ἦν δ᾽ ἐγώ, καὶ ἡ τούτων πάντων ὧν
διεληλύθαμεν μέθοδος, ἐὰν μὲν ἐπὶ τὴν ἀλλήλων κοινωνίαν 10
ἀφίκηται καὶ συγγένειαν, καὶ συλλογισθῇ ταῦτα ᾗ ἐστιν d
ἀλλήλοις οἰκεῖα, φέρειν τι αὐτῶν εἰς ἃ βουλόμεθα τὴν
πραγματείαν καὶ οὐκ ἀνόνητα πονεῖσθαι, εἰ δὲ μή, ἀνόνητα.

Καὶ ἐγώ, ἔφη, οὕτω μαντεύομαι. ἀλλὰ πάμπολυ ἔργον
λέγεις, ὦ Σώκρατες.   5

Τοῦ προοιμίου, ἦν δ᾽ ἐγώ, ἢ τίνος λέγεις; ἢ οὐκ ἴσμεν ὅτι
πάντα ταῦτα προοίμιά ἐστιν αὐτοῦ τοῦ νόμου ὃν δεῖ μαθεῖν;
οὐ γάρ που δοκοῦσί γέ σοι οἱ ταῦτα δεινοὶ διαλεκτικοὶ εἶναι.

Οὐ μὰ τὸν Δί᾽, ἔφη, εἰ μὴ μάλα γέ τινες ὀλίγοι ὧν ἐγὼ e
ἐντετύχηκα.

Ἀλλὰ δή, εἶπον, μὴ δυνατοί τινες ὄντες δοῦναί τε καὶ
ἀποδέξασθαι λόγον εἴσεσθαί ποτέ τι ὧν φαμεν δεῖν εἰδέναι;

Οὐδ᾽ αὖ, ἔφη, τοῦτό γε.   5

Οὐκοῦν, εἶπον, ὦ Γλαύκων, οὗτος ἤδη αὐτός ἐστιν ὁ νόμος 532
ὃν τὸ διαλέγεσθαι περαίνει; ὃν καὶ ὄντα νοητὸν μιμοῖτ᾽ ἂν ἡ
τῆς ὄψεως δύναμις, ἣν ἐλέγομεν πρὸς αὐτὰ ἤδη τὰ ζῷα

b7 ἔφαμεν AD Euseb.: φαμὲν F   b8 εἰρῆσθαι Euseb.   c6–7 τοῦ
καλοῦ τε καὶ ἀγαθοῦ ADF: τοῦ καλοῦ καὶ ἀγαθοῦ Iambl.: τοῦ ἀγαθοῦ καὶ
καλοῦ Theo   c7 δὲ AD Theo Iambl.: τε F   c10–d1 κοινωνίαν
ἀφίκηται ADF Iambl.: ἀφίκηται κοινωνίαν Theo   d2 τι om. Iambl.
e3 ἀλλὰ δὴ Asl F: ἀλλ᾽ ἤδη AD   μὴ DF: οἱ μὴ A, οἱ punctis deletum
τινες ὄντες ADF: οἵτινες Burnet: ὄντες Wilamowitz, fortasse recte   δοῦναί
ADF: λαβεῖν Theo   532a2 περαίνει F: παραινεῖ AD
a3 ἐλέγομεν A Dsl F: λέγομεν D

ἐπιχειρεῖν ἀποβλέπειν καὶ πρὸς αὐτὰ ⟨τὰ⟩ ἄστρα τε καὶ
5 τελευταῖον δὴ πρὸς αὐτὸν τὸν ἥλιον. οὕτω καὶ ὅταν τις τῷ
διαλέγεσθαι †ἐπιχειρῇ ἄνευ πασῶν τῶν αἰσθήσεων διὰ τοῦ
λόγου ἐπ' αὐτὸ ὅ ἐστιν ἕκαστον ὁρμᾷ, καὶ μὴ ἀποστῇ πρὶν ἂν
b αὐτὸ ὅ ἐστιν ἀγαθὸν αὐτῇ νοήσει λάβῃ, ἐπ' αὐτῷ γίγνεται τῷ
τοῦ νοητοῦ τέλει, ὥσπερ ἐκεῖνος τότε ἐπὶ τῷ τοῦ ὁρατοῦ.
Παντάπασι μὲν οὖν, ἔφη.
Τί οὖν; οὐ διαλεκτικὴν ταύτην τὴν πορείαν καλεῖς;
5 Τί μήν;
Ἡ δέ γε, ἣν δ' ἐγώ, λύσις τε ἀπὸ τῶν δεσμῶν καὶ
μεταστροφὴ ἀπὸ τῶν σκιῶν ἐπὶ τὰ εἴδωλα καὶ τὸ φῶς καὶ
ἐκ τοῦ καταγείου εἰς τὸν ἥλιον ἐπάνοδος, καὶ ἐκεῖ πρὸς μὲν τὰ
c ζῷά τε καὶ φυτὰ καὶ τὸ τοῦ ἡλίου φῶς ἔτι ἀδυναμία βλέπειν,
πρὸς δὲ τὰ ἐν ὕδασι φαντάσματα †θεῖα καὶ σκιὰς τῶν ὄντων,
ἀλλ' οὐκ εἰδώλων σκιὰς δι' ἑτέρου τοιούτου φωτὸς ὡς πρὸς
ἥλιον κρίνειν ἀποσκιαζομένας, πᾶσα αὕτη ἡ πραγματεία τῶν
5 τεχνῶν ἃς διήλθομεν ταύτην ἔχει τὴν δύναμιν καὶ ἐπα-
ναγωγὴν τοῦ βελτίστου ἐν ψυχῇ πρὸς τὴν τοῦ ἀρίστου ἐν
τοῖς οὖσι θέαν, ὥσπερ τότε τοῦ σαφεστάτου ἐν σώματι πρὸς
d τὴν τοῦ φανοτάτου ἐν τῷ σωματοειδεῖ τε καὶ ὁρατῷ τόπῳ.

Ἐγὼ μέν, ἔφη, ἀποδέχομαι οὕτω. καίτοι παντάπασί γέ μοι
δοκεῖ χαλεπὰ μὲν ἀποδέχεσθαι εἶναι, ἄλλον δ' αὖ τρόπον
χαλεπὰ μὴ ἀποδέχεσθαι. ὅμως δέ, οὐ γὰρ ἐν τῷ νῦν παρόντι
5 μόνον ἀκουστέα, ἀλλὰ καὶ αὖθις πολλάκις ἐπανιτέον, ταῦτα
θέντες ἔχειν ὡς νῦν λέγεται, ἐπ' αὐτὸν δὴ τὸν νόμον ἴωμεν,
καὶ διέλθωμεν οὕτως ὥσπερ τὸ προοίμιον διήλθομεν. λέγε οὖν
τίς ὁ τρόπος τῆς τοῦ διαλέγεσθαι δυνάμεως, καὶ κατὰ ποῖα δὴ

a4 αὐτὰ ⟨τὰ⟩ ἄστρα Baiter: αὐτὰ ἄστρα ADF   a6 ἐπιχειρῆι ADF Clem.:
ἐπιχειρῶν Campbell (u.v.)   ἄνευ ADF Clem.: ⟨ἂν⟩ ἄνευ Baiter, fortasse ἄνευ
⟨τε⟩   a7 αὐτὸ AD Clem.: αὐτῷ F   ἕκαστον DF Clem.: om. A   ὁρμᾶι ADF
et legit Clem.(u.v.): ὁρμᾶν Astius   ἂν om. Clem.   b1 ἐπ' αὐτῶι AD: τότε
δὴ ἐπ' αὐτῶ F (non legit Clem.)   b2 τοῦ ὁρατοῦ Apc^sl DF: ὁρατοῦ prA
b6 τε om. Iambl.   c1 τὰ φυτὰ Iambl.   ἔτι ἀδυναμία Iambl.: ἐπ' ἀδυναμίαι
AD: ἀδυναμία F   c2 φαντάσματα θεῖα ADF Iambl.: φαντάσματα θέα
Astius: φαντάσματα, ἐνταῦθα δὲ πρὸς φαντάσματα θεῖα Bessarion, fortasse
φαντάσματα θεατὰ   c7 σώματι AD Iambl.: σώμασι F   d7 διέλθωμεν F:
ἔλθωμεν AD   οὕτως om. F   d8–e1 δὴ εἴδη AD: εἴδη δὴ F

εἴδη διέστηκεν, καὶ τίνες αὖ ὁδοί· αὗται γὰρ ἂν ἤδη, ὡς e
ἔοικεν, αἱ πρὸς αὐτὸ ἄγουσαι εἶεν, οἳ ἀφικομένῳ ὥσπερ ὁδοῦ
ἀνάπαυλα ἂν εἴη καὶ τέλος τῆς πορείας.

Οὐκέτ᾽, ἦν δ᾽ἐγώ, ὦ φίλε Γλαύκων, οἷός τ᾽ἔσῃ ἀκολουθεῖν· 533
ἐπεὶ τό γ᾽ἐμὸν οὐδὲν ἂν προθυμίας ἀπολείποι· οὐδ᾽ εἰκόνα ἂν
ἔτι οὗ λέγομεν ἴδοις, ἀλλ᾽ αὐτὸ τὸ ἀληθές, ὅ γε δὴ ἐμοὶ
φαίνεται. εἰ δ᾽ὄντως ἢ μή, οὐκέτ᾽ἄξιον τοῦτο διισχυρίζεσθαι·
ἀλλ᾽ ὅτι μὲν δὴ τοιοῦτόν τι ἰδεῖν, ἰσχυριστέον. ἢ γάρ; 5
Τί μήν;
Οὐκοῦν καὶ ὅτι ἡ τοῦ διαλέγεσθαι δύναμις μόνη ἂν φήνειεν
ἐμπείρῳ ὄντι ὧν νυνδὴ διήλθομεν, ἄλλῃ δὲ οὐδαμῇ δυνατόν;
Καὶ τοῦτ᾽, ἔφη, ἄξιον διισχυρίζεσθαι.

Τόδε γοῦν, ἦν δ᾽ἐγώ, οὐδεὶς ἡμῖν ἀμφισβητήσει λέγουσιν, 10
ὡς αὐτοῦ γε ἑκάστου πέρι ὅ ἐστιν ἕκαστον ἄλλη τις ἐπιχειρεῖ b
μέθοδος ὁδῷ περὶ παντὸς λαμβάνειν. ἀλλ᾽ αἱ μὲν ἄλλαι πᾶσαι
τέχναι ἢ πρὸς δόξας ἀνθρώπων καὶ ἐπιθυμίας εἰσὶν ἢ πρὸς
γενέσεις τε καὶ συνθέσεις, ἢ καὶ πρὸς θεραπείαν τῶν φυομέ-
νων τε καὶ συντιθεμένων ἅπασαι τετράφαται· αἱ δὲ λοιπαί, ἃς 5
τοῦ ὄντος τι ἔφαμεν ἐπιλαμβάνεσθαι, γεωμετρίας τε καὶ τὰς
ταύτῃ ἑπομένας, ὁρῶμεν ὡς ὀνειρώττουσι μὲν περὶ τὸ ὄν, c
ὕπαρ δὲ ἀδύνατον αὐταῖς ἰδεῖν, ἕως ἂν ὑποθέσεσι χρώμεναι
ταύτας ἀκινήτους ἐῶσι, μὴ δυνάμεναι λόγον διδόναι αὐτῶν. ᾧ
γὰρ ἀρχὴ μὲν ὃ μὴ οἶδεν, τελευτὴ δὲ καὶ τὰ μεταξὺ ἐξ οὗ μὴ
οἶδεν συμπέπλεκται, τίς μηχανὴ τὴν τοιαύτην ὁμολογίαν 5
ποτὲ ἐπιστήμην γενέσθαι;
Οὐδεμία, ἦ δ᾽ ὅς.

Οὐκοῦν, ἦν δ᾽ ἐγώ, ἡ διαλεκτικὴ μέθοδος μόνη ταύτῃ
πορεύεται, τὰς ὑποθέσεις ἀναιροῦσα, ἐπ᾽ αὐτὴν τὴν ἀρχήν,
ἵνα βεβαιώσηται, καὶ τῷ ὄντι ἐν βορβόρῳ βαρβαρικῷ τινι τὸ d
τῆς ψυχῆς ὄμμα κατορωρυγμένον ἠρέμα ἕλκει καὶ ἀνάγει

533a1 ἔσει AD: εἶ F   a2 ἀπολείποι Apc F: ἀπολίποι prA D
a2–3 ἂν ἔτι AD: ἔτι ἂν F   a3 μοι A   a4 ὄντως Apc F: ὄντος prA D
a5 δὴ ADF: δεῖ Vind.109   ἰδεῖν om. D   a8 νῦν δὴ AF: νῦν D
b4 ἢ καὶ πρὸς DF: ἢ πρὸς A   b6 γεωμετρίαν F   c4 οἶδεν ADF,
Philop., Simplic., Procl.in Parm.: εἶδεν Procl.in Eucl.I   d1 καὶ om.
Stob.

ἄνω, συνερίθοις καὶ συμπεριαγωγοῖς χρωμένη αἷς διήλθομεν
τέχναις; ἃς ἐπιστήμας μὲν πολλάκις προσείπομεν διὰ τὸ ἔθος,
5 δέονται δὲ ὀνόματος ἄλλου, ἐναργεστέρου μὲν ἢ δόξης,
ἀμυδροτέρου δὲ ἢ ἐπιστήμης. διάνοιαν δὲ αὐτὴν ἔν γε τῷ
πρόσθεν που ὡρισάμεθα, ἔστι δ', ὡς ἐμοὶ δοκεῖ, οὐ περὶ
ὀνόματος ἀμφισβήτησις, οἷς τοσούτων πέρι σκέψις ὅσων ἡμῖν
πρόκειται.

e   Οὐ γὰρ οὖν, ἔφη. ἀλλ' ὃ ἂν μόνον δηλοῖ †πρὸς τὴν ἕξιν
σαφηνείᾳ λέγει ἐν ψυχῇ.†

Ἀρέσκει οὖν, ἦν δ' ἐγώ, ὥσπερ τὸ πρότερον, τὴν μὲν
πρώτην μοῖραν ἐπιστήμην καλεῖν, δευτέραν δὲ διάνοιαν,
534 τρίτην δὲ πίστιν καὶ εἰκασίαν τετάρτην· καὶ συναμφότερα
μὲν ταῦτα δόξαν, συναμφότερα δ' ἐκεῖνα νόησιν· καὶ δόξαν
μὲν περὶ γένεσιν, νόησιν δὲ περὶ οὐσίαν· καὶ ὅτι οὐσία πρὸς
γένεσιν, νόησιν πρὸς δόξαν, καὶ ὅτι νόησις πρὸς δόξαν,
5 ἐπιστήμην πρὸς πίστιν καὶ διάνοιαν πρὸς εἰκασίαν. τὴν δ'
ἐφ' οἷς ταῦτα ἀναλογίαν καὶ διαίρεσιν διχῇ ἑκατέρου,
δοξαστοῦ τε καὶ νοητοῦ, ἐῶμεν, ὦ Γλαύκων, ἵνα μὴ ἡμᾶς
πολλαπλασίων λόγων ἐμπλήσῃ ἢ ὅσων οἱ παρεληλυθότες.

b   Ἀλλὰ μὴν ἔμοιγ', ἔφη, τά γε ἄλλα, καθ' ὅσον δύναμαι
ἕπεσθαι, συνδοκεῖ.

Ἦ καὶ διαλεκτικὸν καλεῖς τὸν λόγον ἑκάστου λαμβάνοντα
τῆς οὐσίας; καὶ τὸν μὴ ἔχοντα, καθ' ὅσον ἂν μὴ ἔχῃ λόγον
5 αὑτῷ τε καὶ ἄλλῳ διδόναι, κατὰ τοσοῦτον νοῦν περὶ τούτου
οὐ φήσεις ἔχειν;

Πῶς γὰρ ἄν, ἦ δ' ὅς, φαίην;

Οὐκοῦν καὶ περὶ τοῦ ἀγαθοῦ ὡσαύτως; ὃς ἂν μὴ ἔχῃ
διορίσασθαι τῷ λόγῳ ἀπὸ τῶν ἄλλων πάντων ἀφελὼν τὴν

d6 διάνοιαν δὲ AD Stob.: διάνοιάν γε F   d8 ἡ ἀμφισβήτησις F
τοσούτων A Fpc: τοσοῦτον D prF   ὅσον D et fortasse prA   e1 ἀλλ'–
e2 ψυχῆι secl. Bessarion: Glauconi attr. Burnet, locus desperatus
e1 ἀλλ' ὃ A: ἄλλο DF   πρὸς ADF: πως Burnet   e2 λέγει prA D:
λέγειν Apcsl F   post ψυχῆι inser. ⟨ἀρκέσει; Ναί.⟩ Burnet
e3 ἀρέσκει ADF: ἀρκέσει H. Richards   οὖν DF: γ' οὖν A
53448 ὅσων F: ὅσον AD   b3 καὶ om. F   b9 πάντων AD: ἀπάντων
Stob.: om. F

τοῦ ἀγαθοῦ ἰδέαν, καὶ ὥσπερ ἐν μάχῃ διὰ πάντων ἐλέγχων c
διεξιών, μὴ κατὰ δόξαν ἀλλὰ κατ᾽ οὐσίαν προθυμούμενος
ἐλέγχειν, ἐν πᾶσι τούτοις ἀπτῶτι τῷ λόγῳ διαπορεύηται,
οὔτε αὐτὸ τὸ ἀγαθὸν φήσεις εἰδέναι τὸν οὕτως ἔχοντα οὔτε
ἄλλο ἀγαθὸν οὐδέν, ἀλλ᾽ εἴ πῃ εἰδώλου τινὸς ἐφάπτεται, δόξῃ, 5
οὐκ ἐπιστήμῃ ἐφάπτεσθαι, καὶ τὸν νῦν βίον ὀνειροπολοῦντα
καὶ ὑπνώττοντα, πρὶν ἐνθάδ᾽ ἐξεγρέσθαι, εἰς Ἅιδου πρότερον
ἀφικόμενον τελέως ἐπικαταδαρθάνειν; d

Νὴ τὸν Δία, ἦ δ᾽ ὅς, σφόδρα γε πάντα ταῦτα φήσω.

Ἀλλὰ μὴν τούς γε σαυτοῦ παῖδας, οὓς τῷ λόγῳ τρέφεις τε
καὶ παιδεύεις, εἴ ποτε ἔργῳ τρέφοις, οὐκ ἂν ἐάσαις, ὡς
ἐγῷμαι, ἀλόγους ὄντας ὥσπερ γραμμάς, ἄρχοντας ἐν τῇ 5
πόλει κυρίους τῶν μεγίστων εἶναι.

Οὐ γὰρ οὖν, ἔφη.

Νομοθετήσεις δὴ αὐτοῖς ταύτης μάλιστα τῆς παιδείας
ἀντιλαμβάνεσθαι, ἐξ ἧς ἐρωτᾶν τε καὶ ἀποκρίνεσθαι ἐπιστη-
μονέστατα οἷοί τ᾽ ἔσονται; 10

Νομοθετήσω, ἔφη, μετά γε σοῦ. e

Ἆρ᾽ οὖν δοκεῖ σοι, ἔφην ἐγώ, ὥσπερ θριγκὸς τοῖς
μαθήμασιν ἡ διαλεκτικὴ ἡμῖν ἐπάνω κεῖσθαι, καὶ οὐκέτ᾽
ἄλλο τούτου μάθημα ἀνωτέρω ὀρθῶς ἂν ἐπιτίθεσθαι, ἀλλ᾽
ἔχειν ἤδη τέλος τὰ τῶν μαθημάτων; 535

Ἔμοιγ᾽, ἔφη.

Διανομὴ τοίνυν, ἦν δ᾽ ἐγώ, τὸ λοιπόν σοι, τίσιν ταῦτα τὰ
μαθήματα δώσομεν καὶ τίνα τρόπον.

Δῆλον, ἔφη. 5

Μέμνησαι οὖν τὴν προτέραν ἐκλογὴν τῶν ἀρχόντων, οἵους
ἐξελέξαμεν;

Πῶς γάρ, ἦ δ᾽ ὅς, οὔ;

Τὰ μὲν ἄλλα τοίνυν, ἦν δ᾽ ἐγώ, ἐκείνας τὰς φύσεις οἴου

c4 αὐτὸ AD Stob.: om. F   c5 εἰδώλου ADF: αὐτοῦ εἰδώλου Stob.
c7 ἐξέγρεσθαι [sic] A (rasura post tertium ε), D: ἐξεγρεῦσθαι F: ἐξαγρεῦσαι
Stob.(F): ἐξαγρεύεσθαι Stob.(P)   d1 ἐπικαταδαρθάνειν Apc DF et legit
Schol.: ἐπικαταδαρθανεῖν [sic] prA: ἐπικαταδαρθεῖν Plot. Stob.: καταδαρθεῖν
Didymus   d2 ταῦτα πάντα D   d4 τρέφοις AD Fsl: τρέφεις F   d8 αὐτοῖς
Apc DF: αυτους prA(u.v.)   ταύτης om. F   e4 ἀνωτέρω μάθημα Stob.

10 [δεῖν] ἐκλεκτέας εἶναι· τούς τε γὰρ βεβαιοτάτους καὶ τοὺς
ἀνδρειοτάτους προαιρετέον, καὶ κατὰ δύναμιν τοὺς εὐειδε-
b στάτους. πρὸς δὲ τούτοις ζητητέον μὴ μόνον γενναίους τε καὶ
βλοσυροὺς τὰ ἤθη, ἀλλὰ καὶ ἃ τῇδε τῇ παιδείᾳ τῆς φύσεως
πρόσφορα ἑκτέον αὐτοῖς.
    Ποῖα δὴ διαστέλλῃ;
5 Δριμύτητα, ὦ μακάριε, ἔφην, δεῖ αὐτοῖς πρὸς τὰ μαθή-
ματα ὑπάρχειν, καὶ μὴ χαλεπῶς μανθάνειν. πολὺ γάρ τοι
μᾶλλον ἀποδειλιῶσι ψυχαὶ ἐν ἰσχυροῖς μαθήμασιν ἢ ἐν
γυμνασίοις· οἰκειότερος γὰρ αὐταῖς ὁ πόνος, ἴδιος ἀλλ' οὐ
κοινὸς ὢν μετὰ τοῦ σώματος.
10   Ἀληθῆ, ἔφη.
c   Καὶ μνήμονα δὴ καὶ ἄρρατον καὶ πάντῃ φιλόπονον
ζητητέον. ἢ τίνι τρόπῳ οἴει τά τε τοῦ σώματος ἐθελήσειν
τινὰ διαπονεῖν καὶ τοσαύτην μάθησίν τε καὶ μελέτην ἐπιτε-
λεῖν;
5   Οὐδένα, ἦ δ' ὅς, ἐὰν μὴ παντάπασί γ' ᾖ εὐφυής.
    Τὸ γοῦν νῦν ἁμάρτημα, ἦν δ' ἐγώ, καὶ ἡ ἀτιμία φιλοσοφίᾳ
διὰ ταῦτα προσπέπτωκεν, ὃ καὶ πρότερον εἶπον, ὅτι οὐ κατ'
ἀξίαν αὐτῆς ἅπτονται· οὐ γὰρ νόθους ἔδει ἅπτεσθαι, ἀλλὰ
γνησίους.
10   Πῶς; ἔφη.
d   Πρῶτον μέν, εἶπον, φιλοπονίᾳ οὐ χωλὸν δεῖ εἶναι τὸν
ἁψόμενον, τὰ μὲν ἡμίσεα φιλόπονον, τὰ δ' ἡμίσεα ἄπονον.
ἔστι δὲ τοῦτο, ὅταν τις φιλογυμναστὴς μὲν καὶ φιλόθηρος ᾖ
καὶ πάντα τὰ διὰ τοῦ σώματος φιλοπονῇ, φιλομαθὴς δὲ μή,
5 μηδὲ φιλήκοος μηδὲ ζητητικός, ἀλλ' ἐν πᾶσι τούτοις μισο-

535a10 δεῖν secl. H. Richards   a10–11 καὶ τοὺς ἀνδρειοτάτους Α:
καὶ ἀνδρειοτάτους F: om. D   b2 τῇδε AD Fsl: om. F   b3 ἑκτέα
[sic] F   b4 διαστέλλῃι om. F   b6 τοι ADF: τι Stob.   b7 αἱ
ψυχαὶ Stob.   b8 αὐταῖς ὁ πόνος AD: αὐτοῖς ὁ πόνος F: ὁ πόνος αὐταῖς
Stob.   b9 τοῦ AD Stob.: om. F   c1 δὴ AF: δὲ D   c5 οὐδενί
Groen van Prinsterer, fortasse recte   c7 εἶπον Α: εἴπομεν DF
d2 ἁψάμενον F Stob.   φιλόπονον AD Stob.: φιλόπονον ὄντα F   ἄπονον
ADF Stob. et iterat Amg: μισόπονον van Herwerden   d3 καὶ
φιλόθηρος ἦι ADF: ἢ καὶ φιλομόχθηρος Stob.   d4 φιλοπονῆι ADF:
διαπονῆι Stob.

πονῇ· χωλὸς δὲ καὶ ὁ τἀναντία τούτου μεταβεβληκὼς τὴν
φιλοπονίαν.

Ἀληθέστατα, ἔφη, λέγεις.

Οὐκοῦν καὶ πρὸς ἀλήθειαν, ἦν δ' ἐγώ, ταὐτὸν τοῦτο
ἀνάπηρον ψυχὴν θήσομεν, ἣ ἂν τὸ μὲν ἑκούσιον ψεῦδος e
μισῇ καὶ χαλεπῶς φέρῃ αὐτή τε καὶ ἑτέρων ψευδομένων
ὑπεραγανακτῇ, τὸ δ' ἀκούσιον εὐκόλως προσδέχηται καὶ
ἀμαθαίνουσά που ἁλισκομένη μὴ ἀγανακτῇ, ἀλλ' εὐχερῶς
ὥσπερ θηρίον ὕειον ἐν ἀμαθίᾳ μολύνηται;   5
Παντάπασι μὲν οὖν, ἔφη.   536

Καὶ πρὸς σωφροσύνην, ἦν δ' ἐγώ, καὶ ἀνδρείαν καὶ
μεγαλοπρέπειαν καὶ πάντα τὰ τῆς ἀρετῆς μέρη οὐχ ἥκιστα
δεῖ φυλάττειν τὸν νόθον τε καὶ τὸν γνήσιον. ὅταν γάρ τις μὴ
ἐπίστηται πάντῃ τὰ τοιαῦτα σκοπεῖν καὶ ἰδιώτης καὶ πόλις, 5
λανθάνουσι χωλοῖς τε καὶ νόθοις χρώμενοι πρὸς ὅτι ἂν
τύχωσι τούτων, οἱ μὲν φίλοις, οἱ δὲ ἄρχουσι.

Καὶ μάλα, ἔφη, οὕτως ἔχει.

Ἡμῖν δή, ἦν δ' ἐγώ, πάντα τὰ τοιαῦτα διευλαβητέον· ὡς b
ἐὰν μὲν ἀρτιμελεῖς τε καὶ ἀρτίφρονας ἐπὶ τοσαύτην μάθησιν
καὶ τοσαύτην ἄσκησιν κομίσαντες παιδεύωμεν, ἥ τε δίκη ἡμῖν
οὐ μέμψεται αὐτή, τήν τε πόλιν καὶ πολιτείαν σώσομεν,
ἀλλοίους δὲ ἄγοντες ἐπὶ ταῦτα τἀναντία πάντα καὶ πράξομεν 5
καὶ φιλοσοφίας ἔτι πλείω γέλωτα καταντλήσομεν.

Αἰσχρὸν μέντἂν εἴη, ἦ δ' ὅς.

Πάνυ μὲν οὖν, εἶπον· γελοῖον δ' ἔγωγε καὶ ἐν τῷ παρόντι
ἔοικα παθεῖν.

Τὸ ποῖον; ἔφη.   10

Ἐπελαθόμην, ἦν δ' ἐγώ, ὅτι ἐπαίζομεν, καὶ μᾶλλον c
ἐντεινάμενος εἶπον. λέγων γὰρ ἅμα ἔβλεψα πρὸς φιλοσοφίαν,
καὶ ἰδὼν προπεπηλακισμένην ἀναξίως ἀγανακτήσας μοι
δοκῶ καὶ ὥσπερ θυμωθεὶς τοῖς αἰτίοις σπουδαιότερον εἰπεῖν
ἃ εἶπον.   5

536a4 δεῖ Apc D: δὴ praA F   a5 πάντηι om. A   a7 τούτω F,
dativum nimirum voluit   a8 ἔφη om. D   b5 ἀλλοίους AF
Iambl.: ἀλλοίως D   καὶ πράξομεν AD: πράξομεν F Iambl.   b8 παρόντι
⟨τι⟩ Burnet

Οὐ μὰ τὸν Δί', ἔφη, οὔκουν ὥς γ' ἐμοὶ ἀκροατῇ.

Ἀλλ' ὡς ἐμοί, ἦν δ' ἐγώ, ῥήτορι. τόδε δὲ μὴ ἐπιλανθανώ-
μεθα, ὅτι ἐν μὲν τῇ προτέρᾳ ἐκλογῇ πρεσβύτας ἐξελέγομεν, ἐν
δὲ ταύτῃ οὐκ ἐγχωρήσει. Σόλωνι γὰρ οὐ πειστέον ὡς
d γηράσκων τις πολλὰ δυνατὸς μανθάνειν, ἀλλ' ἧττον ἢ τρέχειν,
νέων δὲ πάντες οἱ μεγάλοι καὶ οἱ πολλοὶ πόνοι.

Ἀνάγκη, ἔφη.

Τὰ μὲν τοίνυν λογισμῶν τε καὶ γεωμετριῶν καὶ πάσης τῆς
5 προπαιδείας, ἣν τῆς διαλεκτικῆς δεῖ προπαιδευθῆναι, παισὶν
οὖσι χρὴ προβάλλειν, οὐχ ὡς ἐπάναγκες μαθεῖν τὸ σχῆμα τῆς
διδαχῆς ποιουμένους.

Τί δή;

Ὅτι, ἦν δ' ἐγώ, οὐδὲν μάθημα μετὰ δουλείας τὸν ἐλεύθερον
e χρὴ μανθάνειν. οἱ μὲν γὰρ τοῦ σώματος πόνοι βίᾳ πονούμενοι
χεῖρον οὐδὲν τὸ σῶμα ἀπεργάζονται, ψυχῇ δὲ βίαιον οὐδὲν
ἔμμονον μάθημα.

Ἀληθῆ, ἔφη.

5 Μὴ τοίνυν βίᾳ, εἶπον, ὦ ἄριστε, τοὺς παῖδας ἐν τοῖς
537 μαθήμασιν ἀλλὰ παίζοντας τρέφε, ἵνα καὶ μᾶλλον οἷός τ' ᾖς
καθορᾶν ἐφ' ὃ ἕκαστος πέφυκεν.

Ἔχει ὃ λέγεις, ἔφη, λόγον.

Οὐκοῦν μνημονεύεις, ἦν δ' ἐγώ, ὅτι καὶ εἰς τὸν πόλεμον
5 ἔφαμεν τοὺς παῖδας εἶναι ἀκτέον ἐπὶ τῶν ἵππων θεωρούς, καὶ
ἐάν που ἀσφαλὲς ᾖ, προσακτέον ἐγγὺς καὶ γευστέον αἵματος,
ὥσπερ τοὺς σκύλακας;

Μέμνημαι, ἔφη.

Ἐν πᾶσι δὴ τούτοις, ἦν δ' ἐγώ, τοῖς τε πόνοις καὶ
10 μαθήμασι καὶ φόβοις ὃς ἂν ἐντρεχέστατος ἀεὶ φαίνηται, εἰς
ἀριθμόν τινα ἐγκριτέον.

Ἐν τίνι, ἔφη, ἡλικίᾳ;

b Ἡνίκα, ἦν δ' ἐγώ, τῶν ἀναγκαίων γυμνασίων μεθίενται·

---

c6 γ' om. F   c7 τόδε AD: οὐ τόδε F   d1 Solon fr. 18 ἧττον
ADF Stob.: ⟨ἔτι⟩ ἧττον van Herwerden   e5 βίαι εἶπον ὦ ἄριστε ADF,
Stob. 110z: βίαι ὦ ἄριστε εἶπον Stob. 110p   537a2 ὃ prA DF: ὦ Apc,
Stob. bis

οὗτος γὰρ ὁ χρόνος, ἐάντε δύο ἐάντε τρία ἔτη γίγνηται,
ἀδύνατός τι ἄλλο πρᾶξαι· κόποι γὰρ καὶ ὕπνοι μαθήμασι
πολέμιοι. καὶ ἅμα μία καὶ αὕτη τῶν βασάνων οὐκ ἐλαχίστη,
τίς ἕκαστος ἐν τοῖς γυμνασίοις φανεῖται. 5

Πῶς γὰρ οὔκ; ἔφη.

Μετὰ δὴ τοῦτον τὸν χρόνον, ἦν δ' ἐγώ, ἐκ τῶν εἰκοσιετῶν
οἱ προκριθέντες τιμάς τε μείζους τῶν ἄλλων οἴσονται, τά τε
χύδην μαθήματα παισὶν ἐν τῇ παιδείᾳ γενόμενα τούτοις c
συνακτέον εἰς σύνοψιν οἰκειότητος ἀλλήλων τῶν μαθημάτων
καὶ τῆς τοῦ ὄντος φύσεως.

Μόνη γοῦν, εἶπεν, ἡ τοιαύτη μάθησις βέβαιος, ἐν οἷς ἂν
ἐγγένηται. 5

Καὶ μεγίστη γε, ἦν δ' ἐγώ, πεῖρα διαλεκτικῆς φύσεως καὶ
μή· ὁ μὲν γὰρ συνοπτικὸς διαλεκτικός, ὁ δὲ μὴ οὔ.

Συνοίομαι, ἦ δ' ὅς.

Ταῦτα τοίνυν, ἦν δ' ἐγώ, δεήσει σε ἐπισκοποῦντα, οἳ ἂν
μάλιστα τοιοῦτοι ἐν αὐτοῖς ὦσι καὶ μόνιμοι μὲν ἐν μαθήμασι, d
μόνιμοι δ' ἐν πολέμῳ καὶ τοῖς ἄλλοις νομίμοις, τούτους αὖ,
ἐπειδὰν τὰ τριάκοντα ἔτη ἐκβαίνωσιν, ἐκ τῶν προκρίτων
προκρινάμενον εἰς μείζους τε τιμὰς καθιστάναι καὶ σκοπεῖν,
τῇ τοῦ διαλέγεσθαι δυνάμει βασανίζοντα τίς ὀμμάτων καὶ τῆς 5
ἄλλης αἰσθήσεως δυνατὸς μεθιέμενος ἐπ' αὐτὸ τὸ ὂν μετ'
ἀληθείας ἰέναι. καὶ ἐνταῦθα δὴ πολλῆς φυλακῆς ἔργον, ὦ
ἑταῖρε.

Τί μάλιστα; ἦ δ' ὅς.

Οὐκ ἐννοεῖς, ἦν δ' ἐγώ, τὸ νῦν περὶ τὸ διαλέγεσθαι κακὸν e
γιγνόμενον ὅσον γίγνεται;

---

b3 κόποι . . . καὶ ὕπνοι ADF Stob.: ὕπνοι καὶ κόποι Plut. *Mantissa
Proverb.*   b5 ἕκαστος om. F   b7 εἰκοσιετῶν DF: εἴκοσι ἐτῶν A:
viginti Averroes: κε´ ἐτῶν Theo   b8 τῶν ἄλλων μείζους Theo
c1 παισὶν ADF: πᾶσιν Theo: om. Iambl. Stob.   παιδείαι F Iambl. Stob.:
παιδιᾶι Theo: παιδειᾶι [sic] et ι s.l. A: παιδία D   τούτοις ADF Theo
Stob.: om. Iambl.   c2 σύνοψιν ADF Poll. Theo Iambl.: ὄψιν Stob.
οἰκειότητος AD: οἰκειότητός τε F Theo Iambl. Stob.   c5 γένηται
Iambl.   d1 τοιοῦτον F   d2 καὶ τοῖς A: καὶ ἐν τοῖς DF   τούτους F:
τούτοις AD   d5 καὶ AD Iambl.: τε καὶ F   e1 καλὸν A

291

Τὸ ποῖον; ἔφη.

Παρανομίας που, ἔφην ἐγώ, ἐμπίμπλανται.

5 Καὶ μάλα, ἔφη.

Θαυμαστὸν οὖν τι οἴει, εἶπον, πάσχειν αὐτούς, καὶ οὐ συγγιγνώσκεις;

Πῆ μάλιστα; ἔφη.

Οἷον, ἦν δ' ἐγώ, εἴ τις ὑποβολιμαῖος τραφείη ἐν πολλοῖς
538 μὲν χρήμασι, πολλῷ δὲ καὶ μεγάλῳ γένει καὶ κόλαξι πολλοῖς,
ἀνὴρ δὲ γενόμενος αἴσθοιτο ὅτι οὐ τούτων ἐστὶ τῶν φα-
σκόντων γονέων, τοὺς δὲ τῷ ὄντι γεννήσαντας μὴ εὕροι,
τοῦτον ἔχεις μαντεύσασθαι πῶς ἂν διατεθείη πρός τε τοὺς
5 κόλακας καὶ πρὸς τοὺς ὑποβαλλομένους ἐν ἐκείνῳ τε τῷ
χρόνῳ ᾧ οὐκ ᾔδει τὰ περὶ τῆς ὑποβολῆς, καὶ ἐν ᾧ αὖ ᾔδει. ἢ
βούλει ἐμοῦ μαντευομένου ἀκοῦσαι;

Βούλομαι, ἔφη.

Μαντεύομαι τοίνυν, εἶπον, μᾶλλον αὐτὸν τιμᾶν ἂν τὸν
b πατέρα καὶ τὴν μητέρα καὶ τοὺς ἄλλους οἰκείους δοκοῦντας
ἢ τοὺς κολακεύοντας, καὶ ἧττον μὲν ἂν περιιδεῖν ἐνδεεῖς
τινος, ἧττον δὲ παράνομόν τι δρᾶσαι ἢ εἰπεῖν εἰς αὐτούς,
ἧττον δὲ ἀπειθεῖν τὰ μεγάλα ἐκείνοις ἢ τοῖς κόλαξιν, ἐν ᾧ
5 χρόνῳ τὸ ἀληθὲς μὴ εἰδείη.

Εἰκός, ἔφη.

Αἰσθόμενον τοίνυν τὸ ὂν μαντεύομαι αὖ περὶ μὲν τούτους
ἀνεῖναι ἂν τὸ τιμᾶν τε καὶ σπουδάζειν, περὶ δὲ τοὺς κόλακας
ἐπιτεῖναι, καὶ πείθεσθαί τε αὐτοῖς διαφερόντως ἢ πρότερον,
c καὶ ζῆν ἂν ἤδη κατ' ἐκείνους, συνόντα αὐτοῖς ἀπαρακα-
λύπτως, πατρὸς δὲ ἐκείνου καὶ τῶν ἄλλων ποιουμένων
οἰκείων, εἰ μὴ πάνυ εἴη φύσει ἐπιεικής, μέλειν τὸ μηδέν.

Πάντ', ἔφη, λέγεις οἷάπερ ἂν γένοιτο. ἀλλὰ πῆ πρὸς τοὺς
5 ἁπτομένους τῶν λόγων αὕτη φέρει ἡ εἰκών;

e4 ἐμπίμπλανται Apc: ἐμπίπλαται prA DF   e7 ξυγγιγνώσκειν F
538a2 δὲ om. D   a5 ὑποβαλομένους A   a6 αὖ εἰδείη H. Richards
ἢ AD: εἰ F   a9 τιμᾶν ἂν αὐτὸν F   b1 τε καὶ τὴν F   b5 μὴ A:
om. DF   b7 αἰσθόμενον Asl: αἰσθόμενος ADF   τούτους AD: τούτου
τοὺς F, ex v.l. τούτου contaminatum   b8 ἂν ⟨αὐ⟩τό⟨ν⟩ τιμᾶν Reinhard
c2 ⟨προσ⟩ποιουμένων Cobet   c4 τοὺς om. D

Τῇδε. ἔστι που ἡμῖν δόγματα ἐκ παίδων περὶ δικαίων καὶ
καλῶν, ἐν οἷς ἐκτεθράμμεθα ὥσπερ ὑπὸ γονεῦσι, πειθαρχοῦν-
τές τε καὶ τιμῶντες αὐτά.

Ἔστι γάρ.

Οὐκοῦν καὶ ἄλλα ἐναντία τούτων ἐπιτηδεύματα ἡδονὰς d
ἔχοντα, ἃ κολακεύει μὲν ἡμῖν τὴν ψυχὴν καὶ ἕλκει ἐφ' αὑτά,
πείθει δ' οὐ τοὺς καὶ ὁπηοῦν μετρίους· ἀλλ' ἐκεῖνα τιμῶσι τὰ
πάτρια καὶ ἐκείνοις πειθαρχοῦσιν.

Ἔστι ταῦτα.   5

Τί οὖν; ἦν δ' ἐγώ· ὅταν τὸν οὕτως ἔχοντα ἐλθὸν ἐρώτημα
ἔρηται· Τί ἐστι τὸ καλόν; καὶ ἀποκριναμένου ὃ τοῦ νομοθέτου
ἤκουεν ἐξελέγχῃ ὁ λόγος, καὶ πολλάκις καὶ πολλαχῇ ἐλέγχων
εἰς δόξαν καταβάλῃ ὡς τοῦτο οὐδὲν μᾶλλον καλὸν ἢ αἰσχρόν, e
καὶ περὶ δικαίου ὡσαύτως καὶ ἀγαθοῦ καὶ ἃ μάλιστα ἦγεν ἐν
τιμῇ, μετὰ τοῦτο τί οἴει ποιήσειν αὐτὸν πρὸς αὐτὰ τιμῆς τε
πέρι καὶ πειθαρχίας;

Ἀνάγκη, ἔφη, μήτε τιμᾶν ἔτι ὁμοίως μήτε πείθεσθαι.   5

Ὅταν οὖν, ἦν δ' ἐγώ, μήτε ταῦτα ἡγῆται τίμια καὶ οἰκεῖα
ὥσπερ πρὸ τοῦ, τά τε ἀληθῆ μὴ εὑρίσκῃ, ἔστι πρὸς ὁποῖον
βίον ἄλλον ἢ τὸν κολακεύοντα εἰκότως προσχωρήσεται;   539

Οὐκ ἔστιν, ἔφη.

Παράνομος δή, οἶμαι, δόξει γεγονέναι ἐκ νομίμου.

Ἀνάγκη.

Οὐκοῦν, ἔφην, εἰκὸς τὸ πάθος τῶν οὕτω λόγων ἁπτομένων   5
καί, ὃ ἄρτι ἔλεγον, πολλῆς συγγνώμης ἄξιον;

Καὶ ἐλέου γ', ἔφη.

Οὐκοῦν ἵνα μὴ γίγνηται ὁ ἔλεος οὗτος περὶ τοὺς τριακον-
τούτας σοι, εὐλαβουμένῳ παντὶ τρόπῳ τῶν λόγων ἁπτέον;

Καὶ μάλ', ἦ δ' ὅς.   10

Ἆρ' οὖν οὐ μία μὲν εὐλάβεια αὕτη συχνή, τὸ μὴ νέους
ὄντας αὐτῶν γεύεσθαι; οἶμαι γάρ σε οὐ λεληθέναι ὅτι οἱ b
μειρακίσκοι, ὅταν τὸ πρῶτον λόγων γεύωνται, ὡς παιδιᾷ

d2 ἡμῖν F: ἡμῶν AD   d7 ἀποκρινάμενον Scor.y.1.13pc   d8 ἤκουσεν
Apc^sl   ἐξελέγξῃ Asl   e1 καταβάλῃ F: καταβάλλῃ D: καταλάβῃ A
539a3 νομικοῦ D   b2 παιδεία F

293

αὐτοῖς καταχρῶνται, ἀεὶ εἰς ἀντιλογίαν χρώμενοι, καὶ
μιμούμενοι τοὺς ἐξελέγχοντας αὐτοὶ ἄλλους ἐλέγχουσι, χαί-
5 ροντες ὥσπερ σκυλάκια τῷ ἕλκειν τε καὶ σπαράττειν τῷ
λόγῳ τοὺς πλησίον ἀεί.
Ὑπερφυῶς μὲν οὖν, ἔφη.

Οὐκοῦν ὅταν δὴ πολλοὺς μὲν αὐτοὶ ἐλέγξωσιν, ὑπὸ πολλῶν
c δὲ ἐλεγχθῶσι, σφόδρα καὶ ταχὺ ἐμπίπτουσιν εἰς τὸ μηδὲν
ἡγεῖσθαι ὧνπερ πρότερον· καὶ ἐκ τούτων δὴ αὐτοί τε καὶ τὸ
ὅλον φιλοσοφίας [πέρι] εἰς τοὺς ἄλλους διαβέβληνται.
Ἀληθέστατα, ἔφη.

5 Ὁ δὲ δὴ πρεσβύτερος, ἦν δ᾽ ἐγώ, τῆς μὲν τοιαύτης μανίας
οὐκ ἂν ἐθέλοι μετέχειν, τὸν δὲ διαλέγεσθαι ἐθέλοντα καὶ
σκοπεῖν τἀληθὲς μᾶλλον μιμήσεται ἢ τὸν παιδιᾶς χάριν
παίζοντα καὶ ἀντιλέγοντα, καὶ αὐτός τε μετριώτερος ἔσται
d καὶ τὸ ἐπιτήδευμα τιμιώτερον ἀντὶ ἀτιμοτέρου ποιήσει.
Ὀρθῶς, ἔφη.

Οὐκοῦν καὶ τὰ προειρημένα τούτου ἐπ᾽ εὐλαβείᾳ πάντα
προείρηται, τὸ τὰς φύσεις κοσμίους εἶναι καὶ στασίμους οἷς
5 τις μεταδώσει τῶν λόγων, καὶ μὴ ὡς νῦν ὁ τυχὼν καὶ οὐδὲν
προσήκων ἔρχεται ἐπ᾽ αὐτό;
Πάνυ μὲν οὖν, ἔφη.

Ἀρκεῖ δὴ ἐπὶ λόγων μεταλήψει μεῖναι ἐνδελεχῶς καὶ
συντόνως μηδὲν ἄλλο πράττοντι, ἀλλ᾽ ἀντιστρόφως γυμναζο-
e μένῳ τοῖς περὶ τὸ σῶμα γυμνασίοις, ἔτη διπλάσια ἢ τότε;
Ἕξ, ἔφη, ἢ τέτταρα λέγεις;

Ἀμέλει, εἶπον, πέντε θές. μετὰ γὰρ τοῦτο καταβιβαστέοι
ἔσονταί σοι εἰς τὸ σπήλαιον πάλιν ἐκεῖνο, καὶ ἀναγκαστέοι
5 ἄρχειν τά τε περὶ τὸν πόλεμον καὶ ὅσαι νέων ἀρχαί, ἵνα μηδ᾽
ἐμπειρίᾳ ὑστερῶσι τῶν ἄλλων· καὶ ἔτι καὶ ἐν τούτοις
540 βασανιστέοι εἰ ἐμμενοῦσιν ἑλκόμενοι πανταχόσε ἤ τι καὶ
παρακινήσουσι.

b5 τε om. Plut.   b8 ἐλέγξωσιν Apc D: ἐλέγχωσιν prA: ἐξελέγξωσιν F
c1 ἐξελεγχθῶσι F   c3 πέρι secl. Wilamowitz   c4 ἔφης D
c7 μιμήσεται ADF: μεμνήσεται Aγρ   παιδιᾶς A: παιδίας D: παιδείας F
d4 φύσεις τὲ F

Χρόνον δέ, ἦ δ᾽ ὅς, πόσον τοῦτον τίθης;

Πεντεκαίδεκα ἔτη, ἦν δ᾽ ἐγώ. γενομένων δὲ πεντηκον-
τουτῶν τοὺς διασωθέντας καὶ ἀριστεύσαντας πάντα πάντῃ ἐν 5
ἔργοις τε καὶ ἐπιστήμαις πρὸς τέλος ἤδη ἀκτέον, καὶ
ἀναγκαστέον ἀνακλίναντας τὴν τῆς ψυχῆς αὐγὴν εἰς αὐτὸ
ἀποβλέψαι τὸ πᾶσι φῶς παρέχον, καὶ ἰδόντας τὸ ἀγαθὸν
αὐτό, παραδείγματι χρωμένους ἐκείνῳ, καὶ πόλιν καὶ ἰδιώτας
καὶ ἑαυτοὺς κοσμεῖν τὸν ἐπίλοιπον βίον ἐν μέρει ἑκάστους, τὸ b
μὲν πολὺ πρὸς φιλοσοφίᾳ διατρίβοντας, ὅταν δὲ τὸ μέρος ἥκῃ,
πρὸς πολιτικοῖς ἐπιταλαιπωροῦντας καὶ ἄρχοντας ἑκάστους
τῆς πόλεως ἕνεκα, οὐχ ὡς καλόν τι ἀλλ᾽ ὡς ἀναγκαῖον
πράττοντας, καὶ οὕτως ἄλλους ἀεὶ παιδεύσαντας τοιούτους, 5
ἀντικαταλιπόντας τῆς πόλεως φύλακας, εἰς μακάρων νήσους
ἀπιόντας οἰκεῖν· μνημεῖα δ᾽ αὐτοῖς καὶ θυσίας τὴν πόλιν
δημοσίᾳ ποιεῖν, ἐὰν καὶ ἡ Πυθία συναναιρῇ, ὡς δαίμοσιν, εἰ c
δὲ μή, ὡς εὐδαίμοσί τε καὶ θείοις.

Παγκάλους, ἔφη, τοὺς ἄρχοντας, ὦ Σώκρατες, ὥσπερ
ἀνδριαντοποιὸς ἀπείργασαι.

Καὶ τὰς ἀρχούσας γε, ἦν δ᾽ ἐγώ, ὦ Γλαύκων· μηδὲν γάρ τι 5
οἴου με περὶ ἀνδρῶν εἰρηκέναι μᾶλλον ἃ εἴρηκα ἢ καὶ περὶ
γυναικῶν, ὅσαι ἂν αὐτῶν ἱκαναὶ τὰς φύσεις ἐγγίγνωνται.

Ὀρθῶς, ἔφη, εἴπερ ἴσα γε πάντα τοῖς ἀνδράσι κοινωνή-
σουσιν, ὡς διήλθομεν.

Τί οὖν; ἔφην· συγχωρεῖτε περὶ τῆς πόλεώς τε καὶ πολιτείας d
μὴ παντάπασιν ἡμᾶς εὐχὰς εἰρηκέναι, ἀλλὰ χαλεπὰ μέν,
δυνατὰ δέ πη, καὶ οὐκ ἄλλῃ ἢ εἴρηται, ὅταν οἱ ὡς ἀληθῶς
φιλόσοφοι δυνάσται, ἢ πλείους ἢ εἷς, ἐν πόλει γενόμενοι τῶν
μὲν νῦν τιμῶν καταφρονήσωσιν, ἡγησάμενοι ἀνελευθέρους 5

540a3 δέ om. F   a4 ἦν δ᾽ ἐγώ ἔτη F   δὲ om. F   a7 αὐγὴν om. F
b1 κατακοσμεῖν D   b2 φιλοσοφίαι Asl: φιλοσοφίαν ADF   b4 ἀλλ᾽
ὡς Apc DF: ἀλλοις [sic] prA   c1 δημοσίωι D, fortasse correxit Dpc
συναναιρῆι Aristid.: ξυναιρῆι A: ξυναίρηι DF   c6 οἴει F   ἢ καὶ περὶ
scripsi: ἢ περι [sic] καὶ F: ἢ περὶ AD   c8 γε πάντα AD: πάντα γε F
d1 ξυγχωρεῖτε Apc F: ξυγχωρεῖν τε prA D   τε AD Stob.: om. F
d2 χαλεπὸν Stob.   d3 δυνατὸν Stob.   ἢ A: om. DF: πη Stob.: ἢ
ἢ Laur.80.19pc   ὡς om. F Stob.

εἶναι καὶ οὐδενὸς ἀξίας, τὸ δὲ ὀρθὸν περὶ πλείστου ποιησά-
μενοι καὶ τὰς ἀπὸ τούτου τιμάς, μέγιστον δὲ καὶ ἀναγκαι-
e ότατον τὸ δίκαιον, καὶ τούτῳ δὴ ὑπηρετοῦντές τε καὶ
αὔξοντες αὐτὸ διασκευωρήσωνται τὴν ἑαυτῶν πόλιν;
Πῶς; ἔφη.

Ὅσοι μὲν ἄν, ἦν δ᾽ ἐγώ, πρεσβύτεροι τυγχάνωσι δεκετῶν
541 ἐν τῇ πόλει, πάντας ἐκπέμψωσιν εἰς τοὺς ἀγρούς, τοὺς δὲ
παῖδας αὐτῶν παραλαβόντες ἐκτὸς τῶν νῦν ἠθῶν, ἃ καὶ οἱ
γονῆς ἔχουσι, θρέψωνται ἐν τοῖς σφετέροις τρόποις καὶ
νόμοις, οὖσιν οἵοις διεληλύθαμεν τότε· καὶ οὕτω τάχιστά τε
5 καὶ ῥᾷστα πόλιν τε καὶ πολιτείαν, ἣν ἐλέγομεν, καταστᾶσαν
αὐτήν τε εὐδαιμονήσειν καὶ τὸ ἔθνος ἐν ᾧ ἂν ἐγγένηται
πλεῖστα ὀνήσειν;

Πολύ γ᾽, ἔφη· καὶ ὡς ἂν γένοιτο, εἴπερ ποτὲ γίγνοιτο,
b δοκεῖς μοι, ὦ Σώκρατες, εὖ εἰρηκέναι.

Οὐκοῦν ἄδην ἤδη, εἶπον ἐγώ, ἔχουσιν ἡμῖν οἱ λόγοι περί τε
τῆς πόλεως ταύτης καὶ τοῦ ὁμοίου ταύτῃ ἀνδρός; δῆλος γάρ
που καὶ οὗτος οἷον φήσομεν δεῖν αὐτὸν εἶναι.

5 Δῆλος, ἔφη· καὶ ὅπερ ἐρωτᾷς, δοκεῖ μοι τέλος ἔχειν.

---

d7 δὲ AD Stob.: γε F   e4 δεκετῶν D: δέκ᾽ ἐτῶν A: δὲ καὶ τῶν F:
δέκα ἐτῶν Stob.   541a2 νῦν ἠθῶν ADF: συνηθῶν Stob.
a3 θρέψονται F Stob.   τρόποις AD Stob.: τρόποισι F   a4 οἵοις
ADF: οὓς Stob.   a8 ἂν AD: γ᾽ ἂν F   b1 εὖ εἰρηκέναι AD:
εὑρηκέναι F

Εἶεν· ταῦτα μὲν δὴ ὡμολόγηται, ὦ Γλαύκων, τῇ μελλούσῃ a
ἄκρως οἰκεῖν πόλει κοινὰς μὲν γυναῖκας, κοινοὺς δὲ παῖδας
εἶναι, καὶ πᾶσαν παιδείαν, ὡσαύτως δὲ τὰ ἐπιτηδεύματα
κοινὰ ἐν πολέμῳ τε καὶ εἰρήνῃ, βασιλέας δὲ αὐτῶν εἶναι
τοὺς ἐν φιλοσοφίᾳ τε καὶ πρὸς τὸν πόλεμον γεγονότας 5
ἀρίστους.
Ὡμολόγηται, ἔφη.
Καὶ μὴν καὶ τάδε συνεχωρήσαμεν, ὡς, ὅταν δὴ καταστῶ- b
σιν οἱ ἄρχοντες, ἄγοντες τοὺς στρατιώτας κατοικιοῦσιν εἰς
οἰκήσεις οἵας προείπομεν, ἴδιον μὲν οὐδὲν οὐδενὶ ἐχούσας,
κοινὰς δὲ πᾶσι· πρὸς δὲ ταῖς τοιαύταις οἰκήσεσι, καὶ τὰς
κτήσεις, εἰ μνημονεύεις, διωμολογησάμεθά που οἷαι ἔσονται 5
αὐτοῖς.
Ἀλλὰ μνημονεύω, ἔφη, ὅτι γε οὐδὲν οὐδένα ᾠόμεθα δεῖν
κεκτῆσθαι ὧν νῦν οἱ ἄλλοι, ὥσπερ δὲ ἀθλητάς τε πολέμου καὶ
φύλακας, μισθὸν τῆς φυλακῆς δεχομένους εἰς ἐνιαυτὸν τὴν εἰς c
ταῦτα τροφὴν παρὰ τῶν ἄλλων, αὐτῶν τε δεῖν καὶ τῆς ἄλλης
πόλεως ἐπιμελεῖσθαι.
Ὀρθῶς, ἔφην, λέγεις. ἀλλ᾽ ἄγ᾽, ἐπειδὴ τοῦτ᾽ ἀπετελέσαμεν,
ἀναμνησθῶμεν πόθεν δεῦρο ἐξετραπόμεθα, ἵνα πάλιν τὴν 5
αὐτὴν ἴωμεν.
Οὐ χαλεπόν, ἔφη. σχεδὸν γάρ, καθάπερ νῦν, ὡς διεληλυθὼς
περὶ τῆς πόλεως τοὺς λόγους ἐποιοῦ, λέγων ὡς ἀγαθὴν μὲν
τὴν τοιαύτην, οἵαν τότε διῆλθες, τιθείης πόλιν, καὶ ἄνδρα τὸν
ἐκείνῃ ὅμοιον, καὶ ταῦτα, ὡς ἔοικας, καλλίω ἔτι ἔχων εἰπεῖν d
πόλιν τε καὶ ἄνδρα. ἀλλ᾽ οὖν δὴ τὰς ἄλλας ἡμαρτημένας 544
ἔλεγες, εἰ αὕτη ὀρθή· τῶν δὲ λοιπῶν πολιτειῶν ἔφησθα, ὡς
μνημονεύω, τέτταρα εἴδη εἶναι, ὧν καὶ πέρι λόγον ἄξιον εἴη

543a4 εἰρήνηι AD Stob.(MS): ἐν εἰρήνη F Stob.(A)   b8 ὧν AF: ὡς
D   c4 ἀλλ᾽ ἄγε D Thom.Mag.: ἀλλά γ᾽ AF   c7 διεληλυθὼς AF
Stob.: διελήλυθας D   d1 καὶ ταῦτα–544a1 ἄνδρα om. Stob.
297

ἔχειν, καὶ ἰδεῖν αὐτῶν τὰ ἁμαρτήματα καὶ τοὺς ἐκείναις αὖ
5 ὁμοίους, ἵνα πάντας αὐτοὺς ἰδόντες, καὶ ἀνομολογησάμενοι
τὸν ἄριστον καὶ τὸν κάκιστον ἄνδρα, ἐπισκεψαίμεθα εἰ ὁ
ἄριστος εὐδαιμονέστατος καὶ ὁ κάκιστος ἀθλιώτατος, ἢ
ἄλλως ἔχοι· καὶ ἐμοῦ ἐρομένου τίνας λέγοις τὰς τέτταρας
b πολιτείας, ἐν τούτῳ ὑπέλαβε Πολέμαρχός τε καὶ Ἀδείμαν-
τος, καὶ οὕτω δὴ σὺ ἀναλαβὼν τὸν λόγον δεῦρ' ἀφῖξαι.
   Ὀρθότατα, εἶπον, ἐμνημόνευσας.
   Πάλιν τοίνυν, ὥσπερ παλαιστής, τὴν αὐτὴν λαβὴν πάρεχε,
5 καὶ τὸ αὐτὸ ἐμοῦ ἐρομένου πειρῶ εἰπεῖν ἅπερ τότε ἔμελλες
λέγειν.
   Ἐάνπερ, ἦν δ' ἐγώ, δύνωμαι.
   Καὶ μήν, ἦ δ' ὅς, ἐπιθυμῶ καὶ αὐτὸς ἀκοῦσαι τίνας ἔλεγες
τὰς τέτταρας πολιτείας.
c   Οὐ χαλεπῶς, ἦν δ' ἐγώ, ἀκούσῃ. εἰσὶ γὰρ ἃς λέγω, αἵπερ
καὶ ὀνόματα ἔχουσιν, ἥ τε ὑπὸ τῶν πολλῶν ἐπαινουμένη, ἡ
Κρητική τε καὶ Λακωνικὴ αὕτη· καὶ δευτέρα καὶ δευτέρως
ἐπαινουμένη, καλουμένη δ' ὀλιγαρχία, συχνῶν γέμουσα
5 κακῶν πολιτεία· ἥ τε ταύτῃ διάφορος καὶ ἐφεξῆς γιγνομένη
δημοκρατία, καὶ ἡ γενναία δὴ τυραννὶς καὶ πασῶν τούτων
†διαφεύγουσα, τέταρτόν τε καὶ ἔσχατον πόλεως νόσημα. ἢ
τινα ἄλλην ἔχεις ἰδέαν πολιτείας, ἥτις καὶ ἐν εἴδει διαφανεῖ
d τινι κεῖται; δυναστεῖαι γὰρ καὶ ὠνηταὶ βασιλεῖαι καὶ τοιαῦταί
τινες πολιτεῖαι μεταξύ τι τούτων πού εἰσιν, εὕροι δ' ἄν τις
αὐτὰς οὐκ ἐλάττους περὶ τοὺς βαρβάρους ἢ τοὺς Ἕλληνας.
   Πολλαὶ γοῦν καὶ ἄτοποι, ἔφη, λέγονται.
5   Οἶσθ' οὖν, ἦν δ' ἐγώ, ὅτι καὶ ἀνθρώπων εἴδη τοσαῦτα
ἀνάγκη τρόπων εἶναι, ὅσαπερ καὶ πολιτειῶν; ἢ οἴει ἐκ

544a4–5 αὖ ὁμοίους A: ἀνομοίους DF   a5 ἀνομολογησάμενοι F:
ὁμολογησάμενοι AD   b2 σὺ ἀναλαβὼν AF: σὺν ἀναλαβὼν D:
ἀναλαμβάνων Niceph.Greg.   b8 ἐπιθυμῶ AD: ἐπιθυμῶ γε F Stob.
ἔλεγες ADF: λέγεις Stob.   c3 δευτέρα καὶ ADF Stob.: δευτέρα ἢ K. F.
Hermann   c6 πασῶν DF Stob.: ἡ πασῶν A   c7 διαφεύγουσα
ADF: διαφέρουσα Stob., nimirum vetus coniectura   c8 ἥτις AF
Stob.: εἴ τις D   d2 τι AF Stob.: om. D   d5 ὅτι καὶ AD Stob.:
καὶ ὅτι F   d6 τρόπων Apc F Schol.: τρόπον prA D Stob.   d6 ἐκ–
d7 πέτρας Od. τ 163

δ ρ υ ό ς ποθεν ἢ ἐκ πέτρας τὰς πολιτείας γίγνεσθαι, ἀλλ᾽
οὐχὶ ἐκ τῶν ἠθῶν τῶν ἐν ταῖς πόλεσιν ἃ ἂν ὥσπερ ῥέψαντα   e
τἆλλα ἐφελκύσηται;
Οὐδαμῶς ἔγωγ᾽, ἔφη, ἄλλοθεν ἢ ἐντεῦθεν.
Οὐκοῦν εἰ τὰ τῶν πόλεων πέντε, καὶ αἱ τῶν ἰδιωτῶν
κατασκευαὶ τῆς ψυχῆς πέντε ἂν εἶεν;   5
Τί μήν;
Τὸν μὲν δὴ τῇ ἀριστοκρατίᾳ ὅμοιον διεληλύθαμεν ἤδη, ὃν
ἀγαθόν τε καὶ δίκαιον ὀρθῶς φαμεν εἶναι.
Διεληλύθαμεν.   545

Ἆρ᾽ οὖν τὸ μετὰ τοῦτο διιτέον τοὺς χείρους, τὸν φιλόνικόν
τε καὶ φιλότιμον, κατὰ τὴν Λακωνικὴν ἑστῶτα πολιτείαν,
καὶ ὀλιγαρχικὸν αὖ καὶ δημοκρατικὸν καὶ τὸν τυραννικόν, ἵνα
τὸν ἀδικώτατον ἰδόντες ἀντιθῶμεν τῷ δικαιοτάτῳ καὶ ἡμῖν   5
τελέα ἡ σκέψις ᾖ, πῶς ποτε ἡ ἄκρατος δικαιοσύνη πρὸς
ἀδικίαν τὴν ἄκρατον ἔχει εὐδαιμονίας τε πέρι τοῦ ἔχοντος καὶ
ἀθλιότητος, ἵνα ἢ Θρασυμάχῳ πειθόμενοι διώκωμεν ἀδικίαν   b
ἢ τῷ νῦν προφαινομένῳ λόγῳ δικαιοσύνην;
Παντάπασι μὲν οὖν, ἔφη, οὕτω ποιητέον.

Ἆρ᾽ οὖν, ὥσπερ ἠρξάμεθα ἐν ταῖς πολιτείαις πρότερον
σκοπεῖν τὰ ἤθη ἢ ἐν τοῖς ἰδιώταις, ὡς ἐναργέστερον ὄν, καὶ   5
νῦν οὕτω πρῶτον μὲν τὴν φιλότιμον σκεπτέον πολιτείαν;
ὄνομα γὰρ οὐκ ἔχω λεγόμενον ἄλλο ἢ τιμοκρατίαν, ἢ
τιμαρχίαν αὐτὴν κλητέον· πρὸς δὲ ταύτην τὸν τοιοῦτον
ἄνδρα σκεψόμεθα, ἔπειτα ὀλιγαρχίαν καὶ ἄνδρα ὀλιγαρχικόν,
αὖθις δὲ εἰς δημοκρατίαν ἀποβλέψαντες θεασόμεθα ἄνδρα   c
δημοκρατικόν, τὸ δὲ τέταρτον εἰς τυραννουμένην πόλιν
ἐλθόντες καὶ ἰδόντες, πάλιν εἰς τυραννικὴν ψυχὴν βλέποντες,
πειρασόμεθα περὶ ὧν προυθέμεθα ἱκανοὶ κριταὶ γενέσθαι.

---

e1 τῶν ἐν Apc^{sl} DF Stob.: om. prA   e3 οὐδαμῶς ADF Stob.:
οὐδαμόθεν R. B. Hirschig   e8 φαμέν AD: ἔφαμεν F   545a4 τόν
AD: om. F   a6 ἄκρατος AF: ἀκρατῶς D   b8 ταύτην prA DF:
ταύτηι Apc   b9 σκεψώμεθα F   c1 θεασόμεθα Π8 A: θεασώμεθα
DF   c2 δημοκρατικόν ADF: δημοτικὸν Π8   c4 πειρασόμεθα
Π8 AD: πειρασώμεθα F

5   Κατὰ λόγον γέ τοι ἄν, ἔφη, οὕτω γίγνοιτο ἥ τε θέα καὶ ἡ
κρίσις.

Φέρε τοίνυν, ἦν δ᾽ ἐγώ, πειρώμεθα λέγειν τίνα τρόπον
τιμοκρατία γένοιτ᾽ ἂν ἐξ ἀριστοκρατίας. ἢ τόδε μὲν ἁπλοῦν,
d   ὅτι πᾶσα πολιτεία μεταβάλλει ἐξ αὐτοῦ τοῦ ἔχοντος τὰς
ἀρχάς, ὅταν ἐν αὐτῷ τούτῳ στάσις ἐγγένηται· ὁμονοοῦντος
δέ, κἂν πάνυ ὀλίγον ᾖ, ἀδύνατον κινηθῆναι;
"Εστι γὰρ οὕτω.

5   Πῶς οὖν δή, εἶπον, ὦ Γλαύκων, ἡ πόλις ἡμῖν κινηθήσεται,
καὶ πῇ στασιάσουσιν οἱ ἐπίκουροι καὶ οἱ ἄρχοντες πρὸς
ἀλλήλους τε καὶ πρὸς ἑαυτούς; ἢ βούλει, ὥσπερ Ὅμηρος,
εὐχώμεθα ταῖς Μούσαις εἰπεῖν ἡμῖν ὅπως δὴ πρῶτον
e   στάσις ἔμπεσε, καὶ φῶμεν αὐτὰς τραγικῶς ὡς πρὸς παῖδας
ἡμᾶς παιζούσας καὶ ἐρεσχηλούσας, ὡς δὴ σπουδῇ λεγούσας,
ὑψηλολογουμένας λέγειν;
Πῶς;

546   Ὧδέ πως. χαλεπὸν μὲν κινηθῆναι πόλιν οὕτω συστᾶσαν,
ἀλλ᾽ ἐπεὶ γενομένῳ παντὶ φθορά ἐστιν, οὐδ᾽ ἡ τοιαύτη
σύστασις τὸν ἅπαντα μενεῖ χρόνον, ἀλλὰ λυθήσεται. λύσις
δὲ ἥδε· οὐ μόνον φυτοῖς ἐγγείοις, ἀλλὰ καὶ ἐν ἐπιγείοις ζῴοις
5   φορὰ καὶ ἀφορία ψυχῆς τε καὶ σωμάτων γίγνονται, ὅταν
περιτροπαὶ ἑκάστοις κύκλων περιφορὰς συνάπτωσι, βραχυ-
βίοις μὲν βραχυπόρους, ἐναντίοις δὲ ἐναντίας. γένους δὲ
b   ὑμετέρου εὐγονίας τε καὶ ἀφορίας, καίπερ ὄντες σοφοί, οὓς
ἡγεμόνας πόλεως ἐπαιδεύσασθε, οὐδὲν μᾶλλον λογισμῷ μετ᾽
αἰσθήσεως τεύξονται, ἀλλὰ πάρεισιν αὐτοὺς καὶ γεννήσουσι
παῖδάς ποτε οὐ δέον. ἔστι δὲ θείῳ μὲν γεννητῷ περίοδος ἣν
5   ἀριθμὸς περιλαμβάνει τέλειος, ἀνθρωπείῳ δὲ ἐν ᾧ πρώτῳ
αὐξήσεις δυνάμεναί τε καὶ δυναστευόμεναι, τρεῖς ἀποστάσεις,
τέτταρας δὲ ὅρους λαβοῦσαι ὁμοιούντων τε καὶ ἀνομοιούντων

d6 καὶ οἱ Π8 AD: καὶ F   d8 ὅπως–ει ἔμπεσε Il. Π 113
ει θῶμεν Adam (Π8 deficit)   546a2 γενομένωι ADF Procl.
Philop. Olymp.: γιγνομένωι Simplic. (Π8 deficit)   a3 μενεῖ Π8 A
Procl. Simplic.(A): μένεῖ [sic] F: μὲν εἰ [sic] D: μένει Simplic.(DE)
a7 μὲν καὶ F   b1 ἀφορίας ADF Procl.: εὐφορίας H. Richards
b6 δυνάμεναί Π9(u.v.) AF: δυναμένας Π9im: δύν**** D

καὶ αὐξόντων καὶ φθινόντων, πάντα προσήγορα καὶ ῥητὰ c
πρὸς ἄλληλα ἀπέφηναν· ὧν ἐπίτριτος πυθμὴν πεμπάδι
συζυγεὶς δύο ἁρμονίας παρέχεται τρὶς αὐξηθείς, τὴν μὲν
ἴσην ἰσάκις, ἑκατὸν τοσαυτάκις, τὴν δὲ ἰσομήκη μὲν τῇ,
προμήκη δέ, ἑκατὸν μὲν ἀριθμῶν ἀπὸ διαμέτρων ῥητῶν 5
πεμπάδος, δεομένων ἑνὸς ἑκάστων, ἀρρήτων δὲ δυοῖν, ἑκατὸν
δὲ κύβων τριάδος. σύμπας δὲ οὗτος ἀριθμὸς γεωμετρικός,
τοιούτου κύριος, ἀμεινόνων τε καὶ χειρόνων γενέσεων, ἃς
ὅταν ἀγνοήσαντες ὑμῖν οἱ φύλακες συνοικίζωσιν νύμφας d
νυμφίοις παρὰ καιρόν, οὐκ εὐφυεῖς οὐδ' εὐτυχεῖς παῖδες
ἔσονται· ὧν καταστήσουσι μὲν τοὺς ἀρίστους οἱ πρότεροι,
ὅμως δὲ ὄντες ἀνάξιοι, εἰς τὰς τῶν πατέρων αὖ δυνάμεις
ἐλθόντες, ἡμῶν πρῶτον ἄρξονται ἀμελεῖν φύλακες ὄντες, παρ' 5
ἔλαττον τοῦ δέοντος ἡγησάμενοι τὰ μουσικῆς, δεύτερον δὲ τὰ
γυμναστικῆς, ὅθεν ἀμουσότεροι γενήσονται ὑμῖν οἱ νέοι. ἐκ δὲ
τούτων ἄρχοντες οὐ πάνυ φυλακικοὶ καταστήσονται πρὸς τὸ e
δοκιμάζειν τὰ Ἡσιόδου τε καὶ τὰ παρ' ὑμῖν γένη, χρυσοῦν τε 547
καὶ ἀργυροῦν καὶ χαλκοῦν καὶ σιδηροῦν· ὁμοῦ δὲ μιγέντος
σιδηροῦ ἀργυρῷ καὶ χαλκοῦ χρυσῷ ἀνομοιότης ἐγγενήσεται
καὶ ἀνωμαλία ἀνάρμοστος, ἃ γενόμενα, οὗ ἂν ἐγγένηται, ἀεὶ
τίκτει πόλεμον καὶ ἔχθραν. ταύτης τοι γενεᾶς χρὴ φάναι 5
εἶναι στάσιν, ὅπου ἂν γίγνηται ἀεί.

Καὶ ὀρθῶς γ', ἔφη, αὐτὰς ἀποκρίνεσθαι φήσομεν.

Καὶ γάρ, ἦν δ' ἐγώ, ἀνάγκη Μούσας γε οὔσας.

Τί οὖν, ἦ δ' ὅς, τὸ μετὰ τοῦτο λέγουσιν αἱ Μοῦσαι;   b

Στάσεως, ἦν δ' ἐγώ, γενομένης εἱλκέτην ἄρα ἑκατέρω τὼ
γένει, τὸ μὲν σιδηροῦν καὶ χαλκοῦν ἐπὶ χρηματισμὸν καὶ γῆς

c1 καὶ αὐξόντων καὶ ADF: αὐξόντων τε καὶ Procl.   ῥητὰ καὶ προσήγορα
Procl.   c4 ἑκατὸν Apc Procl.: ἕκαστον prA DF   c5 ἑκατὸν
Π9 Apc D: ἕκαστον prA F   c6 ἑκάστων Π9 ADF: εκαστου Π9pc
c7 τριάδος Π9sl ADF: om. Π9   ἀριθμὸς Π9pc ADF: ο αριθμος prΠ9
d3 καταστήσουσι F: καταστήσονται AD   d6–7 δεύτερον δὲ τὰ
γυμναστικῆς ADF: δ[—] δε τα γ[—]κης Π9: δεύτερά τε γυμναστικῆς
Madvig, fortasse δεύτερον δὲ τῶν γυμναστικῆς   d7 υ[μιν γε]νησονται
Π9   547a1 τὰ παρ' ADF: παρ' Π9(u.v.)   a5 γενεᾶς ADF Plot.:
γενεῆς Procl.   a6 ἀεί om. Procl.   a7 ἀποκρίνασθαι D   φήσωμεν A

κτῆσιν καὶ οἰκίας χρυσίου τε καὶ ἀργύρου, τὼ δ' αὖ, τὸ
5 χρυσοῦν τε καὶ ἀργυροῦν, ἅτε οὐ πενομένω ἀλλὰ φύσει ὄντε
πλουσίω τὰς ψυχάς, ἐπὶ τὴν ἀρετὴν καὶ τὴν ἀρχαίαν
κατάστασιν ἡγέτην· βιαζομένων δὲ καὶ ἀντιτεινόντων ἀλλή-
λοις, εἰς μέσον ὡμολόγησαν γῆν μὲν καὶ οἰκίας κατανειμα-
c μένους ἰδιώσασθαι, τοὺς δὲ πρὶν φυλαττομένους ὑπ' αὐτῶν ὡς
ἐλευθέρους φίλους τε καὶ τροφέας, δουλωσάμενοι τότε
περιοίκους τε καὶ οἰκέτας ἔχοντες, αὐτοὶ πολέμου τε καὶ
φυλακῆς αὐτῶν ἐπιμελεῖσθαι.

5 Δοκεῖ μοι, ἔφη, αὕτη ἡ μετάβασις ἐντεῦθεν γίγνεσθαι.

Οὐκοῦν, ἦν δ' ἐγώ, ἐν μέσῳ τις ἂν εἴη ἀριστοκρατίας τε καὶ
ὀλιγαρχίας αὕτη ἡ πολιτεία;
Πάνυ μὲν οὖν.

Μεταβήσεται μὲν δὴ οὕτω· μεταβᾶσα δὲ πῶς οἰκήσει; ἢ
d φανερὸν ὅτι τὰ μὲν μιμήσεται τὴν προτέραν πολιτείαν, τὰ δὲ
τὴν ὀλιγαρχίαν, ἅτ' ἐν μέσῳ οὖσα, τὸ δέ τι καὶ αὐτῆς ἕξει
ἴδιον;
Οὕτως, ἔφη.

5 Οὐκοῦν τῷ μὲν τιμᾶν τοὺς ἄρχοντας καὶ γεωργιῶν
ἀπέχεσθαι τὸ προπολεμοῦν αὐτῆς καὶ χειροτεχνιῶν καὶ τοῦ
ἄλλου χρηματισμοῦ, συσσίτια δὲ κατεσκευάσθαι καὶ γυμνα-
στικῆς τε καὶ τῆς τοῦ πολέμου ἀγωνίας ἐπιμελεῖσθαι, πᾶσι
τοῖς τοιούτοις τὴν προτέραν μιμήσεται;
10 Ναί.

e Τῷ δέ γε φοβεῖσθαι τοὺς σοφοὺς ἐπὶ τὰς ἀρχὰς ἄγειν, ἅτε
οὐκέτι κεκτημένην ἁπλοῦς τε καὶ ἀτενεῖς τοὺς τοιούτους
ἄνδρας ἀλλὰ μεικτούς, ἐπὶ δὲ θυμοειδεῖς τε καὶ ἁπλουστέρους

b4 χρυσίου prA DF: χρυσοῦ Apc[sl]   ἀργυρίου Scor.y.1.13   τὼ δ' αὖ, τὸ
Schneider: τὸ δ' αὖ Fpc: τὸ δ' αὐτὸ AD prF   b5 ἀργυροῦν
H. Stephanus: ἀργύρεον A: ἀργύριον D: ἀργύρεων [sic] F: ἀργυροῦν ὂν Asl
b6 ἀρετὴν Π9sl ADF: αρχην Π9   b7 κατάστασιν Π9sl ADF:
αποστασιν Π9   b8 κατανειμαμένους Π9 ADF: κατανειμάμενοι Madvig
c3 αὐτοὶ ADF: αὐτοὺς Astius   πολέμου Apc D: πολέμους prA F
c9 μεταβήσεται Π9 A: μεταθήσεται F: μεταβηθήσεται [sic] D   d5 τῶι
Π9 A: τὸ DF   e1 τῶι Apc Dpc F: τὸ prA prD   e2 κεκτημένη H.
Stephanus   e3 θυμοειδεῖς A: τοὺς θυμοειδεῖς DF   ἁπλουστέρους ADF:
ἀμουσοτέρους Apelt, alii alia

ἀποκλίνειν, τοὺς πρὸς πόλεμον μᾶλλον πεφυκότας ἢ πρὸς
εἰρήνην, καὶ τοὺς περὶ ταῦτα δόλους τε καὶ μηχανὰς ἐντίμως 548
ἔχειν, καὶ πολεμοῦσα τὸν ἀεὶ χρόνον διάγειν, αὐτὴ ἑαυτῆς αὖ
τὰ πολλὰ τῶν τοιούτων ἴδια ἕξει;
   Ναί.
   Ἐπιθυμηταὶ δέ γε, ἦν δ' ἐγώ, χρημάτων οἱ τοιοῦτοι 5
ἔσονται, ὥσπερ οἱ ἐν ταῖς ὀλιγαρχίαις, καὶ τιμῶντες ἀγρίως
ὑπὸ σκότου χρυσόν τε καὶ ἄργυρον, ἅτε κεκτημένοι ταμιεῖα
καὶ οἰκείους θησαυρούς, οἷ θέμενοι ἂν αὐτὰ κρύψειαν, καὶ αὖ
περιβόλους οἰκήσεων, ἀτεχνῶς νεοττιὰς ἰδίας, ἐν αἷς ἀναλί-
σκοντες γυναιξί τε καὶ οἷς ἐθέλοιεν ἄλλοις πολλὰ ἂν b
δαπανῶντο.
   Ἀληθέστατα, ἔφη.
   Οὐκοῦν καὶ φειδωλοὶ χρημάτων, ἅτε τιμῶντες καὶ οὐ
φανερῶς κτώμενοι, φιλαναλωταὶ δὲ ἀλλοτρίων δι' ἐπιθυμίαν, 5
καὶ λάθρα τὰς ἡδονὰς καρπούμενοι, ὥσπερ παῖδες πατέρα τὸν
νόμον ἀποδιδράσκοντες, οὐχ ὑπὸ πειθοῦς ἀλλ' ὑπὸ βίας
πεπαιδευμένοι διὰ τὸ τῆς ἀληθινῆς Μούσης τῆς μετὰ λόγων
τε καὶ φιλοσοφίας ἠμεληκέναι καὶ πρεσβυτέρως γυμναστικὴν c
μουσικῆς τετιμηκέναι.
   Παντάπασιν, ἔφη, λέγεις μεμειγμένην πολιτείαν ἐκ κακοῦ
τε καὶ ἀγαθοῦ.
   Μέμεικται γάρ, ἦν δ' ἐγώ· διαφανέστατον δ' ἐν αὐτῇ ἐστιν 5
ἕν τι μόνον ὑπὸ τοῦ θυμοειδοῦς κρατοῦντος, φιλονικίαι καὶ
φιλοτιμίαι.
   Σφόδρα γε, ἦ δ' ὅς.
   Οὐκοῦν, ἦν δ' ἐγώ, αὕτη μὲν ἡ πολιτεία οὕτω γεγονυῖα καὶ
τοιαύτη ἄν τις εἴη, ὡς λόγῳ σχῆμα πολιτείας ὑπογράψαντα 10
μὴ ἀκριβῶς ἀπεργάσασθαι, διὰ τὸ ἐξαρκεῖν μὲν ἰδεῖν καὶ ἐκ d
τῆς ὑπογραφῆς τόν τε δικαιότατον καὶ τὸν ἀδικώτατον,
ἀμήχανον δὲ μήκει ἔργον εἶναι πάσας μὲν πολιτείας, πάντα
δὲ ἤθη μηδὲν παραλιπόντα διελθεῖν.

548a2 ἔχειν ADF: ἄγειν van Herwerden   a3 ἴδια Apc: ἰδίαι prA
DF   b4 οὐ eras. Apc   c6–7 φιλονεικίαι καὶ φιλοτιμίαι AD:
φιλονεικία καὶ φιλοτιμία F

5 Καὶ ὀρθῶς, ἔφη.

Τίς οὖν ὁ κατὰ ταύτην τὴν πολιτείαν ἀνήρ; πῶς τε
γενόμενος ποῖός τέ τις ὤν;

Οἶμαι μέν, ἔφη ὁ Ἀδείμαντος, ἐγγύς τι αὐτὸν Γλαύκωνος
τουτουὶ τείνειν, ἕνεκά γε φιλονικίας.

e Ἴσως, ἦν δ᾽ ἐγώ, τοῦτό γε· ἀλλά μοι δοκεῖ τάδε οὐ κατὰ
τοῦτον πεφυκέναι.

Τὰ ποῖα;

Αὐθαδέστερόν τε δεῖ αὐτόν, ἦν δ᾽ ἐγώ, εἶναι καὶ ὑποαμου-
5 σότερον, φιλόμουσον δέ, καὶ φιλήκοον μέν, ῥητορικὸν δ᾽
549 οὐδαμῶς. καὶ δούλοις μὲν ἄν τις ἄγριος εἴη ὁ τοιοῦτος, οὐ
καταφρονῶν δούλων, ὥσπερ ὁ ἱκανῶς πεπαιδευμένος,
ἐλευθέροις δὲ ἥμερος, ἀρχόντων δὲ σφόδρα ὑπήκοος, φίλαρ-
χος δὲ καὶ φιλότιμος, οὐκ ἀπὸ τοῦ λέγειν ἀξιῶν ἄρχειν οὐδ᾽
5 ἀπὸ τοιούτου οὐδενός, ἀλλ᾽ ἀπὸ ἔργων τῶν τε πολεμικῶν καὶ
τῶν περὶ τὰ πολεμικά, φιλογυμναστής τέ τις ὢν καὶ φιλό-
θηρος.

Ἔστι γάρ, ἔφη, τοῦτο τὸ ἦθος ἐκείνης τῆς πολιτείας.

Οὐκοῦν καὶ χρημάτων, ἦν δ᾽ ἐγώ, ὁ τοιοῦτος νέος μὲν ὢν
b καταφρονοῖ ἄν, ὅσῳ δὲ πρεσβύτερος γίγνοιτο, μᾶλλον ἀεὶ
ἀσπάζοιτο ἂν τῷ τε μετέχειν τῆς τοῦ φιλοχρημάτου φύσεως
καὶ μὴ εἶναι εἰλικρινὴς πρὸς ἀρετὴν διὰ τὸ ἀπολειφθῆναι τοῦ
ἀρίστου φύλακος;

5 Τίνος; ἦ δ᾽ ὃς ὁ Ἀδείμαντος.

Λόγου, ἦν δ᾽ ἐγώ, μουσικῇ κεκραμένου, ὃς μόνος ἐγγε-
νόμενος σωτὴρ ἀρετῆς διὰ βίου ἐνοικεῖ τῷ ἔχοντι.

Καλῶς, ἔφη, λέγεις.

Καὶ ἔστι μέν γ᾽, ἦν δ᾽ ἐγώ, τοιοῦτος ὁ τιμοκρατικὸς
10 νεανίας, τῇ τοιαύτῃ πόλει ἐοικώς.

Πάνυ μὲν οὖν.

c Γίγνεται δέ γ᾽, εἶπον, οὗτος ὧδέ πως· ἐνίοτε πατρὸς

d6 κατὰ ταύτην AD: κατ᾽ αὐτὴν F   549a1 μὲν ἄν τις scripsi: μέν
τισιν prA D: μέν τις Apc: μάντις ἂν F: μέν τις ἂν Laur.85.7pc   a5 ἀλλ᾽
ἀπὸ ἔργων A: ἀλλὰ πρὸ ἔργων DF   πολιτικῶν Bessarion   b6 ἐγγιγνό-
μενος Themist.(u.v.)

ἀγαθοῦ ὢν νέος υἱὸς ἐν πόλει οἰκοῦντος οὐκ εὖ πολιτευομένῃ,
φεύγοντος τάς τε τιμὰς καὶ ἀρχὰς καὶ δίκας καὶ τὴν τοιαύτην
πᾶσαν φιλοπραγμοσύνην καὶ ἐθέλοντος ἐλαττοῦσθαι ὥστε
πράγματα μὴ ἔχειν—　　　　　　　　　　　　　　　　5
　Πῇ δή, ἔφη, γίγνεται;
　Ὅταν, ἦν δ᾽ ἐγώ, πρῶτον μὲν τῆς μητρὸς ἀκούῃ ἀχθομένης
ὅτι οὐ τῶν ἀρχόντων αὐτῇ ὁ ἀνήρ ἐστιν, καὶ ἐλαττουμένης διὰ
ταῦτα ἐν ταῖς ἄλλαις γυναιξίν, ἔπειτα ὁρώσης μὴ σφόδρα περὶ　d
χρήματα σπουδάζοντα μηδὲ μαχόμενον καὶ λοιδορούμενον
ἰδίᾳ τε ἐν δικαστηρίοις καὶ δημοσίᾳ, ἀλλὰ ῥᾳθύμως πάντα τὰ
τοιαῦτα φέροντα, καὶ ἑαυτῷ μὲν τὸν νοῦν προσέχοντα ἀεὶ
αἰσθάνηται, ἑαυτὴν δὲ μήτε πάνυ τιμῶντα μήτε ἀτιμάζοντα,　5
ἐξ ἁπάντων τούτων ἀχθομένης τε καὶ λεγούσης ὡς ἄνανδρός
τε αὐτῷ ὁ πατὴρ καὶ λίαν ἀνειμένος, καὶ ἄλλα δὴ ὅσα καὶ οἷα
φιλοῦσιν αἱ γυναῖκες περὶ τῶν τοιούτων ὑμνεῖν.
　Καὶ μάλ᾽, ἔφη ὁ Ἀδείμαντος, πολλά τε καὶ ὅμοια ἑαυταῖς.　e
　Οἶσθα οὖν, ἦν δ᾽ ἐγώ, ὅτι καὶ οἱ οἰκέται τῶν τοιούτων
ἐνίοτε λάθρᾳ πρὸς τοὺς υἱεῖς τοιαῦτα λέγουσιν, οἱ δοκοῦντες
εὖνοι εἶναι, καὶ ἐάν τινα ἴδωσιν ἢ ὀφείλοντα χρήματα, ᾧ μὴ
ἐπεξέρχεται ὁ πατήρ, ἤ τι ἄλλο ἀδικοῦντα, διακελεύονται　5
ὅπως, ἐπειδὰν ἀνὴρ γένηται, τιμωρήσεται πάντας τοὺς
τοιούτους καὶ ἀνὴρ μᾶλλον ἔσται τοῦ πατρός, κἂν ἐξιὼν　550
ἕτερα τοιαῦτα ἀκούῃ καὶ ὁρᾷ, τοὺς μὲν τὰ αὑτῶν πράττοντας
ἐν τῇ πόλει ἠλιθίους τε καλουμένους καὶ ἐν σμικρῷ λόγῳ
ὄντας, τοὺς δὲ μὴ τὰ αὑτῶν τιμωμένους τε καὶ ἐπαινουμέ-
νους, τότε δὴ ὁ νέος πάντα τὰ τοιαῦτα ἀκούων τε καὶ ὁρῶν,　5
καὶ αὖ τοὺς τοῦ πατρὸς λόγους ἀκούων τε καὶ ὁρῶν τὰ
ἐπιτηδεύματα αὐτοῦ ἐγγύθεν παρὰ τὰ τῶν ἄλλων, ἑλκόμενος
ὑπ᾽ ἀμφοτέρων τούτων, τοῦ μὲν πατρὸς αὐτοῦ τὸ λογιστικὸν　b

c3 τάς AD Fpc: om. prF　　　d3 ἐν δικαστηρίοις secl. Vermehren
d4 καὶ ADF: κἂν H. Richards　　　d5 αἰσθάνηται post d6 τε transpos.
Adam　　　e5 διακελεύονται AD Fsl: διακελεύεται F Averroes
550a1 κἂν scripsi: καὶ ADF　　　a2 ἀκούηι AD: ἀκούει F
a6 αὖ τοὺς F: αὐτοὺς prA D: αὐτοὺς τοὺς Apc^sl　　　a7 τὰ om. F
b1 λογιστικὸν AD: λογιζὸν [sic] F(u.v.), ex v.l. λογιζόμενον fortasse
contaminatum

ἐν τῇ ψυχῇ ἄρδοντός τε καὶ αὔξοντος, τῶν δὲ ἄλλων τό τε
ἐπιθυμητικὸν καὶ τὸ θυμοειδές, διὰ τὸ μὴ κακοῦ ἀνδρὸς εἶναι
τὴν φύσιν, ὁμιλίαις δὲ ταῖς τῶν ἄλλων κακαῖς κεχρῆσθαι, εἰς
5 τὸ μέσον ἑλκόμενος ὑπ' ἀμφοτέρων τούτων ἦλθε, καὶ τὴν ἐν
ἑαυτῷ ἀρχὴν παρέδωκε τῷ μέσῳ τε καὶ φιλονίκῳ καὶ
θυμοειδεῖ, καὶ ἐγένετο ὑψηλόφρων τε καὶ φιλότιμος ἀνήρ.

Κομιδῇ μοι, ἔφη, δοκεῖς τὴν τούτου γένεσιν διεληλυθέναι.

c   Ἔχομεν ἄρα, ἦν δ' ἐγώ, τήν τε δευτέραν πολιτείαν καὶ τὸν
δεύτερον ἄνδρα.

Ἔχομεν, ἔφη.

Οὐκοῦν μετὰ τοῦτο, τὸ τοῦ Αἰσχύλου, λέγωμεν, ἄλλον
5 ἄλλῃ πρὸς πόλει τεταγμένον, μᾶλλον δὲ κατὰ τὴν
ὑπόθεσιν προτέραν τὴν πόλιν;

Πάνυ μὲν οὖν, ἔφη.

Εἴη δέ γ' ἄν, ὡς ἐγᾦμαι, ὀλιγαρχία ἡ μετὰ τὴν τοιαύτην
πολιτεία[ν].

10 Λέγεις δέ, ἦ δ' ὅς, τὴν ποίαν κατάστασιν ὀλιγαρχίαν;

Τὴν ἀπὸ τιμημάτων, ἦν δ' ἐγώ, πολιτείαν, ἐν ᾗ οἱ μὲν
πλούσιοι ἄρχουσιν, πένητι δὲ οὐ μέτεστιν ἀρχῆς.

d   Μανθάνω, ἦ δ' ὅς.

Οὐκοῦν ὡς μεταβαίνει πρῶτον ἐκ τῆς τιμαρχίας εἰς τὴν
ὀλιγαρχίαν, ῥητέον;

Ναί.

5 Καὶ μήν, ἦν δ' ἐγώ, καὶ τυφλῷ γε δῆλον ὡς μεταβαίνει.

Πῶς;

Τὸ ταμιεῖον, ἦν δ' ἐγώ, ἐκεῖνο ἑκάστῳ χρυσίου πληρούμε-
νον ἀπόλλυσι τὴν τοιαύτην πολιτείαν. πρῶτον μὲν γὰρ
δαπάνας αὑτοῖς ἐξευρίσκουσιν, καὶ τοὺς νόμους ἐπὶ τοῦτο
10 παράγουσιν, ἀπειθοῦντες αὐτοί τε καὶ γυναῖκες αὐτῶν.

Εἰκός, ἔφη.

b3 καὶ τὸ AF: καὶ D   b8 διεληλυθέναι A: εἰσεληλυθέναι DF et
fortasse prA   c4 λέγομεν F   c4–5 cf. Sept. 451   c8 τοιαύτην
Apc^mg DF: om. prA   c9 πολιτεία scripsi: πολιτείαν ADF
d7 ἐκεῖνο ἦν δ' ἐγώ ἐκεῖνο F, ex v.l. ἐκεῖνο ἦν δ' ἐγώ contaminatum
d10 αὐτῶι A

Ἔπειτά γε, οἶμαι, ἄλλος ἄλλον ὁρῶν καὶ εἰς ζῆλον ἰὼν τὸ e
πλῆθος τοιοῦτον αὐτῶν ἀπηργάσαντο.

Εἰκός.

Τοὐντεῦθεν τοίνυν, εἶπον, προϊόντες εἰς τὸ πρόσθεν τοῦ
χρηματίζεσθαι, ὅσῳ ἂν τοῦτο τιμιώτερον ἡγῶνται, τοσούτῳ 5
ἀρετὴν ἀτιμοτέραν. ἢ οὐχ οὕτω πλούτου ἀρετὴ διέστηκεν,
ὥσπερ ἐν πλάστιγγι ζυγοῦ κειμένου ἑκατέρου, ἀεὶ τοὐναντίον
ῥέποντε;

Καὶ μάλ', ἔφη.

Τιμωμένου δὴ πλούτου ἐν πόλει καὶ τῶν πλουσίων ἀτι- 551
μοτέρα ἀρετή τε καὶ οἱ ἀγαθοί.

Δῆλον.

Ἀσκεῖται δὴ τὸ ἀεὶ τιμώμενον, ἀμελεῖται δὲ τὸ ἀτιμαζό-
μενον. 5

Οὕτω.

Ἀντὶ δὴ φιλονίκων καὶ φιλοτίμων ἀνδρῶν φιλοχρημα-
τισταὶ καὶ φιλοχρήματοι τελευτῶντες ἐγένοντο, καὶ τὸν μὲν
πλούσιον ἐπαινοῦσίν τε καὶ θαυμάζουσι καὶ εἰς τὰς ἀρχὰς
ἄγουσι, τὸν δὲ πένητα ἀτιμάζουσι. 10

Πάνυ γε.

Οὐκοῦν τότε δὴ νόμον τίθενται ὅρον πολιτείας ὀλιγαρχικῆς
ταξάμενοι πλῆθος χρημάτων, οὗ μὲν μᾶλλον ὀλιγαρχία, b
πλέον, οὗ δ' ἧττον, ἔλαττον, προειπόντες ἀρχῶν μὴ μετέχειν
ᾧ ἂν μὴ ᾖ οὐσία εἰς τὸ ταχθὲν τίμημα, ταῦτα δὲ ἢ βίᾳ μεθ'
ὅπλων διαπράττονται, ἢ καὶ πρὸ τούτου φοβήσαντες κατε-
στήσαντο τὴν τοιαύτην πολιτείαν. ἢ οὐχ οὕτως; 5

Οὕτω μὲν οὖν.

Ἡ μὲν δὴ κατάστασις ὡς ἔπος εἰπεῖν αὕτη.

Ναί, ἔφη· ἀλλὰ τίς δὴ ὁ τρόπος τῆς πολιτείας; καὶ ποῖά
ἐστιν ἃ ἔφαμεν αὐτὴν ἁμαρτήματα ἔχειν;

e7 κειμένου ἑκατέρου ADF, Stob. bis: κείμενον ἑκάτερον Madvig
e8 ῥέποντε ADF, Stob.IV 1: ῥέποντος Stob.IV 31   551a4 τὸ
ἀεὶ τιμώμενον ADF, Stob. bis, Liban.: ἀεὶ τὸ τιμώμενον Themist.
bis   a7 φιλοχρηματισταὶ ADF Schol. Stob.: χρηματισταὶ Aristot.
a12 ὅρον AD Stob.: ὀρθὸν F   ὀλιγαρχικῆς ADF Stob.: secl. Naber
b3 ᾖ om. Stob.

c Πρῶτον μέν, ἔφην, τοῦτο αὐτό, ὅρος αὐτῆς οἷός ἐστιν.
ἄθρει γάρ. εἰ νεῶν οὕτω τις ποιοῖτο κυβερνήτας, ἀπὸ
τιμημάτων, τῷ δὲ πένητι, εἰ καὶ κυβερνητικώτερος εἴη, μὴ
ἐπιτρέποι.

5 Πονηράν, ἦ δ᾽ ὅς, τὴν ναυτιλίαν αὐτοὺς ναυτίλλεσθαι.
Οὐκοῦν καὶ περὶ ἄλλου οὕτως ὁτουοῦν [ἤ τινος] ἀρχῆς;
Οἶμαι ἔγωγε.
Πλὴν πόλεως, ἦν δ᾽ ἐγώ, ἢ καὶ πόλεως πέρι;
Πολύ γ᾽, ἔφη, μάλιστα, ὅσῳ χαλεπωτάτη καὶ μεγίστη ἡ
10 ἀρχή.

d Ἕν μὲν δὴ τοῦτο τοσοῦτον ὀλιγαρχία ἂν ἔχοι ἁμάρτημα.
Φαίνεται.
Τί δέ; τόδε ἆρά τι τούτου ἔλαττον;
Τὸ ποῖον;
5 Τὸ μὴ μίαν ἀλλὰ δύο ἀνάγκη εἶναι τὴν τοιαύτην πόλιν, τὴν
μὲν πενήτων, τὴν δὲ πλουσίων, οἰκοῦντας ἐν τῷ αὐτῷ, ἀεὶ
ἐπιβουλεύοντας ἀλλήλοις.
Οὐδὲν μὰ Δί᾽, ἔφη, ἔλαττον.
Ἀλλὰ μὴν οὐδὲ τόδε καλόν, τὸ ἀδυνάτους εἶναι πόλεμόν
10 τινα πολεμεῖν, διὰ τὸ ἀναγκάζεσθαι ἢ χρωμένους τῷ πλήθει
ὡπλισμένῳ δεδιέναι μᾶλλον ἢ τοὺς πολεμίους, ἢ μὴ χρωμέ-
e νους ὡς ἀληθῶς ὀλιγαρχικοὺς φανῆναι ἐν αὐτῷ τῷ μάχεσθαι,
καὶ ἅμα χρήματα μὴ ἐθέλειν εἰσφέρειν, ἅτε φιλοχρημάτους.
Οὐ καλόν.
Τί δέ; ὃ πάλαι ἐλοιδορούμεν, τὸ πολυπραγμονεῖν γεωρ-
552 γοῦντας καὶ χρηματιζομένους καὶ πολεμοῦντας ἅμα τοὺς
αὐτοὺς ἐν τῇ τοιαύτῃ πολιτείᾳ, ἦ δοκεῖ ὀρθῶς ἔχειν;
Οὐδ᾽ ὁπωστιοῦν.

c5 ἦ δ᾽ ὅς ADF Stob.: εἰκὸς Astius: d5 ἀνάγκη post ναυτιλίαν transpos.
Adam, alii alia   c6 καὶ A Dpc F Stob.: om. prD   ἄλλου ADF Stob.:
ἄλλης Cobet   ἤ τινος ADF Stob.: non vert. Ficinus, secl. Stallbaum:
ἡστινοσοῦν Schleiermacher   d5 ἀνάγκηι Astius: ἀνάγκη ADF (potest
dativ. esse): ἀνάγκην Par.1642: non resp. Aristot., cf. ad c5   d9 τόδε
Apc DF: om. prA   πόλεμόν prA DF: ἴσως πόλεμόν Apc: omnino non
Averroes, ἀδυνάτους reddens   e4 ἐλοιδορούμεν AD Averroes:
λοιδορούμεν F

Ὅρα δή, τούτων πάντων τῶν κακῶν εἰ τόδε μέγιστον αὕτη
πρώτη παραδέχεται.   5

Τὸ ποῖον;

Τὸ ἐξεῖναι πάντα τὰ αὑτοῦ ἀποδόσθαι, καὶ ἄλλῳ κτήσα-
σθαι τὰ τούτου, καὶ ἀποδόμενον οἰκεῖν ἐν τῇ πόλει μηδὲν ὄντα
τῶν τῆς πόλεως μερῶν, μήτε χρηματιστὴν μήτε δημιουργὸν
μήτε ἱππέα μήτε ὁπλίτην, ἀλλὰ πένητα καὶ ἄπορον κεκλημέ- b
νον.

Πρώτη, ἔφη.

Οὔκουν διακωλύεταί γε ἐν ταῖς ὀλιγαρχουμέναις τὸ τοιοῦ-
τον· οὐ γὰρ ἂν οἱ μὲν ὑπέρπλουτοι ἦσαν, οἱ δὲ παντάπασι   5
πένητες.

Ὀρθῶς.

Τόδε δὲ ἄθρει· ἆρα ὅτε πλούσιος ὢν ἀνήλισκεν ὁ τοιοῦτος,
μᾶλλόν τι τότ᾽ ἦν ὄφελος τῇ πόλει εἰς ἃ νυνδὴ ἐλέγομεν; ἢ
ἐδόκει μὲν τῶν ἀρχόντων εἶναι, τῇ δὲ ἀληθείᾳ οὔτε ἄρχων 10
οὔτε ὑπηρέτης ἦν αὐτῆς, ἀλλὰ τῶν ἑτοίμων ἀναλωτής;

Οὕτως, ἔφη· ἐδόκει, ἦν δὲ οὐδὲν ἄλλο ἢ ἀναλωτής.   c

Βούλει οὖν, ἦν δ᾽ ἐγώ, φῶμεν αὐτόν, ὡς ἐν κηρίῳ κηφὴν
ἐγγίγνεται, σμήνους νόσημα, οὕτω καὶ τὸν τοιοῦτον ἐν οἰκίᾳ
κηφῆνα ἐγγίγνεσθαι, νόσημα πόλεως;

Πάνυ μὲν οὖν, ἔφη, ὦ Σώκρατες.   5

Οὐκοῦν, ὦ Ἀδείμαντε, τοὺς μὲν πτηνοὺς κηφῆνας πάντας
ἀκέντρους ὁ θεὸς πεποίηκεν, τοὺς δὲ πεζοὺς τούτους ἐνίους
μὲν αὐτῶν ἀκέντρους, ἐνίους δὲ δεινὰ κέντρα ἔχοντας; καὶ ἐκ
μὲν τῶν ἀκέντρων πτωχοὶ πρὸς τὸ γῆρας τελευτῶσιν, ἐκ δὲ d
τῶν κεκεντρωμένων πάντες ὅσοι κέκληνται κακοῦργοι;

Ἀληθέστατα, ἔφη.

Δῆλον ἄρα, ἦν δ᾽ ἐγώ, ἐν πόλει οὗ ἂν ἴδῃς πτωχούς, ὅτι εἰσί
που ἐν τούτῳ τῷ τόπῳ ἀποκεκρυμμένοι κλέπται τε καὶ   5
βαλλαντιοτόμοι καὶ ἱερόσυλοι καὶ πάντων τῶν τοιούτων
κακῶν δημιουργοί.

Δῆλον, ἔφη.

552c1 ἐδόκει A: om. DF   c2 ἐν AD: om. F

309

Τί οὖν; ἐν ταῖς ὀλιγαρχουμέναις πόλεσι πτωχοὺς οὐχ ὁρᾷς
10 ἐνόντας;
Ὀλίγου γ', ἔφη, πάντας τοὺς ἐκτὸς τῶν ἀρχόντων.

e   Μὴ οὖν οἰόμεθα, ἔφην ἐγώ, καὶ κακούργους πολλοὺς ἐν
αὐταῖς εἶναι κέντρα ἔχοντας, οὓς ἐπιμελείᾳ βίᾳ κατέχουσιν αἱ
ἀρχαί;
Οἰόμεθα μὲν οὖν, ἔφη.

5   Ἆρ' οὖν οὐ δι' ἀπαιδευσίαν καὶ κακὴν τροφὴν καὶ κατά-
στασιν τῆς πολιτείας φήσομεν τοὺς τοιούτους αὐτόθι ἐγγί-
γνεσθαι;
Φήσομεν.
Ἀλλ' οὖν δὴ τοιαύτη γέ τις ἂν εἴη ἡ ὀλιγαρχουμένη πόλις
10 καὶ τοσαῦτα κακὰ ἔχουσα, ἴσως δὲ καὶ πλείω.
Σχεδόν τι, ἔφη.

553 Ἀπειργάσθω δὴ ἡμῖν καὶ αὕτη, ἣν δ' ἐγώ, ἡ πολιτεία, ἣν
ὀλιγαρχίαν καλοῦσιν, ἐκ τιμημάτων ἔχουσαν τοὺς ἄρχοντας·
τὸν δὲ ταύτῃ ὅμοιον μετὰ ταῦτα σκοπῶμεν, ὥς τε γίγνεται
οἷός τε γενόμενός ἐστιν.

5   Πάνυ μὲν οὖν, ἔφη.
Ἆρ' οὖν ὧδε μάλιστα εἰς ὀλιγαρχικὸν ἐκ τοῦ τιμοκρατικοῦ
ἐκείνου μεταβάλλει;
Πῶς;
Ὅταν αὐτοῦ παῖς γενόμενος τὸ μὲν πρῶτον ζηλοῖ τε τὸν
10 πατέρα καὶ τὰ ἐκείνου ἴχνη διώκῃ, ἔπειτα αὐτὸν ἴδῃ ἐξαίφνης
b   πταίσαντα ὥσπερ πρὸς ἕρματι πρὸς τῇ πόλει, καὶ ἐκχέαντα
τά τε αὑτοῦ καὶ ἑαυτόν, ἢ στρατηγήσαντα ἤ τιν' ἄλλην
μεγάλην ἀρχὴν ἄρξαντα, εἶτα εἰς δικαστήριον ἐμπεσόντα
βλαπτόμενον ὑπὸ συκοφαντῶν, ἢ ἀποθανόντα ἢ ἐκπεσόντα
5   ἢ ἀτιμωθέντα καὶ τὴν οὐσίαν ἅπασαν ἀποβαλόντα.

e1 οἰόμεθα prA DF: οἰώμεθα Apc   e2 ἐπιμελείαι ADF: ἐπιμελείαι
καὶ vert. Ficinus: ἐπιεικεῖ Naber, vix ἐπιμελεῖ   e4 οἰόμεθα prA DF:
οἰώμεθα Apc   553a1 αὕτη A: αὐτῇ D: ταύτῃ F   a2 ἔχουσαν D:
ἔχουσα A (F deficit)   a3 γίγνεται Apc: γίγνηται prA DF   a6 εἰς
Apc D: ὡς F: om. prA   a10 μεταδιώκηι Themist.   b2 τιν'
Laur.CS42: τινα Laur.80.19 Caesen.D28.4: τὴν ADF   b4 βλαπτό-
μενον secl. Badham   b5 ἀτιμωθέντα AD: ἀτιμασθέντα F

Εἰκός γ᾽, ἔφη.

Ἰδὼν δέ γε, ὦ φίλε, ταῦτα καὶ παθὼν καὶ ἀπολέσας τὰ
ὄντα, δείσας, οἶμαι, εὐθὺς ἐπὶ κεφαλὴν ὠθεῖ ἐκ τοῦ θρόνου
τοῦ ἐν τῇ ἑαυτοῦ ψυχῇ φιλοτιμίαν τε καὶ τὸ θυμοειδὲς ἐκεῖνο, c
κἂν ταπεινωθεὶς ὑπὸ πενίας πρὸς χρηματισμὸν τραπόμενος
γλίσχρως καὶ κατὰ σμικρὸν φειδόμενος καὶ ἐργαζόμενος
χρήματα συλλέγηται, ἆρ᾽ οὐκ οἴει τὸν τοιοῦτον τότε εἰς μὲν
τὸν θρόνον ἐκεῖνον τὸ ἐπιθυμητικόν τε καὶ φιλοχρήματον 5
ἐγκαθίζειν καὶ μέγαν βασιλέα ποιεῖν ἐν ἑαυτῷ, τιάρας τε καὶ
στρεπτοὺς καὶ ἀκινάκας παραζωννύντα;
Ἔγωγ᾽, ἔφη.

Τὸ δέ γε, οἶμαι, λογιστικόν τε καὶ θυμοειδὲς χαμαὶ ἔνθεν d
καὶ ἔνθεν παρακαθίσας ὑπ᾽ ἐκείνῳ καὶ καταδουλωσάμενος, τὸ
μὲν οὐδὲν ἄλλο ἐᾷ λογίζεσθαι οὐδὲ σκοπεῖν ἀλλ᾽ ἢ ὁπόθεν ἐξ
ἐλαττόνων χρημάτων πλείω ἔσται, τὸ δὲ αὖ θαυμάζειν καὶ
τιμᾶν μηδὲν ἄλλο ἢ πλοῦτόν τε καὶ πλουσίους, καὶ φιλοτι- 5
μεῖσθαι μηδ᾽ ἐφ᾽ ἑνὶ ἄλλῳ ἢ ἐπὶ χρημάτων κτήσει καὶ ἐάν τι
ἄλλο εἰς τοῦτο φέρῃ.

Οὐκ ἔστ᾽ ἄλλη, ἔφη, μεταβολὴ οὕτω ταχεῖά τε καὶ ἰσχυρὰ
ἐκ φιλοτίμου νέου εἰς φιλοχρήματον.   e

Ἆρ᾽ οὖν οὗτος, ἦν δ᾽ ἐγώ, ὀλιγαρχικός ἐστιν;

Ἡ γοῦν μεταβολὴ αὐτοῦ ἐξ ὁμοίου ἀνδρός ἐστι τῇ
πολιτείᾳ, ἐξ ἧς ἡ ὀλιγαρχία μετέστη.

Σκοπῶμεν δὴ εἰ ὅμοιος ἂν εἴη.   5

Σκοπῶμεν.   554

Οὐκοῦν πρῶτον μὲν τῷ χρήματα περὶ πλείστου ποιεῖσθαι
ὅμοιος ἂν εἴη;

Πῶς δ᾽ οὔ;

Καὶ μὴν τῷ γε φειδωλὸς εἶναι καὶ ἐργάτης, τὰς ἀναγκαίους 5
ἐπιθυμίας μόνον τῶν παρ᾽ αὑτῷ ἀποπιμπλάς, τὰ δὲ ἄλλα

c2 κἂν scripsi: καὶ ADF   c4 ξυλλέγηται ADF: ξυλλέγεται
Scor.y.1.13   c5 τὸ Par.1810pc: τὸν ADF   c6 ποιεῖν AF: ποιεῖ D
d3 ὁπόθεν AD: πόθεν F   d6 τι om. F   554a2 τῶι AD: τὸ F
a5 τῶι AD: τὸ F   ἐργάτης A: ἐργάστης DF   τὰς AD: om. F   a6 τῶν
AF: τῶι D

ἀναλώματα μὴ παρεχόμενος, ἀλλὰ δουλούμενος τὰς ἄλλας
ἐπιθυμίας ὡς ματαίους.

Πάνυ μὲν οὖν.

10 Αὐχμηρός γέ τις, ἦν δ' ἐγώ, ὢν καὶ ἀπὸ παντὸς περιουσίαν
ποιούμενος, θησαυροποιὸς ἀνήρ, οὓς δὴ καὶ ἐπαινεῖ τὸ πλῆ-
b θος, ἢ οὐχ οὗτος ἂν εἴη ὁ τῇ τοιαύτῃ πολιτείᾳ ὅμοιος;

Ἐμοὶ γοῦν, ἔφη, δοκεῖ· χρήματα γοῦν μάλιστα ἔντιμα τῇ
τε πόλει καὶ παρὰ τῷ τοιούτῳ.

Οὐ γὰρ οἶμαι, ἦν δ' ἐγώ, παιδείᾳ ὁ τοιοῦτος προσέσχηκεν.

5 Οὐ δοκῶ, ἔφη· οὐ γὰρ ἂν τυφλὸν ἡγεμόνα τοῦ χοροῦ
ἐστήσατο καὶ ἐτί⟨μα⟩ μάλιστα.

Εὖ ⟨***⟩, ἦν δ' ἐγώ. τόδε δὲ σκόπει· κηφηνώδεις ἐπιθυμίας
ἐν αὐτῷ διὰ τὴν ἀπαιδευσίαν μὴ φῶμεν ἐγγίγνεσθαι, τὰς μὲν
c πτωχικάς, τὰς δὲ κακούργους, κατεχομένας βίᾳ ὑπὸ τῆς
ἄλλης ἐπιμελείας;

Καὶ μάλ', ἔφη.

Οἶσθα οὖν, εἶπον, οἷ ἀποβλέψας κατόψει αὐτῶν τὰς
5 κακουργίας;

Ποῖ; ἔφη.

Εἰς τὰς τῶν ὀρφανῶν ἐπιτροπεύσεις, καὶ εἴ πού τι αὐτοῖς
τοιοῦτον συμβαίνει, ὥστε πολλῆς ἐξουσίας λαβέσθαι τοῦ
ἀδικεῖν.

10 Ἀληθῆ.

Ἆρ' οὖν οὐ τούτῳ δῆλον ὅτι ἐν τοῖς ἄλλοις συμβολαίοις ὁ
τοιοῦτος, ἐν οἷς εὐδοκιμεῖ δοκῶν δίκαιος εἶναι, ἐπιεικεῖ τινι
d ἑαυτοῦ βίᾳ κατέχει ἄλλας κακὰς ἐπιθυμίας ἐνούσας, οὐ
πείθων ὅτι οὐκ ἄμεινον, οὐδ' ἡμερῶν λόγῳ, ἀλλ' ἀνάγκῃ καὶ
φόβῳ, περὶ τῆς ἄλλης οὐσίας τρέμων;

Καὶ πάνυ γ', ἔφη.

5 Καὶ νὴ Δία, ἦν δ' ἐγώ, ὦ φίλε, τοῖς πολλοῖς γε αὐτῶν

a7 παρεχόμενος AD: παραδεχόμενος F   a10 γέ AD: τέ F   b1 ἢ
[sic] οὐχ Apc[sl] DF: ηχ [sic] prA   οὗτος Apc F: οὕτως prA D   ομοιως
prA(u.v.)   b5 χοροῦ A: χρόνου DF   b6–7 ἐστήσατο καὶ ἐτί⟨μα⟩
μάλιστα. Εὖ Schneider: post Εὖ lacunam statui, vocibus ⟨γε⟩ vel ⟨λέγεις⟩
vel simil. supplendam: ἐστήσατο: καὶ ἔτι μάλιστα εὖ ADF: pro voce Εὖ
propos. Εἶεν H. Richards   c11 τούτωι AD: τοῦτο F

εὑρήσεις, ὅταν δέῃ τἀλλότρια ἀναλίσκειν, τὰς τοῦ κηφῆνος συγγενεῖς ἐνούσας ἐπιθυμίας.

Καὶ μάλα, ἦ δ' ὅς, σφόδρα.

Οὐκ ἄρ' ἂν εἴη ἀστασίαστος ὁ τοιοῦτος ἐν ἑαυτῷ, οὐδὲ εἷς ἀλλὰ διπλοῦς τις, ἐπιθυμίας δὲ ἐπιθυμιῶν ὡς τὸ πολὺ e κρατούσας ἂν ἔχοι βελτίους χειρόνων.

Ἔστιν οὕτω.

Διὰ ταῦτα δή, οἶμαι, εὐσχημονέστερος ἂν πολλῶν ὁ τοιοῦτος εἴη· ὁμονοητικῆς δὲ καὶ ἡρμοσμένης τῆς ψυχῆς 5 ἀληθὴς ἀρετὴ πόρρω ποι ἐκφεύγοι ἂν αὐτόν.

Δοκεῖ μοι.

Καὶ μὴν ἀνταγωνιστής γε ἰδίᾳ ἐν πόλει ὁ φειδωλὸς φαῦλος 555 ἤ τινος νίκης ἢ ἄλλης φιλοτιμίας τῶν καλῶν, χρήματά τε οὐκ ἐθέλων εὐδοξίας ἕνεκα καὶ τῶν τοιούτων ἀγώνων ἀναλίσκειν, δεδιὼς τὰς ἐπιθυμίας τὰς ἀναλωτικὰς ἐγείρειν καὶ συμπαρακαλεῖν ἐπὶ συμμαχίαν τε καὶ φιλονικίαν, ὀλίγοις τισὶν 5 ἑαυτοῦ πολεμῶν ὀλιγαρχικῶς τὰ πολλὰ ἡττᾶται καὶ πλουτεῖ.

Καὶ μάλα, ἔφη.

Ἔτι οὖν, ἦν δ' ἐγώ, ἀπιστοῦμεν μὴ κατὰ τὴν ὀλιγαρχουμένην πόλιν ὁμοιότητι τὸν φειδωλόν τε καὶ χρηματιστὴν b τετάχθαι;

Οὐδαμῶς, ἔφη.

Δημοκρατίαν δή, ὡς ἔοικε, μετὰ τοῦτο σκεπτέον, τίνα τε γίγνεται τρόπον, γενομένη τε ποῖόν τινα ἔχει, ἵν' αὖ τὸν τοῦ 5 τοιούτου ἀνδρὸς τρόπον γνόντες παραστησώμεθ' αὐτὸν εἰς κρίσιν.

Ὁμοίως γοῦν ἂν, ἔφη, ἡμῖν αὐτοῖς πορευοίμεθα.

Οὐκοῦν, ἦν δ' ἐγώ, μεταβάλλει μὲν τρόπον τινὰ τοιόνδε ἐξ ὀλιγαρχίας εἰς δημοκρατίαν, δι' ἀπληστίαν τοῦ προκειμένου 10 ἀγαθοῦ, τοῦ ὡς πλουσιώτατον δεῖν γίγνεσθαι;

Πῶς δή;

d6 εὑρήσεις prA DF: ἐνευρήσεις Apc^{sl}   e4 ἂν AD: om. F
e5 τῆς ADF: secl. H. Richards   555a1 μὴν A: μοι D: νῦν F
a8 μὴ Apc^{sl} DF: om. A   b1 ὁμοιότητι secl. Baiter
b11 πλουσιώτατον Apc Dpc F: πλησίώτατον prA et Amg, prD

c Ἄτε, οἶμαι, ἄρχοντες ἐν αὐτῇ οἱ ἄρχοντες διὰ τὸ πολλὰ
κεκτῆσθαι, οὐκ ἐθέλουσιν εἴργειν νόμῳ τῶν νέων ὅσοι ἂν
ἀκόλαστοι γίγνωνται, μὴ ἐξεῖναι αὐτοῖς ἀναλίσκειν τε καὶ
ἀπολλύναι τὰ αὑτῶν, ἵνα ὠνούμενοι τὰ τῶν τοιούτων καὶ
5 εἰσδανείζοντες ἔτι πλουσιώτεροι καὶ ἐντιμότεροι γίγνωνται.

Παντός γε μᾶλλον.

Οὐκοῦν δῆλον ἤδη τοῦτο ἐν πόλει, ὅτι πλοῦτον τιμᾶν καὶ
σωφροσύνην ἅμα ἱκανῶς κτᾶσθαι ἐν τοῖς πολίταις ἀδύνατον,
d ἀλλ' ἀνάγκη ἢ τοῦ ἑτέρου ἀμελεῖν ἢ τοῦ ἑτέρου;

Ἐπιεικῶς, ἔφη, δῆλον.

Παραμελοῦντες δὴ ἐν ταῖς ὀλιγαρχίαις καὶ ἐφιέντες
ἀκολασταίνειν οὐκ ἀγεννεῖς ἐνίοτε ἀνθρώπους πένητας ἠνάγ-
5 κασαν γενέσθαι.

Μάλα γε.

Κάθηνται δή, οἶμαι, οὗτοι ἐν τῇ πόλει κεκεντρωμένοι τε
καὶ ἐξωπλισμένοι, οἱ μὲν ὀφείλοντες χρέα, οἱ δὲ ἄτιμοι
γεγονότες, οἱ δὲ ἀμφότερα, μισοῦντές τε καὶ ἐπιβουλεύοντες
e τοῖς κτησαμένοις τὰ αὑτῶν καὶ τοῖς ἄλλοις, νεωτερισμοῦ
ἐρῶντες.

Ἔστι ταῦτα.

Οἱ δὲ δὴ χρηματισταὶ ἐγκύψαντες, οὐδὲ δοκοῦντες τούτους
5 ὁρᾶν, τῶν λοιπῶν τὸν ἀεὶ ὑπείκοντα ἐνιέντες ἀργύριον
τιτρώσκοντες, καὶ τοῦ πατρὸς ἐκγόνους τόκους πολλαπλα-
556 σίους κομιζόμενοι, πολὺν τὸν κηφῆνα καὶ πτωχὸν ἐμποιοῦσι
τῇ πόλει.

Πῶς γάρ, ἔφη, οὐ πολύν;

Καὶ οὔτε ἐκείνη, ἦν δ' ἐγώ, τὸ τοιοῦτον κακὸν ἐκκαόμενον
5 ἐθέλουσιν ἀποσβεννύναι, εἴργοντες τὰ αὑτοῦ ὅπῃ τις βούλεται
τρέπειν, οὔτε τῇδε, ᾗ αὖ κατὰ ἕτερον νόμον τὰ τοιαῦτα
λύεται.

Κατὰ δὴ τίνα;

c5 εἰσδανείζοντες prA DF: δανείζοντες Apc (vel a): ἐκδανείζοντες
H. Stephanus: προσδανείζοντες H. Richards   καὶ AD: τε καὶ F
e5 τὸν AD: om. F   556a4 καὶ οὔτε F: οὔτε γ' A: καὶ οὔτε γε D
a6 ᾗ ι om. Par.1810

Ὃς μετ᾽ ἐκεῖνόν ἐστι δεύτερος καὶ ἀναγκάζων ἀρετῆς
ἐπιμελεῖσθαι τοὺς πολίτας. ἐὰν γὰρ ἐπὶ τῷ αὑτοῦ κινδύνῳ   10
τὰ πολλά τις τῶν ἑκουσίων συμβολαίων προστάττῃ συμβάλ-   b
λειν, χρηματίζοιντο μὲν ἂν ἧττον ἀναιδῶς ἐν τῇ πόλει,
ἐλάττω δ᾽ ἐν αὐτῇ φύοιτο τῶν τοιούτων κακῶν οἵων νυνδὴ
εἴπομεν.

Καὶ πολύ γε, ἦ δ᾽ ὅς.   5

Νῦν δέ γ᾽, ἔφην ἐγώ, διὰ πάντα τὰ τοιαῦτα τοὺς μὲν δὴ
ἀρχομένους οὕτω διατιθέασιν ἐν τῇ πόλει οἱ ἄρχοντες· σφᾶς
δὲ αὐτοὺς καὶ τοὺς αὑτῶν, ἆρ᾽ οὐ τρυφῶντας μὲν τοὺς νέους
καὶ ἀπόνους καὶ πρὸς τὰ τοῦ σώματος καὶ πρὸς τὰ τῆς ψυχῆς,
μαλακοὺς δὲ καρτερεῖν πρὸς ἡδονάς τε καὶ λύπας καὶ ἀργούς;   c

Τί μήν;

Αὐτοὺς δὲ πλὴν χρηματισμοῦ τῶν ἄλλων ἠμεληκότας, καὶ
οὐδὲν πλείω ἐπιμέλειαν πεποιημένους ἀρετῆς ἢ τοὺς πένητας;

Οὐ γὰρ οὖν.   5

Οὕτω δὴ παρεσκευασμένοι ὅταν παραβάλλωσιν ἀλλήλοις
οἵ τε ἄρχοντες καὶ οἱ ἀρχόμενοι ἢ ἐν ὁδῶν πορείαις ἢ ἐν
ἄλλαις τισὶ κοινωνίαις, ἢ κατὰ θεωρίας ἢ κατὰ στρατείας, ἢ
σύμπλοι γιγνόμενοι ἢ συστρατιῶται, ἢ καὶ ἐν αὐτοῖς τοῖς
κινδύνοις ἀλλήλους θεώμενοι μηδαμῇ ταύτῃ καταφρονῶνται   d
οἱ πένητες ὑπὸ τῶν πλουσίων, ἀλλὰ πολλάκις ἰσχνὸς ἀνὴρ
πένης, ἡλιωμένος, παραταχθεὶς ἐν μάχῃ πλουσίῳ ἐσκια-
τροφηκότι, πολλὰς ἔχοντι σάρκας ἀλλοτρίας, ἴδῃ ἄσθματός
τε καὶ ἀπορίας μεστόν, ἆρ᾽ οἴει αὐτὸν οὐχ ἡγεῖσθαι κακίᾳ τῇ   5
σφετέρᾳ πλουτεῖν τοὺς τοιούτους, καὶ ἄλλον ἄλλῳ παραγ-
γέλλειν, ὅταν ἰδίᾳ συγγίγνωνται, ὅτι "Ἄνδρες ἡμέτεροι· εἰσὶ   e
γὰρ οὐδέν;"

Εὖ οἶδα μὲν οὖν, ἔφη, ἔγωγε, ὅτι οὕτω ποιοῦσιν.

Οὐκοῦν ὥσπερ σῶμα νοσῶδες μικρᾶς ῥοπῆς ἔξωθεν δεῖται

b1 τῶν AD: om. F   προστάττηται Naber   ξυμβαλεῖν F
c8 στρατείας Apc F: στρατιας [sic] prA D   d1 ⟨καὶ⟩ μηδαμῆι
H. Richards   d2 ὑπὸ AD: ἀπὸ F   d4 ἔχοντι AF: ἔχοντα D
ἀλλοτρίας AD: καὶ ἀλλοτρίας F   e1 ἄνδρες Adam   e2 γὰρ ADF:
παρ᾽ Baiter: om. Scor.y.1.13

5 προσλαβέσθαι πρὸς τὸ κάμνειν, ἐνίοτε δὲ καὶ ἄνευ τῶν ἔξω
στασιάζει αὐτὸ αὑτῷ, οὕτω δὴ καὶ ἡ κατὰ ταὐτὰ ἐκείνῳ
διακειμένη πόλις ἀπὸ σμικρᾶς προφάσεως, ἔξωθεν ἐπαγο-
μένων ἢ τῶν ἑτέρων ἐξ ὀλιγαρχουμένης πόλεως συμμαχίαν ἢ
τῶν ἑτέρων ἐκ δημοκρατουμένης, νοσεῖ τε καὶ αὐτὴ αὑτῇ
10 μάχεται, ἐνίοτε δὲ καὶ ἄνευ τῶν ἔξω στασιάζει;

557 Καὶ σφόδρα γε.

Δημοκρατία δή, οἶμαι, γίγνεται ὅταν οἱ πένητες νικήσαν-
τες τοὺς μὲν ἀποκτείνωσι τῶν ἑτέρων, τοὺς δὲ ἐκβάλωσι, τοῖς
δὲ λοιποῖς ἐξ ἴσου μεταδῶσι πολιτείας τε καὶ ἀρχῶν, καὶ ὡς
5 τὸ πολὺ ἀπὸ κλήρων αἱ ἀρχαὶ ἐν αὐτῇ γίγνωνται.

Ἔστι γάρ, ἔφη, αὕτη ἡ κατάστασις δημοκρατίας, ἐάντε
καὶ δι' ὅπλων γένηται ἐάντε καὶ διὰ φόβον ὑπεξελθόντων τῶν
ἑτέρων.

Τίνα δὴ οὖν, ἦν δ' ἐγώ, οὗτοι τρόπον οἰκοῦσι; καὶ ποία τις
b ἡ τοιαύτη αὖ πολιτεία; δῆλον γὰρ ὅτι ὁ τοιοῦτος ἀνὴρ
δημοκρατικός τις ἀναφανήσεται.

Δῆλον, ἔφη.

Οὐκοῦν πρῶτον μὲν δὴ ἐλεύθεροι, καὶ ἐλευθερίας ἡ πόλις
5 μεστὴ καὶ παρρησίας γίγνεται, καὶ ἐξουσία ἐν αὐτῇ ποιεῖν ὅτι
τις βούλεται;

Λέγεταί γε δή, ἔφη.

Ὅπου δέ γε ἐξουσία, δῆλον ὅτι ἰδίαν ἕκαστος ἂν κατα-
σκευὴν τοῦ αὑτοῦ βίου κατασκευάζοιτο ἐν αὐτῇ, ἥτις ἕκαστον
10 ἀρέσκοι.

Δῆλον.

c Παντοδαποὶ δὴ ἄν, οἶμαι, ἐν ταύτῃ τῇ πολιτείᾳ μάλιστ'
ἐγγίγνοιντο ἄνθρωποι.

Πῶς γὰρ οὔ;

Κινδυνεύει, ἦν δ' ἐγώ, καλλίστη αὕτη τῶν πολιτειῶν εἶναι·
5 ὥσπερ ἱμάτιον ποικίλον πᾶσιν ἄνθεσι πεποικιλμένον, οὕτω

557a2 γίγνεται AF: om. D   a5 γίγνωνται AD: γίγνονται F
a7 φόβον Asl prF: φόβων AD Fpc   b5–6 ὅτι τις AD: ὅτι ὃ F, ex v.l. ὃ
τις nimirum ortum   b7 γε A Dsl Fsl: om. DF

καὶ αὕτη πᾶσιν ἤθεσιν πεποικιλμένη καλλίστη ἂν φαίνοιτο.

καὶ ἴσως μέν, ἦν δ᾽ ἐγώ, καὶ ταύτην, ὥσπερ οἱ παῖδές τε καὶ
αἱ γυναῖκες τὰ ποικίλα θεώμενοι, καλλίστην ἂν πολλοὶ
κρίνειαν.

Καὶ μάλ᾽, ἔφη.   10

Καὶ ἔστιν γε, ὦ μακάριε, ἦν δ᾽ ἐγώ, ἐπιτήδειον ζητεῖν ἐν
αὐτῇ πολιτείαν.

Τί δή;   d

Ὅτι πάντα γένη πολιτειῶν ἔχει διὰ τὴν ἐξουσίαν, καὶ
κινδυνεύει τῷ βουλομένῳ πόλιν κατασκευάζειν, ὃ νυνδὴ ἡμεῖς
ἐποιοῦμεν, ἀναγκαῖον εἶναι εἰς δημοκρατουμένην ἐλθόντι
πόλιν, ὃς ἂν αὐτὸν ἀρέσκῃ τρόπος, τοῦτον ἐκλέξασθαι,   5
ὥσπερ εἰς παντοπώλιον ἀφικομένῳ πολιτειῶν, καὶ ἐκλεξα-
μένῳ οὕτω κατοικίζειν.

Ἴσως γοῦν, ἔφη, οὐκ ἂν ἀποροῖ παραδειγμάτων.

Τὸ δὲ μηδεμίαν ἀνάγκην, εἶπον, εἶναι ἄρχειν ἐν ταύτῃ τῇ   e
πόλει, μηδ᾽ ἂν ᾖς ἱκανὸς ἄρχειν, μηδὲ αὖ ἄρχεσθαι, ἐὰν μὴ
βούλῃ, μηδὲ πολεμεῖν πολεμούντων, μηδὲ εἰρήνην ἄγειν τῶν
ἄλλων ἀγόντων, ἐὰν μὴ ἐπιθυμῇς εἰρήνης, μηδὲ αὖ, ἐάν τις
ἄρχειν νόμος σε διακωλύῃ ἢ δικάζειν, μηδὲν ἧττον καὶ ἄρχῃς   5
καὶ δικάζῃς, ἐὰν αὐτῷ σοι ἐπίῃ, ἆρ᾽ οὐ θεσπεσία καὶ ἡδεῖα ἡ   558
τοιαύτη διαγωγὴ ἐν τῷ παραυτίκα;

Ἴσως, ἔφη, ἔν γε τούτῳ.

Τί δέ; ἡ πρᾳότης ἐνίων τῶν δικασθέντων οὐ κομψή; ἢ
οὔπω εἶδες, ἐν τοιαύτῃ πολιτείᾳ ἀνθρώπων καταψηφισθέντων   5
θανάτου ἢ φυγῆς, οὐδὲν ἧττον αὐτῶν μενόντων τε καὶ

c6 post πεποικιλμένη et φαίνοιτο alt. interloc. ind. ADF, locus admo-
dum suspectus   c8 αἵ om. F   d6 ἐκλεξαμένωι A: ἐκλεξαμένων DF
e4 ἐπιθυμῆς F: ἐπιθυμῆι AD   e5 ἄρχῃς Apc: ἀρχῆς prA: ἀρχὴς [sic]
D: ἀρχης [sic] F: ἄρχειν Par.1810   558a1 δικάζῃς A Dpc F: δικάζεις
prD: δικάζειν Par.1810   θεσπεσία καὶ ADF: θεσπεσία ὡς K. F. Hermann,
melius erat θεσπεσίως ὡς   a2 τοιαύτη DF: αὐτὴ A   a4 ἐνίων
ADF: περὶ ἐνίων H. Richards: εἰς ἐνίους R. G. Bury   a5 πολιτείαι;
Wilamowitz   ἀνθρώπων secl. Burnet   καταψηφισθέντος Madvig
a6 αὐτῶν ADF: αὐτοῦ Schneider, fortasse recte

ἀναστρεφομένων ἐν μέσῳ, [καὶ] ὡς οὔτε φροντίζοντος οὔτε
ὁρῶντος οὐδενὸς περινοστεῖ ὥσπερ ἥρως;
    Καὶ πολλούς γ', ἔφη.

10 Ἡ δὲ συγγνώμη καὶ οὐδ' ὁπωστιοῦν σμικρολογία αὐτῆς,
b ἀλλὰ καταφρόνησις ὧν ἡμεῖς ἐλέγομεν σεμνύνοντες, ὅτε τὴν
πόλιν ᾠκίζομεν, ὡς εἰ μή τις ὑπερβεβλημένην φύσιν ἔχοι,
οὔποτ' ἂν γένοιτο ἀνὴρ ἀγαθός, εἰ μὴ παῖς ὢν εὐθὺς παίζοι ἐν
καλοῖς καὶ ἐπιτηδεύοι τὰ τοιαῦτα πάντα, ὡς μεγαλοπρεπῶς
5 καταπατήσασα πάντα ταῦτα οὐδὲν φροντίζει ἐξ ὁποίων ἄν τις
ἐπιτηδευμάτων ἐπὶ τὰ πολιτικὰ ἰὼν πράττῃ, ἀλλὰ τιμᾷ, ἐὰν
φῇ μόνον εὔνους εἶναι τῷ πλήθει;
    Πάνυ γ', ἔφη, γενναία.

c Ταῦτά τε δή, ἔφην, ἔχοι ἂν καὶ τούτων ἄλλα ἀδελφὰ
δημοκρατία, καὶ εἴη, ὡς ἔοικεν, ἡδεῖα πολιτεία καὶ ἄναρχος
καὶ ποικίλη, ἰσότητά τινα ὁμοίως ἴσοις τε καὶ ἀνίσοις
διανέμουσα.
5 Καὶ μάλ', ἔφη, γνώριμα λέγεις.

Ἄθρει δή, ἦν δ' ἐγώ, τίς ὁ τοιοῦτος ἰδίᾳ. ἢ πρῶτον
σκεπτέον, ὥσπερ τὴν πολιτείαν ἐσκεψάμεθα, τίνα τρόπον
γίγνεται;
    Ναί, ἔφη.

10 Ἆρ' οὖν οὐχ ὧδε; τοῦ φειδωλοῦ ἐκείνου καὶ ὀλιγαρχικοῦ
d γένοιτ' ἄν, οἶμαι, ὑὸς ὑπὸ τῷ πατρὶ τεθραμμένος ἐν τοῖς
ἐκείνου ἤθεσι;
    Τί γὰρ οὔ;
Βίᾳ δὴ καὶ οὗτος ἄρχων τῶν ἐν αὑτῷ ἡδονῶν, ὅσαι
5 ἀναλωτικαὶ μέν, χρηματιστικαὶ δὲ μή· αἳ δὴ οὐκ ἀναγκαῖαι
κέκληνται.
    Δῆλον, ἔφη.

a7 καὶ secl. Weil   a8 οὐδενὸς ⟨ὁ ἄνθρωπος⟩ R. G. Bury   b2 ἔχοι
AD Fsl: ἔχει F   b5 καταπατήσασα πάντα ταῦτα scripsi, Mon.237pc
secutus (-σασ' ἅπ-): καταπατήσας ἅπαντ' αὐτὰ A: καταπατήσας ἅπαντα
ταῦτα D: καταπατήσας ταῦτα πάντα F   b7 μόνον AD: μᾶλλον F
b8 γενναία (sic ADF) Socrati trib. Apelt, properispomenon accipiens
c1 ταῦτα τά τε A   ἔφη F   τούτων ἄλλα AD: ἄλλα τούτων F   c2 εἴη A:
εἴη ἂν DF

Βούλει οὖν, ἦν δ' ἐγώ, ἵνα μὴ σκοτεινῶς διαλεγώμεθα, πρῶτον ὁρισώμεθα τάς τε ἀναγκαίους ἐπιθυμίας καὶ τὰς μή; Βούλομαι, ἦ δ' ὅς.   10

Οὐκοῦν ἅς τε οὐκ ἂν οἷοί τ' εἶμεν ἀποτρέψαι, δικαίως ⟨ἂν⟩ ἀναγκαῖαι καλοῖντο, καὶ ὅσαι ἀποτελούμεναι ὠφελοῦσιν e ἡμᾶς; τούτων γὰρ ἀμφοτέρων ἐφίεσθαι ἡμῶν τῇ φύσει ἀνάγκη. ἢ οὔ;

Καὶ μάλα.

Δικαίως δὴ τοῦτο ἐπ' αὐταῖς ἐροῦμεν, τὸ ἀναγκαῖον.   559
Δικαίως.

Τί δέ; ἅς τέ τις ἀπαλλάξειεν ἄν, εἰ μελετῷ ἐκ νέου, καὶ πρὸς οὐδὲν ἀγαθὸν ἐνοῦσαι δρῶσιν, αἱ δὲ καὶ τοὐναντίον, πάσας ταύτας εἰ μὴ ἀναγκαίους φαῖμεν εἶναι, ἆρ' οὐ καλῶς ἂν 5 λέγοιμεν;

Καλῶς μὲν οὖν.

Προελώμεθα δή τι παράδειγμα ἑκατέρων αἵ εἰσιν, ἵνα τύπῳ λάβωμεν αὐτάς;

Οὔκουν χρή;   10

Ἆρ' οὖν οὐχ ἡ τοῦ φαγεῖν μέχρι ὑγιείας τε καὶ εὐεξίας καὶ αὐτοῦ σίτου τε καὶ ὄψου ἀναγκαῖος ἂν εἴη;   b

Οἶμαι.

Ἡ μέν γέ που τοῦ σίτου κατ' ἀμφότερα ἀναγκαία, ᾗ τε ὠφέλιμος ᾗ τε παῦσαι ζῶντα δυνατή.

Ναί.   5

Ἡ δὲ ὄψου, εἴ πή τινα ὠφελίαν πρὸς εὐεξίαν παρέχεται.

Πάνυ μὲν οὖν.

Τί δὲ ἡ πέρα τούτων καὶ ἀλλοίων ἐδεσμάτων ἢ τοιούτων ἐπιθυμία, δυνατὴ δὲ κολαζομένη ἐκ νέων καὶ παιδευομένη ἐκ τῶν πολλῶν ἀπαλλάττεσθαι, καὶ βλαβερὰ μὲν σώματι, 10

---

d11 ἀποτρέψαι A: ἀποστρέψαι DF   ἂν Vind.1: om. ADF
559a1 δικαίως A: καὶ δικαίως DF   a3 τέ ADF: γέ Laur.59.1
a4 πρὸς ADF: ὅσαι Vretska: ⟨οὐδὲν⟩ πρὸς Adam: fortasse πρός ⟨γε⟩
a11 οὐχὶ Athen.   b1 αὐτοῦ AD Athen.: αὖ τοῦ F   τε om.
Athen.   b4 παῦσαι ζῶντα δυνατή ADF: παῦσαι ζῶντας δυνατή Athen.:
μὴ παῦσαι ζῶντα δυνατή Laur.80.19pc: παῦσαι ζῶντι ἀδύνατος Egelie:
παῦσαι ζῶντα ἀδύνατον Baiter, alii alia

βλαβερὰ δὲ ψυχῇ πρός τε φρόνησιν καὶ τὸ σωφρονεῖν; ἆρά γε
c ὀρθῶς οὐκ ἀναγκαία ἂν καλοῖτο;

Ὀρθότατα μὲν οὖν.

Οὐκοῦν καὶ ἀναλωτικὰς φῶμεν εἶναι ταύτας, ἐκείνας δὲ
χρηματιστικὰς διὰ τὸ χρησίμους πρὸς τὰ ἔργα εἶναι;

5 Τί μήν;

Οὕτω δὴ καὶ περὶ ἀφροδισίων καὶ τῶν ἄλλων φήσομεν;

Οὕτω.

Ἆρ᾽ οὖν καὶ ὃν νυνδὴ κηφῆνα ὠνομάζομεν, τοῦτον ἐλέγο-
μεν τὸν τῶν τοιούτων ἡδονῶν καὶ ἐπιθυμιῶν γέμοντα καὶ
10 ἀρχόμενον ὑπὸ τῶν μὴ ἀναγκαίων, τὸν δὲ ὑπὸ τῶν ἀναγκαίων
φειδωλόν τε καὶ ὀλιγαρχικόν;

Ἀλλὰ τί μήν;

d Πάλιν τοίνυν, ἦν δ᾽ ἐγώ, λέγωμεν ὡς ἐξ ὀλιγαρχικοῦ
δημοκρατικὸς γίγνεται. φαίνεταί μοι τά γε πολλὰ ὧδε γί-
γνεσθαι.

Πῶς;

5 Ὅταν νέος, τεθραμμένος ὡς νυνδὴ ἐλέγομεν, ἀπαιδεύτως
τε καὶ φειδωλῶς, γεύσηται κηφῆν ὢν μέλιτος, καὶ συγγέ-
νηται αἴθωσι θηρσὶ καὶ δεινοῖς, παντοδαπὰς ἡδονὰς καὶ
ποικίλας καὶ παντοίως ἐχούσας δυναμένοις σκευάζειν,
e ἐνταῦθά που οἴου εἶναι ἀρχὴν αὐτῷ μεταβολῆς ⟨πολιτείας⟩
ὀλιγαρχικῆς τῆς ἐν ἑαυτῷ εἰς δημοκρατικήν.

Πολλὴ ἀνάγκη, ἔφη.

Ἆρ᾽ οὖν, ὥσπερ ἡ πόλις μετέβαλλε βοηθησάσης τῷ ἑτέρῳ
5 μέρει συμμαχίας ἔξωθεν, ὁμοίας ὁμοίῳ, οὕτω καὶ ὁ νεανίας
μεταβάλλει βοηθοῦντος αὖ εἴδους ἐπιθυμιῶν ἔξωθεν τῷ
ἑτέρῳ τῶν παρ᾽ ἐκείνῳ, συγγενοῦς τε καὶ ὁμοίου;

b11 καὶ πρὸς τὸ Athen.   c1 οὐκ ADF: καὶ Athen.   c8 νῦν δὴ
AD: νῦν F   τοῦτο F   c9 τῶν om. D   c10 τὸ δὲ F
d1 λέγωμεν A Dpc: λέγομεν prD F   d2 φαίνεται F: φαίνεται δέ AD
d6 κηφὴν ὢν Naber: κηφήνων ADF   e1 ⟨πολιτείας⟩ post μεταβολῆς
scripsi, quod Adam post e2 ἑαυτῶι inseruerat: μεταβολῆς ⟨ἕξεως⟩ van
Herwerden   e2 ὀλιγαρχικῆς . . . δημοκρατικήν ADF: ὀλιγαρχίας . . .
δημοκρατίαν Adam, qui olim ὀλιγαρχικοῦ τοῦ . . . δημοκρατικόν proposuerat
e3 ἔφη Apc^mg DF: om. prA   e4 μεταβάλλει Asl

Παντάπασιν μὲν οὖν.

Καὶ ἐὰν μέν γε, οἶμαι, ἀντιβοηθήσῃ τις τῷ ἐν ἑαυτῷ
ὀλιγαρχικῷ συμμαχία, ἤ ποθεν παρὰ τοῦ πατρὸς ἢ καὶ τῶν 10
ἄλλων οἰκείων νουθετούντων τε καὶ κακιζόντων, στάσις δὴ 560
καὶ ἀντίστασις καὶ μάχη ἐν αὐτῷ πρὸς αὑτὸν τότε γίγνεται.

Τί μήν;

Καὶ τοτὲ μέν, οἶμαι, τὸ δημοκρατικὸν ὑπεχώρησε τῷ
ὀλιγαρχικῷ, καί τινες τῶν ἐπιθυμιῶν αἱ μὲν διεφθάρησαν, 5
αἱ δὲ καὶ ἐξέπεσον, αἰδοῦς τινος ἐγγενομένης ἐν τῇ τοῦ νέου
ψυχῇ, καὶ κατεκοσμήθη πάλιν.

Γίγνεται γὰρ ἐνίοτε, ἔφη.

Αὖθις δέ, οἶμαι, τῶν ἐκπεσουσῶν ἐπιθυμιῶν ἄλλαι ὑπο-
τρεφόμεναι συγγενεῖς δι᾽ ἀνεπιστημοσύνην τροφῆς πατρὸς 10
πολλαί τε καὶ ἰσχυραὶ ἐγένοντο.   b

Φιλεῖ γοῦν, ἔφη, οὕτω γίγνεσθαι.

Οὐκοῦν εἵλκυσάν τε πρὸς τὰς αὐτὰς ὁμιλίας, καὶ λάθρᾳ
συγγιγνόμεναι πλῆθος ἐνέτεκον;

Τί μήν;   5

Τελευτῶσαι δή, οἶμαι, κατέλαβον τὴν τοῦ νέου τῆς ψυχῆς
ἀκρόπολιν, αἰσθόμεναι κενὴν μαθημάτων τε καὶ ἐπιτηδευ-
μάτων καλῶν καὶ λόγων ἀληθῶν, οἳ δὴ ἄριστοι φρουροί τε
καὶ φύλακες ἐν ἀνδρῶν θεοφιλῶν εἰσι διανοίαις.

Καὶ πολύ γ᾽, ἔφη.   c

Ψευδεῖς δὴ καὶ ἀλαζόνες, οἶμαι, λόγοι τε καὶ δόξαι ἀντ᾽
ἐκείνων ἀναδραμόντες κατέσχον τὸν αὐτὸν τόπον τοῦ τοι-
ούτου.

Σφόδρα γ᾽, ἔφη.   5

Ἆρ᾽ οὖν οὐ πάλιν τε εἰς ἐκείνους τοὺς Λωτοφάγους ἐλθὼν
φανερῶς κατοικεῖ, καὶ ἐὰν παρ᾽ οἰκείων τις βοήθεια τῷ
φειδωλῷ αὐτοῦ τῆς ψυχῆς ἀφικνῆται, κλῄσαντες οἱ ἀλαζόνες

---

e9 μέν γε DF: μὲν A   560a2 καὶ ἀντίστασις om. D   a4 τοτὲ
scripsi: ποτὲ ADF   a5 διεφθάρησαν AD: ἐφθάρησαν F: διετράπησαν
Madvig   a10 ἀνεπιστημοσύνης F   ⟨τοῦ⟩ πατρὸς Wilamowitz
b3 αὑταῖς Astius   b6 τῆς AD: τὴν τῆς F   b9 θεοφιλῶν A: om.
DF   c8 αὑτοῦ τῆς ψυχῆς αὐτοῦ D, ex v.l. τῆς ψυχῆς αὐτοῦ nimirum
contaminatum

λόγοι ἐκεῖνοι τὰς τοῦ βασιλικοῦ τείχους ἐν αὐτῷ πύλας οὔτε
d αὐτὴν τὴν συμμαχίαν παριᾶσιν, οὔτε πρέσβεις πρεσβυτέρων
λόγους ἰδιωτῶν εἰσδέχονται, αὐτοί τε κρατοῦσι μαχόμενοι,
καὶ τὴν μὲν αἰδῶ ἠλιθιότητα ὀνομάζοντες ὠθοῦσιν ἔξω
ἀτίμως φυγάδα, σωφροσύνην δὲ ἀνανδρίαν καλοῦντές τε καὶ
5 προπηλακίζοντες ἐκβάλλουσι, μετριότητα δὲ καὶ κοσμίαν
δαπάνην ὡς ἀγροικίαν καὶ ἀνελευθερίαν οὖσαν πείθοντες
ὑπερορίζουσι μετὰ πολλῶν καὶ ἀνωφελῶν ἐπιθυμιῶν;
Σφόδρα γε.

Τούτων δέ γέ που κενώσαντες καὶ καθήραντες τὴν τοῦ
e κατεχομένου τε ὑπ᾽ αὐτῶν καὶ τελουμένου ψυχὴν μεγάλοισι
τέλεσι, τὸ μετὰ τοῦτο ἤδη ὕβριν καὶ ἀναρχίαν καὶ ἀσωτίαν
καὶ ἀναίδειαν λαμπρὰς μετὰ πολλοῦ χοροῦ κατάγουσιν
ἐστεφανωμένας, ἐγκωμιάζοντες καὶ ὑποκοριζόμενοι, ὕβριν
5 μὲν εὐπαιδευσίαν καλοῦντες, ἀναρχίαν δὲ ἐλευθερίαν, ἀσω-
561 τίαν δὲ μεγαλοπρέπειαν, ἀναίδειαν δὲ ἀνδρείαν. ἆρ᾽ οὐχ οὕτω
πως, ἦν δ᾽ ἐγώ, νέος ὢν μεταβάλλει ἐκ τοῦ ἐν ἀναγκαίοις
ἐπιθυμίαις τρεφομένου εἰς τὴν τῶν μὴ ἀναγκαίων καὶ
ἀνωφελῶν ἡδονῶν ἐλευθέρωσίν τε καὶ ἄνεσιν;
5 Καὶ μάλα γ᾽, ἦ δ᾽ ὅς, ἐναργῶς.

Ζῇ δή, οἶμαι, μετὰ ταῦτα ὁ τοιοῦτος οὐδὲν μᾶλλον εἰς
ἀναγκαίους ἢ μὴ ἀναγκαίους ἡδονὰς ἀναλίσκων καὶ χρήματα
καὶ πόνους καὶ διατριβάς· ἀλλ᾽ ἐὰν εὐτυχὴς ᾖ καὶ μὴ πέρα
b ἐκβακχευθῇ, ἀλλά τι καὶ πρεσβύτερος γενόμενος τοῦ πολλοῦ
θορύβου παρελθόντος μέρη τε καταδέξηται τῶν ἐκπεσόντων
καὶ τοῖς ἐπεισελθοῦσι μὴ ὅλον ἑαυτὸν ἐνδῷ, εἰς ἴσον δή τι
καταστήσας τὰς ἡδονὰς διάγει, τῇ παραπιπτούσῃ ἀεὶ ὥσπερ
5 λαχούσῃ τὴν ἑαυτοῦ ἀρχὴν παραδιδοὺς ἕως ἂν πληρωθῇ, καὶ
αὖθις ἄλλῃ, οὐδεμίαν ἀτιμάζων ἀλλ᾽ ἐξ ἴσου τρέφων.
Πάνυ μὲν οὖν.

d2 ἰδιωτῶν ADF: δι᾽ ὤτων Badham   d3-4 ἀτίμως ἔξω F
d6 ὡς om. D   πείθοντες ADF: τιθέντες R. G. Bury   e1 μεγάλοις F
e5 ἀπαιδευσίαν D   561a3 εἰς om. A   a5 μάλα A: μάλιστά DF
a7 ἢ μὴ ἀναγκαίους om. F   a8 εὐτυχὴς ἦι AF: εὐτυχὴς D: εὐτυχήσηι
Cobet   b1 γινόμενος F   b3 ἑαυτὸν Scor.y.1.13: ἑαυτῶι ADF

Καὶ λόγον γε, ἦν δ' ἐγώ, ἀληθῆ οὐ προσδεχόμενος οὐδὲ
παριεὶς εἰς τὸ φρούριον, ἐάν τις λέγῃ ὡς αἱ μέν εἰσι τῶν
καλῶν τε καὶ ἀγαθῶν ἐπιθυμιῶν ἡδοναί, αἱ δὲ τῶν πονηρῶν, c
καὶ τὰς μὲν χρὴ ἐπιτηδεύειν καὶ τιμᾶν, τὰς δὲ κολάζειν τε καὶ
δουλοῦσθαι· ἀλλ' ἐν πᾶσι τούτοις ἀνανεύει τε καὶ ὁμοίας
φησὶν ἁπάσας εἶναι καὶ τιμητέας ἐξ ἴσου.

Σφόδρα γάρ, ἔφη, οὕτω διακείμενος τοῦτο δρᾷ. 5

Οὐκοῦν, ἦν δ' ἐγώ, καὶ διαζῇ τὸ καθ' ἡμέραν οὕτω
χαριζόμενος τῇ προσπιπτούσῃ ἐπιθυμίᾳ, τοτὲ μὲν μεθύων
καὶ καταυλούμενος, αὖθις δὲ ὑδροποτῶν καὶ κατισχναινόμε- d
νος, τοτὲ δ' αὖ γυμναζόμενος, ἔστιν δ' ὅτε ἀργῶν καὶ πάντων
ἀμελῶν, τοτὲ δ' ὡς ἐν φιλοσοφίᾳ διατρίβων. πολλάκις δὲ
πολιτεύεται, καὶ ἀναπηδῶν ὅτι ἂν τύχῃ λέγει τε καὶ πράττει·
κἄν ποτέ τινας πολεμικοὺς ζηλώσῃ, ταύτῃ φέρεται, ἢ 5
χρηματιστικούς, ἐπὶ τοῦτ' αὖ, καὶ οὔτε τις τάξις οὔτε ἀνάγκη
ἔπεστιν αὐτοῦ τῷ βίῳ, ἀλλ' ἡδύν τε δὴ καὶ ἐλευθέριον καὶ
μακάριον καλῶν τὸν βίον τοῦτον χρῆται αὐτῷ διὰ παντός.

Παντάπασιν, ἦ δ' ὅς, διελήλυθας βίον ἰσονομικοῦ τινος e
ἀνδρός.

Οἶμαι δέ γε, ἦν δ' ἐγώ, καὶ παντοδαπόν τε καὶ πλείστων
ἠθῶν μεστόν, καὶ τὸν καλόν τε καὶ ποικίλον, ὥσπερ ἐκείνην
τὴν πόλιν, τοῦτον τὸν ἄνδρα εἶναι· ὃν πολλοὶ ἂν καὶ πολλαὶ 5
ζηλώσειαν τοῦ βίου, παραδείγματα πολιτειῶν τε καὶ τρόπων
πλεῖστα ἐν αὐτῷ ἔχοντα.

Οὗτος γάρ, ἔφη, ἐστίν.

Τί οὖν; τετάχθω ἡμῖν κατὰ δημοκρατίαν ὁ τοιοῦτος ἀνήρ, 562
ὡς δημοκρατικὸς ὀρθῶς ἂν προσαγορευόμενος;

Τετάχθω, ἔφη.

Ἡ καλλίστη δή, ἦν δ' ἐγώ, πολιτεία τε καὶ ὁ κάλλιστος
ἀνὴρ λοιπὰ ἂν ἡμῖν εἴη διελθεῖν, τυραννίς τε καὶ τύραννος. 5

Κομιδῇ γ', ἔφη.

b8 γε AD: δὲ F   c7 παραπιπτούσηι Naber   τότε DF: τὸ A
d3 ὡς om. F   d6 τοῦτ' αὖ AD: ταυτοῦ [sic] F   e8 ουτω prA(u.v.)
562a4 ἡ om. F   δὴ AD: δὲ F   a5 λοιπὰ ἂν AD: λοιπὸν F

323

Φέρε δή, τίς τρόπος τυραννίδος, ὦ φίλε ἑταῖρε, γίγνεται;
ὅτι μὲν γὰρ ἐκ δημοκρατίας μεταβάλλει σχεδὸν δῆλον.
Δῆλον.

10 Ἆρ' οὖν τρόπον τινὰ τὸν αὐτὸν ἔκ τε ὀλιγαρχίας δημοκρα-
τία γίγνεται καὶ ἐκ δημοκρατίας τυραννίς;
Πῶς;

b Ὅ προύθεντο, ἦν δ' ἐγώ, ἀγαθόν, καὶ δι' ὅ[υ] ἡ ὀλιγαρχία
καθίστατο, τοῦτο δ' ἦν πλοῦτος. ἦ γάρ;
Ναί.

Ἡ πλούτου τοίνυν ἀπληστία καὶ ἡ τῶν ἄλλων ἀμέλεια διὰ
5 χρηματισμὸν αὐτὴν ἀπώλλυ.
Ἀληθῆ, ἔφη.

Ἆρ' οὖν καὶ ὃ δημοκρατία ὁρίζεται ἀγαθόν, ἡ τούτου
ἀπληστία καὶ ταύτην καταλύει;
Λέγεις δ' αὐτὴν τί ὁρίζεσθαι;

10 Τὴν ἐλευθερίαν, εἶπον. τοῦτο γάρ που ἐν δημοκρατουμένῃ
c πόλει ἀκούσαις ἂν ὡς ἔχει τε κάλλιστον καὶ διὰ ταῦτα ἐν μόνῃ
ταύτῃ ἄξιον οἰκεῖν ὅστις φύσει ἐλεύθερος.
Λέγεται γὰρ δή, ἔφη, καὶ πολὺ τοῦτο τὸ ῥῆμα.

Ἆρ' οὖν, ἦν δ' ἐγώ, ὅπερ ᾖα νυνδὴ ἐρῶν, ἡ τοῦ τοιούτου
5 ἀπληστία καὶ ἡ τῶν ἄλλων ἀμέλεια καὶ ταύτην τὴν πολιτείαν
μεθίστησίν τε καὶ παρασκευάζει τυραννίδος δεηθῆναι;
Πῶς; ἔφη.

Ὅταν, οἶμαι, δημοκρατουμένη πόλις ἐλευθερίας διψήσασα
d κακῶν οἰνοχόων προστατούντων τύχῃ, καὶ πορρωτέρω τοῦ
δέοντος ἀκράτου αὐτῆς μεθυσθῇ, τοὺς ἄρχοντας δή, ἂν μὴ
πάνυ πρᾶοι ὦσι καὶ πολλὴν παρέχωσι τὴν ἐλευθερίαν,
κολάζει αἰτιωμένη ὡς μιαρούς τε καὶ ὀλιγαρχικούς.
5 Δρῶσιν γάρ, ἔφη, τοῦτο.

a7 τί D   post τυραννίδος ins. ⟨καὶ τίνα τρόπον⟩ Adam, alii alia
b1 προύθετο D   δι' ὃ ἡ Adam: δι' οὗ ἡ DF: δι' οὗ A: δι' ὅπερ ἡ
Wilamowitz   b2 πλοῦτος F: ὑπέρπλουτος AD: που πλοῦτος Campbell,
alii alia   b5 χρηματισμῶν Asl   b8 καταλύσει F   c1 τοῦτο prA
d2 αὐτῆς AF, Athen. 505d: αυτη [sic] Athen. 444a: αὐτοῦ D: om. Athen.
434a   d3 πάνυ πρᾶοι ὦσι AD Athen.: πρᾶοι [sic] ὦσι πάνυ F

Τοὺς δέ γε, εἶπον, τῶν ἀρχόντων κατηκόους προπηλακίζει
ὡς ἐθελοδούλους τε καὶ οὐδὲν ὄντας, τοὺς δὲ ἄρχοντας μὲν
ἀρχομένοις, ἀρχομένους δὲ ἄρχουσιν ὁμοίους ἰδίᾳ τε καὶ
δημοσίᾳ ἐπαινεῖ τε καὶ τιμᾷ. ἆρ᾽ οὐκ ἀνάγκη ἐν τοιαύτῃ
πόλει ἐπὶ πᾶν τὸ τῆς ἐλευθερίας ἰέναι;   10
    Πῶς γὰρ οὔ;   e
    Καὶ καταδύεσθαί γε, ἦν δ᾽ ἐγώ, ὦ φίλε, εἴς τε τὰς ἰδίας
οἰκίας καὶ τελευτᾶν μέχρι τῶν θηρίων τὴν ἀναρχίαν ἐμφυο-
μένην.
    Πῶς, ἦ δ᾽ ὅς, τὸ τοιοῦτον λέγομεν;   5
    Οἷον, ἔφην, πατέρα μὲν ἐθίζεσθαι παιδὶ ὅμοιον γίγνεσθαι
καὶ φοβεῖσθαι τοὺς ὑεῖς, ὑὸν δὲ πατρί, καὶ μήτε αἰσχύνεσθαι
μήτε δεδιέναι τοὺς γονέας, ἵνα δὴ ἐλεύθερος ᾖ· μέτοικον δὲ 563
ἀστῷ καὶ ἀστὸν μετοίκῳ ἐξισοῦσθαι, καὶ ξένον ὡσαύτως.
    Γίγνεται γὰρ οὕτως, ἔφη.
    Ταῦτά τε, ἦν δ᾽ ἐγώ, καὶ σμικρὰ τοιάδε ἄλλα γίγνεται·
διδάσκαλός τε ἐν τῷ τοιούτῳ φοιτητὰς φοβεῖται καὶ θωπεύει, 5
φοιτηταί τε διδασκάλων ὀλιγωροῦσιν, οὕτω δὲ καὶ παι-
δαγωγῶν· καὶ ὅλως οἱ μὲν νέοι πρεσβυτέροις ἀπεικάζονται
καὶ διαμιλλῶνται καὶ ἐν λόγοις καὶ ἐν ἔργοις, οἱ δὲ γέροντες
συγκαθιέντες τοῖς νέοις εὐτραπελίας τε καὶ χαριεντισμοῦ b
ἐμπίμπλανται, μιμούμενοι τοὺς νέους, ἵνα δὴ μὴ δοκῶσιν
ἀηδεῖς εἶναι μηδὲ δεσποτικοί.
    Πάνυ μὲν οὖν, ἔφη.
    Τὸ δέ γε, ἦν δ᾽ ἐγώ, ἔσχατον, ὦ φίλε, τῆς ἐλευθερίας τοῦ 5
πλήθους, ὅσον γίγνεται ἐν τῇ τοιαύτῃ πόλει, ὅταν δὴ οἱ
ἐωνημένοι καὶ αἱ ἐωνημέναι μηδὲν ἧττον ἐλεύθεροι ὦσι τῶν
πριαμένων. ἐν γυναιξὶ δὲ πρὸς ἄνδρας καὶ ἀνδράσι πρὸς
γυναῖκας ὅση ἡ ἰσονομία καὶ ἐλευθερία γίγνεται, ὀλίγου
ἐπελαθόμεθ᾽ εἰπεῖν.   10
    Οὐκοῦν κατ᾽ Αἰσχύλον, ἔφη, ἐροῦμεν ὅτι νῦν ἦ λ θ ᾽ ἐ π ὶ c
σ τ ό μ α ;
    Πάνυ γε, εἶπον· καὶ ἔγωγε οὕτω λέγω· τὸ μὲν γὰρ τῶν

d6 κατηκόους τῶν ἀρχόντων Athen.   563a5 φοιτητὰς A Cic.:
φοιτήσας DF   θωπεύει AD Cic.: θεραπεύει F   c1–2 fr. 351 Radt

θηρίων τῶν ὑπὸ τοῖς ἀνθρώποις ὅσῳ ἐλευθερώτερά ἐστιν
5 ἐνταῦθα ἢ ἐν ἄλλῃ, οὐκ ἄν τις πείθοιτο ἄπειρος. ἀτεχνῶς γὰρ
αἵ τε κύνες κατὰ τὴν παροιμίαν οἷαίπερ αἱ δέσποιναι
γίγνονταί τε δὴ καὶ ἵπποι καὶ ὄνοι, πάνυ ἐλευθέρως καὶ
σεμνῶς εἰθισμένοι πορεύεσθαι, κατὰ τὰς ὁδοὺς ἐμβάλλοντες
τῷ ἀεὶ ἀπαντῶντι, ἐὰν μὴ ἐξιστῆται, καὶ τἆλλα πάντα οὕτως
10 μεστὰ ἐλευθερίας γίγνεται.

d   Τὸ ἐμόν γ᾽, ἔφη, ἐμοὶ λέγεις ὄναρ· αὐτὸς γὰρ εἰς ἀγρὸν
πορευόμενος θαμὰ αὐτὸ πάσχω.

Τὸ δὲ δὴ κεφάλαιον, ἦν δ᾽ ἐγώ, πάντων τούτων συνη-
θροισμένων, ἐννοεῖς ὡς ἁπαλὴν τὴν ψυχὴν τῶν πολιτῶν ποιεῖ,
5 ὥστε κἂν ὁτιοῦν δουλείας τις προσφέρηται, ἀγανακτεῖν καὶ
μὴ ἀνέχεσθαι· τελευτῶντες γάρ που οἶσθ᾽ ὅτι οὐδὲ τῶν νόμων
φροντίζουσιν γεγραμμένων ἢ ἀγράφων, ἵνα δὴ μηδαμῇ μηδεὶς
e   αὐτοῖς ᾖ δεσπότης.

Καὶ μάλ᾽, ἔφη, οἶδα.

Αὕτη μὲν τοίνυν, ἦν δ᾽ ἐγώ, ὦ φίλε, ἡ ἀρχὴ οὑτωσὶ καλὴ
καὶ νεανική, ὅθεν τυραννὶς φύεται, ὡς ἐμοὶ δοκεῖ.

5   Νεανικὴ δῆτα, ἔφη· ἀλλὰ τί τὸ μετὰ τοῦτο;

Ταὐτόν, ἦν δ᾽ ἐγώ, ὅπερ ἐν τῇ ὀλιγαρχίᾳ νόσημα ἐγγε-
νόμενον ἀπώλεσεν αὐτήν, τοῦτο καὶ ἐν ταύτῃ πλέον τε καὶ
ἰσχυρότερον ἐκ τῆς ἐξουσίας ἐγγενόμενον καταδουλοῦται
δημοκρατίαν. καὶ τῷ ὄντι τὸ ἄγαν τι ποιεῖν μεγάλην φιλεῖ
10 εἰς τοὐναντίον μεταβολὴν ἀνταποδιδόναι, ἐν ὥραις τε καὶ ἐν
564 φυτοῖς καὶ ἐν σώμασιν, καὶ δὴ καὶ ἐν πολιτείαις οὐχ ἥκιστα.

Εἰκός, ἔφη.

Ἡ γὰρ ἄγαν ἐλευθερία ἔοικεν οὐκ εἰς ἄλλο τι ἢ εἰς ἄγαν
δουλείαν μεταβάλλειν καὶ ἰδιώτῃ καὶ πόλει.

5   Εἰκὸς γάρ.

Εἰκότως τοίνυν, εἶπον, οὐκ ἐξ ἄλλης πολιτείας τυραννὶς

---

c7 γίγνονταί τε δὴ AD: γίγνονται F   d3 ξυνηθροισμένον F
d5 τις ADF: secl. Berti coll. Cic. (si minima uis adhibeatur imperii):
τισὶ Adam   προσφέρηι W. H. Thompson   e9 μεγάλην AD: μέγα F
564a1 καὶ δὴ καὶ DF: καὶ A   a4 μεταβάλλει F   ἰδιώτην Stob.   πόλιν
Stob.

καθίσταται ἢ ἐκ δημοκρατίας, ἐξ, οἶμαι, τῆς ἀκροτάτης
ἐλευθερίας δουλεία πλείστη τε καὶ ἀγριωτάτη.

Ἔχει γάρ, ἔφη, λόγον.

Ἀλλ' οὐ τοῦτ' οἶμαι, ἦν δ' ἐγώ, ἠρώτας, ἀλλὰ ποῖον νόσημα 10
ἐν ὀλιγαρχίᾳ τε φυόμενον ταὐτὸν καὶ ἐν δημοκρατίᾳ δουλοῦ- b
ται αὐτήν.

Ἀληθῆ, ἔφη, λέγεις.

Ἐκεῖνο τοίνυν, ἔφη, ἔλεγον τὸ τῶν ἀργῶν τε καὶ
δαπανηρῶν ἀνδρῶν γένος, τὸ μὲν ἀνδρειότατον ἡγούμενον 5
αὐτῶν, τὸ δ' ἀνανδρότερον ἑπόμενον· οὓς δὴ ἀφομοιοῦμεν
κηφῆσι, τοὺς μὲν κέντρα ἔχουσι, τοὺς δὲ ἀκέντροις.

Καὶ ὀρθῶς γ', ἔφη.

Τούτω τοίνυν, ἦν δ' ἐγώ, ταράττετον ἐν πάσῃ πολιτείᾳ
ἐγγιγνομένω, οἷον περὶ σῶμα φλέγμα τε καὶ χολή· ὣ δὴ καὶ c
δεῖ τὸν ἀγαθὸν ἰατρόν τε καὶ νομοθέτην πόλεως μὴ ἧττον ἢ
σοφὸν μελιττουργὸν πόρρωθεν εὐλαβεῖσθαι, μάλιστα μὲν
ὅπως μὴ ἐγγενήσεσθον, ἂν δὲ ἐγγένησθον, ὅπως ὅτι τάχιστα
σὺν αὐτοῖσι τοῖς κηρίοις ἐκτετμήσεσθον. 5

Ναὶ μὰ Δία, ἦ δ' ὅς, παντάπασί γε.

Ὧδε τοίνυν, ἦν δ' ἐγώ, λάβωμεν, ἵν' εὐκρινέστερον ἴδωμεν
ὃ βουλόμεθα.

Πῶς;

Τριχῇ διαστησώμεθα τῷ λόγῳ δημοκρατουμένην πόλιν, 10
ὥσπερ οὖν καὶ ἔχει. ἐν μὲν γάρ που τὸ τοιοῦτον γένος ἐν αὐτῇ d
ἐμφύεται δι' ἐξουσίαν οὐκ ἔλαττον ἢ ἐν τῇ ὀλιγαρχουμένῃ.

Ἔστιν οὕτω.

Πολὺ δέ γε δριμύτερον ἐν ταύτῃ ἢ ἐν ἐκείνῃ.

Πῶς; 5

Ἐκεῖ μὲν διὰ τὸ μὴ ἔντιμον εἶναι, ἀλλ' ἀπελαύνεσθαι τῶν
ἀρχῶν, ἀγύμναστον καὶ οὐκ ἐρρωμένον γίγνεται· ἐν δημο-
κρατίᾳ δὲ τοῦτό που τὸ προεστὸς αὐτῆς, ἐκτὸς ὀλίγων, καὶ τὸ

b5–6 αὐτῶν ἡγούμενον D c3 μελιττουργὸν DF: μελιτουργὸν A
c4 ἐγγενήσεσθον A prD F: ἐγγενήσθον [sic] Dpc, verba tamen ἂν δὲ
ἐγγένησθον om. D c5 ξὺν ADF: secl. W. H. Thompson αὐτοῖσι
Apc D: αὐτοῖς prA F ἐκτετμήσεσθον Apc: ἐκτετμήσθον prA DF
c10 τριχῇ [sic] δὲ F d8 αὐτῆς AD Fpc: αὐτοῖς prF

μὲν δριμύτατον αὐτοῦ λέγει τε καὶ πράττει, τὸ δ' ἄλλο περὶ τὰ
10 βήματα προσίζον βομβεῖ τε καὶ οὐκ ἀνέχεται τοῦ ἄλλα
e λέγοντος, ὥστε πάντα ὑπὸ τοῦ τοιούτου διοικεῖται ἐν τῇ
τοιαύτῃ πολιτείᾳ χωρίς τινων ὀλίγων.

Μάλα γε, ἦ δ' ὅς.

Ἄλλο τοίνυν τοιόνδε ἀεὶ ἀποκρίνεται ἐκ τοῦ πλήθους.

5 Τὸ ποῖον;

Χρηματιζομένων που πάντων, οἱ κοσμιώτατοι φύσει ὡς τὸ
πολὺ πλουσιώτατοι γίγνονται.

Εἰκός.

Πλεῖστον δή, οἶμαι, τοῖς κηφῆσι μέλι καὶ εὐπορώτατον
10 ἐντεῦθεν βλίττε⟨τα⟩ι.

Πῶς γὰρ ἄν, ἔφη, παρά γε τῶν σμικρὰ ἐχόντων τις
βλίσειεν;

Πλούσιοι δή, οἶμαι, οἱ τοιοῦτοι καλοῦνται κηφήνων
βοτάνη.

15 Σχεδόν τι, ἔφη.

565 Δῆμος δ' ἂν εἴη τρίτον γένος, ὅσοι αὐτουργοί τε καὶ
ἀπράγμονες, οὐ πάνυ πολλὰ κεκτημένοι· ὃ δὴ πλεῖστόν τε
καὶ κυριώτατον ἐν δημοκρατίᾳ ὅτανπερ ἀθροισθῇ.

Ἔστιν γάρ, ἔφη· ἀλλ' οὐ θαμὰ ἐθέλει ποιεῖν τοῦτο, ἐὰν μὴ
5 μέλιτός τι μεταλαμβάνῃ.

Οὔκουν μεταλαμβάνει, ἦν δ' ἐγώ, ἀεί, καθ' ὅσον δύνανται
οἱ προεστῶτες, τοὺς ἔχοντας τὴν οὐσίαν ἀφαιρούμενοι,
διανέμοντες τῷ δήμῳ, τὸ πλεῖστον αὐτοὶ ἔχειν;

b Μεταλαμβάνει γὰρ οὖν, ἦ δ' ὅς, οὕτως.

Ἀναγκάζονται δή, οἶμαι, ἀμύνεσθαι, λέγοντές τε ἐν τῷ
δήμῳ καὶ πράττοντες ὅπῃ δύνανται, οὗτοι ὧν ἀφαιροῦνται.

Πῶς γὰρ οὔ;

5 Αἰτίαν δὴ ἔσχον ὑπὸ τῶν ἑτέρων, κἂν μὴ ἐπιθυμῶσι
νεωτερίζειν, ὡς ἐπιβουλεύουσι τῷ δήμῳ καί εἰσιν ὀλιγαρχι-
κοί.

d9 πράττει AD: τάττει F   d10 του Astius   e10 βλίττεται
Ruhnkenius: βλίττει ADF Schol.: βλίττειν Adam   e11 σμικρὰ Apc:
σμικρὸν prA DF   565a3 ὅταν περιαθροισθῇ F

Τί μήν;

Οὐκοῦν καὶ τελευτῶντες, ἐπειδὰν ὁρῶσι τὸν δῆμον, οὐχ
ἑκόντα ἀλλ᾽ ἀγνοήσαντά τε καὶ ἐξαπατηθέντα ὑπὸ τῶν 10
διαβαλλόντων, ἐπιχειροῦντα σφᾶς ἀδικεῖν, τότ᾽ ἤδη, εἴτε c
βούλονται εἴτε μή, ὡς ἀληθῶς ὀλιγαρχικοὶ γίγνονται, οὐχ
ἑκόντες, ἀλλὰ καὶ τοῦτο τὸ κακὸν ἐκεῖνος ὁ κηφὴν ἐντίκτει
κεντῶν αὐτούς;

Κομιδῇ μὲν οὖν.   5

Εἰσαγγελίαι δὴ καὶ κρίσεις καὶ ἀγῶνες περὶ ἀλλήλων
γίγνονται.

Καὶ μάλα.

Οὐκοῦν ἕνα τινὰ ἀεὶ δῆμος εἴωθεν διαφερόντως προΐστα-
σθαι ἑαυτοῦ, καὶ τοῦτον τρέφειν τε καὶ αὔξειν μέγαν;   10

Εἴωθε γάρ.

Τοῦτο μὲν ἄρα, ἦν δ᾽ ἐγώ, δῆλον, ὅτι, ὅτανπερ φύηται
τύραννος, ἐκ προστατικῆς ῥίζης καὶ οὐκ ἄλλοθεν ἐκβλαστά- d
νει.

Καὶ μάλα δῆλον.

Τίς ἀρχὴ οὖν μεταβολῆς ἐκ προστάτου ἐπὶ τύραννον; ἢ
δῆλον ὅτι ἐπειδὰν ταὐτὸν ἄρξηται δρᾶν ὁ προστάτης τῷ ἐν τῷ 5
μύθῳ ὃς περὶ τὸ ἐν Ἀρκαδίᾳ τὸ τοῦ Διὸς τοῦ Λυκαίου ἱερὸν
λέγεται;

Τίς; ἔφη.

Ὡς ἄρα ὁ γευσάμενος τοῦ ἀνθρωπίνου σπλάγχνου, ἐν
ἄλλοις ἄλλων ἱερείων ἑνὸς ἐγκατατετμημένου, ἀνάγκη δὴ 10
τούτῳ λύκῳ γενέσθαι. ἢ οὐκ ἀκήκοας τὸν λόγον;   e

Ἔγωγε.

Ἆρ᾽ οὖν οὕτω καὶ ὃς ἂν δήμου προεστώς, λαβὼν σφόδρα
πειθόμενον ὄχλον, μὴ ἀπόσχηται ἐμφυλίου αἵματος, ἀλλ᾽
ἀδίκως ἐπαιτιώμενος, οἷα δὴ φιλοῦσιν, εἰς δικαστήρια ἄγων 5
μιαιφονῇ, βίον ἀνδρὸς ἀφανίζων, γλώττῃ τε καὶ στόματι
ἀνοσίῳ γευόμενος φόνου συγγενοῦς, καὶ ἀνδρηλατῇ καὶ

---

c1 εἴτε τι F   c6 εἰσαγγελίαι ADF Schol.: ἐπαγγελίαι Tim. Phot.
Suid.   c12 ὅταν περιφύηται F   d9 ὁ om. F   e3 προεστὼς F:
προσεστὼς AD

566 ἀποκτεινύῃ καὶ ὑποσημαίνῃ χρεῶν τε ἀποκοπὰς καὶ γῆς
ἀναδασμόν, ἆρα τῷ τοιούτῳ ἀνάγκη δὴ τὸ μετὰ τοῦτο καὶ
εἵμαρται ἢ ἀπολωλέναι ὑπὸ τῶν ἐχθρῶν ἢ τυραννεῖν καὶ λύκῳ
ἐξ ἀνθρώπου γενέσθαι;

5 Πολλὴ ἀνάγκη, ἔφη.

Οὗτος δή, ἔφην, ὁ στασιάζων γίγνεται πρὸς τοὺς ἔχοντας
τὰς οὐσίας.

Οὗτος.

Ἆρ' οὖν ἐκπεσὼν μὲν καὶ κατελθὼν βίᾳ τῶν ἐχθρῶν
10 τύραννος ἀπειργασμένος κατέρχεται;

Δῆλον.

Ἐὰν δὲ ἀδύνατοι ἐκβάλλειν αὐτὸν ὦσιν ἢ ἀποκτεῖναι
b διαβάλλοντες τῇ πόλει, βιαίῳ δὴ θανάτῳ ἐπιβουλεύουσιν
ἀποκτεινύναι λάθρᾳ.

Φιλεῖ γοῦν, ᾗ δ' ὅς, οὕτω γίγνεσθαι.

Τὸ δὴ τυραννικὸν αἴτημα τὸ πολυθρύλητον ἐπὶ τούτῳ
5 πάντες οἱ εἰς τοῦτο προβεβηκότες ἐξευρίσκουσιν, αἰτεῖν τὸν
δῆμον φύλακάς τινας τοῦ σώματος, ἵνα σῶς αὐτοῖς ᾖ ὁ τοῦ
δήμου βοηθός.

Καὶ μάλ', ἔφη.

Διδόασι δή, οἶμαι, δείσαντες μὲν ὑπὲρ ἐκείνου, θαρρήσαν-
10 τες δὲ ὑπὲρ ἑαυτῶν.

Καὶ μάλα.

c Οὐκοῦν τοῦτο ὅταν ἴδῃ ἀνὴρ χρήματα ἔχων καὶ μετὰ τῶν
χρημάτων αἰτίαν μισόδημος εἶναι, τότε δὴ οὗτος, ὦ ἑταῖρε,
κατὰ τὸν Κροίσῳ γενόμενον χρησμὸν

πολυψήφιδα παρ' Ἕρμον
5 φεύγει, οὐδὲ μένει, οὐδ' αἰδεῖται κακὸς εἶναι.

Οὐ γὰρ ἄν, ἔφη, δεύτερον αὖθις αἰδεσθείη.

Ὁ δέ γε, οἶμαι, ἢν δ' ἐγώ, καταληφθεὶς θανάτῳ δίδοται.

566a1 καὶ γῆς τε F   a2 ἀναδασμοὺς Themist.   ἆρα τῶι AF: ὁράτω
D, fortasse ex v.l. ὅρα εἰ τῶι ortum   δὴ valde suspectum, fortasse ἤδη
a5 ἀνάγκη om. D   c4-5 Hdt. 1.55.2   c4 πολυψήφιδα ADF
Schol.: μελαμψήφιδα Schol.sl

Ἀνάγκη.

Ὁ δὲ δὴ προστάτης ἐκεῖνος αὐτὸς δῆλον δὴ ὅτι μέγας
μεγαλωστὶ οὐ κεῖται, ἀλλὰ καταβαλὼν ἄλλους πολλοὺς d
ἔστηκεν ἐν τῷ δίφρῳ τῆς πόλεως, τύραννος ἀντὶ προστά-
του ἀποτετελεσμένος.

Τί δ' οὐ μέλλει; ἔφη.

Διέλθωμεν δὴ τὴν εὐδαιμονίαν, ἣν δ' ἐγώ, τοῦ τε ἀνδρὸς 5
καὶ τῆς πόλεως, ἐν ᾗ ἂν ὁ τοιοῦτος βροτὸς ἐγγένηται;

Πάνυ μὲν οὖν, ἔφη, διέλθωμεν.

Ἆρ' οὖν, εἶπον, οὐ ταῖς μὲν πρώταις ἡμέραις τε καὶ χρόνῳ
προσγελᾷ τε καὶ ἀσπάζεται πάντας, ᾧ ἂν περιτυγχάνῃ, καὶ
οὔτε τύραννός φησιν εἶναι ὑπισχνεῖταί τε πολλὰ καὶ ἰδίᾳ καὶ e
δημοσίᾳ, χρεῶν τε ἠλευθέρωσεν καὶ γῆν διένειμεν δήμῳ τε
καὶ τοῖς περὶ ἑαυτὸν καὶ πᾶσιν ἵλεώς τε καὶ πρᾶος εἶναι
προσποιεῖται;

Ἀνάγκη, ἔφη. 5

Ὅταν δέ γε, οἶμαι, πρὸς τοὺς ἔξω ἐχθροὺς τοῖς μὲν
καταλλαγῇ, τοὺς δὲ καὶ διαφθείρῃ, καὶ ἡσυχία ἐκείνων
γένηται, πρῶτον μὲν πολέμους τινὰς ἀεὶ κινεῖ, ἵν' ἐν χρείᾳ
ἡγεμόνος ὁ δῆμος ᾖ.

Εἰκός γε. 10

Οὐκοῦν καὶ ἵνα χρήματα εἰσφέροντες πένητες γιγνόμενοι 567
πρὸς τῷ καθ' ἡμέραν ἀναγκάζωνται εἶναι καὶ ἧττον αὐτῷ
ἐπιβουλεύωσι;

Δῆλον.

Καὶ ἄν γέ τινας, οἶμαι, ὑποπτεύῃ ἐλεύθερα φρονήματα 5
ἔχοντας μὴ ἐπιτρέψειν αὐτῷ ἄρχειν, ὅπως ἂν τούτους μετὰ
προφάσεως ἀπολλύῃ ἐνδοὺς τοῖς πολεμίοις; τούτων πάντων
ἕνεκα τυράννῳ ἀεὶ ἀνάγκη πόλεμον ταράττειν;

Ἀνάγκη.

---

c9 αὐτὸς ἐκεῖνος F   c9–d1 *Il.* Π 776   d2 verba ἐν τῶι δίφρωι
τῆς πόλεως e poeta ignoto petita, sicut et d6 βροτὸς   e6 πρὸς τοὺς ἔξω
ἐχθροὺς ADF Averroes: secl. Lloyd-Jones   τοῖς AD: τοὺς F
567a2 τῶι Aristot.: τῷ fortasse Apc: τὸ ADF   a5 γέ AD: τε F

10   Ταῦτα δὴ ποιοῦντα ἕτοιμον μᾶλλον ἀπεχθάνεσθαι τοῖς
πολίταις;

   Πῶς γὰρ οὔ;

b   Οὐκοῦν καί τινας τῶν συγκαταστησάντων καὶ ἐν δυνάμει
ὄντων παρρησιάζεσθαι καὶ πρὸς αὐτὸν καὶ πρὸς ἀλλήλους,
ἐπιπλήττοντας τοῖς γιγνομένοις, οἳ ἂν τυγχάνωσιν ἀνδρικώ-
τατοι ὄντες;

5   Εἰκός γε.

   Ὑπεξαιρεῖν δὴ τούτους πάντας δεῖ τὸν τύραννον, εἰ μέλλει
ἄρξειν, ἕως ἂν μήτε φίλων μήτ' ἐχθρῶν λίπῃ μηδένα ὅτου τι
ὄφελος.

   Δῆλον.

10   Ὀξέως ἄρα δεῖ ὁρᾶν αὐτὸν τίς ἀνδρεῖος, τίς μεγαλόφρων,
c   τίς φρόνιμος, τίς πλούσιος· καὶ οὕτως εὐδαίμων ἐστίν, ὥστε
τούτοις ἅπασιν ἀνάγκη αὐτῷ, εἴτε βούλεται εἴτε μή, πολεμίῳ
εἶναι καὶ ἐπιβουλεύειν, ἕως ἂν καθήρῃ τὴν πόλιν.

   Καλόν γε, ἔφη, καθαρμόν.

5   Ναί, ἦν δ' ἐγώ, τὸν ἐναντίον ἢ οἱ ἰατροὶ τὰ σώματα· οἱ μὲν
γὰρ τὸ χείριστον ἀφαιροῦντες λείπουσι τὸ βέλτιστον, ὁ δὲ
τοὐναντίον.

   Ὡς ἔοικε γὰρ αὐτῷ, ἔφη, ἀνάγκη, εἴπερ ἄρξει.

d   Ἐν μακαρίᾳ ἄρα, εἶπον ἐγώ, ἀνάγκη δέδεται, ἢ προστάττει
αὐτῷ ἢ μετὰ φαύλων τῶν πολλῶν οἰκεῖν, καὶ ὑπὸ τούτων
μισούμενον, ἢ μὴ ζῆν.

   Ἐν τοιαύτῃ, ἦ δ' ὅς.

5   Ἆρ' οὖν οὐχὶ ὅσῳ ἂν μᾶλλον τοῖς πολίταις ἀπεχθάνηται
ταῦτα δρῶν, τοσούτῳ πλειόνων καὶ πιστοτέρων δορυφόρων
δεήσεται;

   Πῶς γὰρ οὔ;

   Τίνες οὖν οἱ πιστοί; καὶ πόθεν αὐτοὺς μεταπέμψεται;

10   Αὐτόματοι, ἔφη, πολλοὶ ἥξουσιν πετόμενοι, ἐὰν τὸν μισθὸν
διδῷ.

a10 δὴ ADF: in quibusdam codd. δὸς legi dicit Schol., sed fortasse ad
a7 ἐνδοὺς (= ΕΝΔΟΣ) pertinet   b10 αὐτὸν prA DF: ἀστὸν Apc: ἀστῶν
Sauppe   d1 ἀνάγκη ADF, sed fortasse dativum voluerunt
d10 τὸν ADF: μόνον W. H. Thompson

Κηφῆνας, ἦν δ᾽ ἐγώ, νὴ τὸν κύνα, δοκεῖς αὖ τινάς μοι
λέγειν ξενικούς τε καὶ παντοδαπούς.   e
Ἀληθῆ γάρ, ἔφη, δοκῶ σοι.

Τίς δὲ αὐτόθεν; ἆρ᾽ οὐκ ἂν ἐθελήσειέν πως τοὺς δούλους
ἀφελόμενος τοὺς πολίτας, ἐλευθερώσας τῶν περὶ ἑαυτὸν
δορυφόρων ποιήσασθαι;   5
Σφόδρα γ᾽, ἔφη· ἐπεί τοι καὶ πιστότατοι αὐτῷ οὗτοί εἰσιν.

Ἦ μακάριον, ἦν δ᾽ ἐγώ, λέγεις τυράννου χρῆμα, εἰ
τοιούτοις φίλοις τε καὶ πιστοῖς ἀνδράσι χρῆται, τοὺς προτέ- 568
ρους ἐκείνους ἀπολέσας.
Ἀλλὰ μήν, ἔφη, τοιούτοις γε χρῆται.

Καὶ θαυμάζουσι δή, εἶπον, οὗτοι οἱ ἑταῖροι αὐτὸν καὶ
σύνεισιν οἱ νέοι πολῖται, οἱ δ᾽ ἐπιεικεῖς μισοῦσί τε καὶ 5
φεύγουσι.
Τί δ᾽ οὐ μέλλουσιν;

Οὐκ ἐτός, ἦν δ᾽ ἐγώ, ἥ τε τραγῳδία ὅλως σοφὸν δοκεῖ εἶναι
καὶ ὁ Εὐριπίδης διαφέρων ἐν αὐτῇ.
Τί δή;   10

Ὅτι καὶ τοῦτο πυκνῆς διανοίας ἐχόμενον ἐφθέγξατο, ὡς
ἄρα σοφοὶ τύραννοί εἰσι τῶν σοφῶν συνουσίᾳ. καὶ b
ἔλεγε δῆλον ὅτι τούτους εἶναι τοὺς σοφοὺς οἷς σύνεστιν.

Καὶ ὡς ἰσόθεόν γ᾽, ἔφη, τὴν τυραννίδα ἐγκωμιάζει, καὶ
ἕτερα πολλά, καὶ οὗτος καὶ οἱ ἄλλοι ποιηταί.

Τοιγάρτοι, ἔφην, ἅτε σοφοὶ ὄντες οἱ τῆς τραγῳδίας 5
ποιηταὶ συγγιγνώσκουσιν ἡμῖν τε καὶ ἐκείνοις ὅσοι ἡμῶν
ἐγγὺς πολιτεύονται, ὅτι αὐτοὺς εἰς τὴν πολιτείαν οὐ παραδε-
ξόμεθα ἅτε τυραννίδος ὑμνητάς.

Οἶμαι ἔγωγ᾽, ἔφη, συγγιγνώσκουσιν ὅσοιπέρ γε αὐτῶν c
κομψοί.

Εἰς δέ γε, οἶμαι, τὰς ἄλλας περιόντες πόλεις, συλλέγοντες

e3 τίς ADF: τί Laur.80.19pc: τοὺς Aldina   πως legit et Socrati trib.
Bessarion: post ἐθελήσειεν et πῶς (sic legunt) alt. interloc. ind. ADF,
fortasse omnino secludendum   568b1 Soph. (non Eur.) fr.
14 Radt   b2 τοὺς secl. Cobet   b3 ἰσόθεον Eur. Troad. 1169
b6 καὶ συγγιγνώσκουσιν F   c3 περιόντες Asl: περιόντες ADF, fortasse
secundum veterem orthographiam Atticam

τοὺς ὄχλους, καλὰς φωνὰς καὶ μεγάλας καὶ πιθανὰς μισθω-
5 σάμενοι, εἰς τυραννίδας τε καὶ δημοκρατίας ἕλκουσι τὰς
πολιτείας.

Μάλα γε.

Οὐκοῦν καὶ προσέτι τούτων μισθοὺς λαμβάνουσι καὶ
τιμῶνται, μάλιστα μέν, ὥσπερ τὸ εἰκός, ὑπὸ τυράννων,
10 δεύτερον δὲ ὑπὸ δημοκρατίας; ὅσῳ δ᾽ ἂν ἀνωτέρω ἴωσιν
πρὸς τὸ ἄναντες τῶν πολιτειῶν, μᾶλλον ἀπαγορεύει αὐτῶν
d ἡ τιμή, ὥσπερ ὑπὸ ἄσθματος ἀδυνατοῦσα πορεύεσθαι.

Πάνυ μὲν οὖν.

Ἀλλὰ δή, εἶπον, ἐνταῦθα μὲν ἐξέβημεν· λέγωμεν δὲ πάλιν
ἐκεῖνο τὸ τοῦ τυράννου στρατόπεδον, τὸ καλόν τε καὶ πολὺ
5 καὶ ποικίλον καὶ οὐδέποτε ταὐτόν, πόθεν θρέψεται.

Δῆλον, ἔφη, ὅτι, ἐάν τε ἱερὰ χρήματα ᾖ ἐν τῇ πόλει, ταῦτα
ἀναλώσει, ὅποι ποτὲ ἂν ἀεὶ ἐξαρκῇ τὰ τῶν ἀποδομένων,
e ἐλάττους εἰσφορὰς ἀναγκάζων τὸν δῆμον εἰσφέρειν.

Τί δ᾽ ὅταν δὴ ταῦτα ἐπιλίπῃ;

Δῆλον, ἔφη, ὅτι ἐκ τῶν πατρῴων θρέψεται αὐτός τε καὶ οἱ
συμπόται τε καὶ ἑταῖροι καὶ ἑταῖραι.

5 Μανθάνω, ἔφην [δ᾽] ἐγώ· ὅτι ὁ δῆμος ὁ γεννήσας τὸν
τύραννον θρέψει αὐτόν τε καὶ ἑταίρους.

Πολλὴ αὐτῷ, ἔφη, ἀνάγκη.

Πῶς λέγεις; εἶπον· ἐὰν δὲ ἀγανακτῇ τε καὶ λέγῃ ὁ δῆμος
ὅτι οὔτε δίκαιον τρέφεσθαι ὑπὸ πατρὸς ὑὸν ἡβῶντα, ἀλλὰ
10 τοὐναντίον ὑπὸ ὑέος πατέρα, οὔτε τούτου αὐτὸν ἕνεκα
569 ἐγέννησέν τε καὶ κατέστησεν, ἵνα, ἐπειδὴ μέγας γένοιτο,
τότε αὐτὸς δουλεύων τοῖς αὑτοῦ δούλοις τρέφοι ἐκεῖνόν τε
καὶ τοὺς δούλους μετὰ συγκλύδων ἄλλων, ἀλλ᾽ ἵνα [ὑπὸ] τῶν

d1 ἡ ὥσπερ A   d4-5 πολὺ καὶ ποικίλον AD: πολυποικίλον F
d7 ὅποι ποτὲ ἂν ἀεὶ ADF: ὅποι τ᾽ ἂν μὴ Sauppe: ὁπόταν τε μὴ Vretska   τὰ
ADF: καὶ τὰ Baiter   ἀποδομένων ADF: ἀπολομένων Asl: ἀποδεδομένων
Stallbaum, locus admodum incertus   e2 ἐπιλίπῃ F: ἐπιλείπηι AD
e4 συμπόται prA DF: συμπολῖται Apc[sl]   e5 ἔφην ἐγώ scripsi: ἔφην δ᾽
ἐγὼ prA DF: ἦν δ᾽ ἐγὼ Apc   e6 ἑταίρους DF: ἑτέρους A, fortasse τοὺς
ἑταίρους   e8 πῶς F: πῶς δὲ AD   ἐὰν δὲ F: ἐάν τε AD
e10 αὐτοῦ D   569a3 ὑπὸ (ADF) seclusi: ἀπὸ Laur.80.19pc

πλουσίων τε καὶ καλῶν κἀγαθῶν λεγομένων ἐν τῇ πόλει
ἐλευθερωθείη ἐκείνου προστάντος, καὶ νῦν κελεύει ἀπιέναι ἐκ   5
τῆς πόλεως αὐτόν τε καὶ τοὺς ἑταίρους, ὥσπερ πατὴρ ὑὸν ἐξ
οἰκίας μετὰ ὀχληρῶν συμποτῶν ἐξελαύνων;

Γνώσεταί γε, νὴ Δία, ἦ δ' ὅς, τότ' ἤδη ὁ δῆμος οἷος οἷον b
θρέμμα γεννῶν ἠσπάζετό τε καὶ ηὖξεν, καὶ ὅτι ἀσθενέστερος
ὢν ἰσχυροτέρους ἐξελαύνει.

Πῶς, ἦν δ' ἐγώ, λέγεις; τολμήσει τὸν πατέρα βιάζεσθαι,
κἂν μὴ πείθηται, τύπτειν ὁ τύραννος;   5

Ναί, ἔφη, ἀφελόμενός γε τὰ ὅπλα.

Πατραλοίαν, ἦν δ' ἐγώ, λέγεις τύραννον καὶ χαλεπὸν
γηροτρόφον, καὶ ὡς ἔοικε τοῦτο δὴ ὁμολογουμένη ἂν ἤδη
τυραννὶς εἴη, καί, τὸ λεγόμενον, ὁ δῆμος φεύγων ἂν καπνὸν
δουλείας ἐλευθέρων εἰς πῦρ δούλων δεσποτείας ἂν ἐμπε- c
πτωκὼς εἴη, ἀντὶ τῆς πολλῆς ἐκείνης καὶ ἀκαίρου ἐλευθερίας
τὴν χαλεπωτάτην τε καὶ πικροτάτην δούλων δουλείαν μεταμ-
πισχόμενος.

Καὶ μάλα, ἔφη, ταῦτα οὕτω γίγνεται.   5

Τί οὖν; εἶπον· οὐκ ἐμμελῶς ἡμῖν εἰρήσεται, ἐὰν φῶμεν
ἱκανῶς διεληλυθέναι ὡς μεταβαίνει τυραννὶς ἐκ δημοκρατίας,
γενομένη τε οἷα ἐστί;

Πάνυ μὲν οὖν ἱκανῶς, ἔφη.

a5 ἐλευθερωθείη AF: ἐλευθερωθῇ ἡ D(u.v.), aut errore pro optat. aut
coniunct. vestigium servans   b8 δὴ om. F   ὁμολογημένη [sic] F
c1 ἐλευθέραν D   δοῦλον D   c2 ἀκαίρου ADF: ἀκράτου van
Herwerden   c3 πικροτάτην AD: πυκνοτάτην F   c8 τε καὶ D

Θ

a   Αὐτὸς δὴ λοιπός, ἦν δ' ἐγώ, ὁ τυραννικὸς ἀνὴρ σκέψασθαι,
πῶς τε μεθίσταται ἐκ δημοκρατικοῦ, γενόμενός τε ποῖός τίς
ἐστιν καὶ τίνα τρόπον ζῇ, ἄθλιον ἢ μακάριον.
    Λοιπὸς γὰρ οὖν ἔτι οὗτος, ἔφη.

5   Οἶσθ' οὖν, ἦν δ' ἐγώ, ὃ ποθῶ ἔτι;
    Τὸ ποῖον;
    Τὸ τῶν ἐπιθυμιῶν, οἷαί τε καὶ ὅσαι εἰσίν, οὔ μοι δοκοῦμεν
ἱκανῶς διῃρῆσθαι. τούτου δὴ ἐνδεῶς ἔχοντος, ἀσαφεστέρα
ἔσται ἡ ζήτησις οὗ ζητοῦμεν.

b   Οὔκουν, ἦ δ' ὅς, ἔτ' ἐν καλῷ;
    Πάνυ μὲν οὖν· καὶ σκόπει γε ὃ ἐν αὐταῖς βούλομαι ἰδεῖν.
ἔστιν δὲ τόδε. τῶν μὴ ἀναγκαίων ἡδονῶν τε καὶ ἐπιθυμιῶν
δοκοῦσί τινές μοι εἶναι παράνομοι, αἳ κινδυνεύουσι μὲν
5 ἐγγίγνεσθαι παντί, κολαζόμεναι δὲ ὑπό τε τῶν νόμων καὶ
τῶν βελτιόνων ἐπιθυμιῶν μετὰ λόγου ἐνίων μὲν ἀνθρώπων ἢ
παντάπασιν ἀπαλλάττεσθαι ἢ ὀλίγαι λείπεσθαι καὶ ἀσθενεῖς,

c   τῶν δὲ ἰσχυρότεραι καὶ πλείους.
    Λέγεις δὲ τίνας, ἔφη, ταύτας;
    Τὰς περὶ τὸν ὕπνον, ἦν δ' ἐγώ, ἐγειρομένας, ὅταν τὸ μὲν
ἄλλο τῆς ψυχῆς εὕδῃ, ὅσον λογιστικὸν καὶ ἥμερον καὶ ἄρχον
5 ἐκείνου, τὸ δὲ θηριῶδές τε καὶ ἄγριον, ἢ σίτων ἢ μέθης
πλησθέν, σκιρτᾷ τε καὶ ἀπωσάμενον τὸν ὕπνον ζητῇ ἰέναι καὶ
ἀποπιμπλάναι τὰ αὑτοῦ ἤθη, οἶσθ' ὅτι πάντα ἐν τῷ τοιούτῳ
τολμᾷ ποιεῖν, ὡς ἀπὸ πάσης λελυμένον τε καὶ ἀπηλλαγμένον

571a1 λοιπὸν F   b1 ἐν καλῶ Laur.CS42 Caesen.D28.4: ἐγκαλῶ
ADF   b4 μοι ADF: ἐμοὶ Stob.   b4–5 κινδυνεύουσιν ἐγγίνεσθαι μὲν
Stob.   b5 τε om. Stob.   b5–6 νόμων καὶ τῶν ADF Calcid.:
τυγχανόντων Stob.   b7 λείπεσθαι AD Stob.: λίπεσθαι [sic] F
c2 δὲ DF: δὲ καὶ A: δὴ Stob.   c3 τὸν ὕπνον ADF Calcid.: τῶν ὕπνων
Stob.   ἐγειρομένας AD Stob.: ἀγειρομένας F: quae se exerunt [h.e.
exserunt] immanius Calcid.   c4 λογικὸν Stob.   c5 σίτων
ADF: σίτου Stob.: pastu Cic.   c6 ζητῆι A Dsl: ζητεῖ DF Stob.

336

αἰσχύνης καὶ φρονήσεως. μητρί τε γὰρ ἐπιχειρεῖν μείγνυσθαι, d
ὡς οἴεται, οὐδὲν ὀκνεῖ, ἄλλῳ τε ὁτῳοῦν ἀνθρώπων καὶ θεῶν
καὶ θηρίων, μιαιφονεῖν τε ὁτιοῦν, βρώματός τε ἀπέχεσθαι
μηδενός· καὶ ἑνὶ λόγῳ οὔτε ἀνοίας οὐδὲν ἐλλείπει οὔτ᾽
ἀναισχυντίας.   5

Ἀληθέστατα, ἔφη, λέγεις.

Ὅταν δέ γε, οἶμαι, ὑγιεινῶς τις ἔχῃ αὐτὸς αὑτοῦ καὶ
σωφρόνως, καὶ εἰς τὸν ὕπνον ἴῃ τὸ λογιστικὸν μὲν ἐγείρας
ἑαυτοῦ καὶ ἑστιάσας λόγων καλῶν καὶ σκέψεων, εἰς σύννοιαν
αὐτὸς αὑτῷ ἀφικόμενος, τὸ ἐπιθυμητικὸν δὲ μήτε ἐνδείᾳ δοὺς e
μήτε πλησμονῇ, ὅπως ἂν κοιμηθῇ καὶ μὴ παρέχῃ θόρυβον τῷ
βελτίστῳ χαῖρον ἢ λυπούμενον, ἀλλ᾽ ἐᾷ αὐτὸ καθ᾽ αὑτὸ μόνον 572
καθαρὸν σκοπεῖν καὶ ὀρέγεσθαι τοῦ αἰσθάνεσθαι ὃ μὴ οἶδεν, ἤ
τι τῶν γεγονότων ἢ ὄντων ἢ καὶ μελλόντων, ὡσαύτως δὲ καὶ
τὸ θυμοειδὲς πραΰνας καὶ μή τισιν εἰς ὀργὰς ἐλθὼν κεκινη-
μένῳ τῷ θυμῷ καθεύδῃ, ἀλλ᾽ ἡσυχάσας μὲν τὼ δύο εἴδη, τὸ 5
τρίτον δὲ κινήσας ἐν ᾧ τὸ φρονεῖν ἐγγίγνεται, οὕτω ἀνα-
παύηται, οἶσθ᾽ ὅτι τῆς τ᾽ ἀληθείας ἐν τῷ τοιούτῳ μάλιστα
ἅπτεται καὶ ἥκιστα παράνομοι τότε αἱ ὄψεις φαντάζονται
τῶν ἐνυπνίων.

Παντελῶς μὲν οὖν, ἔφη, οἶμαι οὕτω.   b

Ταῦτα μὲν τοίνυν ἐπὶ πλέον ἐξήχθημεν εἰπεῖν· ὃ δὲ
βουλόμεθα γνῶναι τόδ᾽ ἐστίν, ὡς ἄρα δεινόν τι καὶ ἄγριον
καὶ ἄνομον ἐπιθυμιῶν εἶδος ἑκάστῳ ἔνεστιν, καὶ πάνυ
δοκοῦσιν ἡμῶν ἐνίοις μετρίοις εἶναι· τοῦτο δὲ ἄρα ἐν τοῖς 5
ὕπνοις γίγνεται ἔνδηλον. εἰ οὖν τι δοκῶ λέγειν καὶ συγχωρεῖς,
ἄθρει.

Ἀλλὰ συγχωρῶ.

d1 ἐπιχειρεῖν ADF et legit Plut. bis: ἐπιθυμεῖ Stob.: non verterunt Cic.
Calcid.   d9 καὶ σκέψεων ADF Stob. Cic.: σκέψεων Calcid.
572a2 τοῦ αἰσθάνεσθαι DF Stob. et fortasse Calcid. (indagine veritatis):
τοῦ, καὶ αἰσθάνεσθαι A: τοῦ Campbell: τοῦ αἰσθάνεσθαι Burnet
a4 ὀργὴν Stob.   ἐλθὼν DF Stob.: ἐλθὸν A   a6 δὲ ADF Stob.: δέ
τις Galen.   ὧι Apc DF Galen. Stob.: τω prA   τὸ φρονεῖν AFsl
Galen. Stob.: τῶ φρονεῖν D: φρονεῖν F   a7 τ᾽ om. Stob.   b1 οἶμαι
om. Stob.   b2 τοίνυν ADF: τοι Stob.

Τὸν τοίνυν δημοτικὸν ἀναμνήσθητι οἷον ἔφαμεν εἶναι. ἦν δέ
c που γεγονὼς ἐκ νέου ὑπὸ φειδωλῷ πατρὶ τεθραμμένος, τὰς
χρηματιστικὰς ἐπιθυμίας τιμῶντι μόνας, τὰς δὲ μὴ ἀναγ-
καίους ἀλλὰ παιδιᾶς τε καὶ καλλωπισμοῦ ἕνεκα γιγνομένας
ἀτιμάζοντι. ἦ γάρ;
5 Ναί.

Συγγενόμενος δὲ κομψοτέροις ἀνδράσι καὶ μεστοῖς ὧν ἄρτι
διήλθομεν ἐπιθυμιῶν, ὁρμήσας εἰς ὕβριν τε πᾶσαν καὶ τὸ
ἐκείνων εἶδος μίσει τῆς τοῦ πατρὸς φειδωλίας, φύσιν δὲ τῶν
d διαφθειρόντων βελτίω ἔχων, ἀγόμενος ἀμφοτέρωσε κατέστη
εἰς μέσον ἀμφοῖν τοῖν τρόποιν, καὶ μετρίως δή, ὡς ᾤετο,
ἑκάστων ἀπολαύων οὔτε ἀνελεύθερον οὔτε παράνομον βίον
ζῇ, δημοτικὸς ἐξ ὀλιγαρχικοῦ γεγονώς.
5 Ἦν γάρ, ἔφη, καὶ ἔστιν αὕτη ἡ δόξα περὶ τὸν τοιοῦτον.

Θὲς τοίνυν, ἦν δ' ἐγώ, πάλιν τοῦ τοιούτου ἤδη πρεσβυτέρου
γεγονότος νέον ὑὸν ἐν τοῖς τούτου αὖ ἤθεσιν τεθραμμένον.
Τίθημι.

Τίθει τοίνυν καὶ τὰ αὐτὰ ἐκεῖνα περὶ αὐτὸν γιγνόμενα ἅπερ
10 καὶ περὶ τὸν πατέρα αὐτοῦ, ἀγόμενόν τε εἰς πᾶσαν παρα-
e νομίαν, ὀνομαζομένην δ' ὑπὸ τῶν ἀγόντων ἐλευθερίαν ἅπα-
σαν, βοηθοῦντά τε ταῖς ἐν μέσῳ ταύταις ἐπιθυμίαις πατέρα τε
καὶ τοὺς ἄλλους οἰκείους, τοὺς δ' αὖ παραβοηθοῦντας· ὅταν δ'
ἐλπίσωσιν οἱ δεινοὶ μάγοι τε καὶ τυραννοποιοὶ οὗτοι μὴ
5 ἄλλως τὸν νέον καθέξειν, ἔρωτά τινα αὐτῷ μηχανωμένους
ἐμποιῆσαι προστάτην τῶν ἀργῶν καὶ τὰ ἕτοιμα διανεμο-
573 μένων ἐπιθυμιῶν, ὑπόπτερον καὶ μέγαν κηφῆνά τινα· ἤ τι
ἄλλο οἴει εἶναι τὸν τῶν τοιούτων ἔρωτα;
Οὐδὲν ἔγωγε, ἦ δ' ὅς, ἀλλ' ἢ τοῦτο.

Οὐκοῦν ὅταν δὴ περὶ αὐτὸν βομβοῦσαι αἱ ἄλλαι ἐπιθυμίαι,
5 θυμιαμάτων τε γέμουσαι καὶ μύρων καὶ στεφάνων καὶ οἴνων

b9 τὸν AF: τῶν D   δημοτικὸν AF Dpc: δημοτικῶν prD   c2 χρημα-
τικὰς D   c3 παιδιᾶς A: παιδίας D: παιδείας F   c8 εἶδος ADF: mores
(ἦθος?) Ficinus   φύσει D   d3 ἑκάστων DF et fortasse prA: ἕκαστον A
ἀπολαβὼν A   d4 ἐξολιγάρχου [sic] F   d9 αὐτὸν Apc F: αὐτῶν prA D
d10 περὶ AD: τὰ περὶ F   e3 παραβοηθοῦντας AD: ἆρα βοηθοῦντας F
573a4 δὴ om. A   αἱ A: καὶ DF   a5 τε om. F

καὶ τῶν ἐν ταῖς τοιαύταις συνουσίαις ἡδονῶν ἀνειμένων, ἐπὶ
τὸ ἔσχατον αὔξουσαί τε καὶ τρέφουσαι πόθου κέντρον
ἐμποιήσωσι τῷ κηφῆνι, τότε δὴ δορυφορεῖταί τε ὑπὸ μανίας
καὶ οἴστρᾳ οὗτος ὁ προστάτης τῆς ψυχῆς, καὶ ἐάν τινας ἐν   b
αὑτῷ δόξας ἢ ἐπιθυμίας λάβῃ ποιουμένας χρηστὰς καὶ ἔτι
ἐπαισχυνομένας, ἀποκτείνει τε καὶ ἔξω ὠθεῖ παρ' αὑτοῦ, ἕως
ἂν καθήρῃ σωφροσύνης, μανίας δὲ πληρώσῃ ἐπακτοῦ.

Παντελῶς, ἔφη, τυραννικοῦ ἀνδρὸς λέγεις γένεσιν.   5

Ἆρ' οὖν, ἦν δ' ἐγώ, καὶ τὸ πάλαι διὰ τὸ τοιοῦτον τύραννος
ὁ Ἔρως λέγεται;

Κινδυνεύει, ἔφη.

Οὐκοῦν, ὦ φίλε, εἶπον, καὶ μεθυσθεὶς ἀνὴρ τυραννικόν τι
φρόνημα ἴσχει;   c

Ἴσχει γάρ.

Καὶ μὴν ὅ γε μαινόμενος καὶ ὑποκεκινηκὼς οὐ μόνον
ἀνθρώπων ἀλλὰ καὶ θεῶν ἐπιχειρεῖ τε καὶ ἐλπίζει δυνατὸς
εἶναι ἄρχειν.   5

Καὶ μάλ', ἔφη.

Τυραννικὸς δέ, ἦν δ' ἐγώ, ὦ δαιμόνιε, ἀνὴρ ἀκριβῶς
γίγνεται, ὅταν ἢ φύσει ἢ ἐπιτηδεύμασιν ἢ ἀμφοτέροις
μεθυστικός τε καὶ ἐρωτικὸς καὶ μελαγχολικὸς γένηται.

Παντελῶς μὲν οὖν.   10

Γίγνεται μέν, ὡς ἔοικεν, οὕτω καὶ τοιοῦτος ἀνήρ· ζῇ δὲ δὴ
πῶς;

Τὸ τῶν παιζόντων, ἔφη, τοῦτο, σὺ καὶ ἐμοὶ ἐρεῖς.   d

Λέγω δή, ἔφην. οἶμαι γὰρ τὸ μετὰ τοῦτο ἑορταὶ γίγνονται
παρ' αὑτοῖς καὶ κῶμοι καὶ θαλίαι καὶ ἑταῖραι καὶ τὰ τοιαῦτα
πάντα, ὧν ἂν Ἔρως τύραννος ἔνδον οἰκῶν διακυβερνᾷ τὰ τῆς
ψυχῆς ἅπαντα.   5

Ἀνάγκη, ἔφη.

Ἆρ' οὖν οὐ πολλαὶ καὶ δειναὶ παραβλαστάνουσιν ἐπιθυμίαι
ἡμέρας τε καὶ νυκτὸς ἑκάστης, πολλῶν δεόμεναι;

b3 ἐπαισχυνόμενος A   b4 καὶ μανίας δὲ A   c3 παρακεκινηκὼς W. H.
Thompson   c11 ἀνήρ Campbell: ἀνήρ ADF   d3 θαλίαι prA DF
Didymus: θάλειαι Apc   d4 διακυβερνῶν D   d8 τε AD: γε F

Πολλαὶ μέντοι.

10 *Ταχὺ ἄρα ἀναλίσκονται ἐάν τινες ὦσι πρόσοδοι.*

Πῶς δ' οὔ;

e *Καὶ μετὰ τοῦτο δὴ δανεισμοὶ καὶ τῆς οὐσίας παραιρέσεις.*

Τί μήν;

*Ὅταν δὲ δὴ πάντ' ἐπιλίπῃ, ἆρα οὐκ ἀνάγκη μὲν τὰς
ἐπιθυμίας βοᾶν πυκνάς τε καὶ σφοδρὰς ἐννενεοττευμένας,*
5 *τοὺς δ' ὥσπερ ὑπὸ κέντρων ἐλαυνομένους τῶν τε ἄλλων
ἐπιθυμιῶν καὶ διαφερόντως ὑπ' αὐτοῦ τοῦ Ἔρωτος, πάσαις
ταῖς ἄλλαις ὥσπερ δορυφόροις ἡγουμένου, οἰστρᾶν καὶ
σκοπεῖν τίς τι ἔχει, ὃν δυνατὸν ἀφελέσθαι ἀπατήσαντα ἢ*
574 *βιασάμενον;*

Σφόδρα γ', ἔφη.

*Ἀναγκαῖον δὴ πανταχόθεν φέρειν, ἢ μεγάλαις ὠδῖσί τε καὶ
ὀδύναις συνέχεσθαι.*

5 *Ἀναγκαῖον.*

*Ἆρ' οὖν, ὥσπερ αἱ ἐν αὐτῷ ἡδοναὶ ἐπιγιγνόμεναι τῶν
ἀρχαίων πλέον εἶχον καὶ τὰ ἐκείνων ἀφῃροῦντο, οὕτω καὶ
αὐτὸς ἀξιώσει νεώτερος ὢν πατρός τε καὶ μητρὸς πλέον
ἔχειν, καὶ ἀφαιρεῖσθαι, ἐὰν τὸ αὑτοῦ μέρος ἀναλώσῃ,*
10 *ἀπονειμάμενος τῶν πατρῴων;*

Ἀλλὰ τί μήν; ἔφη.

b *Ἂν δὲ δὴ αὐτῷ μὴ ἐπιτρέπωσιν, ἆρ' οὐ τὸ μὲν πρῶτον
ἐπιχειροῖ ἂν κλέπτειν καὶ ἀπατᾶν τοὺς γονέας;*

Πάντως.

Ὁπότε δὲ μὴ δύναιτο, ἁρπάζοι ἂν καὶ βιάζοιτο μετὰ
5 *τοῦτο;*

Οἶμαι, ἔφη.

*Ἀντεχομένων δὴ καὶ μαχομένων, ὦ θαυμάσιε, γέροντός τε
καὶ γραός, ἆρ' εὐλαβηθείη ἂν καὶ φείσαιτο μή τι δρᾶσαι τῶν
τυραννικῶν;*

---

e1 *παραιρέσεις* A: *παραινέσεις* DF   e3 *ἐπιλίπηι* prA D: *ἐπιλείπηι*
Apc F   574b8–9 *δρᾶσαι τῶν τυραννικῶν* Apc: *δράσαιτο τῶν τυραννικῶν*
prA F: *δρᾶσαι τὸ τυραννικῶν* prD: *δράσαιτο τυραννικὸν* Dpc

Οὐ πάνυ, ἦ δ' ὅς, ἔγωγε θαρρῶ περὶ τῶν γονέων τοῦ 10
τοιούτου.

Ἀλλ', ὦ Ἀδείμαντε, πρὸς Διός, ἕνεκα νεωστὶ φίλης καὶ οὐκ
ἀναγκαίας ἑταίρας γεγονυίας τὴν πάλαι φίλην καὶ ἀναγκαίαν c
μητέρα, ἢ ἕνεκα ὡραίου νεωστὶ φίλου γεγονότος οὐκ ἀναγ-
καίου τὸν ἄωρόν τε καὶ ἀναγκαῖον πρεσβύτην πατέρα καὶ τῶν
φίλων ἀρχαιότατον δοκεῖ ἄν σοι ὁ τοιοῦτος πληγαῖς τε δοῦναι
καὶ καταδουλώσασθαι ἄν αὐτοὺς ὑπ' ἐκείνοις, εἰ εἰς τὴν αὐτὴν 5
οἰκίαν ἀγάγοιτο;

Ναὶ μὰ Δία, ἦ δ' ὅς.

Σφόδρα γε μακάριον, ἦν δ' ἐγώ, ἔοικεν εἶναι τὸ τυραννικὸν
ὑὸν τεκεῖν.

Πάνυ γ', ἔφη. 10

Τί δ', ὅταν δὴ τὰ πατρὸς καὶ μητρὸς ἐπιλείπῃ τὸν τοιοῦτον, d
πολὺ δὲ ἤδη συνειλεγμένον ἐν αὐτῷ ᾖ τὸ τῶν ἡδονῶν σμῆνος;
οὐ πρῶτον μὲν οἰκίας τινὸς ἐφάψεται τοίχου ἤ τινος ὀψὲ
νύκτωρ ἰόντος τοῦ ἱματίου, μετὰ δὲ ταῦτα ἱερόν τι νεωκορή-
σει; καὶ ἐν τούτοις δὴ πᾶσιν, ἃς πάλαι εἶχεν δόξας ἐκ παιδὸς 5
περὶ καλῶν τε καὶ αἰσχρῶν, τὰς δικαίας ποιουμένας, αἱ
νεωστὶ ἐκ δουλείας λελυμέναι, δορυφοροῦσαι τὸν Ἔρωτα,
κρατήσουσι μετ' ἐκείνου, αἳ πρότερον μὲν ὄναρ ἐλύοντο ἐν
ὕπνῳ, ὅτε ἦν αὐτὸς ἔτι ὑπὸ νόμοις τε καὶ πατρὶ δημοκρα- e
τούμενος ἐν ἑαυτῷ· τυραννευθεὶς δὲ ὑπὸ Ἔρωτος, οἷος
ὀλιγάκις ἐγίγνετο ὄναρ, ὕπαρ τοιοῦτος ἀεὶ γενόμενος, οὔτε
τινὸς φόνου δεινοῦ ἀφέξεται οὔτε βρώματος οὔτ' ἔργου, ἀλλὰ
τυραννικῶς ἐν αὐτῷ ὁ Ἔρως ἐν πάσῃ ἀναρχίᾳ καὶ ἀνομίᾳ 575
ζῶν, ἅτε αὐτὸς ὢν μόναρχος, τὸν ἔχοντά τε αὐτὸν ὥσπερ
πόλιν ἄξει ἐπὶ πᾶσαν τόλμαν, ὅθεν αὐτόν τε καὶ τὸν περὶ
αὐτὸν θόρυβον θρέψει, τὸν μὲν ἔξωθεν εἰσεληλυθότα ἀπὸ
κακῆς ὁμιλίας, τὸν δ' ἔνδοθεν ὑπὸ τῶν αὐτῶν τρόπων καὶ 5

c10 πάνυ A: οὐ πάνυ DF   d1 τὰ Apc^sl DF: om. prA   ἐπιλίπῃ
Laur.CS42 Caesen.D28.4   d2 ἐν αὐτῶι AD: ἑαυτὸν prF: ἑαυτῷ Fpc
d6 δικαίας Apc: δίκας prA DF   d8–e1 ἐν ὕπνωι secl. R. B. Hirschig
575a1 τυραννικὸς D   a2 τε ADF: del. Laur.80.19pc   a5 τρόπων
ADF: τούτων Wilamowitz   a5–6 καὶ ἑαυτοῦ ADF: καὶ αὐτὸν vel
ἑαυτῶι H. Richards

341

ἑαυτοῦ ἀνεθέντα καὶ ἐλευθερωθέντα. ἢ οὐχ οὗτος ὁ βίος τοῦ τοιούτου;

Οὗτος μὲν οὖν, ἔφη.

b Καὶ ἂν μέν γε, ἦν δ᾽ ἐγώ, ὀλίγοι οἱ τοιοῦτοι ἐν πόλει ὦσι καὶ τὸ ἄλλο πλῆθος σωφρονῇ, ἐξελθόντες ἄλλον τινὰ δορυφοροῦσι τύραννον ἢ μισθοῦ ἐπικουροῦσιν, ἐάν που πόλεμος ᾖ· ἐὰν δ᾽ ἐν εἰρήνῃ τε καὶ ἡσυχίᾳ γένωνται, αὐτοῦ δὴ ἐν τῇ πόλει
5 κακὰ δρῶσι σμικρὰ πολλά.

Τὰ ποῖα δὴ λέγεις;

Οἷα κλέπτουσι, τοιχωρυχοῦσι, βαλλαντιοτομοῦσι, λωποδυτοῦσιν, ἱεροσυλοῦσιν, ἀνδραποδίζονται· ἔστι δ᾽ ὅτε συκοφαντοῦσιν, ἐὰν δυνατοὶ ὦσι λέγειν, καὶ ψευδομαρτυροῦσι καὶ
10 δωροδοκοῦσιν.

Σμικρά γ᾽, ἔφη, κακὰ λέγεις, ἐὰν ὀλίγοι ὦσιν οἱ τοιοῦτοι.

c Τὰ γὰρ σμικρά, ἦν δ᾽ ἐγώ, πρὸς τὰ μεγάλα σμικρά ἐστιν, καὶ ταῦτα δὴ πάντα πρὸς τύραννον πονηρίᾳ τε καὶ ἀθλιότητι πόλεως, τὸ λεγόμενον, οὐδ᾽ ἴκταρ βάλλει. ὅταν γὰρ δὴ πολλοὶ ἐν πόλει γένωνται οἱ τοιοῦτοι καὶ ἄλλοι οἱ συνεπόμενοι
5 αὐτοῖς, καὶ αἴσθωνται ἑαυτῶν τὸ πλῆθος, τότε οὗτοί εἰσιν οἱ τὸν τύραννον γεννῶντες μετὰ δήμου ἀνοίας ἐκεῖνον, ὃς ἂν αὐτῶν μάλιστα αὐτὸς ἐν αὑτῷ μέγιστον καὶ πλεῖστον ἐν τῇ ψυχῇ τύραννον ἔχῃ.

d Εἰκότως γ᾽, ἔφη· τυραννικώτατος γὰρ ἂν εἴη.

Οὐκοῦν ἐὰν μὲν ἑκόντες ὑπείκωσιν· ἐὰν δὲ μὴ ἐπιτρέπῃ ἡ πόλις, ὥσπερ τότε μητέρα καὶ πατέρα ἐκόλαζεν, οὕτω πάλιν τὴν πατρίδα, ἐὰν οἷός τ᾽ ᾖ, κολάσεται ἐπεισαγόμενος νέους
5 ἑταίρους, καὶ ὑπὸ τούτοις δὴ δουλεύουσαν τὴν πάλαι φίλην μητρίδα τε, Κρῆτές φασι, καὶ πατρίδα ἕξει τε καὶ θρέψει. καὶ
e τοῦτο δὴ τὸ τέλος ἂν εἴη τῆς ἐπιθυμίας τοῦ τοιούτου ἀνδρός.

Τοῦτο, ἦ δ᾽ ὅς, παντάπασί γε.

Οὐκοῦν, ἦν δ᾽ ἐγώ, οὗτοί γε τοιοίδε γίγνονται ἰδίᾳ καὶ πρὶν ἄρχειν· πρῶτον μὲν οἷς ἂν συνῶσιν, ἢ κόλαξιν ἑαυτῶν

b1 οἱ τοιαύτη (dativ.) D   d4 ἐπεισαγαγόμενος [sic] D   e3 οὗτοί γε τοιοίδε AD: τοιοῦτοι γέ τοι οὐδὲ F, fortasse ex v.l. τοιοῦτοι pro τοιοίδε ortum

συνόντες καὶ πᾶν ἑτοίμοις ὑπηρετεῖν, ἢ ἐάν τού τι δέωνται, 5
αὐτοὶ ὑποπεσόντες, πάντα σχήματα τολμῶντες ποιεῖν ὡς 576
οἰκεῖοι, διαπραξάμενοι δὲ ἀλλότριοι;

Καὶ σφόδρα γε.

Ἐν παντὶ ἄρα τῷ βίῳ ζῶσι φίλοι μὲν οὐδέποτε οὐδενί, ἀεὶ
δέ του δεσπόζοντες ἢ δουλεύοντες ἄλλῳ, ἐλευθερίας δὲ καὶ 5
φιλίας ἀληθοῦς τυραννικὴ φύσις ἀεὶ ἄγευστος.

Πάνυ μὲν οὖν.

Ἆρ' οὖν οὐκ ὀρθῶς ἂν τοὺς τοιούτους ἀπίστους καλοῖμεν;

Πῶς δ' οὔ;

Καὶ μὴν ἀδίκους γε ὡς οἷόν τε μάλιστα, εἴπερ ὀρθῶς ἐν 10
τοῖς πρόσθεν ὡμολογήσαμεν περὶ δικαιοσύνης οἷόν ἐστιν.   b

Ἀλλὰ μήν, ἦ δ' ὅς, ὀρθῶς γε.

Κεφαλαιωσώμεθα τοίνυν, ἦν δ' ἐγώ, τὸν κάκιστον. ἔστιν δέ
που, οἷον ὄναρ διήλθομεν, ὃς ἂν ὕπαρ τοιοῦτος ᾖ.

Πάνυ μὲν οὖν.   5

Οὐκοῦν οὗτος γίγνεται ὃς ἂν τυραννικώτατος φύσει ὢν
μοναρχήσῃ, καὶ ὅσῳ ἂν πλείω χρόνον ἐν τυραννίδι βιῷ,
τοσούτῳ μᾶλλον τοιοῦτος.

Ἀνάγκη, ἔφη διαδεξάμενος τὸν λόγον ὁ Γλαύκων.

Ἆρ' οὖν, ἦν δ' ἐγώ, ὃς ἂν φαίνηται πονηρότατος, καὶ 10
ἀθλιώτατος φανήσεται; καὶ ὃς ἂν πλεῖστον χρόνον καὶ   c
μάλιστα τυραννεύσῃ, μάλιστά τε καὶ πλεῖστον χρόνον τοι-
οῦτος γεγονὼς τῇ ἀληθείᾳ; τοῖς δὲ πολλοῖς πολλὰ καὶ δοκεῖ.

Ἀνάγκη, ἔφη, ταῦτα γοῦν οὕτως ἔχειν.

Ἄλλο τι οὖν, ἦν δ' ἐγώ, ὅ γε τυραννικὸς κατὰ τὴν 5
τυραννουμένην πόλιν ἂν εἴη ὁμοιότητι, δημοτικὸς δὲ κατὰ
δημοκρατουμένην, καὶ οἱ ἄλλοι οὕτω;

Τί μήν;

Οὐκοῦν, ὅτι πόλις πρὸς πόλιν ἀρετῇ καὶ εὐδαιμονίᾳ, τοῦτο
καὶ ἀνὴρ πρὸς ἄνδρα;   d

576a1 πάντα AF: πάντα τὰ D   b3 κεφαλαιωσόμεθα F   b4 ὅς
AD: ὡς F   b7 μοναρχήσῃ A: μοναρχούσῃ D: μονάρχης ἢ F
b9 διαδεξάμενος A: δεξάμενος DF   c3 τοῖς–δοκεῖ om. F   c5 οὖν
om. F   d1 καὶ om. D

Πῶς γὰρ οὔ;

Τί οὖν ἀρετῇ τυραννουμένη πόλις πρὸς βασιλευομένην, οἵαν τὸ πρῶτον διήλθομεν;

5 Πᾶν τοὐναντίον, ἔφη· ἡ μὲν γὰρ ἀρίστη, ἡ δὲ κακίστη.

Οὐκ ἐρήσομαι, εἶπον, ὁποτέραν λέγεις· δῆλον γάρ. ἀλλ' εὐδαιμονίας τε αὖ καὶ ἀθλιότητος ὡσαύτως ἢ ἄλλως κρίνεις; καὶ μὴ ἐκπληττώμεθα πρὸς τὸν τύραννον ἕνα ὄντα βλέποντες, μηδ' εἴ τινες ὀλίγοι περὶ ἐκεῖνον, ἀλλ' ὡς χρὴ ὅλην τὴν πόλιν

e εἰσελθόντας θεάσασθαι, καταδύντες εἰς ἅπασαν καὶ ἰδόντες, οὕτω δόξαν ἀποφαινώμεθα.

Ἀλλ' ὀρθῶς, ἔφη, προκαλῇ· καὶ δῆλον παντὶ ὅτι τυραννουμένης μὲν οὐκ ἔστιν ἀθλιωτέρα, βασιλευομένης δὲ οὐκ

5 εὐδαιμονεστέρα.

Ἆρ' οὖν, ἦν δ' ἐγώ, καὶ περὶ τῶν ἀνδρῶν τὰ αὐτὰ ταῦτα

577 προκαλούμενος ὀρθῶς ἂν προκαλοίμην, ἀξιῶν κρίνειν περὶ αὐτῶν ἐκεῖνον, ὃς δύναται τῇ διανοίᾳ εἰς ἀνδρὸς ἦθος ἐνδὺς διιδεῖν καὶ μὴ καθάπερ παῖς ἔξωθεν ὁρῶν ἐκπλήττεται ὑπὸ τῆς τῶν τυραννικῶν προστάσεως, ἣν πρὸς τοὺς ἔξω σχημα-

5 τίζονται, ἀλλ' ἱκανῶς διορᾷ; εἰ οὖν οἰοίμην δεῖν ἐκείνου πάντας ἡμᾶς ἀκούειν, τοῦ δυνατοῦ μὲν κρῖναι, συνῳκηκότος δὲ ἐν τῷ αὐτῷ καὶ παραγεγονότος ἔν τε ταῖς κατ' οἰκίαν πράξεσιν, ὡς πρὸς ἑκάστους τοὺς οἰκείους ἔχει, ἐν οἷς

b μάλιστα γυμνὸς ἂν ὀφθείη τῆς τραγικῆς σκευῆς, καὶ ἐν αὖ τοῖς δημοσίοις κινδύνοις, καὶ ταῦτα πάντα ἰδόντα κελεύοιμεν ἐξαγγέλλειν πῶς ἔχει εὐδαιμονίας καὶ ἀθλιότητος ὁ τύραννος πρὸς τοὺς ἄλλους;

5 Ὀρθότατ' ἄν, ἔφη, καὶ ταῦτα προκαλοῖο.

Βούλει οὖν, ἦν δ' ἐγώ, προσποιησώμεθα ἡμεῖς εἶναι τῶν δυνατῶν ἂν κρῖναι καὶ ἤδη ἐντυχόντων τοιούτοις, ἵνα ἔχωμεν ὅστις ἀποκρινεῖται ἃ ἐρωτῶμεν;

d3 ἀρετῆι Αγρ: ἆρα ἡ DF: ἆρα ἡ A: ἆρ' ἀρετῆι Ruijgh, haud spernenda lectio   d8 ἐκπληττώμεθα AD Stob.: ἐκπληττόμεθα F   d9 τὴν fortasse om. Stob.   e1 ἅπασαν AD Stob.: ἅπαν F   e2 ἀποφαινώμεθα A Stob.: ἀποφαινόμεθα DF   577a4 σχηματίζεται D b2 κελεύομεν F   b7 ἂν ⟨ὄντων⟩ H. Richards   b8 ἀποκρίνηται F

Πάνυ γε.

Ἴθι δή μοι, ἔφην, ὧδε σκόπει. τὴν ὁμοιότητα ἀναμιμνη- 10
σκόμενος τῆς τε πόλεως καὶ τοῦ ἀνδρός, οὕτω καθ᾽ ἕκαστον c
ἐν μέρει ἀθρῶν, τὰ παθήματα ἑκατέρου λέγε.

Τὰ ποῖα; ἔφη.

Πρῶτον μέν, ἦν δ᾽ ἐγώ, ὡς πόλιν εἰπεῖν, ἐλευθέραν ἢ
δούλην τὴν τυραννουμένην ἐρεῖς;   5

Ὡς οἷόν τ᾽, ἔφη, μάλιστα δούλην.

Καὶ μὴν ὁρᾷς γε ἐν αὐτῇ δεσπότας καὶ ἐλευθέρους.

Ὁρῶ, ἔφη, σμικρόν γέ τι τοῦτο· τὸ δὲ ὅλον, ὡς ἔπος εἰπεῖν,
ἐν αὐτῇ καὶ τὸ ἐπιεικέστατον ἀτίμως τε καὶ ἀθλίως δοῦλον.

Εἰ οὖν, εἶπον, ὅμοιος ἀνὴρ τῇ πόλει, οὐ καὶ ἐν ἐκείνῳ d
ἀνάγκη τὴν αὐτὴν τάξιν ἐνεῖναι, καὶ πολλῆς μὲν δουλείας τε
καὶ ἀνελευθερίας γέμειν τὴν ψυχὴν αὐτοῦ, καὶ ταῦτα αὐτῆς τὰ
μέρη δουλεύειν, ἅπερ ἦν ἐπιεικέστατα, μικρὸν δὲ καὶ τὸ
μοχθηρότατον καὶ μανικώτατον δεσπόζειν;   5

Ἀνάγκη, ἔφη.

Τί οὖν; δούλην ἢ ἐλευθέραν τὴν τοιαύτην φήσεις εἶναι
ψυχήν;

Δούλην δήπου ἔγωγε.

Οὐκοῦν ἥ γε αὖ δούλη καὶ τυραννουμένη πόλις ἥκιστα 10
ποιεῖ ἃ βούλεται;

Πολύ γε.

Καὶ ἡ τυραννουμένη ἄρα ψυχὴ ἥκιστα ποιήσει ἃ ἂν
βουληθῇ, ὡς περὶ ὅλης εἰπεῖν ψυχῆς· ὑπὸ δὲ οἴστρου ἀεὶ e
ἑλκομένη βίᾳ ταραχῆς καὶ μεταμελείας μεστὴ ἔσται.

Πῶς γὰρ οὔ;

Πλουσίαν δὲ ἢ πενομένην ἀνάγκη τὴν τυραννουμένην πόλιν
εἶναι;   5

Πενομένην.

Καὶ ψυχὴν ἄρα τυραννικὴν πενιχρὰν καὶ ἄπληστον ἀνάγκη 578
ἀεὶ εἶναι.

Οὕτως, ἦ δ᾽ ὅς.

c2 λέγε Glauconi tribuunt ADF   d3 ἐλευθερίας D

Τί δέ; φόβου γέμειν ἆρ᾽ οὐκ ἀνάγκη τήν γε τοιαύτην πόλιν
5 τόν τε τοιοῦτον ἄνδρα;

Πολλή γε.

Ὀδυρμοὺς δὲ καὶ στεναγμοὺς καὶ θρήνους καὶ ἀλγηδόνας
οἴει ἔν τινι ἄλλῃ πλείους εὑρήσειν;

Οὐδαμῶς.

10 Ἐν ἀνδρὶ δὲ ἡγῇ τὰ τοιαῦτα ἐν ἄλλῳ τινὶ πλείω εἶναι ἢ ἐν
τῷ μαινομένῳ ὑπὸ ἐπιθυμιῶν τε καὶ ἐρώτων τούτῳ τῷ
τυραννικῷ;

Πῶς γὰρ ἄν; ἔφη.

b Εἰς πάντα δή, οἶμαι, ταῦτά τε καὶ ἄλλα τοιαῦτα ἀποβλέ-
ψας τήν γε πόλιν τῶν πόλεων ἀθλιωτάτην ἔκρινας.

Οὔκουν ὀρθῶς; ἔφη.

Καὶ μάλα, ἦν δ᾽ ἐγώ. ἀλλὰ περὶ τοῦ ἀνδρὸς αὖ τοῦ
5 τυραννικοῦ τί λέγεις εἰς ταὐτὰ ταῦτα ἀποβλέπων;

Μακρῷ, ἔφη, ἀθλιώτατον εἶναι τῶν ἄλλων ἁπάντων.

Τοῦτο, ἦν δ᾽ ἐγώ, οὐκέτ᾽ ὀρθῶς λέγεις.

Πῶς; ἦ δ᾽ ὅς.

Οὔπω, ἔφην, οἶμαι, οὗτός ἐστιν ὁ τοιοῦτος μάλιστα.

10 Ἀλλὰ τίς μήν;

Ὅδε ἴσως σοι ἔτι δόξει εἶναι τούτου ἀθλιώτερος.

Ποῖος;

c Ὅς ἄν, ἦν δ᾽ ἐγώ, τυραννικὸς ὢν μὴ ἰδιώτην βίον καταβιῷ,
ἀλλὰ δυστυχὴς ᾖ καὶ αὐτῷ ὑπό τινος συμφορᾶς ἐκπορισθῇ
ὥστε τυράννῳ γενέσθαι.

Τεκμαίρομαί σε, ἔφη, ἐκ τῶν προειρημένων ἀληθῆ λέγειν.

5 Ναί, ἦν δ᾽ ἐγώ, ἀλλ᾽ οὐκ οἴεσθαι χρὴ τὰ τοιαῦτα, ἀλλ᾽ εὖ
μάλα τῷ τοιούτῳ λόγῳ σκοπεῖν· περὶ γάρ τοι τοῦ μεγίστου ἡ
σκέψις, ἀγαθοῦ τε βίου καὶ κακοῦ.

Ὀρθότατα, ἦ δ᾽ ὅς.

578a4 γε ADF: τε Laur.CS42 Caesen.D28.4   a5 τε AD: γε F
a7 δὲ Bessarion: τε AD: γε F: δέ γε Schneider   b2 γε F: τε AD
b5 ταὐτὰ ταῦτα A: ταῦτα ταῦτα D: αὐτὰ ταῦτα F   b8 πῶς ἦ δ᾽ ὅς om. D
c2 δυστυχὴς ᾖι DF: δυστυχησηι [sic] A   c6 τῶι τοιούτωι ADF: τῶ
τοιούτω Adam: τῶι J. L. V. Hartman, locus admodum suspectus   τοι τοῦ
AD: τοιούτου F

Σκόπει δὴ εἰ ἄρα τι λέγω. δοκεῖ γάρ μοι δεῖν ἐννοῆσαι ἐκ d
τῶνδε περὶ αὐτοῦ σκοποῦντας.

Ἐκ τίνων;

Ἐξ ἑνὸς ἑκάστου τῶν ἰδιωτῶν, ὅσοι πλούσιοι ἐν πόλεσιν
ἀνδράποδα πολλὰ κέκτηνται. οὗτοι γὰρ τοῦτό γε προσόμοιον 5
ἔχουσιν τοῖς τυράννοις, τὸ πολλῶν ἄρχειν· διαφέρει δὲ τὸ
ἐκείνου πλῆθος.

Διαφέρει γάρ.

Οἶσθ᾽ οὖν ὅτι οὗτοι ἀδεῶς ἔχουσιν καὶ οὐ φοβοῦνται τοὺς
οἰκέτας;   10

Τί γὰρ ἂν φοβοῖντο;

Οὐδέν, εἶπον· ἀλλὰ τὸ αἴτιον ἐννοεῖς;

Ναί, ὅτι γε πᾶσα ἡ πόλις ἑνὶ ἑκάστῳ βοηθεῖ τῶν ἰδιωτῶν.

Καλῶς, ἦν δ᾽ ἐγώ, λέγεις. τί δέ; εἴ τις θεῶν ἄνδρα ἕνα, ὅτῳ e
ἔστιν ἀνδράποδα πεντήκοντα ἢ καὶ πλείω, ἄρας ἐκ τῆς
πόλεως, αὐτόν τε καὶ γυναῖκα καὶ παῖδας, θείη εἰς ἐρημίαν
μετὰ τῆς ἄλλης οὐσίας τε καὶ τῶν οἰκετῶν, ὅπου αὐτῷ μηδεὶς
τῶν ἐλευθέρων μέλλοι βοηθήσειν, ἐν ποίῳ ἄν τινι καὶ ὁπόσῳ 5
φόβῳ οἴει γενέσθαι αὐτὸν περί τε αὑτοῦ καὶ παίδων καὶ
γυναικός, μὴ ἀπόλοιντο ὑπὸ τῶν οἰκετῶν;

Ἐν παντί, ἦ δ᾽ ὅς, ἔγωγε.

Οὐκοῦν ἀναγκάζοιτο ἄν τινας ἤδη θωπεύειν αὐτῶν τῶν 579
δούλων καὶ ὑπισχνεῖσθαι πολλὰ καὶ ἐλευθεροῦν οὐδὲν δεόμε-
νος, καὶ κόλαξ αὐτὸς ἂν θεραπόντων ἀναφανείη;

Πολλὴ ἀνάγκη, ἔφη, αὐτῷ, ἢ ἀπολωλέναι.

Τί δ᾽ εἰ καὶ ἄλλους, ἦν δ᾽ ἐγώ, ὁ θεὸς κύκλῳ κατοικίσειεν 5
γείτονας πολλοὺς αὐτῷ, οἳ μὴ ἀνέχοιντο εἴ τις ἄλλος ἄλλου
δεσπόζειν ἀξιοῖ, ἀλλ᾽ εἴ πού τινα τοιοῦτον λαμβάνοιεν, ταῖς
ἐσχάταις τιμωροῖντο τιμωρίαις;

Ἔτι ἄν, ἔφη, οἶμαι, μᾶλλον ἐν παντὶ κακοῦ εἴη, κύκλῳ
φρουρούμενος ὑπὸ πάντων πολεμίων.   b

e2 καὶ om. A   e5 ἄν AD: post e6 οἴει transpos. F   ὁπόσωι ADF:
πόσω Scor.y.1.13, fortasse recte   579a2 δεομένους Groen van
Prinsterer   a5 κατοικίσειεν Mon.237pc: κατοικήσειεν AD: κατοικήε
[sic] F   a9 εἴη F: εἰ εἴη A sed εἰ puncto deletum, D

Ἆρ' οὖν οὐκ ἐν τοιούτῳ μὲν δεσμωτηρίῳ δέδεται ὁ
τύραννος, φύσει ὢν οἷον διεληλύθαμεν, πολλῶν καὶ παντο-
δαπῶν φόβων καὶ ἐρώτων μεστός; λίχνῳ δὲ ὄντι αὐτῷ τὴν
5 ψυχὴν μόνῳ τῶν ἐν τῇ πόλει οὔτε ἀποδημῆσαι ἔξεστιν
οὐδαμόσε, οὔτε θεωρῆσαι ὅσων δὴ καὶ οἱ ἄλλοι ἐλεύθεροι
ἐπιθυμηταί εἰσιν, καταδεδυκὼς δὲ ἐν τῇ οἰκίᾳ τὰ πολλὰ ὡς
c γυνὴ ζῇ, φθονῶν καὶ τοῖς ἄλλοις πολίταις, ἐάν τις ἔξω
ἀποδημῇ καί τι ἀγαθὸν ὁρᾷ;
Παντάπασιν μὲν οὖν, ἔφη.

Οὐκοῦν τοῖς τοιούτοις κακοῖς πλείω καρποῦται ἀνὴρ ὃς ἂν
5 κακῶς ἐν ἑαυτῷ πολιτευόμενος, ὃν νυνδὴ σὺ ἀθλιώτατον
ἔκρινας, τὸν τυραννικόν, ὡς μὴ ἰδιώτης καταβιῷ, ἀλλὰ
ἀναγκασθῇ ὑπό τινος τύχης τυραννεῦσαι καὶ ἑαυτοῦ ὢν
ἀκράτωρ ἄλλων ἐπιχειρήσῃ ἄρχειν; ὥσπερ εἴ τις κάμνοντι
d σώματι καὶ ἀκράτορι ἑαυτοῦ μὴ ἰδιωτεύων ἀλλ' ἀγωνιζόμε-
νος πρὸς ἄλλα σώματα καὶ μαχόμενος ἀναγκάζοιτο διάγειν
τὸν βίον.

Παντάπασιν, ἔφη, ὁμοιότατά τε καὶ ἀληθέστατα λέγεις, ὦ
5 Σώκρατες.

Οὐκοῦν, ἦν δ' ἐγώ, ὦ φίλε Γλαύκων, παντελῶς τὸ πάθος
ἄθλιον, καὶ τοῦ ὑπὸ σοῦ κριθέντος χαλεπώτατα ζῆν χαλεπώ-
τερον ἔτι ζῇ ὁ τυραννῶν;
Κομιδῇ γ', ἔφη.

10 Ἔστιν ἄρα τῇ ἀληθείᾳ, κἂν εἰ μή τῳ δοκεῖ, ὁ τῷ ὄντι
τύραννος τῷ ὄντι δοῦλος τὰς μεγίστας θωπείας καὶ δουλείας
e καὶ κόλαξ τῶν πονηροτάτων, καὶ τὰς ἐπιθυμίας οὐδ' ὁπω-
στιοῦν ἀποπιμπλάς, ἀλλὰ πλείστων ἐπιδεέστατος καὶ πένης
τῇ ἀληθείᾳ φαίνεται, ἐάν τις ὅλην ψυχὴν ἐπίστηται θεάσα-
σθαι, καὶ φόβου γέμων διὰ παντὸς τοῦ βίου, σφαδασμῶν τε

b2 μὲν om. Stob., fortasse melius   b7 ὥσπερ Stob.   c4 ἀνὴρ
AF Stob.: ὁ ἀνὴρ D   c6 ὡς μὴ ADF: μὴ ὡς Stob.: μὴ Wilamowitz
d10 δοκεῖ Prag.VIFa1: δοκῆι ADF Stob., fortasse praestat εἰ secludere
e1 ἐπιθυμίας AF Stob.: ἐπιθυμίας καὶ δουλείας D   e3 ἐάν ADF: ἐὰν δέ
Stob.   e4 τοῦ ADF Stob.: om. Etym.Magn.   σφαδασμῶν Apc DF
Stob.: σφαδα ισμῶν [i.e. σφαδασμῶν] prA: σφαδᾶι [sic] Etym.Magn.

καὶ ὀδυνῶν πλήρης, εἴπερ τῇ τῆς πόλεως διαθέσει ἧς ἄρχει 5
ἔοικεν. ἔοικεν δέ. ἦ γάρ;

Καὶ μάλα, ἔφη.

Οὐκοῦν καὶ πρὸς τούτοις ἔτι ἀποδώσομεν τῷ ἀνδρὶ καὶ ἃ 580
τὸ πρότερον εἴπομεν, ὅτι ἀνάγκη καὶ εἶναι καὶ ἔτι μᾶλλον
γίγνεσθαι αὐτῷ ἢ πρότερον διὰ τὴν ἀρχὴν φθονερῷ, ἀπίστῳ,
ἀδίκῳ, ἀφίλῳ, ἀνοσίῳ καὶ πάσης κακίας πανδοκεῖ τε καὶ
τροφεῖ, καὶ ἐξ ἁπάντων τούτων μάλιστα μὲν αὐτῷ δυστυχεῖ 5
εἶναι, ἔπειτα δὲ καὶ τοὺς πλησίον αὐτῷ τοιούτους ἀπεργάζε-
σθαι;

Οὐδείς σοι, ἔφη, τῶν νοῦν ἐχόντων ἀντερεῖ.

Ἴθι δή μοι, ἔφην ἐγώ, νῦν ἤδη ὥσπερ ὁ διὰ πάντων κριτὴς b
ἀποφαίνεται, καὶ σὺ οὕτω, τίς πρῶτος κατὰ τὴν σὴν δόξαν
εὐδαιμονίᾳ καὶ τίς δεύτερος, καὶ τοὺς ἄλλους ἑξῆς πέντε
ὄντας κρῖνε, βασιλικόν, τιμοκρατικόν, ὀλιγαρχικόν, δημο-
κρατικόν, τυραννικόν. 5

Ἀλλὰ ῥᾳδία, ἔφη, ἡ κρίσις. καθάπερ γὰρ εἰσῆλθον ἔγωγε
ὥσπερ χοροὺς κρίνω ἀρετῇ καὶ κακίᾳ καὶ εὐδαιμονίᾳ καὶ τῷ
ἐναντίῳ.

Μισθωσώμεθα οὖν κήρυκα, ἦν δ' ἐγώ, ἢ αὐτὸς ἀνείπω ὅτι ὁ
Ἀρίστωνος υἱὸς τὸν ἄριστόν τε καὶ δικαιότατον εὐδαιμονέ- c
στατον ἔκρινε, τοῦτον δ' εἶναι τὸν βασιλικώτατον καὶ
βασιλεύοντα αὐτοῦ, τὸν δὲ κάκιστόν τε καὶ ἀδικώτατον
ἀθλιώτατον, τοῦτον δὲ αὖ τυγχάνειν ὄντα ὃς ἂν τυραννικώ-
τατος ὢν ἑαυτοῦ τε ὅτι μάλιστα τυραννῇ καὶ τῆς πόλεως; 5

Ἀνειρήσθω σοι, ἔφη.

Ἦ οὖν προσαναγορεύω, εἶπον, ἐάντε λανθάνωσιν τοιοῦτοι
ὄντες ἐάντε μὴ πάντας ἀνθρώπους τε καὶ θεούς;

Προσαναγόρευε, ἔφη.

Εἶεν δή, εἶπον· αὕτη μὲν ἡμῖν ἡ ἀπόδειξις μία ἂν εἴη, 10
δευτέραν δὲ ἰδὲ τήνδε, ἐάν τι δόξῃ εἶναι.

580a1 τούτοις AF: τούτους D   a2 καὶ εἶναι A Dsl F Stob.: εἶναι D
b3 καὶ τίς AF Stob.(MS): τίς D Stob.(A)   b4 κρῖνε A Stob.: κρίναι [sic]
DF   b6 ἡ ADF: om. Stob.   b9 ὁ Apc^sl DF Stob.: om. prA
c2 δ' om. Stob.   c7 ἦ AD: εἰ F   προσαγορεύω D   c9 προσαγόρευε
AD Fsl: προσαγόρευε F   c11 δὲ ἰδὲ Adam: δεῖ δὲ ADF

d Τίς αὕτη;

Ἐπειδή, ὥσπερ πόλις, ἦν δ' ἐγώ, διῄρηται κατὰ τρία εἴδη,
οὕτω καὶ ψυχὴ ἑνὸς ἑκάστου τριχῇ, [λογιστικὸν] δέξεται, ὡς
ἐμοὶ δοκεῖ, καὶ ἑτέραν ἀπόδειξιν.

5 Τίνα ταύτην;

Τήνδε. τριῶν ὄντων τρitταὶ καὶ ἡδοναί μοι φαίνονται, ἑνὸς
ἑκάστου μία ἰδία· ἐπιθυμίαι τε ὡσαύτως καὶ ἀρχαί.

Πῶς λέγεις; ἔφη.

Τὸ μέν, φαμέν, ἦν ᾧ μανθάνει ἄνθρωπος, τὸ δὲ ᾧ
10 θυμοῦται, τὸ δὲ τρίτον διὰ πολυειδίαν ἑνὶ οὐκ ἔσχομεν
e ὀνόματι προσειπεῖν ἰδίῳ αὐτοῦ, ἀλλὰ ὃ μέγιστον καὶ ἰσχυ-
ρότατον εἶχεν ἐν αὐτῷ, τούτῳ ἐπωνομάσαμεν· ἐπιθυμητικὸν
γὰρ αὐτὸ κεκλήκαμεν διὰ σφοδρότητα τῶν περὶ τὴν ἐδωδὴν
ἐπιθυμιῶν καὶ πόσιν καὶ ἀφροδίσια καὶ ὅσα ἄλλα τούτοις
5 ἀκόλουθα, καὶ φιλοχρήματον δή, ὅτι διὰ χρημάτων μάλιστα
581 ἀποτελοῦνται αἱ τοιαῦται ἐπιθυμίαι.

Καὶ ὀρθῶς γ', ἔφη.

Ἆρ' οὖν καὶ τὴν ἡδονὴν αὐτοῦ καὶ φιλίαν εἰ φαῖμεν εἶναι
τοῦ κέρδους, μάλιστ' ἂν εἰς ἓν κεφάλαιον ἀπερειδοίμεθα τῷ
5 λόγῳ, ὥστε τι ἡμῖν αὐτοῖς δηλοῦν, ὁπότε τοῦτο τῆς ψυχῆς τὸ
μέρος λέγοιμεν, καὶ καλοῦντες αὐτὸ φιλοχρήματον καὶ
φιλοκερδὲς ὀρθῶς ἂν καλοῖμεν;

Ἐμοὶ γοῦν δοκεῖ, ἔφη.

Τί δέ; τὸ θυμοειδὲς οὐ πρὸς τὸ κρατεῖν μέντοι φαμὲν καὶ
b νικᾶν καὶ εὐδοκιμεῖν ἀεὶ ὅλον ὡρμῆσθαι;

Καὶ μάλα.

Εἰ οὖν φιλόνικον αὐτὸ καὶ φιλότιμον προσαγορεύοιμεν, ἦ
ἐμμελῶς ἂν ἔχοι;

5 Ἐμμελέστατα μὲν οὖν.

Ἀλλὰ μὴν ᾧ γε μανθάνομεν, παντὶ δῆλον ὅτι πρὸς τὸ

d3 λογιστικὸν DF: τὸ λογιστικόν A, sed τὸ punctis deletum: del.
omnino Scor.y.1.13pc   d7 ἴδια [sic] D: ἰδίαι A: om. F   τε καὶ
ὡσαύτως αἱ F   d9 φαμὲν AD: om. F   e2 τούτωι AD: τοῦτο
F(u.v.): τούτου Madvig   e3 τῶν A: τῶν τε DF   581a3 φαῖμεν
Apc: φαμὲν prA DF   b1 ἀεὶ A: δεῖ DF   b3 προσαγορεύομεν F

εἰδέναι τὴν ἀλήθειαν ὅπῃ ἔχει πᾶν ἀεὶ τέταται, καὶ χρημάτων
τε καὶ δόξης ἥκιστα τούτων τούτῳ μέλει.

Πολύ γε.

Φιλομαθὲς δὴ καὶ φιλόσοφον καλοῦντες αὐτὸ κατὰ τρόπον   10
ἂν καλοῖμεν;

Πῶς γὰρ οὔ;

Οὐκοῦν, ἦν δ᾽ ἐγώ, καὶ ἄρχει ἐν ταῖς ψυχαῖς τῶν μὲν τοῦτο, c
τῶν δὲ τὸ ἕτερον ἐκείνων, ὁπότερον ἂν τύχῃ;

Οὕτως, ἔφη.

Διὰ ταῦτα δὴ καὶ ἀνθρώπων λέγομεν τὰ πρῶτα τριττὰ
γένη εἶναι, φιλόσοφον, φιλόνικον, φιλοκερδές;   5

Κομιδῇ γε.

Καὶ ἡδονῶν δὴ τρία εἴδη, ὑποκείμενον ἓν ἑκάστῳ τούτων;

Πάνυ γε.

Οἶσθ᾽ οὖν, ἦν δ᾽ ἐγώ, ὅτι εἰ 'θέλοις τρεῖς τοιούτους
ἀνθρώπους ἐν μέρει ἕκαστον ἀνερωτᾶν τίς τούτων τῶν βίων   10
ἥδιστος, τὸν ἑαυτοῦ ἕκαστος μάλιστα ἐγκωμιάσεται, ὅ τε
χρηματιστικὸς πρὸς τὸ κερδαίνειν τὴν τοῦ τιμᾶσθαι ἡδονὴν ἢ d
τὴν τοῦ μανθάνειν οὐδενὸς ἀξίαν φήσει εἶναι, εἰ μὴ εἴ τι αὐτῶν
ἀργύριον ποιεῖ;

Ἀληθῆ, ἔφη.

Τί δὲ ὁ φιλότιμος; ἦν δ᾽ ἐγώ· οὐ τὴν μὲν ἀπὸ τῶν χρημάτων   5
ἡδονὴν φορτικήν τινα ἡγεῖται, καὶ αὖ τὴν ἀπὸ τοῦ μανθάνειν,
ὅτι μὴ μάθημα τιμὴν φέρει, καπνὸν καὶ φλυαρίαν;

Οὕτως, ἔφη, ἔχει.

Τὸν δὲ φιλόσοφον, ἦν δ᾽ ἐγώ, τί οἰώμεθα τὰς ἄλλας ἡδονὰς
νομίζειν πρὸς τὴν τοῦ εἰδέναι τἀληθὲς ὅπῃ ἔχει καὶ ἐν   10
τοιούτῳ τινὶ ἀεὶ εἶναι μανθάνοντα; οὐ πάνυ πόρρω; καὶ καλεῖν e
τῷ ὄντι ἀναγκαίας, ὡς οὐδὲν τῶν ἄλλων δεόμενον, εἰ μὴ
ἀνάγκη ἦν;

b7 τέτακται F   c4 λέγομεν F: λέγωμεν AD   c7 δὴ AD: γε F
ὑποκείμενα Asl   c11 τὸν A: τῶν DF   d1 χρηματικὸς F   d2 εἰ
μὴ εἴ τι A Dsl F: εἰ μὴ τι D   d5 τῶν om. F   d8 ἔχει ἔφη prD
d9 τί οἰώμεθα Graser: ποιώμεθα ADF   e1 τῷ τοιούτῳ τινὶ F   ante
οὐ legunt τῆς ἡδονῆς A (τῆς ἡδονῆς punctis deletum), DF: ἡδονήν; Madvig:
τῆς ἡδονῆς ⟨ἐκείνης⟩ Bywater

Εὖ, ἔφη, δεῖ εἰδέναι.

5 Ὅτε δὴ οὖν, εἶπον, ἀμφισβητοῦνται ἑκάστου τοῦ εἴδους αἱ
ἡδοναὶ καὶ αὐτὸς ὁ βίος, μὴ ὅτι πρὸς τὸ κάλλιον καὶ αἴσχιον
ζῆν μηδὲ τὸ χεῖρον καὶ ἄμεινον, ἀλλὰ πρὸς αὐτὸ τὸ ἥδιον καὶ
582 ἀλυπότερον, πῶς ἂν εἰδεῖμεν τίς αὐτῶν ἀληθέστατα λέγει;
Οὐ πάνυ, ἔφη, ἔγωγε ἔχω εἰπεῖν.

Ἀλλ' ὧδε σκόπει· τίνι χρὴ κρίνεσθαι τὰ μέλλοντα καλῶς
κριθήσεσθαι; ἆρ' οὐκ ἐμπειρίᾳ τε καὶ φρονήσει καὶ λόγῳ; ἢ
5 τούτων ἔχοι ἄν τις βέλτιον κριτήριον;
Καὶ πῶς ἄν; ἔφη.

Σκόπει δή· τριῶν ὄντων τῶν ἀνδρῶν τίς ἐμπειρότατος
πασῶν ὧν εἴπομεν ἡδονῶν; πότερον ὁ φιλοκερδής, μανθάνων
αὐτὴν τὴν ἀλήθειαν οἷόν ἐστιν, ἐμπειρότερος δοκεῖ σοι εἶναι
10 τῆς ἀπὸ τοῦ εἰδέναι ἡδονῆς, ἢ ὁ φιλόσοφος τῆς ἀπὸ τοῦ
b κερδαίνειν;

Πολύ, ἔφη, διαφέρει. τῷ μὲν γὰρ ἀνάγκη γεύεσθαι τῶν
ἑτέρων ἐκ παιδὸς ἀρξαμένῳ· τῷ δὲ φιλοκερδεῖ, ὅπῃ πέφυκε
τὰ ὄντα μανθάνοντι, τῆς ἡδονῆς ταύτης, ὡς γλυκεῖά ἐστιν,
5 οὐκ ἀνάγκη γεύεσθαι οὐδ' ἐμπείρῳ γίγνεσθαι, μᾶλλον δὲ καὶ
προθυμουμένῳ οὐ ῥᾴδιον.

Πολὺ ἄρα, ἦν δ' ἐγώ, διαφέρει τοῦ γε φιλοκερδοῦς ὁ
φιλόσοφος ἐμπειρίᾳ ἀμφοτέρων τῶν ἡδονῶν.

c Πολὺ μέντοι.

Τί δὲ τοῦ φιλοτίμου; ἆρα μᾶλλον ἄπειρός ἐστι τῆς ἀπὸ τοῦ
τιμᾶσθαι ἡδονῆς ἢ ἐκεῖνος τῆς ἀπὸ τοῦ φρονεῖν;

Ἀλλὰ τιμὴ μέν, ἔφη, ἐάνπερ ἐξεργάζωνται ἐπὶ ὃ ἕκαστος
5 ὥρμηκε, πᾶσιν αὐτοῖς ἕπεται· καὶ γὰρ ὁ πλούσιος ὑπὸ
πολλῶν τιμᾶται καὶ ὁ ἀνδρεῖος καὶ σοφός. ὥστε ἀπό γε τοῦ
τιμᾶσθαι, οἷόν ἐστιν, πάντες τῆς ἡδονῆς ἔμπειροι· τῆς δὲ τοῦ

e5 ὅτε ADF: ὅτι Galen.(H): ὅ..τε Galen.(L)   τοῦ om. Galen.
e6 ὅτι AD Galen.: om. F   582a1 λέγοι Galen.   a4 ἢ om. F
a9 ἐμπειρότερος A Dsl F: ἐμπειρότατος D   c3 τιμᾶσθαι ADF: φρονεῖν
Groen van Prinsterer   φρονεῖν ADF: τιμᾶσθαι Groen van Prinsterer
c4 τιμὴ μὲν Vat.226pc Angel.101: τιμὴν μὲν F: τί μὴν AD   c6 σοφός
prA DF: ὁ σοφός Apc^{sl}

352

ὄντος θέας, οἵαν ἡδονὴν ἔχει, ἀδύνατον ἄλλῳ γεγεῦσθαι πλὴν
τῷ φιλοσόφῳ.

Ἐμπειρίας μὲν ἄρα, εἶπον, ἕνεκα κάλλιστα τῶν ἀνδρῶν d
κρίνει οὗτος.

Πολύ γε.

Καὶ μὴν μετά γε φρονήσεως μόνος ἔμπειρος γεγονὼς
ἔσται.   5

Τί μήν;

Ἀλλὰ μὴν καὶ δι' οὗ γε δεῖ ὀργάνου κρίνεσθαι, οὐ τοῦ
φιλοκερδοῦς τοῦτο ὄργανον οὐδὲ τοῦ φιλοτίμου, ἀλλὰ τοῦ
φιλοσόφου.

Τὸ ποῖον;   10

Διὰ λόγων που ἔφαμεν δεῖν κρίνεσθαι. ἦ γάρ;

Ναί.

Λόγοι δὲ τούτου μάλιστα ὄργανον.

Πῶς δ' οὔ;

Οὐκοῦν εἰ μὲν πλούτῳ καὶ κέρδει ἄριστα ἐκρίνετο τὰ 15
κρινόμενα, ἃ ἐπῄνει ὁ φιλοκερδὴς καὶ ἔψεγεν, ἀνάγκη ἂν ἦν e
ταῦτα ἀληθέστατα εἶναι;

Πολλή γε.

Εἰ δὲ τιμῇ τε καὶ νίκῃ καὶ ἀνδρείᾳ, ἆρ' οὐχ ἃ ὁ φιλότιμός τε
καὶ ὁ φιλόνικος;   5

Δῆλον.

Ἐπειδὴ δ' ἐμπειρίᾳ καὶ φρονήσει καὶ λόγῳ;

Ἀνάγκη, ἔφη, ἃ ὁ φιλόσοφός τε καὶ ὁ φιλόλογος ἐπαινεῖ,
ἀληθέστατα εἶναι.

Τριῶν ἄρ' οὐσῶν τῶν ἡδονῶν ἡ τούτου τοῦ μέρους τῆς 583
ψυχῆς ᾧ μανθάνομεν ἡδίστη ἂν εἴη, καὶ ἐν ᾧ ἡμῶν τοῦτο
ἄρχει, ὁ τούτου βίος ἥδιστος;

Πῶς δ' οὐ μέλλει; ἔφη· κύριος γοῦν ἐπαινέτης ὢν ἐπαινεῖ
τὸν ἑαυτοῦ βίον ὁ φρόνιμος.   5

d2 κρινεῖ Bekker   οὕτως A, ω puncto notatum   d8 ὄργανον A: τὸ
ὄργανον DF   e5 ὁ om. F   583a4 κύριος–a5 φρόνιμος Socrati
tribuunt AF   a5 βίον in A punctis deletum, fortasse recte

Τίνα δὲ δεύτερον, εἶπον, βίον καὶ τίνα δευτέραν ἡδονήν
φησιν ὁ κριτὴς εἶναι;

Δῆλον ὅτι τὴν τοῦ πολεμικοῦ τε καὶ φιλοτίμου· ἐγγυτέρω
γὰρ αὐτοῦ ἐστιν ἢ ἡ τοῦ χρηματιστοῦ.

10 Ὑστάτην δὴ τὴν τοῦ φιλοκερδοῦς, ὡς ἔοικε.

Τί μήν; ἦ δ᾽ ὅς.

b   Ταῦτα μὲν τοίνυν οὕτω δύ᾽ ἐφεξῆς ἂν εἴη καὶ δὶς νενικηκὼς
ὁ δίκαιος τὸν ἄδικον· τὸ δὲ τρίτον ὀλυμπικῶς τῷ σωτῆρί τε
καὶ τῷ Ὀλυμπίῳ Διί, ἄθρει ὅτι οὐδὲ παναληθής ἐστιν ἡ τῶν
ἄλλων ἡδονὴ πλὴν τῆς τοῦ φρονίμου οὐδὲ καθαρά, ἀλλ᾽
5 ἐσκιαγραφημένη τις, ὡς ἐγὼ δοκῶ μοι τῶν σοφῶν τινος
ἀκηκοέναι. καίτοι τοῦτ᾽ ἂν εἴη μέγιστόν τε καὶ κυριώτατον
τῶν πτωμάτων.

Πολύ γε· ἀλλὰ πῶς λέγεις;

c   Ὧδ᾽, εἶπον, ἐξευρήσω, σοῦ ἀποκρινομένου ζητῶν ἅμα.
Ἐρώτα δή, ἔφη.

Λέγε δή, ἦν δ᾽ ἐγώ· οὐκ ἐναντίον φαμὲν λύπην ἡδονῇ;
Καὶ μάλα.

5 Οὐκοῦν καὶ τὸ μήτε χαίρειν μήτε λυπεῖσθαι εἶναί τι;
Εἶναι μέντοι.

Μεταξὺ τούτοιν ἀμφοῖν ἐν μέσῳ ὂν ἡσυχίαν τινὰ περὶ
ταῦτα τῆς ψυχῆς; ἢ οὐχ οὕτως αὐτὸ λέγεις;
Οὕτως, ἦ δ᾽ ὅς.

10 Ἆρ᾽ οὖν μνημονεύεις, ἦν δ᾽ ἐγώ, τοὺς τῶν καμνόντων
λόγους, οὓς λέγουσιν ὅταν κάμνωσιν;
Ποίους;

Ὡς οὐδὲν ἄρα ἐστὶν ἥδιον τοῦ ὑγιαίνειν, ἀλλὰ σφᾶς
d ἐλελήθει, πρὶν κάμνειν, ἥδιστον ὄν.
Μέμνημαι, ἔφη.

Οὐκοῦν καὶ τῶν περιωδυνίᾳ τινὶ ἐχομένων ἀκούεις
λεγόντων ὡς οὐδὲν ἥδιον τοῦ παύσασθαι ὀδυνώμενον;
5 Ἀκούω.

Καὶ ἐν ἄλλοις γε, οἶμαι, πολλοῖς τοιούτοις αἰσθάνῃ

a9 ἐστιν om. F   b3 τῶι ADF: om. Ael.Dionys. Phot. Suid. Apost.
c10 οὖν F Schol.Cic.: οὐ AD   d3 τινα F

γιγνομένους τοὺς ἀνθρώπους, ἐν οἷς, ὅταν λυπῶνται, τὸ μὴ
λυπεῖσθαι καὶ τὴν ἡσυχίαν τοῦ τοιούτου ἐγκωμιάζουσιν ὡς
ἥδιστον, οὐ τὸ χαίρειν.

Τοῦτο γάρ, ἔφη, τότε ἡδὺ ἴσως καὶ ἀγαπητὸν γίγνεται,   10
ἡσυχία.

Καὶ ὅταν παύσηται ἄρα, εἶπον, χαίρων τις, ἡ τῆς ἡδονῆς e
ἡσυχία λυπηρὸν ἔσται.

Ἴσως, ἔφη.

Ὁ μεταξὺ ἄρα νυνδὴ ἀμφοτέρων ἔφαμεν εἶναι, τὴν
ἡσυχίαν, τοῦτό ποτε ἀμφότερα ἔσται, λύπη τε καὶ ἡδονή.   5

Ἔοικεν.

Ἦ καὶ δυνατὸν τὸ μηδέτερα ὂν ἀμφότερα γίγνεσθαι;
Οὔ μοι δοκεῖ.

Καὶ μὴν τό γε ἡδὺ ἐν ψυχῇ γιγνόμενον καὶ τὸ λυπηρὸν
κίνησίς τις ἀμφοτέρω ἐστόν· ἢ οὔ;   10
Ναί.

Τὸ δὲ μήτε λυπηρὸν μήτε ἡδὺ οὐχὶ ἡσυχία μέντοι καὶ ἐν 584
μέσῳ τούτοιν ἐφάνη ἄρτι;
Ἐφάνη γάρ.

Πῶς οὖν ὀρθῶς ἔστι τὸ μὴ ἀλγεῖν ἡδὺ ἡγεῖσθαι ἢ τὸ μὴ
χαίρειν ἀνιαρόν;   5
Οὐδαμῶς.

Οὐκ ἔστιν ἄρα τοῦτο, ἀλλὰ φαίνεται, ἦν δ' ἐγώ, παρὰ τὸ
ἀλγεινὸν ἡδὺ καὶ παρὰ τὸ ἡδὺ ἀλγεινὸν τότε ἡ ἡσυχία, καὶ
οὐδὲν ὑγιὲς τούτων τῶν φαντασμάτων πρὸς ἡδονῆς ἀλήθειαν,
ἀλλὰ γοητεία τις.   10

Ὡς γοῦν ὁ λόγος, ἔφη, σημαίνει.

Ἰδὲ τοίνυν, ἔφην ἐγώ, ἡδονάς, αἳ οὐκ ἐκ λυπῶν εἰσιν, ἵνα
μὴ πολλάκις οἰηθῇς ἐν τῷ παρόντι οὕτω τοῦτο πεφυκέναι, b
ἡδονὴν μὲν παῦλαν λύπης εἶναι, λύπην δὲ ἡδονῆς.

Ποῦ δή, ἔφη, καὶ ποίας λέγεις;

Πολλαὶ μέν, εἶπον, καὶ ἄλλαι, μάλιστα δ' εἰ 'θέλεις

d7 τὸ Apc^sl DF: om. prA   e7 ἀδύνατον prA   584a12 ἔφην
F: ἔφην δ' A (δ' puncto deletum), D, nimirum ex v.l. ἦν δ' ortum
b3 ποῦ ADF: πῶς R. B. Hirschig

5 ἐννοῆσαι τὰς περὶ τὰς ὀσμὰς ἡδονάς. αὗται γὰρ οὐ προλυ-
πηθέντι ἐξαίφνης ἀμήχανοι τὸ μέγεθος γίγνονται, παυσάμε-
ναί τε λύπην οὐδεμίαν καταλείπουσιν.

Ἀληθέστατα, ἔφη.

Μὴ ἄρα πειθώμεθα καθαρὰν ἡδονὴν εἶναι τὴν λύπης
c ἀπαλλαγήν, μηδὲ λύπην τὴν ἡδονῆς.

Μὴ γάρ.

Ἀλλὰ μέντοι, εἶπον, αἵ γε διὰ τοῦ σώματος ἐπὶ τὴν ψυχὴν
τείνουσαι καὶ λεγόμεναι ἡδοναί, σχεδὸν αἱ πλεῖσταί τε καὶ
5 μέγισται, τούτου τοῦ εἴδους εἰσί, λυπῶν τινες ἀπαλλαγαί.

Εἰσὶ γάρ.

Οὐκοῦν καὶ αἱ πρὸ μελλόντων τούτων ἐκ προσδοκίας
γιγνόμεναι προησθήσεις τε καὶ προλυπήσεις κατὰ ταὐτὰ
ἔχουσιν;

10 Κατὰ ταὐτά.

d Οἶσθ᾽ οὖν, ἦν δ᾽ ἐγώ, οἷαί εἰσιν καὶ ᾧ μάλιστα ἐοίκασιν;

Τῷ; ἔφη.

Νομίζεις τι, εἶπον, ἐν τῇ φύσει εἶναι τὸ μὲν ἄνω, τὸ δὲ
κάτω, τὸ δὲ μέσον;

5 Ἔγωγε.

Οἴει οὖν ἄν τινα ἐκ τοῦ κάτω φερόμενον πρὸς μέσον ἄλλο τι
οἴεσθαι ἢ ἄνω φέρεσθαι; καὶ ἐν μέσῳ στάντα, ἀφορῶντα ὅθεν
ἐνήνεκται, ἄλλοθί που ἂν ἡγεῖσθαι εἶναι ἢ ἐν τῷ ἄνω, μὴ
ἑωρακότα τὸ ἀληθῶς ἄνω;

10 Μὰ Δί᾽, οὐκ ἔγωγε, ἔφη, ἄλλως οἶμαι οἰηθῆναι ἂν τὸν
τοιοῦτον.

Ἀλλ᾽ εἰ πάλιν γ᾽, ἔφην, φέροιτο, κάτω τ᾽ ἂν οἴοιτο φέρεσθαι
e καὶ ἀληθῆ οἴοιτο;

Πῶς γὰρ οὔ;

Οὐκοῦν ταῦτα πάσχοι ἂν πάντα διὰ τὸ μὴ ἔμπειρος εἶναι
τοῦ ἀληθινῶς ἄνω τε ὄντος καὶ ἐν μέσῳ καὶ κάτω;

5 Δῆλον δή.

c4–5 τε καὶ μέγισται Apc: καὶ μέγισται τε prA DF, fortasse καὶ μέγισταί
γε legendum   c8 ἡσθήσεις Amg (non certum est v.l. intendi)
e4 ὄντος AD Fpc: ὄντως prF

Θαυμάζοις ἂν οὖν εἰ καὶ ἄπειροι ἀληθείας περὶ πολλῶν τε
ἄλλων μὴ ὑγιεῖς δόξας ἔχουσιν, πρός τε ἡδονὴν καὶ λύπην καὶ
τὸ μεταξὺ τούτων οὕτω διάκεινται, ὥστε, ὅταν μὲν ἐπὶ τὸ
λυπηρὸν φέρωνται, ἀληθῆ τε οἴονται καὶ τῷ ὄντι λυποῦνται, 585
ὅταν δὲ ἀπὸ λύπης ἐπὶ τὸ μεταξύ, σφόδρα μὲν οἴονται πρὸς
πληρώσει τε καὶ ἡδονῇ γίγνεσθαι, ὥσπερ ⟨δὲ⟩ πρὸς μέλαν
φαιὸν ἀποσκοποῦντες ἀπειρίᾳ λευκοῦ, καὶ πρὸς τὸ ἄλυπον
οὕτω λύπην ἀφορῶντες ἀπειρίᾳ ἡδονῆς ἀπατῶνται;   5
Μὰ Δία, ἦ δ' ὅς, οὐκ ἂν θαυμάσαιμι, ἀλλὰ πολὺ μᾶλλον, εἰ
μὴ οὕτως ἔχει.
⟨***⟩ ὧδε γοῦν, εἶπον, ἐννόει· οὐχὶ πεῖνα καὶ δίψα καὶ τὰ
τοιαῦτα κενώσεις τινές εἰσιν τῆς περὶ τὸ σῶμα ἕξεως;   b
Τί μήν;
Ἄγνοια δὲ καὶ ἀφροσύνη ἆρ' οὐ κενότης ἐστὶ τῆς περὶ
ψυχὴν αὖ ἕξεως;
Μάλα γε.   5
Οὐκοῦν πληροῖτ' ἂν ὅ τε τροφῆς μεταλαμβάνων καὶ ὁ νοῦν
ἴσχων;
Πῶς δ' οὔ;
Πλήρωσις δὲ ἀληθεστέρα τοῦ ἧττον ἢ τοῦ μᾶλλον ὄντος;
Δῆλον ὅτι τοῦ μᾶλλον.   10
Πότερα οὖν ἡγῇ τὰ γένη μᾶλλον καθαρᾶς οὐσίας μετέχειν,
τὰ οἷον σίτου τε καὶ ποτοῦ καὶ ὄψου καὶ συμπάσης τροφῆς, ἢ
τὸ δόξης τε ἀληθοῦς εἶδος καὶ ἐπιστήμης καὶ νοῦ καὶ   c
συλλήβδην αὖ πάσης ἀρετῆς; ὧδε δὲ κρῖνε· τὸ τοῦ ἀεὶ ὁμοίου
ἐχόμενον καὶ ἀθανάτου καὶ ἀληθείας, καὶ αὐτὸ τοιοῦτον ὂν
καὶ ἐν τοιούτῳ γιγνόμενον, μᾶλλον εἶναί σοι δοκεῖ, ἢ τὸ
μηδέποτε ὁμοίου καὶ θνητοῦ, καὶ αὐτὸ τοιοῦτον καὶ ἐν   5
τοιούτῳ γιγνόμενον;
Πολύ, ἔφη, διαφέρει τὸ τοῦ ἀεὶ ὁμοίου.

e6 οἱ ἄπειροι F   585a2 τὸ AF: τῶ D   a3 ὥσπερ δὲ Laur.80.19:
ὥσπερ ADF   a4–5 πρὸς λύπην οὕτω τὸ ἄλυπον Schleiermacher
a5 λύπην fortasse delendum   a8 lacunam ante ὧδε statui   γοῦν
ADF: δ' οὖν Wilamowitz   πεῖνα prA Asl DF: πείνη Apc   b12 τὰ
Apc^sl DF: om. prA   οἷα Asl   c2 κρίναι [sic] D   c5 τοιοῦτον ὂν
Angel.101 Laur.85.7pc

Ἡ οὖν †ἀεὶ ὁμοίου οὐσία οὐσίας τι μᾶλλον ἢ ἐπιστήμης†
μετέχει;

10 Οὐδαμῶς.

Τί δ'; ἀληθείας;

Οὐδὲ τοῦτο.

Εἰ δὲ ἀληθείας ἧττον, οὐ καὶ οὐσίας;

Ἀνάγκη.

d Οὐκοῦν ὅλως τὰ περὶ τὴν τοῦ σώματος θεραπείαν γένη τῶν
γενῶν αὖ τῶν περὶ τὴν τῆς ψυχῆς θεραπείαν ἧττον ἀληθείας
τε καὶ οὐσίας μετέχει;

Πολύ γε.

5 Σῶμα δὲ αὐτὸ ψυχῆς οὐκ οἴει οὕτως;

Ἔγωγε.

Οὐκοῦν τὸ τῶν μᾶλλον ὄντων πληρούμενον καὶ αὐτὸ
μᾶλλον ὂν ὄντως μᾶλλον πληροῦται ἢ τὸ τῶν ἧττον ὄντων
καὶ αὐτὸ ἧττον ὄν;

10 Πῶς γὰρ οὔ;

Εἰ ἄρα τὸ πληροῦσθαι τῶν φύσει προσηκόντων ἡδύ ἐστι,

e τὸ τῷ ὄντι καὶ τῶν ὄντων πληρούμενον μᾶλλον μᾶλλον ὄντως
τε καὶ ἀληθεστέρως χαίρειν ἂν ποιοῖ ἡδονῇ ἀληθεῖ· τὸ δὲ τῶν
ἧττον ὄντων μεταλαμβάνον ἧττόν τε ἂν ἀληθῶς καὶ βεβαίως
πληροῖτο καὶ ἀπιστοτέρας ἂν ἡδονῆς καὶ ἧττον ἀληθοῦς

5 μεταλαμβάνοι.

Ἀναγκαιότατα, ἔφη.

586 Οἱ ἄρα φρονήσεως καὶ ἀρετῆς ἄπειροι, εὐωχίαις δὲ καὶ
τοῖς τοιούτοις ἀεὶ συνόντες, κάτω, ὡς ἔοικεν, καὶ μέχρι πάλιν
πρὸς τὸ μεταξὺ φέρονταί τε καὶ ταύτῃ πλανῶνται διὰ βίου,
ὑπερβάντες δὲ τοῦτο πρὸς τὸ ἀληθῶς ἄνω οὔτε ἀνέβλεψαν

c8 ἀεὶ ὁμοίου ADF: μὴ ἀεὶ ὁμοίου Laur.85.7pc: ἀεὶ ⟨ἀν⟩ομοίου Adam,
οὐσία secl. Ferrari (ἢ pro ἡ legens), alii alia, locus desperatus   οὐσία
ADF: αἰτία et mox ἐπιστήμη R. G. Bury   τι fortasse om. prA   ἢ ADF: ἢ
⟨ἡ⟩ Adam   c12 post τοῦτο lacunam postulat Madvig, quam sic
implet: ⟨ἡ δὲ τοῦ ἀνομοίου οὐκ ἐπιστήμης ἧττον μετέχει ἢ ἡ τοῦ ὁμοίου; Πῶς
γὰρ οὔ; Εἰ δ' ἐπιστήμης, καὶ ἀληθείας; Καὶ τοῦτο⟩   c13 οὐ om. F
d5 ψυχῆς DF: τῆς ψυχῆς A, τῆς punctis deletum   e4 ἀπυστοτέρας D
586a3 τε om. Longin.   a4 ἀληθὲς Longin.

πώποτε οὔτε ἠνέχθησαν, οὐδὲ τοῦ ὄντος τῷ ὄντι ἐπληρώθη- 5
σαν, οὐδὲ βεβαίου τε καὶ καθαρᾶς ἡδονῆς ἐγεύσαντο, ἀλλὰ
βοσκημάτων δίκην κάτω ἀεὶ βλέποντες καὶ κεκυφότες εἰς γῆν
καὶ εἰς τραπέζας βόσκονται χορταζόμενοι καὶ ὀχεύοντες, καὶ
ἕνεκα τῆς τούτων πλεονεξίας λακτίζοντες καὶ κυρίττοντες b
ἀλλήλους σιδηροῖς κέρασί τε καὶ ὁπλαῖς ἀποκτεινύασι δι'
ἀπληστίαν, ἅτε οὐχὶ τοῖς οὖσιν οὐδὲ τὸ ὂν οὐδὲ τὸ στέγον
ἑαυτῶν πιμπλάντες.

Παντελῶς, ἔφη ὁ Γλαύκων, τὸν τῶν πολλῶν, ὦ Σώκρατες, 5
χρησμῳδεῖς βίον.

Ἆρ' οὖν οὐκ ἀνάγκη καὶ ἡδοναῖς συνεῖναι μεμειγμέναις
λύπαις, εἰδώλοις τῆς ἀληθοῦς ἡδονῆς καὶ ἐσκιαγραφημέναις,
ὑπὸ τῆς παρ' ἀλλήλας θέσεως ἀποχραινομέναις, ὥστε σφο- c
δροὺς ἑκατέρας φαίνεσθαι, καὶ ἔρωτας ἑαυτῶν λυττῶντας
τοῖς ἄφροσιν ἐντίκτειν καὶ περιμαχήτους εἶναι, ὥσπερ τὸ τῆς
Ἑλένης εἴδωλον ὑπὸ τῶν ἐν Τροίᾳ Στησίχορός φησι γενέσθαι
περιμάχητον ἀγνοίᾳ τοῦ ἀληθοῦς; 5

Πολλὴ ἀνάγκη, ἔφη, τοιοῦτόν τι αὐτὸ εἶναι.

Τί δέ; περὶ τὸ θυμοειδὲς οὐχ ἕτερα τοιαῦτα ἀνάγκη
γίγνεσθαι, ὃς ἂν αὐτὸ τοῦτο διαπράττηται ἢ φθόνῳ διὰ
φιλοτιμίαν ἢ βίᾳ διὰ φιλονικίαν ἢ θυμῷ διὰ δυσκολίαν,
πλησμονὴν τιμῆς τε καὶ νίκης καὶ θυμοῦ διώκων ἄνευ d
λογισμοῦ τε καὶ νοῦ;

Τοιαῦτα, ἦ δ' ὅς, ἀνάγκη καὶ περὶ τοῦτο εἶναι.

Τί οὖν; ἦν δ' ἐγώ· θαρροῦντες λέγωμεν ὅτι καὶ περὶ τὸ
φιλοκερδὲς καὶ τὸ φιλόνικον ὅσαι ἐπιθυμίαι εἰσίν, αἱ μέν, ἂν 5
τῇ ἐπιστήμῃ καὶ λόγῳ ἑπόμεναι καὶ μετὰ τούτων τὰς ἡδονὰς
διώκουσαι, ἃς ἂν τὸ φρόνιμον ἐξηγῆται, λαμβάνωσι, τὰς
ἀληθεστάτας τε λήψονται, ὡς οἷόν τε αὐταῖς ἀληθεῖς λαβεῖν,

a5 ἀνηνέχθησαν Longin. b2 ἀλλήλοις Longin. τε om. Longin.
b3 οὐδὲ τὸ στέγον AF: οὔτε τὸ στέγον D b5 τὸν AF: τὸ D
c4 Stesich. 192 PMG c6 αὐτὸ om. F c8 ἂν Apcˢˡ DF: om.
prA αὐτὸ ADF: ταὐτὸ H. Richards διαπράττηται Apc DF: διαπράττεται
prA d4 λέγομεν prF d5 αἲ Vind. 1 d7 ἂν om. F ἐξηγῆται
D: ἐξηγεῖται AF

359

e ἄτε ἀληθείᾳ ἑπομένων, καὶ τὰς ἑαυτῶν οἰκείας, εἴπερ τὸ
βέλτιστον ἑκάστῳ, τοῦτο καὶ οἰκειότατον;
Ἀλλὰ μήν, ἔφη, οἰκειότατόν γε.

Τῷ φιλοσόφῳ ἄρα ἑπομένης ἀπάσης τῆς ψυχῆς καὶ μὴ
5 στασιαζούσης ἑκάστῳ τῷ μέρει ὑπάρχει εἴς τε τἆλλα τὰ
ἑαυτοῦ πράττειν καὶ δικαίῳ εἶναι, καὶ δὴ καὶ τὰς ἡδονὰς τὰς
587 ἑαυτοῦ ἕκαστον καὶ τὰς βελτίστας καὶ εἰς τὸ δυνατὸν τὰς
ἀληθεστάτας καρποῦσθαι.
Κομιδῇ μὲν οὖν.

Ὅταν δὲ ἄρα τῶν ἑτέρων τι κρατήσῃ, ὑπάρχει αὐτῷ μήτε
5 τὴν ἑαυτοῦ ἡδονὴν ἐξευρίσκειν, τά τε ἄλλ᾽ ἀναγκάζειν
ἀλλοτρίαν καὶ μὴ ἀληθῆ ἡδονὴν διώκειν.
Οὕτως, ἔφη.

Οὐκοῦν ἃ πλεῖστον φιλοσοφίας τε καὶ λόγου ἀφέστηκεν,
μάλιστ᾽ ἂν τοιαῦτα ἐξεργάζοιτο;
10 Πολύ γε.

Πλεῖστον δὲ λόγου ἀφίσταται οὐχ ὅπερ νόμου τε καὶ
τάξεως;
Δῆλον δή.

b Ἐφάνησαν δὲ πλεῖστον ἀφεστῶσαι οὐχ αἱ ἐρωτικαί τε καὶ
τυραννικαὶ ἐπιθυμίαι;
Πολύ γε.

Ἐλάχιστον δὲ αἱ βασιλικαί τε καὶ κόσμιαι;
5 Ναί.

Πλεῖστον δή, οἶμαι, ἀληθοῦς ἡδονῆς καὶ οἰκείας ὁ τύραννος
ἀφεστήξει, ὁ δὲ ὀλίγιστον.
Ἀνάγκη.

Καὶ ἀηδέστατα ἄρα, εἶπον, ὁ τύραννος βιώσεται, ὁ δὲ
10 βασιλεὺς ἥδιστα.
Πολλὴ ἀνάγκη.

Οἶσθ᾽ οὖν, ἦν δ᾽ ἐγώ, ὅσῳ ἀηδέστερον ζῇ τύραννος
βασιλέως;

e1 ἑπομένων AD: ἑπομένῳ F: ἑπόμεναι H. Stephanus   τὸ ADF: ὁ
Astius   e2 τούτῳ F   e5 τἆλλα AD: ἄλλα F   587a6 ἀλλοτρία
[sic] F   a13 δηλαδὴ F   b1 οὐχ ἐρωτικαί [sic] F   b7 ὀλίγιστον
A: ὀλιγοστόν DF

"Αν εἴπῃς, ἔφη.

Τριῶν ἡδονῶν, ὡς ἔοικεν, οὐσῶν, μιᾶς μὲν γνησίας, δυοῖν 15
δὲ νόθαιν, τῶν νόθων εἰς τὸ ἐπέκεινα ὑπερβὰς ὁ τύραννος,
φυγὼν νόμον τε καὶ λόγον, δούλαις τισὶ δορυφόροις ἡδοναῖς c
συνοικεῖ, καὶ ὁπόσῳ ἐλαττοῦται οὐδὲ πάνυ ῥᾴδιον εἰπεῖν,
πλὴν ἴσως ὧδε.

Πῶς; ἔφη.

Ἀπὸ τοῦ ὀλιγαρχικοῦ τρίτος που ὁ τύραννος ἀφειστήκει· ἐν 5
μέσῳ γὰρ αὐτῶν ὁ δημοτικὸς ἦν.

Ναί.

Οὐκοῦν καὶ ἡδονῆς τρίτῳ εἰδώλῳ πρὸς ἀλήθειαν ἀπ'
ἐκείνου συνοικοῖ ἄν, εἰ τὰ πρόσθεν ἀληθῆ;

Οὕτω.   10

Ὁ δέ γε ὀλιγαρχικὸς ἀπὸ τοῦ βασιλικοῦ αὖ τρίτος, ἐὰν εἰς
ταὐτὸν ἀριστοκρατικὸν καὶ βασιλικὸν τιθῶμεν.   d

Τρίτος γάρ.

Τριπλασίου ἄρα, ἦν δ' ἐγώ, τριπλάσιον ἀριθμῷ ἀληθοῦς
ἡδονῆς ἀφέστηκεν τύραννος.

Φαίνεται.   5

Ἐπίπεδον ἄρ', ἔφην, ὡς ἔοικεν, τὸ εἴδωλον κατὰ τὸν τοῦ
μήκους ἀριθμὸν ἡδονῆς τυραννικῆς ἂν εἴη.

Κομιδῇ γε.

Κατὰ δὲ δύναμιν καὶ τρίτην αὔξην δῆλον δὴ ἀπόστασιν
ὅσην ἀφεστηκὼς γίγνεται.   10

Δῆλον, ἔφη, τῷ γε λογιστικῷ.

Οὐκοῦν ἐάν τις μεταστρέψας ἀληθείᾳ ἡδονῆς τὸν βασιλέα
τοῦ τυράννου ἀφεστηκότα λέγῃ ὅσον ἀφέστηκεν, ἐννεακαι- e
εικοσικαιεπτακοσιοπλασιάκις ἥδιον αὐτὸν ζῶντα εὑρήσει
τελεωθείσῃ τῇ πολλαπλασιώσει, τὸν δὲ τύραννον ἀνιαρότερον
τῇ αὐτῇ ταύτῃ ἀποστάσει.

b16 νόθαιν DF: νόθοιν Apc, incertum quid antea habuerit (non νόθων)
c2 ὁπόσα D   c6 δημοτικὸς ADF: δημοκρατικὸς Asl   c9 ξυνοικοῖ
Apc D Fsl: ξυνοικεῖ prA F   d9 τρίτην A Schol.: τὴν τρίτην DF
e1 ἀφέστηκε καὶ F   e2 ἥδιον A: ἥδιστον DF

5 Ἀμήχανον, ἔφη, λογισμὸν καταπεφόρηκας τῆς διαφορότη-
588 τος τοῖν ἀνδροῖν, τοῦ τε δικαίου καὶ τοῦ ἀδίκου, πρὸς ἡδονήν
τε καὶ λύπην.

Καὶ μέντοι καὶ ἀληθῆ καὶ προσήκοντά γε, ἦν δ᾽ ἐγώ, βίοις
ἀριθμόν, εἴπερ αὐτοῖς προσήκουσιν ἡμέραι καὶ νύκτες καὶ
5 μῆνες καὶ ἐνιαυτοί.

Ἀλλὰ μήν, ἔφη, προσήκουσιν.

Οὐκοῦν εἰ τοσοῦτον ἡδονῇ νικᾷ ὁ ἀγαθός τε καὶ δίκαιος τὸν
κακόν τε καὶ ἄδικον, ἀμηχάνῳ δὴ ὅσῳ πλείονι νικήσει
εὐσχημοσύνῃ τε βίου καὶ κάλλει καὶ ἀρετῇ;

10 Ἀμηχάνῳ μέντοι νὴ Δία, ἔφη.

b Εἶεν δή, εἶπον· ἐπειδὴ ἐνταῦθα λόγου γεγόναμεν, ἀνα-
λάβωμεν τὰ πρῶτα λεχθέντα, δι᾽ ἃ δεῦρ᾽ ἥκομεν. ἦν δέ που
λεγόμενον λυσιτελεῖν ἀδικεῖν τῷ τελέως μὲν ἀδίκῳ, δοξαζο-
μένῳ δὲ δικαίῳ· ἢ οὐχ οὕτως ἐλέχθη;

5 Οὕτω μὲν οὖν.

Νῦν δή, ἔφην, αὐτῷ διαλεγώμεθα, ἐπειδὴ διωμολογησά-
μεθα τό τε ἀδικεῖν καὶ τὸ δίκαια πράττειν ἣν ἑκάτερον ἔχει
δύναμιν.

Πῶς; ἔφη.

10 Εἰκόνα πλάσαντες τῆς ψυχῆς λόγῳ, ἵνα εἰδῇ ὁ ἐκεῖνα
λέγων οἷα ἔλεγεν.

c Ποίαν τινά; ἦ δ᾽ ὅς.

Τῶν τοιούτων τινά, ἦν δ᾽ ἐγώ, οἷαι μυθολογοῦνται παλαιαὶ
γενέσθαι φύσεις, ἥ τε Χιμαίρας καὶ ἡ Σκύλλης καὶ Κερβέρου,
καὶ ἄλλαι τινὲς συχναὶ λέγονται συμπεφυκυῖαι ἰδέαι πολλαὶ
5 εἰς ἓν γενέσθαι.

Λέγονται γάρ, ἔφη.

Πλάττε τοίνυν μίαν μὲν ἰδέαν θηρίου ποικίλου καὶ πολυ-
κεφάλου, ἡμέρων δὲ θηρίων ἔχοντος κεφαλὰς κύκλῳ καὶ

588a8 πλείονι F: πλεῖον Apc (incertum quid antea habuerit, non
πλείονι), Dpc: πλείω prD   b6 αὐτῶι ADF Euseb. Stob.: om.
Copt: αὖ οὕτω C. Schmidt   b10 εἰδῆι AD Euseb.(I) Stob.: ἴδη
F Euseb.(ON): intellegat Copt, potius εἰδῆι quam ἴδῃ reddens
b11 οἷα ADF Stob.: οἵαν Euseb.   c7 πλάττε ADF Euseb.: πρᾶττε
Stob. Copt   c8 δὲ ADF Euseb. Stob.: τε Madvig

ἀγρίων, καὶ δυνατοῦ μεταβάλλειν καὶ φύειν ἐξ αὑτοῦ πάντα
ταῦτα.   10

Δεινοῦ πλάστου, ἔφη, τὸ ἔργον· ὅμως δέ, ἐπειδὴ εὐπλα-
στότερον κηροῦ καὶ τῶν τοιούτων λόγος, πεπλάσθω.   d

Μίαν δὴ τοίνυν ἄλλην ἰδέαν λέοντος, μίαν δὲ ἀνθρώπου·
πολὺ δὲ μέγιστον ἔστω τὸ πρῶτον καὶ δεύτερον τὸ δεύτερον.

Ταῦτα, ἔφη, ῥᾷω· καὶ πέπλασται.

Σύναπτε τοίνυν αὐτὰ εἰς ἓν τρία ὄντα, ὥστε πῃ συμπεφυ- 5
κέναι ἀλλήλοις.

Συνῆπται, ἔφη.

Περίπλασον δὴ αὐτοῖς ἔξωθεν ἑνὸς εἰκόνα, τὴν τοῦ
ἀνθρώπου, ὥστε τῷ μὴ δυναμένῳ τὰ ἐντὸς ὁρᾶν, ἀλλὰ τὸ e
ἔξω μόνον ἔλυτρον ὁρῶντι, ἓν ζῷον φαίνεσθαι, ἄνθρωπον.

Περιπέπλασται, ἔφη.

Λέγωμεν δὴ τῷ λέγοντι ὡς λυσιτελεῖ τούτῳ ἀδικεῖν τῷ
ἀνθρώπῳ, δίκαια δὲ πράττειν οὐ συμφέρει, ὅτι οὐδὲν ἄλλο 5
φησὶν ἢ λυσιτελεῖν αὐτῷ τὸ παντοδαπὸν θηρίον εὐωχοῦντι
ποιεῖν ἰσχυρὸν καὶ τὸν λέοντα καὶ τὰ περὶ τὸν λέοντα, τὸν δὲ
ἄνθρωπον λιμοκτονεῖν καὶ ποιεῖν ἀσθενῆ, ὥστε ἕλκεσθαι ὅπῃ 589
ἂν ἐκείνων πότερον ἄγῃ, καὶ μηδὲν ἕτερον ἑτέρῳ συνεθίζειν
μηδὲ φίλον ποιεῖν, ἀλλ' ἐᾶν αὐτὰ ἐν αὑτοῖς δάκνεσθαί τε καὶ
μαχόμενα ἐσθίειν ἄλληλα.

Παντάπασι γάρ, ἔφη, ταῦτ' ἂν λέγοι ὁ τὸ ἀδικεῖν ἐπαινῶν. 5

Οὐκοῦν αὖ ὁ τὰ δίκαια λέγων λυσιτελεῖν φαίη ἂν δεῖν
ταῦτα πράττειν καὶ ταῦτα λέγειν, ὅθεν τοῦ ἀνθρώπου ὁ ἐντὸς
ἄνθρωπος ἔσται ἐγκρατέστατος, καὶ τοῦ πολυκεφάλου θρέμ- b
ματος ἐπιμελήσεται ὥσπερ γεωργός, τὰ μὲν ἥμερα τρέφων

c9 φύειν AD Euseb. Stob.: φύσιν F Copt   c9–10 πάντα ταῦτα ADF
Stob.: ταῦτα πάντα Euseb.   d1 λόγος ADF Stob.: ὁ λόγος Euseb.
d2 δὴ AD Stob.: δὲ F Euseb.   d5 ὄντα ADF Stob. Copt: ἔχοντα
Euseb.   d8 δὴ ADF Euseb.(G) Stob.: δὲ Euseb.(IN)   e1 τὸ
ADF Euseb.: τι Stob.   e5 ὅτι ADF Stob.: διότι Euseb.
e6 φησὶν ADF Stob.: φήσει Euseb.: om. Copt   589a1 ὥστε ADF
Euseb. Stob.: ὡς Iambl.   a2 ἐκείνων Asl DF Euseb. Iambl. Stob.
Copt: ἐκείνω A   πότερον Stob.: ὁπότερον ADF Euseb. Iambl.: πρότερον
Copt   a5 ἂν ADF Euseb.: om. Stob.   a7 ἐντὸς ADF Euseb.
Stob. Doroth.Gaz.: εἴσω Plot. V 1: ἔνδον Plot. I 1

καὶ τιθασεύων, τὰ δὲ ἄγρια ἀποκωλύων φύεσθαι, σύμμαχον
ποιησάμενος τὴν τοῦ λέοντος φύσιν, καὶ κοινῇ πάντων
5 κηδόμενος, φίλα ποιησάμενος ἀλλήλοις τε καὶ αὐτῷ, οὕτω
θρέψει;

Κομιδῇ γὰρ αὖ λέγει ταῦτα ὁ τὸ δίκαιον ἐπαινῶν.

Κατὰ πάντα τρόπον δὴ ὁ μὲν τὰ δίκαια ἐγκωμιάζων ἀληθῆ
c ἂν λέγοι, ὁ δὲ τὰ ἄδικα ψεύδοιτο. πρός τε γὰρ ἡδονὴν καὶ
πρὸς εὐδοξίαν καὶ ὠφελίαν σκοπουμένῳ ὁ μὲν ἐπαινέτης τοῦ
δικαίου ἀληθεύει, ὁ δὲ ψέκτης οὐδὲν ὑγιὲς οὐδ᾽ εἰδὼς ψέγει ὅτι
ψέγει.

5 Οὔ μοι δοκεῖ, ἦ δ᾽ ὅς, οὐδαμῇ γε.

Πείθωμεν τοίνυν αὐτὸν πρᾴως, οὐ γὰρ ἑκὼν ἁμαρτάνει,
ἐρωτῶντες· " Ὦ μακάριε, οὐ καὶ τὰ καλὰ καὶ αἰσχρὰ νόμιμα
διὰ τὰ τοιαῦτ᾽ ἂν φαῖμεν γεγονέναι· τὰ μὲν καλὰ τὰ ὑπὸ τῷ
d ἀνθρώπῳ, μᾶλλον δὲ ἴσως τὰ ὑπὸ τῷ θείῳ τὰ θηριώδη
ποιοῦντα τῆς φύσεως, αἰσχρὰ δὲ τὰ ὑπὸ τῷ ἀγρίῳ τὸ ἥμερον
δουλούμενα;" συμφήσει, ἢ πῶς;

Ἐάν μοι, ἔφη, πείθηται.

5 Ἔστιν οὖν, εἶπον, ὅτῳ λυσιτελεῖ ἐκ τούτου τοῦ λόγου
χρυσίον λαμβάνειν ἀδίκως, εἴπερ τοιόνδε τι γίγνεται, λαμ-
βάνων τὸ χρυσίον ἅμα καταδουλοῦται τὸ βέλτιστον ἑαυτοῦ
e τῷ μοχθηροτάτῳ; ἢ εἰ μὲν λαβὼν χρυσίον υἱὸν ἢ θυγατέρα
ἐδουλοῦτο, καὶ ταῦτ᾽ εἰς ἀγρίων τε καὶ κακῶν ἀνδρῶν, οὐκ ἂν
αὐτῷ ἐλυσιτέλει οὐδ᾽ ἂν πάμπολυ ἐπὶ τούτῳ λαμβάνειν, εἰ δὲ
τὸ ἑαυτοῦ θειότατον ὑπὸ τῷ ἀθεωτάτῳ τε καὶ μιαρωτάτῳ
590 δουλοῦται καὶ μηδὲν ἐλεεῖ, οὐκ ἄρα ἄθλιός ἐστι καὶ πολὺ ἐπὶ
δεινοτέρῳ ὀλέθρῳ χρυσὸν δωροδοκεῖ ἢ Ἐριφύλη ἐπὶ τῇ τοῦ
ἀνδρὸς ψυχῇ τὸν ὅρμον δεξαμένη;

b5 οὕτω ADF Euseb. Stob.: οὕτως αὐτὰ Iambl.   b8 τρόπον δὴ
ADF: δὴ τρόπον Stob.   b8–c1 ἀληθῆ ἂν DF Stob.: ἀλήθειαν A
c1 τε om. Stob.   c2 εὐδοξίαν AD Stob.: εὐεξίαν F   c6 πείθωμεν
AD Stob.: πείθομεν F   d2 τὰ om. Stob.   d4 ἐμοὶ Stob.   πίθηται
Stob.   d6 τι om. Stob.   λαμβάνων A Stob.: λαμβάνον DF
e1 χρυσὸν Stob.   e4 ἑαυτοῦ ADF: αὐτοῦ Stob.: ἑαυτῶι Iambl.: ἐν
αὑτῶι Pistelli

Πολὺ μέντοι, ἦ δ᾽ ὃς ὁ Γλαύκων· ἐγὼ γάρ σοι ὑπὲρ ἐκείνου
ἀποκρινοῦμαι.

Οὐκοῦν καὶ τὸ ἀκολασταίνειν οἴει διὰ τοιαῦτα πάλαι
ψέγεσθαι, ὅτι ἀνίεται ἐν τῷ τοιούτῳ τὸ δεινόν, τὸ μέγα
ἐκεῖνο καὶ πολυειδὲς θρέμμα, πέρα τοῦ δέοντος;

Δῆλον, ἔφη.

Ἡ δ᾽ αὐθαδία καὶ δυσκολία ψέγεται οὐχ ὅταν τὸ λεοντῶδές 10
τε καὶ ὀφεῶδες αὔξηται καὶ συντείνηται ἀναρμόστως; b

Πάνυ μὲν οὖν.

Τρυφὴ δὲ καὶ μαλθακία οὐκ ἐπὶ τῇ αὐτοῦ τούτου χαλάσει
τε καὶ ἀνέσει ψέγεται, ὅταν ἐν αὐτῷ δειλίαν ἐμποιῇ;

Τί μήν; 5

Κολακεία δὲ καὶ ἀνελευθερία οὐχ ὅταν τις τὸ αὐτὸ τοῦτο,
τὸ θυμοειδές, ὑπὸ τῷ ὀχλώδει θηρίῳ ποιῇ καὶ ἕνεκα
χρημάτων καὶ τῆς ἐκείνου ἀπληστίας προπηλακιζόμενον
ἐθίζῃ ἐκ νέου ἀντὶ λέοντος πίθηκον γίγνεσθαι;

Καὶ μάλα, ἔφη. 10

Βαναυσία δὲ καὶ χειροτεχνία διὰ τί οἴει ὄνειδος φέρει; ἢ δι᾽ c
ἄλλο τι φήσομεν ἢ ὅταν τις ἀσθενὲς φύσει ἔχῃ τὸ τοῦ
βελτίστου εἶδος, ὥστε μὴ ἂν δύνασθαι ἄρχειν τῶν ἐν αὑτῷ
θρεμμάτων, ἀλλὰ θεραπεύειν ἐκεῖνα, καὶ τὰ θωπεύματα
αὐτῶν μόνον δύνηται μανθάνειν; 5

Ἔοικεν, ἔφη.

Οὐκοῦν ἵνα καὶ ὁ τοιοῦτος ὑπὸ ὁμοίου ἄρχηται οἷουπερ ὁ
βέλτιστος, δοῦλον αὐτόν φαμεν δεῖν εἶναι ἐκείνου τοῦ
βελτίστου, ἔχοντος ἐν αὑτῷ τὸ θεῖον ἄρχον, οὐκ ἐπὶ βλάβῃ d
τῇ τοῦ δούλου οἰόμενοι δεῖν ἄρχεσθαι αὐτόν, ὥσπερ Θρασύ-
μαχος ᾤετο τοὺς ἀρχομένους, ἀλλ᾽ ὡς ἄμεινον ὂν παντὶ ὑπὸ

590a6 τοιαῦτα ADF: τὰ τοιαῦτα Iambl. Stob.   πάλαι AF Iambl. Stob.:
πάλιν D   a8 θρέμμα ADF: θρέμμα εἰς ἐλευθερίαν Iambl. Stob.
b1 ὀφεῶδες ADF Stob.: ὀργῶδες W. Jaeger   συντείνηται AD Iambl.:
συντείνειε F: συγγίνηται Stob.   b7 τὸ AD Stob.: om. F   c1 φέρει
AD Stob.: φέρειν F   c5 αὐτῶν AF Stob.: αὐτὸν D   δύνηται ADF
Stob.: secl. H. Stephanus   c8 ἐκείνου A Stob.: καὶ ἐκείνου DF
d1 ἔχοντος A: καὶ ἔχοντος DF Stob.   d3 ὂν ADF: om. Stob.

θείου καὶ φρονίμου ἄρχεσθαι, μάλιστα μὲν οἰκεῖον ἔχοντος ἐν
5 αὑτῷ, εἰ δὲ μή, ἔξωθεν ἐφεστῶτος, ἵνα εἰς δύναμιν πάντες
ὅμοιοι ὦμεν καὶ φίλοι, τῷ αὐτῷ κυβερνώμενοι;
Καὶ ὀρθῶς γ', ἔφη.

e Δηλοῖ δέ γε, ἦν δ' ἐγώ, καὶ ὁ νόμος ὅτι τοιοῦτον βούλεται,
πᾶσι τοῖς ἐν τῇ πόλει σύμμαχος ὤν, καὶ ἡ τῶν παίδων ἀρχή,
τὸ μὴ ἐᾶν ἐλευθέρους εἶναι, ἕως ἂν ἐν αὐτοῖς ὥσπερ ἐν πόλει
591 πολιτείαν καταστήσωμεν, καὶ τὸ βέλτιστον θεραπεύσαντες
τῷ παρ' ἡμῖν τοιούτῳ ἀντικαταστήσωμεν φύλακα ὅμοιον καὶ
ἄρχοντα ἐν αὐτῷ, καὶ τότε δὴ ἐλεύθερον ἀφίεμεν.
Δηλοῖ γάρ, ἦ δ' ὅς.

5 Πῇ δὴ οὖν φήσομεν, ὦ Γλαύκων, καὶ κατὰ τίνα λόγον
λυσιτελεῖν ἀδικεῖν, ἢ ἀκολασταίνειν ἤ τι αἰσχρὸν ποιεῖν, ἐξ ὧν
πονηρότερος μὲν ἔσται, πλείω δὲ χρήματα ἢ ἄλλην τινὰ
δύναμιν κεκτήσεται;
Οὐδαμῇ, ἦ δ' ὅς.

10 Πῇ δ' ἀδικοῦντα λανθάνειν καὶ μὴ διδόναι δίκην λυσιτελεῖν;
b ἢ οὐχὶ ὁ μὲν λανθάνων ἔτι πονηρότερος γίγνεται, τοῦ δὲ μὴ
λανθάνοντος καὶ κολαζομένου τὸ μὲν θηριῶδες κοιμίζεται καὶ
ἡμεροῦται, τὸ δὲ ἥμερον ἐλευθεροῦται, καὶ ὅλη ἡ ψυχὴ εἰς τὴν
βελτίστην φύσιν καθισταμένη τιμιωτέραν ἕξιν λαμβάνει,
5 σωφροσύνην τε καὶ δικαιοσύνην μετὰ φρονήσεως κτωμένη,
ἢ σῶμα ἰσχύν τε καὶ κάλλος μετὰ ὑγιείας λαμβάνον, τοσούτῳ
ὅσῳπερ ψυχὴ σώματος τιμιωτέρα;
Παντάπασιν μὲν οὖν, ἔφη.

c Οὐκοῦν ὅ γε νοῦν ἔχων πάντα τὰ αὑτοῦ εἰς τοῦτο συντείνας
βιώσεται, πρῶτον μὲν τὰ μαθήματα τιμῶν, ἃ τοιαύτην αὑτοῦ
τὴν ψυχὴν ἀπεργάσεται, τὰ δὲ ἄλλ' ἀτιμάζων;

d4 θείου ADF Stob.: τοῦ θείου Iambl.   οἰκεῖον ἔχοντος ADF Stob.:
οἰκείου ἐνόντος (et d5 αὑτῶι) Madvig   e1 δέ γε ADF Stob.: δὲ Iambl.
βούλεται Iambl. Stob.: βουλεύεται ADF   591a2 τῶι ADF Stob.: τῶν
Iambl.   τοιούτωι ADF Stob.: τούτωι Iambl.   a3 ἐλεύθερον ADF
Iambl.: ἐλευθερίαν Stob.   a10 λυσιτελεῖ D   b1 ἔτι πονηρότερος
Apc: ἐπιπονηρότερος prA D Fpc: ἐπιπονώτερος prF: επι επι [sic] Amg
(fortasse ἔτι ἐπιπονηρότερος voluit)   b3 ἤ om. F   c1 αὑτοῦ A:
αὐτοῦ Dsl F Iambl.: αὐτὰ D   c2 τὰ om. Iambl.   c3 ἀπεργάσεται
DF Iambl.: ἀπεργάζεται A

Δῆλον, ἔφη.

Ἔπειτά γ', εἶπον, τὴν τοῦ σώματος ἕξιν καὶ τροφὴν οὐχ 5
ὅπως τῇ θηριώδει καὶ ἀλόγῳ ἡδονῇ ἐπιτρέψας ἐνταῦθα
τετραμμένος ζήσει, ἀλλ' οὐδὲ πρὸς ὑγίειαν βλέπων, οὐδὲ
τοῦτο πρεσβεύων, ὅπως ἰσχυρὸς ἢ ὑγιὴς ἢ καλὸς ἔσται, ἐὰν
μὴ καὶ σωφρονήσειν μέλλῃ ἀπ' αὐτῶν, ἀλλ' ἀεὶ τὴν ἐν τῷ
σώματι ἁρμονίαν τῆς ἐν τῇ ψυχῇ ἕνεκα συμφωνίας ἁρμοττό- d
μενος φανεῖται.

Παντάπασι μὲν οὖν, ἔφη, ἐάνπερ μέλλῃ τῇ ἀληθείᾳ
μουσικὸς εἶναι.

Οὐκοῦν, εἶπον, καὶ τὴν ἐν τῇ τῶν χρημάτων κτήσει 5
σύνταξίν τε καὶ συμφωνίαν; καὶ τὸν ὄγκον τοῦ πλήθους οὐκ
ἐκπληττόμενος ὑπὸ τοῦ τῶν πολλῶν μακαρισμοῦ ἄπειρον
αὐξήσει, ἀπέραντα κακὰ ἔχων;

Οὐκ οἴομαι, ἔφη.

Ἀλλ' ἀποβλέπων γε, εἶπον, πρὸς τὴν ἐν αὑτῷ πολιτείαν, e
καὶ φυλάττων μή τι παρακινῇ αὐτοῦ τῶν ἐκεῖ διὰ πλῆθος
οὐσίας ἢ δι' ὀλιγότητα, οὕτως κυβερνῶν προσθήσει καὶ
ἀναλώσει τῆς οὐσίας καθ' ὅσον ἂν οἷός τ' ᾖ.

Κομιδῇ μὲν οὖν, ἔφη.   5

Ἀλλὰ μὴν καὶ τιμάς γε, εἰς ταὐτὸν ἀποβλέπων, τῶν μὲν 592
μεθέξει καὶ γεύσεται ἑκών, ἃς ἂν ἡγῆται ἀμείνω αὐτὸν
ποιήσειν, ἃς δ' ἂν λύσειν τὴν ὑπάρχουσαν ἕξιν, φεύξεται
ἰδίᾳ καὶ δημοσίᾳ.

Οὐκ ἄρα, ἔφη, τά γε πολιτικὰ ἐθελήσει πράττειν, ἐάνπερ 5
τούτου κήδηται.

Νὴ τὸν κύνα, ἦν δ' ἐγώ, ἔν γε τῇ ἑαυτοῦ πόλει καὶ μάλα, οὐ
μέντοι ἴσως ἔν γε τῇ πατρίδι, ἐὰν μὴ θεία τις συμβῇ τύχη.

Μανθάνω, ἔφη· ἐν ᾗ νῦν διήλθομεν οἰκίζοντες πόλει λέγεις,
τῇ ἐν λόγοις κειμένῃ, ἐπεὶ γῆς γε οὐδαμοῦ οἶμαι αὐτὴν εἶναι. 10

c7 τεθραμμένος F   ζήσει Antiatt. Iambl. Phot.: ζώσει A: ζώσῃ D: ζῶ F
d2 φανεῖται Iambl.: φαίνηται AD Fsl: φαίνεται F: secl. K. F. Hermann
d5 κτήσει AD Iambl.: om. F   d7 εἰς ἄπειρον Iambl.   e1 γε om.
Iambl.   e2 πλῆθος Apc Iambl.: πλήθους prA DF   e4 ἦι om.
Iambl.   592a7 κύνα A: δία DF   verba καὶ μάλα Glauconi
tribuunt ADF   a10 ἐπεὶ AD: ἐπὶ F, ex v.l. ἐπεὶ ἐπὶ fortasse ortum

b   Ἀλλ', ἦν δ' ἐγώ, ἐν οὐρανῷ ἴσως παράδειγμα ἀνάκειται τῷ
βουλομένῳ ὁρᾶν καὶ ὁρῶντι ἑαυτὸν κατοικίζειν. διαφέρει δὲ
οὐδὲν εἴτε που ἔστιν εἴτε ἔσται· τὰ γὰρ ταύτης μόνης ἂν
πράξειεν, ἄλλης δὲ οὐδεμιᾶς.
5   Εἰκός γ', ἔφη.

b1 ἔγωγ' Apc^sl   b2 ἑαυτὸν ⟨αὑτόσε⟩ H. Richards   b5 γ' om. F

Καὶ μήν, ἦν δ᾽ ἐγώ, πολλὰ μὲν καὶ ἄλλα περὶ αὐτῆς ἐννοῶ, a
ὡς παντὸς ἄρα μᾶλλον ὀρθῶς ᾠκίζομεν τὴν πόλιν, οὐχ ἥκιστα
δὲ ἐνθυμηθεὶς περὶ ποιήσεως λέγω.

Τὸ ποῖον; ἔφη.

Τὸ μηδαμῇ παραδέχεσθαι αὐτῆς ὅση μιμητική· παντὸς γὰρ 5
μᾶλλον οὐ παραδεκτέα νῦν καὶ ἐναργέστερον, ὡς ἐμοὶ δοκεῖ,
φαίνεται, ἐπειδὴ χωρὶς ἕκαστα διῄρηται τὰ τῆς ψυχῆς εἴδη. b

Πῶς λέγεις;

Ὡς μὲν πρὸς ὑμᾶς εἰρῆσθαι, οὐ γάρ μου κατερεῖτε πρὸς
τοὺς τῆς τραγῳδίας ποιητὰς καὶ τοὺς ἄλλους ἅπαντας τοὺς
μιμητικούς, λώβη ἔοικεν εἶναι πάντα τὰ τοιαῦτα τῆς τῶν 5
ἀκουόντων διανοίας, ὅσοι μὴ ἔχουσι φάρμακον τὸ εἰδέναι
αὐτὰ οἷα τυγχάνει ὄντα.

Πῇ δή, ἔφη, διανοούμενος λέγεις;

Ῥητέον, ἦν δ᾽ ἐγώ· καίτοι φιλία γέ τίς με καὶ αἰδὼς ἐκ
παιδὸς ἔχουσα περὶ Ὁμήρου ἀποκωλύει λέγειν. ἔοικε μὲν γὰρ c
τῶν καλῶν ἁπάντων τούτων τῶν τραγικῶν πρῶτος διδάσκα-
λός τε καὶ ἡγεμὼν γενέσθαι. ἀλλ᾽ οὐ γὰρ πρό γε τῆς ἀληθείας
τιμητέος ἀνήρ, ἀλλ᾽, ὃ λέγω, ῥητέον.

Πάνυ μὲν οὖν, ἔφη. 5

Ἄκουε δή, μᾶλλον δὲ ἀποκρίνου.

Ἐρώτα.

Μίμησιν ὅλως ἔχοις ἄν μοι εἰπεῖν ὅτι ποτ᾽ ἐστίν; οὐδὲ γάρ
τοι αὐτὸς πάνυ τι συννοῶ τί βούλεται εἶναι.

595a6 παραδεκτέα ADF: παραδεκτέον Asl Procl. b1 φαίνεται
Glauconi tribuunt ADF b3 εἰρῆσθαι ADF Procl.: εἰρήσθω Euseb.
b4 τῆς ADF Euseb.: om. Procl. ἅπαντας ADF: πάντας Euseb. Procl.
b6 τὸ AD Euseb.: τοῦ F b8 δὴ A Dpc F Euseb.(GD): δὲ prD (sed
statim correctum) Euseb.(IN) c1 ἔοικε μὲν DF: ἐοίκαμεν prA: ἔοικε
μὲν Apc, μὲν insuper punctis deleto: ἔοικε Euseb. Procl. c2 ἁπάντων
ADF Euseb.: πάντων Procl. πρῶτος ADF Euseb.: om. Procl. c3 τε
ADF Euseb.: om. Procl. ἀλλ᾽ οὐ γὰρ πρό γε ADF Euseb. Procl.: ἀλλ᾽ οὔ
τί γε πρὸ Iustin.

10 Ἦ που ἄρ᾽, ἔφη, ἐγὼ συννοήσω.

Οὐδέν γε, ἦν δ᾽ ἐγώ, ἄτοπον, ἐπεὶ πολλά τοι ὀξύτερον
596 βλεπόντων ἀμβλύτερον ὁρῶντες πρότεροι εἶδον.

Ἔστιν, ἔφη, οὕτως· ἀλλὰ σοῦ παρόντος οὐδ᾽ ἂν προθυ-
μηθῆναι οἷός τε εἴην εἰπεῖν, εἴ τί μοι καταφαίνεται, ἀλλ᾽ αὐτὸς
ὅρα.

5 Βούλει οὖν ἐνθένδε ἀρξώμεθα ἐπισκοποῦντες, ἐκ τῆς
εἰωθυίας μεθόδου; εἶδος γάρ πού τι ἓν ἕκαστον εἰώθαμεν
τίθεσθαι περὶ ἕκαστα τὰ πολλά, οἷς ταὐτὸν ὄνομα ἐπιφέρο-
μεν. ἢ οὐ μανθάνεις;

Μανθάνω.

10 Θῶμεν δὴ καὶ νῦν ὅτι βούλει τῶν πολλῶν. οἷον, εἰ 'θέλεις,
πολλαί πού εἰσι κλῖναι καὶ τράπεζαι.

Πῶς δ᾽ οὔ;

b Ἀλλὰ ἰδέαι γέ που περὶ ταῦτα τὰ σκεύη δύο, μία μὲν
κλίνης, μία δὲ τραπέζης.

Ναί.

Οὐκοῦν καὶ εἰώθαμεν λέγειν ὅτι ὁ δημιουργὸς ἑκατέρου
5 τοῦ σκεύους πρὸς τὴν ἰδέαν βλέπων οὕτω ποιεῖ ὁ μὲν τὰς
κλίνας, ὁ δὲ τὰς τραπέζας, αἷς ἡμεῖς χρώμεθα, καὶ τἆλλα
κατὰ ταὐτά; οὐ γάρ που τήν γε ἰδέαν αὐτὴν δημιουργεῖ οὐδεὶς
τῶν δημιουργῶν.

Πῶς γάρ;

10 Οὐδαμῶς. ἀλλ᾽ ὅρα δὴ καὶ τόνδε τίνα καλεῖς τὸν δημιουρ-
γόν.

c Τὸν ποῖον;

Ὃς πάντα ποιεῖ, ὅσαπερ εἷς ἕκαστος τῶν χειροτεχνῶν.

Δεινόν τινα λέγεις καὶ θαυμαστὸν ἄνδρα.

Οὔπω γε, ἀλλὰ τάχα μᾶλλον φήσεις. ὁ αὐτὸς γὰρ οὗτος
5 χειροτέχνης οὐ μόνον πάντα οἷός τε σκεύη ποιῆσαι, ἀλλὰ καὶ

c10 fortasse est quaestio   c11 ἐπεὶ Apc F: ἐπὶ prA D
596a3 εἴ τι AD: ὅτι F   b4 καὶ om. F   b7 τήν γε AD:
τήνδε F   b9 πῶς γάρ Glauconi tribuunt AD: Socrati F
b10 οὐδαμῶς Socrati tribuunt AD: Glauconi F   c4 οὔ πω Apc
DF: οὕτω prA   τάχα Apc: ταῦτα prA DF

τὰ ἐκ τῆς γῆς φυόμενα ἅπαντα ποιεῖ καὶ ζῷα πάντα
ἐργάζεται, τά τε ἄλλα καὶ ἑαυτόν, καὶ πρὸς τούτοις γῆν καὶ
οὐρανὸν καὶ θεοὺς καὶ τὰ ἐν οὐρανῷ καὶ τὰ ἐν Ἅιδου ὑπὸ γῆς
ἅπαντα ἐργάζεται.

Πάνυ θαυμαστόν, ἔφη, λέγεις σοφιστήν.   d

Ἀπιστεῖς; ἦν δ' ἐγώ. καί μοι εἰπέ, τὸ παράπαν οὐκ ἄν σοι
δοκεῖ εἶναι τοιοῦτος δημιουργός, ἢ τινὶ μὲν τρόπῳ γενέσθαι
ἂν τούτων ἁπάντων ποιητής, τινὶ δὲ οὐκ ἄν; ἢ οὐκ αἰσθάνῃ
ὅτι κἂν αὐτὸς οἷός τ' εἴης πάντα ταῦτα ποιῆσαι τρόπῳ γέ τινι; 5

Καὶ τίς, ἔφη, ὁ τρόπος οὗτος;

Οὐ χαλεπός, ἦν δ' ἐγώ, ἀλλὰ πολλαχῇ καὶ ταχὺ δημιουρ-
γούμενος, τάχιστα δέ που, εἰ 'θέλεις λαβὼν κάτοπτρον περι-
φέρειν πανταχῇ· ταχὺ μὲν ἥλιον ποιήσεις καὶ τὰ ἐν τῷ οὐρανῷ, e
ταχὺ δὲ γῆν, ταχὺ δὲ σαυτόν τε καὶ τἆλλα ζῷα καὶ σκεύη καὶ
φυτὰ καὶ πάντα ὅσα νυνδὴ ἐλέγετο.

Ναί, ἔφη, φαινόμενα, οὐ μέντοι ὄντα γέ που τῇ ἀληθείᾳ.

Καλῶς, ἦν δ' ἐγώ, καὶ εἰς δέον ἔρχῃ τῷ λόγῳ. τῶν   5
τοιούτων γάρ, οἶμαι, δημιουργῶν καὶ ὁ ζωγράφος ἐστίν. ἢ
γάρ;

Πῶς γὰρ οὔ;

Ἀλλὰ φήσεις οὐκ ἀληθῆ, οἶμαι, αὐτὸν ποιεῖν ἃ ποιεῖ.
καίτοι τρόπῳ γέ τινι καὶ ὁ ζωγράφος κλίνην ποιεῖ· ἢ οὔ;   10

Ναί, ἔφη, φαινομένην γε καὶ οὗτος.

Τί δὲ ὁ κλινοποιός; οὐκ ἄρτι μέντοι ἔλεγες ὅτι οὐ τὸ εἶδος 597
ποιεῖ, ὃ δή φαμεν εἶναι ὅ ἐστι κλίνη, ἀλλὰ κλίνην τινά;

Ἔλεγον γάρ.

Οὐκοῦν εἰ μὴ ὅ ἐστιν ποιεῖ, οὐκ ἂν τὸ ὂν ποιοῖ, ἀλλά τι
τοιοῦτον οἷον τὸ ὄν, ὂν δὲ οὔ· τελέως δὲ εἶναι ὂν τὸ τοῦ   5
κλινουργοῦ ἔργον ἢ ἄλλου τινὸς χειροτέχνου εἴ τις φαίη,
κινδυνεύει οὐκ ἂν ἀληθῆ λέγειν.

c8 θεοὺς καὶ τὰ Apc, πάντα punctis deleto: θεοὺς καὶ πάντα τὰ prA DF
ἐν Ἅιδου secl. van Herwerden   c9 ἐργάζεται secl. Vahlen
d3 τρόπωι A Dpc F: τρόπον prD   d8 θέλοις D   e5 ⟨ἐπ⟩έρχει
Naber   e9 αὐτὸν οἶμαι F   e11 γε Apc^sl DF: om. prA
597a1 οὐ τὸ AD: οὐδὲ τὸ F   a3 ἐλέγομεν D   a4 ποιεῖ a: ποιῆι AD:
ποιειῆ [sic] F   a6 κλινουργοῦ A: δημιουργοῦ DF

Οὔκουν, ἔφη, ὥς γ᾽ ἂν δόξειεν τοῖς περὶ τοὺς τοιούσδε λόγους διατρίβουσιν.

10 Μηδὲν ἄρα θαυμάζωμεν εἰ καὶ τοῦτο ἀμυδρόν τι τυγχάνει ὂν πρὸς ἀλήθειαν.

Μὴ γάρ.

b Βούλει οὖν, ἔφην, ἐπ᾽ αὐτῶν τούτων ζητήσωμεν τὸν μιμητὴν τοῦτον, τίς ποτ᾽ ἐστίν;

Εἰ βούλει, ἔφη.

Οὐκοῦν τριτταί τινες κλῖναι αὗται γίγνονται· μία μὲν ἡ ἐν 5 τῇ φύσει οὖσα, ἣν φαῖμεν ἄν, ὡς ἐγᾦμαι, θεὸν ἐργάσασθαι. ἢ τίν᾽ ἄλλον;

Οὐδένα, οἶμαι.

Μία δέ γε ἦν ὁ τέκτων.

Ναί, ἔφη.

10 Μία δὲ ἦν ὁ ζωγράφος. ἦ γάρ;

Ἔστω.

Ζωγράφος δή, κλινοποιός, θεός, τρεῖς οὗτοι ἐπιστάται τρισὶν εἴδεσι κλινῶν.

Ναὶ τρεῖς.

c Ὁ μὲν δὴ θεός, εἴτε οὐκ ἐβούλετο, εἴτε τις ἀνάγκη ἐπῆν μὴ πλέον ἢ μίαν ἐν τῇ φύσει ἀπεργάσασθαι αὐτὸν κλίνην, οὕτως ἐποίησεν μίαν μόνον αὐτὴν ἐκείνην ὅ ἐστιν κλίνη· δύο δὲ τοιαῦται ἢ πλείους οὔτε ἐφυτεύθησαν ὑπὸ τοῦ θεοῦ οὔτε μὴ 5 φύωσιν.

Πῶς δή; ἔφη.

Ὅτι, ἦν δ᾽ ἐγώ, εἰ δύο μόνας ποιήσειεν, πάλιν ἂν μία ἀναφανείη ἧς ἐκεῖναι ἂν αὖ ἀμφότεραι τὸ εἶδος ἔχοιεν, καὶ εἴη ἂν ὅ ἐστιν κλίνη ἐκείνη, ἀλλ᾽ οὐχ αἱ δύο.

10 Ὀρθῶς, ἔφη.

Ταῦτα δή, οἶμαι, εἰδὼς ὁ θεός, βουλόμενος εἶναι ὄντως d κλίνης ποιητὴς ὄντως οὔσης, ἀλλὰ μὴ κλίνης τινὸς μηδὲ κλινοποιός τις, μίαν φύσει αὐτὴν ἔφυσεν.

a8 τοιούσδε Apc DF: τοιουτους prA   b2 τούτων F   b4 ἐν DF: om. A   b6 ἄλλον A Dpc F: ἄλλων prD   c6 δὴ Apc F: δ᾽ prA(u.v.) D   c7 μόνας secl. Wallies

ΠΟΛΙΤΕΙΑΣ Ι   597 d

Ἔοικεν.

Βούλει οὖν τοῦτον μὲν φυτουργὸν τούτου προσαγορεύ-
ωμεν, ἤ τι τοιοῦτον;   5
Δίκαιον γοῦν, ἔφη, ἐπειδήπερ φύσει γε καὶ τοῦτο καὶ
τἆλλα πάντα πεποίηκεν.
Τί δὲ τὸν τέκτονα; ἆρ' οὐ δημιουργὸν κλίνης;
Ναί.
Ἦ καὶ τὸν ζωγράφον δημιουργὸν καὶ ποιητὴν τοῦ τοιού- 10
του;
Οὐδαμῶς.
Ἀλλὰ τί αὐτὸν κλίνης φήσεις εἶναι;
Τοῦτο, ἦ δ' ὅς, ἔμοιγε δοκεῖ μετριώτατ' ἂν προσαγορεύ- e
εσθαι, μιμητὴς οὗ ἐκεῖνοι δημιουργοί.
Εἶεν, ἦν δ' ἐγώ· τὸν τοῦ τρίτου ἄρα γεννήματος ἀπὸ τῆς
φύσεως μιμητὴν καλεῖς;
Πάνυ μὲν οὖν, ἔφη.   5
Τοῦτ' ἄρα ἔσται καὶ ὁ τραγῳδοποιός, εἴπερ μιμητής ἐστιν,
τρίτος τις ἀπὸ βασιλέως καὶ τῆς ἀληθείας πεφυκώς, καὶ
πάντες οἱ ἄλλοι μιμηταί.
Κινδυνεύει.
Τὸν μὲν δὴ μιμητὴν ὡμολογήκαμεν. εἰπὲ δέ μοι περὶ τοῦ 598
ζωγράφου τόδε· πότερα ἐκεῖνο αὐτὸ τὸ ἐν τῇ φύσει ἕκαστον
δοκεῖ σοι ἐπιχειρεῖν μιμεῖσθαι ἢ τὰ τῶν δημιουργῶν ἔργα;
Τὰ τῶν δημιουργῶν, ἔφη.
Ἆρα οἷά ἐστιν ἢ οἷα φαίνεται; τοῦτο γὰρ ἔτι διόρισον. 5
Πῶς λέγεις; ἔφη.
Ὧδε· κλίνη, ἐάντε ἐκ πλαγίου αὐτὴν θεᾷ ἐάντε καταντικρὺ
ἢ ὁπῃοῦν, μή τι διαφέρει αὐτὴ ἑαυτῆς, ἢ διαφέρει μὲν οὐδέν,
φαίνεται δὲ ἀλλοία; καὶ τἆλλα ὡσαύτως;
Οὕτως, ἔφη· φαίνεται, διαφέρει δ' οὐδέν.   10

---

e6 ἔσται ADF Procl. I 197: ἐστὶ Procl. I 204   τραγωδιοποιὸς D, Procl.
bis   e7 τις ADF et legit Iambl. u.v.: om. Procl.   e8 οἱ ἄλλοι
πάντες Procl.   598a3 ἔργα ADF Procl.: om. Priscian. (sed plura
omittit)   a7 καὶ τ' ἀντικρὺ prA   a8 ἢ ὁπηιοῦν ADF: ἄντε ὅπηι οὖν
Procl.

373

b   Τοῦτο δὴ αὐτὸ σκόπει· πρὸς πότερον ἡ γραφικὴ πεποίηται περὶ ἕκαστον; πότερα πρὸς τὸ ὄν, ὡς ἔχει, μιμήσασθαι, ἢ πρὸς τὸ φαινόμενον, ὡς φαίνεται, φαντάσματος ἢ ἀληθείας οὖσα μίμησις;

5   Φαντάσματος, ἔφη.

Πόρρω ἄρα που τοῦ ἀληθοῦς ἡ μιμητική ἐστιν καί, ὡς ἔοικεν, διὰ τοῦτο πάντα ἀπεργάζεται, ὅτι σμικρόν τι ἑκάστου ἐφάπτεται, καὶ τοῦτο εἴδωλον. οἷον ὁ ζωγράφος, φαμέν, ζωγραφήσει ἡμῖν σκυτοτόμον, τέκτονα, τοὺς ἄλλους δημι-
c ουργούς, περὶ οὐδενὸς τούτων ἐπαΐων τῶν τεχνῶν· ἀλλ' ὅμως παῖδάς τε καὶ ἄφρονας ἀνθρώπους, εἰ ἀγαθὸς εἴη ζωγράφος, γράψας ἂν τέκτονα καὶ πόρρωθεν ἐπιδεικνὺς ἐξαπατῷ ἂν τῷ δοκεῖν ὡς ἀληθῶς τέκτονα εἶναι.

5   Τί δ' οὔ;

Ἀλλὰ γάρ, οἶμαι, ὦ φίλε, τόδε δεῖ περὶ πάντων τῶν τοιούτων διανοεῖσθαι· ἐπειδάν τις ἡμῖν ἀπαγγέλλῃ περί του, ὡς ἐνέτυχεν ἀνθρώπῳ πάσας ἐπισταμένῳ τὰς δημιουργίας
d καὶ τἆλλα πάντα ὅσα εἷς ἕκαστος οἶδεν, οὐδὲν ὅτι οὐχὶ ἀκριβέστερον ὁτουοῦν ἐπισταμένῳ, ὑπολαμβάνειν δεῖ τῷ τοιούτῳ ὅτι εὐήθης τις ἄνθρωπος, καί, ὡς ἔοικεν, ἐντυχὼν γόητί τινι καὶ μιμητῇ ἐξηπατήθη, ὥστε ἔδοξεν αὐτῷ πάσσο-
5 φος εἶναι, διὰ τὸ αὐτὸς μὴ οἷός τ' εἶναι ἐπιστήμην καὶ ἀνεπιστημοσύνην καὶ μίμησιν ἐξετάσαι.

Ἀληθέστατα, ἔφη.

Οὐκοῦν, ἦν δ' ἐγώ, μετὰ τοῦτο ἐπισκεπτέον τήν τε τραγῳδίαν καὶ τὸν ἡγεμόνα αὐτῆς Ὅμηρον, ἐπειδή τινων
e ἀκούομεν ὅτι οὗτοι πάσας μὲν τέχνας ἐπίστανται, πάντα δὲ τὰ ἀνθρώπεια τὰ πρὸς ἀρετὴν καὶ κακίαν, καὶ τά γε θεῖα; ἀνάγκη γὰρ τὸν ἀγαθὸν ποιητήν, εἰ μέλλει περὶ ὧν ἂν ποιῇ καλῶς ποιήσειν, εἰδότα ἄρα ποιεῖν, ἢ μὴ οἷόν τε εἶναι ποιεῖν.

b1 ἡ om. Procl.   b6 ἄρα που AF: που ἄρα που D, ex v.l. που ἄρα ortum: ἄρα Procl. I 191: πηι Procl. I 70   b8 εἰδώλων H. Wolf c1 περὶ οὐδενὸς ADF: οὐδὲν περὶ H. Richards, locus admodum suspectus τῶν AD Fsl: om. F   c2 τε Apc F: γε prA D   d7 ἔφης prD(u.v.) d8 ταῦτα Procl.   σκεπτέον Procl.   e3 μέλλοι Procl.   e4 εἶναι εὖ ποιεῖν Procl.

δεῖ δὴ ἐπισκέψασθαι πότερον μιμηταῖς τ⟨οι⟩ούτοις οὗτοι 5
ἐντυχόντες ἐξηπάτηνται καὶ τὰ ἔργα αὐτῶν ὁρῶντες οὐκ 599
αἰσθάνονται τριττὰ ἀπέχοντα τοῦ ὄντος καὶ ῥᾴδια ποιεῖν μὴ
εἰδότι τὴν ἀλήθειαν, φαντάσματα γὰρ ἀλλ᾽ οὐκ ὄντα ποιοῦσιν,
ἤ τι καὶ λέγουσιν καὶ τῷ ὄντι οἱ ἀγαθοὶ ποιηταὶ ἴσασιν περὶ
ὧν δοκοῦσιν τοῖς πολλοῖς εὖ λέγειν.				5
	Πάνυ μὲν οὖν, ἔφη, ἐξεταστέον.
	Οἴει οὖν, εἴ τις ἀμφότερα δύναιτο ποιεῖν, τό τε μιμηθη-
σόμενον καὶ τὸ εἴδωλον, ἐπὶ τῇ τῶν εἰδώλων δημιουργίᾳ
ἑαυτὸν ἀφεῖναι ἂν σπουδάζειν καὶ τοῦτο προστήσασθαι τοῦ
ἑαυτοῦ βίου ὡς βέλτιστον ἔχοντα;				b
	Οὐκ ἔγωγε.
	Ἀλλ᾽ εἴπερ γε, οἶμαι, ἐπιστήμων εἴη τῇ ἀληθείᾳ τούτων
πέρι ἅπερ καὶ μιμεῖται, πολὺ πρότερον ἐν τοῖς ἔργοις ἂν
σπουδάσειεν ἢ ἐπὶ τοῖς μιμήμασι, καὶ πειρῷτο ἂν πολλὰ καὶ 5
καλὰ ἔργα ἑαυτοῦ καταλιπεῖν μνημεῖα, καὶ εἶναι προθυμοῖτ᾽
ἂν μᾶλλον ὁ ἐγκωμιαζόμενος ἢ ὁ ἐγκωμιάζων.
	Οἶμαι, ἔφη· οὐ γὰρ ἐξ ἴσου ἥ τε τιμὴ καὶ ἡ ὠφελία.
	Τῶν μὲν τοίνυν ἄλλων πέρι μὴ ἀπαιτῶμεν λόγον Ὅμηρον ἢ
ἄλλον ὁντιναοῦν τῶν ποιητῶν, ἐρωτῶντες εἰ ἰατρικὸς ἦν τις c
αὐτῶν ἀλλὰ μὴ μιμητὴς μόνον ἰατρικῶν λόγων, τίνας ὑγιεῖς
ποιητής τις τῶν παλαιῶν ἢ τῶν νέων λέγεται πεποιηκέναι,
ὥσπερ Ἀσκληπιός, ἢ τίνας μαθητὰς ἰατρικῆς κατελίπετο,
ὥσπερ ἐκεῖνος τοὺς ἐκγόνους, μηδ᾽ αὖ περὶ τὰς ἄλλας τέχνας 5
αὐτοὺς ἐρωτῶμεν, ἀλλ᾽ ἐῶμεν· περὶ δὲ ὧν μεγίστων τε καὶ
καλλίστων ἐπιχειρεῖ λέγειν Ὅμηρος, πολέμων τε πέρι καὶ
στρατηγιῶν καὶ διοικήσεων πόλεων, καὶ παιδείας πέρι d
ἀνθρώπου, δίκαιόν που ἐρωτᾶν αὐτὸν πυνθανομένους· "Ὦ

---

e5 τ⟨οι⟩ούτοις H. Richards: τούτοις ADF Procl.		599a2 τριττὰ ADF:
τρίτα Procl.		a9 ἀφεῖναι ADF: ἐφεῖναι Themist.		τοῦτο A Themist.:
τούτου DF		b5 πειρῷτο AF: πρῶτον D		b9 ἢ ADF: μηδὲ Euseb.
c1 τις om. Euseb.		c2 μὴ Apc (incertum quid antea habuerit), D
Euseb. et legisse videtur Procl.: om. F		c4 κατελίπετο AD Euseb.:
κατελείπετο F		c6 αὐτοὺς ADF: αὐτὸν Euseb.		ὧν ADF: τῶν
Euseb.		c7 ἐπιχειρεῖ ADF: ὧν ἐπιχειρεῖ Euseb.		d2 ἀνθρώπων
Euseb.

φίλε Ὅμηρε, εἴπερ μὴ τρίτος ἀπὸ τῆς ἀληθείας εἶ ἀρετῆς
πέρι, εἰδώλου δημιουργός, ὃν δὴ μιμητὴν ὡρισάμεθα, ἀλλὰ
5 καὶ δεύτερος, καὶ οἷός τε ἦσθα γιγνώσκειν ποῖα ἐπιτηδεύ-
ματα βελτίους ἢ χείρους ἀνθρώπους ποιεῖ ἰδίᾳ καὶ δημοσίᾳ,
λέγε ἡμῖν τίς τῶν πόλεων διὰ σὲ βέλτιον ᾤκησεν, ὥσπερ διὰ
Λυκοῦργον Λακεδαίμων καὶ δι' ἄλλους πολλοὺς πολλαὶ
e μεγάλαι τε καὶ σμικραί; σὲ δὲ τίς αἰτιᾶται πόλις νομοθέτην
ἀγαθὸν γεγονέναι καὶ σφᾶς ὠφεληκέναι; Χαρώνδαν μὲν γὰρ
Ἰταλία καὶ Σικελία, καὶ ἡμεῖς Σόλωνα· σὲ δὲ τίς;" ἕξει τινὰ
εἰπεῖν;
5 Οὐκ οἶμαι, ἔφη ὁ Γλαύκων· οὔκουν λέγεταί γε οὐδ' ὑπ'
αὐτῶν Ὁμηριδῶν.
600 Ἀλλὰ δή τις πόλεμος ἐπὶ Ὁμήρου ὑπ' ἐκείνου ἄρχοντος ἢ
συμβουλεύοντος εὖ πολεμηθεὶς μνημονεύεται;
Οὐδείς.
Ἀλλ' οἷα δὴ εἰς τὰ ἔργα σοφοῦ ἀνδρὸς πολλαὶ ἐπίνοιαι καὶ
5 εὐμήχανοι εἰς τέχνας ἤ τινας ἄλλας πράξεις λέγονται, ὥσπερ
αὖ Θάλεώ τε πέρι τοῦ Μιλησίου καὶ Ἀναχάρσιος τοῦ Σκύθου;
Οὐδαμῶς τοιοῦτον οὐδέν.
Ἀλλὰ δὴ εἰ μὴ δημοσίᾳ, ἰδίᾳ τισὶν ἡγεμὼν παιδείας αὐτὸς
ζῶν λέγεται Ὅμηρος γενέσθαι, οἳ ἐκεῖνον ἠγάπων ἐπὶ
10 συνουσίᾳ καὶ τοῖς ὑστέροις ὁδόν τινα παρέδοσαν βίου
b Ὁμηρικήν, ὥσπερ Πυθαγόρας αὐτός τε διαφερόντως ἐπὶ
τούτῳ ἠγαπήθη, καὶ οἱ ὕστεροι ἔτι καὶ νῦν Πυθαγόρειον

d5 ποῖα ADF Euseb.: ὁποῖα Aristid.   d6 βελτίους ἢ χείρους
ἀνθρώπους ADF Euseb.: βελτίους ἀνθρώπους ἢ χείρους Aristid.
d7 ᾤκησεν AD Aristid. Euseb.(IO): ᾤκισεν F Euseb.(N)   d8 λακε-
δαίμων ADF Euseb.: λακεδαιμόνιοι Aristid.   e1–2 νομοθέτην ἀγαθὸν
ADF: ἀγαθὸν νομοθέτην Euseb.: νομοθέτην Aristid.   e2 γὰρ AD
Aristid. Euseb.: om. F   e5 οἶμαι ADF: οἶμαί γε Aristid.: οἴομαι
Euseb.   e5 οὔκουν–e6 ὁμηριδῶν Socrati tribuunt ADF
600a1 τις ADF Euseb.: om. Aristid.   a4 εἰς Apc^sl DF Aristid.
Euseb.: om. prA   a5 τινας ἄλλας ADF Euseb.: τινες ἄλλαι Aristid.
a6 τε ADF Euseb.: om. Aristid.   a8–9 αὐτὸς ζῶν ADF Euseb.: ζῶν
αὐτὸς Aristid.   a10 ὑστέροις ADF Aristid.: ὕστερον Euseb.
b1 διαφερόντως ADF Euseb.: ὑπερβαλλόντως Aristid.   b2 τούτωι
AD Aristid.: τούτων F Euseb.   ὕστεροι AF Euseb.: ὕστερον D Aristid.
b2–3 πυθαγόριον τρόπον ADF Euseb.: τρόπον τὸν αὐτὸν Aristid.

τρόπον ἐπονομάζοντες τοῦ βίου διαφανεῖς πῃ δοκοῦσιν εἶναι
ἐν τοῖς ἄλλοις;

Οὐδ᾽ αὖ, ἔφη, τοιοῦτον οὐδὲν λέγεται. ὁ γὰρ Κρεώφυλος, ὦ 5
Σώκρατες, ἴσως, ὁ τοῦ Ὁμήρου ἑταῖρος, τοῦ ὀνόματος ἂν
γελοιότερος ἔτι πρὸς παιδείαν φανείη, εἰ τὰ λεγόμενα περὶ
Ὁμήρου ἀληθῆ. λέγεται γὰρ ὡς πολλή τις ἀμέλεια περὶ αὐτὸν c
ἦν ἐπ᾽ αὐτοῦ ἐκείνου, ὅτε ἔζη.

Λέγεται γὰρ οὖν, ἦν δ᾽ ἐγώ. ἀλλ᾽ οἴει, ὦ Γλαύκων, εἰ τῷ
ὄντι οἷός τ᾽ ἦν παιδεύειν ἀνθρώπους καὶ βελτίους ἀπεργάζε-
σθαι Ὅμηρος, ἅτε περὶ τούτων οὐ μιμεῖσθαι ἀλλὰ γιγνώσκειν 5
δυνάμενος, οὐκ ἄρ᾽ ἂν πολλοὺς ἑταίρους ἐποιήσατο καὶ
ἐτιμᾶτο καὶ ἠγαπᾶτο ὑπ᾽ αὐτῶν, ἀλλὰ Πρωταγόρας μὲν
ἄρα ὁ Ἀβδηρίτης καὶ Πρόδικος ὁ Κεῖος καὶ ἄλλοι πάμπολλοι
δύνανται τοῖς ἐφ᾽ ἑαυτῶν παριστάναι ἰδίᾳ συγγιγνόμενοι ὡς d
οὔτε οἰκίαν οὔτε πόλιν τὴν αὐτῶν διοικεῖν οἷοί τ᾽ ἔσονται, ἐὰν
μὴ σφεῖς αὐτῶν ἐπιστατήσωσιν τῆς παιδείας, καὶ ἐπὶ ταύτῃ
τῇ σοφίᾳ οὕτω σφόδρα φιλοῦνται, ὥστε μόνον οὐκ ἐπὶ ταῖς
κεφαλαῖς περιφέρουσιν αὐτοὺς οἱ ἑταῖροι· Ὅμηρον δ᾽ ἄρα οἱ 5
ἐπ᾽ ἐκείνου, εἴπερ οἷός τ᾽ ἦν πρὸς ἀρετὴν ὀνι⟨νά⟩ναι ἀνθρώ-
πους, ἢ Ἡσίοδον ῥαψῳδεῖν ἂν περιιόντας εἴων, καὶ οὐχὶ
μᾶλλον ἂν αὐτῶν ἀντείχοντο ἢ τοῦ χρυσοῦ καὶ ἠνάγκαζον
παρὰ σφίσιν οἴκοι εἶναι, ἢ εἰ μὴ ἔπειθον, αὐτοὶ ἂν ἐπαιδαγώ- e
γουν ὅπῃ ἦσαν, ἕως ἱκανῶς παιδείας μεταλάβοιεν;

b6 ἴσως ADF Aristid. Phot.: om. Euseb.   c1 ἀληθῆ ADF Aristid.:
ἀληθῆ ἐστι Euseb.   γὰρ ADF: γάρ που Euseb. (deficit Aristid.)   τις
ADF: om. Euseb.   d1 παριστάναι ADF Aristid.: παρεστάναι Euseb.
d2 οὔτε οἰκίαν οὔτε πόλιν ADF Euseb.: οὔτε πόλιν οὔτε οἰκίαν Aristid.
διοικεῖν ADF: οἰκεῖν Euseb.   d3 ἐπιστατήσωσιν τῆς παιδείας Apc:
ἐπιστατῶσιν (u.v.) τῆς παιδείας prA: τῆς παιδείας ἐπιστατήσωσι DF Euseb.:
τῆς οἰκίας ἐπιστατήσωσιν Aristid.   d4–5 ἐπὶ ταῖς κεφαλαῖς ADF Euseb.
Themist.: ἐπὶ τῆς κεφαλῆς Aristid.: ἐπὶ τῶν κεφαλῶν Liban.: ἐν ταῖς
ἀγκάλαις Cobet   d6 ὀνι⟨νά⟩ναι Matthiae: ὀνεῖναι prA D Fpc: ὀνίναι
[sic] Apc Aristid.(UE) Euseb.(IO): ὃν εἶναι prF: ὀνῆναι Aristid.(TQVR)
Euseb.(N): ὀνῆσαι Aristid.(Aa)   d7 ἢ ADF Euseb.: καὶ Aristid.
περιιόντας Apc[sl] Aristid. Euseb.: περιόντας prA DF, fortasse secundum
veterem orthographiam Atticam   εἴων ADF Euseb.: ἂν εἴων Aristid.
οὐχὶ ADF Euseb.: οὐ Aristid.   e2 ἦσαν Aristid.: ἤιεσαν ADF Euseb.
μεταλάβοιεν Apc DF Aristid. Euseb.: λάβοιεν prA(u.v.)

Παντάπασιν, ἔφη, δοκεῖς μοι, ὦ Σώκρατες, ἀληθῆ λέγειν.

Οὐκοῦν τιθῶμεν ἀπὸ Ὁμήρου ἀρξαμένους πάντας τοὺς
5 ποιητικοὺς μιμητὰς εἰδώλων ἀρετῆς εἶναι καὶ τῶν ἄλλων
περὶ ὧν ποιοῦσιν, τῆς δὲ ἀληθείας οὐχ ἅπτεσθαι, ἀλλ᾽ ὥσπερ
νυνδὴ ἐλέγομεν, ὁ ζωγράφος σκυτοτόμον ποιήσει δοκοῦντα
601 εἶναι, αὐτός τε οὐκ ἐπαΐων περὶ σκυτοτομίας καὶ τοῖς μὴ
ἐπαΐουσιν, ἐκ τῶν χρωμάτων δὲ καὶ σχημάτων θεωροῦσιν;
Πάνυ μὲν οὖν.

Οὕτω δή, οἶμαι, καὶ τὸν ποιητικὸν φήσομεν χρώματα ἄττα
5 ἑκάστων τῶν τεχνῶν τοῖς ὀνόμασι καὶ ῥήμασιν ἐπιχρωματί-
ζειν, αὐτὸν οὐκ ἐπαΐοντα ἀλλ᾽ ἢ μιμεῖσθαι, ὥστε ἑτέροις
τοιούτοις ἐκ τῶν λόγων θεωροῦσι δοκεῖν, ἐάντε περὶ σκυ-
τοτομίας τις λέγῃ ἐν μέτρῳ καὶ ῥυθμῷ καὶ ἁρμονίᾳ, πάνυ εὖ
δοκεῖν λέγεσθαι, ἐάντε περὶ στρατηγίας ἐάντε περὶ ἄλλου
b ὁτουοῦν· οὕτω φύσει αὐτὰ ταῦτα μεγάλην τινὰ κήλησιν ἔχειν.
ἐπεὶ γυμνωθέντα γε τῶν τῆς μουσικῆς χρωμάτων τὰ τῶν
ποιητῶν, αὐτὰ ἐφ᾽ αὑτῶν λεγόμενα, οἶμαί σε εἰδέναι οἷα
φαίνεται. τεθέασαι γάρ που.
5 Ἔγωγ᾽, ἔφη.

Οὐκοῦν, ἦν δ᾽ ἐγώ, ἔοικεν τοῖς τῶν ὡραίων προσώποις,
καλῶν δὲ μή, οἷα γίγνεται ἰδεῖν ὅταν αὐτὰ τὸ ἄνθος προλίπῃ;
Παντάπασιν, ἦ δ᾽ ὅς.

Ἴθι δή, τόδε ἄθρει· ὁ τοῦ εἰδώλου ποιητής, ὁ μιμητής,
c φαμέν, τοῦ μὲν ὄντος οὐδὲν ἐπαΐει, τοῦ δὲ φαινομένου· οὐχ
οὕτω;
Ναί.

Μὴ τοίνυν ἡμίσεως αὐτὸ καταλίπωμεν ῥηθέν, ἀλλ᾽ ἱκανῶς
5 ἴδωμεν.

e4 ἀρξαμένους ADF: ἀρξάμενοι Aristid. Euseb.   e6 τῆς δὲ ADF
Euseb.: om. Aristid.   601a4 ἄττα ADF: διττὰ Euseb.
a5 ἑκάστωι Euseb.   a6 αὐτὸν–ἑτέροις om. A, add. Amg   ἀλλ᾽ ἢ
DF Euseb.: ἀλλὰ Amg   ἑτέροις DF Euseb.: ἐν τοῖς Amg   a7 δοκεῖν A
Dpc F Euseb.: δοκεῖ prD   a8 τις ADF: τι Euseb.   b2 γε AD
Euseb.: τὲ F   b3 λεγόμενα ADF: γενόμενα Asl: τὰ λεγόμενα Euseb.
b4 που ADF: ἢ οὔ Euseb.   b7 προλείπῃ F   c4 ἡμίσεως AD
Antiatt.: ἡμίσεος F   αὐτὸ Apc: αὐτῶ prA D: αὐτὸν F   καταλείπομεν F

Λέγε, ἔφη.

Ζωγράφος, φαμέν, ἡνίας τε γράψει καὶ χαλινόν;

Ναί.

Ποιήσει δέ γε σκυτοτόμος καὶ χαλκεύς;

Πάνυ γε. 10

Ἆρ᾽ οὖν ἐπαΐει οἵας δεῖ τὰς ἡνίας εἶναι καὶ τὸν χαλινὸν ὁ γραφεύς; ἢ οὐδ᾽ ὁ ποιήσας, ὅ τε χαλκεὺς καὶ ὁ σκυτεύς, ἀλλ᾽ ἐκεῖνος ὅσπερ τούτοις ἐπίσταται χρῆσθαι μόνος, ὁ ἱππικός;

Ἀληθέστατα.

Ἆρ᾽ οὖν οὐ περὶ πάντα οὕτω φήσομεν ἔχειν; 15

Πῶς;

Περὶ ἕκαστον ταύτας τινὰς τρεῖς τέχνας εἶναι, χρησομένην, d ποιήσουσαν, μιμησομένην;

Ναί.

Οὐκοῦν ἀρετὴ καὶ κάλλος καὶ ὀρθότης ἑκάστου σκεύους καὶ ζῴου καὶ πράξεως οὐ πρὸς ἄλλο τι ἢ τὴν χρείαν ἐστίν, 5 πρὸς ἣν ἂν ἕκαστον ᾖ πεποιημένον ἢ πεφυκός;

Οὕτω.

Πολλὴ ἄρα ἀνάγκη τὸν χρώμενον ἑκάστῳ ἐμπειρότατόν τε εἶναι καὶ ἄγγελον γίγνεσθαι τῷ ποιητῇ οἷα ἀγαθὰ ἢ κακὰ ποιεῖ ἐν τῇ χρείᾳ ᾧ χρῆται· οἷον αὐλητής που αὐλοποιῷ 10 ἐξαγγέλλει περὶ τῶν αὐλῶν, οἳ ἂν ὑπηρετῶσιν ἐν τῷ αὐλεῖν, e καὶ ἐπιτάξει οἵους δεῖ ποιεῖν, ὁ δ᾽ ὑπηρετήσει.

Πῶς δ᾽ οὔ;

Οὐκοῦν ὁ μὲν εἰδὼς ἐξαγγέλλει περὶ χρηστῶν καὶ πονηρῶν αὐλῶν, ὁ δὲ πιστεύων ποιήσει; 5

Ναί.

Τοῦ αὐτοῦ ἄρα σκεύους ὁ μὲν ποιητὴς πίστιν ὀρθὴν ἕξει περὶ κάλλους τε καὶ πονηρίας, συνὼν τῷ εἰδότι καὶ ἀναγκαζόμενος ἀκούειν παρὰ τοῦ εἰδότος, ὁ δὲ χρώμενος ἐπιστήμην. 602

Πάνυ γε.

Ὁ δὲ μιμητὴς πότερον ἐκ τοῦ χρῆσθαι ἐπιστήμην ἕξει ὧν

---

c13 ὁ om. F   d6 πρὸς om. A   e1 ἐξαγγελεῖ Bekker   οἳ ἂν A: οἷα ἂν DF: οἷοι ἂν L. Reinhard   ὑπηρετῶσιν ADF: ὑπερέχωσιν Adam, alii alia, locus suspectus   e4 ἐξαγγελεῖ Bekker   602a3 ὧν A: περὶ ὧν DF

ἂν γράφῃ, εἴτε καλὰ καὶ ὀρθὰ εἴτε μή, ἢ δόξαν ὀρθὴν διὰ τὸ ἐξ
5 ἀνάγκης συνεῖναι τῷ εἰδότι καὶ ἐπιτάττεσθαι οἷα χρὴ
γράφειν;

Οὐδέτερα.

Οὔτε ἄρα εἴσεται οὔτε ὀρθὰ δοξάσει ὁ μιμητὴς περὶ ὧν ἂν
μιμῆται πρὸς κάλλος ἢ πονηρίαν.

10 Οὐκ ἔοικεν.

Χαρίεις ἂν εἴη ὁ ἐν τῇ ποιήσει μιμητικὸς πρὸς σοφίαν περὶ
ὧν ἂν ποιῇ.

Οὐ πάνυ.

b Ἀλλ᾽ οὖν δὴ ὅμως γε μιμήσεται, οὐκ εἰδὼς περὶ ἑκάστου
ὅπῃ πονηρὸν ἢ χρηστόν· ἀλλ᾽, ὡς ἔοικεν, οἷον φαίνεται καλὸν
εἶναι τοῖς πολλοῖς τε καὶ μηδὲν εἰδόσιν, τοῦτο μιμήσεται.

Τί γὰρ ἄλλο;

5 Ταῦτα μὲν δή, ὥς γε φαίνεται, ἐπιεικῶς ἡμῖν διωμο-
λόγηται, τόν τε μιμητικὸν μηδὲν εἰδέναι ἄξιον λόγου περὶ
ὧν μιμεῖται, ἀλλ᾽ εἶναι παιδιάν τινα καὶ οὐ σπουδὴν τὴν
μίμησιν, τούς τε τῆς τραγικῆς ποιήσεως ἁπτομένους ἐν
ἰαμβείοις καὶ ἐν ἔπεσι πάντας εἶναι μιμητικοὺς ὡς οἷόν τε
10 μάλιστα.

Πάνυ μὲν οὖν.

c Πρὸς Διός, ἦν δ᾽ ἐγώ, τὸ δὲ δὴ μιμεῖσθαι τοῦτο [οὐ] περὶ
τρίτον μέν τί ἐστιν ἀπὸ τῆς ἀληθείας. ἦ γαρ;

Ναί.

Πρὸς δὲ δὴ ποῖόν τί ἐστιν τῶν τοῦ ἀνθρώπου ἔχον τὴν
5 δύναμιν ἣν ἔχει;

Τοῦ ποίου τινὸς πέρι λέγεις;

Τοῦ τοιοῦδε· ταὐτόν που ἡμῖν μέγεθος ἐγγύθεν τε καὶ
πόρρωθεν διὰ τῆς ὄψεως οὐκ ἴσον φαίνεται.

Οὐ γάρ.

10 Καὶ ταὐτὰ καμπύλα τε καὶ εὐθέα ἐν ὕδατί τε θεωμένοις καὶ

a8 ὀρθοδοξάσει Procl. bis   b7 παιδιάν A: παιδίαν D: παιδείαν F   οὐ
om. F   c1 δὴ om. D   οὐ seclusi   c2 μέν τι AD: μέντοι F
c2-3 ἢ γάρ; ναί om. F   c4 ποῖόν τι ADF: τῶι ὄντι Asl   τῶν Par.1810:
τῶι prA DF: τὸ Apc

ἔξω, καὶ κοῖλά τε δὴ καὶ ἐξέχοντα διὰ τὴν περὶ τὰ χρώματα
αὖ πλάνην τῆς ὄψεως, καὶ πᾶσά τις ταραχὴ δήλη ἡμῖν ἐνοῦσα d
αὕτη ἐν τῇ ψυχῇ· ᾧ δὴ ἡμῶν τῷ παθήματι τῆς φύσεως ἡ
σκιαγραφία ἐπιθεμένη γοητείας οὐδὲν ἀπολείπει, καὶ ἡ
θαυματοποιία καὶ ἄλλαι πολλαὶ τοιαῦται μηχαναί.
    Ἀληθῆ. 5
    Ἆρ' οὖν οὐ τὸ μετρεῖν καὶ ἀριθμεῖν καὶ ἱστάναι βοήθειαι
χαριέσταται πρὸς αὐτὰ ἐφάνησαν, ὥστε μὴ ἄρχειν ἐν ἡμῖν τὸ
φαινόμενον μεῖζον ἢ ἔλαττον ἢ πλέον ἢ βαρύτερον, ἀλλὰ τὸ
λογισάμενον καὶ μετρῆσαν ἢ καὶ στῆσαν;
    Πῶς γὰρ οὔ; 10
    Ἀλλὰ μὴν τοῦτό γε τοῦ λογιστικοῦ ἂν εἴη τοῦ ἐν ψυχῇ e
ἔργον.
    Τούτου γὰρ οὖν.
    Τούτῳ δὲ πολλάκις μετρήσαντι καὶ σημαίνοντι μείζω ἄττα
εἶναι ἢ ἐλάττω ἕτερα ἑτέρων ἢ ἴσα τἀναντία φαίνεται ἅμα 5
περὶ ταὐτά.
    Ναί.
    Οὐκοῦν ἔφαμεν τῷ αὐτῷ ἅμα περὶ ταὐτὰ ἐναντία δοξάζειν
ἀδύνατον εἶναι;
    Καὶ ὀρθῶς γ' ἔφαμεν. 10
    Τὸ παρὰ τὰ μέτρα ἄρα δοξάζον τῆς ψυχῆς τῷ κατὰ τὰ 603
μέτρα οὐκ ἂν εἴη ταὐτόν.
    Οὐ γὰρ οὖν.
    Ἀλλὰ μὴν τὸ μέτρῳ γε καὶ λογισμῷ πιστεῦον βέλτιστον ἂν
εἴη τῆς ψυχῆς. 5
    Τί μήν;
    Τὸ ἄρα τούτῳ ἐναντιούμενον τῶν φαύλων ἄν τι εἴη ἐν ἡμῖν.
    Ἀνάγκη.
    Τοῦτο τοίνυν διομολογήσασθαι βουλόμενος ἔλεγον ὅτι ἡ
γραφικὴ καὶ ὅλως ἡ μιμητικὴ πόρρω μὲν τῆς ἀληθείας ὂν τὸ 10
αὑτῆς ἔργον ἀπεργάζεται, πόρρω δ' αὖ φρονήσεως ὄντι τῷ ἐν b

---

d2 αὐτὴ AF: αὕτη D   d4 ἄλλαι DF: αἱ ἄλλαι A   d7 ὥστε A: ὥς
γε DF et fortasse prA   e5–6 ἅμα περὶ ταὐτά secl. Adam
603a4 τὸ Apc: τῷ prA DF

ἡμῖν προσομιλεῖ τε καὶ ἑταίρα καὶ φίλη ἐστὶν ἐπ᾽ οὐδενὶ ὑγιεῖ
οὐδ᾽ ἀληθεῖ.

Παντάπασιν, ἦ δ᾽ ὅς.

5 Φαύλη ἄρα φαύλῳ συγγιγνομένη φαῦλα γεννᾷ ἡ μιμητική.

Ἔοικεν.

Πότερον, ἦν δ᾽ ἐγώ, ἡ κατὰ τὴν ὄψιν μόνον, ἢ καὶ κατὰ τὴν
ἀκοήν, ἣν δὴ ποίησιν ὀνομάζομεν;

Εἰκός γ᾽, ἔφη, καὶ ταύτην.

10 Μὴ τοίνυν, ἦν δ᾽ ἐγώ, τῷ εἰκότι μόνον πιστεύσωμεν ἐκ τῆς
c γραφικῆς, ἀλλὰ καὶ ἐπ᾽ αὐτὸ αὖ ἔλθωμεν τῆς διανοίας τοῦτο
ᾧ προσομιλεῖ ἡ τῆς ποιήσεως μιμητική, καὶ ἴδωμεν φαῦλον ἢ
σπουδαῖόν ἐστιν.

Ἀλλὰ χρή.

5 Ὧδε δὴ προθώμεθα· πράττοντας, φαμέν, ἀνθρώπους
μιμεῖται ἡ μιμητικὴ βιαίους ἢ ἑκουσίας πράξεις, καὶ ἐκ τοῦ
πράττειν ἢ εὖ οἰομένους ἢ κακῶς πεπραγέναι, καὶ ἐν τούτοις
δὴ πᾶσιν ἢ λυπουμένους ἢ χαίροντας. μή τι ἄλλο ἢ παρὰ
ταῦτα;

10 Οὐδέν.

Ἆρ᾽ οὖν ἐν ἅπασι τούτοις ὁμονοητικῶς ἄνθρωπος διάκει-
d ται; ἢ ὥσπερ κατὰ τὴν ὄψιν ἐστασίαζεν καὶ ἐναντίας εἶχεν ἐν
ἑαυτῷ δόξας ἅμα περὶ τῶν αὐτῶν, οὕτω καὶ ἐν ταῖς πράξεσι
στασιάζει τε καὶ μάχεται αὐτὸς αὑτῷ; ἀναμιμνήσκομαι δὲ ὅτι
τοῦτό γε νῦν οὐδὲν δεῖ ἡμᾶς διομολογεῖσθαι· ἐν γὰρ τοῖς ἄνω
5 λόγοις ἱκανῶς πάντα ταῦτα διωμολογησάμεθα, ὅτι μυρίων
τοιούτων ἐναντιωμάτων ἅμα γιγνομένων ἡ ψυχὴ γέμει ἡμῶν.

Ὀρθῶς, ἔφη.

e Ὀρθῶς γάρ, ἦν δ᾽ ἐγώ· ἀλλ᾽ ὃ τότε ἀπελίπομεν, νῦν μοι
δοκεῖ ἀναγκαῖον εἶναι διεξελθεῖν.

Τὸ ποῖον; ἔφη.

Ἀνήρ, ἦν δ᾽ ἐγώ, ἐπιεικὴς τοιᾶσδε τύχης μετασχών, υἱὸν

b7 μόνον ADF: μόνην Dsl   καὶ Apc[sl] DF: om. prA   b10 πι-
στεύσωμεν a: πιστεύσομεν AD: πιστεύομεν F   c2 φαῦλον ADF: εἰ
φαῦλον Scor.y.1.13pc, haud spernenda coniectura   c8 πᾶσιν ἢ DF:
πᾶσι A   ἦι A: ἢ DF: ἦν Astius   d5 ταῦτα πάντα D
e1 ἀπελείπομεν F   e4 τύχης DF Stob.: ψυχῆς A

ἀπολέσας ἤ τι ἄλλο ὧν περὶ πλείστου ποιεῖται, ἐλέγομέν που 5
καὶ τότε ὅτι ῥᾷστα οἴσει τῶν ἄλλων.

Πάνυ γε.

Νῦν δέ γε τόδ᾽ ἐπισκεψώμεθα, πότερον οὐδὲν ἀχθέσεται, ἢ
τοῦτο μὲν ἀδύνατον, μετριάσει δέ πως πρὸς λύπην.

Οὕτω μᾶλλον, ἔφη, τό γε ἀληθές.   10

Τόδε νῦν μοι περὶ αὐτοῦ εἰπέ· πότερον μᾶλλον αὐτὸν οἴει 604
τῇ λύπῃ μαχεῖσθαί τε καὶ ἀντιτενεῖν, ὅταν ὁρᾶται ὑπὸ τῶν
ὁμοίων, ἢ ὅταν ἐν ἐρημίᾳ μόνος αὐτὸς καθ᾽ αὑτὸν γίγνηται;

Πολύ που, ἔφη, διοίσει, ὅταν ὁρᾶται.

Μονωθεὶς δέ γε, οἶμαι, πολλὰ μὲν τολμήσει φθέγξασθαι, ἃ 5
εἴ τις αὐτοῦ ἀκούοι αἰσχύνοιτ᾽ ἄν, πολλὰ δὲ ποιήσει, ἃ οὐκ ἂν
δέξαιτό τινα ἰδεῖν δρῶντα.

Οὕτως ἔχει, ἔφη.

Οὐκοῦν τὸ μὲν ἀντιτείνειν διακελευόμενον λόγος καὶ νόμος
ἐστίν, τὸ δὲ ἕλκον ἐπὶ τὰς λύπας αὐτὸ τὸ πάθος;   10

Ἀληθῆ.

Ἐναντίας δὲ ἀγωγῆς γιγνομένης ἐν τῷ ἀνθρώπῳ περὶ τὸ b
αὐτὸ ἅμα, δύο φαμὲν αὐτῷ ἀναγκαῖον εἶναι.

Πῶς δ᾽ οὔ;

Οὐκοῦν τὸ μὲν ἕτερον τῷ νόμῳ ἕτοιμον πείθεσθαι, ᾗ ὁ
νόμος ἐξηγεῖται;   5

Πῶς;

Λέγει που ὁ νόμος ὅτι κάλλιστον, ὅτι μάλιστα ἡσυχίαν
ἄγειν ἐν ταῖς συμφοραῖς καὶ μὴ ἀγανακτεῖν, ὡς οὔτε δήλου
ὄντος τοῦ ἀγαθοῦ τε καὶ κακοῦ τῶν τοιούτων, οὔτε εἰς τὸ
πρόσθεν οὐδὲν προβαῖνον τῷ χαλεπῶς φέροντι, οὔτε τι τῶν 10
ἀνθρωπίνων ἄξιον ὂν μεγάλης σπουδῆς, ὅ τε δεῖ ἐν αὐτοῖς ὅτι c

e8 γε om. Stob.   604a1 τόδε AF: τὸ δὲ D Stob.   αὐτὸν μᾶλλον Stob.
a2 μαχεῖσθαί ADF: μάχεσθαι Stob.   ἀντιτενεῖν Laur.80.19pc: ἀντιτείνειν
ADF Stob.   a5 δέ γε AD Fsl Stob.: γε F   b1 δὲ ADF: δὲ δὴ Stob.
b2 ἔφαμεν Stob.   αὐτῶι AD: αὐτὸ F: δὴ (ex δύο correctum) Stob.: ἐν αὐτῶ
Laur.80.19pc: αὐτῶ Morgenstern   fortasse ἀναγκαίω   b4–5 ὁ νόμος
ADF Stob.: secl. H. Richards   b7 ὅτι μάλιστα ADF, Stob.IV 56:
μάλιστα Stob.IV 45   b9 τοῦ ἀγαθοῦ τε καὶ κακοῦ ADF, Stob. bis: τοῦ
κακοῦ καὶ τοῦ ἀγαθοῦ Plut.   c1 ὅ τε DF prA et Asl, Stob.IV 56: ὅτι Apc,
Stob.IV 45   δεῖ AD Stob. bis: om. F

τάχιστα παραγίγνεσθαι ἡμῖν, τούτῳ ἐμποδὼν γιγνόμενον τὸ
λυπεῖσθαι.

Τίνι, ἦ δ' ὅς, λέγεις;

5 Τῷ βουλεύεσθαι, ἦν δ' ἐγώ, περὶ τὸ γεγονὸς καὶ ὥσπερ ἐν
πτώσει κύβων πρὸς τὰ πεπτωκότα τίθεσθαι τὰ αὑτοῦ
πράγματα, ὅπῃ ὁ λόγος αἱρεῖ βέλτιστ' ἂν ἔχειν, ἀλλὰ μὴ
προσπταίσαντας, καθάπερ παῖδας ἐχομένους τοῦ πληγέντος
ἐν τῷ βοᾶν διατρίβειν, ἀλλ' ἀεὶ ἐθίζειν τὴν ψυχὴν ὅτι τάχιστα
10 γίγνεσθαι πρὸς τὸ ἰᾶσθαί τε καὶ ἐπανορθοῦν τὸ πεσόν τε καὶ
d νοσῆσαν, ἰατρικῇ θρηνῳδίαν ἀφανίζοντα.

Ὀρθότατα γοῦν ἄν τις, ἔφη, πρὸς τὰς τύχας οὕτω
προσφέροιτο.

Οὐκοῦν, φαμέν, τὸ μὲν βέλτιστον τούτῳ τῷ λογισμῷ
5 ἐθέλει ἕπεσθαι;

Δῆλον δή.

Τὸ δὲ πρὸς τὰς ἀναμνήσεις τε τοῦ πάθους καὶ πρὸς τοὺς
ὀδυρμοὺς ἄγον καὶ ἀπλήστως ἔχον αὐτῶν ἆρ' οὐκ ἀλόγιστόν
τε φήσομεν εἶναι καὶ ἀργὸν καὶ δειλίας φίλον;

10 Φήσομεν μὲν οὖν.

e Οὐκοῦν τὸ μὲν πολλὴν μίμησιν καὶ ποικίλην ἔχει, τὸ
ἀγανακτητικόν, τὸ δὲ φρόνιμόν τε καὶ ἡσύχιον ἦθος, παρα-
πλήσιον ὂν ἀεὶ αὐτὸ αὑτῷ, οὔτε ῥᾴδιον μιμήσασθαι οὔτε
μιμουμένου εὐπετὲς καταμαθεῖν, ἄλλως τε καὶ πανηγύρει καὶ

c7 λόγος ADF, Plut., Stob.IV 45: νοῦς Stob.IV 56   αἱρεῖ Plut.,
Stob.IV 56: ἐρεῖ A, Stob.IV 45: ἔρρει DF   ἂν ADF, Stob. bis: om. Plut.
c8 πληγέντος DF, Plut., Stob. bis: πληγοντος [sic] prA: πλήττοντος Apc
c9 ἀεὶ ADF, Stob. bis: om. Plut.   c10 πρὸς τὸ ADF, Stob. bis: περὶ
τὸ Plut.: πρὸς τῷ Laur.80.19pc   ἰᾶσθαί τε AD, Plut., Stob. bis: ἰᾶσθαι F
d1 ἰατρικῇ Plut., Stob. bis: ἰατρικὴν ADF   θρηνωιδίαν Apc, Plut., Stob.
bis: καὶ θρηνωιδίαν prA DF   ἀφανίζοντα ADF, Stob. bis: ἀφανίζοντας
Plut.   d2 γοῦν ἄν ADF: γ' ἂν οὖν Stob. bis   τις ἔφη ADF, Stob.IV
45: om. Stob.IV 56   d4 βέλτιστον prA DF, Stob. bis: βέλτιστόν που
Apc^sl   τούτωι ADF, Stob.IV 56: τούτων Stob.IV 45   d7 τὰς AD,
Stob. bis: om. F   πρὸς τοὺς AD Fsl, Stob.IV 56: πρὸς F: τοὺς Stob.IV 45
d8 οὐκ AD, Stob. bis: οὖν οὐκ F   e2 ἀγανακτητικόν A: ἀγανακτικὸν
DF Stob. Phot. Anecd.Bekk. Anecd.Bachm.   e3 αὐτὸ Apc^mg: om.
prA DF Stob.   e4 μιμουμένου prA DF: μιμούμενον Apc: μιμουμένους
Stob.

παντοδαποῖς ἀνθρώποις εἰς θέατρα συλλεγομένοις; ἀλλοτρίου 5
γάρ που πάθους ἡ μίμησις αὐτοῖς γίγνεται.

Παντάπασι μὲν οὖν.   605

Ὁ δὴ μιμητικὸς ποιητὴς δῆλον ὅτι οὐ πρὸς τὸ τοιοῦτον τῆς
ψυχῆς πέφυκέ τε καὶ ἡ σοφία αὐτοῦ τούτῳ ἀρέσκειν πέπηγεν,
εἰ μέλλει εὐδοκιμήσειν ἐν τοῖς πολλοῖς, ἀλλὰ πρὸς τὸ
ἀγανακτητικόν τε καὶ ποικίλον ἦθος διὰ τὸ εὐμίμητον εἶναι. 5

Δῆλον.

Οὐκοῦν δικαίως ἂν αὐτοῦ ἤδη ἐπιλαμβανοίμεθα, καὶ τιθεῖ-
μεν ἀντίστροφον αὐτὸν τῷ ζωγράφῳ; καὶ γὰρ τῷ φαῦλα
ποιεῖν πρὸς ἀλήθειαν ἔοικεν αὐτῷ, καὶ τῷ πρὸς ἕτερον
τοιοῦτον ὁμιλεῖν τῆς ψυχῆς ἀλλὰ μὴ πρὸς τὸ βέλτιστον, καὶ 10
ταύτῃ ὡμοίωται. καὶ οὕτως ἤδη ἂν ἐν δίκῃ οὐ παραδεχοίμεθα b
εἰς μέλλουσαν εὐνομεῖσθαι πόλιν, ὅτι τοῦτο ἐγείρει τῆς ψυχῆς
καὶ τρέφει καὶ ἰσχυρὸν ποιῶν ἀπόλλυσι τὸ λογιστικόν, ὥσπερ
ἐν πόλει ὅταν τις μοχθηροὺς ἐγκρατεῖς ποιῶν παραδιδῷ τὴν
πόλιν, τοὺς δὲ χαριεστέρους φθείρῃ. ταὐτὸν καὶ τὸν μιμητι- 5
κὸν ποιητὴν φήσομεν κακὴν πολιτείαν ἰδίᾳ ἑκάστου τῇ ψυχῇ
ἐμποιεῖν, τῷ ἀνοήτῳ αὐτῆς χαριζόμενον καὶ οὔτε τὰ μείζω
οὔτε τὰ ἐλάττω διαγιγνώσκοντι, ἀλλὰ τὰ αὐτὰ τοτὲ μὲν c
μεγάλα ἡγουμένῳ, τοτὲ δὲ σμικρά, εἴδωλα εἰδωλοποιοῦντα,
τοῦ δὲ ἀληθοῦς πόρρω πάνυ ἀφεστῶτα;

Πάνυ μὲν οὖν.

Οὐ μέντοι πω τό γε μέγιστον κατηγορήκαμεν αὐτῆς. τὸ 5
γὰρ καὶ τοὺς ἐπιεικεῖς ἱκανὴν εἶναι λωβᾶσθαι, ἐκτὸς πάνυ
τινῶν ὀλίγων, πάνδεινόν που.

Τί δ᾽ οὐ μέλλει, εἴπερ γε δρᾷ αὐτό;

Ἀκούων σκόπει. οἱ γάρ που βέλτιστοι ἡμῶν ἀκροώμενοι

605a3 πέφυκέ ADF Procl.: πέπηγέ Valckenaer   τε prA et Asl: γε Apc
DF   ⟨οὐ⟩ τούτωι H. Stephanus   πέπηγεν ADF: πέφυκεν Valckenaer
a5 ἀγανακτητικόν A Procl.: ἀγανακτικόν DF (cf. ad 604e2)   τε om. Procl.
ἦθος AF Procl.: ἔθος D   a9 τῶι AD: τὸ F   b2 πόλιν Apc D: πολλην
prA: om. F   b5 φθείρηι Apc: φθείρει prA DF   μιμητικὸν AD Fpc:
μιμητὴν prF   c2 εἰδωλοποιοῦντα Mon.237pc: εἰδωλοποιοῦντι ADF
c5 πω τό γε AD: ποτε F   c7 που AD: πολύ F   c8 αὐτοῦ D (nam cum
c9 ἀκούων coniunxit)   c9 βέλτιστον prF

10 Ὁμήρου ἢ ἄλλου τινὸς τῶν τραγῳδοποιῶν μιμουμένου τινὰ
d τῶν ἡρώων ἐν πένθει ὄντα καὶ μακρὰν ῥῆσιν ἀποτείνοντα ἐν
τοῖς ὀδυρμοῖς ἢ καὶ ᾄδοντάς τε καὶ κοπτομένους, οἶσθ' ὅτι
χαίρομέν τε καὶ ἐνδόντες ἡμᾶς αὐτοὺς ἑπόμεθα συμπάσχον-
τες, καὶ σπουδάζοντες ἐπαινοῦμεν ὡς ἀγαθὸν ποιητὴν ὃς ἂν
5 ἡμᾶς ὅτι μάλιστα οὕτω διαθῇ.

Οἶδα· πῶς δ' οὔ;

Ὅταν δὲ οἰκεῖόν τινι ἡμῶν κῆδος γένηται, ἐννοεῖς αὖ ὅτι
ἐπὶ τῷ ἐναντίῳ καλλωπιζόμεθα, ἂν δυνώμεθα ἡσυχίαν ἄγειν
καὶ καρτερεῖν, ὡς τοῦτο μὲν ἀνδρὸς ὄν, ἐκεῖνο δὲ γυναικός, ὃ
e τότε ἐπηνοῦμεν.

Ἐννοῶ, ἔφη.

Ἦ καλῶς οὖν, ἦν δ' ἐγώ, οὗτος ὁ ἔπαινος ἔχει, τὸ ὁρῶντα
τοιοῦτον ἄνδρα, οἷον ἑαυτόν τις μὴ ἀξιοῖ εἶναι ἀλλ' αἰσχύνοιτο
5 ἄν, μὴ βδελύττεσθαι ἀλλὰ χαίρειν τε καὶ ἐπαινεῖν;

Οὐ μὰ τὸν Δί', ἔφη, οὐκ εὐλόγῳ ἔοικεν.

606 Ναί, ἦν δ' ἐγώ, εἰ ἐκείνῃ γ' αὐτὸ σκοποίης.

Πῇ;

Εἰ ἐνθυμοῖο ὅτι τὸ βίᾳ κατεχόμενον τότε ἐν ταῖς οἰκείαις
συμφοραῖς καὶ πεπεινηκὸς τοῦ δακρῦσαί τε καὶ ἀποδύρασθαι
5 ἱκανῶς καὶ ἀποπλησθῆναι, φύσει ὂν τοιοῦτον οἷον τούτων
ἐπιθυμεῖν, τότ' ἐστὶν τοῦτο τὸ ὑπὸ τῶν ποιητῶν πιμπλάμενον
καὶ χαῖρον· τὸ δὲ φύσει βέλτιστον ἡμῶν, ἅτε οὐχ ἱκανῶς
πεπαιδευμένον λόγῳ οὐδὲ ἔθει, ἀνίησιν τὴν φυλακὴν τοῦ
b θρηνώδους τούτου, ἅτε ἀλλότρια πάθη θεωροῦν καὶ ἑαυτῷ
οὐδὲν αἰσχρὸν ὂν εἰ ἄλλος ἀνὴρ ἀγαθὸς φάσκων εἶναι ἀκαίρως
πενθεῖ, τοῦτον ἐπαινεῖν καὶ ἐλεεῖν, ἀλλ' ἐκεῖνο κερδαίνειν
ἡγεῖται, τὴν ἡδονήν, καὶ οὐκ ἂν δέξαιτο αὐτῆς στερηθῆναι
5 καταφρονήσας ὅλου τοῦ ποιήματος. λογίζεσθαι γάρ, οἶμαι,
ὀλίγοις τισὶν μέτεστιν ὅτι ἀπολαύειν ἀνάγκη ἀπὸ τῶν
ἀλλοτρίων εἰς τὰ οἰκεῖα· θρέψαντα γὰρ ἐν ἐκείνοις ἰσχυρὸν
τὸ ἐλεινὸν οὐ ῥᾴδιον ἐν τοῖς αὑτοῦ πάθεσι κατέχειν.

c10 τραγωϊδοποιοῖν F: τραγωιδιοποιῶν AD   d2 ἢ om. F
d7 γίνηται Fpc   606a1 ναί AD: νῦν F   εἰ om. D   a6 τότ'
ADF: αὖτ' Madvig   b6 ἀπολλύειν Asl   ἀνάγκῃ prA DF: μέτεστιν
ἀνάγκῃ Apc^mg, μέτεστιν postea punctis del.

386

Ἀληθέστατα, ἔφη.   c

Ἆρ᾽ οὖν οὐχ ὁ αὐτὸς λόγος καὶ περὶ τοῦ γελοίου; ὅτι, ⟨ἃν ἃ⟩ ἃν αὐτὸς αἰσχύνοιο γελωτοποιῶν, ἐν μιμήσει δὲ κωμῳδικῇ ἢ καὶ ἰδίᾳ ἀκούων σφόδρα χαρῇς καὶ μὴ μισῇς ὡς πονηρά, ταὐτὸν ποιεῖς ὅπερ ἐν τοῖς ἐλέοις; ὃ γὰρ τῷ λόγῳ αὖ κατεῖχες 5 ἐν σαυτῷ βουλόμενον γελωτοποιεῖν, φοβούμενος δόξαν βωμολοχίας, τότ᾽ αὖ ἀνίης, καὶ ἐκεῖ νεανικὸν ποιήσας ἔλαθες πολλάκις ἐν τοῖς οἰκείοις ἐξενεχθεὶς ὥστε κωμῳδοποιὸς γενέσθαι.

Καὶ μάλα, ἔφη.   10

Καὶ περὶ ἀφροδισίων δὴ καὶ θυμοῦ καὶ περὶ πάντων τῶν d ἐπιθυμητικῶν τε καὶ λυπηρῶν καὶ ἡδέων ἐν τῇ ψυχῇ, ἃ δή φαμεν πάσῃ πράξει ἡμῖν ἕπεσθαι, ὅτι τοιαῦτα ἡμᾶς ἡ ποιητικὴ μίμησις ἐργάζεται· τρέφει γὰρ ταῦτα ἄρδουσα, δέον αὐχμεῖν, καὶ ἄρχοντα ἡμῖν καθίστησιν, δέον ἄρχεσθαι 5 αὐτά, ἵνα βελτίους τε καὶ εὐδαιμονέστεροι ἀντὶ χειρόνων καὶ ἀθλιωτέρων γιγνώμεθα.

Οὐκ ἔχω ἄλλως φάναι, ἦ δ᾽ ὅς.

Οὐκοῦν, εἶπον, ὦ Γλαύκων, ὅταν Ὁμήρου ἐπαινέταις e ἐντύχῃς λέγουσιν ὡς τὴν Ἑλλάδα πεπαίδευκεν οὗτος ὁ ποιητὴς καὶ πρὸς διοίκησίν τε καὶ παιδείαν τῶν ἀνθρωπίνων πραγμάτων ἄξιος ἀναλαβόντι μανθάνειν τε καὶ κατὰ τοῦτον τὸν ποιητὴν πάντα τὸν αὑτοῦ βίον κατασκευασάμενον ζῆν, 5 φιλεῖν μὲν χρὴ καὶ ἀσπάζεσθαι ὡς ὄντας βελτίστους εἰς ὅσον 607 δύνανται, καὶ συγχωρεῖν Ὅμηρον ποιητικώτατον εἶναι καὶ πρῶτον τῶν τραγῳδοποιῶν, εἰδέναι δὲ ὅτι ὅσον μόνον ὕμνους θεοῖς καὶ ἐγκώμια τοῖς ἀγαθοῖς ποιήσεως παραδεκτέον εἰς

c1 ἔφῃς [sic] D(u.v.), nimirum ἔφης voluit   c2 οὖν om. A c2–3 ⟨ἃν ἃ⟩ ἃν Ruijgh: ἃν ADF: ἃν Schneider: ⟨ἃν οἷς⟩ ἃν Wallies: ⟨ἃν ὅτι⟩ ἃν ego olim   c3 αἰσχύνοιο A: αἰσχύνοις D: αἰσχύνη (coniunctivus) F(u.v.)   δὲ fortasse secludendum   κωμωιδικῆι ἢ A: κωμωιδικῆι D: κωμωδικὴν F, ex κωμωιδικῆ ἢ nimirum corruptum   c4 χαιρεῖς [sic] F μὴ μισῆις Apc: μιμήσηις prA DF   c7 αὖ prA DF: αὖτ᾽ Apc[sl] ἀνίης Scor.y.1.13: ανείης [sic] D: ἃν εἴης AF   c8 κωμωιδοποιὸς prA: κωμωιδιοποιὸς Apc D: κωμωδοϊποιὸς [sic] F   607a3 τραγωδοποιῶν prA: τραγωιδιοποιῶν Apc DF

5 πόλιν; εἰ δὲ τὴν ἡδυσμένην Μοῦσαν παραδέξῃ ἐν μέλεσιν ἢ
ἔπεσιν, ἡδονή σοι καὶ λύπη ἐν τῇ πόλει βασιλεύσετον ἀντὶ
νόμου τε καὶ τοῦ κοινῇ ἀεὶ δόξαντος εἶναι βελτίστου λόγου.
b Ἀληθέστατα, ἔφη.

Ταῦτα δή, ἔφην, ἀπολελογήσθω ἡμῖν ἀναμνησθεῖσιν περὶ
ποιήσεως, ὅτι εἰκότως ἄρα τότε αὐτὴν ἐκ τῆς πόλεως
ἀπεστέλλομεν τοιαύτην οὖσαν· ὁ γὰρ λόγος ἡμᾶς ᾕρει.
5 προσείπωμεν δὲ αὐτῇ, μὴ καί τινα σκληρότητα ἡμῶν καὶ
ἀγροικίαν καταγνῷ, ὅτι παλαιὰ μέν τις διαφορὰ φιλοσοφίᾳ τε
καὶ ποιητικῇ· καὶ γὰρ ἡ λ α κ έ ρ υ ζ α π ρ ὸ ς δ ε σ π ό τ α ν
κ ύ ω ν ἐκείνη κ ρ α υ γ ά ζ ο υ σ α καὶ μ έ γ α ς ἐ ν ἀ φ ρ ό ν ω ν
c κ ε ν ε α γ ο ρ ί α ι σ ι καὶ ὁ τ ῶ ν †δ ί α σ ο φ ῶ ν ὄ χ λ ο ς
κ ρ α τ ῶ ν† καὶ οἱ λ ε π τ ῶ ς μ ε ρ ι μ ν ῶ ν τ ε ς, ὅτι ἄρα
π έ ν ο ν τ α ι, καὶ ἄλλα μυρία σημεῖα παλαιᾶς ἐναντιώσεως
τούτων. ὅμως δὲ εἰρήσθω ὅτι ἡμεῖς γε, εἴ τινα ἔχοι λόγον
5 εἰπεῖν ἡ πρὸς ἡδονὴν ποιητικὴ καὶ ἡ μίμησις, ὡς χρὴ αὐτὴν
εἶναι ἐν πόλει εὐνομουμένῃ, ἄσμενοι ἂν καταδεχοίμεθα, ὡς
σύνισμέν γε ἡμῖν αὐτοῖς κηλουμένοις ὑπ᾽ αὐτῆς· ἀλλὰ γὰρ τὸ
δοκοῦν ἀληθὲς οὐχ ὅσιον προδιδόναι. ἢ γάρ, ὦ φίλε, οὐ κηλῇ
d ὑπ᾽ αὐτῆς καὶ σύ, καὶ μάλιστα ὅταν δι᾽ Ὁμήρου θεωρῇς
αὐτήν;
Πολύ γε.

Οὐκοῦν δικαία ἐστὶν οὕτω κατιέναι, ἀπολογησαμένη ἐν
5 μέλει ἤ τινι ἄλλῳ μέτρῳ;
Πάνυ μὲν οὖν.

a5 παραδέξει Μοῦσαν Procl.
ἀπολελογείσθω F: ἀπολελογίσθω AD
b7 ποιητικῆι ADF: μιμητικῆι Asl
987 PMG, Sophroni ascripsit Wilamowitz
b8 κράζουσα F ⟨ὁ⟩ μέγας Wilamowitz
ὁ καὶ τῶν (Δία ex A accepto) Bywater
(fortasse διὰ σοφῶν voluerunt): λίαν σοφῶν van Herwerden: pro ζασόφων
Platonem διασόφων scripsisse coni. Wilamowitz
κράτων Adam: κριτῶν H. Richards   c4 ἔχει F
κατα- punctis deleto   d1 καὶ μάλιστα δὲ F
prA: ἀπολογησομένη Apc: ἀπολογισαμένη DF
[sic] D   μέτρωι ADF: τρόπωι Αγρ

b2 ἀπολελογήσθω Scor.y.1.13:
b3 ὅτι A: ὅτε DF
b7–c3 Adespota melica
b7 δέσποτα D
c1 καὶ ὁ τῶν ADF:
δία σοφῶν A: διασοφῶν DF
c2 κρατῶν ADF:
c2 κρατῶν ADF:
c6 δεχοίμεθα Apc,
d4 ἀπολογησαμένη
d5 ἤ τινι AF: ἔ·τι

Δοῖμεν δέ γέ που ἂν καὶ τοῖς προστάταις αὐτῆς, ὅσοι μὴ
ποιητικοί, φιλοποιηταὶ δέ, ἄνευ μέτρου λόγον ὑπὲρ αὐτῆς
εἰπεῖν, ὡς οὐ μόνον ἡδεῖα ἀλλὰ καὶ ὠφελίμη πρὸς τὰς
πολιτείας καὶ τὸν βίον τὸν ἀνθρώπινόν ἐστιν· καὶ εὐμενῶς 10
ἀκουσόμεθα. κερδανοῦμεν γάρ που ἐὰν μὴ μόνον ἡδεῖα φανῇ e
ἀλλὰ καὶ ὠφελίμη.

Πῶς δ' οὐ μέλλομεν, ἔφη, κερδαίνειν;

Εἰ δέ γε μή, ὦ φίλε ἑταῖρε, ὥσπερ οἵ ποτέ του ἐρασθέντες,
ἐὰν ἡγήσωνται μὴ ὠφέλιμον εἶναι τὸν ἔρωτα, βίᾳ μέν, ὅμως 5
δὲ ἀπέχονται, καὶ ἡμεῖς οὕτως, διὰ τὸν ἐγγεγονότα μὲν
ἔρωτα τῆς τοιαύτης ποιήσεως ὑπὸ τῆς τῶν καλῶν πολιτειῶν
τροφῆς, εὖνοι μὲν ἐσόμεθα φανῆναι αὐτὴν ὡς βελτίστην καὶ 608
ἀληθεστάτην, ἕως δ' ἂν μὴ οἵα τ' ᾖ ἀπολογήσασθαι, ἀκροα-
σόμεθ' αὐτῆς ἐπάδοντες ἡμῖν αὐτοῖς τοῦτον τὸν λόγον, ὃν
λέγομεν, καὶ ταύτην τὴν ἐπῳδήν, εὐλαβούμενοι πάλιν ἐμπε-
σεῖν εἰς τὸν παιδικόν τε καὶ τὸν τῶν πολλῶν ἔρωτα. 5
†αἰσθόμεθα δ' οὖν ὡς οὐ σπουδαστέον ἐπὶ τῇ τοιαύτῃ ποιήσει
ὡς ἀληθείας τε ἁπτομένῃ καὶ σπουδαίᾳ, ἀλλ' εὐλαβητέον
αὐτὴν ὂν τῷ ἀκροωμένῳ, περὶ τῆς ἐν αὑτῷ πολιτείας δεδιότι, b
καὶ νομιστέα ἅπερ εἰρήκαμεν περὶ ποιήσεως.

Παντάπασιν, ἦ δ' ὅς, σύμφημι.

Μέγας γάρ, ἔφην, ὁ ἀγών, ὦ φίλε Γλαύκων, μέγας, οὐχ
ὅσος δοκεῖ, τὸ χρηστὸν ἢ κακὸν γενέσθαι, ὥστε οὔτε τιμῇ 5
ἐπαρθέντα οὔτε χρήμασιν οὔτε ἀρχῇ οὐδεμιᾷ οὐδέ γε ποιη-
τικῇ ἄξιον ἀμελῆσαι δικαιοσύνης τε καὶ τῆς ἄλλης ἀρετῆς.

Σύμφημί σοι, ἔφη, ἐξ ὧν διεληλύθαμεν· οἶμαι δὲ καὶ ἄλλον
ὀντινοῦν. c

Καὶ μήν, ἦν δ' ἐγώ, τά γε μέγιστα ἐπίχειρα ἀρετῆς καὶ
προκείμενα ἆθλα οὐ διεληλύθαμεν.

Ἀμήχανόν τι, ἔφη, λέγεις μέγεθος, εἰ τῶν εἰρημένων μείζω
ἔστιν ἄλλα. 5

Τί δ' ἄν, ἦν δ' ἐγώ, ἔν γε ὀλίγῳ χρόνῳ μέγα γένοιτο; πᾶς

608a6 αἰσθόμεθα AD prF: αἰθόμεθα Fpc: ἀισόμεθα Madvig: ἀκροασόμεθα
Adam, fortasse ἀφεξόμεθα   οὖν om. D   c4 fortasse μεγέθους
c6 πᾶς AD: πῶς F

389

γὰρ οὗτός γε ὁ ἐκ παιδὸς μέχρι πρεσβύτου χρόνος πρὸς πάντα
ὀλίγος πού τις ἂν εἴη.

Οὐδὲν μὲν οὖν, ἔφη.

10 Τί οὖν; οἴει ἀθανάτῳ πράγματι ὑπὲρ τοσούτου δεῖν χρόνου
ἐσπουδακέναι, ἀλλ' οὐχ ὑπὲρ τοῦ παντός;

d Οἶμαι ἔγωγ', ἔφη· ἀλλὰ τί τοῦτο λέγεις;

Οὐκ ᾔσθησαι, ἦν δ' ἐγώ, ὅτι ἀθάνατος ἡμῶν ἡ ψυχὴ καὶ
οὐδέποτε ἀπόλλυται;

Καὶ ὃς ἐμβλέψας μοι καὶ θαυμάσας εἶπε· Μὰ Δί', οὐκ
5 ἔγωγε· σὺ δὲ τοῦτ' ἔχεις λέγειν;

Εἰ μὴ ἀδικῶ γ', ἔφην. οἶμαι δὲ καὶ σύ· οὐδὲν γὰρ χαλεπόν.

Ἔμοιγ', ἔφη· σοῦ δ' ἂν ἡδέως ἀκούσαιμι τὸ οὐ χαλεπὸν
τοῦτο.

Ἀκούοις ἄν, ἦν δ' ἐγώ.

10 Λέγε μόνον, ἔφη.

Ἀγαθόν τι, εἶπον, καὶ κακὸν καλεῖς;

e Ἔγωγε.

Ἆρ' οὖν ὥσπερ ἐγὼ περὶ αὐτῶν διανοῇ;

Τὸ ποῖον;

Τὸ μὲν ἀπολλῦον καὶ διαφθεῖρον πᾶν τὸ κακὸν εἶναι, τὸ δὲ
5 σῷζον καὶ ὠφελοῦν τὸ ἀγαθόν.

Ἔγωγε τοῦτό γ', ἔφη.

Τί δέ; κακὸν ἑκάστῳ τι καὶ ἀγαθὸν λέγεις; οἷον ὀφθαλμοῖς
609 ὀφθαλμίαν καὶ σύμπαντι τῷ σώματι νόσον, σίτῳ τε ἐρυσίβην,
σηπεδόνα τε ξύλοις, χαλκῷ δὲ καὶ σιδήρῳ ἰόν, καί, ὅπερ
λέγω, σχεδὸν πᾶσι σύμφυτον ἑκάστῳ κακόν τε καὶ νόσημα;

Ἔγωγ', ἔφη.

5 Οὐκοῦν ὅταν τῳ τι τούτων προσγένηται, πονηρόν τε ποιεῖ
ᾧ προσεγένετο, καὶ τελευτῶν ὅλον διέλυσεν καὶ ἀπώλεσεν;

Πῶς γὰρ οὔ;

Τὸ σύμφυτον ἄρα κακὸν ἑκάστου καὶ ἡ πονηρία ἕκαστον

---

c7 ουτως prA   c10 δεῖ F   d4 ἐπιβλέψας F   e4 δὲ om. prA,
add. Apc[sl]   e6 ἔγωγε τοῦτό γ' ἔφη Apc: ἔγωγ' ἔφη prA DF   e7 τί
δὲ D: τί A: τί δὲ καὶ Asl: ἔτι δὲ F   609a5 τωι A: τω* D (non fuit τωι
aut των): τὸ F

ἀπόλλυσιν, ἢ εἰ μὴ τοῦτο ἀπολεῖ, οὐκ ἂν ἄλλο γε αὐτὸ ἔτι
διαφθείρειεν. οὐ γὰρ τό γε ἀγαθὸν μή ποτέ τι ἀπολέσῃ, οὐδὲ b
αὖ τὸ μήτε κακὸν μήτε ἀγαθόν.

Πῶς γὰρ ἄν; ἔφη.

Ἐὰν ἄρα τι εὑρίσκωμεν τῶν ὄντων, ᾧ ἔστι μὲν κακὸν ὃ
ποιεῖ αὐτὸ μοχθηρόν, τοῦτο μέντοι οὐχ οἷόν τε αὐτὸ λύειν 5
ἀπολλῦον, οὐκ ἤδη εἰσόμεθα ὅτι τοῦ πεφυκότος οὕτως
ὄλεθρος οὐκ ἦν;

Οὕτως, ἔφη, εἰκός.

Τί οὖν; ἦν δ' ἐγώ· ψυχῇ ἆρα οὐκ ἔστιν ὃ ποιεῖ αὐτὴν κακήν;

Καὶ μάλα, ἔφη· ἃ νυνδὴ διῇμεν πάντα, ἀδικία τε καὶ 10
ἀκολασία καὶ δειλία καὶ ἀμαθία.

Ἦ οὖν τι τούτων αὐτὴν διαλύει τε καὶ ἀπόλλυσι; καὶ ἐννόει c
μὴ ἐξαπατηθῶμεν οἰηθέντες τὸν ἄδικον ἄνθρωπον καὶ ἀνόη-
τον, ὅταν ληφθῇ ἀδικῶν, τότε ἀπολωλέναι ὑπὸ τῆς ἀδικίας,
πονηρίας οὔσης ψυχῆς. ἀλλ' ὧδε ποίει· ὥσπερ σῶμα ἡ
σώματος πονηρία νόσος οὖσα τήκει καὶ διόλλυσι καὶ ἄγει 5
εἰς τὸ μηδὲ σῶμα εἶναι, καὶ ἃ νυνδὴ ἐλέγομεν ἅπαντα ὑπὸ τῆς
οἰκείας κακίας, τῷ προσκαθῆσθαι καὶ ἐνεῖναι διαφθειρούσης, d
εἰς τὸ μὴ εἶναι ἀφικνεῖται. οὐχ οὕτω;

Ναί.

Ἴθι δή, καὶ ψυχὴν κατὰ τὸν αὐτὸν τρόπον σκόπει. ἆρα
ἐνοῦσα ἐν αὐτῇ ἀδικία καὶ ἡ ἄλλη κακία τῷ ἐνεῖναι καὶ 5
προσκαθῆσθαι φθείρει αὐτὴν καὶ μαραίνει, ἕως ἂν εἰς θάνατον
ἀγαγοῦσα τοῦ σώματος χωρίσῃ;

Οὐδαμῶς, ἔφη, τοῦτό γε.

Ἀλλὰ μέντοι ἐκεῖνό γε ἄλογον, ἦν δ' ἐγώ, τὴν μὲν ἄλλου
πονηρίαν ἀπολλύναι τι, τὴν δὲ αὐτοῦ μή. 10

Ἄλογον.

Ἐννόει γάρ, ἦν δ' ἐγώ, ὦ Γλαύκων, ὅτι οὐδ' ὑπὸ τῆς τῶν e
σιτίων πονηρίας, ἢ ἂν ᾖ αὐτῶν ἐκείνων, εἴτε παλαιότης εἴτε
σαπρότης εἴτε ἡτισοῦν οὖσα, οὐκ οἰόμεθα δεῖν σῶμα ἀπόλ-
λυσθαι· ἀλλ' ἐὰν μὲν ἐμποιῇ ἡ αὐτῶν πονηρία τῶν σιτίων τῷ

b4 ᾧ AD: ὃ F   c4 πονηρίας Apc F: πονηρᾶς prA D   ἀλλ' AD: ἀλλ'
[sic] εἰ F   d1 ἀνεῖναι Asl   e1 ᾧ AF: ὁ D

5 σώματι σώματος μοχθηρίαν, φήσομεν αὐτὸ δι᾽ ἐκεῖνα ὑπὸ τῆς
αὐτοῦ κακίας νόσου οὔσης ἀπολωλέναι· ὑπὸ δὲ σιτίων
610 πονηρίας ἄλλων ὄντων ἄλλο ὂν τὸ σῶμα, ὑπ᾽ ἀλλοτρίου
κακοῦ μὴ ἐμποιήσαντος τὸ ἔμφυτον κακόν, οὐδέποτε ἀξιώσο-
μεν διαφθείρεσθαι.
Ὀρθότατ᾽ [ἂν], ἔφη, λέγεις.

5 Κατὰ τὸν αὐτὸν τοίνυν λόγον, ἦν δ᾽ ἐγώ, ἐὰν μὴ σώματος
πονηρία ψυχῇ ψυχῆς πονηρίαν ἐμποιῇ, μή ποτε ἀξιῶμεν ὑπὸ
ἀλλοτρίου κακοῦ ἄνευ τῆς ἰδίας πονηρίας ψυχὴν ἀπόλλυσθαι,
τῷ ἑτέρου κακῷ ἕτερον.
Ἔχει γάρ, ἔφη, λόγον.

10 Ἢ τοίνυν ταῦτα ἐξελέγξωμεν ὅτι οὐ καλῶς λέγομεν, ἢ ἕως
b ἂν ᾖ ἀνέλεγκτα, μήτε φῶμεν ὑπὸ πυρετοῦ μηδ᾽ αὖ ὑπ᾽ ἄλλης
νόσου μηδ᾽ αὖ ὑπὸ σφαγῆς, μηδ᾽ εἴ τις ὅτι σμικρότατα ὅλον τὸ
σῶμα κατατέμοι, ἕνεκα τούτων μηδὲν μᾶλλόν ποτε ψυχὴν
ἀπόλλυσθαι, πρὶν ἄν τις ἀποδείξῃ ὡς διὰ ταῦτα τὰ παθήματα
5 τοῦ σώματος αὐτὴ ἐκείνη ἀδικωτέρα καὶ ἀνοσιωτέρα γίγνε-
ται· ἀλλοτρίου δὲ κακοῦ ἐν ἄλλῳ γιγνομένου, τοῦ δὲ ἰδίου
ἑκάστῳ μὴ ἐγγιγνομένου, μήτε ψυχὴν μήτε ἄλλο μηδὲν
c ἐῶμεν φάναι τινὰ ἀπόλλυσθαι.

Ἀλλὰ μέντοι, ἔφη, τοῦτό γε οὐδείς ποτε δείξει, ὡς τῶν
ἀποθνησκόντων ἀδικώτεραι αἱ ψυχαὶ διὰ τὸν θάνατον γίγνον-
ται.

5 Ἐὰν δέ γέ τις, ἔφην ἐγώ, ὁμόσε τῷ λόγῳ τολμᾷ ἰέναι καὶ
λέγειν ὡς πονηρότερος καὶ ἀδικώτερος γίγνεται ὁ ἀπο-
θνῄσκων, ἵνα δὴ μὴ ἀναγκάζηται ἀθανάτους τὰς ψυχὰς
ὁμολογεῖν, ἀξιώσομέν που, εἰ ἀληθῆ λέγει ὁ ταῦτα λέγων,
τὴν ἀδικίαν εἶναι θανάσιμον τῷ ἔχοντι ὥσπερ νόσον, καὶ ὑφ᾽
d αὐτοῦ, τοῦ ἀποκτεινύντος τῇ ἑαυτοῦ φύσει, ἀποθνῄσκειν τοὺς
λαμβάνοντας αὐτό, τοὺς μὲν μάλιστα θᾶττον, τοὺς δ᾽ ἧττον

610a4 ἂν ADF: secludendum vel αὖ legendum put. H. Stephanus
a6 μή ποτε Apcsl DF: μήτε prA   a10 ἐξελέγξομεν F   b1 μήτε A:
μή ποτε DF   αὖ om. F   b5 τοῦ AD: τὰ τοῦ F   c8 ἀξιώσομέν AD
Method.: ἀξιώσωμέν F   c9 εἶναι θανάσιμον ADF: θανάσιμον εἶναι Π11
d1 τοῦ Π11(u.v.) ADF: τούτου Laur.80.19pc

392

σχολαίτερον, ἀλλὰ μὴ ὥσπερ νῦν διὰ τοῦτο ὑπ᾽ ἄλλων δίκην
ἐπιτιθέντων ἀποθνήσκουσιν οἱ ἄδικοι.

Μὰ Δί᾽, ἦ δ᾽ ὅς, οὐκ ἄρα πάνδεινον φανεῖται ἡ ἀδικία, εἰ 5
θανάσιμον ἔσται τῷ λαμβάνοντι· ἀπαλλαγὴ γὰρ ἂν εἴη
κακῶν. ἀλλὰ μᾶλλον οἶμαι αὐτὴν φανήσεσθαι πᾶν τοὐναντίον
τοὺς ἄλλους ἀποκτεινῦσαν, εἴπερ οἷόν τε, τὸν δ᾽ ἔχοντα καὶ e
μάλα ζωτικὸν παρέχουσαν, καὶ πρός γ᾽ ἔτι τῷ ζωτικῷ
ἄγρυπνον· οὕτω πόρρω που, ὡς ἔοικεν, ἐσκήνηται τοῦ
θανάσιμος εἶναι.

Καλῶς, ἦν δ᾽ ἐγώ, λέγεις. ὁπότε γὰρ δὴ μὴ ἱκανὴ ἤ γε 5
οἰκεία πονηρία καὶ τὸ οἰκεῖον κακὸν ἀποκτεῖναι καὶ ἀπολέσαι
ψυχήν, σχολῇ τό γε ἐπ᾽ ἄλλου ὀλέθρῳ τεταγμένον κακὸν
ψυχὴν ἤ τι ἄλλο ἀπολεῖ, πλὴν ἐφ᾽ ᾧ τέτακται.

Σχολῇ, ἔφη, ὥς γε τὸ εἰκός.

Οὐκοῦν ὁπότε μηδ᾽ ὑφ᾽ ἑνὸς ἀπόλλυται κακοῦ, μήτε οἰκείου 10
μήτε ἀλλοτρίου, δῆλον ὅτι ἀνάγκη αὐτὸ ἀεὶ ὂν εἶναι, εἰ δ᾽ ἀεὶ 611
ὄν, ἀθάνατον;

Ἀνάγκη, ἔφη.

Τοῦτο μὲν τοίνυν, ἦν δ᾽ ἐγώ, οὕτως ἐχέτω· εἰ δ᾽ ἔχει,
ἐννοεῖς ὅτι ἀεὶ ἂν εἶεν αἱ αὐταί. οὔτε γὰρ ἄν που ἐλάττους 5
γένοιντο μηδεμιᾶς ἀπολλυμένης, οὔτε αὖ πλείους· εἰ γὰρ
ὁτιοῦν τῶν ἀθανάτων πλέον γίγνοιτο, οἶσθ᾽ ὅτι ἐκ τοῦ θνητοῦ
ἂν γίγνοιτο, καὶ πάντα ἂν εἴη τελευτῶντα ἀθάνατα.

Ἀληθῆ λέγεις.

Ἀλλ᾽, ἦν δ᾽ ἐγώ, μήτε τοῦτο οἰώμεθα, ὁ γὰρ λόγος οὐκ 10
ἐάσει, μήτε γε αὖ τῇ ἀληθεστάτῃ φύσει τοιοῦτον εἶναι ψυχήν, b

---

d3 τοῦτο Π11: τούτου ADF   d4 ἐπιτιθέντων Π11(u.v.) AF:
ἐπιθέντων D   d5 φανεῖται Π11 ADF: φαίνεται Asl   e2 μάλα AF:
μᾶλλον Π11: μᾶλλα [sic] D   γ᾽ ἔτι AF: γε prD: γε τι Dpc (Π11 deficit)
ζωτικῶι AF: ζόντι [sic] prD, ex v.l. ζῶντι corruptum: ζωτικῶν Dpc
(Π11 deficit)   e3 ὡς ἔοικεν om. Π11   ἐσκήνωται D
(Π11 deficit)   e9 σχολὴ [sic] F: σχολῆι γ᾽ AD   e10 μηδ᾽
AF Stob.: μὴ D   611a1 ἀεὶ AF Stob.: εἶναι D, ex v.l. εἶναι ὂν ἀεί
fortasse ortum   ὂν εἶναι Apc DF Stob.: εἶναι prA, sed statim correctum
a4 μὲν τοίνυν AF Stob.: μέντοι νῦν D   a5 ἐλάττους AF Stob. Procl.:
ἐλάττονος D   a7 τῶν θνητῶν Procl.   b1 μήτε γε αὖ suspectum

611 b ΠΛΑΤΩΝΟΣ

ὥστε πολλῆς ποικιλίας καὶ ἀνομοιότητός τε καὶ διαφορᾶς
γέμειν αὐτὸ πρὸς αὐτό.

Πῶς λέγεις; ἔφη.

5 Οὐ ῥᾴδιον, ἦν δ' ἐγώ, ἀΐδιον εἶναι σύνθετόν τε ἐκ πολλῶν
καὶ μὴ τῇ καλλίστῃ κεχρημένον συνθέσει, ὡς νῦν ἡμῖν ἐφάνη
ἡ ψυχή.

Οὔκουν εἰκός γε.

Ὅτι μὲν τοίνυν ἀθάνατον ψυχή, καὶ ὁ ἄρτι λόγος καὶ οἱ
10 ἄλλοι ἀναγκάσειαν ἄν· οἷον δ' ἐστὶν τῇ ἀληθείᾳ, οὐ λελωβη-
μένον δεῖ αὐτὸ θεάσασθαι ὑπό τε τῆς τοῦ σώματος κοινωνίας
c καὶ ἄλλων κακῶν, ὥσπερ νῦν ἡμεῖς θεώμεθα, ἀλλ' οἷόν ἐστιν
καθαρὸν γιγνόμενον, τοιοῦτον ἱκανῶς λογισμῷ διαθε⟨α⟩τέον,
καὶ πολὺ κάλλιον αὐτὸ εὑρήσει καὶ ἐναργέστερον δικαιοσύνας
τε καὶ ἀδικίας διόψεται καὶ πάντα ἃ νῦν διήλθομεν. νῦν δὲ
5 εἴπομεν μὲν ἀληθῆ περὶ αὐτοῦ, οἷον ἐν τῷ παρόντι φαίνεται·
τεθεάμεθα μέντοι διακείμενον αὐτό, ὥσπερ οἱ τὸν θαλάττιον
Γλαῦκον ὁρῶντες οὐκ ἂν ἔτι ῥᾳδίως αὐτοῦ ἴδοιεν τὴν ἀρχαίαν
d φύσιν, ὑπὸ τοῦ τά τε παλαιὰ τοῦ σώματος μέρη τὰ μὲν
ἐκκεκλάσθαι, τὰ δὲ συντετρῖφθαι καὶ πάντως λελωβῆσθαι
ὑπὸ τῶν κυμάτων, ἄλλα δὲ προσπεφυκέναι, ὄστρεά τε καὶ
φυκία καὶ πέτρας, ὥστε παντὶ μᾶλλον θηρίῳ ἐοικέναι ἢ οἷος
5 ἦν φύσει· οὕτω καὶ τὴν ψυχὴν ἡμεῖς θεώμεθα διακειμένην ὑπὸ
μυρίων κακῶν. ἀλλὰ δεῖ, ὦ Γλαύκων, ἐκεῖσε βλέπειν.

Ποῖ; ἦ δ' ὅς.

Εἰς τὴν φιλοσοφίαν αὐτῆς, καὶ ἐννοεῖν ὧν ἅπτεται καὶ οἵων
e ἐφίεται ὁμιλιῶν, ὡς συγγενὴς οὖσα τῷ τε θείῳ καὶ ἀθανάτῳ
καὶ ἀεὶ ὄντι, καὶ οἷα ἂν γένοιτο τῷ τοιούτῳ πᾶσα ἐπισπομένη
καὶ ὑπὸ ταύτης τῆς ὁρμῆς ἐκκομισθεῖσα ἐκ τοῦ πόντου ἐν ᾧ
νῦν ἔστιν, καὶ περικρουσθεῖσα πέτρας τε καὶ ὄστρεα ἃ νῦν
612 αὐτῇ, ἅτε γῆν ἑστιωμένη, γεηρὰ καὶ πετρώδη πολλὰ καὶ

b3 πρὸς αὐτὸ AF Stob.: om. D   b11 θεᾶσθαι F   c2 διαθεατέον
Laur.80.19pc: διαθετέον ADF   c3 πολὺ A: πολύ γε DF   c4 πάντα
ἃ Apc F: πάντα prA: πάντ' ἃ [sic] D   c6 μέντοι ADF: γὰρ Plot.
d2 κεκλάσθαι A   d3 συμπεφυκέναι Athen.   d8 ἅπτεται ADF:
ἐφάπτεται Plot. Procl.   e1 τε om. F   e2 καὶ ἀεὶ Π11 DF: καὶ τῶι
ἀεὶ A

ἄγρια περιπέφυκεν ὑπὸ τῶν εὐδαιμόνων λεγομένων ἑστιά-
σεων. καὶ τότ' ἄν τις ἴδοι αὐτῆς τὴν ἀληθῆ φύσιν, εἴτε
πολυειδὴς εἴτε μονοειδής, εἴτε ὅπῃ ἔχει καὶ ὅπως· νῦν δὲ τὰ
ἐν τῷ ἀνθρωπίνῳ βίῳ πάθη τε καὶ εἴδη, ὡς ἐγῷμαι, ἐπιεικῶς 5
αὐτῆς διεληλύθαμεν.

Πάντάπασι μὲν οὖν, ἔφη.

Οὐκοῦν, ἦν δ' ἐγώ, τά τε ἄλλα ἀπελυσάμεθα ἐν τῷ λόγῳ,
καὶ οὐ τοὺς μισθοὺς οὐδὲ τὰς δόξας δικαιοσύνης ἐπῃνέκαμεν,
ὥσπερ Ἡσίοδόν τε καὶ Ὅμηρον ὑμεῖς ἔφατε, ἀλλ' αὐτὸ b
δικαιοσύνην αὐτῇ ψυχῇ ἄριστον ηὕρομεν, καὶ ποιητέον εἶναι
αὐτῇ τὰ δίκαια, ἐάντ' ἔχῃ τὸν Γύγου δακτύλιον, ἐάντε μή, καὶ
πρὸς τοιούτῳ δακτυλίῳ τὴν Ἄϊδος κυνῆν;

Ἀληθέστατα, ἔφη, λέγεις. 5

Ἆρ' οὖν, ἦν δ' ἐγώ, ὦ Γλαύκων, νῦν ἤδη ἀνεπίφθονόν ἐστιν
πρὸς ἐκείνοις καὶ τοὺς μισθοὺς τῇ δικαιοσύνῃ καὶ τῇ ἄλλῃ
ἀρετῇ ἀποδοῦναι, ὅσους τε καὶ οἵους τῇ ψυχῇ παρέχει παρ' c
ἀνθρώπων τε καὶ θεῶν, ζῶντός τε ἔτι τοῦ ἀνθρώπου καὶ
ἐπειδὰν τελευτήσῃ;

Παντάπασι μὲν οὖν, ἦ δ' ὅς.

Ἆρ' οὖν ἀποδώσετέ μοι ἃ ἐδανείσασθε ἐν τῷ λόγῳ; 5

Τί μάλιστα;

Ἔδωκα ὑμῖν τὸν δίκαιον δοκεῖν ἄδικον εἶναι καὶ τὸν ἄδικον
δίκαιον· ὑμεῖς γὰρ ᾐτεῖσθε, κἂν εἰ μὴ δυνατὸν εἴη ταῦτα
λανθάνειν καὶ θεοὺς καὶ ἀνθρώπους, ὅμως δοτέον εἶναι τοῦ
λόγου ἕνεκα, ἵνα αὐτὴ δικαιοσύνη πρὸς ἀδικίαν αὐτὴν d
κριθείη. ἢ οὐ μνημονεύεις;

Ἀδικοίην μέντἄν, ἔφη, εἰ μή.

Ἐπειδὴ τοίνυν, ἦν δ' ἐγώ, κεκριμέναι εἰσί, πάλιν ἀπαιτῶ

612a3 ἴδοι αὐτῆς ADF: αὐτῆς ἴδοι Π11   a9 ἐπηνέγκαμεν [sic] prA,
-γ- postea puncto deleto: ἐπηνέγκαμεν DF: ἀπηνέγκαμεν Stob. (de
Π11 non constat)   b1–2 αὐτὸ δικαιοσύνην D: αὐτοδικαιοσύνην AF
Stob. (nulla diacritica in Π11)   b4 κυνῆν ADF Π11 Luc. Liban.
Damasc.: κυνέην Greg.Naz. Stob. Schol.: κυνέαν Olymp.   c1 τε
ADF: om. Stob. (de Π11 non constat)   c8 ᾐτεῖσθε A Stob.: ἡγεῖσθε
D: ἡγεῖσθαι F   d3 μέντἄν AD Stob.: μὲν ἂν F   εἰ μή om. Stob.
d4 τοίνυν ἦν δ' ἐγὼ Αγρ F Stob.: ἦν τοίνυν AD   πάλιν Αγρ: ἐγὼ πάλιν ADF
Stob.

5 ὑπὲρ δικαιοσύνης, ὥσπερ ἔχει δόξης καὶ παρὰ θεῶν καὶ παρ'
ἀνθρώπων, καὶ ἡμᾶς ὁμολογεῖν περὶ αὐτῆς δοκεῖσθαι οὕτω,
ἵνα καὶ τὰ νικητήρια κομίσηται, ἀπὸ τοῦ δοκεῖν κτωμένη ἃ
δίδωσι τοῖς ἔχουσιν αὐτήν, ἐπειδὴ καὶ τὰ ἀπὸ τοῦ εἶναι ἀγαθὰ
διδοῦσα ἐφάνη καὶ οὐκ ἐξαπατῶσα τοὺς τῷ ὄντι λαμβάνοντας
10 αὐτήν.

e Δίκαια, ἔφη, αἰτῇ.

Οὐκοῦν, ἦν δ' ἐγώ, πρῶτον μὲν τοῦτο ἀποδώσετε, ὅτι
θεούς γε οὐ λανθάνει ἑκάτερος αὐτῶν οἷός ἐστιν;
Ἀποδώσομεν, ἔφη.

5 Εἰ δὲ μὴ λανθάνετον, ὁ μὲν θεοφιλὴς ἂν εἴη, ὁ δὲ θεομισής,
ὥσπερ καὶ κατ' ἀρχὰς ὡμολογοῦμεν.

Ἔστι ταῦτα.

Τῷ δὲ θεοφιλεῖ οὐχ ὁμολογήσομεν, ὅσα γε ἀπὸ θεῶν
613 γίγνεται, πάντα γίγνεσθαι ὡς οἷόν τε ἄριστα, εἰ μή τι
ἀναγκαῖον αὐτῷ κακὸν ἐκ προτέρας ἁμαρτίας ὑπῆρχεν;
Πάνυ μὲν οὖν.

Οὕτως ἄρα ὑποληπτέον περὶ τοῦ δικαίου ἀνδρός, ἐάντ' ἐν
5 πενίᾳ γίγνηται ἐάντ' ἐν νόσοις ἤ τινι ἄλλῳ τῶν δοκούντων
κακῶν, ὡς τούτῳ ταῦτα εἰς ἀγαθόν τι τελευτήσει ζῶντι ἢ καὶ
ἀποθανόντι. οὐ γὰρ δὴ ὑπό γε θεῶν ποτε ἀμελεῖται ὃς ἂν
προθυμεῖσθαι ἐθέλῃ δίκαιος γίγνεσθαι καὶ ἐπιτηδεύων ἀρετὴν
b εἰς ὅσον δυνατὸν ἀνθρώπῳ ὁμοιοῦσθαι θεῷ.

Εἰκός γ', ἔφη, τὸν τοιοῦτον μὴ ἀμελεῖσθαι ὑπὸ τοῦ ὁμοίου.

Οὐκοῦν περὶ τοῦ ἀδίκου τἀναντία τούτων δεῖ διανοεῖσθαι;
Σφόδρα γε.

5 Τὰ μὲν δὴ παρὰ θεῶν τοιαῦτ' ἄττ' ἂν εἴη νικητήρια τῷ
δικαίῳ.

d5 καὶ παρὰ θεῶν ADF: παρὰ θεῶν Stob.   d7 ἀπὸ ADF: ἃ ἀπὸ
Stob.   ἃ Asl: ὃ F: om. AD Stob.   d8 τὰ Apc^sl DF Stob.: om. prA
e7 post vocem ταῦτα desinit D, in cuius locum succedit lectio recon-
stituta D   e8 γε Asl Stob.: τε ADF   613a5 πενίαι A Stob.: πενίη
DF   a6 τι AD Stob.: om. F   a7 γε ADF Stob.: om. Alcin.
a8 γίγνεσθαι ADF Stob.: γενέσθαι Alcin.   b1 ἀνθρώπωι ADF Stob.
David: ἄνθρωπον Alcin.   b5 τοιαῦτ' ἄτταν [sic] F: τοιαῦτά τ' ἂν D:
τοιαῦτ' ἂν A: τοιαῦτά τ' ἄττ' ἂν fere Stob.

Κατὰ γοῦν ἐμὴν δόξαν, ἔφη.

Τί δέ, ἦν δ' ἐγώ, παρ' ἀνθρώπων; ἆρ' οὐχ ὧδε ἔχει, εἰ δεῖ τὸ
ὂν τιθέναι; οὐχ οἱ μὲν δεινοί τε καὶ ἄδικοι δρῶσιν ὅπερ οἱ
δρομῆς ὅσοι ἂν θέωσιν εὖ ἀπὸ τῶν κάτω, ἀπὸ δὲ τῶν ἄνω μή; 10
τὸ μὲν πρῶτον ὀξέως ἀποπηδῶσιν, τελευτῶντες δὲ καταγέ- c
λαστοι γίγνονται, τὰ ὦτα ἐπὶ τῶν ὤμων ἔχοντες καὶ
ἀστεφάνωτοι ἀποτρέχοντες· οἱ δὲ τῇ ἀληθείᾳ δρομικοὶ εἰς
τέλος ἐλθόντες τά τε ἆθλα λαμβάνουσιν καὶ στεφανοῦνται.
οὐχ οὕτω καὶ περὶ τῶν δικαίων τὸ πολὺ συμβαίνει; πρὸς τὸ 5
τέλος ἑκάστης πράξεως καὶ ὁμιλίας καὶ τοῦ βίου εὐδοκιμοῦσί
τε καὶ τὰ ἆθλα παρὰ τῶν ἀνθρώπων φέρονται;

Καὶ μάλα.

Ἀνέξῃ ἄρα λέγοντος ἐμοῦ περὶ τούτων ἅπερ αὐτὸς ἔλεγες
περὶ τῶν ἀδίκων; ἐρῶ γὰρ δὴ ὅτι οἱ μὲν δίκαιοι, ἐπειδὰν d
πρεσβύτεροι γένωνται, ἐν τῇ αὑτῶν πόλει ἄρχουσί τε ἂν
βούλωνται τὰς ἀρχάς, γαμοῦσί τε ὁπόθεν ἂν βούλωνται,
ἐκδιδόασί τε εἰς οὓς ἂν ἐθέλωσι· καὶ πάντα ἃ σὺ περὶ ἐκείνων,
ἐγὼ νῦν λέγω περὶ τῶνδε. καὶ αὖ καὶ περὶ τῶν ἀδίκων, ὅτι οἱ 5
πολλοὶ αὐτῶν, καὶ ἐὰν νέοι ὄντες λάθωσιν, ἐπὶ τέλους τοῦ
δρόμου αἱρεθέντες καταγέλαστοί εἰσιν καὶ γέροντες γιγνόμε-
νοι ἄθλιοι προπηλακίζονται ὑπὸ ξένων τε καὶ ἀστῶν,
μαστιγούμενοι καὶ ἃ ἄγροικα ἔφησθα σὺ εἶναι, ἀληθῆ
λέγων [εἶτα στρεβλώσονται καὶ ἐκκαυθήσονται], πάντα e
ἐκεῖνα οἵου καὶ ἐμοῦ ἀκηκοέναι ὡς πάσχουσιν. ἀλλ' ὃ λέγω,
ὅρα εἰ ἀνέξῃ.

Καὶ πάνυ, ἔφη· δίκαια γὰρ λέγεις.

Ἃ μὲν τοίνυν, ἦν δ' ἐγώ, ζῶντι τῷ δικαίῳ παρὰ θεῶν τε καὶ 5
ἀνθρώπων ἆθλά τε καὶ μισθοὶ καὶ δῶρα γίγνεται πρὸς 614
ἐκείνοις τοῖς ἀγαθοῖς οἷς αὐτὴ παρείχετο ἡ δικαιοσύνη,
τοιαῦτ' ἂν εἴη.

c1 δὲ ADF: τε Stob.   c5 πρὸς τὸ DF Stob.: πρὸς A   d2 ἂν
ADF: ἃς ἂν Stob.   d3 τὰς ADF: om. Stob.   d4 σὺ περὶ ADF:
ὑπὲρ Stob.   d5 καὶ αὖ καὶ ADF: καὶ αὖ Stob.   d9 καὶ ἃ AD Stob.:
ἃ καὶ F   e1 λέγων εἶτα ADF: λέγοντα Αγρ Stob.(SM): λέγονται
Stob.(A)   εἶτα–ἐκκαυθήσονται secl. Astius (εἶτα excepto habet Stob.)
e2 ἐκεῖνα AF Stob.: om. D(u.v.)   e4 γὰρ AD Stob.: om. F

Καὶ μάλ', ἔφη, καλά τε καὶ βέβαια.

5 Ταῦτα τοίνυν, ἦν δ' ἐγώ, οὐδέν ἐστι πλήθει οὐδὲ μεγέθει
πρὸς ἐκεῖνα ἃ τελευτήσαντα ἑκάτερον περιμένει· χρὴ δ' αὐτὰ
ἀκοῦσαι, ἵνα τελέως ἑκάτερος αὐτῶν ἀπειλήφῃ τὰ ὑπὸ τοῦ
λόγου ὀφειλόμενα ἀκοῦσαι.

b Λέγοις ἄν, ἔφη, ὡς οὐ πολλὰ ἀλλ' ἥδιον ἀκούοντι.

Ἀλλ' οὐ μέντοι σοι, ἦν δ' ἐγώ, Ἀλκίνου γε ἀπόλογον ἐρῶ,
ἀλλ' ἀλκίμου μὲν ἀνδρός, Ἡρὸς τοῦ Ἀρμενίου, τὸ γένος
Παμφύλου· ὅς ποτε ἐν πολέμῳ τελευτήσας, ἀναιρεθέντων
5 δεκαταίων τῶν νεκρῶν ἤδη διεφθαρμένων, ὑγιὴς μὲν ἀνῃ-
ρέθη, κομισθεὶς δ' οἴκαδε μέλλων θάπτεσθαι δωδεκαταῖος ἐπὶ
τῇ πυρᾷ κείμενος ἀνεβίω, ἀναβιοὺς δ' ἔλεγεν ἃ ἐκεῖ ἴδοι.

Ἔφη δέ, ἐπειδὴ οὗ ἐκβῆναι, τὴν ψυχὴν πορεύεσθαι μετὰ
c πολλῶν, καὶ ἀφικνεῖσθαι σφᾶς εἰς τόπον τινὰ δαιμόνιον, ἐν ᾧ
τῆς τε γῆς δύ' εἶναι χάσματα ἐχομένω ἀλλήλοιν καὶ τοῦ
οὐρανοῦ αὖ ἐν τῷ ἄνω ἄλλα καταντικρύ. δικαστὰς δὲ μεταξὺ
τούτων καθῆσθαι, οὕς, ἐπειδὴ διαδικάσειαν, τοὺς μὲν δικαί-
5 ους κελεύειν πορεύεσθαι τὴν εἰς δεξιάν τε καὶ ἄνω διὰ τοῦ
οὐρανοῦ, σημεῖα περιάψαντας τῶν δεδικασμένων ἐν τῷ
πρόσθεν, τοὺς δὲ ἀδίκους τὴν εἰς ἀριστεράν τε καὶ κάτω,
ἔχοντας καὶ τούτους ἐν τῷ ὄπισθεν σημεῖα πάντων ὧν
d ἔπραξαν. ἑαυτοῦ δὲ προσελθόντος εἰπεῖν ὅτι δέοι αὐτὸν
ἄγγελον ἀνθρώποις γενέσθαι τῶν ἐκεῖ, καὶ διακελεύοιντό οἱ
ἀκούειν τε καὶ θεᾶσθαι πάντα τὰ ἐν τῷ τόπῳ.

Ὁρᾶν δὴ ταύτῃ μὲν καθ' ἑκάτερον τὸ χάσμα τοῦ οὐρανοῦ
5 τε καὶ τῆς γῆς ἀπιούσας τὰς ψυχάς, ἐπειδὴ αὐταῖς δικασθείη,

614a7 ἑκάτερος Par.1810pc: ἑκάτερον ADF Euseb. ἀπειλήφηι AF
Euseb.: ἀπειληφὸς ἢ D, ex v.l. ἀπειληφὼς ἧι nimirum corruptum
b1 ὡς Apcˢˡ DF Euseb.: om. prA b3 ἀρμενίου (de spiritu testes
inter se differunt) ADF, Clem., Euseb., Stob., Procl. in lemmate, cett.:
ἁρμονίου Plut., Zoroaster ap. Procl. II 110 (nec tamen ap. Clem.)
b8 οὗ prA DF: οὖν Apc, Stob., Procl. in lemmate: οἱ Euseb.
c4 διαδικάσειαν ADF, Euseb., Procl. in lemmate: δικάσειαν Stob.
d2 διακελεύοιντό οἱ AF, Stob., Procl. in lemmate: διακελεύειν τέ οἱ
D(u.v.): διακελεύεσθαι Euseb. d3 ἀκούειν ADF, Stob., Procl. in
lemmate: διακούειν Euseb. θεᾶσθαι DF, Euseb., Stob., Procl. in
lemmate: θεάσασθαι A d5 αὐταῖς δικασθείη AF Stob.: αὐτοῦ
δικασθεῖεν D

κατὰ δὲ τὼ ἑτέρω ἐκ μὲν τοῦ ἀνιέναι ἐκ τῆς γῆς μεστὰς
αὐχμοῦ τε καὶ κόνεως, ἐκ δὲ τοῦ ἑτέρου καταβαίνειν ἑτέρας
ἐκ τοῦ οὐρανοῦ καθαράς. καὶ τὰς ἀεὶ ἀφικνουμένας ὥσπερ ἐκ   e
πολλῆς πορείας φαίνεσθαι ἥκειν, καὶ ἀσμένας εἰς τὸν λειμῶνα
ἀπιούσας οἷον ἐν πανηγύρει κατασκηνᾶσθαι, καὶ ἀσπάζεσθαί
τε ἀλλήλας ὅσαι γνώριμοι, καὶ πυνθάνεσθαι τάς τε ἐκ τῆς γῆς
ἡκούσας παρὰ τῶν ἑτέρων τὰ ἐκεῖ καὶ τὰς ἐκ τοῦ οὐρανοῦ τὰ   5
παρ᾽ ἐκείναις. διηγεῖσθαι δὲ ἀλλήλαις τὰς μὲν ὀδυρομένας τε
καὶ κλαούσας, ἀναμιμνῃσκομένας ὅσα τε καὶ οἷα πάθοιεν καὶ   615
ἴδοιεν ἐν τῇ ὑπὸ γῆς πορείᾳ, εἶναι δὲ τὴν πορείαν χιλιέτη, τὰς
δ᾽ αὖ ἐκ τοῦ οὐρανοῦ εὐπαθείας διηγεῖσθαι καὶ θέας ἀμηχά-
νους τὸ κάλλος.

Τὰ μὲν οὖν πολλά, ὦ Γλαύκων, πολλοῦ χρόνου διηγήσα-   5
σθαι· τὸ δ᾽ οὖν κεφάλαιον ἔφη τόδε εἶναι, ὅσα πώποτέ τινα
ἠδίκησαν καὶ ὅσους ἕκαστοι, ὑπὲρ ἁπάντων δίκην δεδωκέναι
ἐν μέρει, ὑπὲρ ἑκάστου δεκάκις, τοῦτο δ᾽ εἶναι κατὰ ἑκατον-
ταετηρίδα ἑκάστην, ὡς βίου ὄντος τοσούτου τοῦ ἀνθρωπίνου,
ἵνα δεκαπλάσιον τὸ ἔκτεισμα τοῦ ἀδικήματος ἐκτίνοιεν, καὶ   b
οἷον εἴ τινες πολλοῖς θανάτων ἦσαν αἴτιοι, ἢ πόλεις προδόντες
ἢ στρατόπεδα, καὶ εἰς δουλείας ἐμβεβληκότες ἤ τινος ἄλλης
κακουχίας μεταίτιοι, πάντων τούτων δεκαπλασίας ἀλγηδόνας
ὑπὲρ ἑκάστου κομίσαιντο, καὶ αὖ εἴ τινας εὐεργεσίας εὐερ-   5
γετηκότες καὶ δίκαιοι καὶ ὅσιοι γεγονότες εἶεν, κατὰ ταὐτὰ
τὴν ἀξίαν κομίζοιντο. τῶν δὲ εὐθὺς γενομένων καὶ ὀλίγον
χρόνον βιούντων πέρι ἄλλα ἔλεγεν οὐκ ἄξια μνήμης. εἰς δὲ   c

---

d6 κατὰ δὲ τὼ ἑτέρω A Stob.: κατὰ δὲ τὸ ἕτερον F: om. D
e2 ἀσμένας A, Stob., Procl. in lemmate: ἀσμένως DF   e3 ἀπιούσας
ADF, Stob., Procl. in lemmate: ἐπιούσας Asl   κατασκηνᾶσθαι ADF,
Procl. in lemmate: κατασκηνοῦσθαι Hermias Stob.   e4 γνώριμοι DF
Stob.(F): γνώριμαι A Stob.(P) Procl. in lemmate   615a2 χιλιέτη
ADF, Aristid., Procl. saepissime: χιλίετιν Stob.   a7 ἕκαστοι ADF:
ἕκαστος Stob.   b2 εἴ τινες A Stob.: οἵτινες DF   πολλοῖς Stob.: πολλοὶ
AF: πολλῶν D(u.v.)   b5 ὑπὲρ ἑκάστου ADF: om. Stob.   b6 ταὐτὰ
A Stob.: ταῦτα F: ταύτην D   b7 γενομένων AD Stob.: γινομένων F:
ἀπογενομένων Cobet

θεοὺς ἀσεβείας τε καὶ εὐσεβείας καὶ γονέας καὶ αὐτόχειρος
φόνου μείζους ἔτι τοὺς μισθοὺς διηγεῖτο.

Ἔφη γὰρ δὴ παραγενέσθαι ἐρωτωμένῳ ἑτέρῳ ὑπὸ ἑτέρου
5 ὅπου εἴη Ἀρδιαῖος ὁ μέγας. ὁ δὲ Ἀρδιαῖος οὗτος τῆς
Παμφυλίας ἔν τινι πόλει τύραννος ἐγεγόνει, ἤδη χιλιοστὸν
ἔτος εἰς ἐκεῖνον τὸν χρόνον, γέροντά τε πατέρα ἀποκτείνας
d καὶ πρεσβύτερον ἀδελφόν, καὶ ἄλλα δὴ πολλά τε καὶ ἀνόσια
εἰργασμένος, ὡς ἐλέγετο. ἔφη οὖν τὸν ἐρωτώμενον εἰπεῖν,
"Οὐχ ἥκει," φάναι, "οὐδ᾽ ἀνήξει δεῦρο. ἐθεασάμεθα γὰρ οὖν
δὴ καὶ τοῦτο τῶν δεινῶν θεαμάτων· ἐπειδὴ ἐγγὺς τοῦ στομίου
5 ἦμεν μέλλοντες ἀνιέναι καὶ τἆλλα πάντα πεπονθότες, ἐκεῖνόν
τε κατείδομεν ἐξαίφνης καὶ ἄλλους, σχεδόν τι αὐτῶν τοὺς
πλείστους τυράννους· ἦσαν δὲ καὶ ἰδιῶταί τινες τῶν μεγάλα
e ἡμαρτηκότων· οὓς οἰομένους ἤδη ἀναβήσεσθαι οὐκ ἐδέχετο
τὸ στόμιον, ἀλλ᾽ ἐμυκᾶτο ὁπότε τις τῶν οὕτως ἀνιάτως
ἐχόντων εἰς πονηρίαν ἢ μὴ ἱκανῶς δεδωκὼς δίκην ἐπιχειροῖ
ἀνιέναι. ἐνταῦθα δὴ ἄνδρες, ἔφη, ἄγριοι, διάπυροι ἰδεῖν,
5 παρεστῶτες καὶ καταμανθάνοντες τὸ φθέγμα, τοὺς μὲν
διαλαβόντες ἦγον, τὸν δὲ Ἀρδιαῖον καὶ ἄλλους συμποδίσαντες
616 χεῖράς τε καὶ πόδας καὶ κεφαλήν, καταβαλόντες καὶ ἐκδεί-
ραντες, εἷλκον παρὰ τὴν ὁδὸν ἐκτὸς ἐπ᾽ ἀσπαλάθων κνάμ-

c2 ἀσεβείας τε καὶ εὐσεβείας AF Stob.: εὐσεβείας τε καὶ ἀσεβείας D(u.v.),
Procl. in lemmate   αὐτόχειρος Astius: αὐτόχειρας ADF, Stob., Procl. in
lemmate   c3 φόνου ADF Stob.: φόνους Procl. in lemmate, -ς punctis
deletum   c5 ἀρδιαῖος ADF Hermias Stob. Procl.: ἀριδαῖος Plut.
Iustin.   c7 τε AF Stob.: om. D(u.v.) Iustin.   d1 καὶ ἄλλα
δὴ πολλά τε ADF: καὶ ἄλλα δὴ πολλὰ Iustin.: ἄλλα τε πολλὰ Stob.
d2 εἰργασμένος ADF Stob.: ἐργασάμενος Iustin.   ἐλέγετο ADF Iustin.:
ἔλεγεν Stob.   d3 ἀνήξει H. Jackson: ἂν ἥξει AF Stob.: ἂν ἥξειν Iustin.:
ἥξει Procl.: ἂν ἥξοι D(u.v.)   d6 τε ADF Iustin.: τότε Stob.
e3 ἐπιχειροῖ ADF Iustin.: ἐπιχειρεῖν Stob., ex v.l. ἐπιχειροίη (quam codd.
aliquot Iustini praebent) nimirum corruptum   e4 δὴ ADF Clem.
Stob.: om. Iustin.   ἔφη ADF Stob.: om. Iustin. Clem.   e5 καὶ ADF
Iustin. Stob.: om. Clem.   e6 διαλαβόντες ADF Iustin. Procl.: ἰδίαι
λαβόντες Asl Stob.: ἰδίαι παραλαβόντες Clem.   ἀρδιαῖον ADF Stob.:
ἀριδαῖον Iustin. Clem.   ἄλλους ADF Iustin. Stob.: τοὺς ἄλλους Clem. (sed
ἄλλους Euseb. Theodoret.)

πτοντες, καὶ τοῖς ἀεὶ παριοῦσι σημαίνοντες ὧν ἕνεκά τε καὶ
ὅτι εἰς τὸν Τάρταρον ἐμπεσούμενοι ἄγοιντο." ἔνθα δὴ φόβων,
ἔφη, πολλῶν καὶ παντοδαπῶν σφίσιν γεγονότων, τοῦτον 5
ὑπερβάλλειν, μὴ γένοιτο ἑκάστῳ τὸ φθέγμα ὅτε ἀναβαίνοι,
καὶ ἀσμενέστατα ἕκαστον σιγήσαντος ἀναβῆναι. καὶ τὰς μὲν
δὴ δίκας τε καὶ τιμωρίας τοιαύτας τινὰς εἶναι, καὶ αὖ τὰς
εὐεργεσίας ταύταις ἀντιστρόφους.   b

Ἐπειδὴ δὲ τοῖς ἐν τῷ λειμῶνι ἑκάστοις ἑπτὰ ἡμέραι
γένοιντο, ἀναστάντας ἐντεῦθεν δεῖν τῇ ὀγδόῃ πορεύεσθαι,
καὶ ἀφικνεῖσθαι τεταρταίους ὅθεν καθορᾶν ἄνωθεν διὰ παντὸς
τοῦ οὐρανοῦ καὶ γῆς τεταμένον φῶς εὐθύ, οἷον κίονα, μάλιστα 5
τῇ ἴριδι προσφερές, λαμπρότερον δὲ καὶ καθαρώτερον· εἰς ὃ
ἀφικέσθαι προελθόντες ἡμερησίαν ὁδόν, καὶ ἰδεῖν αὐτόθι κατὰ
μέσον τὸ φῶς ἐκ τοῦ οὐρανοῦ τὰ ἄκρα αὐτοῦ τῶν δεσμῶν   c
τεταμένα· εἶναι γὰρ τοῦτο τὸ φῶς σύνδεσμον τοῦ οὐρανοῦ,
οἷον τὰ ὑποζώματα τῶν τριηρῶν, οὕτω πᾶσαν συνέχον τὴν
περιφοράν· ἐκ δὲ τῶν ἄκρων τεταμένον Ἀνάγκης ἄτρακτον,
δι' οὗ πάσας ἐπιστρέφεσθαι τὰς περιφοράς· οὗ τὴν μὲν 5
ἠλακάτην τε καὶ τὸ ἄγκιστρον εἶναι ἐξ ἀδάμαντος, τὸν δὲ
σφόνδυλον μεικτὸν ἔκ τε τούτου καὶ ἄλλων γενῶν.

616a3 ἀεὶ παριοῦσι AD Stob.: ἀεὶ παροῦσι F: παροῦσι Iustin.: παριοῦσι
legit Procl., de ἀεὶ non constat   τε ADF Iustin.: τι Stob.: τε ταῦτα
ὑπομένοιεν Par.1810mg Vind.Suppl.7 Ven.app.4.1, locus admodum
suspectus   a4 ὅτι εἰς DF Iustin. Stob.: εἰς ὅτι A   a5 ἔφη ADF
Iustin.: om. Stob.   τοῦτον Apc DF Iustin. Stob.: τούτων prA et Asl
a6 μὴ ADF Stob.: εἰ μὴ Iustin.   a6–7 ἀναβαίνοι καὶ AD Stob.(F):
ἀναβαίνει καὶ F Stob.(P): ἀναβαίνοιεν ὡς και Iustin.   a7 ἀσμενέστατα A
Iustin. Stob.: ἀσμενέστατον D: ἀσμεναίτατον F   ἕκαστον ADF Iustin.: om.
Stob.   a8 δὴ ADF Stob.: om. Iustin., Procl. in lemmate
b3 ἀναστάντας AD, Clem., Theo, Procl. in lemmate: ἀναστάντες F Stob.
δεῖν ADF Theo Stob.: δὴ Clem.: om. Procl. in lemmate   πορεύεσθαι ADF,
Stob., Procl. in lemmate: ἐκπορεύεσθαι Theo   b6 προσφερὲς Asl:
προσφερῇ ADF Stob.: ἐμφερές Theo: formam vocis quae est προσφερὴς legit
Procl. bis   ἀφικέσθαι ADF Stob.: ἀφικνεῖσθαι Theo   προελθόντες AF
Stob.: προσελθόντας D: προελθόντας Theo   c1 αὐτοῦ ADF Stob. Procl.:
om. Theo   c3 οὕτω ADF, Theo, Procl. II 185 in lemmate: om. Procl.
II 199   c4 ἄκρων ADF Theo: ἄκρων αὐτοῦ Procl. in lemmate   c6 τε
om. Theo   c7 τε ADF, Procl. in lemmate: om. Theo   γενῶν ADF,
Procl. in lemmate: om. Theo

d   Τὴν δὲ τοῦ σφονδύλου φύσιν εἶναι τοιάνδε· τὸ μὲν σχῆμα
οἷάπερ ἡ τοῦ ἐνθάδε, νοῆσαι δὲ δεῖ ἐξ ὧν ἔλεγεν τοιόνδε αὐτὸν
εἶναι, ὥσπερ ἂν εἰ ἐν ἑνὶ μεγάλῳ σφονδύλῳ κοίλῳ καὶ
ἐξεγλυμμένῳ διαμπερὲς ἄλλος τοιοῦτος ἐλάττων ἐγκέοιτο
5 ἁρμόττων, καθάπερ οἱ κάδοι οἱ εἰς ἀλλήλους ἁρμόττοντες,
καὶ οὕτω δὴ τρίτον ἄλλον καὶ τέταρτον καὶ ἄλλους τέτταρας.
ὀκτὼ γὰρ εἶναι τοὺς σύμπαντας σφονδύλους, ἐν ἀλλήλοις
e   ἐγκειμένους, κύκλους ἄνωθεν τὰ χείλη φαίνοντας, νῶτον
συνεχὲς ἑνὸς σφονδύλου ἀπεργαζομένους περὶ τὴν ἠλακάτην·
ἐκείνην δὲ διὰ μέσου τοῦ ὀγδόου διαμπερὲς ἐληλάσθαι.

Τὸν μὲν οὖν πρῶτόν τε καὶ ἐξωτάτω σφόνδυλον πλατύτα-
5 τον τὸν τοῦ χείλους κύκλον ἔχειν, τὸν δὲ τοῦ ἕκτου δεύτερον,
τρίτον δὲ τὸν τοῦ τετάρτου, τέταρτον δὲ τὸν τοῦ ὀγδόου,
πέμπτον δὲ τὸν τοῦ ἑβδόμου, ἕκτον δὲ τὸν τοῦ πέμπτου,
ἕβδομον δὲ τὸν τοῦ τρίτου, ὄγδοον δὲ τὸν τοῦ δευτέρου. καὶ
τὸν μὲν τοῦ μεγίστου ποικίλον, τὸν δὲ τοῦ ἑβδόμου λαμπρό-
10 τατον, τὸν δὲ τοῦ ὀγδόου τὸ χρῶμα ἀπὸ τοῦ ἑβδόμου ἔχειν
617 προσλάμποντος, τὸν δὲ τοῦ δευτέρου καὶ πέμπτου παρα-
πλήσια ἀλλήλοις, ξανθότερα ἐκείνων, τρίτον δὲ λευκότατον
χρῶμα ἔχειν, τέταρτον δὲ ὑπέρυθρον, δεύτερον δὲ λευκότητι
τὸν ἕκτον. κυκλεῖσθαι δὲ δὴ στρεφόμενον τὸν ἄτρακτον ὅλον
5 μὲν τὴν αὐτὴν φοράν, ἐν δὲ τῷ ὅλῳ περιφερομένῳ τοὺς μὲν

d2 οἷάπερ ἡ ADF, Procl. in lemmate: οἷανπερ Theo   ἔλεγεν AD Theo:
ἔλεγον F   d3 ὥσπερ γὰρ ἂν Theo   ἐν AF Theo: om. D(u.v.)
μεγάλωι σφονδύλωι AD Theo: σφονδύλῳ μεγάλῳ F   d5 οἱ εἰς ADF: εἰς
Theo   d6 δὴ ADF: δὲ Theo   e5 ἕκτου ADF, Theo, nova lectio
secundum Procl.: ἑβδόμου vetusta lectio secundum Procl.   e6 τετάρ-
του ADF, Theo, nova lect.: ὀγδόου vet. lect.   ὀγδόου ADF, Theo, nova
lect.: ἕκτου vet. lect.   e7 ἑβδόμου ADF, Theo, nova lect.: τετάρτου
vet. lect.   πέμπτου AF, Theo, nova lect.: τρίτου vet. lect.: δευτέρου D
e8 τρίτου ADF, Theo, nova lect.: δευτέρου vet. lect.   δευτέρου ADF
Theo, nova lect., Procl. in lemmate: πέμπτου vet. lect.   e9 μεγίστου
ADF, Procl. in lemmate: πέμπτου Theo   e10 τὸ ADF: om. Theo
617a2 ἐκείνων ADF: ἐκείνων χρώματα Theo   a3 τέταρτον δὲ ADF: τὸν
τέταρτον Theo   δεύτερον δὲ ADF, Procl. in lemmate: δεύτερον Theo
a4 κυκλεῖσθαι ADF, Procl. in lemmate: κυλίεσθαι Theo   δὲ δὴ A: δὴ
D(u.v.) F: δὲ Theo, Procl. in lemmate   a5 φοράν ADF: φορὰν τῶι
κόσμωι Theo: περιφοράν Procl. in lemmate   τῶι AD: om. F Theo   μὲν
om. Theo

ἐντὸς ἑπτὰ κύκλους τὴν ἐναντίαν τῷ ὅλῳ ἠρέμα περιφέρεσθαι, αὐτῶν δὲ τούτων τάχιστα μὲν ἰέναι τὸν ὄγδοον, δευτέρους δὲ καὶ ἅμα ἀλλήλοις τόν τε ἕβδομον καὶ ἕκτον b καὶ πέμπτον· τρίτον δὲ φορᾷ ἰέναι, ὡς σφίσι φαίνεσθαι, ἐπανακυκλούμενον τὸν τέταρτον, τέταρτον δὲ τὸν τρίτον καὶ πέμπτον τὸν δεύτερον. στρέφεσθαι δὲ αὐτὸν ἐν τοῖς τῆς Ἀνάγκης γόνασιν.   5

Ἐπὶ δὲ τῶν κύκλων αὐτοῦ ἄνωθεν ἐφ' ἑκάστου βεβηκέναι Σειρῆνα συμπεριφερομένην, φωνὴν μίαν ἱεῖσαν, ἕνα τόνον· ἐκ πασῶν δὲ ὀκτὼ οὐσῶν μίαν ἁρμονίαν συμφωνεῖν. ἄλλας δὲ καθημένας πέριξ δι' ἴσου τρεῖς, ἐν θρόνῳ ἑκάστην, θυγατέρας c τῆς Ἀνάγκης, Μοίρας, λευχειμονούσας, στέμματα ἐπὶ τῶν κεφαλῶν ἐχούσας, Λάχεσίν τε καὶ Κλωθὼ καὶ Ἄτροπον, ὑμνεῖν πρὸς τὴν τῶν Σειρήνων ἁρμονίαν, Λάχεσιν μὲν τὰ γεγονότα, Κλωθὼ δὲ τὰ ὄντα, Ἄτροπον δὲ τὰ μέλλοντα. καὶ 5 τὴν μὲν Κλωθὼ τῇ δεξιᾷ χειρὶ ἐφαπτομένην συνεπιστρέφειν τοῦ ἀτράκτου τὴν ἔξω περιφοράν, διαλείπουσαν χρόνον, τὴν δὲ Ἄτροπον τῇ ἀριστερᾷ τὰς ἐντὸς αὖ ὡσαύτως· τὴν δὲ Λάχεσιν ἐν μέρει ἑκατέρας ἑκατέρα τῇ χειρὶ ἐφάπτεσθαι.   d

Σφᾶς οὖν, ἐπειδὴ ἀφικέσθαι, εὐθὺς δεῖν ἰέναι πρὸς τὴν Λάχεσιν. προφήτην οὖν τινα σφᾶς πρῶτον μὲν ἐν τάξει διαστῆσαι, ἔπειτα λαβόντα ἐκ τῶν τῆς Λαχέσεως γονάτων κλήρους τε καὶ βίων παραδείγματα, ἀναβάντα ἐπί τι βῆμα 5 ὑψηλὸν εἰπεῖν· "Ἀνάγκης θυγατρὸς κόρης Λαχέσεως λόγος. Ψυχαὶ ἐφήμεροι, ἀρχὴ ἄλλης περιόδου θνητοῦ γένους

a6 περιφέρεσθαι ADF: περιάγεσθαι Theo Procl.   a7 ἰέναι ADF Theo: om. Simpl.   b1 δευτέρους ADF Theo: δεύτερον Simpl.   καὶ ἅμα AF Theo Simpl.: ἅμα D   b1 καὶ ἕκτον ADF Simpl.: καὶ τὸν ἕκτον Theo   b2 καὶ πέμπτον ADF Simpl.: καὶ τὸν πέμπτον Theo   τρίτον Theo Simpl.: τὸν τρίτον AD: τὸ τρίτον F   b3 τὸν τέταρτον ADF Simpl.: μάλιστα τῶν ἄλλων Theo   b7 ἕνα τόνον A, Theo, Procl. in lemmate et ter alibi: ἀνὰ τόνον DF   b8 δὲ ὀκτὼ ADF, Procl. in lemmate: ὀκτὼ Theo   μίαν ADF, Procl. in lemmate, Calcid.: om. Theo   c2 λευχείμονας Procl.   d6 θυγατρὸς ADF, Plut., Procl. in lemmate et bis alibi: secl. Naber   λόγος ADF Plut.: ὅδε λόγος Procl. in lemmate et bis alibi

e θανατηφόρου. οὐχ ὑμᾶς δαίμων λήξεται, ἀλλ᾽ ὑμεῖς δαίμονα
αἱρήσεσθε. πρῶτος δ᾽ ὁ λαχὼν πρῶτος αἱρείσθω βίον, ᾧ
συνέσται ἐξ ἀνάγκης. ἀρετὴ δὲ ἀδέσποτον, ἣν τιμῶν καὶ
ἀτιμάζων πλέον καὶ ἔλαττον αὐτῆς ἕκαστος ἕξει. αἰτία
5 ἑλομένου· θεὸς ἀναίτιος."

Ταῦτα εἰπόντα ῥῖψαι ἐπὶ πάντας τοὺς κλήρους, τὸν δὲ παρ᾽
αὑτὸν πεσόντα ἕκαστον ἀναιρεῖσθαι πλὴν οὗ, ἓ δὲ οὐκ ἐᾶν· τῷ
618 δὲ ἀνελομένῳ δῆλον εἶναι ὁπόστος εἴληχεν. μετὰ δὲ τοῦτο
αὖθις τὰ τῶν βίων παραδείγματα εἰς τὸ πρόσθεν σφῶν θεῖναι
ἐπὶ τὴν γῆν, πολὺ πλείω τῶν παρόντων. εἶναι δὲ παντοδαπά·
ζῴων τε γὰρ πάντων βίους καὶ δὴ καὶ τοὺς ἀνθρωπίνους
5 ἅπαντας. τυραννίδας τε γὰρ ἐν αὐτοῖς εἶναι, τὰς μὲν διατε-
λεῖς, τὰς δὲ καὶ μεταξὺ διαφθειρομένας καὶ εἰς πενίας τε καὶ
φυγὰς καὶ εἰς πτωχείας τελευτώσας· εἶναι δὲ καὶ δοκίμων
ἀνδρῶν βίους, τοὺς μὲν ἐπὶ εἴδεσιν καὶ κατὰ κάλλη καὶ τὴν
b ἄλλην ἰσχύν τε καὶ ἀγωνίαν, τοὺς δ᾽ ἐπὶ γένεσιν καὶ προγόνων
ἀρεταῖς, καὶ ἀδοκίμων κατὰ ταὐτά, ὡσαύτως δὲ καὶ
γυναικῶν. ψυχῆς δὲ τάξιν οὐκ ἐνεῖναι διὰ τὸ ἀναγκαίως
ἔχειν ἄλλον ἑλομένην βίον ἀλλοίαν γίγνεσθαι· τὰ δ᾽ ἄλλα
5 ἀλλήλοις τε καὶ πλούτοις καὶ πενίαις, τὰ δὲ νόσοις, τὰ δ᾽
ὑγιείαις μεμεῖχθαι, τὰ δὲ καὶ μεσοῦν τούτων.

Ἔνθα δή, ὡς ἔοικεν, ὦ φίλε Γλαύκων, ὁ πᾶς κίνδυνος
ἀνθρώπῳ, καὶ διὰ ταῦτα μάλιστα ἐπιμελητέον ὅπως ἕκαστος
c ἡμῶν τῶν ἄλλων μαθημάτων ἀμελήσας τούτου τοῦ μαθήμα-

e1 δαίμων λήξεται ADF, Hermias, Procl. II 271, Olymp. bis, Damasc.,
Apostol.: λήξεται δαίμων Procl. II 323   δαίμονα ADF, Hermias, Procl.
II 266, Olymp. bis, Damasc., Apostol.: δαίμονας Procl. II 323
e3 συνέσται Apc DF Porph. Procl.: συνεστε prA   ἀδέσποτον ADF,
Clem., Plot., Procl. II 275: ἀδέσποτος Porph., Procl. II 279, de Provid.
e4 αὐτῆς ἕκαστος ADF Procl.: ἕκαστος αὐτῆς Clem.   e5 ἑλομένου
ADF Luc. cett.: ἑλομένῳ IG   618a1 εἴληχεν Apc (incertum quid
antea habuerit) F: ἤλεγχε D   a2 θεῖναι AD Procl.: εἶναι F
a4 τοὺς om. Procl. in lemmate   a5 διὰ τέλους Cobet, fortasse
recte   a8 κατὰ κάλλη AD: κάλλει F   b4 ἄλλον ADF Procl.:
⟨ἄλλην⟩ ἄλλον Sandbach   γίγνεσθαι ADF: τι γίγνεσθαι prProcl.: γενέσθαι
Procl.pc   δ᾽ AD: δὴ F   b5 ἀλλήλοις ADF: ἄλλοις Dobree
b6 μεσοῦν A, Procl. in lemmate et semel alibi: μέσον DF   b8 ἐπι-
μελητέον ADF: ἐπιμελεῖσθαι χρή Stob.

τος καὶ ζητητὴς καὶ μαθητὴς ἔσται, ἐάν ποθεν οἷός τ᾽ ᾖ
μαθεῖν καὶ ἐξευρεῖν τίς αὐτὸν ποιήσει δυνατὸν καὶ ἐπιστή-
μονα, βίον χρηστὸν καὶ πονηρὸν διαγιγνώσκοντα, τὸν βελτίω
ἐκ τῶν δυνατῶν ἀεὶ πανταχοῦ αἱρεῖσθαι· ἀναλογιζόμενον   5
πάντα τὰ νυνδὴ ῥηθέντα [καὶ] συντιθέμενα ἀλλήλοις καὶ
διαιρούμενα πρὸς ἀρετὴν βίου πῶς ἔχει, εἰδέναι τί κάλλος
πενίᾳ ἢ πλούτῳ κραθὲν καὶ μετὰ ποίας τινὸς ψυχῆς ἕξεως
κακὸν ἢ ἀγαθὸν ἐργάζεται, καὶ τί εὐγένειαι καὶ δυσγένειαι   d
καὶ ἰδιωτεῖαι καὶ ἀρχαὶ καὶ ἰσχύες καὶ ἀσθένειαι καὶ εὐμαθίαι
καὶ δυσμαθίαι καὶ πάντα τὰ τοιαῦτα τῶν φύσει περὶ ψυχὴν
ὄντων καὶ τῶν ἐπικτήτων τί συγκεραννύμενα πρὸς ἄλληλα
ἐργάζεται, ὥστε ἐξ ἁπάντων αὐτῶν δυνατὸν εἶναι συλλογι-   5
σάμενον αἱρεῖσθαι, πρὸς τὴν τῆς ψυχῆς φύσιν ἀποβλέποντα,
τόν τε χείρω καὶ τὸν ἀμείνω βίον, χείρω μὲν καλοῦντα ὃς   e
αὐτὴν ἐκεῖσε ἄξει, εἰς τὸ ἀδικωτέραν γίγνεσθαι, ἀμείνω δὲ
ὅστις εἰς τὸ δικαιοτέραν. τὰ δὲ ἄλλα πάντα χαίρειν ἐάσει·
ἑωράκαμεν γὰρ ὅτι ζῶντί τε καὶ τελευτήσαντι αὕτη κρατίστη
αἵρεσις. ἀδαμαντίνως δὴ δεῖ ταύτην τὴν δόξαν ἔχοντα εἰς   619
Ἅιδου ἰέναι, ὅπως ἂν ᾖ καὶ ἐκεῖ ἀνέκπληκτος ὑπὸ πλούτων τε
καὶ τῶν τοιούτων κακῶν, καὶ μὴ ἐμπεσὼν εἰς τυραννίδας καὶ
ἄλλας τοιαύτας πράξεις πολλὰ μὲν ἐργάσηται καὶ ἀνήκεστα
κακά, ἔτι δὲ αὐτὸς μείζω πάθῃ, ἀλλὰ γνῷ τὸν μέσον ἀεὶ τῶν   5
τοιούτων βίον αἱρεῖσθαι καὶ φεύγειν τὰ ὑπερβάλλοντα ἑκα-
τέρωσε καὶ ἐν τῷδε τῷ βίῳ κατὰ τὸ δυνατὸν καὶ ἐν παντὶ τῷ
ἔπειτα· οὕτω γὰρ εὐδαιμονέστατος γίγνεται ἄνθρωπος.   b

Καὶ δὴ οὖν καὶ τότε ὁ ἐκεῖθεν ἄγγελος ἤγγελλε τὸν μὲν
προφήτην οὕτως εἰπεῖν· "Καὶ τελευταίῳ ἐπιόντι, σὺν νῷ

c2 ζητητὴς ADF: μιμητὴς Stob.   c3 τίς ADF Stob.: fortasse τί
c4 χρηστὸν Stob.: καὶ χρηστὸν ADF   διαγιγνώσκοντα AF Stob.:
διαγιγνώσκειν καὶ D(u.v.)   τὸν ADF: τὰ Stob.   c5 ἀεὶ AF Stob.:
om. D(u.v.)   c6 συντιθέμενα scripsi: καὶ ξυντιθέμενα ADF: καὶ ante
c5 ἀναλογιζόμενον transpos. K. F. Hermann   c7 εἰδέναι AF: καὶ
εἰδέναι D: secl. Wallies, fortasse recte   e3 ἐάσει D   619a1 ᾖ
AD: δὲ F   a3 τυραννίδας καὶ AF: τυραννίδας τε καὶ D(u.v.)
a5 μείζω αὐτὸς F   a6 ἑκατέρωσε AD Procl.: ἑκατέρως F   b2 οὖν
om. Procl. in lemmate   ἤγγελλε DF: ἤγγελε [sic] A, Procl. in lemmate
b3 ξὺν νῶι Apc sl D(u.v.), Procl. bis: ξυνῶ F: ξὺν prA

ἑλομένῳ, συντόνως ζῶντι κεῖται βίος ἀγαπητός, οὐ κακός.
5 μήτε ὁ ἄρχων αἱρέσεως ἀμελείτω μήτε ὁ τελευτῶν ἀθυ-
μείτω."

Εἰπόντος δὲ ταῦτα τὸν πρῶτον λαχόντα ἔφη εὐθὺς ἐπιόντα
τὴν μεγίστην τυραννίδα ἑλέσθαι, καὶ ὑπὸ ἀφροσύνης τε καὶ
c λαιμαργίας οὐ πάντα ἱκανῶς ἀνασκεψάμενον ἑλέσθαι, ἀλλ'
αὐτὸν λαθεῖν ἐνοῦσαν εἱμαρμένην παίδων αὐτοῦ βρώσεις καὶ
ἄλλα κακά· ἐπειδὴ δὲ κατὰ σχολὴν σκέψασθαι, κόπτεσθαί τε
καὶ ὀδύρεσθαι τὴν αἵρεσιν, οὐκ ἐμμένοντα τοῖς προρρηθεῖσιν
5 ὑπὸ τοῦ προφήτου· οὐ γὰρ ἑαυτὸν αἰτιᾶσθαι τῶν κακῶν, ἀλλὰ
τύχην τε καὶ δαίμονας καὶ πάντα μᾶλλον ἀνθ' ἑαυτοῦ. εἶναι δὲ
αὐτὸν τῶν ἐκ τοῦ οὐρανοῦ ἡκόντων, ἐν τεταγμένῃ πολιτείᾳ ἐν
τῷ προτέρῳ βίῳ βεβιωκότα, ἔθει ἄνευ φιλοσοφίας ἀρετῆς
d μετειληφότα. ὡς δὲ καὶ εἰπεῖν, οὐκ ἐλάττους εἶναι ἐν τοῖς
τοιούτοις ἁλισκομένους τοὺς ἐκ τοῦ οὐρανοῦ ἥκοντας, ἅτε
πόνων ἀγυμνάστους· τῶν δ' ἐκ τῆς γῆς τοὺς πολλούς, ἅτε
αὐτούς τε πεπονηκότας ἄλλους τε ἑωρακότας, οὐκ ἐξ ἐπι-
5 δρομῆς τὰς αἱρέσεις ποιεῖσθαι. διὸ δὴ καὶ μεταβολὴν τῶν
κακῶν καὶ τῶν ἀγαθῶν ταῖς πολλαῖς τῶν ψυχῶν γίγνεσθαι
καὶ διὰ τὴν τοῦ κλήρου τύχην· ἐπεὶ εἴ τις ἀεί, ὁπότε εἰς τὸν
e ἐνθάδε βίον ἀφικνοῖτο, ὑγιῶς φιλοσοφοῖ καὶ ὁ κλῆρος αὐτῷ
τῆς αἱρέσεως μὴ ἐν τελευταίοις πίπτοι, κινδυνεύει ἐκ τῶν
ἐκεῖθεν ἀπαγγελλομένων οὐ μόνον ἐνθάδε εὐδαιμονεῖν ἄν,
ἀλλὰ καὶ τὴν ἐνθένδε ἐκεῖσε καὶ δεῦρο πάλιν πορείαν οὐκ ἂν
5 χθονίαν καὶ τραχεῖαν πορεύεσθαι, ἀλλὰ λείαν τε καὶ οὐρανίαν.

Ταύτην γὰρ δὴ ἔφη τὴν θέαν ἀξίαν εἶναι ἰδεῖν, ὡς ἕκασται
620 αἱ ψυχαὶ ᾑροῦντο τοὺς βίους· ἐλεινήν τε γὰρ ἰδεῖν εἶναι καὶ
γελοίαν καὶ θαυμασίαν. κατὰ συνήθειαν γὰρ τοῦ προτέρου
βίου τὰ πολλὰ αἱρεῖσθαι. ἰδεῖν μὲν γὰρ ψυχὴν ἔφη τήν ποτε
Ὀρφέως γενομένην κύκνου βίον αἱρουμένην, μίσει τοῦ

b8 aut ἑλέσθαι καὶ secludendum putat Madvig aut prius καὶ et
c1 ἑλέσθαι (b8 ἑλέσθαι legit et Procl.)   c1–2 ἀλλ' αὐτὸν AD: ἀλλὰ
ταυτὸν F   c8 προτέρωι AD: δευτέρῳ F   d1 δὲ AD Fsl, Procl. in
lemmate: om. prF   d6 καὶ τῶν ἀγαθῶν AD, Procl. in lemmate: καὶ
ἀγαθῶν F   e1 φιλοσοφεῖ D   e2 ἐν A Procl.: om. DF
620a3 ψυχὴν ἔφη ADF: ἔφη ψυχὴν Euseb., Procl. in lemmate

γυναικείου γένους διὰ τὸν ὑπ' ἐκείνων θάνατον οὐκ ἐθέλουσαν 5
ἐν γυναικὶ γεννηθεῖσαν γενέσθαι· ἰδεῖν δὲ τὴν Θαμύρου
ἀηδόνος ἑλομένην· ἰδεῖν δὲ καὶ κύκνον μεταβάλλοντα εἰς
ἀνθρωπίνου βίου αἵρεσιν, καὶ ἄλλα ζῷα μουσικὰ ὡσαύτως.
εἰκοστὴν δὲ λαχοῦσαν ψυχὴν ἑλέσθαι λέοντος βίον· εἶναι δὲ b
τὴν Αἴαντος τοῦ Τελαμωνίου, φεύγουσαν ἄνθρωπον γενέσθαι,
μεμνημένην τῆς τῶν ὅπλων κρίσεως. τὴν δ' ἐπὶ τούτῳ
Ἀγαμέμνονος· ἔχθρᾳ δὲ καὶ ταύτην τοῦ ἀνθρωπίνου γένους
διὰ τὰ πάθη ἀετοῦ διαλλάξαι βίον. ἐν μέσοις δὲ λαχοῦσαν τὴν 5
Ἀταλάντης ψυχήν, κατιδοῦσαν μεγάλας τιμὰς ἀθλητοῦ
ἀνδρός, οὐ δύνασθαι παρελθεῖν, ἀλλὰ λαβεῖν. μετὰ δὲ ταύτην
ἰδεῖν τὴν Ἐπειοῦ τοῦ Πανοπέως εἰς τεχνικῆς γυναικὸς ἰοῦσαν c
φύσιν· πόρρω δ' ἐν ὑστάτοις ἰδεῖν τὴν τοῦ γελωτοποιοῦ
Θερσίτου πίθηκον ἐνδυομένην. κατὰ τύχην δὲ τὴν Ὀδυσσέως
λαχοῦσαν πασῶν ὑστάτην αἱρησομένην ἰέναι, μνήμῃ δὲ τῶν
προτέρων πόνων φιλοτιμίας λελωφηκυῖαν ζητεῖν περιοῦσαν 5
χρόνον πολὺν βίον ἀνδρὸς ἰδιώτου ἀπράγμονος, καὶ μόγις
εὑρεῖν κείμενόν που καὶ παρημελημένον ὑπὸ τῶν ἄλλων, καὶ
εἰπεῖν ἰδοῦσαν ὅτι τὰ αὐτὰ ἂν ἔπραξεν καὶ πρώτη λαχοῦσα, d
καὶ ἀσμένην ἑλέσθαι. καὶ ἐκ τῶν ἄλλων δὴ θηρίων ὡσαύτως
εἰς ἀνθρώπους ἰέναι καὶ εἰς ἄλληλα, τὰ μὲν ἄδικα εἰς τὰ
ἄγρια, τὰ δὲ δίκαια εἰς τὰ ἥμερα μεταβάλλοντα, καὶ πάσας
μείξεις μείγνυσθαι. 5

Ἐπειδὴ δ' οὖν πάσας τὰς ψυχὰς τοὺς βίους ᾑρῆσθαι, ὥσπερ
ἔλαχον ἐν τάξει προσιέναι πρὸς τὴν Λάχεσιν· ἐκείνην δ'
ἑκάστῳ ὃν εἵλετο δαίμονα, τοῦτον φύλακα συμπέμπειν τοῦ
βίου καὶ ἀποπληρωτὴν τῶν αἱρεθέντων. ὃν πρῶτον μὲν ἄγειν e

b1 εἰκόστην F Plut. Procl.: εἰκός· τὴν A Euseb.: τῷ εἰκὸς τὴν D(u.v.)
b4 ἔχθραι AF: ἐχθρὰν D Euseb.   δὲ om. Euseb.   b5 μέσηι Euseb.
c5 φιλοτιμίας ADF Euseb.: καὶ φιλοτιμίας Procl. bis   ζητεῖν περιοῦσαν
AF Euseb.: περιοῦσαν D(u.v.)   c6 πολὺν AF Euseb.: πολὺν ζητεῖν
D(u.v.)   ἀπράγμονος ADF: καὶ ἀπράγμονος Euseb., Procl. bis: ἀπράγμονα
Cobet   μόγις AF Euseb.: μόλις D   d2 δὴ ADF: δὲ Euseb.
d4 μεταβαλόντα Euseb.   d7 προσιέναι ADF, Stob., Procl. in
lemmate: προεῖναι Clem. codex, e προϊέναι (Euseb.) corruptum   e1 τῶν
αἱρεθέντων ADF Clem. Stob. Procl.: τοῦ αἱρεθέντος Porph.

αὐτὴν πρὸς τὴν Κλωθὼ ὑπὸ τὴν ἐκείνης χεῖρά τε καὶ
ἐπιστροφὴν τῆς τοῦ ἀτράκτου δίνης, κυροῦντα ἣν λαχὼν
εἵλετο μοῖραν· ταύτης δ᾽ ἐφαψάμενον αὖθις ἐπὶ τὴν τῆς
5 Ἀτρόπου ἄγειν νῆσιν, ἀμετάστροφα τὰ ἐπικλωσθέντα
ποιοῦντα· ἐντεῦθεν δὲ δὴ ἀμεταστρεπτεὶ ὑπὸ τὸν τῆς
621 Ἀνάγκης ἰέναι θρόνον, καὶ δι᾽ ἐκείνου διεξελθόντα, ἐπειδὴ
καὶ οἱ ἄλλοι διῆλθον, πορεύεσθαι ἅπαντας εἰς τὸ τῆς Λήθης
πεδίον διὰ καύματός τε καὶ πνίγους δεινοῦ· καὶ γὰρ εἶναι αὐτὸ
κενὸν δένδρων τε καὶ ὅσα γῆ φύει. σκηνᾶσθαι οὖν σφᾶς ἤδη
5 ἑσπέρας γιγνομένης παρὰ τὸν Ἀμέλητα ποταμόν, οὗ τὸ ὕδωρ
ἀγγεῖον οὐδὲν στέγειν. μέτρον μὲν οὖν τι τοῦ ὕδατος πᾶσιν
ἀναγκαῖον εἶναι πιεῖν, τοὺς δὲ φρονήσει μὴ σῳζομένους πλέον
b πίνειν τοῦ μέτρου· τὸν δὲ ἀεὶ πιόντα πάντων ἐπιλανθάνεσθαι.
ἐπειδὴ δὲ κοιμηθῆναι καὶ μέσας νύκτας γενέσθαι, βροντήν τε
καὶ σεισμὸν γενέσθαι, καὶ ἐντεῦθεν ἐξαπίνης ἄλλον ἄλλῃ
φέρεσθαι ἄνω εἰς τὴν γένεσιν, ἄττοντας ὥσπερ ἀστέρας.
5 αὐτὸς δὲ τοῦ μὲν ὕδατος κωλυθῆναι πιεῖν· ὅπῃ μέντοι καὶ
ὅπως εἰς τὸ σῶμα ἀφίκοιτο, οὐκ εἰδέναι, ἀλλ᾽ ἐξαίφνης
ἀναβλέψας ἰδεῖν ἤδη ἕωθεν αὐτὸν κείμενον ἐπὶ τῇ πυρᾷ.

Καὶ οὕτως, ὦ Γλαύκων, μῦθος ἐσώθη ἀλλ᾽ οὐκ ἀπώλετο,
c καὶ ἡμᾶς ἂν σώσειεν, ἂν πειθώμεθα αὐτῷ, καὶ τὸν τῆς Λήθης
ποταμὸν εὖ διαβησόμεθα καὶ τὴν ψυχὴν οὐ μιανθησόμεθα.
ἀλλ᾽ ἂν ἐμοὶ πειθώμεθα, νομίζοντες ἀθάνατον ψυχὴν καὶ
δυνατὴν πάντα μὲν κακὰ ἀνέχεσθαι, πάντα δὲ ἀγαθά, τῆς
5 ἄνω ὁδοῦ ἀεὶ ἑξόμεθα καὶ δικαιοσύνην μετὰ φρονήσεως παντὶ

e2 αὐτὴν ADF Stob.: αὐτὸν H. Wolf, fortasse recte   e3 λαχὼν
ADF Stob.: λαχὸν Asl   e5 ἀμετάστροφα ADF Stob. Procl.:
ἀμετάτροπα Porph.   ἐπικλωσθέντα D Porph. Stob.: κλωσθέντα Procl.:
ἐπικλωθέντα A: ἐπικυκλωθέντα F   e6 ποιοῦντα ADF Stob.: ποιοῦσαν
Porph. Procl.   δὲ δὴ AF Stob.: δὴ D(u.v.)   621a1 ἰέναι ADF Stob.:
om. Procl. in lemmate   a3 δεινοῦ om. Procl.   a4 δένδρων κενὸν
Procl.   a5 γενομένης Procl. in lemmate et semel alibi   a7 τοὺς—
b1 μέτρου A Procl.: om. DF   b4 ἄνω AD Procl.: ἄνωθεν F
b6 οὐκ AF: οὐδὲ D   b7 ἰδεῖν ἤδη scripsi: ἰδεῖν Apc: ἤδη prA DF: εἶδεν
post αὐτὸν Procl., libere reddens   ἕωθεν ADF Procl.: ἄνωθεν Αγρ
κείμενον prA DF Procl.: ἤδη κείμενον Apc   b8 οὕτως AF: οὗτος
D: οὕτω δή Hermias   c1 ἂν σώσειεν ADF: σώσει Hermias

τρόπῳ ἐπιτηδεύσομεν, ἵνα καὶ ἡμῖν αὐτοῖς φίλοι ὦμεν καὶ τοῖς θεοῖς, αὐτοῦ τε μένοντες ἐνθάδε, καὶ ἐπειδὰν τὰ ἆθλα αὐτῆς κομιζώμεθα, ὥσπερ οἱ νικηφόροι περιαγειρόμενοι, καὶ d ἐνθάδε καὶ ἐν τῇ χιλιέτει πορείᾳ, ἣν διεληλύθαμεν, εὖ πράττωμεν.

c6 καὶ ἡμῖν AF: ἡμῖν D(u.v.)   c7 τε AD: γε F
d1 περιαγειρόμενοι ADF Suid. s.v. ὥσπερ-περιαγειρόμενοι: περιαγειρόμενοι ἀθληταί Phot. Suid. s.v. περιαγειρόμενοι

INDEX TESTIMONIORVM

OMNES auctores qui textus *Reipublicae* testes sunt hic memorare non meum erat; eos solos hic rettuli qui in apparatu critico laudantur. nam indicem locupletissimum testimoniorum dedit G. J. Boter (pp. 290–376 dissertationis suae). monendum est tamen me non ita raro testimonia repperisse quae Boter neglexerit. sunt decem fere loci qui a permultis testibus laudantur, qui testes digni quidem fuerant qui in apparatu referrentur. sed omnes eos afferre supersedi, in apparatu siglo 'cett.' usus, quippe quos Boter diligentissime rettulerit.

Scholia *Reipublicae* et Averrois commentarium, ut qui textus nostri ordinem sequantur, memorare supersedi. lemmata mythi libri decimi quem Proclus in commentario perpetuo tractavit (II 96–359 K.) dedi, quia nec facile inveniuntur et Proclus verba eiusdem mythi repetere solet.

LIBER I

Titulus Aristot. *Pol.* 1261a1 et alibi, Thrasyllus ap. Diog.Laërt. III 60, Antiatt. s.v. οἰκοδομεῖν

328c7 εἰ–ῥαδίως Schol.Hom. *Od.* θ 186

328d3 ὡς–330a6 γένοιτο Stob. IV 50.31

328d3 εὖ–5 ἡδοναί Anaxim.Lamps. FGrHist 72F38, Clem. *Strom.* III 18.4

328d5 ἀλλὰ–6 φοίτα Thom.Mag. 191 R.

329a3 διασῴζοντες–παροιμίαν Choric. 8.7

329b7 Σοφοκλεῖ–c4 ἀποφυγών Plut. 525a, 788e, 1094e, Theo *Progymn.* II 66 S., Clem. *Paed.* II 95.1, Ammian.Marc. XXV 4.2, Stob. III 6.42

329c2 Εὐφήμει–4 ἀποφυγών Philoxen. fr. 337 Th., Clem. *Strom.* III 18.5, Philostr. *Vit.Apoll.* I 13, Olympiod. *in Alcib.* 98

329e4 τοῖς–5 εἶναι Procl. *in Tim.* I 42 D.

411

INDEX TESTIMONIORVM

413

INDEX TESTIMONIORVM

INDEX TESTIMONIORVM

INDEX TESTIMONIORVM

INDEX TESTIMONIORVM

417

INDEX TESTIMONIORVM

INDEX TESTIMONIORVM

INDEX TESTIMONIORVM

INDEX TESTIMONIORVM

INDEX TESTIMONIORVM

INDEX TESTIMONIORVM

INDEX TESTIMONIORVM

566a1 χρεῶν–2 ἀναδασμόν Themist. 91c
567a1–3 Aristot. *Pol.* 1313a18–21

INDEX TESTIMONIORVM

INDEX TESTIMONIORVM

620d6 Ἐπειδὴ–621a3 πεδίον Stob. I 5.21
620d6 Ἐπειδὴ–621a1 θρόνον Procl. in Remp. II 341 K. (lemma)
620d6 Ἐπειδὴ–ε1 αἱρεθέντων Clem. V 91.4, e quo Euseb. Praep.Ev. XIII 13.6
620d7 ἐκείνην–621b1 ἐπιλανθάνεσθαι Porph. fr. 268 Smith
620e5 ἀμετάστροφα–6 ποιοῦντα Procl. in Remp. II 343 K.
621a1 καὶ–4 φύει Procl. in Remp. II 345 K. (lemma)
621a2 ἄπαντας–4 φύει Procl. in Remp. II 346 K.
621a4 σκηνᾶσθαι–b1 ἐπιλανθάνεσθαι Procl. in Remp. II 347 (lemma) et 347–8 K.
621b3 ἐξαπίνης–4 ἀστέρας Procl. in Remp. II 352 K.
621b7 ἀναβλέψας–πυρᾷ Procl. in Remp. II 354 K.
621b8 Καὶ–c1 αὐτῷ Hermias in Phaedr. 64 C.